DLG GENUSS GUIDE 2014

Deutsche Weine und Winzer

Genuss-Guide Wein 2014:
Wissen und Tipps rund um das Thema Wein

Der neue Genuss-Guide Wein bietet eine Fülle von Themen und Tipps rund um den Wein mit Hintergrundinformationen, aktuellen Testergebnissen aus allen Weinregionen Deutschlands, rund 4.000 prämierten Weinen und Sekten sowie eine Vielzahl deutscher Spitzenwinzer, Sekterzeuger und innovativer Jungwinzer im Porträt.

Im Mittelpunkt steht das Thema Genuss mit vielen Specials zu Wein und Speisen, regionalen Weinmenüs aus der Hand von Köchen oder Tipps für die private Weinprobe.

Alle in diesem Guide empfohlenen Weine und Sekte wurden von den Experten der DLG im Rahmen der Bundesweinprämierung, der traditionsreichsten Qualitätsprüfung der deutschen Weinwelt, in umfangreichen Tests bewertet. Nur die besten Erzeugnisse erhielten eine der renommierten DLG-Medaillen in Gold, Silber oder Bronze.

Die Redaktion des Genuss-Guides wünscht köstliche Entdeckungen, genussreiche Augenblicke und stets eine gute Lektüre.

Genuss-Special: 4.000 Weine und Sekte von Experten empfohlen

Auszeichnungen der DLG-Bundesweinprämierung,
des führenden Qualitätswettbewerbs für deutsche Weine und Sekte

3	Genuss-Guide Wein 2014: Wissen und Tipps
6	**TRENDS & AKTUELLES**
8	Im Fokus: Der aktuelle Jahrgang
12	**WEIN GENIESSEN**
15	TOP 50 Weine & TOP 11 Sekte
29	Kulinarische Reisetipps vom Bodensee bis zu Saale und Unstrut
59	Die Kombination von Wein und Speise
71	Tipps für die private Weinprobe
80	**WEINERLEBNISSE**
83	Deutsche Spitzenwinzer und Sekterzeuger des Jahres 2013/2014
140	**EINKAUFSTIPPS**
143	TOP 100 der besten Weinerzeuger
153	TOP 10 der besten Sekterzeuger
157	Einkaufstipps für Weinkeller & Küche
167	Special: Winzergenossenschaften

6 Fakten und Trends rund um den deutschen Wein

12 Genuss pur: Spitzen-Weine & Sekte mit kulinarischen Empfehlungen

80 Willkommen in der Welt der deutschen Spitzenwinzer

176 Ins Glas geschaut: So testen die Experten

366 Erholung zwischen Reben und Weinkellern: Urlaub beim Winzer

176 TESTEN WIE DIE PROFIS

179 Die Weinprüfer der DLG

191 Die häufigsten Weinfehler

196 GENUSSVOLLE SEITEN

199 Aktuelle Jahrgänge im Fokus

202 DLG-prämierte Weine und Sekte

349 Ortsverzeichnis

366 URLAUB BEIM WINZER

388 WEINGLOSSAR

DLG-Verlag GmbH
Eschborner Landstraße 122
60489 Frankfurt am Main
Telefon: 069 / 247 88 – 451
Telefax: 069 / 247 88 – 484
E-Mail: dlg-verlag@dlg.org
Internet: www.dlg-verlag.de

Herausgeber: DLG e.V., Frankfurt am Main

Projektleitung: Guido Oppenhäuser, Benedikt Bleile (DLG)

Herstellung: Daniela Schirach, DLG-Verlag, Frankfurt

Text: Claudia Schweikard, Binger

Redaktion: Guido Oppenhäuser, Benedikt Bleile, Dorothea Kühnel, Anika Schramm (DLG)

Anzeigenmarketing: Vanessa Rickert, Gesine Schnabel, Laura Schnabel (guides@dlg.org)

Fotos: Jörg Sänger, Gütersloh; DWI, Mainz; www.eckhard-stein.de; www.fotolia.de; www.wikipedia.de; DLG

Satz und Layout: Petra Sarow, München

Druck: Finidr

© 2013

ISBN 978-3-7690-0825-8

TRENDS & AKTUELLES

Lesen Sie wie der aktuelle Jahrgang bewertet wird, was sich hinter der neuen Lagenklassifizierung verbirgt, welche Trends in Sachen Etikettendesign zu beobachten sind, und was Verbraucher im Hinblick auf Rebsorten oder Geschmacksrichtungen favorisieren.

Im Fokus: Der aktuelle Jahrgang

Nach Angaben des Deutschen Weininstituts belief sich die Gesamterntemenge des Jahrgangs 2012 auf 9,1 Millionen Hektoliter. Sie lag damit nur leicht unter dem Vorjahresniveau und dem zehnjährigen Mittel von 9,25 Millionen Hektolitern.

Die Qualität des aktuellen Jahrgangs 2012 wird als ausgezeichnet eingeschätzt. Experten sprechen von einem außergewöhnlichen Rieslingjahrgang und sind auch von der Güte der Spätburgunder-Weine überzeugt. Ein insgesamt schöner Hochsommer mit moderaten Temperaturen und ein sonniger Spätsommer sorgten für erstklassige und ausgereifte Traubenqualitäten. Das Lesegut befand sich zum Zeitpunkt der Ernte in einem guten Gesundheitszustand und gewährleistete die wichtigste Voraussetzung für hohe Weinqualitäten. Warme Tage und kühle Nächte im Herbst förderten die Aromenausprägung in den Beeren und sorgten für fruchtige Weine mit ausgewogenem Säuregerüst. Auch die Rotweintrauben lieferten beste Ausgangspositionen für die Erzeugung komplexer und hochwertiger Weine.

Edle Materialien und puristisches Design – Aktuelles zum Thema Etikettengestaltung

Das Etikett als Teil der Corporate Identity eines Weinguts wird in aller Regel nicht von heute auf morgen verändert. Umstellungen im Design erfolgen nur behutsam. Wie wichtig eine zeitgemäße und ansprechende Gestaltung gerade für Marketingzwecke ist, zeigt sich einmal mehr, wenn man die Fülle des Weinangebots aus Deutschland

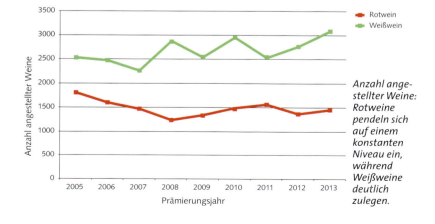

Anzahl angestellter Weine: Rotweine pendeln sich auf einem konstanten Niveau ein, während Weißweine deutlich zulegen.

Im Fokus: Der aktuelle Jahrgang | 9

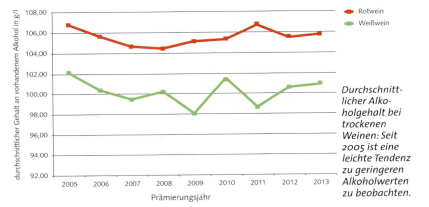

Durchschnittlicher Alkoholgehalt bei trockenen Weinen: Seit 2005 ist eine leichte Tendenz zu geringeren Alkoholwerten zu beobachten.

und allen weinproduzierenden Ländern der Welt anschaut.

Zu den aktuellen Trends im Etikettendesign gehören höherwertiges Papier, aufwändige Präge- und Druckverfahren und großflächige Formate, die das mit Informationen überfrachtete Etikett ersetzen. Wichtige Zusatzinformation über den Wein findet man auf dem kleineren Rückenetikett. Schlicht, reduziert und auf die Typografie konzentriert, zeigt das neue Etikett Understatement und Eleganz. Man spielt mit Schriften, aber die Typografie ist niemals verspielt, sondern sachlich. "Bei allen Trends bleibt das Etikett aber eine sehr individuelle Geschichte, denn es muss zum Charakter des Weinguts und zu den Kunden passen", erklärt Diplom-Designer Rüdiger Ertel aus dem pfälzischen Herxheim. Zunehmende Bedeutung erhält das selbstklebende Etikett.

Individueller und mutiger werden insbesondere auch die Weinnamen. "Ohne viel Worte", "Us de la meng", "Ochserohr" (als Aussprachehilfe für Auxerrois) oder "Quarzit" zeigen regionalen Bezug und Lokalkolorit mit Dialekt, Charme und Witz oder das Wissen um die Bodenbeschaffenheit. Der Fantasie sind keine Grenzen gesetzt.

Trends & Notizen aus der Bundesweinprämierung

— Seit 2005 ist eine leichte Tendenz zu geringeren vorhandenen Alkoholgehalten im Wein zu beobchten. Die höheren Alkoholgehalte in 2010, 2012 und 2013 liegen voraussichtlich an den höheren Zuckergehalten in den Beeren der jeweils aktuellen Jahrgängen, die bei der Gärung zu Alkohol verstoffwechselt werden.

— Der Trend zu Bio-Weinen ist ungebrochen. Immer mehr Spitzenbetriebe entschließen sich dazu, auf die

TRENDS & AKTUELLES

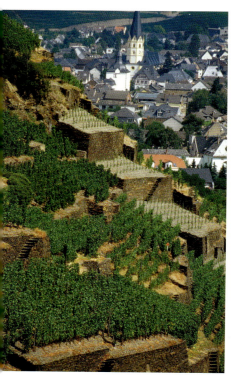

ökologische Produktionsweise umzustellen. Zurzeit werden etwa acht Prozent der gesamten Rebflächen in Deutschland von Biobetrieben bewirtschaftet. Die wichtigsten Verbände sind Ecovin, Demeter, Bioland und Naturland, in denen sich etwa die Hälfte aller Biobetriebe organisiert haben.

– Regionalität & Tradition: Das Wissen um die regionale Herkunft eines Produkts ist ein Trend, der sich fortsetzt. Die Angabe von Lage und Rebsorte auf dem Etikett wird ebenso geschätzt, wie das individuelle Design.

– Weine mit niedrigerem Alkoholgehalt, die dennoch über eine gute Aromenfülle und ansprechende Säurestruktur verfügen, bleiben ein Trend. Diese Weinstilistik kennzeichnet die Stärke deutscher Weine und ist in keinem anderen Weinbauland reproduzierbar.

– Das traditionelle Holzfass kehrt zurück in die Weinkeller vieler Betriebe. Es geht nicht um das Barrique-Fässchen, sondern das alte Stückfass, wie man es am Rhein seit Jahrhunderten kennt und für den Ausbau von Riesling nutzt. Hier hat es ein Fassungsvermögen von 1000 Litern. Es gibt aber in anderen Regionen auch größere oder kleinere Holzfässer, die 2.000 oder 500 Liter messen. Je größer ein Fass ist, desto geringer ist der Holzkontakt zum Wein.

– Aromatische Rebsorten wie Gewürztraminer, Sauvignon Blanc, Scheurebe und Bacchus legen weiter zu. (siehe Grafik)

– Riesling und die Burgundersorten haben nach wie vor die Nase vorn.

Neues Klassifizierungssystem – Profilierung der Einzellage als Chance

Zu den aktuell diskutierten Themen gehört eine neue Lagenklassifizierung, die die Bedeutung der traditionellen Herkunftsbezeichnungen und Qualitätsstufen in den Hintergrund rücken lassen könnte. Die Begriffe „Geschützte Ursprungsbezeichnung" (gU) und „Geschützte geographische Angaben" (ggA) wurden bereits in die deutsche Weinverordnung aufgenommen und die gängigen deutschen Weinbezeichnungen in das neue System integriert. So sind alle Qualitäts- und Prädikatsweine gleichzeitig Weine mit geschützter Ursprungsbezeichnung. Aus der Überzeugung, dass eines der wichtigsten Kriterien für eine bestimmte Qualität und Unverwechselbarkeit eines Weins der kontrollierte geographische Ursprung der Trauben ist, ergeben sich nach Expertenmeinung Chancen für den Winzer: Auf Basis dieser neuen Klassifizierung lassen sich Einzellagen definieren und mit einer geschützten Ursprungsbezeichnung versehen. Dafür gelten aber bestimmte Anforderungskriterien. Um eine Lage begrifflich schützen zu lassen, muss ein detailliertes Profil des dort angebauten Weins festgelegt werden. Kriterien sind dabei unter anderen bestimmte Rebsorten, ein limitierter durchschnittlicher Hektarertrag, die Erziehungsart, Vorgaben für önologische Verfahren und ein sensorisches und analytisches Profil, das wieder erkennbar ist.

Der Verband Deutscher Prädikatsweingüter (VDP) stellt ebenfalls ein neues Klassifizierungsmodell vor. Die Bedeutung der Lagen als Herkunft der besten Weine soll gestärkt und das Mittelsegment klarer strukturiert werden. Das Topsegment der neuen Qualitätspyramide bildet die VDP.GROSSE LAGE®. Es folgen die Segmente VDP.Erste Lage, Ortswein und Gutswein.

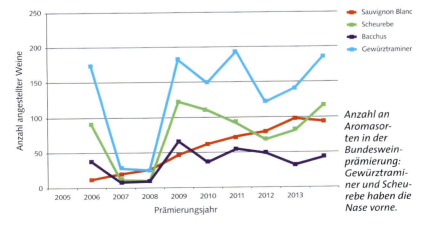

Anzahl an Aromasorten in der Bundesweinprämierung: Gewürztraminer und Scheurebe haben die Nase vorne.

WEIN GENIESSEN

Alles rund um den Weingenuss: Die TOP 50 der besten Weine, kulinarische Reisetipps vom Bodensee bis zu Saale und Unstrut, die Kombination von Wein und Speise sowie Profi-Tipps für die private Weinprobe.

Weine und Sekte von Experten empfohlen

Weine genießen kann man auf vielfältige Weise. Mit ausgewählten und selbst zubereiteten Speisen, als Solist oder zum regionaltypischen Menü im Sterne-Restaurant. Neben den bewährten sensorischen Beschreibungen und Speisetipps zu den besten 50 Weinen und 12 Sekten aus der aktuellen Bundesweinprämierung führt dieser Guide zu 13 Köchen, die in den deutschen Anbaugebieten Menüs aus ihrer Region zubereiten und ausgewählte Weine empfehlen. Mit unseren Tipps für die Kombination aus Wein & Fisch, Wein & Fleisch, Wein & Käse, Wein & Schokolade sowie Wein & Wasser gelingt das perfekte Dinner aber auch zu Hause.

Geprüfte Weinauswahl

Mit einem Verkostungsvolumen von jährlich rund 5.000 Weinen und Sekten aus allen Anbaugebieten ist die Bundesweinprämierung der DLG eines der besten Trendbarometer der deutschen Weinszene. Die aus diesem Probenmarathon resultierende Auswahl der besten Weine und Sekte werden von den Sensorikern der DLG einzeln bewertet. Die Spitzenliga aus dieser Selektion erhält die Auszeichnung Gold Extra und wird ein weiteres Mal verkostet.

Die aktuelle Verkostung zeigte einmal mehr, welche Trends sich im Hinblick auf die Wahl der Rebsorten und den Geschmack des Weins ausmachen lassen. Unter den angestellten Weinen gab es erwartungsgemäß eine stattliche Anzahl klassischer Rebsorten wie Riesling und Burgunder, aber zunehmend auch aromatische Bukettreben.

Die Interpretation des Begriffs „trocken" überlässt dem Winzer einen gewissen Spielraum, den er im Sinne seiner eigenen Weinstilistik ausprägen kann. Das Ergebnis der Verkostung belegt, dass extrem trocken ausgebaute Weine ebenso wie im vergangenen Jahr etwas seltener zu finden sind. Vielmehr zeigt sich eine Tendenz zur feinen Restsüße, die die Weine abrundet.

SENSORIK IM FOKUS

Die Speiseempfehlungen für die jeweils zehn besten Weine aus den Kategorien trockene und fruchtige Weißweine, trockene Rotweine, Barriqueweine, Edelsüße und die 12 besten Sekte haben die Wein-Experten der DLG gemeinsam mit Weinfachleuten und Sommeliers in einer gesonderten Verkostung unter die Lupe genommen. Im Fokus stehen der Geschmack, die sensorische Beschreibung und Tipps für das passende Menü.

16 | WEIN GENIESSEN

DIE 10 SPITZENWEINE WEISSWEIN TROCKEN

2012
Silvaner
Retzbacher Benediktusberg Kabinett Franken
Weingut Gebr. Geiger jun.
helles Gelb mit grünen Reflexen; zarte Aromen von Zitrus, Birne und Quitte; filigran und cremig im Geschmack mit leicht mineralischer Note und erfrischender Säure
⇨ geräuchertes Forellenfilet mit Meerrettich-Schmand, Carpaccio vom Leberkäse

2012
Riesling
Nußdorfer Herrenberg Spätlese Pfalz
Weingut Karl Pfaffmann Erben GdbR
Strohgelb mit grünen Reflexen; im Duft erinnernd an Mango, Maracuja und Weinbergspfirsich; auf der Zunge sehr lebendige Säure, die von einer angenehmen Süße begleitet wird, mineralisch mit sehr fruchtigem Nachhall
⇨ gebratenes Hähnchenbrustfilet Hawaii

2012
Chardonnay
Maikammerer Mandelhöhe Qualitätswein Pfalz
Weingut August Ziegler
kräftiges Goldgelb; Aromen von reifen gelben Früchten wie Quitte mit Noten von Mandelkrokant und reifen Walnüssen; cremig und vollmundig im Nachhall
⇨ gebratenes Kalbsfilet mit Morchelrahmsauce und Spätzle

2012
Grauburgunder
„Alte Reben" Spätlese Baden
Alde Gott Winzer eG
zart hellgelbe Farbe; feine Aromen von Birne und Honigmelone mit weißen Blüten und einem Hauch Vanille; die gut eingebundene Säure und die samtige Textur runden das Geschmacksbild ab ⇨ Forelle Müllerin-Art mit Butter-Petersilien-Kartoffeln

2012
Grauburgunder
Qualitätswein Baden
Alde Gott Winzer eG
helles Strohgelb; deutliche Fruchtexotik, die an Honigmelone, Maracuja und Mandarine erinnert; zarter Schmelz mit unterstützender frischer Säure und fruchtigem langem Nachhall
⇨ Winzersteak mit Grauburgunder Sauce zu Bandnudeln und glacierten Karotten

Bundesweinprämierung 2013: Ausgezeichnet mit dem Goldenen DLG-Preis Extra

DIE 10 SPITZENWEINE WEISSWEIN TROCKEN

2012
Grauburgunder
„Vinum Nobile" Qualitätswein Baden
Oberkircher Winzer eG
helles Goldgelb; feinfruchtige Aromen erinnern an Pfirsich, Nektarine und rosa Grapefruit, mit einer dezenten Aromatik nach gerösteten Mandeln; dichtes und cremiges Mundgefühl, abgerundet und komplex bei angenehmer Länge
⇨ Sushi oder Quiche Lorraine

2012
Grauburgunder
„Schlossberg" Qualitätswein Pfalz
Weingut Heinz und Jürgen Wilker GbR
helles Gelb; nussige Aromen mit reifer gelber Frucht und einem Hauch Vanille; am Gaumen setzt sich die Frucht in Form von reifen Bananen und Ananas fort; gut ausbalancierter Wein
⇨ Pfälzer Saumagen mit Kartoffelpüree und Sauerkraut

2012
Grauburgunder
Qualitätswein Nahe
Weingut Theo Enk
strohgelb; Aromen von Galiamelone und frischem Apfel, gepaart mit Anklängen von weißen Blüten; am Gaumen wird die deutliche Zitrusaromatik von der prägnanten Säure und zarter Restsüße unterstützt ⇨ Schweinebraten mit Kohlrabigemüse und Salzkartoffeln

2012
Gewürztraminer
Oberbergener Baßgeige Spätlese Baden
Winzergenossenschaft Oberbergen im Kaiserstuhl eG
kräftiges Gelb; konzentrierte Rosenaromatik unterstützt von tropischen Fruchtnoten wie Litschi, Blutorange und Nelken; dichtes und cremigwürziges Mundgefühl mit langem Finale
⇨ Leber Berliner Art oder „Himmel un Erd"

2012
Gewürztraminer
Dürkheimer Nonnengarten Spätlese Pfalz
Weingut Darting GdbR
strahlendes Goldgelb; würzige Noten von weißem Pfeffer gepaart mit Fruchtaromen von Litschi und Passionsfrucht; blumig abgerundet
⇨ Pfälzer Bauernbratwurst mit Apfelsauerkraut, Apfel-Flammkuchen

Bundesweinprämierung 2013: Ausgezeichnet mit dem Goldenen DLG-Preis Extra

18 | WEIN GENIESSEN

DIE 10 SPITZENWEINE WEISSWEIN FRUCHTIG

2012
Müller-Thurgau
Thüngersheimer Scharlachberg „MundFEIN" Kabinett Franken
Weingut Geiger & Söhne
zartes Gelb; feiner Duft nach Wiesenkräutern und frischen Äpfeln; die würzig-kräutrige Aromatik wird im Geschmack von einer Muskatnote unterstützt und durch eine filigrane Säure abgerundet, cremiges und dichtes Mundgefühl
⇨ Fränkische Blaue Zipfel, Spaghetti Carbonara

2012
Riesling
Qualitätswein Hessische Bergstraße
Weingut Simon-Bürkle
helles Gelb, interessantes und intensives Aromenspiel aus Ananas und Pfirsich, das sich am Gaumen fortsetzt, wird durch eine rassige Säure ergänzt, langer Nachhall
⇨ Gebratene Perlhuhnbrust mit Weißweinrisotto und Frühlingsgemüse

2012
Weißburgunder
„Avantgarde Elf" Qualitätswein Pfalz
Weingut Bergdolt-Reif und Nett
leuchtendes Goldgelb; im Duft Aromen von frischen Walnüssen, weißen Blüten und Banane; auf der Zunge kommt eine zarte Röstaromatik hinzu; feingliedrige Säure kombiniert mit schöner Mineralik
⇨ Zürcher Geschnetzeltes

2012
Grauburgunder
Classic Qualitätswein Mosel
Weingut Otto Görgen · Matthias Görgen
hellgelbe Farbe; im Geruch fruchtige Aromen von Ananas, Honigmelone, gelbem Apfel und Mirabelle; am Gaumen präsentiert sich eine dezente Säure, die durch eine feine Restsüße abgerundet und einem Hauch Vanille begleitet wird
⇨ Coq au Vin Blanc

2012
Bacchus
Thüngersheimer Ravensburg „MundFEIN" Kabinett Franken
Weingut Geiger & Söhne
strohgelb; intensives Bukett von Mango, Maracuja und Brennessel, das sich am Gaumen widerspiegelt; das ausgewogene Süße-Säurespiel unterstreicht diese frisch-fruchtige Aromatik
⇨ Meeresfrüchtesalat

Bundesweinprämierung 2013: Ausgezeichnet mit dem Goldenen DLG-Preis Extra

DIE 10 SPITZENWEINE WEISSWEIN FRUCHTIG

2012
Gewürztraminer
Durbacher Ölberg feinherb Spätlese Baden
Weingut Heinrich Männle
strahlendes Goldgelb; im Geruch kräftige Aromen von Pfingstrosen, Blutorange, Quitte und Muskat; auf der Zunge kommen exotische Noten wie Passionsfrucht und Mandarinen hinzu; getragen von angenehmer Süße und abgerundet durch milde Säure ⇨ Asiatisches Wokgemüse, Rotes Thaicurry

2012
Kerner
„Edition S" Spätlese Württemberg
Fellbacher Weingärtner eG
helles Gelb, intensive Aromen nach gelben Früchten wie Mango, Maracuja und Ananas, ausgewogenes Süße-Säurespiel; im Nachhall besonders saftig und animierend
⇨ Schwäbische Maultaschen mit Zwiebeln abgeschmelzt

2012
Morio Muskat
Qualitätswein Pfalz
Weingut Bärenhof · Helmut Bähr & Sohn
zart-hellgelbe Farbe; intensives Bukett aus tropischen Früchten, Stachelbeere und Muskat mit einem Hauch von Rosenwasser; die deutliche Restsüße verstärkt diese Aromatik und setzt sich im Nachhall fort ⇨ Wiener Apfelstrudel oder gratinierter Ziegenfrischkäse

2012
Gewürztraminer
„Edition S" Spätlese Württemberg
Fellbacher Weingärtner eG
leuchtendes Gelb; florales Aromenspiel mit Rose und Veilchen, unterstützt von einer würzigen Note; am Gaumen kandierte Äpfel mit prägender Süße und pikanter Fruchtsäure
⇨ Schwäbischer Käsekuchen

2012
Gewürztraminer
Achkarrer Schlossberg Spätlese Baden
Winzergenossenschaft Achkarren am Kaiserstuhl eG
goldgelbe Farbe; konzentrierte Frucht nach Maracuja und Mango kombiniert mit Rosenduft und würzigen Komponenten; von der Süße getragene Honignote mit feinstrukturierter Säure; dichter, komplexer und langer Nachhall ⇨ Variation von Blauschimmelkäse oder Spaghetti mit Gorgonzola-Sauce

Bundesweinprämierung 2013: Ausgezeichnet mit dem Goldenen DLG-Preis Extra

/ 20 | WEIN GENIESSEN

DIE 10 SPITZENWEINE ROTWEIN TROCKEN

2009
Spätburgunder
Bechtolsheimer Petersberg Auslese Rheinhessen
Weingut Ernst Bretz
rubinrot; Aromen erinnern an Pflaumenmus und Schwarzkirsche mit einem Hauch von Minze; am Gaumen deutliche Gerbstoffstruktur mit wärmendem Nachhall ⇨ Rinderschmorbraten mit Apfelrotkohl und Semmelknödeln, Schweinebraten Dänische Art

2011
Spätburgunder
St. Martiner Baron Qualitätswein Pfalz
Herrengut St. Martin
intensives Kirschrot; im Geruch kräutrig-würzig, mit Anklängen von dunklen Früchten und Röstnoten; im Geschmack voluminös und nachhaltig ⇨ Burgunderragout mit Spätzle und Rosenkohl

2011
Spätburgunder
Sasbacher Rote Halde Spätlese Baden
Winzergenossenschaft Sasbach am Kaiserstuhl eG
intensives Rot; konzentrierte Beerenaromatik nach schwarzer Johannisbeere und Heidelbeere und einem Hauch Lakritz; dicht und komplex mit angenehmem Nachhall ⇨ Schaschlik-Spieß oder gebratenes Rumpsteak und Salat

2011
Spätburgunder
„Fels * * * *" Qualitätswein Württemberg
Felsengartenkellerei Besigheim e.G.
Burgunderrot; Aromen von eingekochten Früchten wie Pflaume und Schwarzkirsche, mit würzig-kräutrigen Komponenten; deutliche Gerbstoffe unterstreichen den kraftvollen Körper ⇨ Linsensuppe oder gefüllte rote Paprika mit Reis

2011
Spätburgunder
Kenziger Hummelberg „SL" Spätlese Baden
Weingut Leopold Schätzle
intensives Rubinrot; Aromen dunkler Früchte wie Pflaume und Amarenakirsche, leichte Rumtopfaromatik und Zartbitterschokolade, pfeffrig-würzig und cremig am Gaumen mit deutlicher Gerbstoffstruktur; intensiver Nachhall ⇨ Rindergulasch mit Brezelknödeln

Bundesweinprämierung 2013: Ausgezeichnet mit dem Goldenen DLG-Preis Extra

DIE 10 SPITZENWEINE ROTWEIN TROCKEN

2012
Schwarzriesling
Dürkheimer Feuerberg Qualitätswein Pfalz
Vier Jahreszeiten Winzer eG
intensives Kirschrot mit violetten Reflexen; im Duft Früchtekompott aus Waldbeeren wie Brombeere und Heidelbeere kombiniert mit floralen Aromen von Veilchen; dichter, kräftiger Schwarzriesling ⇨ Wildbraten mit Maronenragout oder Weinbergsschnecken

2007
Lemberger
„****" Qualitätswein Württemberg
Busch GbR
kräftiges Kirschrot; fruchtbetonte Nase von Brombeere, Heidelbeere und Amarenakirsche, die sich im Gaumen fortsetzt und durch deutliche Gerbstoffe unterstützt wird; kraftvoll mit angenehmer Länge ⇨ Schokoladensoufflee mit warmem Kirschkompott

2011
Lemberger
Malscher Rotsteig Qualitätswein Baden
Weingut Rüdiger Bös
tiefdunkles Kirschrot mit violetten Reflexen; im Aroma Sauerkirsche, Cassis und Feige; im Geschmack würzig mit weichen Gerbstoffen, samtig und vollmundig
⇨ Rehragout mit Preiselbeeren und Maronispätzle

2011
Merlot
Malscher Rotsteig Qualitätswein Baden
Weingut Rüdiger Bös
intensives Rubinrot, kräftige Aromen von reifen Kirschen, Pflaumen, Brombeeren und Holunder; auf der Zunge etwas Nougat und pfeffrig-kräutrige Nuancen, eingebundene Gerbstoffe bei angenehmer Länge ⇨ Im Ofen geschmorte Lammkeule mit Ratatouille

2011
Cabernet Sauvignon
Maikammerer Heiligenberg Qualitätswein Pfalz
Herrengut St. Martin
kräftige Farbe; interessantes Aromenspiel von grüner Paprika und Röstaromen; sehr gut eingebundene Gerbstoffe bei kräftigem Körper und angenehmer Länge ⇨ Chopsuey oder gebratene Entenbrust mit Sojasauce, Sprossen und Basmati-Reis

Bundesweinprämierung 2013: Ausgezeichnet mit dem Goldenen DLG-Preis Extra

DIE 10 SPITZENWEINE BARRIQUE TROCKEN

2011
Chardonnay
„Vinum Nobile" Qualitätswein Baden
Oberkircher Winzer eG
leuchtendes Gelb; in der Nase eine deutliche Röstaromatik von Haselnuss, Karamell und Nougat kombiniert mit Noten von exotischen Früchten wie Honigmelone, Babybanane und Ananas; cremig und komplex mit sehr langem Finale; typischer Chardonnay aus dem Barrique
⇨ Frittierte Calamares mit Knoblauch-Sauce

2012
Weißburgunder
„Nr. 1" Spätlese Pfalz
Vier Jahreszeiten Winzer eG
strohgelb, Kombination aus Früchten wie Ananas, Papaya und Quitte; wärmendes Mundgefühl und kraftvoller Nachklang
⇨ Schweinshaxe mit Kümmelsauerkraut

2010
Grauburgunder
Qualitätswein Baden
Oberkircher Winzer eG
intensives Goldgelb; würzig-rauchige Aromatik unterlegt von Krokant und Anklängen von Ananas und Banane; Aromen bestätigen sich auf der Zunge und werden durch einen mineralischen Geschmack mit lebendiger Säure verstärkt; langer Nachhall ⇨ Saltimbocca oder gebratene Garnelen

2011
Spätburgunder
Durbacher Plauelrain
Qualitätswein Baden AP-Nr. 05-13
Weingut Schwörer · Josef Rohrer
tiefdunkles Rot; reife Fruchtaromen von Holunder, Brombeere, schwarzer Johannisbeere kombiniert mit Vanille und Kaffee; dicht und kräftig, langer Nachhall
⇨ Steinpilzlasagne

2011
Spätburgunder
Sasbacher Rote Halde Auslese Baden
Winzergenossenschaft Sasbach am Kaiserstuhl eG
dunkles Rubinrot; der Duft erinnert an Früchte wie Brombeere und Holunder kombiniert mit Haselnussnougat; vollmundig und elegant bei komplexer Länge ⇨ Geschnetzeltes nach Art Stroganoff oder Auberginenauflauf

Bundesweinprämierung 2013: Ausgezeichnet mit dem Goldenen DLG-Preis Extra

DIE 10 SPITZENWEINE BARRIQUE TROCKEN

2011
Spätburgunder
Durbacher Plauelrain
Qualitätswein Baden AP-Nr. 06-13
Weingut Schwörer · Josef Rohrer
intensives Violettrot, Duft erinnert an rote Beeren, Schwarzkirsche, Lakritz und Vanille; auf der Zunge konzentriert, mit betonter Gerbstoffstruktur und angenehmer Länge
⇨ Martinsgans, Semmelknödel und Bratapfel

2009
Spätburgunder
Qualitätswein Rheinhessen
Weingut Julius Wasem Söhne
deutliches Kirschrot, kräftige Röstaromatik mit grünem Tabak, Zartbitterschokolade, Süßholz und Pflaume; intensiv im Geschmack mit sehr langem Nachhall
⇨ Rinderfilet oder Rostbraten Strindberg

2011
Lemberger
Qualitätswein Württemberg
Weingärtnergenossenschaft Remstalkellerei
dunkles Kirschrot, intensiver Duft nach dunklen Beeren, Cassis und floralen Noten, Anklänge von weißem Pfeffer und Mokka, komplexer Geschmackseindruck bei harmonischer Gerbstoffstruktur und langem Nachhall ⇨ Gebratener Thunfisch mit Pfeffersauce oder Schokoladentarte

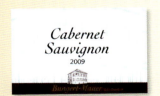

2009
Cabernet Sauvignon
Ockenheimer St. Jakobsberg
Qualitätswein Rheinhessen
Weingut Bungert-Mauer
tiefdunkle kirschrote Farbe; konzentrierte Aromatik von gekochter Paprika, schwarzem Pfeffer und grünen Bohnen sowie Pflaumenmus; kraftvoll im Geschmack
⇨ Rheinischer Sauerbraten

2009
Cabernet Sauvignon & Merlot
Qualitätswein Rheinhessen
Weingut Ernst Bretz
dunkles Ziegelrot; in der Nase Aromen von frischen Pflaumen, Heidelbeeren, Schwarzkirschen und Wacholder; im Geschmack würzige Noten von Paprika und grünem Pfeffer, nachhaltig mit saftigem Abgang ⇨ Pariser Pfeffersteak

Bundesweinprämierung 2013: Ausgezeichnet mit dem Goldenen DLG-Preis Extra

DIE 10 SPITZENWEINE EDELSÜSS

2012
Silvaner
Ramsthaler „Clees" Eiswein Franken
Weingut Baldauf · Gerald und Ralf Baldauf
goldgelb mit grünen Reflexen; reife Aromen von gelben Früchten wie Quitte, Birne, Aprikose und Banane; Honigsüße mit gut eingebundener Säure, eleganter Charakter
⇨ Exotischer Fruchtsalat mit Vanilleeis

2012
Silvaner
Escherndorfer Lump Beerenauslese Franken
Weingut Horst Sauer
goldgelb; intensive Aromatik von tropischen Früchten wie Mango und Maracuja sowie Rosinen und Honig; konzentrierte süße Frucht und prägnante Säurestruktur
⇨ Frische Erdbeeren mit halbflüssigem Rahm

2010
Silvaner
Maikammerer Mandelhöhe Eiswein Pfalz
Wein und Sekthaus Aloisiushof GmbH
leuchtendes Gelb; intensive Fruchexotik gepaart mit feiner Würze nach Pfeffer; lebendige Säure puffert die deutliche Süße ab
⇨ Parmaschinken mit Melone oder gebackener Apfel mit Kräutern

2011
Riesling
Oppenheimer Herrenberg
Beerenauslese Rheinhessen
Weingut Manz · Erich & Eric Manz GbR
goldgelb; getrocknete Früchte wie Aprikose, Pfirsich, Datteln, Feigen und kandierte Zitrusfrüchte; fruchtsüß im Geschmack mit angenehmer Säurestruktur ⇨ Käseplatte mit kräftigen Käsesorten wie Munsterkäse, Reblochon

2012
Riesling
Escherndorfer Lump Beerenauslese Franken
Weingut Horst Sauer
strahlendes Goldgelb; im Duft deutliche Aromen von Tannenhonig, reifen Walnüssen und Ananas; gute Balance von lebendiger Säure und deutlicher Restsüße; intensiver, langer Nachhall
⇨ Lebkuchenparfait

Bundesweinprämierung 2013: Ausgezeichnet mit dem Goldenen DLG-Preis Extra

DIE 10 SPITZENWEINE EDELSÜSS

2012
Riesling
Escherndorfer Lump
Trockenbeerenauslese Franken
Weingut Horst Sauer
kräftiges Goldgelb; vielschichtiger Duft nach
getrockneten Aprikosen, Pfirsich, Limonen
und Rosinen; komplexer Wein mit opulenter Süße
⇨ Kaiserschmarren mit Apfelmus

2007
Huxelrebe
Bechtolsheimer Sonnenberg
Trockenbeerenauslese Rheinhessen
Weingut Ernst Bretz
tiefes Goldgelb; im Duft tropische Früchte wie
Maracuja sowie Trockenfrüchte und Honig, deutliche Süße und präsente Säurestruktur, die dem
Wein eine bemerkenswerte Frische verleiht
⇨ Karamellisierter Kokoskuchen mit Grünem Tee-Eis

2008
Huxelrebe
Trockenbeerenauslese Rheinhessen
Weingut Paulinenhof · Rolf Bernhard
goldgelb mit bernsteinfarbenen Reflexen; ausgeprägtes Bukett nach getrockneten Früchten wie Aprikose, Quitte und Banane; deutliche Süße harmoniert
sehr gut mit der Säurestruktur; wirkt noch sehr frisch
mit langem Finale ⇨ Hühnchengeschnetzeltes mit
Cashew-Nüssen, Samba Olek und Jasminreis

2012
Cabernet Sauvignon
Eiswein Rheinhessen
Weingut Julius Wasem Söhne
glänzendes Kupferrot; im Duft konzentrierte
reife Fruchtaromen von Stachelbeere und Quitte
sowie von grüner Paprika; im Geschmack
prägen die sortentypischen, würzigen Aromen
den Charakter des Weins
⇨ Spargel-Erdbeer-Salat mit Brennnessel-Parfait

2011
Cuvee Rotwein
Burkheimer Schlossgarten Eiswein Baden
Burkheimer Winzer am Kaiserstuhl eG
violettrot; reife Aromen von Dörrobst,
Rumtopf und reife Waldfrüchte; kraftvoll im
Geschmack mit würziger Länge
⇨ Gebrannte Weincreme mit Traubenragout
und Rotwein-Eis

Bundesweinprämierung 2013: Ausgezeichnet mit dem Goldenen DLG-Preis Extra

DIE TOP-12-SEKTE

2011
Riesling
Siebeldinger Königsgarten Weißsekt brut Pfalz
Wein- und Sektgut Wilhelmshof
helles Gelb mit grünen Reflexen, Fruchtaromen von Quitte, Apfel und Limette neben leicht kräutrigen Noten wie Minze; die mineralische Säure begleitet den dezenten Süßeindruck
⇨ Gebratenes Seezungenfilet mit Schaumweinsauce

2011
Riesling
Weißsekt extra trocken Rheinhessen
Weingut Acker - Martinushof · Thilo Acker
helles Strohgelb; Fruchtaromen nach Sternfrucht, Honigmelone und Limette; kräftiger Körper mit einem angenehmen und saftigen Mundgefühl
⇨ Steinpilzrisotto

2011
Riesling
Weißsekt trocken Rheinhessen
Winzergenossenschaft Westhofen eG
hellgelb mit grünen Reflexen; zarter Duft, der an Apfel, Ananas, Grapefruit und Passionsfrucht erinnert; elegantes Säurespiel mit lebendiger Frische
⇨ Breite Bandnudeln mit Lachsfilet in Sahne-Sauce

Chardonnay
„HERB" Weißsekt brut Baden
Sektkellerei Emil Schweickert GmbH
strahlendes Gelb; Aromen erinnern an Honigmelone, Banane, Karamell und Lindenblüten; eleganter Körper mit einem angenehmen Mundgefühl ⇨ Hähnchenbrust Hawaii

Chardonnay
Weißsekt brut Rheinhessen
Weingut Kurt Erbeldinger & Sohn · Stefan Erbeldinger
helles Gelb mit grünen Reflexen; ausdrucksvolle Frucht von Apfel, Ananas und Pfirsich sowie ein Hauch von Vanille und nussigen Anklängen; am Gaumen saftig und cremig
⇨ Hühnerfrikassee mit Gemüsereis

2011
Sauvignon Blanc
Weißsekt extra trocken Pfalz
Winzergenossenschaft Herxheim am Berg eG
strohgelb; zart-fruchtige Prägung von schwarzer Johannisbeere, Cranberry und frisch geschnittenem Gras; fruchtig am Gaumen mit pikantem Säurespiel
⇨ Tafelspitz mit Frankfurter Grüner Sauce

Bundesweinprämierung 2013: Ausgezeichnet mit dem Goldenen DLG-Preis Extra

DIE TOP-12-SEKTE

2011
Spätburgunder
Blanc de Noir-Sekt brut Pfalz
Sektkellerei Martinushof · Hilarius Reinhardt
helles Rotgold; typische Burgunderaromatik nach Birne, Walnuss und Heu; feines Mousseux mit einem überraschenden Süßeindruck bei spannender Säure, Fülle und Eleganz ⇨ Rhabarberkompott und Vanille-Sauce mit Erdbeersorbet

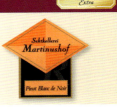

Traminer
„Benno von Meißen" Weißsekt trocken Sachsen
Sächsische Winzergenossenschaft Meißen e.G.
kräftige gelbe Farbe; eleganter Rosenduft wird ergänzt von einem Hauch Flieder; fruchtbetontes Süße-Säurespiel am Gaumen mit erfrischendem Nachhall ⇨ Rahmsuppe von Rosenkohl mit Preiselbeer-Markklößchen

2011
Lemberger
Weißherbstsekt brut Württemberg
Rolf Willy GmbH · Privatkellerei-Weinbau
lachsfarben; filigraner Duft nach roten Früchten wie Erdbeere und Himbeere; ansprechende Säure mit einem Hauch von Ananas und Melone bei eleganter Perlage auf der Zunge ⇨ Wildkräuter-Salat mit Joghurt-Dressing und gebratenen Kaninchenfilet-Streifen

2011
Muskateller
Oberrotweiler Weißsekt extra trocken Baden
Kaiserstühler Winzerverein Oberrotweil eG
Hellgelb mit grünen Reflexen; elegante Zitrusnote mit feiner Muskatwürze und frischer Minze; belebende Säure am Gaumen bei einem harmonischen Gesamteindruck ⇨ Fingerfood, Couscous-Salat

2011
Muskat-Trollinger
Gellmersbacher Dezberg Roseesekt trocken Württemberg
Wein u. Sektkellerei Horst Stengel
helles Kupfer; zarter Duft nach Rosen begleitet von einer leichten Muskatnote; elegante Süße mit feinfruchtigen Elementen wie Litschi, Granatapfel und Mandarine; spielerisch fruchtiger Nachklang ⇨ Butterbrezel, Hausmacher Wurst

2011
Muskat-Trollinger
Weißherbstsekt trocken Württemberg
Privatkellerei Klaus Keicher GmbH
leuchtendes Kupferrot; elegante Muskatnote im Duft mit reifen Beeren; pikante Fruchtsüße mit einer frischen, ansprechenden Säure ⇨ Württembergische Schlachtplatte

Bundesweinprämierung 2013: Ausgezeichnet mit dem Goldenen DLG-Preis Extra

Kulinarische Reisetipps vom Bodensee bis zu Saale und Unstrut

Spitzenköche aus allen Anbaugebieten verraten ihre schönsten regionalen Rezepte und Weinempfehlungen.

Der Verband der Köche Deutschlands e.V. stellt die Menü- und Weinempfehlungen von 13 Mitgliedern aus den deutschen Weinanbaugebieten vor, die als Köche den schönsten Beruf der Welt haben.

Als Experten in kulinarischen Fragen tragen Köche eine hohe Verantwortung, die Qualität der Esskultur in Deutschland zu pflegen und weiterzuentwickeln. Dabei spielen regionale Produkte, solide Kenntnisse der Lebensmittelqualität und das Wissen über gesunde Ernährung heute eine große Rolle.

Köchinnen und Köche tragen bei der Umsetzung gesellschaftspolitischer Themen wie Umwelt, Gesundheit und Nachhaltigkeit einen entscheidenden Anteil. Doch Kochen ist mehr als das Ergebnis physikalischer Vorgänge. Zu diesem Beruf gehören Leidenschaft und Hingabe in besonderer Weise. Nur wer Freude am Essen und Trinken mitbringt, wird seine Gäste verwöhnen und lukullische Erlebnisse bieten können.

INFO

Gemeinsam mit der DLG engagiert sich der Verband der Köche Deutschlands an den jährlich stattfindenden „Geschmackstagen". Diese Initiative wurde vom Bundesministerium für Ernährung, Landwirtschaft und Verbraucherschutz (BMELV) und Sternekoch Johann Lafer vor einigen Jahren ins Leben gerufen. Aus dem ehemaligen Pilotprojekt wurde die deutschlandweit größte Aktionswoche rund um die Vielfalt regional und saisonal handwerklich produzierter Lebensmittel. Das Motto des Jahres 2013 lautet „Gemeinsam Geschmack erleben". Damit möchte man die regionale Genussvielfalt in Deutschland fördern und für den bewussten Umgang mit Lebensmitteln sensibilisieren. Geplant sind Aktionswochen mit Grundschulen, Geschmacksschulungen für Verbraucher sowie Informationen rund um das Thema Lebensmittelqualität.
www.geschmackstage.de

Geschmackstage 2013
Köstliches Deutschland
27. September bis 6. Oktober 2013

Als Mitglied im Verband der Köche Deutschlands e.V. (VKD) gehören Köchinnen und Köche einer Gemeinschaft an, die mit rund 12.000 Mitgliedern bundesweit präsent und vernetzt ist. So vielfältig wie die Branche, sind auch die Mitglieder des VKD. In diesem Berufsfachverband engagieren sich Auszubildende und Köche, Küchenleiter, Patissiers, Gastronomen, Caterer, Betriebs- und Sozialverpfleger sowie Sterneköche und Top-Ausbilder. Mit dieser Bandbreite an Erfahrungen und Wünschen ist der VKD ein bedeutender Ansprechpartner der Branche und setzt sich für die Zukunft des Berufes ein. Da eine gute Ausbildung Grundlage für den Kochberuf ist, unterstützt der VKD mit verschiedenen Initiativen eine

qualifizierte Ausbildung. Im Verband finden angehende Nachwuchskräfte Ausbilder, die mit dem branchenweit anerkannten Titel „Top-Ausbilder des Jahres" gekürt oder Lehrstätten, die als „qualifizierte Ausbildungsbetriebe" ausgezeichnet wurden.
Weitere Infos zum Verband der Köche Deutschlands: **www.vkd.com**

Eine große Liebe zu ihrem Beruf bringen auch die 13 Köche mit, die in diesem DLG Wein-Guide ihre Region kulinarisch präsentieren. Sie führen den Leser mit ihren Menüvorschlägen und ausgewählten Weinen der Region in die Welt der Genüsse und bieten Anregungen für weitere Tafelfreuden.

Jean-Marie Dumaine, Restaurant Vieux Sinzig in Sinzig

Kräutermenü von der Ahr

Ofengemüse mit Gewürzaromen, Sommer-Trüffel, Wildkräuter und Waldkresse-Vinaigrette

2012 Müller Thurgau, Kabinett halbtrocken, Franken

∞

Schellfisch mit Sauerampfer-Gazpacho Rosensauce und grüne und gelbe Zucchini-Tagliatelle

Sauvignon blanc, Rheinhessen

und/oder

Schollenfilet mit Tandoori-Gewürz, grüner Meerrettich-Hummercrème, gebratene Salatherzen mit Yuzu und Apfel

2011 Blanc de Noirs, Ahr

∞

Kalbsbries in Nussbutter gebraten mit Aprikosen und Pfifferlingen, Karottenpüree und rosa Ingwer

Silvaner Barrique, Franken

und/oder

Jean-Marie Dumaine

Lammrücken
Tamarinde-Sauce, Melde als Spinat und Shiitake mit Waldziest

Gereifter und vollmundiger Spätburgunder, Ahr

∞

Valrhona Schokoladen-Biskuit, warm und flüssig in der Mitte, Pappelknospen-Eis und Azteken Süßkraut

2012 Riesling Auslese, fruchtsüß, Ahr

Martin Baumgärtel

**Martin Baumgärtel, Strandhotel Löchnerhaus,
Insel Reichenau/Bodensee**

Reichenauer Insel-Menü

*Reichenauer Kirschtomaten-Brot-Salat
mit Rucola und Hohentengener Mozzarella
in lauwarmer Basilikumvinaigrette
mit Pinienkernen*

Reichenauer Gutedel QbA trocken

∞

*Suppe von Bodenseekrebsen
mit Kräuterklößchen*

Weißburgunder Kabinett trocken

∞

*Pochiertes Hechtfilet aus der Meerrettichmilch
Pestosauce
Rote Bete Gemüse und Butterkartoffeln*

Spätburgunder Rosé trocken

∞

*- Geeiste Reichenau -
Hausgemachtes Vanilleparfait
mit frischem Beerenragout*

Reichenauer Hochwart Sekt, Blanc de Blanc, Flaschengärung

Jürgen Koch, Hotel Laurentius, Weikersheim

Die Welt der Tauberhasen
– Menü rund um den Weinberg –

Aperitif
Gemischter Satz
z. B. Alter Wengert, Tauberzell, Franken

∽

Küchengrüßle
Kuttelblooz[1] mit Korianderschmand

∽

„Fränkisches Sushi"
Lachsforelle mit Grünkern im Wirsingblatt
Wildkräutersalat mit Verjus und Agrest
Riesling feinherb, Weikersheim, Württemberg

∽

Hohenloher Landei "Methode Doc Deli"[2]
Kartoffelpüree mit Tauberhasenmostrich
Silvaner Spätlese trocken, Röttingen, Franken

---

[1] Traditioneller, salziger Kuchen aus dem Hohenloher Land
[2] pochiertes Landei

Die drei Köche und Gastronomen Jürgen Koch (Weikersheim), Lars Zwick (Tauberzell) und Christian Mittermeier (Rothenburg o.d.T.) betreiben zusammen im Tauberzeller Hasennestle den Weinberg „Tauberhase".

Jürgen Koch

Rebholzgeräucherter Rücken vom Schwäbisch Hällischem Landschwein Bratensaft mit Steinriegelgewürzen aus unserem Weinberg, Rahmgemüse aus dem Hohenloher Märktle, Dinkelspätzle
Tauberschwarz trocken, Röttingen, Franken

∾

Geifertshofener Dorfkäse Gewürztes Geiztraubengelee
Gewürztraminer Auslese, Baden

∾

Minestrone von Gartenbeeren und Rhabarber Schrozberger Joghurtmousse Oliveneisparfait mit unserem Honig und Limone
„Hasi HaLaLi"
Taubertäler Perlwein mit einem Schuss Waldmeister

Gerhard Beck, Lufthansa Training & Conference Center, Seeheim

Spätherbstlicher Spaziergang durch die Bergsträßer Kulinaristik

Gruß aus der Küche:
Gurkengel / Saiblingskaviar / Pumpernickel

Trockener Jahrgangssekt,
ausdrucksstark und elegant

∽

Carne Cruda vom leicht geräuchertem Bergsträßer Rehrücken mit zweierlei Zwiebelmarmelade und pochiertem Wachtelei

Riesling mit frischer Säure und leichter Süße.
Mit leichtem Bukett von Quitte und Pfirsich schafft er den Spagat
zwischen den Raucharomen vom Reh und der
Säure der Marmeladen.

∽

Flüssiges vom Hokkaido Kürbis mit Lollie von der Gänseleber auf roter Sternrenette geschmort im Gewürztraminer

Leicht gereifter Weißburgunder mit würziger Note,
einem Hauch von Nuss und einer fruchtigen Nase

Gerhard Beck

Milchkalbsrücken in mildem Pimento gegart, dazu Aromakapseln mit geschmorten Kalbsbacken, Steinpilzen und Stampf von Odenwälder Kartoffeln

St. Laurent mit gut eingebundener Säure und zarter Mineralität.

∾

Süppchen von der Valrhonaschokolade Topfenknödelpraline im Nuss-Mantel mit Gewürz-Zwetschgeneiscrème

Scheurebe Trockenbeerenauslese.
Besonders als edelsüßer Wein kann diese Rebsorte ihre ganze Aromenvielfalt ausspielen. Perfekt zu diesem Dessert mit Orangen- und Nussnoten.

Hans Jürgen Dettmer mit Familie

Hans Jürgen Dettmer, Hotel am Markt, Bacharach am Rhein

Kulinarische Grüße vom Bacheracher Hahn

*Gebratener Saibling,
Gurke mit Schnittlauch und Radieschenvinaigrette*

Bacheracher Hahn Riesling Kabinett trocken

∾

*Marinierte Ur-Tomate mit
geräuchertem Büffelmozzarella
und Basilikumschaum*

2010 Bacheracher Hahn Riesling Spätlese trocken

∾

*Gebratener Zander
an Salbeignocchi mit Oliven, Mandeln und Paprika*

2010 Bacheracher Hahn Riesling Kabinett feinherb

∾

*Sûpreme von der Bresse Taube
auf cremigem Spargel – Morchelragout*

Grauer Burgunder trocken mit eleganter Fülle

∾

*„Batida de Coco & Raffaelo"
Ananas, Kokos und weiße Schokolade*

Huxelrebe Eiswein oder Beerenauslese

Dirk Melsheimer, Hotel Villa Melsheimer, Reil

Regionales Mittelmosel-Menü

Aperitif
2011 Riesling Sekt brut
Aus klassischer Flaschengärung, fruchtig-elegant mit dezenter Fruchtsüße

∽

Gebackener Ziegenfrischkäse vom Vulkanhof im Brickteig mit Thymianhonig Wildkrautsalat und Zweierlei von der Aprikose
2012 Weißburgunder Qualitätswein trocken
Eleganter Weißburgunder mit feiner Frucht, harmonischer Säure und mineralischen Komponenten

∽

Reiler Marmittchessopp*
mit gebratenem Kalbsbries und karamellisiertem Apfel
2012 Riesling Hochgewächs Gutswein trocken
Würzige Noten, mineralisch, feiner Duft nach Kräutern

∽

Zanderfilet auf der Haut gebraten
an Flusskrebsschaum mit Riesling-Champagnerkraut
eingelegte Kirschtomaten und Speck-Döppekooche
2012 Riesling Hochgewächs Selection
Gehaltvoller Riesling, fruchtig mit fein-mineralischem Spiel

*traditionelles Moselaner Weinbergsgericht

Dirk Melsheimer

Karee vom Einola Ur-Lamm an Amarena-Kirschjus Karotten-Ingwer-Strudel und Violetta Kartoffeln

2010 Merler Stephansberg Riesling Spätlese feinherb
Mineralisch, vielschichtige Frucht, komplex und tiefgründig

∽

Geeister Savarin vom Dauner Kaffee mit Schokolade und kleiner Tarte vom Weinbergspfirsich an Dornfelder Sabayone

2009 Merler Königslay Riesling Auslese fruchtsüß
Mit Honignote, konzentrierter Mineralität und reifen Fruchtaromen

Franz Xaver Bürkle, TV-Koch aus Bad Kreuznach an der Nahe

Festliches Menü zur Weinlese

Praline vom Hunsrückreh
Gelee von schwarzen Walnüssen und
Salat von gekräuterten Waldpilzen
Traminer oder Grauburgunder trocken, Nahe

∽

Sämige Maronenschaumsuppe
mit Hagebuttenschmand
Rosé oder Portugieser Weißherbst mit fruchtiger Süße

∽

Gesottenes Nahehechtfilet
mit feinem Wurzelwerk und Rieslingschaum,
cremiges Graupenrissotto
Riesling halbtrocken/feinherb, Nahe

∽

Saftiges Fasanenbrüstchen
im Maiscrepe gebacken mit Rosinen-Zimtsauce
und Wirsing-Kürbisgemüse
Weicher Grauburgunder oder leichter Spätburgunder

Pflück nicht jede Traube,
laß' eine hängen am Stock;
Ein anderer kommt aus dem Staube
mit regenverwaschenem Rock;
Du bist nicht Winzer allein,
Gott schenkte auch ihm den Wein.

Friedrich Schnack

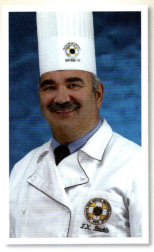

Franz Xaver Bürkle

Ziegenkäse vom Bornwiesenhof
in Haselnüssen leicht angebraten,
pikantes Pflaumenragout
Trockener Weißburgunder oder gereifter Riesling

∽

Luftiger Ebernburger Ofenschlupfer*
mit Weinbergspfirsichen und
Vanillerahm-Eis
Bukettreicher Wein wie Scheurebe, Bacchus oder Muskateller

* Luftiger Biskuitauflauf mit Tafeltrauben und Nüssen

**Petra Roth-Püngeler und Werner Püngeler,
Restaurant Schneider, Dernbach**

Pfälzer Spargel – Gala

Fingerfood
2011 Riesling Sekt brut
zitrusfruchtig, 18 Monate Hefelager, traditionelle Flaschengärung, feinperlig

∞

Amuse Bouche:
Gebackenes Landei mit Thaispargel und Glasnudeln
2011 Scheurebe trocken
feinfruchtig, dezente Säure, obere Süße im trockenen Bereich

∞

Filet vom Bachsaibling bei Niedrigtemperatur gegart auf mariniertem Spargel mit Kressemousse
2012 Weißburgunder trocken
nussig, weich, charmant, dezente Frucht, Stückfass

∞

Jakobsmuscheln auf Spargelspitzen in Orangenbutter
2012 Riesling trocken
vollmundig, gelbe Früchte, Würze und Saft, Alte Reben

∞

Sûpreme von der Bresse Taube auf cremigem Spargel – Morchelragout
2012 Grauer Burgunder trocken
saftige Melonenduft, elegante Fülle

Petra Roth-Püngeler und Werner Püngeler

Sorbet von exotischen Früchten mit Kokosschaum und Sauvignon blanc Gelee

◈

Tranchen vom Kalbsfilet mit frischen Kräutern, Stangenspargel, Nuss-Hollandaise und Gnocchi

2009 Spätburgunder trocken
Fruchtfülle mit elegantem Spiel

◈

Limonen-Parfait mit Variation von Erdbeere und Spargel

2007 Auslese edelsüß
feingeschliffenes Süß-Säure-Spiel, exotische Frucht

Peter Bachelle-Konz

Peter Bachelle-Konz,
Weinstube & Gasthaus Zur Lindenau, Rüdesheim am Rhein

Saisonale Klassiker im Rheingau

Rüdesheimer Kräuterrahmsuppe
Rüdesheimer Riesling halbtrocken

∞

Gegrillte Wisperforelle mit Rieslingschaum, Blattspinat und Butterkartoffeln
Rüdesheimer Spätburgunder Blanc de Noir trocken

∞

Rheingauer Weincreme mit frischen Beeren
Rüdesheimer Riesling Auslese edelsüß

Frank Gebert, Restaurant Gebert's Weinstuben, Mainz

Rheinhessische Originale

Handkässuppe
mit eingelegten Essigkirschen
Spätburgunder Blanc de Noir trocken

∾

Geräucherter Rhein-Zander
auf römischem Kohl
mit Chips von „Jambon de Mayence"
Grauer Burgunder „Alte Reben" trocken

∾

Geschmorte Milchkalbsschulter
auf Wurzelpürrée &
Kartoffel-Blutwurst-Knödel
Blauer Portugieser SELECTION trocken

∾

Gratinierter Mirabellen-Kompott
mit Haselnuss-Krokant-Eis
Silvaner Eiswein

Weinrezepte – Rheinhessen | 51

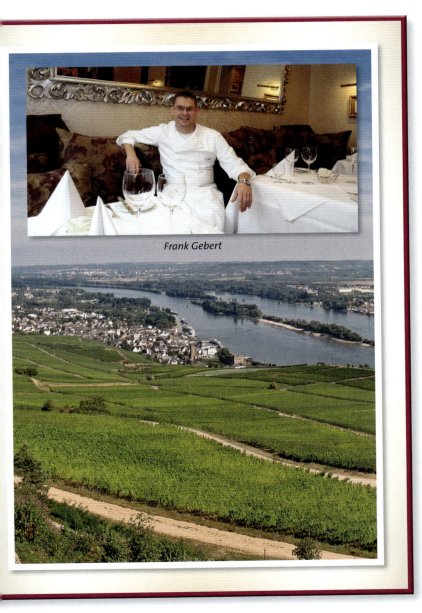

Frank Gebert

52 | WEIN GENIESSEN

Deutsche Nationalmannschaft der Köche auf der Internationalen Kochausstellung 2012 in Erfurt

Goldmedaillen-Menü

Praline vom Müritz-Zander und Alpenland Lachsforelle

(Zanderfilet, gebeizte Lachsforelle, Karotte, Erdnuss, geschäumte Veloute)

Edelacker Riesling Großes Gewächs
Saalhäuser Weißer Riesling
Gosecker Dechantenberg Weißer Riesling
Pfortenser Köppelberg Blauer Silvaner

∾

Hakenberger Havelland Rind und Ochsenschwanz

(Filet 56 °C, gepresster Ochsenschwanz, Bouillon, Steckrübe, Tomate, Saubohne, Steinpilze, Kartoffel-Pastinake)

Edelacker Grauer Burgunder Großes Gewächs
Pfortenser Köppelberg Grauer Burgunder
Weißburgunder Barrique
Blauer Zweigelt Barrique

∾

Zitrusfrucht und Schokolade

(Yuzu, Schokolade, Sauerrahm, Mandel, Apfel, Cassis)

Traminer Eiswein
Pfortenser Köppelberg Weißer Riesling Eiswein

Weinempfehlungen zum Goldmedaillen-Menü von Klaus-Walter Grundstein, Aspisheim

Ulrich Reinhardt

Ulrich Reinhardt, Ex-Chef in Auerbachs Keller, Leipzig

Herbstliche Impressionen aus Leipzig

Sashimi von der Forelle in Limettensaft und Kokosnussmilch mariniert mit Papaya und Koriandersprossen
Seußlitzer Heinrichsburg Goldriesling

∽

Steinpilzrisotto mit gehobeltem Parmesan
Grauburgunder Klausenberg

∽

Mirabellensorbet mit seinem Brand

∽

Rosa gebratener Rücken vom Schmalspießer* mit Baby Mangold, zweierlei Rübchen und Kartoffel-Speck-Rösti
Spätburgunder, Barrique

∽

Ziegenfrischkäse im Strudelröllchen mit Quittengelee
Traminer Spätlese trocken

* junger Hirsch

Gerd Reiner, Restaurant Reiners Rosine, Flein

Menü Winterfreuden

*Schottische Jakobsmuscheln als würziges Tatar,
saftiges Confit, zartes Carpaccio
und aus dem Currybackteig*
Gewürztraminer Auslese trocken

∾

*Seezungenröllchen in Beurre blanc
mit Garnelen aus dem Vakuum*
Riesling, ertragsreduziert, mineralisch, trocken

∾

*Ragout von Oktopus
und Rotwein-Kräuterschalotten
mit geräuchertem Seeteufel*
Samtrot, maischevergoren, trocken

∾

*Rückwärts gebratene Taubenbrust
an Kaffeeglace und Safran,
zu gefülltem, geschmortem Ochsenschwanz
mit Trüffeln, Spätzleauflauf und Selleriepüree*
Cuvée aus Lemberger und Spätburgunder, trocken,
im Barrique gereift

Gerd Reiner

Holunderbiscuit mit Muskateller-Chaudeau, Kürbisgewürzeis, Holunderblütenschaum, Muskatellergelee und Joghurtsüppchen
Traminer Spätlese trocken

Die Kombination von Wein und Speise

Es gibt viele Möglichkeiten, einen Wein nach Farbe, Textur, Geruch und Geschmack mit einer Speise zu kombinieren. Dazu gibt es einige hilfreiche Grundregeln, die der Experimentierfreude jedoch nicht im Weg stehen sollten.

Kontrast oder Analogie

Genuss lässt sich nicht in Dogmen zwängen. Eine gute Basisstrategie für die Kombination von Wein und Speisen ist aber – neben der gemeinsamen Herkunft aus einer Region – einen Kontrast oder eine Analogie der Aromen herzustellen. Einfache Lebensmittel werden zum sinnlichen Genuss, wenn man diese Grundidee berücksichtigt. Ein wunderbarer Gegensatz kann gelingen mit einem Süßwein und einem salzigen, gereiften Käse. Eine Ähnlichkeit entsteht mit einem tanninreichen Wein zu gegrilltem Roastbeef, das vergleichbare Röstaromen aufweist. Interessant wird dann, wie stark und in welcher Weise sich ein Wein verändert, wenn er nicht solo getrunken, sondern mit Essen zusammengebracht wird.

Tipps & Tricks

– Viele Weinkenner wählen zuerst einen Wein und stellen dazu ein entsprechendes Menü zusammen. Aber auch die umgekehrte Vorgehensweise klappt, wenn man den Wein als eine ergänzende Zutat versteht.
– Im ersten Schritt sollte man die gemeinsamen Aromen und die Textur von beiden Partnern finden.
– Nicht nur die Zutaten bestimmen den Geschmack eines Menüs, entscheidend ist auch die Zubereitungsmethode. Ob ein Produkt gekocht, gedünstet, pochiert, gebacken, mariniert oder gegrillt wird, hat einen Einfluss auf die Aromen.
– Mit der endlosen Vielfalt an Rebsorten, Aromen, Süße- und Säuregraden, Tannin- und Alkoholgehalt oder Holzfassausbau bietet ein Wein viele Aspekte, die berücksichtigt werden sollten.

- Regionale Wein- und Speisenkombinationen, die von Einheimischen seit langer Zeit zubereitet werden, passen in aller Regel gut zusammen.
- Vergleichen Sie zunächst den Körper und die Fülle des Weines und der Speise. Gleiches gilt für die Intensität der Aromen. Wenn Sie die Speise als Ausgangspunkt nehmen, berücksichtigen Sie den Gehalt an Süße, Säure und Salz.
- Eine säurehaltige Speise sollte mit einem nicht allzu säurebetonten Wein kombiniert werden. Der Wein sollte das jeweilige Gericht nicht dominieren, aber auch nicht übertönt werden.
- Vorsicht ist geboten bei der Kombination von bitter und säurebetont oder von scharf und tanninreich.
- Kräftig gewürzte Speisen schmecken zusammen mit alkoholstarken Weinen noch intensiver.
- Alkohol verstärkt das Empfinden von Süße und Gewürzen.
- Fettreiche Speisen passen gut zu säurebetonten, gerbstoffreichen und alkoholstarken Weinen.
- Salz verstärkt die Wahrnehmung von Bitterstoffen und Aromen sowohl im Wein als auch in der Speise.
- Die Reihenfolge der Menügänge und der Weine sollte im Hinblick auf Aromen, Gehalt und Fülle eine Steigerung darstellen.

Wein & Fleisch

Geflügel

Geflügelfleisch von Huhn, Poularde oder Pute lässt sich sowohl mit Weiß- als auch mit Rotwein kombinieren. Auch hier entscheiden die Zubereitungsweise und die Soße über den endgültigen Geschmack: Zu gegrilltem

Geflügel und reduzierten Bratensoßen passt ein fruchtbetonter und würziger Rotwein.

Kräftige Sahnesoßen mit Karamellnoten können mit einem weichen Merlot oder Dornfelder kombiniert werden. Ausgezeichnet passen hier auch ein feinherber Riesling oder ein trockener Gewürztraminer.

Wild und Wildgeflügel

Wild, Wildgeflügel und Truthahn sind intensiver im Geschmack, der manchmal auch von Bitternoten geprägt sein kann. Dann harmoniert ein fruchtiger Rotwein mit feiner Süße, die einen Kontrast zu den bitteren Noten bildet. Empfehlenswert ist ein trockener, aber fruchtbetonter und reifer Spätburgunder. Bei Wildgulasch und Braten von Hase und Hirsch sollte man zu den kräftigeren Rotweinpendants greifen, etwa zu Cabernet Sauvignon oder Syrah, die in den wärmeren Weinbauregionen Deutschlands inzwischen häufiger zu finden sind.

Schweinefleisch

Der Geschmack von Schweinefleisch ist sehr viel zurückhaltender, beinahe neutral. Weil es häufig mit Soßen serviert wird, sollte man den Wein in jedem Fall nach den verwendeten Zutaten und Gewürzen auswählen. Ein leichterer Rotwein mit geringem Tanningehalt harmoniert ebenso wie ein trockener Grauburgunder aus der Pfalz.

Geschmortes

Schmorbraten aus der Lammkeule oder der saftige Rinderbraten, der langsam auf kleiner Flamme gart, werden oft mit Wurzelgemüse und kräftigem Rotwein zubereitet. Selbstverständlich reicht man zum Essen den gleichen Wein: einen reifen, fruchtbetonten und komplexen Spätburgunder mit feiner Würze.

Gebratenes vom Rind

Wenn das Fleisch gegrillt, geröstet oder in der Pfanne angebraten wird, passt zu Steak, Filet und Roastbeef am besten ein tanninbetonter Rotwein, dessen Gerbstoffe eine Analogie zu den Röstaromen des Essens herstellen. Pinot Noir und Cabernet Sauvignon können dann auch aus der Barrique-Lagerung stammen.

Aus dem Wok

Asiatische Gerichte sind häufig scharf oder sogar sehr scharf. Oft wird Chili verwendet. Scharfe Speisen sind intensiv und sollten nicht mit einem schweren, alkoholreichen Wein kombiniert werden. Hier passt ein Wein, dessen Süße ebenso ausgeprägt ist, wie die Schärfe des Gerichts. Rieslinge und Gewürztraminer mit feiner Restsüße haben dann einen großen Auftritt.

Delikatessen

Geflügel- oder Kalbsleber sind nicht jedermanns Sache, aber für viele eine besondere Delikatesse. Mit den dezenten Bitternoten kombiniert man dieses Fleisch am besten mit einem edelsüßen Wein wie einer Beerenauslese.

Wein & Fisch

In aller Regel passt zu Fisch am besten ein trockener Weißwein, denn das zarte Fleisch aus dem Meer ist meist salzig und verträgt sich nicht mit dem Tanningehalt vieler Rotweine. Zudem haben Fische einen feinen Geschmack, der sehr kräftigen Weinen nicht standhalten kann. Bei fettreichen Fischen, die auf der Haut gegrillt werden, darf man sich aber auch an einen jungen Spätburgunder herantrauen.

Krustentiere

Edle Meeresfrüchte wie Langusten und Hummer werden häufig puristisch zubereitet, damit der feine Eigengeschmack erhalten bleibt. Dazu reicht man heiße Butter oder eine dezente Soße und frisches Weißbrot. Hier harmoniert ein körperreicher und fruchtbetonter Chardonnay, der eventuell sogar aus dem Holzfass kommt und dezente Vanille-Aromen verströmt.

Gedünstete Fische

Auch hier verändert der Küchenchef die feinen Aromen in aller Regel kaum. Leichte See- und Flussfische behalten ihren zarten Geschmack, wenn sie mit Salz und Pfeffer gewürzt und in einem Schluck Riesling gedünstet werden. Der fruchtbetonte Weißwein ergänzt sich hervorragend mit dem dezenten Meeres- und Salzgeschmack. Zum Essen reicht man den gleichen Wein.

Fettreiche Fische

Fische, die durch ihren Fettgehalt einen kräftigeren Geschmack haben, werden häufig auf der Haut gebraten und bekommen so feine Röstaromen. Diese Gerichte reicht man mit Soßen aus Weißwein und Butter oder Hollandaise. Zander oder Lachs vertragen sich dann gut mit einem körperreichen Chardonnay oder einem kräftigen Sauvignon blanc.

Wein & Dessert

Die Kombination von Desserts und Wein folgt den gleichen Regeln, die wir von anderen Speisen kennen: Zunächst berücksichtigt man die Ingredienzien, den Süßegrad, die Aromen und den Fettgehalt. Man kann nun entweder eine Analogie in der Süße herstellen oder einen erfrischenden Kontrast wählen, z. B. mit einem säurebetonten Wein.

Leichte Desserts mit Obst

Zu Obstsalaten oder Fruchtcocktails passt ein leichter Wein, dessen Süße ebenso ausgeprägt ist, wie die Fruchtsüße des Obsts. Hier passt beispielsweise ein Riesling in Spätlesequalität.

Die Kombination von Wein und Speise | 65

Fruchtdesserts mit Obst
Fruchtige Desserts mit Himbeeren oder Orangen, die feine Bitternoten mit sich bringen, verbinden sich ausgezeichnet mit der intensiven Süße eines Eisweins aus der Scheurebe. Orangenaromen sind generell ein guter Gegenspieler zu edelsüßen Weinen.

Sahnige Cremes
Reichhaltige und sahnige Cremes wie Bayrische Creme vertragen sich mit körperreichen und schmelzigen Weinen, beispielsweise einem trockenen oder halbtrockenen Grau- oder Weißburgunder.

Dessertvariationen
Kräftige Dessertvariationen wie Tiramisu mit vielfältigen Aromen aus Beeren, Zimt, Kakao, Mascarpone und Biskuit gehen eine gute Harmonie ein mit süßen, würzig-dichten und aromatischen Bukettrebsorten wie Muskateller und Gewürztraminer. Nussaromen lassen sich generell sehr gut mit Süßweinen kombinieren, denn die zarte Bitternote kontrastiert zur Süße.

Schokoladendesserts
Gâteau oder Mousse au Chocolat passen zu milden, fruchtigen und schmelzigen Rotweinen aus Dornfelder oder Lemberger, zu Riesling Eiswein, Albalonga Auslese oder zu einem exotischen Merlot Blanc de Noirs Eiswein.

Eiscremes
Zu Eiscremes auf Milchbasis sollte man Beerenauslesen aus der Rebsorte Albalonga oder der Siegerrebe probieren. Fruchteiscremes gehen eine gute Verbindung ein mit Huxelrebe Auslesen.

Special: Wein & Schokolade

In Schokolade findet man viele Aromen wie Kakao, Milch, Honig, Vanille und Karamell, Lakritze, erdige oder grasige Noten, Gewürznoten, Malz oder Tabak. Zartbittere Tannine, Süße und Säure kommen sowohl in Schokolade, als auch im Wein vor. Viele zartbittere Schokoladen sind heute außerdem aromatisiert mit Orange, Zitrus oder Gewürzen.

So kann man vorgehen:
- Probieren Sie zunächst den Wein, dann ein Stückchen Schokolade. Wenn die Schokolade im Mund zerschmilzt, nimmt man einen weiteren Schluck Wein. Jetzt verbinden sich die Aromen oder es entsteht eine Disharmonie, je nachdem, ob die Kombination passt.
- Weder in der Schokolade noch im Wein sollte die Säure allzu dominant sein.
- Herbe und zartbittere Schokoladen mit Gewürzen wie Chili, Ingwer oder Kardamon ergänzen sich gut mit Weinen aus der Barriquelagerung, die häufig ähnliche Noten aufweisen.
- Die Fruchtaromen eines Rotweines finden in der feinen Herbe einer dunklen Schokolade einen ausgezeichneten Gegenspieler.
- Barriquebetonte Weißweine aus den Rebsorten Weißburgunder, Grauburgunder oder Chardonnay können gut zu einer Milchschokolade passen. Die Weine sollten viel Schmelz und wenig Säure enthalten.

- Feine edelsüße Weine wie Beerenauslesen, Trockenbeerenauslesen oder Eisweine verbinden sich ausgezeichnet mit weißer Schokolade oder kontrastieren durch ihren Gegensatz zu den bitteren Noten einer dunklen Schokolade.
- Je höher der Anteil an Kakao, desto kraftvoller kann und sollte der Rotwein sein.
- Sehr herbe Bitterschokoladen mit über 85 Prozent Kakaoanteil sind wenig geeignet für die Kombination mit Wein.
- Süße Vollmilchschokoladen harmonieren nicht mit trockenen Weinen. Sie schmecken besser mit edelsüßen Kreszenzen.
- Trockene und edelsüße Weine gehen eine ausgezeichnete Verbindung mit weißer Schokolade ein.

INFO

Voraussetzung für eine gelungene Kombination von Wein und Schokolade ist eine gewisse Mindestqualität beider Produkte. Für den Wein bedeutet das Kabinett bis Auslesequalität. Eine hochwertige Schokolade erkennt man unter anderem an ihrem mattseidigen bis glänzenden Aussehen. Sie sollte bei einer Temperatur von 20 bis 22 Grad eine glatte und feste Konsistenz haben und beim Zerbrechen ein helles Knackgeräusch aufweisen. Nur perfekt conchierte Schokolade ohne Fremdfette ergibt diesen Ton. Die Textur der Schokolade sollte geschmeidig und cremig sein.

Special: Wein & Käse

Viele Weißweine und insbesondere Edelsüße passen perfekt zu Käse. Rotweine gehen selten eine Harmonie mit dem Milchprodukt ein. Inhaltsstoffe wie das Milcheiweiß im Käse und die Tannine des Rotweins vertragen sich nicht sehr gut. Wenn man Rotwein zusammen mit Käse servieren möchte, sollte man darauf achten, dass der Käse nicht zu pikant und ausgereift ist. Aber: Selbst ein und dieselbe Käsesorte kann je nach Reifestadium ganz unterschiedliche Ansprüche an die Weinauswahl stellen.

– Käse und Wein sollten sich ergänzen, ohne dass eine Seite die geschmackliche Dominanz übernimmt.
– Ein milder Käse lässt sich am besten mit einem milden Wein genießen.
– Frische und junge Käsesorten passen hervorragend zu spritzigen und fruchtigen Weinen.
– Salzige und pikante Käsesorten schmecken in Kombination mit einem edelsüßen Wein, hier harmoniert aber auch ein Wein mit kräftiger und ausgeprägter Säure.
– Bittere Käsearomen lassen sich ebenfalls gut mit süßen Weinen kombinieren, hier ist allerdings Vorsicht geboten mit Säure, die die Bitternoten unterstreichen könnte.
– Die Bitterstoffe eines tanninkräftigen Weines sind ein gutes Pendant zu fetthaltigerem Käse. Keinesfalls sollten bittere Aromen auf beiden

Seiten vorhanden sein, denn sie können sich auf unangenehme Weise verstärken. Denkbar ist auch ein säuerlicher Käse mit einem halbtrockenen Wein.
- Häufig stammen die besten Genusspaare aus Käse und Wein aus der gleichen Region.
- Je süßer oder alkoholreicher der Wein ist, desto intensiver sollte ein Käse schmecken.

Beispiele für gelungene Kombinationen
- Leichter und trockener Riesling, fruchtiger und halbtrockener Silvaner: Frischkäse
- Weiß- und Grauburgunder oder Lemberger, Spätburgunder, Portugieser: Weichkäse mit weißem Edelpilz
- Beeren- oder Trockenbeerenauslesen: Blauschimmelkäse
- Gewürztraminer: Rotkulturkäse
- Milder Spätburgunder, fruchtiger Riesling, Weißburgunder: milder Schnittkäse
- Merlot, Cabernet Sauvignon: aromatisch-milder Hartkäse

Tipps für die Käse & Wein-Probe
Nehmen Sie den Käse zwei Stunden vor der Verkostung aus der Kühlung, damit er sein optimales Aroma entfalten kann.

Verteilen Sie die Käsesorten im Uhrzeigersinn auf Tellern, möglichst in Dreiecke geschnitten, und legen sie die Spitzen nach außen, um den Teller „offen" zu präsentieren. Beachten Sie eine aufsteigende Reihenfolge in der Intensität und Würze der Käsesorten. Ordnen Sie die Weine entsprechend in Gruppen zu.

Die Dekoration sollte niemals salzig sein. Als Trennung zwischen dem leichtesten Frischkäse und dem intensivsten (Hart-)Käse eignen sich Feigensenf, Nüsse oder Trüffelhonig.

Special: Wein & Mineralwasser

Zu jedem Glas Wein gehört ein Glas Wasser. Das ist nicht nur aus gesundheitlicher Sicht wichtig, sondern auch im Hinblick auf den guten Geschmack. Aber auch hier gilt: Wasser ist nicht gleich Wasser. Wenn es nicht zum Wein passt, beeinflusst es den sensorischen Eindruck des Weines negativ.

- Der Anteil an Mineralien wie Kalzium, Magnesium und Kalium beeinflusst den Geschmack eines Wassers. Je höher dieser Anteil ist, desto kräftiger schmeckt das Wasser.
- Auch der unterschiedlich hohe Gehalt an Kohlensäure bestimmt die sensorische Wahrnehmung von Wasser. Ein stark kohlensäurehaltiges Wasser wirkt hart und sauer.
- Stilles Wasser schmeckt mild und weich, weil der Mineraliengehalt niedrig ist und keine Kohlensäure zugesetzt wird. Diese Wassersorten mildern die Säure eines Weines ab.
- Mineralwässer mit sehr hohem Kohlensäuregehalt verstärken sowohl den Eindruck von Säure als auch von Tanninen. Sie sind also weder geeignet für Weißweine, die man aufgrund der feinen Säurestruktur schätzt, noch für tanninbetonte Rotweine.
- Frische Weißweine kommen am besten zur Geltung mit einem Mineralwasser, das einen mittleren Kohlensäuregehalt und einen ausgeglichenen Anteil an Mineralien besitzt. Riesling mit stillem Wasser ist keine gute Kombination, denn der Wein schmeckt auf diese Weise flach.
- Körperreiche und tanninbetonte Rotweine entfalten ihren Geschmack am besten mit stillem Wasser.

TIPP

Die Wahl des Wassers beeinflusst auch Speisen. Zu feinen Gerichten empfiehlt sich ein Mineralwasser mit niedrigem Mineralstoffanteil und wenig Kohlensäure. Kräftige Speisen wie geschmortes oder gegrilltes Fleisch vertragen dagegen auch ein stark kohlensäurehaltiges Wasser.

Tipps für die private Weinprobe

Weine faszinieren, nicht nur weil sie Genuss bereiten. Sie fordern unseren Intellekt wie kaum ein anderes Getränk. Wie lange sollte ein Wein reifen, welches Gewächs ergänzt eine Speise perfekt, welche Rolle spielt der Jahrgang? Niemand wird sich diese Fragen stellen, bevor er ein Glas Limonade trinkt. Es ist aber kein Hexenwerk, einen Wein sachgerecht zu beurteilen und zu genießen. Vom Weineinkauf, der richtigen Lagerung, dem passenden Weinglas bis zur Degustation finden Sie hier alle Tipps für das perfekte Weinerlebnis zuhause.

Weineinkauf

Nicht selten hält selbst eine kleinere Weinhandlung ein Sortiment von mehreren Hundert Weinen bereit. Viele Kunden fühlen sich beim Anblick der Regale überfordert, fachgerechte Beratung fehlt. Finden Sie den richtigen Weinhändler. In Deutschland gibt es eine Reihe zertifizierter Weinhandlungen, die durch den Verein Weinlive e.V. regelmäßig überprüft werden. Zu den Serviceleistungen gehören Beratung und Weinproben vor Ort, direkte Kontakte zum Winzer oder regelmäßige Info-Newsletter. (weitere Informationen unter: **www.weinlive.com**)

Der Weineinkauf lässt sich langfristig planen. Beginnen Sie beispielsweise mit Weißweinen, die Sie im Zeitraum von drei Monaten nach Rebsorten probieren. Das können vier verschiedene Gewürztraminer, vier Rieslinge oder vier Sauvignon blancs sein, die nun in einer Probe gegenüber gestellt werden. Es müssen nicht immer teure Kreszenzen sein, oft bieten preiswerte Weine großen Genuss.

Für die private Weinprobe zuhause kann man auch eine imaginäre Weinreise unternehmen. Mit Weinen aus

Die große Weinauswahl im Handel ist oftmals unübersichtlich. Ein guter Fachhändler gibt Orientierungshilfe.

Baden versus Burgund oder aus der Pfalz und vom Mittelrhein lassen sich interessante Kontraste finden, gerade wenn man die gleichen Rebsorten wählt. Ein guter Weinhändler wird die für die jeweilige Region typischen Weine bereithalten und empfehlen können.

Weinlagerung

Weine sind empfindliche Naturprodukte, die entsprechend gelagert werden müssen, wenn sie ihre Qualität bewahren sollen. Bereits in der Antike stellte man Überlegungen an, wie Weine fachgerecht aufbewahrt werden können. Vermischt mit Honig wurden sie in ein Tongefäß gegeben und in der Erde vergraben, um sie möglichst kühl zu halten. Erst mit der Einführung von Flaschen und Korken im 18. Jahrhundert begann man, Weine bewusst reifen zu lassen, um ihre Qualität zu verbessern. Jetzt erzielten reife und hochwertige Rotweine erstmals höhere Preise, als junge, frisch zu trinkende Weiße. Hier beginnt die Legende um die Reifung von Weinen, obwohl nicht alle Kreszenzen geeignet sind für den Alterungsprozess. Die meisten Rosé- und Weißweine werden heute für den raschen Konsum erzeugt und schmecken frisch am besten. Unter den Roten sind nur jene Weine für eine lange Reifung gedacht, die über eine komplexe Struktur und viel Fruchtpotenzial verfügen.

Grundsätzlich macht es keinen Unterschied, ob ein Wein in einem teuren Spezialkeller oder einem einfachen Lagerraum aufbewahrt wird, vorausgesetzt, diese Bedingungen sind erfüllt:
– Es sollte kein direktes Sonnenlicht auf die Flaschen fallen.
– Die Umgebung sollte kühl und geruchsfrei sein.
– Die Flaschen sollten liegend gelagert werden.

Die Temperatur ist sehr wichtig, denn sie beeinflusst verschiedene chemische Prozesse, die die Reifung beschleunigen können. Ideal ist eine Lagertemperatur von etwa 7 bis 13 °C.

Die Weinkellereinrichtung reicht vom einfachen Weinregal ...

... bis zum professionellen Weinklimaschrank.

längeren Zeitraum unter absolut konstanten Temperaturen, der gleichen Luftfeuchtigkeit und – im Gegensatz zum normalen Kühlschrank – vibrationsfrei gelagert werden können. Zwar ist es wissenschaftlich nicht eindeutig belegt, dass Vibrationen einen schädlichen Einfluss auf den Wein haben, aber viele Weinkenner bestehen auf ihrer Erkenntnis, dass Ruhe die beste Voraussetzung für die Weinlagerung ist.

Wenn ein Wein von der Lagerung profitieren soll, muss die Reife langsam und behutsam erfolgen. Weine sollten niemals extremen Temperaturschwankungen ausgesetzt werden, also beispielsweise aus einer warmen Umgebung direkt ins Eisfach gelegt werden. Auch die mehrfache Kühlung eines Weines kann sich ungünstig auf die Qualität auswirken.

Wenn Flaschen stehend gelagert werden, kann der Korken austrocknen und luftdurchlässig werden. In Folge könnte der Wein oxidieren. Mit der Einwirkung von Sonnenlicht sieht es ähnlich aus. Eine gute Weinfachhandlung wird ihre Produkte deshalb nicht im Schaufenster ausstellen.

Spezielle Weinkühlschränke bieten den Vorteil, dass die Weine über einen

Trinkreife

Die Frage nach der perfekten Trinkreife eines Weines ist immer wieder Gegenstand für Diskussionen unter Weinkennern. Ohne Zweifel bereitet ein optimal gereifter Wein den größten Genuss, denn er zeigt sein volles Aromenspektrum. Würde der gleiche Wein zu früh getrunken, könnte er nichtssagend, adstringierend oder unreif schmecken. Umgekehrt ist es bedauerlich, wenn ein Tropfen über viele Jahre sachgerecht gelagert wurde, aber den Zeitpunkt seiner Trinkreife längst überschritten hat. Hier ist natürlich in erster Linie die Rede von Rotweinen, deren Tanningehalt eine konservierende Wirkung hat.

INFO

Für einen großen Rotwein gibt es keinen kurzen Augenblick der perfekten Reife. Er reift langsam und über einen langen Zeitraum.

Unter den Weißweinen, die meist frisch am besten schmecken, gibt es Ausnahmen wie beispielsweise Deutsche Rieslinge, die sich durch eine exzellente Säurestruktur auszeichnen, und edelsüße Weine, deren Gehalt an Zucker ebenfalls konservierend wirkt. Zunächst einmal gilt es, Folgendes zu bedenken: Es gibt nicht den einen, kurzen Moment, an dem ein großer Rotwein perfekt gereift ist. Vielmehr geht es um einen langsamen Prozess. In diesem Zeitraum verändern sich die Fruchtaromen, der Wein wird weicher und im Idealfall komplexer. Während dieser Phase kann es einen Zeitpunkt geben, an dem der Wein schwächelt. Es bleibt also schwierig, den richtigen Reifestatus abzuschätzen. Wein ist ein lebendiges Produkt und gerade diese Tatsache macht ihn interessant. Günstig ist in jedem Fall, mehrere Flaschen des gleichen Jahrgangs einzukaufen und im Laufe der Zeit zu beobachten, wie sich der Wein verändert.

Grundsätzlich gilt, je kräftiger und komplexer ein Wein ist, desto länger kann er reifen. Ein hochwertiger Cabernet Sauvignon oder Merlot mit großer Komplexität und frischer Frucht sollte zirka fünf Jahre oder sogar länger ruhen. Dieser Wein könnte für einige Jahrzehnte von einer Reifephase profitieren.

Einfachere Rotweine werden meist zum Zeitpunkt ihrer Trinkreife auf den Markt gebracht und können in der Regel direkt getrunken werden.

Trinktemperatur

Noch immer kommt es vor, dass Rotweine bei „Zimmertemperatur" serviert werden, sogar in der Gastronomie. Diese Faustregel stammt aus einer Zeit, als man noch keine Zentralheizung kannte. Und: Ein hochsommerlicher Tag kann Zimmertemperaturen von über 25° Celsius aufweisen. In diesem Fall gilt auch für Rotweine: Sie gehören in die Kühlung. Die richtige Serviertemperatur orientiert sich am Charakter des Weines. Sie beeinflusst den Geschmack von Alkohol, Süße, Säure und Fruchtaromen. Ein gut gekühlter Weißwein lässt die Süße ein wenig in den Hintergrund treten und hebt die Säure hervor, so dass er leichter und frischer schmeckt. Wird der Wein allerdings zu kalt serviert, können sämtliche Aromen verdeckt werden, er schmeckt fade und uninteressant. Gleichzeitig lassen sich Weinfehler durch zu kalte Temperaturen kaschieren, daher sollten sie während einer (Qualitätswein-)Verkostung unbedingt beachtet werden. Wenn Weißweine zu warm genossen werden, könnte der Alkoholgeschmack dominieren.

Bei Qualitätsweinverkostungen sollte unbedingt die Temperatur der Weine überprüft werden.

Eine zu niedrige Temperatur von Rotwein lässt den Wein dünn erscheinen, die Aromenstruktur kann sich nicht entfalten.

INFO

Mit folgender Faustregel erzielt man die besten Geschmacksergebnisse:

- Trockene und frische Weißweine: 8 bis 10 °Celsius
- Halbtrockene und/oder hochwertige Weißweine: 9 bis 12 °Celsius
- Rosé: 9 bis 11 °Celsius
- Jüngere und frische Rotweine: 12 bis 15 °Celsius
- Gehaltvolle Rotweine: 15 bis 17 °Celsius
- Spitzenrotweine: 16 bis 18 °Celsius
- Sekte und Champagner: 6 bis 8 °Celsius
- Edelsüße: 10 bis 16 °Celsius

> **TIPP**
>
> Reichen Sie stilles Wasser und Weißbrot zur Verkostung, damit sich Nase und Gaumen zwischendurch entspannen und neutralisieren können

Grundsätzlich sollten komplexe Weine ein wenig wärmer serviert werden, als frische und jugendliche Weine. Da sich die Temperatur im Glas rasch erhöht, können alle Weine etwa 2 bis 3 Grad kühler eingeschenkt werden und sind dann perfekt für den Genuss.

Weingläser

Ein hochwertiges Weinglas hebt den Geschmack und die Komplexität eines Weines. Das wird man rasch feststellen, wenn man den gleichen Wein in einem Wasserglas und anschließend in einem guten Weinglas probiert. Das Angebot im Handel ist riesig, ebenso die Preisspanne. Folgende Kriterien können bei der Wahl des richtigen Glases helfen:

- Weingläser sind zerbrechlich. Das sollte man bedenken, wenn man ein sehr teures Glas wählt. Für den täglichen Gebrauch sind preiswerte Gläser empfehlenswert.
- Für Weinproben sollte man eine ausreichende Stückzahl von Gläsern einkaufen, damit man mehrere Weine der gleichen Rebsorte gegenüberstellen und verkosten kann.
- Das Glas sollte über ein relativ großes Volumen verfügen, damit sich die Aromen des Weines voll entfalten können. Günstig ist es, wenn sich die Form nach oben verengt, damit die Duftstoffe gebündelt werden und nicht zu rasch entweichen.
- Ein hoher Stiel ist empfehlenswert, um das Glas halten zu können, ohne den Kelch zu berühren. Der Wein würde sich sonst zu rasch erwärmen.
- Wählen Sie ein farbloses, klares Glas ohne Verzierungen. Nur so lässt sich die Farbe und Klarheit des Weines beurteilen.
- Das Glas sollte möglichst dünn sein, damit der Wein direkt auf die Zunge fließen kann.
- In keinem Fall sollten die Gläser klein sein. Sie werden grundsätzlich nur maximal bis zur Hälfte gefüllt, damit man die Weine schwenken kann, um die Aromen frei zu setzen. Eine Ausnahme sind Sektgläser, die eine schmale Flötenform haben und nahezu ganz gefüllt werden können. So entfaltet sich die feine Perlage eines Schaumweins am besten.
- Kräftige Rotweine entwickeln sich am besten in dickbauchigen, voluminösen Gläsern.
- Junge und spritzige Weißweine genießt man in der Regel in Gläsern, deren Rand etwas nach außen gewölbt ist. So kann der Wein unmittelbar auf die Zungenspitze treffen und die Säure wird etwas weniger deutlich wahrgenommen.

– Körperreiche Rotweine verkostet man in runden Burgundergläsern, die den Aromen Raum geben zur Entfaltung. Die größere Öffnung des Glases lässt den Wein auf den vorderen Zungenbereich treffen. So wirken die Gerbstoffe milder und weicher.

Die Verkostung

Den Ort und Zeitpunkt für eine Weinverkostung werden Sie selbst bestimmen. Professionelle Juroren beurteilen die Weine jedoch meist am Vormittag, wenn die Geschmacksnerven frei sind von intensiven Eindrücken nach Mahlzeiten oder dem Genuss von Kaffee. Anderenfalls sollte man erst einige Stunden nach dem Essen mit einer Verkostung beginnen.

Sortieren Sie die Weine in dieser Reihenfolge: leichte Weine vor schweren, trockene vor lieblichen, junge vor alten, alkoholleichte vor alkoholstarken, Weißweine vor Rotweinen.

Welches Glas ist das Richtige?
Lassen Sie sich im Fachhandel beraten.

> **TIPP**
>
> Der erste Schluck lässt sich schwer beurteilen, denn die Zunge muss sich zunächst an Säure und Alkohol gewöhnen. Daher ist es sinnvoll, diese Probe zu einem späteren Zeitpunkt noch einmal zu kosten.

1. **Sehen:** Das Aussehen eines Weines verrät Vieles über seine Beschaffenheit, die Qualität und das Alter. Halten Sie das Weinglas geneigt gegen einen weißen Hintergrund. Ein Weißwein sollte grundsätzlich klar sein, Kristalle von Weinstein sind jedoch kein qualitätsminderndes Kriterium. Die Farbe von Weißweinen wird im Verlauf der Reifung dunkler, während Rotweine heller erscheinen, wenn sie altern.

2. **Riechen:** Im Wein lassen sich Hunderte von Aromen nachweisen. Die meisten davon können wir riechen. Im Geschmack nehmen wir meist nur drei Grundelemente wahr: süß, sauer und bitter. Salzig als vierte Komponente ist etwas seltener vorhanden im Geschmack eines Weines. Die Geruchswahrnehmung setzt sich jedoch fort, wenn der Wein die Geschmackspapillen im Mund umspült. Wenn wir einen Wein lediglich trinken, ohne den Duft wahrzunehmen, erhalten wir keinen Eindruck von der Aromenvielfalt. Am besten lässt man das Glas zunächst stehen und schwenkt es. Man riecht hinein, bevor man einen ersten Schluck nimmt. Es ist zu Beginn schwierig, die einzelnen Elemente des Duftes zu benennen. Doch mit etwas Übung wird man feststellen, dass die Aromen an bekannte Dufteindrücke erinnern.

> **INFO**
>
> Falls möglich sollte man einen hellen Raum mit Tageslicht wählen. Wichtig ist eine Belüftungsmöglichkeit, damit keine fremden Gerüche während der Verkostung stören. In diesem Raum sollte man nicht rauchen und keine Parfüms oder Aftershaves tragen.

3. **Schmecken:** Als Geschmack bezeichnen wir den Gesamteindruck aus Aromen, Körper, Textur und Duft. Der Ausdruck ‚Körper' für einen Wein lässt sich am einfachsten erklären mit folgendem Vergleich: Probieren Sie nacheinander fettarme und halbfette Milch und im Anschluss Vollmilch. Auf den Wein übertragen bedeutet das: Ein Wein mit mittlerem Körper verfügt über mehr Fülle und Viskosität, vergleichbar mit Vollmilch. Ein voller Körper kleidet den Mund aus. Das bedeutet nicht zwangsläufig, dass Qualität und Aromenintensität höher sind. Auch ein leichter Weißwein kann über

Vier Schritte zur professionellen Weinverkostung

ein großartiges Aromenspektrum verfügen.

Die Textur ist eng verwandt mit dem Körper. Um sie zu beschreiben kann man sich an Stoffen orientieren. Weich wie Seide oder kratzig wie Schurwolle: Diese Eindrücke erschließen sich, wenn man den Wein ausgiebig im Mund zirkulieren lässt. Was den Geschmack betrifft, diskutiert man weiter darüber, ob die vier Element süß, sauer, salzig und bitter ausreichen, um alle Kriterien zu erfassen. Umami als fünfte Komponente wurde ergänzt und bezeichnet einen fleischigen, herzhaften Geschmackseindruck.

4. **Beschreiben:** Eine gute Hilfestellung, um die vielfältigen Aromen und den Geschmack eines Weines in Worte zu fassen und sich damit an das Genusserlebnis erinnern zu können, bietet das Aromarad für Rot- und Weißweine, das das Deutsche Weininstitut herausgegeben hat. (Weitere Informationen unter: **www.deutsche-weine.de**)

TIPP

Notizblöcke und Stifte helfen, die Eindrücke während einer Verkostung zu sammeln und später zu vergleichen.

WINZER ERLEBEN

Begleiten Sie uns zu den Persönlichkeiten, die hinter den besten Weinen stehen, zu den frisch gewählten Jungwinzern des Jahres und der Elite der Sekterzeuger.

Deutsche Spitzenwinzer, Sekterzeuger & Jungwinzer des Jahres 2013/2014

Welche Ideen, Erfahrungen und Trends die aufstrebenden Nachwuchswinzer in die deutsche Weinszene einbringen, welche Persönlichkeiten und Charaktere hinter den besten deutschen Weinen stehen und wer die Spitzensekte nach traditionellen Verfahren erzeugt – erfahren Sie hier.

Eine Vielzahl der deutschen Winzer und Winzergenossenschaften sind Direktvermarkter, das bedeutet, dass sie den persönlichen Kontakt zu ihren Kunden schätzen, ebenso wie das Gespräch und eine Rückmeldung darüber, wie die Weine schmecken.

Fachkundige Beratung, ein ansprechendes Ambiente in der Vinothek oder Weinprobierstube und ein professionelles Umfeld mit geeigneten Weingläsern und perfekt temperierten Weinen kann erwarten, wer sich auf den Weg macht zu den deutschen Spitzenbetrieben. Lernen Sie die Elite der deutschen Weinmacher des Jahres 2014 kennen!

INFO

Die besten Betriebe aus der Bundesweinprämierung werden jährlich für ihre herausragende betriebliche Leistung durch das Bundesministerium für Verbraucherschutz, Ernährung und Landwirtschaft ausgezeichnet.
Die Bundesehrenpreise verleiht das Ministerium auf Empfehlung der DLG. Teilnahmeberechtigt an den Prüfungen zur Bundesweinprämierung sind alle deutschen Wein und Sekt produzierenden Betriebe.
Die Wertigkeit einer Auszeichnung steht und fällt mit der Kompetenz der Prüfungskommission. Nur wer eine hohe fachliche Qualifikation belegen kann, genießt den Ruf einer möglichst objektiven Beurteilungsfähigkeit. Diese Voraussetzungen erfüllt die DLG mit einem professionellen Verkosterteam. Alle Weine werden blind verkostet.

– WINZER DES JAHRES 2013/2014 –

Weingut Ernst Bretz

Langgasse 35
55234 Bechtolsheim
Telefon: 06733/356
www.weingutbretz.de

Ausgezeichnet mit dem
Bundesehrenpreis
in Gold 2013

Info Im Weingut Ernst Bretz wird die Tradition des Weinbaus seit 1721 gepflegt. Heute steht mit Harald, Horst und Heike Bretz die neunte Generation in der Verantwortung. Mit gezieltem Rebschnitt, aufwändiger Laubarbeit und dem Entfernen überschüssiger Trauben wird die Qualität auf natürliche Weise gesteigert. Dabei bilden die warmen und geschützten Lagen am Petersberg das Fundament für erstklassige Trauben. In klimatischen Nischen gedeihen die Reben auf mineralreichen Muschelkalkböden.
Die Vinifikation verläuft schonend, die Trauben werden ohne Stiel und Stängel gekeltert. Bis zu 18 Monate reifen die Premiumweine in Barriquefässern im ältesten Gewölbekeller des Guts. Spezialisiert hat man sich auch auf Eisweine. Weinproben finden im alten Kreuzgewölbe oder in der neuen Vinothek statt.

WEINTIPP 2012 Petersberg Sauvignon Blanc trocken

Rebfläche	35 Hektar
Beste Lagen	Klosterberg, Homberg, Petersberg
Böden	Muschelkalk, sandiger Löss-Lehm
Rebsorten	20 % Weißer Burgunder, 15 % Riesling, 15 % Grauer Burgunder, 10 % Sauvignon Blanc, 15 % Spätburgunder, 10 % St. Laurent, 10 % Cabernet Sauvignon, 5 % Sonstige
Angebote	Zwei Weinprobierstuben im historischen Kreuzgewölbe und neue Vinothek
Auszeichnungen	DLG, Gault Millau, großer Staatsehrenpreis 2012, Weinzeitschrift Selection: Bestes Sortiment 2013, Bester Regenterzeuger 2012

◀ *Horst (links) und Harald Bretz*

— **WINZER DES JAHRES 2013/2014** — 2. Platz

Leopold Schätzle Senior und Junior

Weingut Leopold Schätzle

79346 Endingen
Telefon: 07642/3361
www.schaetzle-weingut.de

Ausgezeichnet mit dem
Bundesehrenpreis
in Silber 2013

Info Die Schätzles sind Burgunderspezialisten. Fast die Hälfte des 15 Hektar großen Betriebs ist mit Spätburgunder bestockt, weitere 20 Prozent entfallen auf die Sorten Weiß- und Grauburgunder. Das 1970 mit weniger als einem Hektar Rebfläche und ohne eigene Hofstelle von Leopold und Margarethe Schätzle gegründete Weingut zählte bald zur Elite des deutschen Weines. Heute sind neben Leopold Schätzle Senior zwei seiner Kinder maßgeblich am Erfolg des Familienunternehmens beteiligt. Toplagen wie die Endinger Steingrube, die sich im Alleinbesitz des Weinguts befindet, oder die renommierte Oberbergener Bassgeige bilden die Grundlage für die Weißweine. In der Spitzenlage Endinger Steingrube gedeihen zudem große Rotweine, die von dem sonnenverwöhnten Klima am Kaiserstuhl profitieren.

WEINTIPP 2011 Endinger Steingrube Grauburgunder Spätlese trocken

Rebfläche 15 Hektar
Böden Vulkanerde-Basaltverwitterungsgestein, Löss-Lehm
Beste Lagen Endinger Steingrube, Oberbergener Bassgeige, Kenzinger Hummelberg, Bombacher Sommerhalde
Rebsorten 43 % Spätburgunder, 11 % Weißburgunder, 11,5 % Grauburgunder, 5 % Scheurebe, 14,5 % Riesling, 12 % Müller-Thurgau, 3 % Muskateller
Angebote Ferienwohnungen, kulinarische Veranstaltungen und Weinproben, z. B. alljährlich am Christi-Himmelfahrtswochenende „Schätzles-Weinkost", „Schätzle-Wein-Menü im Sternelokal" und „Exkursion Stein & Wein"
Auszeichnungen DLG (6 x Bundesehrenpreis, 1 x beste Weißwein-, 4 x beste Rotweinkollektion); Bester Weinerzeuger in Baden - Landesweinprämierung 2011; Int. Auszeichnungen wie Grauburgunderpreis 2012, Mundus Vini, AWC-Vienna und weitere

Siegbert Bimmerle (rechts) und Kellermeister Thomas Hirt

Weingut Bimmerle

Kirchstraße 4 · 77871 Renchen-Erlach
Telefon: 07843/654
www.wein-bimmerle.de

Ausgezeichnet mit dem
Bundesehrenpreis
in Bronze 2013

Info	Mit Leidenschaft und Begeisterung führt Siegbert Bimmerle das im Jahr 1936 gegründete Familienunternehmen heute in dritter Generation. In einer der modernsten Kellereien der Ortenau wird ausgewähltes Lesegut aus der Region zu individuellen und charakteristischen Weinen verarbeitet, die ihre Herkunft und ihr Terroir präsentieren. Im Vordergrund steht eine kompromisslose Qualitätsarbeit, die sowohl im Weinberg als auch im Keller gilt. Die Vinifikation erfolgt mit traditionellen Methoden. So reifen Weiß- und Rotweine auch im großen Holzfass oder im kleinen Barrique. Edelsüße Spezialitäten keltert Bimmerle aus Gewürztraminer und Scheurebe. Besonderheiten sind der Riesling, Grauer Burgunder, Weißer Burgunder und der Spätburgunder.

WEINTIPP Spätburgunder Réserve trocken

Beste Lagen	Die Rebfläche erstreckt sich auf rund 80 km: Vom Baden-Badener Rebland über Bühlertal bis zum Renchtal, hinein in das Durbach-Tal und bis nach Lahr.
Böden	Granitverwitterungsgestein, Arkose Sandstein, Löss- und Lehmboden
Rebsorten	Spätburgunder, Cabernet Sauvignon, Weißburgunder, Sauvignon Blanc, Chardonnay, Scheurebe, Gewürztraminer, Riesling, etc.
Angebote	Weinrefugium mit Degustationen, Veranstaltungen und Räumlichkeiten für Seminare und Tagungen
Auszeichnungen	Landes- und Bundesehrenpreise, 291 Gold-, 83 Silber- und 13 Bronzemedaillen seit Prämierungsbeginn 1999; Top 100 Weinbetriebe (DLG), 2 x Platz 1 – Bester Rotwein-Betrieb der Ortenau; Platz 1 – Bester Riesling-Betrieb der Ortenau; Gold & Silber bei internationalen Weinpreisen – MUNDUS vini und awc vienna; Silber beim „Best of Riesling Wettbewerb" – Vinum, Gault Millau

Weingut Villa Heynburg GmbH

Burgunderplatz 3
77876 Kappelrodeck
Telefon: 07842/9967500
www.villa-heynburg.de

Ausgezeichnet mit dem
Bundesehrenpreis
in Bronze 2013

Info Die Villa Heynburg war in mittelalterlichen Zeiten der Landsitz des berühmten Schloss Rodeck. Hier hatte der Weinbau in Kappelrodeck seinen Ursprung. Im Jahre 2008 hat man begonnen, ein eigenständiges und ambitioniertes Weingut aufzubauen, das innerhalb von kürzester Zeit mit seinen Weinqualitäten für Furore sorgte.
Heute bewirtschaftet Marco Köninger als treibende Kraft eine Rebfläche von neun Hektar. Die Weinprädikate mit Qualitätswein, Réserve und Grand Réserve entstehen auf erstklassigen Selektionslagen, aus Handarbeit, Ertragsreduzierung und Disziplin bei Lese und Vinifikation. Die beachtliche Rebsortenvielfalt von Riesling bis St. Laurent versteht man als Bereicherung und Herausforderung zugleich.

WEINTIPP 2010 Spätburgunder „Réserve"

Rebfläche	9 Hektar
Beste Lagen	keine Lagenbezeichnungen
Böden	Granitverwitterung, Löss, Lehm, Buntsandstein
Rebsorten	Spätburgunder, St. Laurent, Grau- und Weißburgunder, Rivaner, Riesling, Chardonnay, Gewürztraminer, Cabernet Sauvignon
Angebote	Weinproben, Keller- und Weinbergsführungen
Auszeichnungen	Bundesehrenpreis 2013, Gault Millau 2 Trauben

◀ *Marco Köninger*

Weingut Heinrich Männle

Sendelbach 16
77770 Durbach
Telefon: 0781/41101
www.weingutmaennle.de

Ausgezeichnet mit dem
Bundesehrenpreis
in Bronze 2013

Info Das Traditionsweingut im Durbacher Seitental Sendelbach in der Ortenau, das sich seit 1737 in Familienbesitz befindet, wird von Heinrich Männle und seiner Tochter Sylvia geführt. Das engagierte Winzerteam ist bekannt für seine exzellenten Spätburgunder Rotweine. Gut die Hälfte der 5,5 Hektar großen Rebfläche ist mit der roten Burgundersorte bestockt. Geringe Erträge und schonender Weinausbau, der überwiegend im traditionellen Holzfass und bei Spitzenrotweinen auch im Barrique erfolgt, kennzeichnen die Qualitätsphilosophie. Männle widmet sich aber auch erfolgreich verschiedenen Weißweinsorten und produziert Kirsch- und Williams-Edelbrände. Besonders sehenswert ist der Granit-Gewölbekeller im Fachwerkhaus des Weinguts.

WEINTIPP 2008 Durbacher Kochberg Spätburgunder Rotwein Spätlese trocken Barrique

Rebfläche	5,5 Hektar
Beste Lagen	Durbacher Kochberg, Plauelrain und Ölberg
Böden	Granitverwitterung
Rebsorten	Spätburgunder, Cabernet Sauvignon, Merlot, Weißburgunder, Chardonnay, Scheurebe, Klingelberger, Gewürztraminer, Müller-Thurgau
Angebote	DLG geprüfte 5 Sterne- Ferienwohnungen in herrlicher Landschaft, Weinlehrproben im Barriquekeller
Auszeichnungen	DLG, Gault Millau, Feinschmecker, AWC Vienna

◂ *Heinrich Männle und Tochter Sylvia*

Weingut Geiger & Söhne

Veitshöchheimer Str. 1
97291 Thüngersheim
Telefon: 09364/9605
www.geigerundsoehne.de

Ausgezeichnet mit dem
Bundesehrenpreis
in Bronze 2013

Info Mit seiner Gründung im Jahr 1850 ist das Weingut Geiger & Söhne der älteste, schriftlich erwähnte Weinhandels- und Weinbaubetrieb im fränkischen Thüngersheim. Es wird heute geführt von Gunter und Manfred Geiger. Einen ausgezeichneten Ruf haben sich die Winzer mit ihrer Weinlinie MundART gemacht. Die leichten und spritzigen Weine werden ausschließlich aus typischen, fränkischen Rebsorten wie Silvaner und Müller-Thurgau erzeugt und trocken ausgebaut. Mit reifen Fruchtaromen und viel Extrakt überzeugen auch die Spätlesenqualitäten. Für die trockenen Spätlesen wurde die neue Linie „Erste Geige" ins Leben gerufen. Diese Weine aus alten Rebanlagen und geringen Erträgen stehen auf einer Augenhöhe mit den „Großen Gewächsen".

WEINTIPP 2012 MundFEIN Müller Thurgau Kabinett halbtrocken und MundART Grauer Burgunder Kabinett trocken

Rebfläche	51 Hektar
Beste Lagen	Thüngersheimer Johannisberg, Scharlachberg und Ravensburg
Böden	Muschelkalk, Buntsandstein
Rebsorten	Silvaner, Müller-Thurgau, Bacchus, Grauer Burgunder, Weißer Burgunder, Riesling, Kerner, Scheurebe, Domina, Spätburgunder etc.
Angebote	Präsentationen auf der Berliner Weinmesse, Wine Style Hamburg, Weinmesse Fürth, ProWein Düsseldorf 2014
Auszeichnungen	DLG Winzer des Jahres 2013, Beste Kollektion Weißwein 2009, Bundesehrenpreis 2010, TOP 100 Die besten Betriebe, Internationaler Müller Thurgau Preis 2010, AWC Vienna 2010 und 2011, Best of Gold 2009 und 2012, Berliner Weintrophy, Gault Millau

◀ *Gunter Geiger mit Familie und Mitarbeitern*

Weingut Horst Sauer

Bocksbeutelstraße 14
97332 Volkach-Escherndorf
Telefon 09381/4364
www.weingut-horst-sauer.de

Ausgezeichnet mit dem
Bundesehrenpreis
in Bronze 2013

Info Der fränkische Spitzenwinzer Horst Sauer geht eigene Wege. Für ihn entstehen große Weine zuerst im Kopf. Erst dann kommen handwerkliches Können und Tradition hinzu, die er mit neuen Erkenntnissen verbindet. So erzeugt er seit vielen Jahren eigenständige und unverwechselbare Weine, die vom Terroir der Paradelage Escherndorfer Lump geprägt sind. Silvaner, von denen Horst Sauer sagt, sie haben das gleiche Wesen wie fränkische Winzer, sind seine große Leidenschaft.
Wie Weinarchitektur in gelungener Symbiose aus alt und neu aussehen kann, zeigt das anspruchsvoll umgestaltete Weingutsgebäude in Escherndorf.

WEINTIPP 2012 Escherndorfer Lump Riesling Kabinett trocken

Rebfläche	15,1 Hektar
Beste Lagen	Escherndorfer Lump, Escherndorfer Fürstenberg
Böden	Muschelkalk, Lettenkeuper, Lösslehm
Rebsorten	Silvaner, Müller-Thurgau, Riesling, Bacchus, Scheurebe, Spätburgunder, Domina, Weißburgunder
Auszeichnungen	DLG, Gault Millau, Müller-Thurgau Wettbewerb Italien, Mundus Vini, Internationales Silvaner-Forum, International Wine Challenge, International Wine & Spirit Competition, AWC Vienna und weitere

◄ *Horst Sauer und Tochter Sandra*

Vinum Autmundis
Odenwälder Winzergenossenschaft eG

Riegelgartenweg 1
64823 Groß-Umstadt
Telefon: 06078/2349
www.vinum-autmundis.de

Ausgezeichnet mit dem Bundesehrenpreis in Bronze 2013

Info	Mit nur 62 Hektar sind die drei Lagen Umstädter Herrnberg, Stachelberg und Steingerück eine Rarität in der deutschen Weinlandschaft. Die „Odenwälder Weininsel" ist Teil des Weinanbaugebiets Hessische Bergstraße. Hier gründete sich im Jahr 1959 die Odenwälder Winzergenossenschaft und belebte den damals rückläufigen Weinbau der Region neu. In den Rebflächen um Groß-Umstadt überwiegt der Weißweinanbau mit rund 72 Prozent. Durch die besondere Lage der Weinberge an den steilen Südhängen des Odenwaldes kommen charaktervolle Weine in hoher Qualität auf den Markt.

WEINTIPP Umstädter Dornfelder Rotwein QbA trocken

Gründungsjahr	1959
Mitglieder	100
Rebfläche	62 Hektar
Beste Lagen	Umstädter Herrnberg, Stachelberg und Steingerück
Böden	Quarz, Porphyrverwitterung
Rebsorten	38 % Riesling, 18 % Müller-Thurgau, 11 % Silvaner 8 % Kerner; Bacchus, Scheurebe, Weißer und Grauer Burgunder, Portugieser, Dornfelder, Regent, Acolon und Spätburgunder
Ø Ertrag	78 hl/ha
Angebote	Weinlagenwanderungen, Weinproben und Kellerführungen für große und kleine Gruppen, Umstädter Winzerfest, Tag der Offenen Tür
Auszeichnungen	DLG

◀ *Geschäftsführer Oliver Schroebel (rechts) und Kellermeister Jürgen Kronenberger*

Weingut August & Thomas Perll

Oberstraße 77-81
56154 Boppard/Mittelrhein
Telefon: 06742/3906
www.perll.de

Ausgezeichnet mit dem
Bundesehrenpreis
in Bronze 2013

Info Der Spitzenbetrieb am mittelrheinischen Schiefergebirge konzentriert sich in erster Linie auf den Anbau von Riesling. In den besten Lagen am Bopparder Hamm, der seit 2002 zum Unesco Weltkulturerbe gehört und überwiegend eine Südlage ist, profitiert er von den klimatischen Bedingungen. Rebpflege, Lese, Kelterung, Abfüllung und Vermarktung liegen in der Verantwortung des Weinguts, so dass der Weg des Weines vom Rebstock zur Weinflasche als Einheit von Weinbautechniker Thomas Perll angesehen werden kann. Zum Weingut gehört eine kleine Obstbrennerei, in der man Brände aus Zwetschgen und Trestern herstellt.

WEINTIPP 2012 Bopparder Hamm Mandelstein Riesling Spätlese

Rebfläche	8,5 Hektar
Beste Lagen	Bopparder Hamm Feuerlay, Fässerlay, Mandelstein und Ohlenberg
Böden	Devonschieferverwitterung
Rebsorten	Riesling, Spätburgunder, Grau- und Weißburgunder, Scheurebe
Angebote	Weinproben bis zu 90 Personen in der Weinstube
Auszeichnungen	DLG, Landwirtschaftskammer Rheinland-Pfalz, Ehrenpreis des Landkreises Rhein-Hunsrück, Feinschmecker

◄ *Thomas Perll*

Weingut Toni Müller

Am Mühlbach 96
56072 Koblenz-Güls
Telefon: 0261/408808
www.weingut-toni-mueller.de

Ausgezeichnet mit dem
Bundesehrenpreis
in Bronze 2013

Info Tradition, Innovation und kompromissloses Qualitätsbestreben beschreiben die Philosophie des Weinguts Toni Müller in Koblenz-Güls. Helmut und Thomas Müller bewirtschaften den Betrieb in 11. und 12. Generation. Dort, wo die Mosel sich ihrer Mündung nähert, fühlt sich der seit 1611 bestehende Familienbetrieb dazu verpflichtet, in einer einzigartigen Terrassenlandschaft Weine höchster Qualität im Einklang mit der Natur zu vinifizieren.
Eine moderne Traubenverarbeitung und Gärführung sowie das Wissen um den Charakter der einzelnen Rebsorten und Lagen prägen den individuellen Stil der Weine. Mit viel Leidenschaft entstehen Jahr für Jahr Weine, die durch ihre filigrane Frucht und ihren besonderen, mineralischen Charakter bestechen.

WEINTIPP 2012 Winninger Brückstück Riesling Kabinett Alte Reben

Rebfläche	4,5 Hektar
Beste Lagen	Gülser Bienengarten und Königsfels, Winninger Brückstück und Hamm
Böden	Grauwacke
Rebsorten	Riesling, Weißburgunder, Spätburgunder, Müller-Thurgau und Sauvignon Blanc
Angebote	individuelle Weinverkostungen
Auszeichnungen	DLG, Landwirtschaftskammer Rheinland-Pfalz

◄ *Thomas Müller*

Weingut Theo Enk

Weinbergstraße 13
55452 Dorsheim
Telefon 06721/45470
www.weingut-theo-enk.de

Ausgezeichnet mit dem
Bundesehrenpreis
in Bronze 2013

Info	Das Familienweingut in Dorsheim wird von Theo Enk gemeinsam mit seinem Sohn Steffen in dritter Generation bewirtschaftet. Seit seinem Abschluss als Weinbautechniker liegt die Kellerarbeit zum überwiegenden Teil im Verantwortungsbereich von Steffen. Größtes Augenmerk gilt der Pflege der Weinberge und der Laubarbeiten im Sommer. Um den Anforderungen einer zeitgemäßen und qualitätsorientierten Weinerzeugung gerecht zu werden, hat man sich auch auf die Traditionen besonnen und einen Großteil der Weinberge mit Rieslingtrauben bepflanzt. Hinzu kommen 30 Prozent Burgundersorten. Die Weine werden zu 85 Prozent trocken ausgebaut.

WEINTIPP 2012 Dorsheimer Goldloch Riesling Spätlese halbtrocken

Rebfläche	8,5 Hektar
Beste Lagen	Dorsheimer Goldloch, Laubenheimer Fuchsen und Karthäuser
Böden	Kieshaltiger Lehm mit Schieferverwitterung, Löss
Rebsorten	40 % Riesling, 30 % Burgundersorten, Scheurebe, Kerner, Silvaner
Ø Ertrag	70 hl/ha
Angebote	Hoffeste, Weinproben, Weinwochenende mit Wein & Speisen
Auszeichnungen	DLG, Landesweinprämierung, Gault Millau, IHK-Kammerweinprobe

◄ *Theo Enk mit Sohn Steffen und Enkel Florian*

Weingut Darting

Am Falltor 4-6
67098 Bad Dürkheim
Telefon: 06322/979830
www.darting.de

Ausgezeichnet mit dem
Bundesehrenpreis
in Bronze 2013

Info	Die jahrzehntelange Erfahrung des Familienbetriebs in der Rebenveredlung ist einer der Gründe für den erfolgreichen Qualitätsausbau der unterschiedlichen Rebsorten, die in den Pfälzer Lagen des Weinguts Darting wachsen. Die Hauptsorte ist aber der Riesling, mit dem etwa die Hälfte der Rebflächen bestockt ist. Dieses breite Sortenspektrum versteht Helmut Darting mit Fingerspitzengefühl zu bearbeiten, so dass sortentypische und charakteristische Weine entstehen. Seit einiger Zeit konzentriert man sich zudem auf den Ausbau trockener Weine aus aromatischen Sorten wie Muskateller und Gewürztraminer. Im Weingut Darting beherrscht man die gesamte Klaviatur der Weinqualitätsstufen und vom Kabinett bis zur Beerenauslese.

WEINTIPP 2012 Gewürztraminer Spätlese trocken

Rebfläche	25 Hektar
Beste Lagen	Dürkheimer Michelsberg, Spielberg und Hochbenn, Ungsteiner Herrenberg
Böden	Lösslehm, Kalkmergel, sandiger Lehm, Sandsteinverwitterung
Rebsorten	42 % Riesling, 23 % rote Sorten wie Spätburgunder, Schwarzriesling, St. Laurent, Cabernet Cubin, weitere: Scheurebe, Muskateller, Sauvignon Blanc, Rieslaner, Weiß- und Grauburgunder, Huxel, Gewürztraminer
Angebote	Weinprobierstube, Weinproben auch in englischer Sprache, Kellerführungen
Auszeichnungen	DLG, Gault Millau und weitere

◀ *Helmut Darting*

Weingut Karl Pfaffmann Erben GmbH

Allmendstraße 1
76833 Walsheim
Telefon: 06341/61856
www.weingut-karl-pfaffmann.de

Ausgezeichnet mit dem
Bundesehrenpreis
in Bronze 2013

Info   Der Pfälzer Familienbetrieb wird heute von Markus Pfaffmann geführt, der auch für den Weinausbau verantwortlich zeichnet. Der Absolvent der Fachhochschule Geisenheim erzeugt rebsortentypische und kraftvolle Weine, die von einer prägnanten Frucht gekennzeichnet sind. Im Weinberg setzt er auf den Einklang mit der Natur und auf größtmögliche Sorgfalt. Große Stärken zeigen die Pfaffmanns mit Rieslingen, die in allen Qualitätsstufen außergewöhnliche Ergebnisse erreichen. Aber auch weitere klassische Sorten wie Grauburgunder, Spätburgunder und Dornfelder finden im milden Klima der Pfalz beste Bedingungen. Sitz des Weinguts Pfaffmann ist Walsheim an der südlichen Weinstraße, eine Region, in der Weinkultur seit langer Zeit im Mittelpunkt steht.

WEINTIPP 2012 Riesling Spätlese trocken
Nußdorfer Herrenberg

Rebfläche	65 Hektar
Beste Lagen	Walsheimer Silberberg, Nußdorfer Herrenberg und Kirchenstück
Böden	Sandiger Lösslehm
Rebsorten	29 % Riesling, 9 % Grauburgunder, 9 % Weißburgunder, 8 % Chardonnay, 6 % Silvaner, 9 % Spätburgunder, 7 % Dornfelder, weitere: Merlot, St. Laurent, Muskateller, Gewürztraminer, Portugieser, Regent
Angebote	Weinproben im Weingut
Auszeichnungen	DLG, Gault Millau, Riesling-Erzeugerpreis, Landwirtschaftskammer, Decanter World Wine Awards, Eichelmann, Der Feinschmecker

◀ *Markus Pfaffmann*

Uwe Ziegler

Weingut August Ziegler

67487 Maikammer
Telefon: 06321/95780
www.august-ziegler.de

Ausgezeichnet mit dem
Bundesehrenpreis
in Bronze 2013

Info	Die lange Tradition der Zieglers im Weinbau, die bis in das Jahr 1717 zurückreicht, steht in engem Zusammenhang mit der genauen Kenntnis der Weinbergslagen und Böden. Wo welcher Rebstock gedeiht, zählt zu dem überlieferten Wissen der Familie. Für Uwe und Harald Ziegler steht daher auch die Pflege des Weinbergs im Vordergrund. Neben den traditionellen Pfälzer Rebsorten widmen sich die Brüder aber auch innovativen Ideen und einigen hierzulande exotischen Rebsorten. Knapp 20 verschiedene Sorten sind es insgesamt. Im Angebot stehen aromatische Sauvignon Blancs, die zunächst im Versuchsanbau getestet wurden und inzwischen internationale Anerkennung finden, rote, tiefgründige Weine, denen man die Erfahrung anschmeckt und spritzige, weiße Weine, die auf der Zunge tanzen – die Zieglers zeigen Erfolg in allen Bereichen.

WEINTIPP 2012 Maikammerer Mandelhöhe Chardonnay QbA trocken – Tradition

Rebfläche	19 Hektar
Beste Lagen	Maikammer Heiligenberg, Alsterweiler Kapellenberg, Gimmeldinger Biengarten und Mandelgarten
Böden	Sandsteinverwitterung, Lehm mit unterschiedlichem Sandanteil, teilweise mit Kalkmergeleinschüssen
Rebsorten	Riesling, Weiß-, Grau-, und Spätburgunder, Rieslaner, Sauvignon Blanc, Merlot, Cabernet Franc, Shiraz und weitere
Ø Ertrag	64 hl/ha
Angebote	Ferienwohnung, wechselnde Veranstaltungen, denkmalgeschütztes Gutshaus aus der Gründerzeit, Weinseminare (nach Anfrage)
Auszeichnungen	DLG (u.a. Winzer des Jahres 2006, 2008, 2009), seit 2008 erster Platz im DLG TOP 100 Ranking der besten Weinerzeuger Deutschlands, Mundus Vini und internationaler Weinpreis AWC Vienna

Wein- und Sektgut F.B. Schönleber

Obere Roppelsgasse 1
65375 Oestrich-Winkel
Telefon: 06723/3475
www.fb-schoenleber.de

Ausgezeichnet mit dem
Bundesehrenpreis
in Bronze 2013

Info   Das Traditionsweingut, das seit rund 20 Jahren auch auf die Erzeugung exzellenter Winzersekte spezialisiert ist, kann auf eine mehr als 200-jährige Geschichte im Weinbau zurückblicken. Die heutige Führung unter den Brüdern Ralf und Bernd Schönleber sieht eine klare Aufgabenverteilung vor: Ralf Schönleber sorgt als Weinbautechniker dafür, dass die Voraussetzung für die hochwertigen Weine und Sekte gewährleistet bleibt. Er ist verantwortlich für die Weinbergsarbeit und die Erzeugung von gesundem Lesegut bei strikt reduzierten Erträgen. Weinbauingenieur Bernd Schönleber ist für den Weinausbau zuständig. Für ihn stehen die Bewahrung von Frucht und Aromen im Vordergrund, wenn er die Typizität jedes einzelnen Weines herausarbeitet. Das Wein- und Sektgut F.B. Schönleber ist Mitglied im Verband der Prädikatsweingüter VDP.

WEINTIPP 2012 Erbacher Steinmorgen Riesling feinherb VDP. ERSTE LAGE

Rebfläche	10 Hektar
Beste Lagen	Mittelheimer St. Nikolaus und Edelmann, Oestricher Doosberg und Erbacher Steinmorgen
Böden	Löss-Lehm
Rebsorten	Riesling und Spätburgunder
Angebote	Hotel, Weinstube, Weinproben, zahlreiche Veranstaltungen
Auszeichnungen	DLG, Gault Millau, Eichelmann, Feinschmecker

◀ *Ralf (links) und Bernd Schönleber*

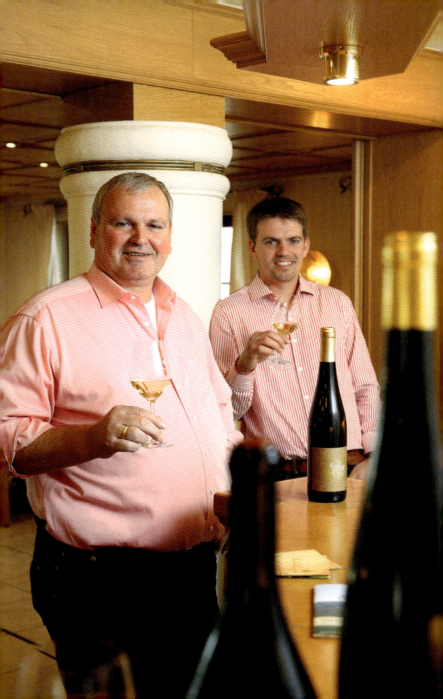

Weingut Kurt Erbeldinger & Sohn · Stefan Erbeldinger

67595 Bechtheim-West 3
Telefon: 06244/4932
www.weingut-erbeldinger.de

Ausgezeichnet mit dem
Bundesehrenpreis
in Bronze 2013

Info Einen Höhepunkt im Weingut Erbeldinger bildet die Privat-Kollektion, die auf traditionelle rheinhessische Rebsorten setzt. Jungwinzer Christoph Erbeldinger bringt mit dieser Linie sein Wissen und innovative Ideen in das Traditionsweingut ein. Mit dem 2011 „GLANZSTÜCK" schuf er ein neues Highlight im Erbeldinger Wein- und Sekt-Sortiment und unterstreicht damit einmal mehr das große Potenzial, das in den Bechtheimer Weinlagen steckt. Geleitet wird das Unternehmen von seinem Vater Stefan Erbeldinger, unterstützt von der ganzen Familie. Bezeichnend für das Weingut Erbeldinger sind das gute Preis-Genuss-Verhältnis sowie die persönliche Betreuung aller Weingutsbereiche durch die Erbeldingers selbst.

WEINTIPP 2011 „GLANZSTÜCK" Weißer Burgunder trocken im großen Holzfass gereift

Rebfläche	35 Hektar
Beste Lagen	Bechtheimer Geyersberg, Hasensprung und Heiligkreuz, Gundheimer Mandelbrunnen und Sonnenberg
Böden	Löss-Lehm mit Kalkanteil
Rebsorten	20 % Riesling, 15 % Spätburgunder, 15 % Weißburgunder, Portugieser, Dornfelder, Müller-Thurgau, Silvaner, Chardonnay und weitere
Angebote	Weinproben im Weingut, Präsentation der Weine auf verschiedenen Weinmessen
Auszeichnungen	DLG Bundesehrenpreis, Großer Staatsehrenpreis der Landwirtschaftskammer, Ausgezeichnete Weine bei Savoir Vivre, Eichelmann, Wein-Plus, Feinschmecker

◄ *Stefan Erbeldinger und Sohn Christoph*

Weingut Manz

Lettengasse 6
55278 Weinolsheim
Telefon: 06249/7981
www.manz-weinolsheim.de

Ausgezeichnet mit dem
Bundesehrenpreis
in Bronze 2013

Info Nach einer kontinuierlichen Erweiterung der Rebflächen stehen heute rund 20 Hektar Weinberge in den besten Lagen Rheinhessens zur Verfügung. Erich und Eric Manz bewirtschaften das Weingut in achter und neunter Generation gemeinsam. Ihr Schwerpunkt gilt den klassischen Rebsorten Riesling und Spätburgunder. Die Weißweine werden nach einer streng selektiven Lese im Edelstahltank ausgebaut. Für die Roten setzt man auf traditionelle Maischegärung über vier bis sechs Wochen, um sie anschließend im traditionellen Holzfass oder im Barrique auszubauen. Die aromatischen Sorten mit Gewürztraminer, Silvaner oder Sauvignon Blanc ergänzen den gebietstypischen Rebsortenspiegel. Das Weingut zählt seit Jahren zu den besten Weingütern Rheinhessens.

WEINTIPP 2012 Oppenheimer Herrenberg
Weißer Burgunder Spätlese trocken KALKSTEIN

Rebfläche	20 Hektar
Beste Lagen	Weinolsheimer Kehr, Oppenheimer Herrenberg und Sackträger, Niersteiner Hipping, Guntersblumer Steig-Terrasse
Böden	Kalkmergel, Löss
Rebsorten	40 % Riesling, 40 % Grau-, Weiß-, und Spätburgunder, weitere: Gewürztraminer, Cabernet Sauvignon, Merlot, Silvaner
Angebote	Weinprobierstube, Verkostungen
Auszeichnungen	DLG, Gault Millau, Der Feinschmecker, International Pinot Challenge, AWC Vienna, Landwirtschaftskammer Rheinland-Pfalz und weitere

◀ *Erich Manz und Sohn Eric*

Weingut Marcel Schulze

Naumburger Straße 42
06712 Döschwitz
Telefon: 034425/27326
www.weingut-schulze.de

Ausgezeichnet mit dem
Bundesehrenpreis
in Bronze 2013

Info	Die Geschichte des Weinguts Marcel Schulze beginnt im Jahr 1999 mit der Wiederbelebung des Weinbaus auf Kloster Posa in Zeitz. Nachdem der Weinbau hier für 200 Jahre unterbrochen war, knüpfte die Familie wieder an die alte Weinbautradition der Region an. Am Südhang des Klosters pflanzte man die ersten Rebstöcke der Sorte Dornfelder auf historischem Boden und erweiterte den Weinbaubetrieb in den Folgejahren kontinuierlich. Die Region an Saale und Unstrut ist auch bekannt für ihre zahlreichen mittelalterlichen Burgen und geschichtsträchtigen Orte.

WEINTIPP 2011 Kerner Beerenauslese

Rebfläche	6 Hektar
Beste Lage	Bad Kösener Schöne Aussicht
Böden	Muschelkalk
Rebsorten	Müller-Thurgau, Grauburgunder, Weißburgunder, Kernling, Riesling, Traminer, Cabernet Blanc, Silvaner, Gutedel, Kerner, Solaris, Bacchus, Ortega, Johanniter, Roter Gutedel, Dornfelder, Spätburgunder, Portugieser, Regent, Blauer Zweigelt
Angebote	Tag des offenen Weinkellers, Weinproben
Auszeichnungen	DLG, Berliner Wein-Trophy, Landesweinprämierungen

◀ *Marcel Schulze und Weinprinzessin Daniela Undeutsch*

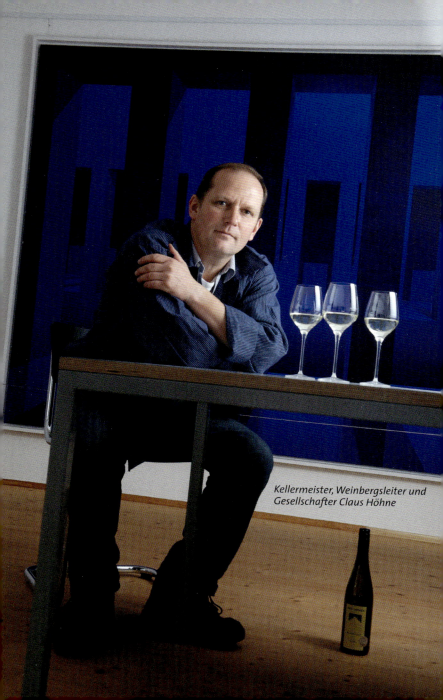

Kellermeister, Weinbergsleiter und Gesellschafter Claus Höhne

Weingut Drei Herren GbR

Weinbergstr. 34
01445 Radebeul
Telefon: 0351/7956099
www.weingutdreiherren.de

Ausgezeichnet mit dem
Bundesehrenpreis
in Bronze 2013

Info	Für die heutigen Inhaber des Weinguts DREI HERREN stehen die Wiederbelebung der Tradition, des Landschaftsbildes und der jahrhundertealten Steillagen, sowie der Dialog zwischen Tradition und Moderne im Vordergrund ihrer Betriebsphilosophie. Geerntet wird ausschließlich von Hand. Im Keller wird schonend und ohne manipulative Eingriffe gearbeitet. Oberstes Ziel ist der perfekte, typisch sächsische Geschmacksdreiklang von Spritzigkeit, intensivfeiner Fruchtigkeit und einer ausgeprägt mineralischen Note. Wein und Kunst genießen..., so lautet das Motto der DREI HERREN. Das sind: der Kunsthistoriker Prof. Dr. Rainer Beck, der Radebeuler Winzer Dipl. Ing. Claus Höhne und die ehemalige sächsische Weinkönigin (2003) und deutsche Weinprinzessin (2004) Antje Wiedemann.

WEINTIPP Scheurebe 2012 trocken

Rebfläche	4,7 Hektar
Beste Lagen	Radebeuler Goldener Wagen, Meißner Kapitelberg
Böden	Sandiger Lehm, Syenit- und Biotit-Granodoritverwitterungsgestein
Rebsorten	15 % Weißburgunder, 15 % Regent, 15 % Grauburgunder, 15 % Riesling, 10% Scheurbe, 10 % Traminer, 9 % Spätburgunder, 7 % Solaris, 4 % Müller-Thurgau
Angebote	Jungweinprobe im Mai, Hoffest am zweiten Juliwochenende, Weihnacht im Weingut am zweiten Advent, jeden 1. Sonntag im Monat 11 Uhr Führung durch die Kunstausstellungen zeitgenössischer Malerei und Kunst im Obergeschoss, Vinothek im historischen Ambiente
Auszeichnungen	DLG, Gault Millau, Eichelmann, Weingourmet

Weingut Karl Busch

Greuthof 1
74626 Bretzfeld-Dimbach
Telefon: 07946/2465
www.karlbusch-wein.de

Ausgezeichnet mit dem
Bundesehrenpreis
in Bronze 2013

Info Das Weingut Karl Busch startete im Jahr 2002 und etablierte sich innerhalb weniger Jahre zu einem Erzeuger von Spitzenweinen aus der Genießerregion Hohenlohe. Durch konsequente Ertragsreduzierung und schonende Verarbeitung entstehen edle Weine mit einem gewissen Etwas. Seit 2011 präsentiert Markus Busch seine Weine in einem außergewöhnlichen Ambiente im 150 Jahre alten Bretzfelder Bahnhof. Das Gebäude von 1862 wurde im Jahr 2011 von der Familie Busch komplett saniert. Heute befindet sich im Eingangsbereich die Vinothek des Weinguts. Die ehemalige Bahnhofshalle dient als Restaurant, hier trifft der Wein aus dem eigenen Gut auf eine regionale Küche mit mediterranen Anklängen. Für den längeren Aufenthalt auf dem Weingut wurden die oberen Geschosse des Bahnhofs zu modernen Hotelzimmern umgebaut.

WEINTIPP 2009 Lemberger ★ ★ ★ ★ trocken

Rebfläche	4,6 Hektar
Beste Lagen	Himmelreich, Wildenberg
Rebsorten	Lemberger, Spätburgunder, Trollinger, Samtrot, Cabernet, Muskattrollinger, Riesling, Kerner, Gewürztraminer
Angebote	Restaurant mit innovativer Küche im denkmalgeschützten Bahnhof von 1862, Historischer Sandsteingewölbekeller im Familienbesitz seit 177 Jahren, Weinerlebnistouren durch Weinberg und Keller, Weinverkostungen, Tag des offenen Weinkellers am ersten Wochenende im Mai
Auszeichnungen	DLG Bundesehrenpreis 2009, 2012, Staatsehrenpreis 2010, Landesehrenpreis, AWC Vienna, Berliner Weintrophy, Mundus Vini

◀ *Markus Busch*

Privatkellerei-Weinbau Rolf Willy GmbH

Brackenheimer Straße 21
74226 Nordheim
Telefon: 07133/95010
www.rolf-willy.de

Ausgezeichnet mit dem
Bundesehrenpreis
in Bronze 2013

Info	Wein in all seinen Facetten spielt schon seit Generationen eine große Rolle im Leben der Willys. ‚Einer für Alle und Alle für Einen' ist das Motto der drei Brüder Jürgen, Günter und Holger. Ein Familienteam mit unterschiedlichen Aufgaben und dem gleichen Ziel – Qualität ohne Kompromisse. Bei den Willys gibt es für jeden Anlass den richtigen Wein: vom klassischen Trollinger über individuelle Lemberger bis hin zu den im Barrique gereiften Spezialitäten. Rebsorten, wie Merlot, Lemberger, Cabernet und Spätburgunder aus alten Rebanlagen werden mit viel Leidenschaft in einem der über 300 Barriquefässer ausgebaut. Die Weine reifen in der 2012 neu errichteten Kellerei und freuen sich auf Ihren Besuch.
	WEINTIPP 2011 Leondoro Rotwein trocken im Barrique gereift
Rebfläche	220 Hektar (inklusive der angeschlossenen Erzeugergemeinschaft)
Beste Lagen	Nordheimer Sonntagsberg und Heuchelberg
Böden	Keuper, Sandsteinverwitterung
Rebsorten	Riesling, Lemberger, Trollinger, Schwarzriesling, Spätburgunder, Samtrot, Grau- und Weißburgunder, Muskateller, Gewürztraminer, Chardonnay, Cabernetkreuzungen, Merlot, Syrah, Müller-Thurgau, Kerner, Sauvignon Blanc, Muskattrollinger, Acolon
Angebote	Weinproben für 20-60 Personen, Kellereibesichtigung
Auszeichnungen	bester Sekterzeuger 2010, Winzer des Jahres 2011, Bundesehrenpreis 2006, 2007, 2008, 2009, 2010, 2011, 2013 Mundus Vini, Landesehrenpreise, Staatsehrenpreis, Top Ten Württemberg

◀ *Holger, Jürgen und Günter Willy (v.l.n.r.)*

– SEKTERZEUGER DES JAHRES 2013/2014 –

Von links: Verkaufsleiter Harry Flamm, Geschäftsführer Roland Leininger und Kellermeister Werner Giener

Winzergenossenschaft Jechtingen-Amoltern am Kaiserstuhl eG (Sektehrenpreis Gold)

Winzerstraße 1
79361 Sasbach-Jechtingen
Telefon: 07662/9323-0
www.jechtinger-wein.de

Info In Jechtingen ist man auf die Herstellung von hochwertigen Sekten spezialisiert. Alle Grundweine werden in eigenen Jechtinger Lagen erzeugt. Die Vielfalt aus Weißburgunder, Pinot und Muskateller sind Jahrgangssekte und werden nach der Methode der traditionellen Flaschengärung ausgebaut. Die Winzergenossenschaft wurde 1924 von 30 Jechtinger Winzern gegründet. Unlängst, im Jahr 2011, fusionierte das Unternehmen mit der Winzergenossenschaft Amoltern. Die Jechtinger und Amolterer Winzerinnen und Winzer betreiben traditionellen Weinausbau mit moderner Kellertechnik. Das hochklassige Sortiment wurde 2012 um Bio-Wein erweitert.

SEKTEMPFEHLUNG 2010 Weißer Burgunder Baden Brut

Gründungsjahr	1924
Rebfläche	240 Hektar
Mitglieder	ca. 100 Winzerfamilien
Beste Lagen	Jechtinger Eichert, Jechtinger Hochberg und Jechtinger Steingrube sowie die Amolterer Steinhalde
Böden	Vulkangestein, Lehm
Rebsorten	40 % Spätburgunder, 20 % Grauburgunder, 15 % Weißburgunder, 13 % Müller Thurgau, 10 % sonstige Rebsorten (Gewürztraminer, Muskateller, Chardonnay, Regent), 2 % Silvaner
Angebote	Weinbergs- und Kellerführungen, Weinproben, Offener Winzerkeller
Auszeichnungen	DLG, Mundus Vini, AWC Vienna, Vinalies Internationales, Paris + Mondial des Pinots Sierre, Sektehrenpreis 2012 des Badischen Weinbauverbandes

Weingut Kurt Erbeldinger & Sohn · Stefan Erbeldinger (Sektehrenpreis Silber)

67595 Bechtheim-West 3
Telefon: 06244/4932
www.weingut-erbeldinger.de

Die Erzeugung hochwertiger Winzersekte spielt im Weingut Kurt Erbeldinger & Sohn im Rheinhessischen Bechtheim eine ebenso wichtige Rolle wie die Weinherstellung. Für das Jahr 2014 erhält der Betrieb jeweils einen Bundesehrenpreis für Wein und für Sekt. Mit dieser Ausnahmeleistung zeigt Betriebsleiter Stefan Erbeldinger, der in der Weinbergsarbeit tatkräftig von seinem Sohn Christoph unterstützt wird, dass er in beiden Disziplinen zur deutschen Winzerelite gehört.

Spitzenwinzer und Sekthersteller Stefan Erbeldinger im Interview:

DLG: Gibt es in der Sektherstellung bestimmte Trends, die der Verbraucher wünscht? Welche Sekte werden am meisten nachgefragt?

Stefan Erbeldinger: „Die Nachfrage nach den klassischen trockenen Sekten ist ungebrochen. Vor allem Riesling, Weißburgunder und Chardonnay, aber auch Rosé sind sehr begehrt bei unseren Kunden. Bei Weißburgunder und Chardonnay schätzt man insbesondere die Cremigkeit und Komplexität, während sich der Riesling elegant präsentiert."

DLG: Nach welchen Kriterien wählen Sie die Grundweine für die Sektherstellung aus?

Stefan Erbeldinger: „Schon bei der Ernte achten wir auf das geeignete Lesegut mit vollem Geschmack und spritziger Säure. Es ist uns ein Anliegen, sortenreine Sekte zu erzeugen. Sekt spielt eine große Rolle in unserem Sortiment, daher bieten wir eine attraktive Auswahl für unsere Kunden an. Das Besondere an den Erbeldinger-Schaumweinen ist der dichte, volle, lang anhaltende Geschmack – natürlich achten wir darauf bereits bei der Grundwein-Auswahl."

DLG: Was ist Ihr persönlicher Lieblingssekt und was essen Sie in Rheinhessen am liebsten dazu?

Stefan Erbeldinger: „Wie der Name schon verrät, genießen wir auch in der Familie am liebsten den Chardonnay brut Sekt PRIVAT. Am besten schmecken uns dazu „Häppchen", aber wir genießen den Chardonnay auch gerne ganz ohne Essensbegleitung, z. B. als Aperitif für Familienfeiern oder einfach so ohne Anlass."

◄ *Stefan Erbeldinger und Sohn Christoph*

Wein- & Sektgut Wilhelmshof (Sektehrenpreis Bronze)

76833 Siebeldingen
Queichstr. 1
Telefon: 06345/919147
www.wilhelmshof.de

Info Von den Arbeiten im Weinberg bis zum fertigen Sekt übernehmen die Oenologen Barbara Roth und Thorsten Ochocki mit ihrem Team alle Arbeitsschritte selbst und verbürgen sich so für die Qualität, für die der Wilhelmshof seit Jahren steht. Die Sekte werden ausschließlich in traditioneller Flaschengärung hergestellt und lagern mindestens 15 Monate auf der Hefe. Eine besondere Spezialität des Wilhelmshofs sind die „Patina-Sekte®", die zwischen fünf und 25 Jahre reifen und belegen, dass diese noblen Sekte von ihrer Lagerfähigkeit ungemein profitieren. Der Wilhelmshof zählt zu den besten deutschen Sekterzeugern und hat sich auch mit der Erzeugung erlesener Burgunderweine einen Ruf geschaffen.

SEKTEMPFEHLUNG 2011 Siebeldinger Königsgarten Riesling Weißsekt brut

Rebfläche	17 Hektar
Beste Lagen	Siebeldinger im Sonnenschein, Frankweiler Kalkgrube
Böden	Muschelkalk, Buntsandsteinverwitterung
Rebsorten	30 % Spätburgunder, 33 % Weißburgunder, 25 % Riesling, 10 % Grauburgunder, sonstige
Angebote	Sektkellerführungen samstags 10 Uhr (nach Voranmeldung), Kulturlese im Wilhelmshof (immer in der Fronleichnamswoche) mit Konzerten, Ausstellungen, Weinmenüs
Auszeichnungen	Fünffacher „Bester deutscher Setkerzeuger" der DLG (1999, 2004, 2005, 2007, 2008), Staatsehrenpreise der LWK, MUNDUS Vini („Bester deutscher Spätburgunder 2005 und 2008", „Bester Rotwein Pfalz" 2013)

◀ *Barbara Roth und Ehemann Thorsten Ochocki*

JUNGWINZER DES JAHRES

Die gezielte Förderung des deutschen Winzernachwuchses ist ein besonderes Anliegen der DLG, die in diesem Jahr zum siebten Mal die drei besten Jungwinzer gewählt hat. Im Rahmen der Qualifikationsrunde wurde das Fachwissen in den Bereichen Oenologie, Wein-Sonsorik und internationale Weinwirtschaft in Theorie und Praxis geprüft. Eine Jury aus Oenologen, Journalisten und Praktikern wählte die Sieger unter den besten deutschen Weintalenten aus.

Sebastian Strub (Jungwinzer des Jahres)

Weingut Strub
Oberdorfstraße 57
55283 Nierstein (Rheinhessen)
Telefon: 06133/59765
www.weinstrub.de

Info Nach seiner Winzerlehre in renommierten Weingütern Rheinhessens und Badens absolvierte Sebastian Strub ein Berufspraktikum im kanadischen Weingut Inniskillin, an das sich eine Ausbildung zum Staatlich Geprüften Techniker für Weinbau und Oenologie in Weinsberg anschloss. Im elterlichen Weingut in Nierstein hilft der Jungwinzer seit vielen Jahren mit und engagiert sich mit neuen Ideen. Neben der Modernisierung des Sortiments und des Außenauftritts hat er die Umstellung auf ökologischen Weinbau angeregt. Seine Hauptaufgabe im Weingut ist der Weinausbau. Sebastian Strub ist Mitglied der Vereinigung „Jungwinzer vom Roten Hang".

WEINTIPP 2012 Pettenthal Sauvignon blanc mit würzig-kräutriger Nase, mineralischer Tiefe und einer dichten, komplexen Sauvignon blanc-Aromatik

Sebastian Strub im Gespräch:

„Mein besonderes Steckenpferd ist der Sauvignon blanc. Seitdem wir im Jahr 2011 einen alten Riesling-Weinberg in einer Kernparzelle des Niersteiner Pettenthals auf Sauvignon blanc umveredelt haben, widme ich mich besonders dem An- und Ausbau dieser Rebsorte. In den kommenden Jahren möchte ich unsere Sauvignon blanc-Flächen weiter vergrößern, um die verschiedenen Facetten des Sauvignon blancs in unterschiedlichen Produkten ausarbeiten zu können."

◄ *Sebastian Strub*

Christine Pröstler

Christine Pröstler (Jungwinzerin des Jahres, 2. Platz)

Weingut Christine Pröstler
Obere Hauptstraße 100
97225 Retzbach (Franken)
Telefon: 09364/7904229
www.cproestlerweine.de

Info In Sachen Wein hat Christine Pröstler die Welt bereist. Nach dem Abitur und der Winzerlehre in der fränkischen Heimat studierte sie zunächst Weinbau und Oenologie an der Fachhochschule Geisenheim. Auslandspraktika führten sie nach Südafrika zu Kaapzicht Estate (Stellenbosch) und nach Neuseeland zur C.J. Pask Winery (Hawke's Bay) zu verschiedenen Tätigkeiten in Keller und Labor. Nach ihrem Studienabschluss arbeitete sie kurz als Assistant Winemaker bei Reh Kendermann, bis sie dort von 2006 bis 2010 die Position des Winemakers übernahm und regelmäßig auch in Rumänien tätig war. Heute ist sie im eigenen Weingut für alle Arbeitsbereiche von Vinifizierung, Vertrieb und Marketing zuständig, wird aber seit der Geburt ihres Sohnes kräftig von ihrem Vater unterstützt, der die Weinbergsarbeit übernimmt.

WEINTIPP 2012 Retzbacher Benediktusberg Silvaner trocken – ein wahrer Zehnkämpfer mit Kraft, Power, Durchhaltevermögen und großem Erinnerungspotential, von dem es aber nur wenige Flaschen gibt.

Christine Pröstler im Gespräch:

„2008 habe ich begonnen, in Kleinchargen meinen eigenen Wein auszubauen (900 Liter), Fläche und Trauben hatte mir mein Vater verpachtet. Der Ausbau und die Abfüllung erfolgten im Weingut des Nachbarn. Nach dem Herbst 2011 fiel dann die Entscheidung, ein eigenes, neues Weingut zu bauen, das ich im Juni 2013 feierlich eröffnen konnte. Wein steht für mich für Lebensfreude, Genuss, Leben mit der Natur, hart arbeiten, aber auch dafür, Menschen von den eigenen Weinen zu begeistern. Jedes Jahr ist individuell, man muss agieren können, flexibel sein, jede Charge Trauben, jeder Tank ist eigenständig zu behandeln – und es ist toll, zu beobachten, was aus den Trauben wird und wie sich der Wein entwickelt."

Florian Botzet

Florian Botzet (Jungwinzer des Jahres, 3. Platz)

Siebenborner Straße 30
54484 Maring-Noviand (Mosel)
Telefon: 06535/94122
www.weinhaus-botzet.de

Info Florian Botzet stammt aus dem Weingut Botzet in Maring-Noviand an der Mosel. Nach einem Grundstudium in Werbung und Marktkommunikation an der Hochschule der Medien in Stuttgart absolvierte er das Studium der Weinbetriebswirtschaft an der Hochschule Heilbronn. Mehrere Praktika führten ihn unter anderem zu dem Spitzenweingut Van Volxem an der Saar. Das elterliche Weingut, das zu 90 Prozent Riesling anbaut, übernahm er im Sommer 2011. Dort ist er sowohl für Außenbetrieb, Kellerwirtschaft als auch Vermarktung verantwortlich. Sein erklärtes Ziel ist es, die Leichtigkeit des Rieslings vom Schieferboden zu erhalten, da er im Hinblick auf die Klimaveränderung höhere Alkoholwerte erwartet. Die Weine sollen komplex und facettenreich sein und dabei ein lebendiges Trinkvergnügen bereiten.

WEINTIPP 2012 Riesling trocken – eine Lagen-Cuvée des Weinguts und unsere Visitenkarte. Jahr für Jahr werden die Anteile der Maring-Noviander Lagen Honigberg und Sonnenuhr sowie des Kestener Paulinshofbergs perfekt abgestimmt. Aus den vollreifen Trauben entsteht ein Wein, der als Essensbegleiter und Alleinunterhalter gefällt – ohne seine Eleganz und Bestimmtheit zu verlieren. Ein Allrounder.

Florian Botzet im Gespräch:

„Wein schafft es, Sonnenenergie zu speichern und transportabel zu machen – auf die schönst mögliche Art. Diese Energie bereitet Genuss und verbindet Menschen. Einen solchen Prozess nah an der Natur und dem Menschen zu begleiten, bereitet mir großen Spaß. Mein Steckenpferd hier an der Mosel ist natürlich der Riesling. Privat bin ich begeisterter Fan der Weine aus dem Burgund und von der Rhone."

Vinitiative Lauffener Weingärtner eG

Im Brühl 48
74348 Lauffen
Telefon: 07133/185 -0
www.vinitiative.de

Info

Sie sind jung, qualifiziert und engagiert. Ihre große Gemeinsamkeit gilt der Leidenschaft für den Wein. In der Vereinigung Vinitiative begegnen sich fast alle Berufsfelder, die man sich im Zusammenhang mit Wein vorstellen kann: Winzer und Weinküfer, Weinbautechniker, Meister, Önologen, Agrar- und Weinwirtschaftler und Marketingfachleute. Seit die rund 20 JungwinzerInnen der Lauffener Weingärtner im Sommer 2007 bei einem Glas Wein beschlossen haben, einen eigenen Wein zu kreieren, tauschen sie ihre Erfahrungen und Eindrücke, die sie während der Ausbildungszeiten in Weinbauspitzenbetrieben Deutschlands, aber auch bei Auslandsaufenthalten in Neuseeland, Südafrika, Australien, Kalifornien, Kanada, Südtirol und Österreich gesammelt haben, untereinander aus.

Aus der Idee für einen eigenen Wein wurde eine Spitzen-Rotwein-Cuvée, für die ein maximaler Stockertrag von ein bis 1,5 Kilogramm Trauben festgelegt wurde. An eine Maischegärung über mehrere Wochen schließt sich die 20-monatige Reifung im Barrique an. Ein Motto der Jungwinzer lautet: „Was unsere Väter geschaffen haben, wollen wir bewahren und bedingungslos Qualität erzeugen."

TIPP Vinitiative Cuvée

Die Jungwinzervereinigung erzeugt in jedem Jahr eine Cuvée aus erlesenen Rotweinen. Der intensive, kräftige und komplexe Wein wurde bereits mehrfach ausgezeichnet mit der Goldmedaille der DLG und von „Mundus vini" und gewann den Deutschen Rotweinpreis von Vinum in der Kategorie Cuvée.

EINKAUFS-TIPPS

Weineinkauf – leicht gemacht: Mit unseren Shopping-Tipps nach Themen, der TOP 100 Liste der besten Weinerzeuger und ausgewählten Weinkollektionen wird die Suche nach dem Lieblingstropfen einfacher denn je.

In der Spitzenposition

Mit dem langjährigen Vergleich der Ergebnisse einer systematischen und konsequenten Blindverkostung von jährlich rund 5.000 Weinen durch eine unabhängige Fachjury, steht der DLG ein Instrumentarium zur Verfügung, das bundesweit einzigartig ist. Aufgrund dieser Daten erstellt die DLG die Liste der TOP 100 Betriebe der besten Weingüter und Winzergenossenschaften. Teilnahmeberechtigt ist jeder Wein oder Sekt produzierende Betrieb. Auch hieraus ergibt sich ein Kriterium der Chancengleichheit.

Mit ihrer TOP 100-Bestenliste bietet die DLG ein weiteres Angebot an den Weinkonsumenten, das als Orientierungshilfe dienen kann. Zudem hat diese Liste eine regulative Funktion im Hinblick auf die allgemeine Qualitätsentwicklung deutscher Weine: Hier können sich weinproduzierende Betriebe mit ihren Mitbewerbern messen und die eigene Leistung im bundesweiten Durchschnitt bewertet finden.

Die Spitze der Qualitätspyramide belegen vor allem die Betriebe, die ihren eigenen, unverwechselbaren Stil in der Weinbereitung gefunden haben. Ein wesentlicher Schritt zu einem modern verstandenen Weinbau, den die meisten Betriebe – manche erst in den letzten Jahren – vollzogen haben, ist dabei ein ökologisches Bewusstsein, das Ertrag und Qualität mit möglichst naturnahen Methoden wieder sichert.

INFO

TOP 100 – Wer wird aufgenommen?

In Ergänzung zur aktuellen Leistung eines Betriebes zeichnet die DLG mit der TOP 100-Liste die nachhaltige und konstante Qualitätsarbeit aus. Die Position eines Weinerzeugers in dieser Bestenliste errechnet sich aus der Platzierung des vergangenen Jahres und der im aktuellen Wettbewerb erreichten durchschnittlichen Qualitätszahl der vorgestellten Weine.

Betriebe, die erstmals am Wettbewerb der Bundesweinprämierung teilnehmen, haben eine Chance, in die Rangliste aufgenommen zu werden, wenn die Gesamtergebnisse entsprechend gut sind.

Wesentlicher Bestandteil für die Definition des Begriffes ‚Qualität' ist nicht zuletzt ihre Nachhaltigkeit, die viele Betriebe durch ein effektives Qualitätsmanagement-System gewährleisten möchten. Nur diese langfristige Einhaltung konstanter Werte strahlt Qualität und Verlässlichkeit aus und wirkt vertrauensbildend.

In diesem Sinne versteht sich auch die 63. Bundesweinprämierung der DLG als ein Gradmesser für die Leistungsstärke der Winzer und ihrer Produkte und als verlässlicher Ratgeber für den Verbraucher. Beim diesjährigen Verkostungsmarathon standen 4.861 Weine von 333 Betrieben aus allen deutschen Anbaugebieten auf dem Prüfstand. Das aussagekräftige Auswahlverfahren stützt sich auf die Gewissenhaftigkeit und Kompetenz der eigens geschulten DLG-Prüfer.

Die TOP 100 des Jahres 2013

Im aktuellen Prämierungsjahr überrascht die Spitze der TOP 100 Betriebe: So konnten die fünf Betriebe, die im letzten Jahr die ersten Plätze belegten, ihre Position bestätigen. Harald und Uwe Ziegler aus dem Weingut August Ziegler in Maikammer rangieren erneut auf Platz 1. Die außergewöhnlichen Leistungen der Brüder finden längst auch auf internationaler Ebene Beachtung und Anerkennung. Auf Platz zwei und drei folgen die Vier Jahreszeiten Winzer und der Winzerkeller Hex vom Dasenstein, zwei Kooperationen, die das Erfolgskonzept Winzergenossenschaft beispielhaft repräsentieren. Erich Manz und Sohn Eric bringen ihr rheinhessisches Weingut weiter voran und belegen den 4. Platz in der TOP 100-Liste. Die Spitzenrieslinge von Albert Kallfelz, die 91 Prozent seiner Weine stellen, zeigen auch in diesem Jahr das Können des Winzers. Albert Kallfelz steht mit seinem Weingut auf Platz 5 der Bestenliste. Auf den Plätzen sechs bis zehn gab es leichte Verschiebungen im Vergleich zum Vorjahr: Es beginnt das Weingut Darting, das um einen Punkt nach vorne rückte, gefolgt von Horst Sauer aus dem fränkischen Volkach-Escherndorf, der Lauffener Weingärtner eG, dem Weingut Kurt Erbeldinger und der Winzergenossenschaft Mayschoss-Altenahr.

Die beachtlichsten Sprünge nach oben mit zehn und mehr Plätzen sind der Weinkellerei Wangler (von Platz 100 im Vorjahr auf Platz 87), dem Weingut Fleischmann (von 91 auf 79), dem Gut Weirich Weine (96 auf 78) und dem Weingut „Altes Schlößchen" (88 auf 77) gelungen. Ähnliche Qualitätssprünge zeigen das Weingut Bretz in Rheinhessen, das Pfälzer Weingut Karl Pfaffmann, das Weingut Toni Müller aus Koblenz, die Villa Heynburg und das Weingut Theo Enk von der Nahe.

TOP 100 DER BESTEN WEINERZEUGER

Platz	Vorjahr	Erzeuger	Ort	Internet	Anbaugebiet
1	1	**Weingut August Ziegler**	Maikammer	www.august-ziegler.de	Pfalz
2	2	Vier Jahreszeiten Winzer eG	Bad Dürkheim	www.vj-wein.de	Pfalz
3	3	**Winzerkeller Hex vom Dasenstein eG**	Kappelrodeck	www.dasenstein.de	Baden
4	4	**Weingut Manz · Erich & Eric Manz GbR**	Weinolsheim	www.manz-weinolsheim.de	Rhein-hessen
5	5	**Weingut Albert Kallfelz GbR**	Zell-Merl	www.kallfelz.de	Mosel
6	7	**Weingut Darting GdbR**	Bad Dürkheim	www.darting.de	Pfalz
7	6	**Weingut Horst Sauer**	Volkach-Escherndorf	www.weingut-horst-sauer.de	Franken
8	9	Lauffener Weingärtner eG	Lauffen	www.katzenbeisser.de / www.wg-lauffen.de	Württemberg
9	10	**Weingut Kurt Erbeldinger & Sohn · Stefan Erbeldinger**	Bechtheim-West	www.weingut-erbeldinger.de	Rhein-hessen
10	8	Winzergenossenschaft Mayschoß-Altenahr eG	Mayschoß	www.winzergenossenschaft-mayschoss.de	Ahr
11	12	**Weingut Heinrich Männle**	Durbach	www.weingutmaennle.de	Baden
12	11	Weingut Juliusspital	Würzburg	www.juliusspital.de	Franken
13	13	**Heuchelberg Weingärtner eG**	Schwaigern	www.heuchelberg.de	Württemberg
14	16	Durbacher Winzergenossenschaft eG	Durbach	www.durbacher.de	Baden
15	15	**Weingut Andreas Laible**	Durbach	www.weingut-laible.de	Baden
16	17	Weingut „Am Lump" · Albrecht Sauer	Volkach-Escherndorf	www.weingut-am-lump.de	Franken
17	18	**Weingut Ökonomierat Johann Geil I. Erben**	Bechtheim	www.weingut-geil.de	Rhein-hessen
18	19	Winzergenossenschaft Achkarren am Kaiserstuhl eG	Vogtsburg-Achkarren	www.achkarrer-wein.com	Baden

TOP 100 DER BESTEN WEINERZEUGER

Platz	Vorjahr	Erzeuger	Ort	Internet	Anbaugebiet
19	21	**Badischer Winzerkeller eG**	Breisach	www.badischer-winzerkeller.de	Baden
20	22	**Oberkircher Winzer eG**	Oberkirch	www.oberkircher-winzer.de	Baden
21	23	**Fellbacher Weingärtner eG**	Fellbach	www.fellbacher-weine.de	Württemberg
22	24	**Alde Gott Winzer eG**	Sasbachwalden	www.aldegott.de	Baden
23	25	**Winzergenossenschaft Waldulm/Baden eG**	Kappelrodeck	www.waldumer.de	Baden
24	26	**Affentaler Winzergenossenschaft Bühl eG**	Bühl	www.affentaler.de	Baden
25	27	**Winzergemeinschaft Franken eG**	Kitzingen	www.GWF-Kitzingen.de	Franken
26	29	**Weingut Leopold Schätzle**	Endingen	www.schaetzle-weingut.de	Baden
27	30	**Weingut Julius Wasem Söhne**	Ingelheim	www.weingut-wasem.de	Rheinhessen
28	31	**Weingärtnergenossenschaft Dürrenzimmern-Stockheim eG**	Brackenheim	www.wg-duerrenzimmern.de	Württemberg
29	33	**Weingut Bärenhof · Helmut Bähr & Sohn**	Bad Dürkheim	www.weingut-baerenhof.de	Pfalz
30	34	**Gengenbacher Winzer eG**	Gengenbach	www.gengenbacher-winzer.de	Baden
31	32	**Weingut Alfred Merkelbach**	Ürzig	www.weingut-merkelbach.de	Mosel
32	36	**Weingut Schwörer · Josef Rohrer**	Durbach	www.weingut-schwoerer.de	Baden
33	35	**Winzergenossenschaft Westhofen eG**	Westhofen	www.wonnegauweine.de	Rheinhessen
34	37	**Winzergenossenschaft Bischoffingen-Endingen am Kaiserstuhl eG**	Vogtsburg-Bischoffingen	www.wg-bischoffingen.de	Baden
35	39	**Rolf Willy GmbH · Privatkellerei-Weinbau**	Nordheim	www.rolf-willy.de	Württemberg

TOP 100 DER BESTEN WEINERZEUGER

Platz	Vorjahr	Erzeuger	Ort	Internet	Anbaugebiet
36	43	**Weingut Philipps-Eckstein**	Graach-Schäferei	www.weingut-philipps-eckstein.de	Mosel
37	40	Winzergenossenschaft Rammersweier eG	Offenburg	www.wg-rammersweier.de	Baden
38	38	**Weingut Adolf Schick · Susanne und Steffen Schick**	Jugenheim	www.weingutschickjugenheim.de	Rheinhessen
39	41	Weingut Pfleger-Karr	Weisenheim am Berg	www.pfleger-karr.de	Pfalz
40	45	**Weingut Georg Gustav Huff · Dieter Huff**	Nierstein	www.Weingut-Huff.com	Rheinhessen
41	46	Wein u. Sektkellerei Gebrüder Anselmann GmbH	Edesheim	www.weingut-anselmann.de	Pfalz
42	42	**Weingut Eugen Wehrheim**	Nierstein	www.weingut-eugen-wehrheim.de	Rheinhessen
43	49	Gut Vinification Ludwigshöhe	Edenkoben	www.consulat-des-weins.de	Pfalz
44	44	**Weingut Simon-Bürkle**	Zwingenberg	www.simon-buerkle.de	Hessische Bergstr.
45	47	Winzer eG Herrenberg-Honigsäckel	Bad Dürkheim	www.wg-ungstein.de	Pfalz
46	51	**Weingut Heinz Pfaffmann**	Walsheim	www.pfaffmann-wein.de	Pfalz
47	50	Freiherr von Schleinitz'sche Weingutsverwaltung Konrad Hähn	Kobern-Gondorf	www.vonschleinitz.com	Mosel
48	53	**Felsengartenkellerei Besigheim e.G.**	Hessigheim	www.felsengartenkellerei.de	Württemberg
49	48	**Weingut Schmidt GbR**	Obermoschel	www.weingut-schmidt.net	Nahe
50	60	**Weingut Ernst Bretz**	Bechtolsheim		Rheinhessen
51	55	**Wein und Sekthaus Aloisiushof GmbH**	St. Martin	www.aloisiushof.de	Pfalz

TOP 100 DER BESTEN WEINERZEUGER

Platz	Vorjahr	Erzeuger	Ort	Internet	Anbaugebiet
52	63	Weingut Karl Pfaffmann Erben GdbR	Walsheim	www.weingut-karl-pfaffmann.de	Pfalz
53	57	Genossenschaftskellerei Rosswag-Mühlhausen eG	Vaihingen	www.wein-rosswag.de	Württemberg
54	66	Busch GbR	Bretzfeld-Dimbach	www.wein-karlbusch.de	Württemberg
55	62	Wachtenburg Winzer eG	Wachenheim	www.wachtenburg-winzer.de	Pfalz
56	52	Weingut Ernst Popp KG	Iphofen	www.weingut-popp.de	Franken
57	54	Winzergenossenschaft Britzingen/Markgräflerland eG	Müllheim	www.britzinger-wein.de	Baden
58	64	Kaiserstühler Winzerverein Oberrotweil eG	Vogtsburg-Oberrotweil	www.Winzerverein-Oberrotweil.de	Baden
59	61	Weingut Josef Bernard-Kieren	Graach	www.bernard-kieren.de	Mosel
60	58	Weingut Hans-Josef Ernst	Eltville	www.weingut-ernst.de	Rheingau
61	65	Weingut Klein-Götz	Bruttig-Fankel	www.ferienweingut-klein-goetz.de	Mosel
62	67	Forster Winzerverein eG	Forst	www.forster-winzer.de	Pfalz
63	72	Weingut Bungert-Mauer	Ockenheim	www.bungert-mauer.de	Rheinhessen
64	56	Wein- und Sektgut Wilhelmshof	Siebeldingen	www.wilhelmshof.de	Pfalz
65	71	Weingut Sonnenhof · Martin und Joachim Fischer	Vaihingen-Gündelbach	www.weingutsonnenhof.de	Württemberg
66	74	Weingut Alexander Laible	Durbach	www.weingut-alexanderlaible.de	Baden
67	76	Weingut Geiger & Söhne	Thüngersheim	www.geigerundsoehne.de	Franken
68	69	Winzergenossenschaft Herxheim am Berg eG	Herxheim	www.wg-herxheim.de	Pfalz
69	68	Weingut Werner Anselmann	Edesheim	www.weingut-anselmann.de	Pfalz

TOP 100 DER BESTEN WEINERZEUGER

Platz	Vorjahr	Erzeuger	Ort	Internet	Anbaugebiet
70	59	**Weingut Bauer GbR · Jörg & Thomas Bauer**	Mülheim	www.weingut-bauer.de	Mosel
71	81	**Weingut Toni Müller · Helmut Müller**	Koblenz-Güls	www.weingut-toni-mueller.de	Mosel
72	77	**Weingut Bimmerle**	Renchen-Erlach	www.wein-bimmerle.de	Baden
73	85	Weingut Villa Heynburg	Kappelrodeck	www.villa-heynburg.de	Baden
74	70	**Weingut Oberhofer · Stefan Oberhofer**	Edesheim	www.weingutoberhofer.de	Pfalz
75	86	**Weingut Theo Enk**	Dorsheim	info@weingut-theo-enk.de	Nahe
76	84	**Weingut Emmerich-Koebernik**	Waldböckelheim	www.emmerich-koebernik.de	Nahe
77	88	**„Altes Schlößchen" · Ludwig Schneider GmbH**	St. Martin	www.altes-schloesschen.com	Pfalz
78	96	**Weingut Andreas Weirich**	Starkenburg über der Mosel	www.weirich-weine.de	Mosel
79	91	Weingut Fleischmann	Gau-Algesheim	www.fleischmann-weine.de	Rheinhessen
80	80	**Winzergenossenschaft Oberbergen im Kaiserstuhl eG**	Vogtsburg	www.oberbergener-bassgeige.com	Baden
81	83	**Weinhaus Frank GbR · Robert und Karl-Heinz Frank**	Triefenstein-Lengfurt	www.weinhaus-frank.de	Franken
82	75	**Bergsträßer Winzer eG**	Heppenheim	www.BWeg.de	Hessische Bergstraße
83	NEU	Herrengut St. Martin	St. Martin	www.schneider-pfalz.de	Pfalz
84	93	**Weingut Udo & Timo Eppelmann**	Stadecken-Elsheim	www.weingut-eppelmann.de	Rheinhessen
85	87	Winzergenossenschaft Jechtingen-Amoltern am Kaiserstuhl eG	Sasbach-Jechtingen	www.jechtinger-wein.de	Baden

TOP 100 DER BESTEN WEINERZEUGER

Platz	Vorjahr	Erzeuger	Ort	Internet	Anbaugebiet
86	89	Weingut Walter Strub · Gunther Strub	Engelstadt	www.weingut-strub.de	Rheinhessen
87	100	Weinkellerei Wangler	Abstatt	www.wangler-abstatt.de	Württemberg
88	82	Wein & Sektgut Bernd Hummel	Malsch	www.weingut-hummel.de	Baden
89	90	Weingut Baldauf · Gerald und Ralf Baldauf	Ramsthal	www.weingutbaldauf.de	Franken
90	NEU	Weingut Hubert Müller	Maikammer	www.mueller-maikammer.de	Pfalz
91	73	Weingärtner Cleebronn-Güglingen eG	Cleebronn	www.cleebronner-winzer.de	Württemberg
92	92	Winzergenossenschaft Weinbiet eG	Neustadt an der Weinstraße	www.wg-weinbiet.de	Pfalz
93	NEU	Weingut Rüdiger Bös	Malsch	www.weingut-boes.de	Baden
94	NEU	Winzergenossenschaft Sasbach am Kaiserstuhl eG	Sasbach	www.sasbacher.de	Baden
95	79	Palmberg eG	Laumersheim	www.palmberg-wein.de	Pfalz
96	78	Winzerverein Hagnau eG	Hagnau	www.hagnauer.de	Baden
97	NEU	Weingut Trossen GbR · Jörg, Mark und Birgit Trossen	Traben-Trarbach	www.trossen-weine.de	Mosel
98	97	Weingut Kastanienhof · K.-Heinz und Knut Fader	Rhodt	www.weingut-fader.de	Pfalz
99	NEU	Weingut Friedauer · Andreas Friedauer	Bad Friedrichshall	www.friedauer.de	Württemberg
100	NEU	Weingut Bernhard	Wolfsheim	www.weingut-bernhard.de	Rheinhessen

TOP 10 der besten Sekterzeuger

Die TOP 10-Liste der besten Sekterzeuger wurde im Prämierungsjahr 2006 eingeführt und hat sich ebenso bewährt, wie das TOP 100 Ranking der Weinproduzenten. Auch hier spielen Nachhaltigkeit und die Konstanz der Gesamtleistungen eine Hauptrolle. Für den Verbraucher ist die Bestenliste eine bewährte Orientierungshilfe, die einmal mehr zeigt, dass die besten Betriebe ihr traditionelles Handwerk verstehen und die Erzeugnisse keine Zufallsergebnisse sind.

In diesem Jahr wurden 273 Winzersekte aus 77 Betrieben zur Qualitätsprüfung der DLG angestellt. Aus der im Wettbewerb erreichten durchschnittlichen Punktzahl und der Platzierung im vergangenen Jahr ergibt sich aktuell folgendes Ergebnis: Die fünf besten Sekterzeuger des Vorjahres stehen auch in diesem Jahr für ihre hochwertige Sekterzeugung. Mit dem Wein- und Sektgut Wilhelmshof in Siebeldingen, das in diesem Jahr wieder Platz Nr. 1 einnimmt, und Klaus Herres, der im Vorjahr den ersten Platz belegte und dieses Jahr auf Platz 2 rangiert, sind zwei deutsche Sektgüter an der Spitze, die Klasse zeigen. Barbara Roth und Thorsten Ochocki sind bereits die zweite Generation, die am Wilhelmshof eine Jahrzehntelange Qualitätsarbeit fortsetzt und sich einen Namen für große Burgundersekte gemacht hat. Klaus Herres, der im Jahr 1982 auf

INFO

Die ersten Schaumweine wurden im 17. Jahrhundert in der Champagne hergestellt. Das klassische Verfahren der Flaschengärung wurde für die Erzeugung des deutschen Pendants, den so genannten Winzersekten, übernommen. In den 1980er Jahren entdeckten einheimische Weinerzeuger eine Marktnische und haben das hierzulande nur aus Frankreich bekannte Getränk in Deutschland etabliert. Heute sind die Deutschen mit einem Pro-Kopf-Verbrauch von rund vier Litern im Jahr Weltmeister im Sektkonsum.

dem elterlichen Weingut mit der Erzeugung von Sekten begann, erzählt eine Erfolgsgeschichte. Heute werden seine Erzeugnisse auf Empfängen des Bundespräsidenten gereicht und überzeugen die Jurymitglieder der DLG seit vielen Jahren.

Das Rheingauer Wein- und Sektgut der Brüder Bernd und Ralf Schönleber stand im vergangenen Jahr auf dem dritten Platz der besten Sekterzeuger in Deutschland und steht auch aktuell wieder dort. Die Qualitätsarbeit des Traditionsweinguts fußt auf Know-how und klarer Aufgabenverteilung: Weinbautechniker Ralf Schönleber ist für die Pflege der Weinberge in besten Rheingauer Lagen zuständig, während sein Bruder Bernd als Weinbauingenieur für den Ausbau der Weine und Sekte verantwortlich zeichnet.

Riesling, aber auch Spezialitätensekte aus Sauvignon Blanc, Pinot Meunier Blanc de Noirs oder Gewürztraminer stehen im Angebot der Sektkellerei Martinushof von Hilarius und Martina Reinhardt. Längst ist die Sektproduktion so erfolgreich, dass sie von den Ursprüngen im Weingut der Eltern in einen neuen und größeren Betrieb verlegt werden konnte. Der Martinushof zählt seit Jahren zu den Besten in Deutschland und erreichte aktuell Platz Nr. 4.

Die Württembergische Wein- und Sektkellerei Stengel hat eine lange Familientradition in der Weinerzeugung. Sekt produziert man seit dem Jahr

1988 selbstverständlich nach der traditionellen Methode der Flaschengärung. Manche Sektspezialität reift hier bis zu fünf Jahre auf dem Hefelager. Die weiteren fünf Plätze der TOP 10 der besten Sekterzeuger werden von den Spitzenbetrieben des Weinguts von Thilo Acker aus Bodenheim, den Heuchelberg Weingärtnern, der Privatkellerei Klaus Keicher in Erlenbach, der Privatkellerei Rolf Willy aus Nordheim und der Winzergenossenschaft Jechtingen-Amoltern am Kaiserstuhl e.G. erstklassig besetzt.

INFO

Süßegehalt von Sekt:
mild: höher als 50 Gramm pro Liter
halbtrocken: 33–50 Gramm pro Liter
trocken: 17–35 Gramm pro Liter
extra trocken: 12–20 Gramm pro Liter
brut: bis 15 Gramm pro Liter
extra brut: 0–6 Gramm pro Liter

Trinktemperaturen:
Weißer Sekt: 5 – 7 °C
Rosé-Sekt: 6 – 8 °C
Roter Sekt: 9 – 11 °C

TOP 10 DER BESTEN SEKTERZEUGER

Platz	Vorjahr	Erzeuger	Ort	Internet	Anbaugebiet
1	2	**Wein- und Sektgut · Wilhelmshof**	Siebeldingen	www.wilhelmshof.de	Pfalz
2	1	**St. Laurentius Sekthaus · Klaus Herres**	Leiwen	www.st-laurentius-sekt.de	Mosel
3	3	**Wein- und Sektgut F.B. Schönleber · Bernd und Ralf Schönleber GbR**	Oestrich-Winkel	www.fb-schoenleber.de	Rheingau
4	4	**Sektkellerei Martinushof · Hilarius Reinhardt**	Niederkirchen	www.Martinushof.de	Pfalz
5	5	**Wein u. Sektkellerei Horst Stengel**	Weinsberg-Gellmersbach	www.wein-und-sektkellerei-stengel.de	Württemberg
6	7	**Weingut Acker - Martinushof · Thilo Acker**	Bodenheim	www.weingut-acker.de	Rheinhessen
7	6	**Heuchelberg Weingärtner eG**	Schwaigern	www.heuchelberg.de	Württemberg
8	NEU	**Privatkellerei Klaus Keicher GmbH**	Erlenbach		Württemberg
9	10	**Rolf Willy GmbH · Privatkellerei-Weinbau**	Nordheim	www.rolf-willy.de	Württemberg
10	NEU	**Winzergenossenschaft Jechtingen-Amoltern am Kaiserstuhl eG**	Sasbach-Jechtingen	www.jechtinger-wein.de	Baden

Einkaufstipps für Weinkeller & Küche

Diese Auswahl sollte in keinem Weinkeller fehlen. Denn mit der Themenvielfalt aus Rebsorten und den besten Kollektionen aus der Bundesweinprämierung findet man für jeden Anlass den richtigen Wein.

Bestes Sortiment aus der Rebsorte Riesling

Der Verein „ProRiesling" zeichnet jedes Jahr einen Betrieb aus, der in besonderer Weise mit der Rebsorte Riesling umzugehen versteht. Dazu müssen der Jury mindestens vier Riesling-Weine vorgestellt werden, von denen zwei trocken ausgebaut wurden. Die begehrte Auszeichnung geht für den Jahrgang 2012 an das Weingut Horst Sauer in Escherndorf für vier Rieslinge in verschiedenen Qualitätsstufen von trocken bis edelsüß. Alle Weine stammen aus der Paradelage Escherndorfer Lump. Die Beerenauslese besticht mit feinen Aromen von Tannenhonig, einer guten Balance zwischen lebendiger Säure und deutlicher Restsüße und ihrem langen Nachhall. Dieser Wein wurde zudem mit dem DLG-Preis Gold Extra ausgezeichnet, ebenso wie die Trockenbeerenauslese, die mit ihrem vielschichtigen Duft von getrockneten Aprikosen, Pfirsich, Limonen und Rosinen überzeugt und große Komplexität zeigt.

BESTES SORTIMENT AUS DER REBSORTE RIESLING

Weingut Horst Sauer
97332 Volkach-Escherndorf, Franken, Tel.: 09381/4364, www.weingut-horst-sauer.de

2012	Escherndorfer Lump	Riesling	Trockenbeerenauslese
2012	Escherndorfer Lump	Riesling	Kabinett
2012	Escherndorfer Lump „S"	Riesling	Qualitätswein
2012	Escherndorfer Lump	Riesling	Beerenauslese

Beste Kollektion Weißwein trocken: Weingut Theo Enk

Die klassischen Rebsorten Riesling, Grau- und Weißburgunder sind Basis der besten Kollektion in der Kategorie Weißwein trocken. Theo Enk aus dem gleichnamigen Weingut an der Nahe stellt drei Rieslinge in Spätlese- und Kabinettqualität vor sowie jeweils einen Riesling, Grau- und Weißburgunder Qualitätswein. Diese Rebsorten stehen mit 70 Prozent der Rebfläche im Mittelpunkt des Dorsheimer Weinguts. Theo Enk und sein Sohn Steffen, der seit einigen Jahren den Weinausbau verantwortet, sind spezialisiert auf trockene Weine, die 85 Prozent des gesamten Sortiments ausmachen. Die aromatischen Weine sind ausgewogen mit klarer Frucht und prägnanter Säure und machen Lust auf mehr.

www.weingut-theo-enk.de

BESTE KOLLEKTION – WEISSWEIN TROCKEN

Weingut Theo Enk
55452 Dorsheim, Nahe, Tel.: 06721/45470, www.weingut-theo-enk.de

2012	Laubenheimer Karthäuser „S"	Riesling	Spätlese
2012	Laubenheimer Fuchsen	Riesling	Kabinett
2012	Nahe "Steinrech"	Riesling	Spätlese
2012	Laubenheimer Fuchsen „mariage III"	Riesling	Qualitätswein
2012	Nahe	Grauburgunder	Qualitätswein
2012	Laubenheimer Karthäuser	Weißburgunder	Qualitätswein

Beste Kollektion Weißwein fruchtig: Weingut Geiger & Söhne

Gunter und Manfred Geiger haben mit MundArt und MundFein zwei Weinlinien geschaffen, die aus typisch fränkischen Rebsorten erzeugt werden. MundArt steht für die trocken ausgebauten Rieslinge, Silvaner und Müller-Thurgau-Weine, während MundFein das Sortiment der fruchtigen, halbtrockenen Weine umfasst. Mit der besten Kollektion Weißwein fruchtig aus alten Rebanlagen und geringen Erträgen haben die fränkischen Weinprofis erneut Weine erzeugt, die auf ganzer Linie überzeugen. Die Kollektion im Bereich fruchtig besteht aus neun Weinen in Kabinett- und Spätlesequalität aus den Sorten Bacchus, Müller-Thurgau, Rieslaner, Scheurebe und Kerner. Vom würzig-kräutrigen Müller-Thurgau, der mit einer filigranen Säure abgerundet ist, bis zum Bacchus Kabinett mit intensivem Bukett exotischer Früchte und einem ausgewogenen Säure-Süße-Spiel sind diese Weine ein Genuss.
www.geigerundsoehne.de

BESTE KOLLEKTION – WEISSWEIN FRUCHTIG

Weingut Geiger & Söhne
97291 Thüngersheim, Franken, Tel.: 09364/9605, www.geigerundsoehne.de

2012	Thüngersheimer Ravensburg „Mund FEIN"	Bacchus	Kabinett
2012	Thüngersheimer Ravensburg „Mund FEIN"	Müller-Thurgau	Kabinett
2012	Thüngersheimer Johannisberg „Mund FEIN"	Rieslaner	Kabinett
2012	Thüngersheimer Scharlachberg „Mund FEIN"	Scheurebe	Kabinett
2012	Thüngersheimer Ravensburg	Kerner	Spätlese
2012	Thüngersheimer Ravensburg	Bacchus	Spätlese
2012	Thüngersheimer Ravensburg „Mund FEIN"	Bacchus	Kabinett
2012	Thüngersheimer Johannisberg	Scheurebe	Spätlese
2012	Thüngersheimer Scharlachberg „Mund FEIN"	Müller-Thurgau	Kabinett

Beste Kollektion Rotwein trocken: Weingut Leopold Schätzle

Das badische Weingut bestätigt seinen ausgezeichneten Ruf als Rotweinspezialist erneut. Insbesondere aus der edlen Spätburgunderrebe keltern die Schätzles überdurchschnittliche Weine in allen Qualitätsstufen von der Auslese bis zum trockenen Qualitätswein. Die aktuelle Kollektion der besten trockenen Rotweine stammt aus Spitzenlagen wie der Endinger Steingrube und Engelsberg, dem Kenziger Hummelberg und der Bombacher Sommerhalde. Fünf Spätburgunder aus dem Jahrgang 2011 repräsentieren die Kollektion mit klarer Verlässlichkeit. Die Spätlese „SL" aus dem Hummelberg überzeugt mit Aromen von dunklen Früchten wie Amarenakirsche und Pflaume, mit Zartbitterschokolade, pfeffrig-würzigen und cremigen Noten und einer deutlichen Gerbstoffstruktur.
www.schaetzle-weingut.de

BESTE KOLLEKTION – ROTWEIN TROCKEN

Weingut Leopold Schätzle
79346 Endingen, Baden, Tel.: 07642/3361, www.schaetzle-weingut.de

2011	Endinger Steingrube „SL"	Spätburgunder	Auslese
2011	Kenziger Hummelberg „SL"	Spätburgunder	Spätlese
2011	Bombacher Sommerhalde	Spätburgunder	Qualitätswein
2011	Endinger Engelsberg	Spätburgunder	Qualitätswein
2011	Endinger Steingrube	Spätburgunder	Spätlese

Beste Kollektion Barrique/ im Holzfass gereift trocken: Winzergenossenschaft Sasbach am Kaiserstuhl

Acht Rotweine aus dem Barrique, beziehungsweise im Holzfass gereifte Weine stellt die Winzergenossenschaft Sasbach am Kaiserstuhl vor, darunter sechs Spätburgunder und zwei Cabernet Sauvignons. Damit belegen die Kellermeister vom Kaiserstuhl einmal mehr, dass sie den Weinausbau im Eichenholz bestens verstehen. Dunkles Rubinrot, mit dem Duft von Brombeere, Holunder und Haselnussnougat präsentiert sich die elegante und komplexe Spätburgunder Auslese, die wie alle anderen Weine aus dieser Kollektion aus der Paradelage Sasbacher Rote Halde stammt und deren Trauben im Jahr 2011 geerntet wurden. Die Winzergenossenschaft Sasbach ist mit ihrer Rebfläche eine der kleinsten am Kaiserstuhl, mit ihren aktuellen Qualitäten gehört sie zu den Großen.
www.sasbacher.de

BESTE KOLLEKTION – BARRIQUE TROCKEN

Winzergenossenschaft Sasbach am Kaiserstuhl eG
79361 Sasbach, Baden, Tel.: 07642/90310, www.sasbacher.de

2011	Sasbacher Rote Halde	Spätburgunder	Spätlese
2011	Sasbacher Rote Halde	Spätburgunder	Auslese
2011	Sasbacher Rote Halde	Spätburgunder	Spätlese
2011	Sasbacher Rote Halde	Cabernet Sauvignon	Qualitätswein
2011	Sasbacher Rote Halde	Spätburgunder	Auslese
2011	Sasbacher Rote Halde	Spätburgunder	Spätlese
2011	Sasbacher Rote Halde	Cabernet Sauvignon	Qualitätswein
2011	Sasbacher Rote Halde	Spätburgunder	Spätlese

Beste Kollektion Edelsüß: Durbacher Winzergenossenschaft eG

Oft sind es die Bukettrebsorten, aus denen ganz besondere edelsüße Weine entstehen. Die beste Kollektion Edelsüß, die in diesem Jahr von der Durbacher Winzergenossenschaft eG stammt, beinhaltet eine Auslese und eine Beerenauslese aus der Trendrebsorte Gewürztraminer, eine Muskateller und eine Scheurebe Auslese. Ergänzt wird das erlesene Festtagssortiment durch zwei Clevner Weißweine, deren Name im Badischen ein Synonym für Traminer ist, in Auslese- und Beerenauslesequalität und eine Spätburgunder Auslese. Die Trauben für alle Weine wachsen in den klimatisch begünstigten Lagen am Durbacher Oelberg, Steinberg, Plauelrain und Kochberg, die teilweise eine Hangneigung von bis zu 80 Prozent aufweisen. Dieses edelsüße Sortiment gehört in jeden Weinkeller und darf beim festlichen Dessert nicht fehlen.

www.durbacher.de

BESTE KOLLEKTION – EDELSÜSS

Durbacher Winzergenossenschaft eG
77770 Durbach, Baden, Tel.: 0781/936680, www.durbacher.de

2011	Durbacher Ölberg	Gewürztraminer	Auslese
2011	Durbacher Steinberg	Gewürztraminer	Beerenauslese
2011	Durbacher Steinberg	Clevner Weißwein	Beerenauslese
2011	Durbacher Steinberg	Clevner Weißwein	Auslese
2011	Durbacher Steinberg	Muskateller	Auslese
2011	Durbacher Plauelrain	Scheurebe	Auslese
2011	Durbacher Kochberg	Spätburgunder	Auslese

Beste Kollektionen | 163

NEU: Beste Kollektion Sekt brut bis extra brut

Mit Fruchtaromen von Quitte, Apfel und Limette, leicht kräutrigen Noten wie Minze und einer mineralischen Säure, die den dezenten Süßeeindruck ergänzt, präsentiert sich ein Riesling-Sekt aus der Lage Siebeldinger Königsgarten. Das perlende Gewächs stammt von einem Betrieb, der seit zwei Generationen erlesene Winzersekte erzeugt und damit eine in Deutschland bis dahin unbekannte Herstellungsweise in Pionierarbeit etabliert hat. Heute sind Barbara Roth und Thorsten Ochocki in der Verantwortung für die Erzeugnisse aus dem Wein- und Sektgut Wilhelmshof in Siebeldingen. Von hier stammt die beste Kollektion Sekt Brut, die aus fünf feinen Sekten der Rebsorten Riesling und Weiß- und Spätburgunder gekeltert wurden.
www.wilhelmshof.de

BESTE KOLLEKTION – SEKT BRUT BIS EXTRA BRUT

Wein- und Sektgut Wilhelmshof
76833 Siebeldingen, Pfalz, Tel.: 06345/919147, www.wilhelmshof.de

2011	Siebeldinger Königsgarten	Riesling	Weißsekt extra brut
2011	Siebeldinger Königsgarten	Riesling	Weißsekt brut
2010	Siebeldinger Königsgarten	Pinot	Blanc de Noir-Sekt brut
2011	Siebeldinger Königsgarten	Weißburgunder	Weißsekt brut
2011	Siebeldinger Königsgarten	Spätburgunder	Roseesekt brut

NEU: Beste Kollektion Sekt halbtrocken bis mild

Die Bukettrebsorten Morio-Muskat und Scheurebe sind verantwortlich für die aromatische und feinfruchtige Ausprägung der Sektkollektion im Bereich extratrocken bis halbtrocken. Dabei bleibt die Süße immer dezent und wird begleitet von einer präsenten und erfrischenden Säure, die den Sekten eine besondere Spritzigkeit verleiht. Neben zwei Morio-Muskat und zwei Scheurebe Weißsekten stellt die Erzeugergemeinschaft Winzersekt GmbH im rheinhessischen Sprendlingen einen Weißherbstsekt aus der Spätburgunderrebe vor, der die Kollektion ergänzt. Die Grundweine für diese Sekte werden im Rahmen von Verkostungen und unter strengen Kriterien ausgewählt. Sie sind erhältlich bei den rheinhessischen Winzern, die Mitgliedsbetriebe der Erzeugergemeinschaft sind.

BESTE KOLLEKTION – SEKT HALBTROCKEN BIS MILD

Erzeugergemeinschaft Winzersekt GmbH
55576 Sprendlingen, Rheinhessen, Tel.: 06701/93200

2011	Rheinhessen	Morio-Muskat	Weißsekt halbtrocken
2011	Nahe	Scheurebe	Weißsekt halbtrocken
2011	Rheinhessen	Scheurebe	Weißsekt halbtrocken
2011	Rheinhessen	Spätburgunder	Weißherbstsekt halbtrocken
2011	Rheinhessen	Morio-Muskat	Weißsekt mild

Pinot Trio

Eine weltweit einzigartige Vielfalt aus Spätburgunder, Grauburgunder und Weißburgunder entsteht in den deutschen Anbaugebieten aufgrund der unterschiedlichen Böden und der kühleren Klimazone. Das Deutsche Weininstitut (DWI) unterstreicht die Bedeutung dieser edlen und traditionsreichen Rebfamilie unter dem Motto „The Pinot Trio" und zeichnet drei Weine aus Pinot Noir, Pinot Gris und Pinot Blanc und erstmals in diesem Jahr auch einen Burgundersekt aus.

Der Preis wird zum dritten Mal verliehen und geht an drei Pfälzer Betriebe und ein Weingut in Baden:

– Sektkellerei Martinushof
  www.Martinushof.de

– Vier Jahreszeiten Winzer eG
  www.vj-wein.de

– Weingut Heinz und Jürgen Wilker
  www.wilker.de

– Weingut Männle
  www.weingutmaennle.de

Bester Gewürztraminer

Die zwölf besten Gewürztraminer aus der aktuellen Bundesweinprämierung werden jedes Jahr im Herbst erneut zu einer Verkostung angestellt. Dann entscheidet eine Verbraucherjury im Pfälzischen Schweigen, welche beiden Gewürztraminer-Weine des aktuellen Jahrgangs am besten gefallen. Dieser Wettstreit wird veranstaltet durch den Verein I. Weinlehrpfad 1968 in Schweigen.

Gesamtsieger des diesjährigen Wettbewerbs sind die Fellbacher Weingärtner eG in Württemberg.
www.fellbacher-weine.de

Den besten trockenen Gewürztraminer erzeugte das Weingut Helmut Darting aus Bad Dürkheim.
www.darting.de

Professionell bis ins Detail

Knapp ein Drittel aller deutschen Weine werden in einer Winzergenossenschaft erzeugt. Nach Angaben des Deutschen Raiffeisenverbands e.V. bewirtschaften derzeit 188 Winzergenossenschaften 32.002 Hektar Weinberge in allen deutschen Weinanbaugebieten.

Die durchschnittliche Jahresproduktion beträgt rund drei Millionen Hektoliter Wein. Dass bei der Produktion solcher Mengen die Qualität nicht auf der Strecke bleibt, belegen die Weine aus deutschen Winzergenossenschaften im Rahmen der Bundesweinprämierung einmal mehr.

Genossenschaftlich geführte Unternehmen rangieren seit Jahren unter den TOP 100 der besten Betriebe der DLG. Dafür gibt es gute Gründe, denn die Zusammenarbeit der Winzer bringt zahlreiche Vorteile mit sich.

Die Weinherstellung umfasst heute mehr als früher eine Reihe anspruchsvoller Aufgabengebiete. Dazu gehören Berufe wie Kellermeister, Außendienstleiter, Marketingchef, Betriebsleiter, Kundenbetreuer und Tätigkeiten wie die Weinauslieferung und der Versand. Nicht zuletzt kommen repräsentative Aufgaben wie die Gestaltung kurzweiliger und professioneller Verkostungen hinzu.

All das sind Berufsbilder oder Tätigkeiten, die ein Weinerzeuger ausfüllen oder besetzen muss. Viele Familienbetriebe meistern diese Aufgaben durch die Mithilfe der Familienmitglieder und können so die verschiedenen Bereiche auf mehrere Schultern verteilen. Aus betriebswirtschaftlicher Sicht sind meist nur die größeren Betriebe in der Position, einen Kellermeister oder qualifizierten Weinbergsmanager einzustellen.

Ökonomische Vorteile der Zusammenarbeit

Hier kommt der wirtschaftliche Vorteil zum Tragen, von dem die Winzergenossenschaften profitieren: Alle Schlüsselpositionen erfolgreicher Weinproduktion können mit hochqualifiziertem Personal besetzt werden – vom Qualitätsmanagement im Weinberg bis zur Vinothek, die verlässlich und ganztägig geöffnet hat. Dieser personelle Vorteil wirkt sich zunehmend positiv auf die Qualitätsentwicklung genossenschaftlich erzeugter Weine aus. Neben der gemeinsamen Nutzung von Personal können zudem Kosten für Gebäude, Maschinen und Geräte eingespart werden. Die Winzergenossenschaften definieren für alle Mitgliedsbetriebe strenge Qualitätsvorschriften und betreuen die einzelnen Familienbetriebe vor Ort und in der Weinbergsarbeit. Nicht zuletzt haben die Genossenschaften aufgrund der

Größe ihrer gemeinsamen Rebflächen die Möglichkeit, besonders prädestinierte Lagen für die einzelnen Rebsorten zu wählen und entsprechend hohe Traubenqualitäten zu erzeugen.

Rückblick auf eine einzigartige Erfolgsgeschichte

Dass dieses Konzept der Winzerkooperation einmal so erfolgreich sein würde, konnten die Gründer von einst kaum ahnen. Die ersten Genossenschaften entstanden in der zweiten Hälfte des 19. Jahrhunderts als Resultat tiefgreifender wirtschaftlicher und politischer Veränderungen, die die Industrialisierung mit sich brachte. In vielen landwirtschaftlichen Betrieben mit Ackerbau, Viehzucht und Weinbau herrschte Not, die durch Missernten verstärkt wurde. Insbesondere im Süden Deutschlands wurden die ohnehin kleinen Rebgärten durch die so genannte Realteilung von Generation zu Generation in immer kleinere Parzellen unterteilt. Für die Weinbauer kamen das Auftreten der Reblaus und der Pilzkrankheiten Peronospora und Oidum als Existenzbedrohung hinzu, die komplette Ernten vernichteten. In dieser Zeit datiert eine der großen Auswanderungswellen nach Übersee.

Andere Weinerzeuger suchten einen Ausweg aus der materiellen Not durch den Zusammenschluss mit benachbarten Betrieben, um rationeller arbeiten zu können. Vorläufer der späteren Genossenschaften waren Vereinigungen, die gemeinschaftlich Most kelterten und verkauften. Im Jahr 1866 veröffentlichte Friedrich Wilhelm Raiffeisen sein Buch 'Die Darlehenskassen-Vereine als Mittel zur Abhilfe der

Die Gründungsmitglieder Winzergenossenschaft Mayschoss-Altenahr aus dem Jahr 1868.

Noth der ländlichen Bevölkerung', in dem er sich unter anderem auch den Problemen des deutschen Weinbaus und dem Thema Winzergenossenschaften widmete. Diese neue Organisationsform fand im Jahr 1867 einen gesetzlichen Rahmen mit dem ersten Genossenschaftsgesetz in Preußen. Kurze Zeit später gründete sich die erste deutsche Winzergenossenschaft in Mayschoss an der Ahr. Das Beispiel machte Schule und es folgten Nachbargemeinden in Dernau oder Ahrweiler.

Gegen Ende des 19. Jahrhunderts gab es in nahezu allen deutschen Anbaugebieten Genossenschaftsgründungen. Einige mussten nach kurzer Zeit wieder aufgelöst werden, während andere im Laufe der folgenden Jahrzehnte mit großem Erfolg wirtschafteten und weiter fusionierten. Eine besondere Tradition haben Genossenschaften in Württemberg und Baden. Hier war es der Pfarrer Hansjakob, der im Jahr 1881 in Hagnau am Bodensee die erste badische Winzergenossenschaft ins Leben rief. Es folgten die Gemeinden in Meersburg, Beckstein, Reichenau und Schliengen, die bis heute bestehen. Als in den 1950er Jahren eine Konkurrenzsituation unter den großen badischen Genossenschaften entstand, die sich für den Erfolg als wenig förderlich erwies, schloss man sich zum Badischen Winzerkeller zusammen, der heute zu den größten Genossenschaften Europas gehört.

Friedrich Wilhelm Raiffeisen

Im aktuellen Prämierungsjahr beteiligten sich rund 65 Winzergenossenschaften an der Bundesweinprämierung. Zu den TOP-Betrieben zählt einmal mehr die zugleich älteste Winzergenossenschaft Deutschlands, die sich am 20. Dezember 1868 in Mayschoss an der Ahr gründete. Aus damals 18 Winzern, die der Kooperation beitraten, wurden bis heute 400 Mitgliedsbetriebe. Die Winzergenossenschaft Mayschoß-Altenahr ist einer jener Betriebe, die sich selbst strengste Qualitätsregeln auferlegt. So arbeitet man nach einem Drei-Stufensystem, nach dem die Eingangskontrolle des Traubenguts erfolgt. Das Lesegut wird professionell auf seine Güte hin geprüft und entsprechend für die Weiterverarbeitung vorgesehen. Je höher die Qualität der Trauben eines Mitgliedsbetriebes ist,

Winzergenossenschaft Mayschoss-Altenahr

desto höher ist die Vergütung. Mit diesem System gelingt eine zusätzliche Motivation für die einzelnen Familienbetriebe, die gemeinsam für das ausgezeichnete Image der Genossenschaft Sorge tragen.
www.wg-mayschoss.de

Das badische Vogtsburg-Achkarren ist Stammsitz einer Winzergenossenschaft, die seit vielen Jahren mit ihren Weinqualitäten überzeugt. 350 Mitgliedsbetriebe sorgen für eine gebietstypische Rebsortenvielfalt, deren Schwerpunkt auf den Burgundersorten liegt. Einen besonderen Namen haben sich die Kellermeister aus Achkarren mit ihrer Kollektion edelsüßer Weine erworben. Die Spitzenlinie von Kellermeister Christoph Rombach ist die Edition ‚Bestes Fass', die aus streng selektiertem Lesegut erzeugt wird. Die älteste Vinothek Badens enthält Weinjahrgänge, die bis in das Jahr 1942 zurückreichen und davon zeugen, dass Qualität hier eine Tradition hat.
www.achkarrer-wein.com

Kellerführung mit Weinprobe bei der Winzergenossenschaft Achkarren im Kaiserstuhl

Die Oberbergener Bassgeige genießt unter Weinkennern einen besonderen Ruf. Ihr Bekanntheitsgrad geht zurück auf eine Urkunde aus dem Jahr 972, in der die berühmte Lage erstmals von Kaiser Otto II. erwähnt wurde. In dieser für den Weinbau ausgezeichneten Lage wachsen Burgunderreben, die von den Winzern der Genossenschaft Oberbergen kultiviert werden. Im Resultat stehen Spätburgunder Auslesen mit großer Komplexität und harmonischer Struktur. Die Winzergenossenschaft Oberbergen zählt heute mit knapp 460 Mitgliedsbetrieben und einer Gesamtrebfläche von derzeit 350 Hektar zu den bedeutenden Winzergenossenschaften in Baden.
www.wg-oberbergen.com

Die vielfach ausgezeichnete Winzervereinigung Divino Nordheim Thüngersheim eG legt großen Wert auf nachhaltiges Arbeiten. So steht die Linie Terra Consilium nicht nur für besondere Weinqualität, sondern auch für den Weinbau nach Bioland-Richtlinien. Mit der konsequenten Überwachung und Bonitierung aller Parzellen und einer deutlichen Begrenzung der Erntemenge erzeugt man drei Weinmarken: Divino umfasst elegante Weine internationaler Rebsorten. Die Rotweine dieser Linie werden im Barrique ausgebaut. Juventa steht für frische und jugendliche Weine, während Franconia klassische fränkische Rebsorten bezeichnet, die auf Muschelkalk wachsen und mit niedrigem Ertrag

Winzergenossenschaft Oberbergen

geerntet werden. Terra Consilium steht für ökologischen Weinanbau. Dieses Siegel vereinigt die Bio-Winzer, die nach den Richtlinien des Verbandes Bioland wirtschaften. Die aus der einstigen Winzergenossenschaft Thüngersheim hervorgegangene Vereinigung Consilium Thüngersheim trägt heute nach einer Fusion mit der Nachbargemeinde Nordheim den Namen Divino Nordheim Thüngersheim eG. Das ursprüngliche Unternehmen wurde im Jahr 1930 von 80 Winzern gegründet und zählt heute zu den größeren Betrieben in Franken.
www.divino-nordheim.de

Ein eigenes Qualitätsmanagementsystem mit Überprüfung der Vegetations- und Rebenentwicklung in den Weinbergen ist für die Mitglieder der Bergsträßer Winzer eG in Heppenheim Grundlage für die konstante Güte der Weinerzeugung. Zudem stehen naturnahe Gesichtspunkte wie beispiels-

BERGSTRÄSSER WINZER eG

weise die dauerhafte Begrünung der Rebzeilen und die schonende Behandlung von Most und Wein im Fokus der Arbeit. Im Jahr 2003 wurden die Bergsträßer Winzer als erste deutsche Genossenschaft mit dem Siegel ‚DLG-empfohlene Winzergenossenschaft' zertifiziert. Die im Jahr 1904 gegründete Genossenschaft vereint heute 450 Winzerbetriebe, die gemeinsam eine rund 268 Hektar umfassende Rebfläche bewirtschaften. An den steilen Süd- und Südwesthängen des Odenwaldes werden vorwiegend weiße Rebsorten angebaut. Im Sortiment der Winzervereinigung bilden Riesling und Spätburgunder den Hauptanteil.
www.bweg.de

Winzervereinigung Divino Nordheim Thüngersheim eG

Special: Winzergenossenschaften | 173

Vinothek der Vier Jahreszeiten Winzergenossenschaft eG

Anwesen mit stattlichem Gewölbekeller und deren Namen im Jahr 1903. Die Vier Jahreszeiten Winzer eG hat dort bis heute ihren Firmensitz.
www.vj-wein.de

Die entscheidenden Säulen ihrer Qualitätsphilosophie sehen die Vier Jahreszeiten Winzer in einem hohen Maß an Disziplin, im Qualitätsdenken aller Mitglieder, in einer streng geregelten Ernte, modernster Kellertechnik und nicht zuletzt in dem Können des Kellermeisters. In der DLG TOP 100-Liste der besten Weinerzeuger rangieren die Winzer aus der Pfalz seit Jahren auf den vorderen Plätzen. Die historischen Wurzeln gehen zurück in das Jahr 1900, als sich eine Gruppe von Winzern aus Dürkheim zur Zusammenarbeit entschloss. Der Name der Genossenschaft stammt von der Gaststätte ‚Zu den Vier Jahreszeiten' ab, die im 18. Jahrhundert von einer ausgezeichneten Köchin geführt wurde und auch außerhalb der Pfalz zu großem Ansehen gelangte. Die neu gegründete Winzergenossenschaft übernahm das repräsentative

Das ausgesprochen vielseitige Sortenspektrum der Winzergenossenschaft Herxheim am Berg eG wird durch das weitläufige Areal mit unterschiedlichen Bodenstrukturen und kleinklimatischen Bedingungen möglich. Das pfälzische Unternehmen, das 50 Mitgliedsbetriebe vereint und eine Weinbergsfläche von rund 190 Hektar bewirtschaftet, zeigt besondere Stärken im Weißweinbereich. Aktuell punkten trocken ausgebaute Weine der Rebsorten Sauvignon Blanc, Weiß- und Grauburgunder, aber auch Spätburgunder Weißherbst. Die hohen Qualitätsstandards werden durch die enge Zusammenarbeit al-

Winzergenossenschaft Herxheim am Berg eG

ler Mitgliedsbetriebe und die Verbindung traditioneller Arbeitsweisen und der innovativen Umsetzung erreicht. Gegründet wurde die Winzervereinigung in der ökonomisch und politisch schwierigen Epoche im Jahr 1937.
www.wg-herxheim.de

Mit ihrer Gesamtrebfläche von 360 Hektar ist die Winzervereinigung Freyburg im Weinanbaugebiet Saale-Unstrut der größte Weinproduzent in den neuen Bundesländern. Den Schwerpunkt des Weinsortiments bilden Weißweine, die etwa 80 Prozent der gesamten Weinerzeugung stellen. Computergestützte Gärtanks kommen ebenso zum Einsatz wie das traditionelle große Holzfass, das derzeit ein Comeback erlebt und für den Ausbau hochwertiger Bukettweine genutzt wird. Regionaltypisch stehen Müller-Thurgau, Silvaner, Weißburgunder und Kerner im Vordergrund. Die Winzergemeinschaft bietet aber auch echte Raritäten aus seltenen Rebsorten wie Hölder an. Diese nach dem Dichter Hölderlin benannte Rebe wurde ursprünglich im Rheingau angebaut und ist heute deutschlandweit auf nur etwa sechs Hektar Rebfläche zu finden. Ähnlich exotisch ist die Rotweinsorte André, die es nur an Saale und Unstrut gibt und mit ihrer Kreuzung aus Blaufränkisch und St. Laurent über ein blumiges und fruchtiges Bukett verfügt. In der Winzervereinigung Freyburg kooperieren heute 500 Winzer der Region.
www.winzervereinigung-freyburg.de

Die Qualitätseinstufung von Kabinett bis Trockenbeerenauslese und Eiswein wird in der Felsengartenkellerei Besigheim eG ausschließlich auf die halbtrockenen, lieblichen und edelsüßen Weine angewandt. Die trockenen Weine fasst man in Editionen zusammen. Dabei steht „Terra S" für das Basissegment, das aus selektiertem Lesegut ausgewählter Parzellen stammt und den Kabinettweinbereich vertritt. Ausschließlich trocken sind die „Fels"-Weine, in die man noch geringere Erträge steckt. Die Linien „Faszination" und „Composition" stehen jeweils für die Spitzensegmente, die im Barrique ausgebaut werden. Die Cuvées der

Winzervereinigung Freyburg

Special: Winzergenossenschaften | 175

„Composition XXL" setzen sich aus Lemberger und Cabernet-Kreuzungen zusammen und werden nur in den besten Jahrgängen erzeugt. In der Felsengartenkellerei haben sich 1.400 Betriebe zusammengeschlossen, die rund 470 Hektar Rebflächen bewirtschaften und den Weinbau zum Teil im Nebenerwerb betreiben. Dass die Steillagen über besondere kleinklimatische Bedingungen und Bodenstrukturen verfügen, ist eine wichtige Voraussetzung für die Erzeugung der hochwertigen Weine.
www.felsengartenkellerei.de

Mit den Rebsorten Lemberger, Trollinger, Schwarzriesling, Spätburgunder, Riesling und Müller-Thurgau setzt die Weingärtnergenossenschaft Dürrenzimmern Stockheim eG hauptsächlich auf die regionaltypischen Sorten Württembergs. Die Qualitätspyramide der Weine unterteilt sich in vier Stufen: Divinus sind Weine der Premiumlinie, deren Trauben aus ausgewählten Lagen stammen und die ertragsreduziert (maximal 50 Liter pro Ar) und selektiert geerntet werden. Zu diesen Spitzenweinen gehören auch die edelsüßen oder im Barrique ausgebauten Spezialitäten. Die nächste Weinlinie der Cellarius-Serie entsteht aus hochwertigem Lesegut von ausgewählten Flächen und mit einer Ertragsreduzierung von 70 Litern pro Ar. Der Ausbau der Rotweine erfolgt im großen Holzfass. Die Weine der Klosterhof-Linie werden aus allen Rebsorten im trockenen, halbtrockenen oder lieblichen Bereich erzeugt, während die preiswerten Württemberger Klassiker in der Literflasche unkomplizierten Trinkgenuss versprechen. Die Weingärtnergenossenschaft Dürrenzimmern Stockheim eG verfügt über eine Rebfläche von 215 Hektar, die von rund 400 Winzerfamilien bewirtschaftet werden.
www.wg-duerrenzimmern.de

TESTEN WIE DIE PROFIS

Sie kommen aus Wissenschaft und Forschung, aus der Gastronomie oder direkt aus der Praxis. Die Prüfer und Weinsachverständigen der DLG besetzen ganz unterschiedliche Berufsfelder und haben doch eines gemein: Sie sind hochqualifiziert, wenn es um die Beurteilung von Wein geht.

Im Porträt: Die Weinprüfer der DLG

Die Weinprüfungen im Rahmen der Bundesweinprämierung genießen einen ausgezeichneten Ruf. Viele Verbraucher und Weinerzeuger bestätigen, dass sie die neutrale und unabhängige Produktprüfung schätzen, weil sie strengen Kriterien folgt und ausschließlich verdeckt verkostet wird.

PROFESSOR DR. RAINER JUNG

Die Funktion des Prüfbevollmächtigten der Bundesweinprämierung übernimmt Professor Dr. Rainer Jung. „Während die Projektleitung für die technische Vorbereitung und Organisation der Weinprüfungen zuständig ist, ist es meine Aufgabe, für die wissenschaftlich korrekte Durchführung der Prüfungen zu sorgen", erklärt Jung. „Denn alle Ergebnisse müssen wiederholbar und reproduzierbar sein. So beginnt ein Prüfungstag beispielsweise mit einer Ausrichtungsprobe. Das heißt, ein Wein, der in der Vergangenheit bereits bewertet und für gut befunden wurde, wird erneut verkostet. Die Prüfer müssen dabei zu dem gleichen Ergebnis kommen, wie zuvor. Umgekehrt kann es sein, dass ein Wein von uns manipuliert wurde und somit Fehlnoten aufweist, die ebenfalls direkt erkannt werden müssen", erläutert der Wissenschaftler. Auf diese Weise erfolgt die Einstimmung auf einen Prüfungstag, der von den Prüfern viel Konzentration abverlangt. „Wir probieren die Weine in mehreren Gruppen à vier Personen. Jeder Prüfer bewertet für sich selbst, im Anschluss erfolgt ein Konsensgespräch." Sollte es Unstimmigkeiten innerhalb einer Gruppe geben und kein Konsens gefunden werden, wird der entsprechende Wein von einer anderen Gruppe erneut probiert. Auch hier entscheidet der Prüfbevollmächtigte. Etwa 50 Weine wird jeder Prüfer an diesem Tag verkosten und ein fachkundiges Urteil abgeben. „Schließlich wird jeder Wein, der aufgrund mangelnder sensorischer Eigenschaften keine Auszeichnung erhält und jeder Wein, der die Auszeichnung Gold erlangte, von mir in der Funktion als Prüfbevollmächtigter noch einmal verkostet." Rainer Jung ist promovierter Diplom-Ingenieur für Weinbau und Oenologie, seit dem Jahr 2010 Honorarprofessor der Hochschule Rhein-Main am Fachbereich Geisenheim und seit 2005 Stellvertretender Fachgebietsleiter im Fachbereich Kellerwirtschaft der Forschungsanstalt Geisenheim.

Das Niveau dieser Prüfungen steht selbstredend in direkter Abhängigkeit zur Qualifikation der Prüfer. Um diese Qualifikation dauerhaft sicherzustellen, hat die DLG ein Monitoring entwickelt, das die Sensoriker während der einzelnen Prüfphasen kontrolliert. Darin unterscheidet sich die DLG-Bundesweinprämierung grundlegend von vielen Weinwettbewerben, in denen die Prüfergruppen aufgrund anderer Selektionskriterien ausgewählt werden.

Im Rahmen der DLG-Prüfung für Wein und Sekt werden jährlich über 5.000 Produkte durch Experten geprüft. Der Prüferpool umfasst rund 150 geschulte Experten aus weinwirtschaftlichen Organisationen und der Praxis. Um der wissenschaftlichen Aussagekraft und dem hohen fachlichen Anspruch der Prüfungen gerecht zu werden, führen die Projektleiter und Prüfbevollmächtigten der DLG neben der kontinuierlichen Optimierung der Prüfmethodik sowie der logistischen Vorbereitung ein detailliertes Prüfermonitoring durch. Ziel ist es, Prüfer-Panels so zusammenzusetzen, dass die Ergebnisse über alle Panels hinweg vergleichbar und reproduzierbar sind.

Das Auswahlverfahren geeigneter Prüfer umfasst ein mehrstufiges System, in dem das Prüfverhalten und die Konstanz des potenziellen Prüfers kontrolliert und überwacht werden. Der Nachweis eines gültigen Sensorikzertifikats und die Teilnahme als Gast bei der DLG-Prüfung für Wein oder Sekt sind Grundvoraussetzungen für eine Aufnahme in den Prüfer-Pool.

Zusätzlich findet während der sensorischen Prüfungen ein individuelles Monitoring der Prüfer statt: So entsteht für jedes Mitglied der einzelnen Prüferpanels ein Profil, das es ermöglicht, die individuellen sensorischen Bewertungen mit den durchschnittlichen Bewertungen des gesamten Panels zu vergleichen. Durch die gewonnenen Daten können Rückschlüsse über individuelle Besonderheiten einzelner Prüfer in ihrer Prüftätigkeit und die Konstanz in der Beurteilung gezogen werden. Aufgrund der erfassten Informationen kann der Bedarf für Schulungsmaßnahmen erkannt und umgesetzt und letztlich der Prüfablauf und das Prüfergebnis nochmals verbessert werden. Mithilfe dieser Auswertungen ist es möglich, Prüfer in verschiedene Prüfertypen einzuordnen (z.B. Tendenz zu extrem positiven oder negativen Bewertungen, Affinität zu bestimmten Produktgruppen oder Weinstilen). Panels können so gleichmäßig mit unterschiedlichen Prüfertypen besetzt werden, um den Einfluss von stark abweichenden Einzelurteilen zu minimieren, um Urteile verschiedener Prüfer-Panels besser miteinander vergleichen zu können und dadurch reproduzierbare Ergebnisse zu sichern.

Yvonne Heistermann, Sommelière:

Im Jahr 2008 gewann sie den Wettbewerb „Ambassadeur du Champagne" in Deutschland sowie den „Prix CIVC" in Reims. Yvonne Heistermann, Jahrgang 1972, ist Dozentin und IHK-geprüfte Sommelière der Deutschen Wein- und Sommelierschule in Koblenz. Sie unterrichtet an der Schweizer Fachschule für Sommeliers in Zürich und im Auftrag der Deutschen Sommelierschule für das Deutsche Weininstitut. Themenschwerpunkte sind Weine der östlichen Weinwelt, der Schweiz, Spaniens und Deutschlands. Spezialisiert ist sie außerdem auf die Themen Weinrecht, die neue Welt mit Chile und Argentinien und auf die Verkostung von Mineralwässern. Yvonne Heistermann nimmt regelmäßig an internationalen Weindegustation teil und organisiert und leitet Weinproben. Seit dem Jahr 2004 ist sie Prüferin für die DLG. „Während dieser Prüfungen muss man hochkonzentriert

Yvonne Heistermann

verkosten, um jedem Wein gerecht zu werden. Man sollte jeden Wein so probieren, als ob es der ‚Einzige' wäre. Es ist sehr gut, dass alle Weine absolut blind probiert werden. Es ist eine sehr faire und anspruchsvolle Prüfung, die dem internationalen Standard gerecht wird", berichtet Heistermann über ihre Arbeit für die DLG.

Eine besondere Herausforderung an die Verkoster sind ihrer Ansicht nach die weniger populären Rebsorten wie Tauberschwarz oder Neuzüchtungen wie Cabernet Dorsa, „weil man diese Rebsorten nicht so oft probiert. Auch ist es schwierig, viele Süßweine zu verkosten, da dies durch den hohen Restzuckergehalt sehr anstrengend ist."

Franz Sauer

Franz Sauer, Kellermeister und Weinbautechniker:

Seit über 40 Jahren ist der Weinkeller sein Refugium. Franz Sauer ist Kellermeister und Weinbautechniker, „und das seit über 40 Jahren und es macht immer noch Spaß". Die Begeisterung für den Wein kann der langjährige DLG-Weinprüfer in seinem vielseitigen Beruf als Kellermeister des Winzerkellers Randersacker täglich mit seiner Arbeit verbinden. „Ich finde, Wein ist in Europa und natürlich in Deutschland ein Kulturgetränk und damit für mich Lebensfreude, Leidenschaft und Faszination pur. Wein erzeugt eine ganz andere Stimmung als andere Getränke, Wein macht sinnlich, aber auch lebensfroh." In Randersacker kann man den Weinfachmann im Rahmen von Weinseminaren oder zu einer Weinerlebnisführung kennenlernen.

Die anspruchsvollen Qualitätsweinprüfungen der DLG erfordern viele Voraussetzungen. „So muss man alle Vorlieben für eine bestimmte Rebsorte oder besondere Ausbauweise zurückstellen, damit objektiv probiert werden kann", so Sauer. „So lange es ‚Spaßweine' sind, also Weine ohne Mängel, spielt die Rebsorte, Ausbauart und die Qualitätsstufe ohnehin keine Rolle. Aber, man sollte die Trends am Markt kennen, um bei der Verkostung sofort reagieren zu können und um dem Wein gerecht zu werden", ergänzt er. Franz Sauer ist seit dem Jahr 1997 als Prüfer für die DLG tätig.

Wolfgang Hehner, Diplom-Ingenieur Getränketechnologie und Weinkontrolleur:

Wolfgang Hehner absolvierte ein Studium der Getränketechnologie an der Fachhochschule Geisenheim, das er im Jahr 1990 als Diplom-Ingenieur abschloss. Seit 1993 übt er seine Tätigkeit als Weinkontrolleur in den Anbaugebieten Baden und Württemberg aus. Zudem verfügt er über eine langjährige Erfahrung als Prüfer der amtlichen Qualitätsweinprüfung in Freiburg und Weinsberg. Seit über zwei Jahrzehnten verkostet und bewertet Hehner Weine. Eine besondere Herausforderung, die die DLG-Qualitätsweinprüfung an das Prüferteam stellt, sieht er in dem Verständnis für die unterschiedliche Stilistik und die Typizität der zu prüfenden Erzeugnisse. „Bei der Beurteilung spielen persönliche Präferenzen keine Rolle. Jede Rebsorte und jeder Weintyp kann qualitativ hochwertig sein und verdient eine sachgerechte Beurteilung", ergänzt Hehner. Der Weinfachmann hat sich bewusst nicht auf die Prüfung einer bestimmten Produktgruppe festgelegt, „denn die regelmäßige Verkostung von unterschiedlichen Produkten wie Sekt, Rotwein, Rosewein oder Weißwein ist reizvoller und führt zu einem breit gefächerten Erfahrungsschatz. Wein besitzt eine grenzenlose Geschmacksvielfalt. Wein zeigt auf, mit welcher Eleganz sich die unterschiedlichsten Gerüche und Geschmäcker zu einer harmonischen Einheit verbinden lassen. Kein anderes Getränk steht derartig signifikant für Lebensart und Stil." Für die DLG prüft Wolfgang Hehner seit dem Jahr 2008.

Wolfgang Hehner

Walter Brahner, Winzer, Weinbautechniker, Geschäftsführer und Kellermeister:

„Die Qualitätsweinprüfungen der DLG sind absolut neutral und perfekt organisiert. Damit geht natürlich die Verpflichtung an den Prüfer, sich jedem Wein genauso professionell und abseits aller persönlichen Neigungen gegenüber einzelnen Rebsorten zu widmen", erklärt Walter Brahner. Der Geschäftsführer und Kellermeister der Vier Jahreszeiten Winzer eG in Bad Dürkheim begann seine Mitarbeit als DLG-Prüfer vor rund zwei Jahrzehnten. Von Weinen fasziniert ist er seit jeher. „Der Wein ist ein Stück unserer Kultur und liefert jedes Jahr andere spannende und faszinierende Ergebnisse", so Brahner. Ursprünglich stammt er aus Württemberg, wo er eine Lehre als Winzer machte und im Anschluss eine Ausbildung zum staatlich geprüften

Techniker für Weinbau und Kellerwirtschaft in Weinsberg absolvierte. Dass er aufgrund seiner württembergischen Heimat sehr gerne Rotweine verkostet und „Trollinger und Schwarzriesling quasi als Muttermilch" mitbekommen hat, schließt nicht aus, dass er alle weißen Rebsorten und Sekt ebenso gerne probiert. Eine anspruchsvolle Aufgabe sieht Brahner insbesondere bei der Bewertung der Königsrebe Riesling. „Die deutschen Rieslinge sind sicherlich schwieriger zu verkosten als andere Weißweine, da sie deutlicher vom jeweiligen Terroir geprägt sind. Sehr anspruchsvoll zu probieren sind natürlich auch die im Barrique ausgebauten Rotweine mit dem Spiel der verschiedenen Hölzer und des zum Teil höheren Alkoholgehalts."

Reiner Bucher, Winzer, Weinbautechniker, Kellermeister und Technischer Betriebsleiter:

Ein besonderes Steckenpferd Reiner Buchers sind Rotweine, die er am liebsten verkostet. Generell gilt für den langjährigen Weinprüfer der DLG jedoch, dass für die Qualitätsweinprüfungen „gute Kenntnisse über die Rebsorten und Weine der verschiedenen Anbaugebiete notwendig sind. Jeder Wein muss ohne Vorurteile verkostet und bewertet werden. Bei den Verkostungen muss man seinen Sachverstand einbringen und seine Meinung vertreten, aber auch bereit sein, Kompromisse einzugehen", so Bucher. Nach seiner Ausbildung zum Winzer folgte eine Weiterbildung zum staatlich ge-

Walter Brahner

Reiner Bucher

prüften Techniker für Weinbau und Kellerwirtschaft. Der Kellermeister und Technische Betriebsleiter der Felsengartenkellerei Besigheim verfügt seit 1998 über den DLG-Prüferpass. Rainer Bucher ist zudem seit 1985 Prüfer bei der Württembergischen Landesweinprämierung und seit 1987 Mitglied bei der amtlichen Qualitätsweinprüfung in Baden-Württemberg und nimmt an internationalen Verkostungen wie der Berliner Weintrophy teil. Dass all diese Aufgaben bis heute Freude bereiten, hat einen guten Grund: „Die Faszination ist der Wein an sich. Es ist immer wieder aufs Neue faszinierend, wie viele verschiedene Weine und Spielarten der Weine es gibt. Jeder Jahrgang bringt wieder neue interessante Geschmacksvarianten hervor", erklärt Bucher.

und Kellerwirtschaft und Betriebsleiter des renommierten Rheinhessischen Weinguts Oekonomierat Johann Geil Erben in Bechtheim. Seine Prüfertätigkeit für die DLG begann mit dem Eintritt in die Weinsiegelkommission Rheinhessen 1975 und dauert bis heute fort. „Im Laufe meiner Prüfertätigkeit habe ich gelernt, mit verschiedenen Prüfschemata zu verkosten, wobei die DLG stets bestrebt war, die angestellten Weine immer differenzierter zu betrachten und somit objektiver zu benoten. Die jährlichen Prüferschulungen und Fortbildungen waren mir dabei eine große Hilfe", so der professionelle Weinprüfer, der über die Jahre hinweg alle Kategorien von Weinen und Sekten geprüft und bewertet hat. „Schwieriger ist die Verkostung von Rebsorten, die neu in deutschen Landen angebaut werden, wie z.B. Sauvignon blanc. Diese Weine haben häufig noch kein klares Geschmack-

Karl Geil-Bierschenk, Winzer, Weinbautechniker und Betriebsleiter:

Karl Geil-Bierschenk ist Winzer, staatlich geprüfter Techniker für Weinbau

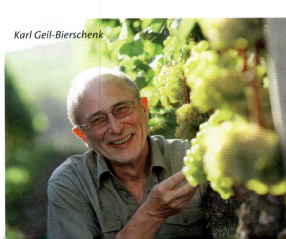

Karl Geil-Bierschenk

sprofil und sind anfangs immer etwas schwieriger zu probieren."

Dass seine Begeisterung für den Wein anhält, erklärt sich der leidenschaftliche Winzer so: „Die Typizität und Vielfalt der Rebsorten und Böden zu verstehen und zu erkennen, diese zu einer Einheit mit klarem Profil zu formen und schlussendlich die Feinheiten für möglichst lange Zeit in der Flasche zu erhalten – das halte ich für eine faszinierende Aufgabe."

„Fehler zu erkennen, sortentypisch und -spezifisch zu prüfen und zu bewerten sowie besondere Eigenschaften der Rebsorten und Gebiete zu erkennen und zu berücksichtigen. Zudem ist es manchmal eine besondere Herausforderung, neue Rebsorten und spontan vergorene Weine sowie Trendprodukte wie alkoholfreie Weine und Sekte zu verkosten", erklärt der Weinprüfer. Seit dem Jahr 1984 kommt Klaus Herres zu den DLG-Prüfungen. Auch nach dieser langen Zeit bleibt die Faszination für

Klaus Herres, Winzer und Sekthersteller, Betriebsleiter:

Der Winzer Klaus Herres hat sich mit seinem Moselaner Gut St. Laurentius ganz auf die Herstellung von Sekt spezialisiert, den er nach dem klassischen Verfahren der Flaschengärung herstellt.
Im Rahmen internationaler Verkostungen und als Prüfer der OIV (Organisation Internationale de la Vigne et du Vin) ist er mit vielen Weinsorten- und stilen vertraut, kennt sich aber insbesondere mit der Degustation von Sekt und Champagner aus. Einen hohen Anspruch haben die Qualitätsprüfungen für Wein seiner Ansicht nach, wenn es darum geht,

Klaus Herres

den Wein ungebrochen: Denn „es gibt jedes Jahr neue Trendrichtungen. Jeder Jahrgang ist anders und die Eigenarten der Anbaugebiete und das Terroir zu probieren und zu bewerten, sorgt immer wieder für neue Eindrücke."

Rolf Münster, Weinküfer, Diplom-Ingenieur für Getränketechnologie, Kellermeister und Betriebsleiter:

„Eine der positiven Herausforderungen der DLG-Qualitätsweinprüfung ist, dass jeder Einzelprüfer im Rahmen des seit rund zwei Jahren angewendeten Prüfschemas sein Urteil fundiert begründen muss. Das erfordert eine intensive und überlegte Auseinandersetzung mit jedem einzelnen Wein", betont Rolf Münster. Der Kellermeister und Betriebsleiter der renommierten Winzergenossenschaft Mayschoss-Altenahr, Weinküfer und Diplom-Ingenieur für Getränketechnologie gehört seit Mitte der 1990er Jahre zu den langjährigen und sehr erfahrenen Prüfern der DLG. Dass die intensive Auseinandersetzung mit Wein über Jahrzehnte hinweg faszinierend bleibt, erklärt Rolf Münster so: „Es ist die Tatsache, dass es sich, bei welchem Wein auch immer, keinesfalls um ein standardisiertes Produkt handelt. Die Unterschiedlichkeit der aufeinander folgenden Jahrgänge mit wechselnden Bedingungen und Reifezuständen ist es, die

Rolf Münster

den Kellerwirt Jahr für Jahr vor neue Aufgaben stellt. Emotional betrachtet ist es die Tatsache, dass der Wein immer wieder Brücken baut zwischen Generationen und Anderssprachigen, zwischen Laien und Fachleuten, bei der großen Auslandsexkursion genauso, wie bei der kleinen Weinprobe vor Ort." Dennoch sind die Anforderungen an die Prüfer bisweilen hoch: „Eine große Herausforderung während der Bundesweinprämierung ist wohl die öfters wechselnde personelle Zusammensetzung der Prüfgruppen. Dabei spielt die Konsensfähigkeit des Einzelprüfers eine sehr große Rolle", so Münster. „Und... die Verkostung restsüßer oder edelsüßer Weine in großer Anzahl kann am Gaumen recht anstrengend sein."

Karoline Gaul, Winzerin, Diplom-Ingenieurin für Weinbau und Oenologie:

Karoline Gaul

Nach ihrer Ausbildung zur Winzerin studierte Karoline Gaul aus dem Weingut Karl-Heinz Gaul im Pfälzischen Grünstadt-Sausenheim Weinbau und Oenologie an der Fachhochschule in Geisenheim. Im Rahmen des Studiums erlangte sie auch den Prüferpass der DLG. Bei ihrer Prüfertätigkeit für die DLG, die sie seit dem Jahr 2010 ausübt, schätzt sie nicht zuletzt, dass „die Weine blind verkostet werden. Die Probenanzahl fordert den Prüfern allerdings eine Menge ab. Wichtig ist das konzentrierte Probieren, um jedem Wein gerecht werden zu können. Die Verkostung von Süßweinen wie Beerenauslesen und Eiswein sind in der Regel nicht unbedingt schwieriger, aber etwas anstrengender zu probieren als trockene Weine. Schwieriger kann es werden, wenn „exotische" Sorten verkostet werden, zum Beispiel pilzwiderstandsfähige Sorten. Nach der Bepunktung eines Weines durch den jeweiligen Prüfer hat man aber die Möglichkeit, noch einmal über den Wein zu sprechen", berichtet die Jungwinzerin. Meistens probiert sie Weißweine aus allen Qualitätsstufen und Rebsorten. „So wird das Thema Wein nie langweilig, es entwickelt sich immer weiter. Es ist immer wieder spannend, Weine zu probieren. Jahrgang, Region, Ausbaustil, Rebsorte, Boden sind nur wenige Begriffe, die zeigen, wie unterschiedlich Wein sein kann."

ALLE WEINPRÜFER DER DLG

Aumüller, Jürgen, Radebeul bei Dresden; Bader, Ute, Heilbronn; Bärmann, Edgar, Freiburg; Bauer, Thomas, Mülheim; Bäuerle, Martin, Oberkirch; Behringer, Thomas, Abtswind; Bernhard, Petra, Frei - Laubersheim; Bettenheimer, Jens, Ingelheim; Biehler, Stefan, Landau Arzheim; Birkert, Boris, Bretzfeld; Böhm, Hermann, Johannisberg; Bottlinger, Stefan, Laumersheim; Brahner, Walter, Weisenheim am Berg; Bucher, Reiner, Eppigen-Kleingartach; Busch, Markus, Bretzfeld-Dimbach; Clauß, Marcus, Mainz-Hechtsheim; Closheim, Philipp, Langenlonsheim; Dörr, Sylvia, Heilbronn; Eberenz, Hannes, Heilbronn; Edling, Lisa, Roßdorf; Eisele, Andreas, Löwenstein; Eller, Harald, Albig; Dr., Engel, Manfred, Kirchheimbolanden; Engisch, Michael, Meddersheim; Fischer, Joachim, Vaihingen-Gündelbach; Freudenthaler, Kurt, Brackenheim; Fuchs, Ulrich, Pommern; Fuchs, Bruno, Pommern; Funke, Inga, Gau-Bickelheim; Gaugler, Mathias, Schwabenheim; Geil-Bierschenk, Karl, Bechtheim; Göhring, Wilfried, Flörsheim-Dalsheim; Groß, Gerd, Geisenheim-Johannisberg; Hehner, Wolfgang, Neuenstadt; Heinrich, Martin, Heilbronn; Heistermann, Yvonne, Karlsruhe; Hengerer-Müller, Christina, Heilbronn; Herres, Klaus, Leiwen; Höhne, Claus, Radebeul; Huber, Michael, Gengenbach; Jung, Tobias, Albig; Prof. Dr., Jung, Rainer, Geisenheim; Kessler, Hans, Geisenheim; Klär, Leo, Bühl; Klein, Torsten, Remagen; Knopf, Jürgen, Wiesloch; Koob, Christina, Heppenheim (Bergstraße); Krapp, Uwe, Rhodt u.R.; Kraus, Stefan, Würzburg; Krebs, Herbert, Freiburg; Kronenberger, Jürgen, Groß-Umstadt; Krönert, Mathias, Volkach; Kunzweiler, Armin, Rust; Laible, Leopold, Vogtsburg-Oberrotweil; Linssen, Ursula, Kiel; Mairhofer, Peter, Stuttgart; Dr., Mäuser, Bernd, Volkach; Dr., Michalsky, Ute, Nierstein; Müller, Thomas, Koblenz-Güls; Müller, Klaus, Ranschbach; Münster, Rolf, Bad Neuenahr; Münzenberger, Andreas, Zornheim; Nehrbaß, Bianca, Schornsheim; Nett, Christian, Neustadt an der Weinstraße; Neumann, Jörg-Ludwig, Bockenheim/West.; Nilles, Rüdiger, Durbach; Notz, Martin, Sachsenheim; Nun, Elmar, Würzburg; Pichard, Elodie, Gau-Bickelheim; Rehm, Rolf, Frankfurt am Main; Rehm, Claudia, Frankfurt am Main; Reichert, Andreas, Cleebronn; Reichert, Werner, Wachenheim; Reinhardt, Hilarius, Niederkirchen; Reisinger, Ralf, Taunusstein; Röll, Steffen, Bretzfeld; Roth, Barbara, Siebeldingen; Rutz, Alban, Ellhofen; Sackmann, Michael, Ohlsbach; Santo, Markus, Trosslingen; Sauer, Franz, Randersacker; Schaible, Holger, Möglingen; Scheib, Peter, Berlin; Scheurer, Simon, Gau-Bickelheim; Schiefer, Hanns-Christoph, Weinsberg; Schmidt, Gert, Vogtsburg im Kaiserstuhl; Schmitt, Johannes, Würzburg; Schöller, Stephan, Bodenheim; Schultze, Hans-Jürgen, Weinolsheim; Schüßler, Christoph, Geisenheim; Schwaab, Karl-Ludwig, Friedelsheim; Schwalb, Andreas, Stromberg; Schweickardt, Gunnar, Appenheim; Schweizer, Dominik, Vogtsburg; Seber, Florian, Lauffen am Neckar; Seibold, Werner, Fellbach; Dr., Seifert, Steffen, Würzburg; Serr, Herbert, Rhodt; Seufert, Jürgen, Iphofen; Siebert, Gerhard, Grünstadt; Dr., Sigler, Jürgen, Freiburg; Spies, Gerold, Dittelsheim-Heßloch; Spieß, Burkhard, Osthofen; Stoffel, Werner, Bad Dürkheim; Strebel, Stefan, Lauda-Königshofen; Dr., Tauscher, Ludwig, Alzey; Thürkind, Rudolf, Gröst; Vogel, Werner, Geisenheim; Vollmer, Eva, Mainz-Ebersheim; Waitz, Eckart, Wiesbaden; Walker, Markus, Regensburg; Wasem, Burkhard, Ingelheim; Weegmüller-Scherr, Stefanie, Neustadt an der Weinstraße; Weich, Natalie, Meißen; Weiß, Gerhard, Bensheim; Westenberger, Petra, Spiesheim; Willy, Jürgen, Nordheim; Witowski, Herbert, Alzey

Die häufigsten Weinfehler: Wie man sie erkennt und woher sie kommen

Die professionellen Weinprüfungen der DLG, die jedes Jahr rund 5000 Weine und Sekte auf ihre sensorische Qualität überprüft, stellen sicher, dass Weine mit so genannten Weinfehlern nicht im Glas des Verbrauchers zu finden sind. Dabei werden die angestellten Proben nach den Kriterien Farbe/Aussehen, Geruch, Geschmack und Typizität beurteilt. Nur wenn alle Prüfmerkmale einwandfrei sind, können entsprechende Auszeichnungen verliehen werden.

Weinfehler können während der Herstellung oder der Lagerung der Weine entstehen. Zudem kommt es gelegentlich vor, dass Materialien, die mit den Weinen in Kontakt kommen, geschmackliche Fehltöne auslösen. Wissenschaft, Forschung und Lehre arbeiten kontinuierlich und mit Erfolg daran, die Ursachen für die Entstehung von Weinfehlern weiter zu minimieren.

Grundsätzlich kann man unterscheiden zwischen Weinfehlern oder Abweichungen von der Norm im Aussehen, in der Farbe, im Geruch oder im Geschmack des Weines. Optische Beanstandungen betreffen beispielsweise die Klarheit. Sind Trübungen oder ein Bodensatz vorhanden, kann dies auf einen Mangel hindeuten. Auch die Farbe sollte dem Alter des Weines entsprechen und rebsortentypisch sein.

Sehr viel unangenehmer für den Verbraucher sind Fehler im Geruch und im Geschmack. Der überwiegende Teil der geschmacklichen Fehltöne ist bereits im Geruch wahrnehmbar und bestätigt sich im Geschmack.

Der bekannteste und noch bis vor einiger Zeit häufigste Weinfehler ist der **Korkgeschmack**. Er äußert sich mit muffig-dumpfen und modrigen Tönen, die an Schimmel erinnern. Verursacht wird dieser Weinfehler, der vielen Winzern zum Teil erheblichen wirtschaftlichen Schaden zugefügt hat, durch die Substanz 2,4,6 Trichloranisol. Dieser Stoff entsteht durch die Behandlung

der Korken. Aber auch Korken, die nicht behandelt wurden, können ein schimmeliges Aroma hervorrufen. Glücklicherweise ist die Qualität der heute verwendeten Naturkorken höher, als noch vor einigen Jahren. Zudem verwenden viele Weinerzeuger alternative Verschlüsse aus Kunststoff, Glas oder Metall.

Vielen Weinfreunden bekannt ist ein Weinfehler, den man umgangssprachlich auch **Böckser** nennt. Er lässt sich ausmachen durch den Geruch und Geschmack nach verbranntem Gummi, faulen Eiern, Käse, Knoblauch und Kohl. Es gibt verschiedene Formen dieses Weinfehlers, die danach unterschieden werden, wann im Verlauf der Weinbereitung sie auftreten. So gibt es den H2S-Böckser, den Lagerböckser, den so genannten verhockten Böckser, den Orthenböckser, Aromaböckser oder Mistböckser. Als Auslöser für diesen unangenehmen Weinfehler nennen die Fachleute Sulfide und Mercaptane. Diese Schwefelverbindungen können während der Weinbereitung auf natürliche Weise entstehen. Sie sind flüchtig und können durch Belüftung entweichen.

UTA steht für Untypischer Alterungston und gehört ebenfalls zu den Fehltönen im Wein, die für eine starke sensorische Beeinträchtigung sorgen. Erkennen lässt sich UTA an dem Geruch von Naphthalin, den man von Mottenkugeln kennt, und Bohnerwachs, Akazienblüte oder nassem Hundefell. Dieser Weinfehler entsteht im Weinberg, wenn die Reben einer Stress- oder Mangelsituation ausgesetzt sind, etwa wenn die Erträge zu hoch sind, Wassermangel herrscht und zu früh gelesen wird.

Wenn sie nur leicht ausgeprägt ist und einem komplexen Rotwein anhaftet, wird **Brettanomyces** von einigen Weinliebhabern durchaus toleriert oder sogar geschätzt. Diese Weine zeigen rauchige und ledrige Aromen und Noten von Gewürznelken. Wenn der Geruch jedoch sehr intensiv ist und an Pferdeschweiß erinnert, der die übrigen Weinaromen überdeckt, spricht man von einem Weinfehler. Brettanomyces ist eine Hefegattung, die im Wein, auf den Trauben oder in Fässern auftritt und durch einen zu geringen Schwefeleinsatz oder mangelhafte Hygiene im Weinkeller zurückzuführen ist.

Weine, die buttrig schmecken und an Joghurt, Molke oder Buttermilch erinnern, können mit dem negativen Abbauton **Diacetyl** behaftet sein. Er entsteht durch den Äpfelsäureabbau mit Milchsäurebakterien.

Essigstich oder flüchtige Säure umschreibt bereits, wonach diese Weine schmecken: mit einem stechenden Geruch erinnern sie an Salat- oder Obstessig. Dieser Weinfehler tritt häufig zusammen mit einem Essigesterton auf, der auch **Uhuton** genannt wird, weil er den scharfen Geruch des Klebstoffs aufweist. Ursächlich für diese beiden Weinfehler sind Essigsäurebakterien, Milchsäurebakterien und wilde Hefen. Eine kleine Menge an Essigsäure, die durch die alkoholische Gärung auf natürliche Weise entsteht, ist im Wein immer enthalten. Wenn es aber beispielsweise durch eine Verletzung der Beeren bei Wespenfraß zum

---

INFO

„Geschmack ist nicht nur individuell verschieden, es zeigen sich auch nationale Vorlieben und Ablehnungen. Beispielsweise tolerieren die Italiener im Wein mehr Bittergeschmack, die Amerikaner mehr Süße, die Deutschen kräftigere Säure, die Franzosen Tannin und die Engländer eine eher firne Art, während die Australier anscheinend besonders empfindlich für Mercaptane sind. (...) Für den Kellertechniker bedeuten Fehler im Wein jedoch spezifische Abweichungen von einer anerkannten Norm, wobei schon eine unzulängliche sorten- oder gebietstypische Art als Mangel empfunden wird."

Quelle: Jancis Robinson, Das Oxford Weinlexikon, Hallwag 2003

Saftaustritt kommt und entsprechend warme Temperaturen herrschen, finden Essigsäurebakterien und Hefen eine optimale Vermehrungsmöglichkeit. Rebsorten mit relativ dünner Beerenhaut wie Müller-Thurgau oder Portugieser sind in regenreichen Perioden im Herbst besonders gefährdet.

Es kann vorkommen, dass ein Wein nach angeschnittenem, braunem Obst riecht und schmeckt. Dieser so genannte **oxidative Ton** stammt von Acetaldehyd, erinnert an Sherry oder faule Äpfel und wirkt firn und abgestanden. Acetaldehyd entsteht während der alkoholischen Gärung, durch Oxidation im fertigen Wein oder durch Kahmhefen. Oxidative Weine können auch eine leicht bräunliche Färbung aufweisen.

Der aktuelle Jahrgang

Die Qualität des aktuellen Jahrgangs 2012 kann insgesamt als sehr gut bezeichnet werden. Sensorische Abweichungen von der Vorstellung eines idealen Weines, die die Prüfer beanstanden müssen, kommen jedoch gelegentlich vor. Im Hinblick auf Farbe und Aussehen gab es in der aktuellen Prüfung nur sehr wenige negative Auffälligkeiten. So zeigten nur rund zwei Prozent der angestellten Weine ein zu blasses/hellfarbenes Aussehen.

DLG-Prüfschema für Wein und Sekt

Die häufigsten Weinfehler | 195

DLG-Experten testen Weine

1,8 Prozent der Weine waren zu hochfarben bzw. zu braun, was ebenfalls als negativ angesehen wird.

Etwa 18 Prozent der Proben, insbesondere aus den Weinen der Bukettrebsorten wie Gewürztraminer oder Muskateller, aber auch Riesling zeigten sich zu Beginn des Jahres etwas verhalten im Hinblick auf ihre Aromatik. Was das Kriterium Geruch betrifft, wurden außerdem zirka 17 Prozent der Weine als muffig/dumpf beschrieben. Die Merkmalseigenschaft Böckser wurde bei 13,06 Prozent der Weine festgestellt und liegt damit etwas höher, als in vergangenen Jahren.

Weitere negative Eigenschaften, die sich im Geruch äußern, betrafen eine zu geringe Aromenvielfalt (rund 12 Prozent), unreife und grasige Noten (knapp 12 Prozent) und oxidative Noten, von der etwa sieben Prozent der Weine betroffen waren.

Im Geschmack zeigten sich neben den beiden negativen Merkmalen „bitter" (rund 20 Prozent) und „dünn" (etwa 17 Prozent) nur sehr wenige Qualitätsabweichungen. In punkto Typizität fielen ebenfalls zwei Merkmale ins Gewicht: Das Sortenaroma von knapp 20 Prozent der Weine war nicht ausreichend ausgeprägt und etwa elf Prozent der angestellten Proben waren für die ausgewiesene Qualitätsstufe zu schwach, bzw. zu dünn.

Weinfehler, bzw. Mängel treten naturgemäß in jedem Jahrgang auf. Insgesamt konnten sich die Experten der DLG aber von einem qualitativ hochwertigen Weinjahrgang 2012 überzeugen.

GENUSS-VOLLE SEITEN

Wein ist ein Trendprodukt. Oftmals ist das Angebot für den Verbraucher unübersichtlich und eine Kaufentscheidung schwierig. Sensorisch wie qualitativ einwandfreie Produkte findet man heute an vielen Orten.
Die nachfolgenden Seiten zeigen, welche Weine ungetrübten Genuss versprechen.

Aktuelle Jahrgänge im Fokus

Auch in diesem Jahr haben die Experten der DLG im Rahmen der Bundesweinprämierung wieder rund 5.000 Weine und Sekte aus mehr als 330 Winzerbetrieben und Genossenschaften aller deutschen Anbaugebiete verkostet und bewertet. Im Mittelpunkt standen die Weine des Jahrgangs 2012. Für diesen Weinjahrgang meldet das Deutsche Weininstitut eine Erntemenge von insgesamt 9,1 Millionen Hektolitern Wein. Im Hinblick auf die Güte des Jahrgangs 2012 zeigen sich die Experten rundum zufrieden. Der gute Gesundheitszustand der Trauben im Herbst als Voraussetzung für reintönige Weine war gewährleistet. Cool Climate Zonen deutscher Weinanbaugebiete für die klassischen Leitrebsorten Riesling und Spätburgunder ideal sind. Die Weiß- und Rotweine beider Rebsorten zeigen außergewöhnliche und sortentypische Ergebnisse.

In diesem Jahr konnten die Weinexperten 62 Gold Extra-, 950 Gold-, 1.886 Silber- und 1.096 Bronze-Medaillen vergeben.

Cool Climate für den perfekten Riesling

Insgesamt konnten die Weinerzeugenden Betriebe einmal mehr belegen, dass die so genannten

> **INFO**
>
> **So testet die DLG:**
> Alle Weine wurden in einer Blindverkostung nach dem DLG-5-Punkte-Schema® bewertet. Weine und Sekte ohne negative sensorische Eigenschaften erhalten die Höchstnote von 5,0 Punkten. Weine und Sekte, die die Qualitätsanforderungen erfüllen, erhalten je nach erzielter Punktzahl eine DLG-Medaille in Gold, Silber oder Bronze. Für die Qualitätstests steht ein Team von 150 Weinexperten zur Verfügung. Sie alle sind zertifizierte Prüfer und verfügen über eine große Praxiserfahrung.

Deutsche Weinlandschaft
mit einzigartiger Vielfalt

BUNDESWEINPRÄMIERUNG 2013

Region	Goldener Preis Extra	Goldener Preis	Silberner Preis	Bronzener Preis	Gesamtergebnis
Ahr		8	19	2	29
Baden	17	204	349	205	775
Franken	7	56	149	85	297
Hessische Bergstraße	1	9	27	17	54
Mittelrhein		3	11	4	18
Mosel	1	73	92	45	211
Nahe	1	22	20	15	58
Pfalz	14	237	581	341	1.173
Rheingau		11	36	26	73
Rheinhessen	11	154	270	164	599
Saale-Unstrut		2	27	27	56
Sachsen	1	10	16	26	53
Württemberg	9	161	289	139	598
Gesamtergebnis	62	950	1.886	1.096	3.994

ABKÜRZUNGEN UND ZEICHEN

🟡	gelber Punkt – trockene Weine bis maximal 9 g/l unvergorene Traubensüße, kaum wahrnehmbare Süßempfindung, idealer Essensbegleiter *Sekt:* mit der Bezeichnung extra brut und brut, oft von 0 bis max. 15 g/l Süße
🟢	grüner Punkt – halbtrockene Weine mit maximal 18 g/l unvergorene Traubensüße, leicht süße Wahrnehmung, feinherb-fruchtig, als Begleiter leichter und frischer Speisen *Sekt:* mit der Bezeichnung extra trocken und trocken, bis max. 35 g/l Süße
🔴	roter Punkt – liebliche, milde Weine mit einer unvergorenen Traubensüße bis 60 g/l, deutlich schmeckbare Süße, typische Tropfen zum Solotrinken *Sekt:* mit der Bezeichnung halbtrocken, bis max. 50 g/l Süße
🟣	violetter Punkt – edelsüße Weine mit markanter süßer Betonung (über 60 g/l), oft honigsüße Auslesen, Beerenauslesen und Eisweine, ideale Dessert- oder Aperitifweine.
QbA	Qualitätswein bestimmer Anbaugebiete
Kab	Kabinett
Spl	Spätlese
Aul	Auslese
Bal	Beerenauslese
Tba	Trockenbeerenauslese
Eis	Eiswein
WSS*	Weißwein / Weißsekt
WHT*	Weißherbst / Weißherbstsekt
RTL*	Rotling, Schillerwein, Rotling-Sekt
ROSEE*	Rosé, Rosé-Sekt
ROT*	Rotwein / Rotsekt
BLDN*	Blanc de Noir
*...+B	(Buchstabenkürzel + B) steht für Barriqueausbau
*...+H	(Buchstabenkürzel + H) steht für „im Holzfass gereift"
QPW	Qualitätsperlwein

Ahr

Ein Eldorado für Rotweine

Das kleine Anbaugebiet im Norden von Rheinland-Pfalz umfasst eine Rebfläche von rund 560 Hektar. Hier an den steinigen und sonnigen Schieferhängen des mittleren Ahrtals gedeihen ausgezeichnete Spät- und Frühburgunder und Portugieser. Der Anteil roter Rebsorten macht 85 Prozent aus und ist damit sehr viel höher als in den anderen deutschen Anbaugebieten. Man findet aber auch charakteristische und hochwertige Weißweine aus den Sorten Riesling und Grauburgunder. Mayschoss-Altenahr ist Sitz der ältesten Winzergenossenschaft Deutschlands.

Ihr Weg zu den Spitzenweinen

1 Winzergenossenschaft Mayschoß-Altenahr eG, Mayschoß

✱ Winzer des Jahres   ★ TOP-Winzer (Bundesehrenpreis)   ● weitere Betriebsempfehlung

Jahrgang	Lage, Rebsorte, Qualitätsbezeichnung	Wein-Art	Vol%*	AP-Nr.	Preis*	DLG-Preis

Weine

Winzergenossenschaft Mayschoß-Altenahr eG, Ahrrotweinstr. 42, 53508 **Mayschoß**, Tel.: 02643/936025, Fax: 02643/936093, r.muenster@wg-mayschoss.de, www.winzergenossenschaft-mayschoss.de

Jahrgang	Lage, Rebsorte, Qualitätsbezeichnung		Wein-Art	Vol%*	AP-Nr.	Preis*	DLG-Preis
2012	Ahr, Spätburgunder, QbA	🟡	BLDN	12	15-13	7 €	Gold
2011	Ahr, Spätburgunder, QbA	🟡	ROT	14	69-12	15 €	Gold
2011	Ahr „Prokat", Spätburgunder, QbA	🔴	ROT	12	64-12	10 €	Gold
2012	Ahr, Riesling, Spl	🟢	WSS	12	7-13	8 €	Gold
2011	Ahr, Spätburgunder, QbA	🟡	ROT	14	72-12	20 €	Gold
2011	Ahr, Spätburgunder, QbA	🟡	ROT	14	78-12	12 €	Gold
2012	Ahr, Frühburgunder, QbA	🟡	ROT	14	34-13	11 €	Gold
2011	Walporzheimer Kräuterberg, Spätburgunder, Aul	🟡	ROT	15	68-12	35 €	Gold
2011	Walporzheimer, Spätburgunder, QbA	🟡	ROT	14	61-12	12 €	Silber
2011	Walporzheimer Kräuterberg, Spätburgunder, QbA	🟡	ROT	15	67-12	25 €	Silber
2011	Ahr, Spätburgunder, QbA	🟡	ROT	14	70-12	19 €	Silber
2012	Mayschosser, Spätburgunder, QbA	🟡	ROT	14	36-13	7 €	Silber
2012	Ahr, Rivaner, QbA	🟡	WSS	12	82-12	6 €	Silber
2012	Ahr, Riesling, QbA	🟡	WSS	12	10-13	6 €	Silber
2011	Ahr, Spätburgunder, QbA	🟡	ROT	14	76-12	10 €	Silber
2011	Ahr, Spätburgunder, Aul	🟡	ROT	14	36-12	17 €	Silber
2012	Ahr feinherb, Spätburgunder, QbA	🟢	BLDN	12	84-12	8 €	Silber
2012	Ahr, Riesling, Spl	🟡	WSS	13	6-13	8 €	Silber
2012	Ahr, Riesling, QbA	🟢	WSS	12	11-13	6 €	Silber
2011	Ahrweiler Rosenthal, Spätburgunder, Aul	🟡	ROT	15	80-12	25 €	Silber
2012	Ahr, Frühburgunder, QbA	🟡	ROT	14	35-13	18 €	Silber
2012	Ahr, Riesling, QbA	🟡	WSS	13	9-13	8 €	Silber
2012	Mayschosser Mönchberg, Spätburgunder, QbA	🟢	ROT	13	37-13	7 €	Silber
2012	Ahr, Domina, QbA	🟡	ROT	13	33-13	9 €	Silber
2011	Walporzheimer Klosterberg, Spätburgunder, QbA	🟡	ROT	14	62-12	8 €	Silber
2011	Ahr, Spätburgunder, QbA	🟢	ROT	13	63-12	10 €	Silber
2011	Mayschosser Mönchberg, Spätburgunder, Aul	🟡	ROT	14	75-12	16 €	Silber
2012	Ahr, Portugieser, QbA	🟡	ROT	14	32-13	9 €	Bronze
2012	Ahr „S", Riesling, QbA	🟢	WSS	13	13-13	11 €	Bronze

🟡 Trocken   🟢 Halbtrocken   🔴 Lieblich/Mild   🔵 Edelsüß   * Preisangabe + Alkoholgehalt gerundet

Baden

Mediterranes Klima für Burgunder

Die weitläufigen Anbauregionen Badens, die sich von Tauberfranken bis zum Bodensee über rund 16.000 Hektar erstrecken, gehören zu den wärmsten Regionen in Deutschland. Hier reifen große Burgunderweine, insbesondere aus den Sorten Spät-, Weiß- und Grauburgunder. Der Anteil von Weißweinen liegt bei 56 Prozent. Neben den Burgundersorten keltert man Weine aus Riesling, Silvaner, Gutedel, Müller-Thurgau oder Muskateller. Baden ist nicht nur bekannt für seine Weine, sondern für eine ausgezeichnete Küche und zahlreiche Sternerestaurants.

Ihr Weg zu den Spitzenweinen

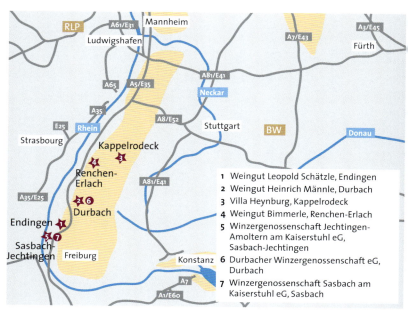

1 Weingut Leopold Schätzle, Endingen
2 Weingut Heinrich Männle, Durbach
3 Villa Heynburg, Kappelrodeck
4 Weingut Bimmerle, Renchen-Erlach
5 Winzergenossenschaft Jechtingen-Amoltern am Kaiserstuhl eG, Sasbach-Jechtingen
6 Durbacher Winzergenossenschaft eG, Durbach
7 Winzergenossenschaft Sasbach am Kaiserstuhl eG, Sasbach

✺ Winzer des Jahres   ★ TOP-Winzer (Bundesehrenpreis)   ● weitere Betriebsempfehlung

| Jahrgang | Lage, Rebsorte, Qualitätsbezeichnung | Wein-Art | Vol%* | AP-Nr. | Preis* | DLG-Preis |

Sekte

Baden-Badener Winzergenossenschaft eG, Mauerbergstr. 32, 76534 **Baden-Baden**, Tel.: 07223/96870, Fax: 07223/968787, info@baden-badener-wg.de, www.baden-badener-wg.de

| 2011 | Baden-Badener „Stich den Buben", Riesling, brut | ● | WSS | 13 | 231-12 | 10 € | SILBER |
| 2011 | Bühlertaler, Traminer, trocken | ● | WSS | 12 | 230-12 | 10 € | BRONZE |

Durbacher Winzergenossenschaft eG, Nachtweide 2, 77770 **Durbach**, Tel.: 0781/936680, Fax: 0781/36547, ruedigernilles@durbacher.de, www.durbacher.de

2012	Baden „Edelmann", Cuvee Weißwein, trocken	●	WSS	12	206-13	7 €	SILBER
2012	Baden „Edelfrau", Cuvee Weißwein, trocken	●	WSS	13	207-13	7 €	BRONZE
2010	Durbacher Plauelrain, Riesling, brut	●	WSS	12	201-13	12 €	BRONZE

Weingut Villa Heynburg, Burgunderplatz 3, 77876 **Kappelrodeck**, Tel.: 007842/99380, Fax: 007842/993838, info@villa-heynburg.de, www.villa-heynburg.de

| 2011 | Baden, Cremant, Weißburgunder, brut | ● | WSS | 12 | 201-12 | 14 € | SILBER |

Winzergenossenschaft Britzingen/Markgräflerland eG, Markgräflerstr. 25/29, 79379 **Müllheim**, Tel.: 07631/17710, Fax: 07631/4013, info@britzinger-wein.de, www.britzinger-wein.de

2011	Britzinger „Burgfräulein", Cuvee Blanc de Noir, brut	●	BLDN	12	213-13	9 €	SILBER
2010	Baden, Pinot Blanc, brut	●	WSS	12	215-13	9 €	SILBER
2011	Britzinger Rosenberg „Burgfräulein", Pinot, brut	●	ROSEE	12	212-13	11 €	BRONZE

Sektkellerei Emil Schweickert GmbH, Pforzheimer Str. 5, 75223 **Niefern**, Tel.: 07233/4220, Fax: 07233/5138, info@sektkellerei-schweickert.de

| | Baden „HERB", Chardonnay, brut | ● | WSS | 13 | 202-12 | 13 € | GOLD EXTRA |
| | Baden, Sauvignon Blanc, extra trocken | ● | WSS | 12 | 201-12 | 10 € | SILBER |

Winzergenossenschaft Jechtingen-Amoltern am Kaiserstuhl eG, Winzerstr. 1, 79361 **Sasbach-Jechtingen**, Tel.: 07662/932340, Fax: 07662/8241, info@jechtinger-wein.de, www.jechtinger-wein.de

2011	Baden, Muskateller, trocken	●	WSS	12	201-13	11 €	GOLD
2011	Jechtinger, Weißburgunder, extra trocken	●	WSS	12	200-13	8 €	SILBER
2010	Jechtinger, Weißburgunder, brut	●	WSS	12	201-12	11 €	SILBER

Erste Markgräfler Winzergenossenschaft Schliengen-Müllheim eG, Am Sonnenstück 1, 79418 **Schliengen**, Tel.: 07635/81120, Fax: 07635/811214, info@sonnenstueck.de, www.sonnenstueck.de

| 2010 | Schliengener Sonnenstück, Chardonnay, brut | ● | WSS | 13 | 202-13 | 13 € | SILBER |

Weingut Angelika Vogel, Halberstunger Str. 5, 76547 **Sinzheim**, Tel.: 07221/81760, Fax: 07221/81569, Weingut-Vogel@t-online.de, www.weingut-vogel.de

| 2011 | Sinzheimer Frühmessler, Riesling, trocken | ● | WSS | 13 | 200-13 | 9 € | BRONZE |

Burkheimer Winzer am Kaiserstuhl eG, Winzerstr. 8, 79235 **Vogtsburg**, Tel.: 07662/93930, Fax: 07662/939325, info@burkheimerweine.de, www.burkheimerweine.de

2011	Burkheimer Schlossgarten, Muskateller, trocken	●	WSS	13	210-12	9 €	GOLD
2011	Burkheimer Schlossgarten, Muskateller, trocken	●	WSS	13	206-12	9 €	SILBER
2011	Burkheimer Schlossgarten, Pinot, brut	●	WSS	13	207-12	9 €	BRONZE
2011	Burkheimer Schlossgarten, Chardonnay, extra brut	●	WSS	13	208-12	9 €	BRONZE
2011	Burkheimer Schlossgarten, Muskateller, trocken	●	WSS	13	201-13	9 €	BRONZE
2011	Burkheimer Schlossgarten, Gewürztraminer, Riesling, brut nature	●	WSS	14	209-13	13 €	BRONZE

● Brut nature / Extra Brut / Brut   ● Extra trocken / Trocken   ● Halbtrocken / Mild   * Preisangabe + Alkoholgehalt gerundet

BADEN

Jahrgang	Lage, Rebsorte, Qualitätsbezeichnung		Wein-Art	Vol%*	AP-Nr.	Preis*	DLG-Preis

Winzergenossenschaft Bischoffingen-Endingen am Kaiserstuhl eG, Bacchusstr. 20, 79235 **Vogtsburg-Bischoffingen**, Tel.: 07662/93010, Fax: 07662/930193, info@wg-bischoffingen.de, www.wg-bischoffingen.de

2011	Bischoffinger, Pinot, trocken	●	ROSEE	12	201-13	10 €	SILBER

Kaiserstühler Winzerverein Oberrotweil eG, Bahnhofstr. 31, 79235 **Vogtsburg-Oberrotweil**, Tel.: 07662/93200 Fax: 07662/8414, info@winzerverein-oberrotweil.de, www.Winzerverein-Oberrotweil.de

2011	Oberrotweiler, Muskateller, extra trocken	●	WSS	12	211-13		GOLD EXTRA
2011	Oberrotweiler, Muskateller, extra trocken	●	WSS	12	201-13		SILBER
2011	Oberrotweiler, Muskateller, extra trocken	●	WSS	12	207-12		BRONZE
2011	Oberrotweiler Käsleberg, Grauburgunder, extra trocken	●	WSS	13	213-12		BRONZE
2011	Oberrotweiler, Grauburgunder, extra trocken	●	WSS	13	206-13		BRONZE
2011	Oberrotweiler Käsleberg, Grauburgunder, extra trocken	●	WSS	13	203-13		BRONZE

Winzerkeller im Taubertal, St.-Georg-Str. 1-3, 97877 **Wertheim-Reicholzheim**, Tel.: 09321/7005126, Fax: 09321/7005228, Reiner.Wein@GWF-Kitzingen.de, www.GWF-Kitzingen.de

2011	Baden, Kerner, trocken	●	WSS	13	50-12	10 €	SILBER
2011	Baden, Kerner, brut	●	WSS	13	51-12	10 €	SILBER
2011	Baden, Schwarzriesling, trocken	●	ROT	13	52-12	10 €	BRONZE

● Brut nature / Extra Brut / Brut   ● Extra trocken / Trocken   ● Halbtrocken / Mild   * Preisangabe + Alkoholgehalt gerundet

Weine

Baden-Badener Winzergenossenschaft eG, Mauerbergstr. 32, 76534 **Baden-Baden**, Tel.: 07223/96870, Fax: 07223/968787, info@baden-badener-wg.de, www.baden-badener-wg.de

2011	Baden-Badener, Riesling, Eis	●	WSS	8	172-12	25 €	BRONZE

Weingut Schumacher, Kapellenstraße 50, 79353 **Bahlingen am Kaiserstuhl**, Tel.: 07663/1812, Fax: 07663/949048, info@weingut-schumacher.de

2011	Baden, Spätburgunder, Spl	●	ROTB	13	3-13		GOLD
2011	Baden „Selektion S", Spätburgunder, QbA	●	ROTH	14	2-13	11 €	GOLD
2011	Baden, Spätburgunder, Spl	●	ROTH	15	1-13		GOLD
2012	Baden, Weißburgunder, QbA	●	WSS	12	8-13		SILBER
2011	Baden, Spätburgunder, QbA	●	ROTH	13	10-12		SILBER
2012	Baden, Grauburgunder, Kab	●	WSS	12	7-13		SILBER
2010	Baden, Spätburgunder, Spl	●	ROTH	13	12-11		SILBER
2011	Baden „CS", Cuvee Rotwein, QbA	●	ROTH	13	4-13		BRONZE

Weingut Rudolf Zimmerlin GmbH, Kirchweg 2, 79268 **Bötzingen**, Tel.: 07663/1296, Fax: 07663/3510, info@weingut-zimmerlin.com, www.weingut-zimmerlin.de

2011	Eichstetter Herrenbuch „Alte Reben", Weißburgunder, Spl	●	WSS	14	33-12	10 €	SILBER
2011	Bötzinger Eckberg „Premium", Spätburgunder, Spl	●	ROTB	15	8-12	16 €	SILBER

● Trocken   ● Halbtrocken   ● Lieblich/Mild   ● Edelsüß   * Preisangabe + Alkoholgehalt gerundet

Baden | 207

| Jahrgang | Lage, Rebsorte, Qualitätsbezeichnung | Wein-Art | Vol%* | AP-Nr. | Preis* | DLG-Preis |

– Anzeige –

Badischer Winzerkeller eG

Zum Kaiserstuhl 16, 79206 **Breisach**, Tel.: 07667/9000, Fax: 07667/900232,
info@badischer-winzerkeller.de, www.badischer-winzerkeller.de

Willkommen
bei unseren Medaillen-Weinen. Probieren und erleben Sie die Faszination erlesener Weine.

Gratulation und Danke
allen unseren Winzerinnen und Winzern für die hervorragende Arbeit in den Reben.

Natürlich
... Qualität direkt vom Erzeuger

Jahrgang	Lage, Rebsorte, Qualitätsbezeichnung	Farbe	Wein-Art	Vol%	AP-Nr.	Preis	DLG-Preis
2011	Nimburg-Bottinger Steingrube, Gewürztraminer, Spl	🔴	WSS	11	532-A-41-11	7 €	GOLD
2010	Tutschfelder Kaiserberg, Spätburgunder, QbA	🟡	ROTB	13	982-A-13-10	10 €	GOLD
2012	Freiburger Rebtal, Rivaner, QbA	🟡	WSS	12	41-A-11-12	4 €	GOLD
2011	Munzinger Attilafelsen, Gewürztraminer, Kab	🔴	WSS	11	537-A-21-11	6 €	GOLD
2011	Amolterer Steinhalde, Gewürztraminer, Spl	🟡	WSS	11	526-A-41-11	7 €	GOLD
2012	Eichstetter Vulkanfelsen, Grauburgunder, QbA	🟡	WSS	13	377-A-11-12	3 €	GOLD
2012	Waltershofener Steinmauer, Muskateller, Kab	🔴	WSS	10	884-A-21-12	5 €	GOLD
2011	Merdinger Bühl, Spätburgunder, Aul	🟡	ROTB	14	982-A-33-11	18 €	GOLD
2012	Nimburg-Bottinger Steingrube, Weißburgunder, Kab	🟡	WSS	12	494-A-21-12	5 €	GOLD
2012	Seefelder Maltesergarten, Weißer Gutedel, QbA	🟢	WSS	11	228-B-11-12	4 €	SILBER
2012	Erzinger Kapellenberg, Pinot Noir, QbA	🟡	BLDN	12	796-A-11-12	7 €	SILBER
2011	Ringsheimer Kaiserberg, Spätburgunder, Spl	🟡	ROTH	13	994-A-67-11	8 €	SILBER
2012	Malterdinger Bienenberg, Rivaner, QbA	🟡	WSS	12	136-A-11-12	4 €	SILBER
2011	Munzinger Attilafelsen, Weißburgunder, QbA	🟡	WSS	13	493-C-11-11	5 €	SILBER
2011	Tiengener Rebtal, Spätburgunder, Spl	🟡	ROT	13	641-A-47-11	6 €	SILBER
2012	Baden, Chardonnay, QbA	🟡	WSS	12	821-A-11-12	5 €	SILBER
2011	Köndringer Alte Burg, Gewürztraminer, Kab	🔴	WSS	11	552-A-21-11	4 €	SILBER
2012	Nordweiler Herrenberg, Weißburgunder, Kab	🟡	WSS	11	496-A-21-12	5 €	SILBER
2012	Tutschfelder Kaiserberg, Grauburgunder, Kab	🟡	WSS	12	357-A-21-12	5 €	SILBER
2012	Seefelder Maltesergarten, Weißer Gutedel, QbA	🟢	WSS	11	228-C-11-12	4 €	SILBER
2011	Merdinger Attilafelsen, Gewürztraminer, Kab	🟡	WSS	11	536-B-21-11	6 €	SILBER
2011	Nordweiler Herrenberg, Regent, QbA	🟡	ROT	12	644-A-12-11	5 €	SILBER
2011	Waltershofener Steinmauer, Spätburgunder, QbA	🟡	ROT	12	961-C-18-11	8 €	SILBER
2012	Hecklinger Burg Lichteneck, Grauburgunder, QbA	🟡	WSS	12	304-B-11-12	5 €	SILBER
2012	Gottenheimer Kirchberg, Rivaner, QbA	🟡	WSS	11	35-A-11-12	4 €	SILBER
2011	Nordweiler Herrenberg, Spätburgunder, QbA	🟡	ROT	14	655-A-11-11	5 €	SILBER
2012	Nimburg-Bottinger Steingrube, Chardonnay, QbA	🟡	WSS	12	875-A-11-12	6 €	SILBER
2011	Waltershofener Steinmauer, Spätburgunder, QbA	🟡	ROT	12	981-A-10-11	8 €	SILBER
2012	Gottenheimer Kirchberg, Weißburgunder, Kab	🟡	WSS	12	457-A-21-12	5 €	SILBER
2012	Norsinger Batzenberg, Weißer Gutedel, QbA	🟡	WSS	12	236-A-11-12	4 €	SILBER
2011	Waltershofener Steinmauer, Gewürztraminer, Spl	🔴	WSS	12	542-A-41-11	7 €	SILBER
2012	Herbolzheimer Kaiserberg, Grauburgunder, Kab	🟡	WSS	12	349-A-21-12	4 €	SILBER
2011	Baden, Pinot Noir, QbA	🟡	ROT	13	994-A-72-11	7 €	SILBER
2012	Breisacher Vulkanfelsen, Grauburgunder, QbA	🟡	WSS	13	312-A-12-12	5 €	SILBER

🟡 Trocken 🟢 Halbtrocken 🔴 Lieblich/Mild 🟣 Edelsüß   * Preisangabe + Alkoholgehalt gerundet

208 | DLG-prämierte Weine und Sekte

BADEN

Jahrgang	Lage, Rebsorte, Qualitätsbezeichnung		Wein-Art	Vol%	AP-Nr.	Preis*	DLG-Preis
2011	Tutschfelder Kaiserberg, Auxerrois, QbA	🟡	WSS	12	981-A-15-11	9 €	Silber
2011	Nordweiler Herrenberg, Saint-Laurent, QbA	🟡	ROTH	12	676-A-11-11	5 €	Silber
2011	Herbolzheimer Kaiserberg, Spätburgunder, QbA	🟡	ROTH	12	649-A-11-11	5 €	Silber
2011	Nordweiler Herrenberg, Saint-Laurent, QbA	🟡	ROTH	12	676-A-12-11	7 €	Silber
2011	Baden „Fatima", Regent, QbA	🟡	ROSEE	13	994-A-58-11	5 €	Silber
2011	Ringsheimer Kaiserberg, Weißburgunder, Kab	🟡	WSS	12	499-A-21-11	5 €	Silber
2012	Tiengener Rebtal, Muskateller, Kab	🔴	WSS	10	871-A-21-12	5 €	Silber
2011	Seefelder Maltesergarten, Graubugunder, Kab	🟡	WSS	13	370-A-21-11	5 €	Silber
2011	Merdinger Bühl, Regent, QbA	🟡	ROSEE	13	916-A-11-11	4 €	Silber
2011	Gottenheimer Kirchberg, Weißburgunder, Kab	🟡	WSS	13	457-A-21-11	5 €	Silber
2011	Tiengener Rebtal, Spätburgunder, Spl	🔴	ROT	12	666-A-11-11	8 €	Silber
2012	Tiengener Rebtal, Weißburgunder, Kab	🟡	WSS	11	479-A-21-12	5 €	Bronze
2011	Merdinger Bühl, Gewürztraminer, Kab	🔴	WSS	11	584-A-11-11	6 €	Bronze
2011	Opfinger Sonnenberg, Spätburgunder, QbA	🟡	ROTH	13	640-A-11-11	5 €	Bronze
2011	Opfinger Sonnenberg, Spätburgunder, QbA	🔴	ROT	12	663-A-11-11	5 €	Bronze
2011	Heitersheimer Maltesergarten, Weißburgunder, Spl	🟡	WSS	11	994-A-25-11	7 €	Bronze
2011	Baden, Regent, QbA	🟡	ROT	13	994-A-27-11	4 €	Bronze
2011	Ringsheimer Kaiserberg, Weißburgunder, QbA	🟡	WSS	13	997-A-7-11	4 €	Bronze
2012	Hecklinger Schloßberg, Weißburgunder, Kab	🟡	WSS	11	455-A-21-12	5 €	Bronze
2011	Köndringer Alte Burg, Spätburgunder, QbA	🔴	ROT	13	652-A-11-11	5 €	Bronze
2011	Ringsheimer Kaiserberg, Gewürztraminer, Kab	🟡	WSS	10	556-A-21-11	6 €	Bronze
2011	Niederrimsinger Rotgrund, Graubugunder, Kab	🟡	WSS	12	338-A-21-11	5 €	Bronze
2011	Amolterer Steinhalde, Chardonnay, QbA	🟡	WSSB	12	982-A-28-11	9 €	Bronze
2011	Lahrer Schutterlindenberg, Chardonnay, QbA	🟡	WSSB	13	982-A-09-11	9 €	Bronze
2012	Seefelder Maltesergarten, Weißer Gutedel, QbA	🟡	WSS	11	234-A-11-12	4 €	Bronze
2012	Baden, Pinot Blanc, QbA	🟡	WSS	12	994-A-71-12	6 €	Bronze
2012	Riegeler St. Michaelsberg, Weißburgunder, Kab	🟡	WSS	13	472-A-21-12	5 €	Bronze
2010	Baden, Spätburgunder, QbA	🟡	ROTH	13	961-A-1-10	7 €	Bronze
2012	Herbolzheimer Kaiserberg, Kerner, Kab	🔴	WSS	11	860-A-21-12	5 €	Bronze
2011	Malterdinger Bienenberg, Kerner, Kab	🔴	WSS	12	856-A-11-11	5 €	Bronze
2011	Amolterer Steinhalde, Müller-Thurgau, Spl	🟡	WSS	11	26-A-41-11	5 €	Bronze
2012	Breisgauer, Graubugunder, Kab	🟡	WSS	12	358-A-21-12	5 €	Bronze
2011	Baden, Spätburgunder, QbA	🟡	ROSEE	13	994-B-64-11	5 €	Bronze
2012	Baden „greenness", Cuvee Weißwein, QbA	🟡	WSS	12	803-A-12-12	4 €	Bronze
2010	Baden, Spätburgunder, QbA	🔴	ROT	11	961-A-2-10	7 €	Bronze
2011	Malterdinger Bienenberg, Spätburgunder, QbA	🟡	ROTH	13	673-A-11-11	5 €	Bronze
2012	Tuniberg, Silvaner, QbA	🟡	WSS	12	291-A-11-12	4 €	Bronze
2011	Munzinger Attliafelsen, Weißburgunder, QbA	🟡	WSS	13	493-B-11-11	5 €	Bronze
2011	Malterdinger Bienenberg, Spätburgunder, QbA	🔴	ROT	13	672-A-11-11	5 €	Bronze
2011	Nordweiler Herrenberg, Spätburgunder, QbA	🟡	ROT	13	961-D-18-11	8 €	Bronze
2011	Niederrimsinger Rotgrund, Spätburgunder, Spl	🔴	ROT	12	650-A-41-11	8 €	Bronze
2012	Niederrimsinger Rotgrund, Weißburgunder, Kab	🟡	WSS	11	447-A-21-12	5 €	Bronze
2011	Nordweiler Herrenberg, Weißburgunder, Kab	🟡	WSS	11	496-A-21-11	5 €	Bronze
2011	Tuniberger Attilafelsen, Spätburgunder, QbA	🔴	WHT	12	701-B-11-11	5 €	Bronze
2011	Opfinger Sonnenberg, Spätburgunder, Spl	🟡	WHT	11	740-A-41-11	6 €	Bronze
2010	Baden, Spätburgunder, QbA	🟡	ROTB	13	982-A-31-10	10 €	Bronze
2011	Niederrimsinger Rotgrund, Spätburgunder, Spl	🟡	ROT	13	624-A-41-11	8 €	Bronze
2011	Nordweiler Herrenberg, Kerner, Spl	🔴	WSS	11	890-A-41-11	7 €	Bronze
2011	Baden, Spätburgunder, QbA	🟡	ROSEE	13	994-A-64-11	7 €	Bronze
2012	Opfinger Sonnenberg, Graubugunder, QbA	🟡	WSS	13	340-A-11-12	5 €	Bronze
2012	Ringsheimer Kaiserberg, Graubugunder, Kab	🟡	WSS	12	356-A-21-12	5 €	Bronze
2011	Endinger Engelsberg, Saint-Laurent, QbA	🟡	ROT	13	688-A-11-11	5 €	Bronze
2012	Gottenheimer Kirchberg, Weißburgunder, Kab	🟡	WSS	11	482-A-21-12	5 €	Bronze
2011	Niederrimsinger Rotgrund, Weißburgunder, Kab	🟡	WSS	11	447-A-21-11	5 €	Bronze

🟡 Trocken　🟢 Halbtrocken　🔴 Lieblich/Mild　🟣 Edelsüß　　* Preisangabe + Alkoholgehalt gerundet

Baden | 209

Jahrgang	Lage, Rebsorte, Qualitätsbezeichnung	Wein-Art	Vol%*	AP-Nr.	Preis*	DLG-Preis
2011	Baden „redness", Cuvee Rotwein, QbA	ROT	11	905-A-12-11	3 €	BRONZE
2011	Merdinger Bühl, Spätburgunder, Spl	ROT	13	684-A-41-11	8 €	BRONZE

Mitgliedsbetrieb des Badischen Winzerkellers eG: **Winzergenossenschaft Mundingen-Landeck eG,** Friedrich-Mössner-Str. 53, 79312 **Emmendingen-Mundingen**, Tel.: 07641/51916, Fax: 07641/935452

Jahrgang	Lage, Rebsorte, Qualitätsbezeichnung	Wein-Art	Vol%*	AP-Nr.	Preis*	DLG-Preis
2011	Mundinger Alte Burg (147601), Spätburgunder, QbA	ROT	12	193-95-12	6 €	GOLD
2011	Mundinger Alte Burg (145570), Weißburgunder, QbA	WSS	12	193-48-12	5 €	SILBER
2012	Mundinger Alte Burg (153240), Spätburgunder, Kab	WHT	11	193-29-13	5 €	SILBER
2011	Mundinger Alte Burg (147602), Gewürztraminer, Kab	WSS	12	193-190-12	6 €	BRONZE

Mitgliedsbetrieb des Badischen Winzerkellers eG: **Winzerverein Munzingen,** Weinstraße 35a, 79112 **Freiburg-Munzingen**, Tel.: 07664/910822, Fax: 07664/910826

Jahrgang	Lage, Rebsorte, Qualitätsbezeichnung	Wein-Art	Vol%*	AP-Nr.	Preis*	DLG-Preis
2011	Munzinger Kapellenberg (153215), Spätburgunder, Aul	ROTB	14	175-318-13	17 €	GOLD
2011	Norsinger Batzenberg (145571), Weißer Gutedel, QbA	WSS	12	175-98-12	4 €	SILBER
	Munzinger Kapellenberg (153222), Cuvee Rotwein, QbA	ROT	13	175-615-13	6 €	BRONZE
2012	Munzinger Kapellenberg (153219), Muskateller, Kab	WSS	10	175-69-13	5 €	BRONZE

Mitgliedsbetrieb des Badischen Winzerkellers eG: **Winzergenossenschaft Oberschopfheim,** Kirchstraße 6, 77948 **Friesenheim**, Tel.: 07808/2172, Fax: 07808/912988

Jahrgang	Lage, Rebsorte, Qualitätsbezeichnung	Wein-Art	Vol%*	AP-Nr.	Preis*	DLG-Preis
2011	Hohberger (147600), Spätburgunder, Kab	ROT	12	195-119-12	6 €	SILBER
2012	Oberschopfheimer Kronenbühl (153243), Spätburgunder, Aul	WHT	10	195-30-13	8 €	SILBER
2011	Oberschopfheimer Kronenbühl (145569), Müller-Thurgau, QbA	WSS	10	195-8-12	4 €	BRONZE

Mitgliedsbetrieb des Badischen Winzerkellers eG: **Winzergenossenschaft Ettenheim,** Hauptstraße 102, 77966 **Kappel-Grafenhausen**, Tel.: 07822/6875, Fax: 07822/7550

Jahrgang	Lage, Rebsorte, Qualitätsbezeichnung	Wein-Art	Vol%*	AP-Nr.	Preis*	DLG-Preis
2011	Ettenheimer Kaiserberg (145573), Auxerrois, QbA	WSS	12	199-290-12	5 €	SILBER

Mitgliedsbetrieb des Badischen Winzerkellers eG: **Winzergenossenschaft Kippenheim-Mahlberg-Sulz,** Querstraße 6, 77971 **Kippenheim**, Tel.: 07825/9595, Fax: 07825/879830

Jahrgang	Lage, Rebsorte, Qualitätsbezeichnung	Wein-Art	Vol%*	AP-Nr.	Preis*	DLG-Preis
2012	Kippenheimer Haselstaude (147607), Rivaner, QbA	WSS	13	197-5-13	5 €	SILBER
2011	Kippenheimer Haselstaude (147606), Muskateller, QbA	WSS	12	197-68-12	6 €	BRONZE
2011	Kippenheimer Haselstaude (147605), Chardonnay, Kab	WSS	12	197-76-12	6 €	BRONZE

Mitgliedsbetrieb des Badischen Winzerkellers eG: **Winzergenossenschaft Schriesheim eG,** Heidelberger Str. 3, 69198 **Schriesheim**, Tel.: 06203/61560, Fax: 06203/68140

Jahrgang	Lage, Rebsorte, Qualitätsbezeichnung	Wein-Art	Vol%*	AP-Nr.	Preis*	DLG-Preis
2012	Schriesheimer Rittersberg (147596), Saint-Laurent, QbA	ROT	13	158-72-12	6 €	GOLD
2011	Schriesheimer Rittersberg (147593), Gewürztraminer, Spl	WSS	11	158-590-12	8 €	GOLD
2011	Schriesheimer Rittersberg (147597), Spätburgunder, QbA	ROT	13	158-715-12	6 €	GOLD
2011	Schriesheimer Rittersberg (145582), Sauvignon Blanc, Spl	WSS	13	158-79-12	9 €	GOLD
2011	Schriesheimer Rittersberg (147595), Spätburgunder, QbA	ROT	12	158-19-12	6 €	GOLD
2011	Schriesheimer Rittersberg (147594), Spätburgunder, QbA	ROT	13	158-519-12	6 €	GOLD
2010	Schriesheimer Kuhberg (145575), Spätburgunder, QbA	ROT	13	158-92-12	14 €	GOLD
2012	Schriesheimer Rittersberg (153227), Spätburgunder, Kab	WHT	12	158-129-13	5 €	SILBER
2010	Schriesheimer Rittersberg (145574), Spätburgunder, Spl	ROTH	13	158-18-12	10 €	SILBER
2010	Schriesheimer Rittersberg (145576), Spätburgunder, Spl	ROT	13	158-76-12	9 €	SILBER
2011	Schriesheimer Rittersberg (147592), Weißburgunder, Kab	WSS	13	158-746-12	5 €	SILBER
2012	Schriesheimer Rittersberg (153229), Weißburgunder, Kab	WSS	12	158-49-13	5 €	SILBER
2011	Baden (145581), Grauburgunder, QbA	WSS	12	158-355-12	6 €	SILBER
2012	Schriesheimer Rittersberg (153235), Weißburgunder, Kab	WSS	13	158-46-13	5 €	BRONZE
2011	Schriesheimer Kuhberg (153232), Chardonnay, Spl	WSS	12	158-577-13	9 €	BRONZE
2011	Schriesheimer Rittersberg (145580), Grauburgunder, QbA	WSS	12	158-155-12	5 €	BRONZE

● Trocken   ● Halbtrocken   ● Lieblich/Mild   ● Edelsüß   * Preisangabe + Alkoholgehalt gerundet

210 | DLG-prämierte Weine und Sekte

GENUSSGUIDE

Jahrgang	Lage, Rebsorte, Qualitätsbezeichnung		Wein-Art	Vol%*	AP-Nr.	Preis*	DLG-Preis

Mitgliedsbetrieb des Badischen Winzerkellers eG: Winzergenossenschaft Buchholz/Sexau eG, Denzlinger Straße 12A, 79183 **Waldkirch-Buchholz**, Tel.: 07681/24646, Fax: 07681/409344

2011	Buchholzer Sonnhalde (153212), Spätburgunder, Aul	●	ROTB	14	194-78-12	12 €	GOLD
2011	Buchholzer Sonnenhalde (147603), Spätburgunder, Spl	●	ROTB	13	194-76-12	11 €	SILBER
2012	Buchholzer Sonnenhalde (147604), Weißburgunder, Kab	●	WSS	12	194-46-13	5 €	BRONZE
2011	Sexauer Sonnhalde (145568), Weißburgunder, QbA	●	WSS	12	194-143-12	5 €	BRONZE
2012	Buchholzer Sonnhalde (153195), Pinot Noir, Kab	●	BLDN	12	194-27-13	5 €	BRONZE
2011	Buchholzer Sonnhalde (145567), Rivaner, QbA	●	WSS	12	194-5-12	4 €	BRONZE

Affentaler Winzergenossenschaft Bühl eG, Betschgräbler Platz, 77815 **Bühl**, Tel.: 07223/989823, Fax: 07223/989836, info@affentaler.de, www.affentaler.de

2011	Affentaler „SLK", Spätburgunder, QbA	●	ROTB	14	133-13	13 €	GOLD
2012	Affentaler, Spätburgunder, QbA	●	ROT	13	123-13	8 €	SILBER
2011	Affentaler „SLK", Spätburgunder, Aul	●	ROTB	14	132-13	23 €	SILBER
2012	Affentaler, Spätburgunder, Kab	●	ROT	14	124-13	7 €	SILBER
2011	Affentaler „SLK", Spätburgunder, Aul	●	ROTB	12	144-12	23 €	SILBER
2012	Affentaler „Edition", Scheurebe, Spl	●	WSS	12	82-13	7 €	SILBER
2011	Affentaler „SLK", Scheurebe, Bal	●	WSS	10	143-12	15 €	SILBER
2011	Affentaler „SLK", Spätburgunder, Aul	●	ROTB	14	145-12	23 €	SILBER
2011	Affentaler „SLK", Spätburgunder, Aul	●	ROTB	14	128-13	23 €	SILBER
2012	Affentaler „Edition", Spätburgunder, Kab	●	ROT	13	130-13	7 €	SILBER
2012	Affentaler, Spätburgunder, Kab	●	ROT	14	136-13	7 €	SILBER
2011	Affentaler „SLK", Spätburgunder, QbA	●	ROTB	14	127-13	13 €	SILBER
2012	Affentaler, Spätburgunder, QbA	●	ROT	13	137-13	6 €	SILBER
2011	Affentaler „SLK", Scheurebe, Bal	●	WSS	10	1-13	26 €	SILBER
2012	Affentaler, Spätburgunder, Spl	●	ROT	14	138-13	9 €	SILBER
2012	Affentaler, Spätburgunder, Spl	●	ROT	14	125-13	9 €	SILBER
2011	Affentaler „SLK", Spätburgunder, QbA	●	ROTB	14	134-13	13 €	SILBER
2012	Affentaler „SLK", Riesling, Spl	●	WSS	12	40-13	9 €	SILBER
2012	Affentaler, Spätburgunder, Aul	●	ROT	14	135-13	11 €	BRONZE
2012	Affentaler, Spätburgunder, QbA	●	ROT	13	139-13	6 €	BRONZE
2012	Affentaler „Edition", Riesling, Spl	●	WSS	12	80-13	7 €	BRONZE
2012	Affentaler „SLK", Scheurebe, Aul	●	WSS	11	92-13	14 €	BRONZE
2011	Affentaler „SLK", Traminer, Aul	●	WSS	12	118-12	15 €	BRONZE
2011	Affentaler „SLK", Scheurebe, Bal	●	WSS	10	7-13	26 €	BRONZE
2012	Affentaler „Edition", Spätburgunder, Spl	●	ROT	13	131-13	9 €	BRONZE
2012	Affentaler, Spätburgunder, Aul	●	ROT	14	126-13	11 €	BRONZE
2012	Affentaler „SLK", Riesling, Spl	●	WSS	12	121-13	9 €	BRONZE
2012	Affentaler „Primus", Riesling, Spl	●	WSS	12	79-13	7 €	BRONZE

Badische Weinerzeugergem. e.V. · Paul Huber · Gerhard Huber, Bühler Seite 59, 77815 **Bühl-Altschweier**, Tel.: 07223/24668, Fax: 07223/83840, info@weinkellerei-huber.de, www.weinkellerei-huber.de

| 2011 | Affentaler, Spätburgunder, Kab | ● | ROT | 12 | 27-12 | 7 € | SILBER |
| 2011 | Affentaler, Spätburgunder, Kab | ● | ROT | 12 | 26-12 | 7 € | BRONZE |

BADEN

● Trocken   ● Halbtrocken   ● Lieblich/Mild   ● Edelsüß   * Preisangabe + Alkoholgehalt gerundet

| Jahrgang | Lage, Rebsorte, Qualitätsbezeichnung | Wein-Art | Vol%* | AP-Nr. | Preis* | DLG-Preis |

– Advertorial –

Durbacher Winzergenossenschaft eG

Nachtweide 2, 77770 **Durbach**, Tel.: 0781/936680, Fax: 0781/36547,
wg@durbacher.de, www.durbacher.de

Mit neuem Logo, dem Slogan „D wie DURBACHER – die Steillagenspezialisten" und in einem modernen Design präsentiert sich die Durbacher Winzergenossenschaft und zählt mit über acht Jahrzehnten Erfahrung im Weinbau zu den führenden Genossenschaften in Baden und Deutschland. Im Anbau befinden sich die edelsten Rebsorten, wie z. B. Klingelberger (Riesling), Clevner (Traminer), Spätburgunder-Rotwein und -Weißherbst sowie Grauer Burgunder. Überzeugen Sie sich selbst. Öffnungszeiten Vinothek: Montag bis Freitag von 9 bis 18 Uhr, Samstag und Sonntag von 10 bis 13 Uhr.

Jahrgang	Lage, Rebsorte, Qualitätsbezeichnung		Wein-Art	Vol%*	AP-Nr.	Preis*	DLG-Preis
2009	Durbacher Kochberg, Spätburgunder, Spl	●	ROTB	14	62-12	14 €	GOLD
2011	Durbacher Steinberg, Muskateller, Aul	●	WSS	9	48-12	12 €	GOLD
2011	Durbacher Plauelrain, Scheurebe, Aul	●	WSS	11	49-12	10 €	GOLD
2011	Durbacher Steinberg, Gewürztraminer, Bal	●	WSS	8	54-12	36 €	GOLD
2011	Durbacher Steinberg, Clevner Weißwein, Aul	●	WSS	10	51-12	11 €	GOLD
2011	Durbacher Steinberg, Clevner Weißwein, Bal	●	WSS	9	53-12	36 €	GOLD
2011	Durbacher Oelberg, Gewürztraminer, Aul	●	WSS	10	52-12	10 €	GOLD
2012	Durbacher Ölberg, Gewürztraminer, Spl	●	WSS	15	22-13	8 €	GOLD
2012	Durbacher Plauelrain, Scheurebe, Spl	●	WSS	12	33-13	8 €	GOLD
2012	Durbacher Plauelrain, Riesling, Spl	●	WSS	12	36-13	8 €	GOLD
2011	Durbacher Kochberg, Spätburgunder, Aul	●	WHT	11	55-12	10 €	SILBER
2012	Durbacher Ölberg, Gewürztraminer, Spl	●	WSS	12	30-13	8 €	SILBER
2012	Durbacher Steinberg, Weißburgunder, Spl	●	WSS	14	42-13	12 €	SILBER
2010	Durbacher, Spätburgunder, QbA	●	ROTH	13	63-12	7 €	SILBER
2012	Durbacher Kochberg, Spätburgunder, QbA	●	ROSEE	12	25-13	6 €	SILBER
2012	Durbacher Steinberg, Riesling, Spl	●	WSS	13	44-13	12 €	SILBER
2012	Durbacher Plauelrain, Riesling, Spl	●	WSS	13	35-13	8 €	SILBER
2012	Durbacher Plauelrain, Riesling, Kab	●	WSS	11	38-13	7 €	SILBER
2011	Durbacher Kochberg, Spätburgunder, Kab	●	ROTH	13	4-13	8 €	SILBER
2012	Durbacher Plauelrain, Riesling, Kab	●	WSS	12	37-13	7 €	SILBER
2012	Durbacher Ölberg, Traminer, Spl	●	WSS	12	13-13	7 €	SILBER
2012	Durbacher Plauelrain, Traminer, Kab	●	WSS	12	12-13	7 €	SILBER
2012	Durbacher Steinberg, Muskateller, Kab	●	WSS	11	43-13	10 €	BRONZE
2012	Durbacher Steinberg, Sauvignon Blanc, Spl	●	WSS	14	45-13	12 €	BRONZE

● Trocken   ● Halbtrocken   ● Lieblich/Mild   ● Edelsüß   * Preisangabe + Alkoholgehalt gerundet

212 | DLG-prämierte Weine und Sekte

Jahrgang	Lage, Rebsorte, Qualitätsbezeichnung		Wein-Art	Vol%*	AP-Nr.	Preis*	DLG-Preis

Weingut Alexander Laible, Unterweiler 48, 77770 **Durbach**, Tel.: 0781/2842380, Fax: 0781/2842180, info@weingut-alexanderlaible.de, www.weingut-alexanderlaible.de

2012	Baden „SL****", Weißburgunder, QbA	🟡	WSS	13	23-13	11 €	GOLD
2012	Baden „Louis", Chardonnay, QbA	🟡	WSS	13	29-13	22 €	GOLD
2012	Baden „* *", Chardonnay, QbA	🟡	WSS	13	9-13	12 €	GOLD
2012	Baden „*", Riesling, QbA	🟡	WSS	13	1-13	9 €	GOLD
2012	Baden „Tausend Sterne", Riesling, QbA	🟡	WSS	13	7-13	22 €	GOLD
2012	Baden „ SL ***", Chardonnay, QbA	🟡	WSS	13	24-13	13 €	GOLD
2011	Baden „Louis", Spätburgunder, QbA	🟡	ROTB	14	31-13	29 €	GOLD
2012	Baden „Chara", Riesling, QbA	🟡	WSS	13	6-13	15 €	GOLD
2012	Baden „Alte Reben SG * * *", Riesling, QbA	🟡	WSS	13	3-13	14 €	GOLD
2012	Baden „ * *", Grauburgunder, QbA	🟡	WSS	13	8-13	10 €	GOLD
2012	Baden „CHARA * * *", Scheurebe, QbA	🟡	WSS	13	48-13	15 €	GOLD
2012	Baden „Alte Reben * * *", Grauburgunder, QbA	🟡	WSS	13	30-13	14 €	GOLD
2012	Baden „SL * * *", Grauburgunder, QbA	🟡	WSS	13	22-13	11 €	GOLD
2012	Baden „Alte Reben", Riesling, QbA	🟡	WSS	13	4-13	10 €	SILBER
2012	Baden „SL ***", Riesling, QbA	🟡	WSS	13	5-13	11 €	SILBER
2012	Baden „SL***", Chardonnay, QbA	🟡	WSS	13	34-13	13 €	SILBER
2012	Baden „Chara ***", Chardonnay, QbA	🟡	WSS	13	26-13	15 €	SILBER
2012	Baden „**", Weißburgunder, QbA	🟡	WSS	13	19-13	10 €	SILBER
2012	Baden „CHARA * * *", Grauburgunder, QbA	🟡	WSS	13	27-13	15 €	SILBER
2012	Baden „SL ***", Grauburgunder, QbA	🟡	WSS	13	21-13	11 €	SILBER
2012	Baden „Alte Reben ****", Weißburgunder, QbA	🟡	WSS	13	18-13	14 €	SILBER
2012	Baden „* *", Weißburgunder, QbA	🟡	WSS	13	10-13	10 €	SILBER
2012	Baden „***", Scheurebe, QbA	🟢	WSS	13	45-13	11 €	BRONZE
2011	Baden „Reserve ***", Spätburgunder, QbA	🟡	ROTH	13	14-13	24 €	BRONZE
2012	Baden „CHARA * * *", Weißburgunder, QbA	🟡	WSS	13	25-13	15 €	BRONZE

Weingut Andreas Laible, Am Bühl 6, 77770 **Durbach**, Tel.: 0781/41238, Fax: 0781/38339, info@weingut-laible.de, www.weingut-laible.de

2012	Durbacher Plauelrain, Scheurebe, Aul	⚫	WSS	11	36-13	15 €	GOLD
2011	Durbacher Plauelrain, Spätburgunder, Spl	🔴	ROTH	13	27-12	13 €	SILBER
2012	Durbacher Plauelrain, Gewürztraminer, Aul	🟣	WSS	11	28-13	15 €	SILBER
2012	Durbacher Plauelrain, Chardonnay, Spl	🟡	WSS	14	32-13	14 €	SILBER
2012	Durbacher Plauelrain „Achat", Riesling, Spl	🟡	WSS	13	35-13	17 €	SILBER
2012	Durbacher Plauelrain, Grauburgunder, Spl	🟡	WSS	13	16-13	12 €	SILBER
2012	Durbacher Plauelrain, Gewürztraminer, Spl	🔴	WSS	11	18-13	11 €	SILBER
2012	Durbacher Plauelrain, Sauvignon Blanc, QbA	🟡	WSS	13	1-13	12 €	SILBER

🟡 Trocken   🟢 Halbtrocken   🔴 Lieblich/Mild   🟣 Edelsüß   * Preisangabe + Alkoholgehalt gerundet

| Jahrgang | Lage, Rebsorte, Qualitätsbezeichnung | | Wein-Art | Vol%* | AP-Nr. | Preis* | DLG-Preis |

– Advertorial –

Weingut Heinrich Männle

Heinrich und Sylvia Männle, Sendelbach 16, 77770 **Durbach**, Tel.: 0781/41101, Fax: 0781/440105 info@weingutmaennle.de, www.weingutmaennle.de

Im romantischen Seitental Sendelbach liegt das Weingut Heinrich Männle. In dem einzigartigen, selbst gebauten Natursteingewölbekeller reifen jährlich hervorragende Weine im traditionellen Holzfass. Liebe und Zeit, Tradition und Mut zum Ursprünglichen, Qualität statt Quantität – das ist die Leidenschaft vom „Rotwein Männle". Seine Spitzenrotweine, Spätburgunder, Cabernet Sauvignon und Merlot ruhen und reifen bis zu vier Jahren im Barriquefass. Die Qualität beginnt schon im Weinberg. In den Steillagen des Durbacher Kochbergs werden alle Trauben von Hand gelesen und bis zu dreimal selektiert, um die optimale Reife der Trauben zu erlangen. Die Mühe lohnt sich. Bei der DLG Top 100 auf dem 12. Platz, gehört das Weingut seit Jahren zu den Besten. Die Deutsche Weinkönigin überreichte Heinrich Männle den Preis des Deutschen Weininstituts DWI für den besten Spätburgunder Deutschlands. In diesem Jahr erhielt das Weingut seinen 12. Bundesehrenpreis.

2012	Durbacher Ölberg feinherb, Gewürztraminer, Spl	🟢	WSS	14	22-13	16 €	GOLD EXTRA
2010	Durbacher Kochberg, Spätburgunder, Spl	🟠	ROTB	14	28-12	28 €	GOLD
2012	Durbacher Kochberg, Scheurebe, Spl	🟠	WSSH	12	8-13	11 €	GOLD
2012	Durbacher Plauelrain, Grauburgunder, Spl	🟠	WSSH	14	3-13	11 €	GOLD
2009	Durbacher Kochberg, Spätburgunder, Aul	🟠	ROTB	14	29-12	27 €	GOLD
2008	Durbacher Kochberg, Spätburgunder, Spl	🟠	ROTB	14	23-12	28 €	GOLD
2012	Durbacher Plauelrain feinherb, Chardonnay, Spl	🟢	WSSH	12	4-13	11 €	SILBER
2011	Durbacher Kochberg, Scheurebe, Spl	🔴	WSSH	9	21-12	10 €	SILBER
2011	Durbacher Plauelrain, Chardonnay, Spl	🟠	WSSH	13	8-12	11 €	SILBER
2012	Durbacher Kochberg feinherb, Grauburgunder, Spl	🟠	WSSH	13	16-13	12 €	SILBER
2012	Durbacher Kochberg, Scheurebe, Spl	🟢	WSSH	11	20-13	10 €	BRONZE

Weingut Hubert Vollmer, Lautenbach 1, 77770 **Durbach**, Tel.: 0781/41841, Fax: 0781/9485903

2012	Durbacher Kochberg, Grauburgunder, Kab	🟠	WSS	13	12-13	5 €	SILBER
2012	Durbacher Kasselberg, Grauburgunder, Kab	🟠	WSS	13	13-13	7 €	SILBER
2012	Durbacher Kochberg, Chardonnay, QbA	🟠	WSS	13	15-13	7 €	BRONZE
2012	Durbacher Kochberg, Riesling, Spl	🟠	WSS	12	7-13	7 €	BRONZE
2012	Durbacher Kasselberg, Riesling, Kab	🟠	WSS	13	6-13	7 €	BRONZE
2012	Durbacher Kochberg, Weißburgunder, Kab	🟠	WSS	13	18-13	5 €	BRONZE
2012	Durbacher Kochberg, Riesling, Kab	🟠	WSS	13	9-13	5 €	BRONZE
2011	Durbacher Kasselberg, Weißburgunder, Aul	🟣	WSS	11	22-12	8 €	BRONZE

Weingut Schwörer · Josef Rohrer, Grol 8, 77770 **Durbach**, Tel.: 0781/42362, Fax: 0781/33408, info@weingut-schwoerer.de, www.weingut-schwoerer.de

2011	Durbacher Plauelrain, Spätburgunder, QbA	🟠	ROTB	14	5-13	11 €	GOLD EXTRA
2011	Durbacher Plauelrain, Spätburgunder, QbA	🟠	ROTB	14	6-13	11 €	GOLD EXTRA
2012	Durbacher Ölberg, Scheurebe, Bal	🟣	WSS	11	14-13	30 €	GOLD

🟠 Trocken   🟢 Halbtrocken   🔴 Lieblich/Mild   🟣 Edelsüß   * Preisangabe + Alkoholgehalt gerundet

214 | DLG-prämierte Weine und Sekte

Jahrgang	Lage, Rebsorte, Qualitätsbezeichnung		Wein-Art	Vol%*	AP-Nr.	Preis*	DLG-Preis
2012	Ortenauer, Chardonnay, Spl	🟡	WSS	13	15-13	10 €	Gold
2012	Durbacher Ölberg, Scheurebe, Aul	🟣	WSS	11	13-13	13 €	Silber
2011	Baden, Cabernet Sauvignon, QbA	🟡	ROTB	14	2-13	12 €	Silber
2011	Baden, Cabernet Sauvignon, QbA	🟡	ROTB	14	1-13	12 €	Silber
2011	Durbacher Plauelrain, Spätburgunder, QbA	🟡	ROTH	14	3-13	10 €	Silber
2012	Durbacher „HS", Riesling, QbA	🟡	WSS	13	9-13	8 €	Silber
2012	Durbacher Plauelrain, Riesling, Aul	🟣	WSS	10	12-13	13 €	Silber
2012	Durbacher Ölberg, Sauvignon Blanc, Spl	🟡	WSS	14	11-13	11 €	Bronze

Weingut Leopold Schätzle, Wilhelmshöfe 1, 79346 **Endingen**, Tel.: 07642/3361, Fax: 07642/2460, leopold@schaetzle-weingut.de, www.schaetzle-weingut.de

2011	Kenziger Hummelberg „SL", Spätburgunder, Spl	🟡	ROT	14	60-12	14 €	Gold Extra
2012	Oberbergener Baßgeige, Grauburgunder, Kab	🟡	WSS	13	5-13	10 €	Gold
2011	Endinger Engelsberg, Spätburgunder, Kab	🟢	ROT	13	26-12	10 €	Gold
2011	Endinger Steingrube „SL", Spätburgunder, Aul	🟡	ROTB	14	52-12	29 €	Gold
2011	Bombacher Sommerhalde, Spätburgunder, Spl	🟡	ROTH	14	46-12	13 €	Gold
2011	Hecklinger Burg Lichteneck, Spätburgunder, Spl	🟢	ROTH	13	62-12	13 €	Gold
2011	Endinger Steingrube, Spätburgunder, Spl	🟡	ROT	14	45-12	15 €	Gold
2011	Bombacher Sommerhalde, Spätburgunder, QbA	🟡	ROT	12	27-12	8 €	Gold
2011	Kenziger Hummelberg, Spätburgunder, Kab	🟡	ROTH	13	12-12	10 €	Gold
2011	Kenziger Hummelberg „SL", Spätburgunder, Spl	🟡	ROTB	14	53-12	20 €	Gold
2011	Endinger Engelsberg, Spätburgunder, Kab	🟡	ROTH	13	24-12	10 €	Gold
2011	Endinger Steingrube „SL", Spätburgunder, Aul	🟡	ROT	14	51-12	22 €	Gold
2012	Oberbergener Baßgeige „SL", Grauburgunder, Spl	🟡	WSS	14	14-13	14 €	Gold
2011	Hecklinger Burglichteneck, Spätburgunder, QbA	🟡	ROTH	13	21-12	9 €	Gold
2011	Baden „SL", Cuvee Rotwein, Spl	🟡	ROTB	14	11-12	21 €	Gold
2012	Endinger Steingrube, Grauburgunder, Kab	🟡	WSS	13	49-13	9 €	Silber
2012	Endinger Steingrube „SL", Grauburgunder, Spl	🟡	WSS	13	50-13	13 €	Silber
2011	Endinger Engelsberg, Spätburgunder, QbA	🟡	ROT	13	25-12	8 €	Silber
2011	Baden „Schätzle SL", Cuvee Rotwein, Spl	🟡	ROTB	14	11-12	21 €	Silber
2011	Bombacher Sommerhalde, Spätburgunder, QbA	🟡	ROT	12	32-12	8 €	Silber
2012	Baden, Grauburgunder, Kab	🟡	WSS	13	7-13	9 €	Bronze
2011	Oberbergener Baßgeige „SL", Grauburgunder, Aul	🟡	WSSB	15	14-12	30 €	Bronze

Winzergenossenschaft Münchweier-Wallburg-Schmieheim, Obere Straße 4, 77955 **Ettenheim-Münchweier,** Tel.: 07822/5404, Fax: 07822/3005277

2012	Baden (147599), Auxerrois, Kab	🟡	WSS	11	160-199-13	5 €	Bronze

Gengenbacher Winzer eG, Am Winzerkeller 2, 77723 **Gengenbach**, Tel.: 07803/96580, Fax: 07803/965858

2012	Zeller Abtsberg, Viognier, Spl	🟡	WSS	14	220-13	11 €	Gold
2012	Zeller Abtsberg, Pinot Noir, Eis	🟣	BLDN	10	251-13	18 €	Gold
2012	Baden, Spätburgunder, Kab	🔴	WHT	11	21-13	6 €	Gold
2012	Baden, Grauburgunder, Kab	🟡	WSS	12	15-13	6 €	Gold
2012	Zeller Abtsberg, Gewürztraminer, Spl	🟡	WSS	11	233-13	10 €	Gold
2010	Ortenau, Spätburgunder, Eis	🟣	WHT	8	77-11	34 €	Gold
2012	Zeller Abtsberg, Riesling, Spl	🟡	WSS	12	224-13	7 €	Gold
2012	Zeller Abtsberg, Spätburgunder, Aul	🟣	WHT	11	253-13	9 €	Silber
2012	Baden, Scheurebe, Spl	🔴	WSS	12	46-13	8 €	Silber
2012	Zeller Abtsberg, Scheurebe, Kab	🟡	WSS	11	230-13	8 €	Silber
2012	Baden, Muskateller, Kab	🟡	WSS	10	232-13	7 €	Silber
2011	Zeller Abtsberg, Spätburgunder, QbA	🟢	ROT	13	244-13	6 €	Silber
2012	Zeller Abtsberg „SL", Weißburgunder, Spl	🟡	WSS	14	221-13	11 €	Silber
2012	Zeller Abtsberg, Riesling, Spl	🟡	WSS	11	225-13	7 €	Silber
2012	Zeller Abtsberg, Grauburgunder, Kab	🟡	WSS	13	213-13	6 €	Silber

🟡 Trocken   🟢 Halbtrocken   🔴 Lieblich/Mild   🟣 Edelsüß   * Preisangabe + Alkoholgehalt gerundet

Baden | 215

Jahrgang	Lage, Rebsorte, Qualitätsbezeichnung		Wein-Art	Vol%*	AP-Nr.	Preis*	DLG-Preis
2010	Zeller Rother, Spätburgunder, QbA	🟡	ROT	14	246-13	15 €	SILBER
2012	Zeller Abtsberg, Weißburgunder, Spl	🟡	WSS	14	219-13	9 €	SILBER
2012	Baden, Weißburgunder, QbA	🟡	WSS	13	41-13	5 €	SILBER
2012	Zeller Abtsberg, Riesling, Eis	⚫	WSS	9	249-13	22 €	SILBER
2011	Ortenau, Regent, QbA	🟡	ROT	12	80-12	5 €	SILBER
2011	Zeller Abtsberg, Spätburgunder, QbA	🟡	ROT	13	245-13	6 €	SILBER
2012	Baden, Rivaner, QbA	🟡	WSS	11	11-13	4 €	SILBER
2012	Baden, Sauvignon Blanc, QbA	🟡	WSS	13	39-13	9 €	SILBER
2012	Baden, Grauburgunder, QbA	🟡	WSS	12	14-13	5 €	SILBER
2012	Baden, Grauburgunder, QbA	🟡	WSS	12	40-13	5 €	SILBER
2011	Baden, Spätburgunder, Spl	🟢	ROT	13	82-12	9 €	SILBER
2012	Zeller Abtsberg, Grauburgunder, QbA	🟡	WSS	13	212-13	5 €	SILBER
2011	Ortenau, Spätburgunder, Kab	🟡	ROT	12	76-12	6 €	SILBER
2011	Ortenauer, Scheurebe, Spl	🔴	WSS	11	49-12	8 €	SILBER
2012	Baden, Grauburgunder, Spl	🟡	WSS	14	54-13	7 €	BRONZE
2011	Ortenau, Spätburgunder, Spl	🟡	ROT	13	81-12	9 €	BRONZE
2012	Baden, Riesling, QbA	🟡	WSS	12	13-13	5 €	BRONZE
2010	Zeller Abtsberg, Spätburgunder, Spl	🟡	ROT	14	69-12	9 €	BRONZE
2012	Zeller Abtsberg „1782", Riesling, Spl	🟡	WSS	13	226-13	15 €	BRONZE
2012	Zeller Abtsberg, Weißburgunder, QbA	🟡	WSS	13	211-13	6 €	BRONZE
2012	Baden, Spätburgunder, QbA	🟡	ROSEE	12	20-13	5 €	BRONZE
2012	Baden, Pinot Noir, QbA	🟡	BLDN	13	52-13	5 €	BRONZE
2011	Baden, Spätburgunder, Kab	🟡	ROT	13	24-13	6 €	BRONZE
2012	Baden, Spätburgunder, QbA	🟡	ROSEE	12	62-13	5 €	BRONZE
2011	Baden, Spätburgunder, Kab	🟢	ROT	12	25-13	6 €	BRONZE
2011	Ortenau, Spätburgunder, Kab	🟢	ROT	12	77-12	6 €	BRONZE

– Advertorial –

Winzerverein Hagnau

Strandbadstr. 7, 88709 **Hagnau a.B.**, Tel.: 07532/1030, Fax: 07532/1341, info@hagnauer.de, www.hagnauer.de

Die Rebstöcke der ältesten Winzergenossenschaft Badens wachsen und gedeihen direkt an den Sonnenhängen des schützenden Bodensees. Der Winzerverein Hagnau wurde am 20. Oktober 1881 gegründet und ist heute mit rund 60 Winzerfamilien und einer 155 Hektar großen Rebfläche der größte genossenschaftliche Weinbaubetrieb am Bodensee. Die Hagnauer Winzer sind bis heute eine starke Gemeinschaft, die eine lange Rebbautradition bewahren und höchste Ansprüche an Qualität, Pflege und nachhaltige Bewirtschaftung ihrer Rebflächen setzen. Seit 1993 betreiben die Hagnauer Winzer kontrolliert umweltschonenden Weinbau. Die angebauten Rebsorten sind zum Großteil Müller-Thurgau, Blauer Spätburgunder und Grauburgunder. Pilzresistente Rebsorten wie die Rotweinrebe Regent gehören zum Versuchsanbau. Seit kurzem hat auch die international bekannte Rebsorte Sauvignon Blanc einen Platz mit Seeblick in Hagnau. Der Erfolg der Hagnauer Winzer zeigt sich in zahlreichen Prämierungen und im zehnten Badischen Ehrenpreis für Weinqualität in Folge.

2011	Hagnauer Burgstall „Premium", Grauburgunder, QbA	🟡	WSSH	13	109-12	25 €	GOLD
2011	Hagnauer Burgstall „Bestes Fass", Spätburgunder, QbA	🟡	ROT	14	130-12	25 €	GOLD
2012	Hagnauer Sonnenufer, Müller-Thurgau, QbA	🟡	WSS	12	32-13	5 €	GOLD
2012	Hagnauer Burgstall, Auxerrois, QbA	🟡	WSS	12	75-13	10 €	SILBER
2012	Hagnauer Burgstall, Grauburgunder, QbA	🟡	WSS	13	62-13	8 €	SILBER

🟡 Trocken   🟢 Halbtrocken   🔴 Lieblich/Mild   ⚫ Edelsüß   * Preisangabe + Alkoholgehalt gerundet

216 | DLG-prämierte Weine und Sekte

Jahrgang	Lage, Rebsorte, Qualitätsbezeichnung	Wein-Art	Vol%*	AP-Nr.	Preis*	DLG-Preis
2012	Hagnauer Burgstall „Spargel", Müller-Thurgau, QbA	WSS	11	41-13	6 €	SILBER
2012	Hagnauer Burgstall, Weißburgunder, QbA	WSS	13	25-13	8 €	SILBER
2011	Hagnauer Burgstall „Premium", Weißburgunder, QbA	WSSH	13	110-12	25 €	SILBER
2012	Hagnauer Burgstall, Kerner, QbA	WSS	13	36-13	6 €	SILBER
2012	Hagnauer Sonnenufer, Müller-Thurgau, QbA	WSS	13	128-12	5 €	SILBER
2012	Hagnauer Burgstall, Grauburgunder, QbA	WSS	13	31-13	8 €	SILBER
2011	Hagnauer Burgstall, Spätburgunder, QbA	ROSEE	13	118-12	7 €	SILBER
2011	Hagnauer Burgstall, Pinot Noir, QbA	ROT	14	6-13	13 €	SILBER
2011	Hagnauer Burgstall, Sauvignon Blanc, QbA	WSS	12	78-12	13 €	SILBER
2012	Hagnauer Burgstall, Bacchus, QbA	WSS	13	35-13	6 €	BRONZE
2012	Hagnauer Burgstall, Spätburgunder, QbA	ROT	13	78-13	8 €	BRONZE
2011	Hagnauer Burgstall, Weißburgunder, Spl	WSS	12	117-12	9 €	BRONZE
2012	Hagnauer Burgstall, Rivaner, QbA	WSS	12	27-13	6 €	BRONZE
2012	Hagnauer, Sauvignon Blanc, QbA	WSS	13	83-13	13 €	BRONZE

Weinbau Prof. Dr. Udo Hanke, Vangerowstraße 21, 69115 **Heidelberg**, Tel.: 06221/600227, Fax: 06221/6553719, u-hanke@t-online.de

| 2011 | Weiler Goldberg, Pinot Noir, Aul | ROTB | 14 | 2-12 | 12 € | SILBER |

– Advertorial –

Winzerkeller Hex vom Dasenstein eG

Burgunderplatz 1, 77876 **Kappelrodeck**, Tel.: 07842/99380, Fax 07842/993838, info@dasenstein.de, www.dasenstein.de

Im Kappelrodecker Winzerkeller wird seit über 75 Jahren am perfekten Wein gearbeitet. Heute gehört die „Hex" zu den anerkannten Rotweinspezialisten Deutschlands und der Dasenstein ist Deutschlands Rotweinmassiv. Die Tradition, gepaart mit Erfahrung und Leidenschaft ist das Erfolgsgeheimnis der „Hex". Für ihre Qualitätsarbeit erhielt die Genossenschaft Auszeichnungen von der DLG (3. Platz in der TOP 100 in den Jahren 2010, 2011 und 2012, Bundesehrenpreis 2009) und im Weinführer Gault Millau. Die Weine können verkostet werden im Rahmen einer Winzerkellerbesichtigung mit kleiner Weinprobe jeden Freitag um 16 Uhr (von April bis Oktober).

2011	Baden, Spätburgunder, Bal	ROT	13	6-13	30 €	GOLD
2011	Baden, Spätburgunder, Bal	ROT	13	7-13	30 €	GOLD
2011	Baden „Alte Rebe", Spätburgunder, QbA	ROT	13	60-13	9 €	GOLD
2012	Baden, Scheurebe, Spl	WSS	13	48-13	9 €	GOLD
2011	Baden „Edition Unique", Merlot, QbA	ROTB	14	43-13	12 €	GOLD
2012	Baden, Gewürztraminer, Spl	WSS	12	59-13	9 €	GOLD
2011	Baden „Alte Rebe", Spätburgunder, QbA	ROT	13	83-13	9 €	GOLD
2011	Baden „Alte Rebe", Spätburgunder, Spl	ROT	12	68-12	12 €	GOLD
2012	Baden, Grauburgunder, Kab	WSS	13	20-13	7 €	GOLD
2011	Baden „Alte Rebe", Spätburgunder, Spl	ROT	13	35-13	12 €	GOLD
2011	Baden „Alte Rebe", Spätburgunder, QbA	ROT	14	82-12	9 €	GOLD
2011	Baden, Spätburgunder, Spl	ROT	13	53-13	10 €	GOLD
2012	Baden, „Edition Unique", Grauburgunder, QbA	WSS	13	52-13	7 €	SILBER
2011	Baden „Alte Rebe", Spätburgunder, Spl	ROT	13	36-13	12 €	SILBER
2011	Baden „Alte Rebe", Spätburgunder, Spl	ROT	13	67-12	12 €	SILBER
2012	Baden, Grauburgunder, Spl	WSS	14	64-13	8 €	SILBER
2012	Baden, Riesling, Spl	WSS	10	42-13	7 €	SILBER
2012	Baden, Riesling, Kab	WSS	11	32-13	6 €	SILBER

● Trocken   ● Halbtrocken   ● Lieblich/Mild   ● Edelsüß   * Preisangabe + Alkoholgehalt gerundet

Baden | 217

Jahrgang	Lage, Rebsorte, Qualitätsbezeichnung		Wein-Art	Vol%*	AP-Nr.	Preis*	DLG-Preis
2011	Baden, Spätburgunder, Kab	🟡	ROT	13	79-12	7 €	SILBER
2011	Baden, Spätburgunder, Spl	🔴	ROT	12	66-12	10 €	SILBER
2012	Baden „Edition Unique", Sauvignon Blanc, QbA	🟡	WSS	12	51-13	10 €	SILBER
2012	Baden, Riesling, Spl	🟡	WSS	12	41-13	7 €	SILBER
2011	Baden, Spätburgunder, Tba	🟣	ROT	12	9-13	50 €	SILBER
2011	Baden, Spätburgunder, Spl	🟡	ROT	13	65-12	10 €	SILBER
2011	Baden „Alte Rebe", Spätburgunder, Spl	🟡	ROT	13	114-12	12 €	SILBER
2011	Baden „Alte Rebe", Spätburgunder, QbA	🟡	ROT	14	33-13	9 €	SILBER
2011	Baden, Spätburgunder, Bal	🟣	ROT	12	8-13	30 €	SILBER
2011	Baden „Alte Rebe", Spätburgunder, QbA	🟢	ROT	13	61-13	9 €	BRONZE
2012	Baden, Riesling, Kab	🟡	WSS	12	31-13	6 €	BRONZE

– Advertorial –

Weingut Villa Heynburg GmbH

Burgunderplatz 3, 77876 **Kappelrodeck**, Tel. 07842/9967500, Fax 07842/9967505, info@villa-heynburg.de, www.villa-heynburg.de

Das ambitionierte Ortenauer Weingut bewirtschaftet eine Rebfläche von neun Hektar. Auf verschiedenen Parzellen in Steillagen werden Riesling, Weißburgunder, Grauburgunder, Chardonnay, Cabernet Sauvignon, Rivaner, Spätburgunder und die Rotweinrarität St. Laurent angebaut. Diese Vielfalt ist bewusst gewählt, denn man begreift den „bunten Strauß" als Chance und als Herausforderung. Das Weingut Villa Heynburg erhielt 2012 zwei Trauben im Weinführer Gault Millau.

Jahrgang	Lage, Rebsorte, Qualitätsbezeichnung		Wein-Art	Vol%*	AP-Nr.	Preis*	DLG-Preis
2010	Baden, Cabernet Sauvignon, QbA	🟡	ROTB	14	9-12	18 €	GOLD
2012	Baden „Réserve", Riesling, QbA	🟡	WSS	13	3-13	10 €	GOLD
2011	Baden „Edition No. 13", Chardonnay, QbA	🟡	WSSB	13	13-13		GOLD
2011	Baden „Réserve", Saint-Laurent, QbA	🟡	ROTB	14	10-13	15 €	GOLD
2012	Baden, Chardonnay, QbA	🟡	WSS	13	7-13	10 €	GOLD
2010	Baden „Grande Réserve", Spätburgunder, QbA	🟡	ROTB	14	16-12	28 €	GOLD
2012	Baden, Weißburgunder, QbA	🟡	WSS	13	4-13	8 €	GOLD
2012	Baden, Rivaner, QbA	🟡	WSS	12	6-13	6 €	GOLD
2010	Baden „Réserve", Spätburgunder, QbA	🟡	ROTB	14	15-12	15 €	GOLD
2012	Baden, Grauburgunder, QbA	🟡	WSS	13	5-13	8 €	SILBER
2010	Baden, Spätburgunder, QbA	🟡	ROTB	14	17-12	10 €	BRONZE

🟡 Trocken   🟢 Halbtrocken   🔴 Lieblich/Mild   🟣 Edelsüß   * Preisangabe + Alkoholgehalt gerundet

218 | DLG-prämierte Weine und Sekte

Jahrgang	Lage, Rebsorte, Qualitätsbezeichnung		Wein-Art	Vol%*	AP-Nr.	Preis*	DLG-Preis

– Advertorial –

Winzergenossenschaft Waldulm eG

Weinstr. 37, 77876 **Kappelrodeck-Waldulm**, Tel.: 07842/94890, Fax: 07842/948920, mail@waldulmer.de, www.waldulmer.de

130 Hektar himmlischen Genuss versprechen die Waldulmer Weine, die an den südlichen, sonnenverwöhnten Steillagen rund um das schmucke Weindorf gedeihen. Es sind die optimalen, klimatischen Bedingungen und die Urgesteinsböden, die hervorragende Voraussetzungen für diese Spitzenweine bieten. Besonders feurig und temperamentvoll mit viel Frucht und einer eleganten Weichheit präsentiert sich die Spezialität des Hauses, der Waldulmer Spätburgunder Rotwein. Spielerisch und frisch sind die spritzigen Riesling-

Kellermeister Urban Laible

oder Rivanerweine und der Grauburgunder. Qualität entsteht im Weinberg, daher werden die Reben mit viel Handarbeit gepflegt. Mit ebenso viel Sorgfalt und Respekt verarbeitet man die Trauben im Keller. Kellermeister Urban Laible und Qualitätsmanager Frank Männle legen Wert darauf, die Qualität, die im Weinberg entstanden ist, im Keller weiter zu optimieren und Weine von höchstem Niveau zu erzeugen. Zu den Angeboten gehören Probiermöglichkeiten, Kellerbesichtigungen und das Weinfest „rund um den Winzerkeller". Unser Weinerlebniswochenende mit kulinarischer Weinwanderung findet am letzten Wochenende im April statt. Ausgezeichnet wurde das Unternehmen von der DLG (Platz 23 in den TOP 100), Internationaler Grauburgunderpreis 2012 (3. Platz) und zahlreiche Gold- und Silbermedaillen auf Landesebene.

Jahrgang	Lage, Rebsorte, Qualitätsbezeichnung		Wein-Art	Vol%	AP-Nr.	Preis	DLG-Preis
2011	Waldulmer Pfarrberg „Alte Rebe", Spätburgunder, Spl	●	ROTH	13	82-12	14 €	GOLD
2011	Waldulmer Pfarrberg, Spätburgunder, Aul	●	ROTH	12	65-12	14 €	GOLD
2011	Waldulmer Pfarrberg, Spätburgunder, Spl	●	ROTH	13	97-12	9 €	GOLD
2011	Waldulmer Pfarrberg „Alte Rebe", Spätburgunder, Spl	●	ROTH	14	84-12	14 €	SILBER
2011	Waldulmer Pfarrberg, Spätburgunder, Aul	●	ROTH	12	66-12	14 €	SILBER
2011	Waldulmer Pfarrberg, Spätburgunder, Spl	●	ROTH	13	51-12	9 €	SILBER
2011	Waldulmer Pfarrberg „Alte Rebe", Spätburgunder, Spl	●	ROTH	13	81-12	14 €	SILBER
2011	Waldulmer Pfarrberg, Spätburgunder, Spl	●	ROTH	13	95-12	9 €	SILBER
2011	Waldulmer Pfarrberg, Spätburgunder, QbA	●	ROTH	13	15-13	6 €	SILBER
2011	Waldulmer Pfarrberg, Spätburgunder, QbA	●	ROTH	13	3-13	6 €	SILBER
2009	Waldulmer Pfarrberg Selektion, Spätburgunder, QbA	●	ROTB	14	63-12	23 €	SILBER
2011	Waldulmer Pfarrberg „Alter Rebe", Spätburgunder, Spl	●	ROTH	14	83-12	14 €	SILBER
2012	Waldulmer, Müller-Thurgau, Kab	●	WSS	11	23-13	5 €	SILBER
2012	Waldulmer, Spätburgunder, QbA	●	ROSEE	13	19-13	6 €	BRONZE
2011	Waldulmer Pfarrberg, Spätburgunder, Spl	●	ROTH	13	50-12	9 €	BRONZE
2011	Waldulmer Pfarrberg, Spätburgunder, Kab	●	ROTH	13	93-12	7 €	BRONZE

● Trocken   ● Halbtrocken   ● Lieblich/Mild   ● Edelsüß   * Preisangabe + Alkoholgehalt gerundet

Baden | 219

Jahrgang	Lage, Rebsorte, Qualitätsbezeichnung		Wein-Art	Vol%*	AP-Nr.	Preis*	DLG-Preis

– Advertorial –

Staatsweingut Karlsruhe-Durlach

Posseltstr. 19, 76227 **Karlsruhe**, Tel.: 0721/940570, Fax: 0721/940579, Staatsweingut@l-Bank.de, www.turmbergwein.de

Über der alten Markgrafenstadt Durlach erhebt sich der 225 Meter hohe Turmberg. An seinem Fuß liegt das Staatsweingut Karlsruhe-Durlach. 1904 als Rebveredlungsanstalt gegründet und später als selbstständige Versuchsanstalt im Regierungspräsidium Karlsruhe tätig, gehört das Gut seit 1993 der L-Bank, Staatsbank für Baden-Württemberg. Sie hat es sich zur Aufgabe gemacht, die lange Tradition des Weinbaus am Turmberg erfolgreich fortzuführen. Die mineralreichen Kalkböden und das günstige Mikroklima bilden die Vorrausetzungen für eine hohe Qualität. Das Weingut widmet seine besondere Aufmerksamkeit dem Anbau traditioneller Rebsorten, die mit dem Terroir des Turmbergs harmonieren. Riesling, Auxerrois, Weißburgunder, Muskat-Ottonel, Grauburgunder, Lemberger und Spätburgunder versprechen gehobenen Weingenuss. Das Staatsweingut Karlsruhe-Durlach erhielt Auszeichnungen von der DLG, dem badischen Weinbauverband und im Wettbewerb Mundus Vini. Besondere Angebote an Weinfreunde sind ein historischer Rundgang, Picknick am Turmberg und der Gutsausschank.

Jahrgang	Lage, Rebsorte, Qualitätsbezeichnung	Farbe	Wein-Art	Vol%	AP-Nr.	Preis	DLG-Preis
2012	Durlacher Turmberg, Ruländer, Aul	●	WSS	13	23-13	15 €	GOLD
2012	Baden, Weißburgunder, Kab	●	WSS	13	11-13	8 €	GOLD
2012	Durlacher Turmberg, Grauburgunder, Kab	●	WSS	13	9-13	9 €	GOLD
2012	Baden, Spätburgunder, Lemberger, QbA	●	ROSEE	12	13-13	8 €	SILBER
2011	Durlacher Turmberg, Spätburgunder, QbA	●	ROTB	13	20-12	16 €	SILBER
2012	Durlacher Turmberg, Riesling, Spl	●	WSS	12	6-13	11 €	SILBER
2012	Durlacher Turmberg, Riesling, Spl	●	WSS	12	7-13	11 €	SILBER
2012	Baden „Grötzinger", Riesling, Kab	●	WSS	11	14-13	8 €	BRONZE
2012	Durlacher Turmberg, Riesling, Kab	●	WSS	12	3-13	9 €	BRONZE
2012	Durlacher Turmberg, Lemberger, QbA	●	ROT	11	17-13	10 €	BRONZE
2012	Durlacher Turmberg, Auxerrois, Kab	●	WSS	12	8-13	9 €	BRONZE

Wein & Sektgut Bernd Hummel, Oberer Mühlweg 5, 69254 **Malsch**, Tel.: 07253/27148, Fax: 07253/25799, info@weingut-hummel.de, www.weingut-hummel.de

Jahrgang	Lage, Rebsorte, Qualitätsbezeichnung	Farbe	Wein-Art	Vol%	AP-Nr.	Preis	DLG-Preis
2011	Malscher Rotsteig, Cuvee Rotwein, Spl	●	ROTB	13	23-13	13 €	GOLD
2011	Malscher Rotsteig, Merlot, Spl	●	ROTB	13	15-13	16 €	SILBER
2011	Malscher Rotsteig, Cabernet Sauvignon, Merlot, Spl	●	ROTB	13	13-13	16 €	SILBER
2010	Malscher Rotsteig „Reserve", Spätburgunder, Spl	●	ROTB	14	10-12	19 €	SILBER
2011	Malscher Rotsteig, Shiraz, Spl	●	ROTB	13	14-13	25 €	SILBER
2011	Malscher Rotsteig, Spätburgunder, Spl	●	ROTB	13	21-12	16 €	SILBER
2011	Malscher Rotsteig, Regent, Spl	●	ROTB	13	19-13	10 €	SILBER
2012	Malscher Ölbaum, Riesling, Spl	●	WSS	13	12-13	15 €	SILBER
2011	Malscher Ölbaum, Spätburgunder, Spl	●	ROTB	14	10-13	25 €	SILBER
2012	Malscher Ölbaum, Pinot Meunier, Kab	●	ROSEE	13	8-13	9 €	SILBER
2012	Malscher Ölbaum, Grauburgunder, Kab	●	WSS	14	5-13	10 €	SILBER
2011	Malscher Rotsteig, Cabernet Sauvignon, Spl	●	ROTB	12	18-13	19 €	SILBER
2012	Malscher Ölbaum, Weißburgunder, Kab	●	WSS	13	4-13	10 €	BRONZE
2010	Malscher Rotsteig, Shiraz, QbA	●	ROTB	13	14-12	13 €	BRONZE
2011	Malscher Rotsteig, Lemberger, Spl	●	ROTB	13	17-13	16 €	BRONZE
2011	Malscher Rotsteig, Cuvee Rotwein, Spl	●	ROTB	13	22-13	11 €	BRONZE

● Trocken   ● Halbtrocken   ● Lieblich/Mild   ● Edelsüß   * Preisangabe + Alkoholgehalt gerundet

220 | DLG-prämierte Weine und Sekte

Jahrgang	Lage, Rebsorte, Qualitätsbezeichnung		Wein-Art	Vol%*	AP-Nr.	Preis*	DLG-Preis

BADEN

Weingut Rüdiger Bös, Wiesenäcker 2, 69254 **Malsch**, Tel.: 07253/278818, Fax: 07253/278819, info@weingut-boes.de, www.weingut-boes.de

2011	Malscher Rotsteig, Lemberger, QbA	🟡	ROT	14	32-12	18 €	GOLD EXTR.
2011	Malscher Rotsteig, Merlot, QbA	🟡	ROT	14	35-12	13 €	GOLD EXTR.
2012	Baden, Gewürztraminer, Spl	🟡	WSS	14	19-13	8 €	GOLD
2012	Malscher Ölbaum, Weißburgunder, QbA	🟢	WSS	13	9-13		GOLD
2011	Malscher Rotsteig, Spätburgunder, Spl	🟡	ROT	13	30-12	16 €	GOLD
2012	Malscher Ölbaum, Weißburgunder, Kab	🟡	WSS	14	8-13		GOLD
2012	Baden, Riesling, QbA	🟡	WSS	12	17-13	6 €	GOLD
2012	Baden, Grauburgunder, Spl	🟡	WSS	14	14-13	8 €	GOLD
2012	Baden, Cuvee Blanc de Noir, Eis	🟣	BLDN	10	21-13	17 €	SILBER
2012	Baden, Grauburgunder, Kab	🟡	WSS	15	13-13	6 €	SILBER
2012	Baden, Cuvee Blanc de Noir, QbA	🟡	BLDN	14	16-13	6 €	SILBER
2012	Baden, Chardonnay, QbA	🟡	WSS	14	20-13	8 €	SILBER
2011	Baden, Merlot, QbA	🟢	ROT	13	34-12	7 €	SILBER
2012	Baden, Rivaner, QbA	🟡	WSS	12	7-13	5 €	SILBER
2011	Malscher Rotsteig, Spätburgunder, Kab	🟢	ROT	13	36-12	6 €	SILBER
2012	Baden, Auxerrois, QbA	🟡	WSS	13	15-13	6 €	SILBER
2012	Baden, Weißburgunder, Spl	🟡	WSS	15	6-13	8 €	BRONZE

Winzergenossenschaft Britzingen/Markgräflerland eG, Markgräflerstr. 25/29, 79379 **Müllheim**, Tel.: 07631/17710, Fax: 07631/4013, info@britzinger-wein.de, www.britzinger-wein.de

2012	Badenweiler Römerberg, Gewürztraminer, Eis	🟣	WSS	9	23-13	30 €	GOLD
2011	Badenweiler Römerberg, Spätburgunder, Spl	🟡	ROT	13	17-13	9 €	GOLD
2011	Britzinger, Spätburgunder, Spl	🟡	ROT	14	56-12	9 €	SILBER
2009	Badenweiler Römerberg „St. Peter", Cuvee Rotwein, QbA	🟡	ROTB	13	15-11	18 €	SILBER
2011	Britzinger Sonnhole, Gewürztraminer, Bal	🟣	WSS	10	32-12	17 €	SILBER
2012	Britzinger Sonnhole, Sauvignon Blanc, QbA	🟡	WSS	12	10-13		SILBER
2012	Britzinger, Weißburgunder, Kab	🟡	WSS	12	6-13	6 €	SILBER
2009	Britzinger Rosenberg „St. Jacobus", Spätburgunder, QbA	🟡	ROTB	13	33-11	13 €	SILBER
2012	Badenweiler Römerberg, Weißer Gutedel, Eis	🟣	WSS	10	21-13	22 €	SILBER
2012	Britzinger, Grauburgunder, Kab	🟡	WSS	13	62-12	6 €	SILBER
2011	Britzinger Sonnhole, Grauburgunder, QbA	🟡	WSS	13	46-12	9 €	SILBER
2011	Britzinger Sonnhole, Weißburgunder, QbA	🟡	WSS	13	54-12	9 €	SILBER
2012	Britzinger, Spätburgunder, Kab	🟡	ROSEE	13	13-13	6 €	SILBER
2012	Britzinger Sonnhole, Grauburgunder, Spl	🟡	WSS	13	5-13		BRONZE
2011	Britzinger Rosenberg, Gewürztraminer, Spl	🟡	WSS	14	45-12	8 €	BRONZE
2012	Britzinger, Spätburgunder, Kab	🔴	WHT	11	12-13	6 €	BRONZE

🟡 Trocken 🟢 Halbtrocken 🔴 Lieblich/Mild 🟣 Edelsüß * Preisangabe + Alkoholgehalt gerundet

Baden | 221

| ahrgang | Lage, Rebsorte, Qualitätsbezeichnung | | Wein-Art | Vol%* | AP-Nr. | Preis* | DLG-Preis |

Advertorial –

Oberkircher Winzer eG

Renchener Str. 42, 77704 **Oberkirch**, Tel.: 07802/92580, Fax: 07802/925838,
info@oberkircher-winzer.de, www.oberkircher-winzer.de

Inmitten einer traumhaften Landschaft mit sagenumwobener Geschichte liegt die Wiege der Oberkircher Weine. Diese Region ist geprägt von schmalen Tälern und steilen Hängen. Die Oberkircher Winzer bewirtschaften rund 480 Hektar in erstklassigen Steillagen, die eine Neigung bis zu 60 Prozent aufweisen. Mit 233 Hektar Spätburgunder ist die Oberkircher Erzeugergemeinschaft eine der größten Spätburgundererzeuger in Baden. Zugleich ist die Gemeinschaft mit 90 Hektar Rieslingreben eine der bedeutendsten Rieslinganbauer in der Region Ortenau. Die Weine werden nach strengen Qualitätsvorgaben erzeugt und ganzjährig von einem Qualitätsmanager betreut. Die große Zahl nationaler und internationaler Auszeichnungen bestätigt das hohe Qualitätsniveau.

BADEN

Jahrgang	Lage, Rebsorte, Qualitätsbezeichnung	Farbe	Wein-Art	Vol%*	AP-Nr.	Preis*	DLG-Preis
2012	Baden „Vinum Nobile", Grauburgunder, QbA	🟡	WSS	13	124-12	6 €	GOLD EXTRA
2010	Baden, Grauburgunder, QbA	🟡	WSSB	14	77-12	10 €	GOLD EXTRA
2011	Baden „Vinum Nobile", Chardonnay, QbA	🟡	WSSB	13	19-13	10 €	GOLD EXTRA
2012	Baden, Spätburgunder, QbA	🟡	BLDN	13	32-13	5 €	GOLD
2010	Baden „Collection Royal", Spätburgunder, QbA	🟡	ROTB	14	78-12	20 €	GOLD
2012	Baden „Vinum Nobile", Grauburgunder, QbA	🟡	WSS	13	50-13	6 €	GOLD
2011	Baden „Vinum Nobile", Shiraz, QbA	🟡	ROT	13	105-12	10 €	GOLD
2012	Baden „Collection Oberkirch", Riesling, Kab	🔴	WSS	11	14-13	6 €	GOLD
2003	Baden „Collection Royal Reservé", Spätburgunder, QbA	🟡	ROTB	14	10-13	30 €	GOLD
2012	Baden „1782", Riesling, Spl	🟡	WSS	12	43-13	15 €	GOLD
2010	Baden, Spätburgunder, QbA	🟡	ROTB	14	40-13	11 €	GOLD
2011	Baden, Grauburgunder, QbA	🟡	WSSB	14	80-13	10 €	GOLD
2010	Baden „Vinum Nobile", Cabernet Sauvignon, QbA	🟡	ROTB	14	68-12	13 €	SILBER
2012	Baden „Vinum Nobile", Weißburgunder, QbA	🟡	WSS	13	6-13	6 €	SILBER
2012	Baden „Vinum Nobile", Sauvignon Blanc, QbA	🟡	WSS	12	7-13	8 €	SILBER
2012	Baden, Scheurebe, Spl	🔴	WSS	12	48-13	8 €	SILBER
2011	Baden „Collection Royal", Spätburgunder, QbA	🟡	ROTB	13	56-13	20 €	SILBER
2012	Baden, Riesling, QbA	🟡	WSS	12	53-13	5 €	SILBER
2011	Baden, Spätburgunder, Kab	🟢	ROT	12	75-12	7 €	SILBER
2012	Baden „Vinum Nobile", Riesling, QbA	🟡	WSS	12	18-13	6 €	SILBER
2012	Baden, Ruländer, Kab	🔴	WSS	11	123-12	5 €	SILBER
2012	Baden, Scheurebe, Aul	🟣	WSS	11	49-13	13 €	SILBER
2012	Baden, Riesling, Spl	🟡	WSS	11	46-13	7 €	SILBER
2012	Baden „Collection Oberkirch", Grauburgunder, QbA	🟡	WSS	13	9-13	5 €	SILBER
2011	Baden, Spätburgunder, Kab	🟡	ROT	12	74-12	7 €	SILBER
2012	Baden „Collection Oberkirch", Riesling, Kab	🟡	WSS	12	13-13	6 €	SILBER
2011	Baden „Vinum Nobile", Cabernet Sauvignon, QbA	🟡	ROTB	14	44-13	13 €	SILBER
2012	Baden „Collection Oberkirch", Gewürztraminer, Spl	🔴	WSS	12	21-13	8 €	SILBER
2012	Baden „Alte Reben", Riesling, Spl	🟡	WSS	12	42-13	10 €	SILBER
2012	Baden, Riesling, Aul	🟣	WSS	11	47-13	13 €	SILBER
2012	Baden, Grauburgunder, Spl	🟡	WSS	13	122-12	7 €	SILBER
2011	Baden „Vinum Nobile", Spätburgunder, QbA	🟡	ROT	13	94-12	7 €	BRONZE

🟡 Trocken   🟢 Halbtrocken   🔴 Lieblich/Mild   🟣 Edelsüß   * Preisangabe + Alkoholgehalt gerundet

222 | DLG-prämierte Weine und Sekte

Jahrgang	Lage, Rebsorte, Qualitätsbezeichnung	Wein-Art	Vol%*	AP-Nr.	Preis*	DLG-Preis
2011	Baden, Spätburgunder, Spl	🟡 ROT	12	83-12		BRONZE
2011	Baden „Alte Reben", Spätburgunder, Spl	🟡 ROT	13	80-12	12 €	BRONZE
2012	Baden, Rivaner, QbA	🟡 WSS	13	127-12	4 €	BRONZE
2012	Baden „Collection Oberkirch", Riesling, Spl	🟡 WSS	12	15-13	7 €	BRONZE
2011	Baden, Spätburgunder, Spl	🟡 ROT	13	81-12	8 €	BRONZE

– Advertorial –

Weingut Herztal

Ulrike & Hubert Müller GbR, Herztal 115, 77704 **Oberkirch-Nußbach**, Tel.: 07805/5389, Fax: 07805/911402, weingut-herztal@t-online.de, www.weingut-herztal.de

Bereits seit vielen Generationen werden in der Familie Reben angebaut, aber seit 1995 baut man die Weine auch selbst aus. Neben den Reben veredelt das Weingut Herztal in der eigenen Hausbrennerei Obst zu feinsten Bränden und dem berühmten Schwarzwälder Kirschwasser. Die Weinberge erstrecken sich über große Distanzen und die verschiedensten Böden. So wachsen die Reben des Blauen Spätburgunders auf dem sich schnell erwärmenden Granitverwitterungsboden. Riesling erhält durch Granitverwitterung seine

Ulrike und Hubert Müller

besondere mineralische Note, während fruchtige Müller-Thurgau-Trauben gut auf Lehm-Löss gedeihen. Die wichtigsten Rebsorten sind Spätburgunder, Syrah, Cabernet Mitos und Dorsa, Müller-Thurgau, Riesling, Weiß- und Grauburgunder, Chardonnay, Sauvignon Blanc, Scheurebe, Gewürztraminer in verschiedenen Qualitätsstufen bis zum Eiswein oder der Beerenauslese. Besondere Angebote: Straußwirtschaft mit badischen Spezialitäten, Weinproben, Dachterrasse mit schönem Ambiente, Weinlädele etc.

2012	Baden, Riesling, Kab	🟢 WSS	12	9-13	6 €	GOLD
2011	Baden, Spätburgunder, Spl	🟡 ROT	12	34-12		BRONZE
2012	Baden, Grauburgunder, Kab	🟡 WSS	13	8-13		BRONZE
2012	Baden, Scheurebe, Spl	🔴 WSS	12	10-13		BRONZE

Winzerhof-Kimmig · „Springbrunnen", Springstraße 13, 77704 **Oberkirch-Tiergarten**, Tel.: 07802/50208, Fax: 07802/50150, Winzerhof-Kimmig@t-online.de, Winzerhof-Kimmig.com

2012	Tiergartener Schloßberg, Rivaner, Kab	🟡 WSS	12	1-13	4 €	SILBER
2012	Tiergartener Schloßberg, Grauburgunder, Kab	🟡 WSS	13	2-13	6 €	SILBER
2012	Tiergartener Schloßberg, Sauvignon Blanc, Spl	🟡 WSS	13	5-13	8 €	SILBER
2011	Tiergartener Schloßberg, Regent, Spl	🟡 ROT	14	8-13	6 €	BRONZE

Ell Obst + Wein OHG, Haslacher Straße 44, 77704 **Oberkirch-Haslach**, Tel.: 07802/1629, Fax: 07802/701342, manfred.ell@gmx.de

2011	Baden, Spätburgunder, Kab	🟡 ROTB	13	9-13	14 €	SILBER
2012	Baden, Spätburgunder, Kab	🟡 ROSÉE	13	8-13	7 €	SILBER
2012	Baden, Riesling, Spl	🟡 WSS	13	3-13	8 €	SILBER

🟡 Trocken   🟢 Halbtrocken   🔴 Lieblich/Mild   🔵 Edelsüß   * Preisangabe + Alkoholgehalt gerundet

| Jahrgang | Lage, Rebsorte, Qualitätsbezeichnung | Wein-Art | Vol%* | AP-Nr. | Preis* | DLG-Preis |

Advertorial –

Winzergenossenschaft Rammersweier e.G.

Weinstr. 87, 77654 **Offenburg**, Tel.: 0781/31424, Fax: 0781/34674,
info@wg-rammersweier.de, www.wg-rammersweier.de

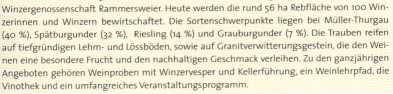

Rammersweier liegt im Herzen der Ortenau unweit von Offenburg. Hier schlossen sich im Jahr 1926 die örtlichen Winzer zusammen und gründeten die Winzergenossenschaft Rammersweier. Heute werden die rund 56 ha Rebfläche von 100 Winzerinnen und Winzern bewirtschaftet. Die Sortenschwerpunkte liegen bei Müller-Thurgau (40 %), Spätburgunder (32 %), Riesling (14 %) und Graubürgünder (7 %). Die Trauben reifen auf tiefgründigen Lehm- und Lössböden, sowie auf Granitverwitterungsgestein, die den Weinen eine besondere Frucht und den nachhaltigen Geschmack verleihen. Zu den ganzjährigen Angeboten gehören Weinproben mit Winzervesper und Kellerführung, ein Weinlehrpfad, die Vinothek und ein umfangreiches Veranstaltungsprogramm.

Jahrgang	Lage, Rebsorte, Qualitätsbezeichnung		Wein-Art	Vol%*	AP-Nr.	Preis*	DLG-Preis
2009	Baden, Spätburgunder, QbA	🟡	ROTB	15	72-11	14 €	GOLD
2009	Baden, Spätburgunder, Spl	🟡	ROT	15	24-12	9 €	GOLD
2009	Baden, Spätburgunder, Spl	🟡	ROT	15	21-12	9 €	GOLD
2010	Baden, Graubürgünder, QbA	🟡	WSSB	13	39-13	18 €	GOLD
2010	Baden „SR", Spätburgunder, QbA	🟡	ROT	13	76-11	7 €	GOLD
2010	Baden „SR", Spätburgunder, QbA	🟡	ROT	13	1-12	7 €	GOLD
2010	Baden, Spätburgunder, QbA	🟡	ROTB	14	50-12	14 €	SILBER
2012	Baden „Tradition", Spätburgunder, QbA	🟡	ROSEE	13	62-12	5 €	SILBER
2012	Baden „IlTedesco", Müller-Thurgau, Kab	🔴	WSS	12	7-13	5 €	SILBER
2009	Baden, Müller-Thurgau, Bal	🟣	WSS	9	43-11	17 €	BRONZE
2010	Baden, Cuvee Rotwein, QbA	🟡	ROT	13	18-12	7 €	BRONZE
2012	Baden, Chardonnay, QbA	🟡	WSS	13	20-13	7 €	BRONZE

Weingut Hans Rebholz, Bergstr. 1, 78315 **Radolfzell**, Tel.: 07732/13811, Fax: 07732/14332, hans.rebholz@t-online.de

| 2011 | Baden „Bohlinger", Spätburgunder, Aul | 🟡 | ROT | 14 | 12-12 | | SILBER |

Winzerverein Reichenau eG, Münsterplatz 4, 78479 **Reichenau**, Tel.: 07534/293, Fax: 07534/998662,

| 2011 | Baden „Editon Augia Felix", Spätburgunder, QbA | 🟡 | ROTH | 14 | 12-12 | 9 € | SILBER |

🟡 Trocken 🟢 Halbtrocken 🔴 Lieblich/Mild 🟣 Edelsüß   *Preisangabe + Alkoholgehalt gerundet

Jahrgang	Lage, Rebsorte, Qualitätsbezeichnung	Wein-Art	Vol%*	AP-Nr.	Preis*	DLG-Preis

– Advertorial –

Weingut Bimmerle

Siegbert Bimmerle, Kirchstr. 4, 77871 **Renchen-Erlach**, Tel.: 07843/654, Fax: 07843/1502, info@wein-bimmerle.de, www.weingut-bimmerle.de

Seit vielen Jahren werden Weine im Hause Bimmerle auf hohem Niveau erzeugt. Dies liegt an der Leidenschaft zum Wein und an der Erfahrung, Weingenuss der außergewöhnlichen Art zu kreieren. Im Vordergrund steht bei der Gutsabfüllung die Vision, dichte, kräftige Weine zu erzeugen, die individuell und ausdrucksstark ihren Jahrgang und speziell ihr Terroir repräsentieren. Diese Ansprüche verfolgt man im Weinberg durch eine selbstauferlegte, kompromisslose Qualitätspolitik, bei der einzig das Maximum an Qualität das zu erreichende Ziel ist. In der Vinifikation greift man auf traditionelle Arbeitsweisen zurück. Die Reifung im Holzfass und kleinen Barriques bietet die ideale Voraussetzung für großartige Weine, die in ihrer geschmacklichen Vielfalt besonders sind. Im Ergebnis steht ein harter Auswahlprozess. Nur Weine, die den hoch gesteckten Anforderungen genügen, werden ausgesucht und tragen die Bezeichnung Réserve.

Jahrgang	Lage, Rebsorte, Qualitätsbezeichnung	Wein-Art	Vol%*	AP-Nr.	Preis*	DLG-Preis
2012	Baden „Reserve", Chardonnay, QbA	WSS	14	4-13		GOLD
2012	Baden, Riesling, Aul	WSS	9	6-13		GOLD
2011	Baden „Reserve", Chardonnay, QbA	WSSB	14	5-13		GOLD
2010	Baden „Benedikt", Spätburgunder, QbA	ROTB	14	8-12		GOLD
2012	Baden „Reserve", Riesling, QbA	WSS	13	2-13		GOLD
2011	Baden, Cabernet Sauvignon, QbA	ROTB	15	10-13		SILBER
2012	Baden, Riesling, Spl	WSS	13	3-13		SILBER
2010	Baden „Reserve", Spätburgunder, QbA	ROTB	14	6-12		SILBER
2012	Baden, Riesling, Spl	WSS	13	7-13		SILBER
2011	Baden „Benedikt", Spätburgunder, QbA	ROTB	15	9-13		SILBER
2010	Baden, Cabernet Sauvignon, QbA	ROTB	14	7-12		SILBER
2011	Baden „Reserve", Spätburgunder, QbA	ROTB	15	8-13		BRONZE

Winzergenossenschaft Sasbach am Kaiserstuhl eG, Jechtinger Str. 26, 79361 **Sasbach**, Tel.: 07642/90310, Fax: 07642/903150, info@sasbacher.de, www.sasbacher.de

Jahrgang	Lage, Rebsorte, Qualitätsbezeichnung	Wein-Art	Vol%*	AP-Nr.	Preis*	DLG-Preis
2011	Sasbacher Rote Halde, Spätburgunder, Aul	ROTB	15	8-13	30 €	GOLD EXTRA
2011	Sasbacher Rote Halde, Spätburgunder, Spl	ROT	14	4-13	13 €	GOLD EXTRA
2011	Sasbacher Rote Halde, Spätburgunder, Aul	ROT	13	6-13	12 €	GOLD
2011	Sasbacher Rote Halde, Spätburgunder, Spl	ROTH	13	3-13	10 €	GOLD
2011	Sasbacher Rote Halde, Spätburgunder, Spl	ROTB	14	10-13	20 €	GOLD
2011	Sasbacher Rote Halde, Spätburgunder, Aul	ROT	15	7-13	12 €	GOLD
2011	Sasbacher Rote Halde, Spätburgunder, Spl	ROTH	14	9-13	14 €	GOLD
2011	Sasbacher Rote Halde, Spätburgunder, QbA	ROT	13	1-13	7 €	GOLD
2011	Sasbacher Rote Halde, Spätburgunder, Aul	ROTB	15	11-13	30 €	GOLD
2011	Sasbacher Rote Halde, Cabernet Sauvignon, QbA	ROTB	14	12-13	17 €	GOLD
2011	Sasbacher Rote Halde, Spätburgunder, Spl	ROTB	14	5-13	20 €	GOLD
2011	Sasbacher Rote Halde, Spätburgunder, Spl	ROT	13	2-13	10 €	SILBER
2011	Sasbacher Rote Halde, Cabernet Sauvignon, QbA	ROTB	14	13-13	17 €	SILBER
2012	Sasbacher Rote Halde, Muskateller, Kab	WSS	12	37-13	7 €	BRONZE
2012	Sasbacher Rote Halde, Gewürztraminer, Spl	WSS	14	39-13	8 €	BRONZE

● Trocken ● Halbtrocken ● Lieblich/Mild ● Edelsüß   * Preisangabe + Alkoholgehalt gerundet

Baden | 225

Jahrgang	Lage, Rebsorte, Qualitätsbezeichnung	Wein-Art	Vol%*	AP-Nr.	Preis*	DLG-Preis

Winzergenossenschaft Jechtingen-Amoltern am Kaiserstuhl eG, Winzerstr. 1, 79361 **Sasbach-Jechtingen**, Tel.: 07662/932340, Fax: 07662/8241, info@jechtinger-wein.de, www.jechtinger-wein.de

Jahrgang	Lage, Rebsorte, Qualitätsbezeichnung	Wein-Art	Vol%	AP-Nr.	Preis	DLG-Preis
2012	Jechtinger Hochberg, Scheurebe, Kab	WSS	11	47-13	6 €	GOLD
2011	Jechtinger Hochberg, Scheurebe, Kab	WSS	11	91-12	6 €	GOLD
2011	Jechtinger Eichert „Burg Sponeck Selektion", Spätburgunder, Spl	ROT	14	57-12	11 €	GOLD
2011	Jechtinger „Nostalgie", Spätburgunder, QbA	ROT	14	64-12	6 €	GOLD
2012	Jechtinger Steingrube, Müller-Thurgau, Kab	WSS	11	48-13	4 €	GOLD
2011	Jechtinger Eichert, Chardonnay, Spl	WSS	14	77-12	7 €	GOLD
2011	Jechtinger Eichert, Spätburgunder, Aul	ROT	14	56-12	10 €	GOLD
2012	Jechtinger Eichert, Gewürztraminer, Spl	WSS	12	62-13	7 €	GOLD
2012	Jechtinger, Muskateller, Kab	WSS	11	28-13	6 €	SILBER
2011	Jechtinger Eichert, Spätburgunder, Spl	ROT	13	67-12	8 €	SILBER
2011	Jechtinger „Roter Winter", Cuvee Rotwein, QbA	ROT	14	74-12	6 €	SILBER
2012	Jechtinger, Grauburgunder, QbA	WSS	13	21-13	6 €	SILBER
2011	Jechtinger Eichert „Burg Sponeck Selektion", Grauburgunder, Spl	WSS	14	59-12	9 €	SILBER
2012	Jechtinger Eichert, Gewürztraminer, Aul	WSS	12	42-13	9 €	SILBER
2012	Jechtinger Eichert, Gewürztraminer, Kab	WSS	13	56-13	6 €	SILBER
2012	Jechtiger, Spätburgunder, QbA	ROT	12	54-13	6 €	SILBER
2011	Jechtinger „Nostalgie", Grauburgunder, QbA	WSS	13	83-12	5 €	SILBER
2011	Jechtinger Eichert, Gewürztraminer, Kab	WSS	12	90-12	6 €	SILBER
2011	Jechtinger Hochberg „Burg Sponeck Selektion", Weißburgunder, Spl	WSS	13	58-12	8 €	SILBER
2012	Amolterer Steinhalde, Weißburgunder, Kab	WSS	12	24-13	6 €	SILBER
2012	Jechtinger Steingrube, Müller-Thurgau, Spl	WSS	11	27-13	6 €	SILBER
2011	Jechtinger, Spätburgunder, QbA	ROT	14	18-13	6 €	SILBER
2012	Jechtinger Vulkanfelsen „Vision Rosé", Cuvee Rosee, QbA	ROSEE	13	9-13	5 €	SILBER
2012	Jechtinger „Vision", Silvaner, Kab	WSS	11	11-13	4 €	BRONZE
2011	Jechtinger Steingrube, Weißburgunder, Kab	WSS	12	89-12	6 €	BRONZE

Winzergenossenschaft Leiselheim am Kaiserstuhl eG, Meerweinstr. 12, 79361 **Sasbach-Leiselheim**, Tel.: 07642/2051, Fax: 07642/922604

2011	Leiselheimer Gestühl (145572), Spätburgunder, Kab	ROT	13	172-118-12	6 €	SILBER

Alde Gott Winzer eG, Talstr. 2, 77887 **Sasbachwalden**, Tel.: 07841/20290, Fax: 07841/202930, info@aldegott.de, www.aldegott.de

2012	Baden „Alte Reben", Grauburgunder, Spl	WSS	14	43-13	13 €	GOLD EXTRA
2012	Baden, Grauburgunder, QbA	WSS	13	38-13	7 €	GOLD EXTRA
2012	Baden, Grauburgunder, Spl	WSS	14	10-13	10 €	GOLD
2012	Baden, Riesling, QbA	WSS	12	6-13	6 €	GOLD
2012	Baden, Riesling, Kab	WSS	11	26-13	7 €	GOLD
2012	Baden, Spätburgunder, Spl	ROT	14	72-13	10 €	GOLD
2012	Baden, Grauburgunder, Kab	WSS	13	37-13	8 €	GOLD
2012	Baden, Spätburgunder, Spl	ROT	14	71-13	10 €	GOLD
2012	Baden, Ruländer, Kab	WSS	11	3-13	8 €	GOLD
2012	Baden, Grauburgunder, Kab	WSS	13	4-13	8 €	GOLD
2012	Baden, Sauvignon Blanc, QbA	WSS	13	11-13	10 €	GOLD
2012	Baden, Riesling, QbA	WSS	12	67-13	6 €	SILBER
2012	Baden, Riesling, QbA	WSS	11	7-13	6 €	SILBER
2012	Baden, Riesling, Eis	WSS	13	57-13	30 €	SILBER
2012	Baden, Rivaner, Riesling, QbA	WSS	12	2-13	5 €	SILBER
2012	Baden, Spätburgunder, Aul	ROT	12	74-13	18 €	SILBER
2012	Baden, Spätburgunder, Spl	ROT	14	75-13	10 €	SILBER
2011	Baden, Spätburgunder, Spl	ROTB	15	73-13	15 €	SILBER
2012	Baden, Grauburgunder, QbA	WSS	13	5-13	6 €	SILBER
2012	Baden, Riesling, QbA	WSS	11	66-13	6 €	BRONZE

● Trocken ● Halbtrocken ● Lieblich/Mild ● Edelsüß   * Preisangabe + Alkoholgehalt gerundet

226 | DLG-prämierte Weine und Sekte

Jahrgang	Lage, Rebsorte, Qualitätsbezeichnung		Wein-Art	Vol%*	AP-Nr.	Preis*	DLG-Preis
2012	Baden, Riesling, Kab	🟡	WSS	12	25-13	7 €	BRONZE
2011	Baden, Spätburgunder, Spl	🔴	ROT	14	127-12	10 €	BRONZE
2012	Baden, Riesling, Spl	🔴	WSS	10	45-13	9 €	BRONZE

– Advertorial –

Erste Markgräfler Winzergenossenschaft Schliengen-Müllheim eG

Am Sonnenstück 1, 79418 **Schliengen**, Tel.: 07635/81120, Fax: 07635/811214, info@sonnenstueck.de, www.sonnenstueck.de

Die Erste Markgräfler Winzergenossenschaft Schliengen-Müllheim eG wurde 1908 vom Ortspfarrer Leonhard Müller gegründet. Mit seinen nunmehr 750 Mitgliedern bewirtschaftet die WG ca. 325 ha Rebfläche im Markgräflerland, am Kaiserstuhl und am Tuniberg. Eine Schlüsselrolle im Bemühen um höchste Qualität spielt Kellermeister Philip Dahm mit seinem Team und Hand in Hand mit den Winzern. Im Angebot stehen Spätburgunder Rotwein, Gutedel, Weiß- und Grauburgunder, Müller-Thurgau und andere Weinsorten wie Auxerrois, Muskateller, Gewürztraminer, Nobling und Chardonnay. „Durch unser Wissen, Lagen, Natur und die größte Sorgfalt können wir ausgewogene und vor allem individuelle Spitzenweine und Winzersekte garantieren", so Geschäftsführer Wolfgang Grether.

Jahrgang	Lage, Rebsorte, Qualitätsbezeichnung		Wein-Art	Vol%*	AP-Nr.	Preis*	DLG-Preis
2009	Schliengener Sonnenstück, Weißer Gutedel, Eis	🔵	WSSB	10	88-12		GOLD
2010	Baden „Graf Zeppelin", Pinot Noir, QbA	🟡	ROTB	14	70-12	15 €	GOLD
2010	Mauchener Sonnenstück, Spätburgunder, QbA	🟡	ROTB	14	68-12	15 €	GOLD
2012	Mauchener Sonnenstück, Grauburgunder, QbA	🟡	WSS	13	14-13	7 €	SILBER
2012	Baden „Graf Zeppelin", Müller-Thurgau, QbA	🟡	WSS	12	17-13	6 €	SILBER
2012	Baden „Graf Zeppelin", Pinot Blanc, QbA	🟡	WSS	13	16-13	8 €	BRONZE

Weinhaus am Egelsbach · Emil Kopp, Berghof 1, 76547 **Sinzheim**, Tel.: 07223/952586, Fax: 07223/952586, info@ekovino.de

| 2011 | Varnhalter Klosterbergfelsen, Scheurebe, Spl | 🔴 | WSS | 13 | 20-12 | 8 € | SILBER |

Weingut Gerd Köpfer, Dorfstr. 22, 79219 **Staufen**, Tel.: 07633/5288, Fax: 07633/500419, www.weingut-koepfer.de

| 2009 | Kirchhofener Höllhagen, Spätburgunder, QbA | 🟡 | ROTB | 13 | 7-11 | 18 € | BRONZE |

Weinhaus Frank GbR · Robert und Karl-Heinz Frank, Julius-Leber-Str. 3, 97855 **Triefenstein-Lengfurt**, Tel.: 09395/266, Fax: 09395/8008, weinhaus@weinhaus-frank.de, www.weinhaus-frank.de

| 2012 | Dertinger Mandelberg, Ruländer, Kab | 🟢 | WSS | 12 | 2-13 | | SILBER |

🟡 Trocken   🟢 Halbtrocken   🔴 Lieblich/Mild   🔵 Edelsüß   * Preisangabe + Alkoholgehalt gerundet

Jahrgang	Lage, Rebsorte, Qualitätsbezeichnung		Wein-Art	Vol%*	AP-Nr.	Preis*	DLG-Preis

– Advertorial –

Burkheimer Winzer am Kaiserstuhl eG

Winzerstr. 8, 79235 **Vogtsburg**, Tel.: 07662/93930, Fax: 07662/939325, info@burkheimerwinzer.de, www.burkheimerwinzer.de

Das romantische und verträumte Weinstädtchen Burkheim liegt am Westrand des Kaiserstuhls in unmittelbarer Nähe zum Rhein. Die zirka 70 Burkheimer Winzerfamilien bewirtschaften eine Rebfläche von rund 106 Hektar. Die beiden Spitzenlagen Feuerberg und Schlossgarten fußen auf mineralischem Vulkanverwitterungsgestein und tiefgründigen, fruchtbaren Lößboden und sind prädestiniert für Burgunderweine, die bisweilen Spitzenmostgewichte von 290 °Öchsle erreichen. Entdecken Sie das mittelalterliche Städtchen und genießen Sie die fruchtigen, gehaltvollen Weine aus Burkheim am Kaiserstuhl. Die Burkheimer Winzer laden Sie gerne zu einer Weinprobe in den reich bestückten Probierraum ein. Dieser ist auch samstags von 9.00 bis 16.00 Uhr und sonntags (März – Dez.) von 10.00 bis 16.00 Uhr geöffnet. Oder begleiten Sie den Burkheimer Nachtwächter auf seinem Rundgang (von Ostersonntag bis Ende Oktober immer mittwochs und sonntags um 22.00 Uhr, kostenlos, Start am Stadttor).

Jahrgang	Lage, Rebsorte, Qualitätsbezeichnung		Wein-Art	Vol%	AP-Nr.	Preis	DLG-Preis
2011	Burkheimer Schlossgarten, Cuvee Rotwein, Eis	●	ROT	9	54-12	22 €	GOLD EXTRA
2012	Burkheimer, Scheurebe, QbA	●	WSS	11	66-12	5 €	GOLD
2011	Burkheimer Schlossgarten, Ruländer, Tba		WSS	6	53-12		GOLD
2009	Burkheimer Feuerberg, Spätburgunder, Eis	●	WHTB	8	43-13	22 €	GOLD
2011	Burkheimer Feuerberg, Spätburgunder, Eis	●	WHT	8	55-12	22 €	GOLD
2012	Burkheimer Schlossgarten, Muskateller, Kab	●	WSS	11	21-13	7 €	GOLD
2009	Burkheimer Schlossgarten „Grande Reserve", Spätburgunder, Aul	●	ROTB	15	57-12	23 €	GOLD
2012	Burkheimer Schloßgarten, Spätburgunder, Bal	●	WHT	7	48-13	22 €	GOLD
2012	Burkheimer, Müller-Thurgau, Kab	●	WSS	10	62-12	4 €	SILBER
2012	Burkheimer, Spätburgunder, Kab	●	WHT	11	14-13	5 €	SILBER
2012	Burkheimer Feuerberg, Sauvignon Blanc, Aul	●	WSS	10	49-13	11 €	BRONZE
2012	Burkheimer, Cuvee Rosee, Kab	●	ROSEE	12	13-13	5 €	BRONZE
2011	Burkheimer Feuerberg „Nachtwächter", Spätburgunder, QbA	●	ROTH	13	25-13	9 €	BRONZE
2012	Burkheimer Feuerberg, Scheurebe, Aul	●	WSS	8	45-13	11 €	BRONZE
2012	Burkheimer Schlossgarten, Gewürztraminer, Spl	●	WSS	12	67-12	8 €	BRONZE

Winzergenossenschaft Oberbergen im Kaiserstuhl eG, Badbergstr. 2, 79235 **Vogtsburg**, Tel.: 07662/94600, Fax: 07662/946024, info@wg-oberbergen.com, www.oberbergener-bassgeige.com

Jahrgang	Lage, Rebsorte, Qualitätsbezeichnung		Wein-Art	Vol%	AP-Nr.	Preis	DLG-Preis
2012	Oberbergener Baßgeige, Gewürztraminer, Spl	●	WSS	14	30-13	10 €	GOLD EXTRA
2011	Oberbergener Baßgeige, Ruländer, Bal	●	WSS	8	64-12	23 €	GOLD
2011	Oberbergener Baßgeige, Gewürztraminer, Bal	●	WSS	8	68-12	28 €	GOLD
2011	Oberbergener Baßgeige, Muskateller, Bal	●	WSS	8	70-12	28 €	GOLD
2011	Oberbergener Baßgeige, Weißburgunder, Tba	●	WSS	8	66-12	25 €	GOLD
2010	Oberbergener Baßgeige, Weißburgunder, Eis	●	WSSB	8	71-12	27 €	GOLD
2011	Oberbergener, Gewürztraminer, Aul	●	WSS	10	72-12	14 €	GOLD
2012	Oberbergener Baßgeige „Edition TT", Weißburgunder, QbA		WSS	13	53-13	12 €	GOLD
2009	Oberbergener Baßgeige, Spätburgunder, Aul	●	ROT	14	12-13	14 €	SILBER
2012	Oberbergener Baßgeige, Grauburgunder, Spl	●	WSS	14	42-13	7 €	SILBER
2012	Oberbergener Baßgeige, Müller-Thurgau, QbA	●	WSS	12	1-13	4 €	SILBER
2011	Oberbergener Baßgeige, Gewürztraminer, Bal	●	WSS	8	67-12	28 €	SILBER
2012	Oberbergener Baßgeige, Müller-Thurgau, QbA	●	WSS	12	3-13	4 €	SILBER
2011	Oberbergener Baßgeige, Weißburgunder, Bal	●	WSS	8	56-12	23 €	SILBER

● Trocken   ● Halbtrocken   ● Lieblich/Mild   ● Edelsüß   * Preisangabe + Alkoholgehalt gerundet

228 | DLG-prämierte Weine und Sekte

BADEN

Jahrgang	Lage, Rebsorte, Qualitätsbezeichnung		Wein-Art	Vol%*	AP-Nr.	Preis*	DLG-Preis
2012	Oberbergener Baßgeige, Grauburgunder, Kab	●	WSS	13	9-13	6 €	SILBER
2011	Oberbergener Baßgeige, Weißburgunder, Bal	●	WSS	8	61-12	24 €	SILBER
2012	Oberbergener Baßgeige, Muskateller, Kab	●	WSS	12	24-13	6 €	SILBER
2011	Oberbergener Baßgeige, Spätburgunder, QbA	●	ROT	12	85-12	6 €	BRONZE
2011	Oberbergener Baßgeige, Gewürztraminer, Aul	●	WSS	10	73-12	14 €	BRONZE
2012	Oberbergener Baßgeige, Weißburgunder, Spl	●	WSS	14	28-13	7 €	BRONZE
2009	Oberbergener Baßgeige, Spätburgunder, Aul	●	ROTB	14	83-11	21 €	BRONZE
2011	Oberbergener Baßgeige, Spätburgunder, Spl	●	ROT	13	87-12	12 €	BRONZE
2011	Oberbergener Baßgeige, Spätburgunder, QbA	●	ROT	13	84-12	6 €	BRONZE
2012	Oberbergener Baßgeige, Muskateller, Kab	●	WSS	10	25-13	6 €	BRONZE

– Advertorial –

Winzergenossenschaft Achkarren im Kaiserstuhl eG

Schloßbergstr. 2, 79235 **Vogtsburg-Achkarren**, Tel.: 07662/93040, Fax: 07662/930493, info@winzergenossenschaft-achkarren.de, www.achkarrer-wein.com

"Aus Liebe zum Wein" ist der Wahlspruch der Achkarrer Winzer, die seit 1929 als Genossenschaft auf 150 Hektar Rebfläche des Schloßbergs und Castellbergs Wein erzeugen. Die Vulkanverwitterungsböden und Lössterrassen sind überwiegend mit Burgunder bestockt. Viele nationale und internationale Auszeichnungen untermauern die Güte der Achkarrer Weine. Das Kaiserstühler Weinbaumuseum, der Weinlehrpfad und regelmäßige Weinproben sind nur einige Attraktionen, die jährlich Besucher in großer Zahl anlocken.

Jahrgang	Lage, Rebsorte, Qualitätsbezeichnung		Wein-Art	Vol%*	AP-Nr.	Preis*	DLG-Preis
2012	Achkarrer Schlossberg, Gewürztraminer, Spl	●	WSS	13	24-13	8 €	GOLD EXTRA
2012	Achkarrer Schlossberg, Spätburgunder, Aul	●	WHT	8	68-13	11 €	GOLD
2012	Achkarrer Schloßberg, Gewürztraminer, Spl	●	WSS	13	23-13	8 €	GOLD
2011	Achkarrer Schloßberg "Edition Bestes Fass", Gewürztraminer, Aul	●	WSS	7	70-12	11 €	GOLD
2012	Achkarrer Schlossberg, Muskateller, Eis	●	WSS	7	63-13	24 €	GOLD
2011	Achkarrer Schloßberg, Spätburgunder, Spl	●	WSSB	14	12-13	11 €	GOLD
2012	Achkarrer Schloßberg, Ruländer, Kab	●	WSS	12	100-12	6 €	GOLD
2012	Achkarrer Schloßberg, Scheurebe, Kab	●	WSS	10	25-13	7 €	GOLD
2012	Achkarrer Schlossberg, Chardonnay, QbA	●	WSS	13	37-13	9 €	SILBER
2010	Achkarrer Schloßberg, Spätburgunder, Spl	●	ROTB	13	78-12	12 €	SILBER
2011	Achkarrer Schloßberg, Weißburgunder, Spl	●	WSS	14	49-12	6 €	SILBER
2012	Achkarrer Schlossberg, Gewürztraminer, Bal	●	WSS	7	65-13	21 €	SILBER
2010	Achkarrer Schloßberg "Diavolo", Cuvee Rotwein, QbA	●	ROTH	13	80-12	9 €	SILBER
2010	Achkarrer Schloßberg, Spätburgunder, QbA	●	ROTB	13	76-12	10 €	SILBER
2011	Achkarrer Schloßberg, Spätburgunder, Spl	●	ROT	13	52-12	9 €	SILBER
2012	Achkarrer Schlossberg, Ruländer, Bal	●	WSS	8	47-13	21 €	SILBER
2012	Achkarrer, Grauburgunder, QbA	●	WSS	13	89-12	5 €	SILBER
2012	Achkarrer Schlossberg, Weißburgunder, Kab	●	WSS	12	15-13	6 €	SILBER
2012	Achkarrer Castellberg, Weißburgunder, Kab	●	WSS	13	17-13	6 €	SILBER
2012	Achkarrer Castellberg, Muskateller, Kab	●	WSS	11	73-13	7 €	SILBER
2011	Achkarrer Schlossberg, Spätburgunder, QbA	●	ROT	13	57-12	9 €	SILBER
2012	Achkarrer Schlossberg, Weißburgunder, Kab	●	WSS	13	54-13	8 €	SILBER
2012	Achkarrer Schlossberg, Ruländer, Aul	●	WSS	7	43-13	9 €	SILBER
2012	Achkarrer Schloßberg, Grauburgunder, Spl	●	WSS	13	30-13	7 €	BRONZE

● Trocken   ● Halbtrocken   ● Lieblich/Mild   ● Edelsüß   *Preisangabe + Alkoholgehalt gerundet

Baden | 229

Jahrgang	Lage, Rebsorte, Qualitätsbezeichnung		Wein-Art	Vol%*	AP-Nr.	Preis*	DLG-Preis
2012	Achkarrer, Spätburgunder, QbA	🟡	BLDN	13	42-13	6 €	BRONZE
2012	Achkarrer Schloßberg, Silvaner, QbA	🟡	WSS	12	11-13	5 €	BRONZE
2011	Achkarrer Schlossberg „Bestes Fass", Weißburgunder, Kab	🟡	WSS	14	38-12	8 €	BRONZE
2011	Achkarrer Schlossberg, Spätburgunder, Aul	🟡	ROT	15	45-13	12 €	BRONZE

– Advertorial –

Winzergenossenschaft Bischoffingen-Endingen am Kaiserstuhl eG

Bacchusstraße 20, 79235 **Vogtsburg-Bischoffingen**, Tel.:07662/9301-0,
Fax: 07662/9301-93, info@wg-bischoffingen.de, www.wg-bischoffingen.de

„Naturbelassen & qualitätsorientiert, einfach authentisch mit klarer Bodenprägung" – so bestimmen die Bischoffinger und Endinger Weine den Stil der gleichnamigen Winzergenossenschaft. Durch die günstige Lage am südwestlichen Kaiserstuhl reifen hier auf 304 ha Rebfläche vor allem die Burgundersorten Grauer Burgunder, Weißer Burgunder, Blauer Spätburgunder zu besonderen Spezialitäten heran. Jedes Jahr anders aber immer eine Klasse für sich. Zahlreiche nationale wie auch internationale Preise und Auszeichnungen garantieren die gute Qualität der Bischoffinger & Endinger Weine. Unter anderem die bereits 37 Gold- & 20 Silbermedaillen, ausgezeichnet bei der Landesweinprämierung des Badischen Weinbauverbandes 2013, unterstreichen den hohen Qualitätsanspruch des Bischoffinger & Endinger Winzerkellers.

Jahrgang	Lage, Rebsorte, Qualitätsbezeichnung		Wein-Art	Vol%*	AP-Nr.	Preis*	DLG-Preis
2012	Bischoffinger Vulkanfelsen, Gewürztraminer, Kab	🔴	WSS	12	57-13	7 €	GOLD
2011	Bischoffinger Enselberg, Spätburgunder, QbA	🟡	ROT	13	123-12	6 €	GOLD
2011	Bischoffingre Rosenkranz, Merlot, QbA	🟡	ROT	14	18-13	6 €	GOLD
2012	Endinger Vulkanfelsen, Weißburgunder, QbA	🟢	WSS	12	120-12	6 €	GOLD
2012	Bischoffinger Vulkanfelsen, Gewürztraminer, Kab	🟡	WSS	12	56-13	7 €	GOLD
2012	Bischoffinger „Sommer-Rosée", Cuvee Rosee, QbA	🟡	ROSEE	12	54-13	5 €	SILBER
2012	Bischoffinger Vulkanfelsen, Grauburgunder, Spl	🟡	WSS	13	53-13	7 €	SILBER
2012	Endinger Vulkanfelsen, Cuvee Weißwein, QbA	🟡	WSS	11	22-13	5 €	SILBER
2012	Bischoffinger Vulkanfelsen „Sommer-Cuvee", Cuvee Weißwein, QbA	🟡	WSS	12	24-13	5 €	SILBER
2012	Endinger Vulkanfelsen, Weißburgunder, QbA	🟡	WSS	13	133-12	6 €	SILBER
2011	Bischoffinger Enselberg, Spätburgunder, QbA	🟢	ROT	13	113-12	5 €	SILBER
2012	Bischoffinger „Tradition", Weißburgunder, QbA	🟡	WSS	12	132-12	5 €	SILBER
2012	Bischoffinger Vulkanfelsen „Tradition", Grauburgunder, QbA	🟡	WSS	13	1-13	5 €	SILBER
2012	Bischoffinger „White Cocoon", Pinot Noir, QbA	🟡	BLDN	13	29-13	8 €	SILBER
2011	Bischoffinger „Opal", Grauburgunder, QbA	🟡	WSSH	13	61-12	10 €	SILBER
2012	Bischoffinger Vulkanfelsen, Weißburgunder, Kab	🟡	WSS	13	55-13	5 €	SILBER
2012	Endinger Engelsberg, Spätburgunder, QbA	🟡	ROT	13	20-13	6 €	SILBER
2012	Bischoffinger Vulkanfelsen „Trio", Spätburgunder, QbA	🔴	WHT	11	26-13	5 €	SILBER
2011	Endinger Vulkanfelsen „ET 1", Spätburgunder, QbA	🟡	ROT	14	66-12	6 €	SILBER
2011	Bischoffinger Enselberg, Spätburgunder, Spl	🟡	ROT	14	108-12	9 €	BRONZE
2012	Bischoffinger Vulkanfelsen „Evergreen", Pinot Blanc, QbA	🟡	WSS	13	31-13	5 €	BRONZE
2011	Bischoffinger „BB-Serie", Grauburgunder, QbA	🟡	WSS	13	88-12	7 €	BRONZE
2012	Bischoffinger „Evergreen", Pinot Blanc, QbA	🟡	WSS	12	134-12	5 €	BRONZE
2012	Bischoffinger „BB-Serie", Weißburgunder, QbA	🟡	WSS	13	25-13	6 €	BRONZE
2012	Bischoffinger Vulkanfelsen „B-Serie", Grauburgunder, Kab	🟡	WSS	13	5-13	6 €	BRONZE

🟡 Trocken 🟢 Halbtrocken 🔴 Lieblich/Mild 🔵 Edelsüß   * Preisangabe + Alkoholgehalt gerundet

DLG-prämierte Weine und Sekte

Jahrgang	Lage, Rebsorte, Qualitätsbezeichnung	Wein-Art	Vol%*	AP-Nr.	Preis*	DLG-Preis
2012	Endinger Engelsberg, Scheurebe, Kab	WSS	11	17-13	6 €	BRONZE
2011	Bischoffinger „BB-Serie", Spätburgunder, QbA	ROTH	13	39-13	8 €	BRONZE
2011	Bischoffinger Enselberg, Spätburgunder, QbA	ROT	14	122-12	6 €	BRONZE
2012	Bischoffinger Vulkanfelsen „Trio", Spätburgunder, QbA	ROT	14	23-13	7 €	BRONZE
2012	Endinger Engelsberg, Spätburgunder, QbA	ROT	13	21-13	6 €	BRONZE
2012	Bischoffinger „BB-Serie", Grauburgunder, QbA	WSS	13	37-13	7 €	BRONZE
2012	Bischoffinger „BB-Serie", Grauburgunder, QbA	WSS	13	34-13	7 €	BRONZE
2010	Bischoffinger „BB-Serie", Spätburgunder, QbA	ROTH	13	40-12	8 €	BRONZE

Kaiserstühler Winzerverein Oberrotweil eG, Bahnhofstr. 31, 79235 **Vogtsburg-Oberrotweil**, Tel.: 07662/93200, Fax: 07662/8414, info@winzerverein-oberrotweil.de, www.Winzerverein-Oberrotweil.de

Jahrgang	Lage, Rebsorte, Qualitätsbezeichnung	Wein-Art	Vol%*	AP-Nr.	Preis*	DLG-Preis
2012	Oberrotweiler, Pinot Noir, QbA	BLDN	12	9-13		GOLD
2012	Oberrotweiler Henkenberg, Ruländer, Eis	WSS	8	66-13		GOLD
2012	Oberrotweiler Henkenberg, Ruländer, Eis	WSS	8	77-13		GOLD
2012	Oberrotweiler Käsleberg, Ruländer, Bal	WSS	9	67-13		GOLD
2012	Oberrotweiler Henkenberg, Ruländer, Eis	WSS	9	72-13		GOLD
2012	Oberrotweiler Käsleberg, Grauburgunder, Kab	WSS	13	31-13		GOLD
2012	Oberrotweiler Käsleberg, Müller-Thurgau, Kab	WSS	10	33-13		GOLD
2012	Oberrotweiler Käsleberg, Ruländer, Bal	WSS	9	76-13		GOLD
2011	Oberrotweiler, Spätburgunder, QbA	ROT	13	15-13		GOLD
2012	Oberrotweiler Käsleberg, Grauburgunder, Spl	WSS	13	55-13		GOLD
2011	Oberrotweiler Käsleberg, Spätburgunder, Bal	WHT	8	86-12		GOLD
2011	Oberrotweiler Käsleberg, Spätburgunder, Bal	WHT	8	85-12		SILBER
2012	Oberrotweiler Henkenberg, Gewürztraminer, Spl	WSS	11	51-13		SILBER
2011	Oberrotweiler, Spätburgunder, QbA	ROT	13	115-12		SILBER
2012	Oberrotweiler Käsleberg, Weißburgunder, Kab	WSS	12	20-13		SILBER
2012	Oberrotweiler Käsleberg, Weißburgunder, Kab	WSS	13	21-13		SILBER
2012	Oberrotweiler, Chardonnay, QbA	WSS	13	69-13		SILBER
2011	Oberrotweiler, Spätburgunder, Kab	ROT	13	23-12		SILBER
2009	Oberrotweiler, Spätburgunder, QbA	ROT	14	80-13		SILBER
2012	Oberrotweiler, Pinot Noir, QbA	BLDN	13	63-13		SILBER
2012	Oberrotweiler Käsleberg, Grauburgunder, Kab	WSS	13	46-13		BRONZE
2011	Oberrotweiler, Spätburgunder, Spl	ROT	13	64-12		BRONZE
2012	Oberrotweiler Käsleberg, Grauburgunder, Spl	WSS	13	56-13		BRONZE
2012	Oberrotweiler Käsleberg, Weißburgunder, Spl	WSS	13	49-13		BRONZE
2011	Oberrotweiler, Spätburgunder, Kab	ROT	13	66-12		BRONZE
2012	Oberrotweiler Käsleberg, Gewürztraminer, Kab	WSS	12	27-13		BRONZE

Winzergenossenschaft Weingarten eG, Kirchbergstr. 17, 76356 **Weingarten**, Tel.: 07244/70330, Fax: 07244/2498, info@wg-weingarten.de, www.wg-weingarten.de

Jahrgang	Lage, Rebsorte, Qualitätsbezeichnung	Wein-Art	Vol%*	AP-Nr.	Preis*	DLG-Preis
2012	Weingartener Hohenberg, Rivaner, QbA	WSS	13	26-13	4 €	GOLD
2012	Weingartener Hohenberg, Grauburgunder, Spl	WSS	14	21-13	7 €	SILBER
2012	Weingartener Hohenberg, Auxerrois, QbA	WSS	13	19-13	5 €	SILBER
2012	Ellmendinger Keulebuckel, Schwarzriesling, Kab	ROT	13	28-13	7 €	SILBER
2012	Weingartener Hohenberg, Rivaner, QbA	WSS	13	11-13	3 €	BRONZE
2012	Weingartener Hohenberg, Spätburgunder, QbA	ROSEE	13	20-13	6 €	BRONZE

Weingut Oesterlein · Lothar Klüpfel, Am Oberen Tor 9, 97877 **Wertheim**, Tel.: 09397/259, Fax: 09397/929373, weingut-oesterlein@t-online.de, www.weingut-oesterlein.de

Jahrgang	Lage, Rebsorte, Qualitätsbezeichnung	Wein-Art	Vol%*	AP-Nr.	Preis*	DLG-Preis
2012	Baden Classic, Silvaner, QbA	WSS	13	6-13	7 €	SILBER
2012	Dertinger Mandelberg, Kerner, Kab	WSS	12	29-12	5 €	SILBER
2012	Dertinger Mandelberg, Rivaner, QbA	WSS	13	9-13	5 €	BRONZE

● Trocken ● Halbtrocken ● Lieblich/Mild ● Edelsüß *Preisangabe + Alkoholgehalt gerundet

Baden | 231

Jahrgang	Lage, Rebsorte, Qualitätsbezeichnung		Wein-Art	Vol%*	AP-Nr.	Preis*	DLG-Preis

Winzerkeller im Taubertal, St.-Georg-Str. 1-3, 97877 **Wertheim-Reicholzheim**, Tel.: 09321/7005126, Fax: 09321/7005228, Reiner.Wein@GWF-Kitzingen.de, www.GWF-Kitzingen.de

Jahrgang	Lage, Rebsorte, Qualitätsbezeichnung		Wein-Art	Vol%	AP-Nr.	Preis	DLG-Preis
2012	Lissigheimer Stahlberg, Müller-Thurgau, Spl	🟡	WSS	12	17-13	7 €	SILBER
2012	Tauberfranken, Müller-Thurgau, Kab	🟡	WSS	11	5-13	5 €	SILBER
2012	Dertinger Mandelberg, Silvaner, Spl	🟡	WSS	12	19-13	8 €	SILBER
2011	Wertheimer Tauberklinge, Kerner, Kab	🟢	WSS	12	24-12	5 €	SILBER
2012	Tauberfranken, Johanniter, Kab	🟡	WSS	12	10-13	5 €	BRONZE
2012	Dertinger Mandelberg, Silvaner, Kab	🟡	WSS	12	12-13	5 €	BRONZE
2011	Baden „Der Weinschmecker", Regent, QbA	🟢	ROT	13	42-12	5 €	BRONZE
2009	Baden „Der Weinschmecker", Schwarzriesling, QbA	🟡	ROT	12	26-12	4 €	BRONZE
2012	Großrinderfelder Beilberg, Schwarzriesling, QbA	🟢	ROT	13	14-13	6 €	BRONZE

🟡 Trocken   🟢 Halbtrocken   🔴 Lieblich/Mild   🔵 Edelsüß   * Preisangabe + Alkoholgehalt gerundet

Franken

Muschelkalk für feine Silvaner

Franken ist ein Synonym für mineralische und charakteristische Silvaner-Weine, die zwischen Aschaffenburg und Schweinfurt auf den kontrastreichen Bodenstrukturen mit Buntsandstein, Muschelkalk und Keuper gedeihen. In einem kontinental geprägten Klima, das sich durch den Wechsel von warmen Sommern und kühlen Wintern auszeichnet, erzeugt man weitere regionaltypische Weine aus den Sorten Müller-Thurgau, Scheurebe, Riesling und Spätburgunder. Die Anbaufläche beträgt etwa 6.100 Hektar. Der Weißweinanbau überwiegt mit einem Anteil von 81 Prozent.

Ihr Weg zu den Spitzenweinen

1 Weingut Geiger und Söhne, Thüngersheim
2 Weingut Horst Sauer, Volkach-Escherndorf
3 Weingut „Am Lump" · Albrecht Sauer, Escherndorf
4 Weingut Juliusspital, Würzburg
5 Winzergemeinschaft Franken, Kitzingen

✹ Winzer des Jahres ★ TOP-Winzer (Bundesehrenpreis) ● weitere Betriebsempfehlung

Franken | 233

| Jahrgang | Lage, Rebsorte, Qualitätsbezeichnung | Wein-Art | Vol%* | AP-Nr. | Preis* | DLG-Preis |

Sekte

Weingut Dieter Laufer, Schloßgut Bimbach 30, 97357 **Prichsenstadt/Bimbach**, Tel.: 09549/202, Fax: 09549/5163, verkauf@weingut-laufer.de, www.weingut-laufer.de

| 2008 | Wiebelsberger Dachs, Silvaner, brut | ● | WSS | 13 | 13-11 | SILBER |
| 2010 | Kammerforster Teufel, Domina, extra trocken | ● | ROT | 13 | 12-12 | SILBER |

Weingut Baldauf · Gerald und Ralf Baldauf, Hauptstr. 42, 97729 **Ramsthal**, Tel.: 09704/1595, Fax: 09704/7655, info@baldaufwein.de, www.weingutbaldauf.de

| 2011 | Franken „Clees", Riesling, brut | ● | WSS | 13 | 69-12 | 14 € | BRONZE |

Weingut Stefan Goger, Hauptstraße 28, 97522 **Sand am Main**, Tel.: 09524/227, Fax: 09524/207, Stefan.goger@gmx.de

| 2010 | Sander Kronberg, Riesling, trocken | ● | WSS | 11 | 30-12 | 12 € | BRONZE |

● Brut nature / Extra Brut / Brut   ● Extra trocken / Trocken   ● Halbtrocken / Mild   * Preisangabe + Alkoholgehalt gerundet

Weine

Weingut Behringer Wein KG, Rehweiler Str. 7, 97355 **Abtswind**, Tel.: 09383/97370, Fax: 09383/973724, info@weingut-behringer.de, www.weingut-behringer.de

2011	Wiebelsberger Dachs, Silvaner, Spl	●	WSS	12	21-12	9 €	SILBER
2011	Abtswinder Altenberg, Rieslaner, Spl	●	WSS	12	9-12	9 €	SILBER
2011	Abtswinder Altenberg, Ortega, Aul	●	WSS	10	32-12		SILBER

Winzergenossenschaft Hörstein eG, Am Neuen Berg 2, 63755 **Alzenau-Hörstein**, Tel.: 06023/6421, Fax: 06023/917858, fam.waldschmitt@t-online.de

| 2012 | Hörsteiner Reuschberg, Chardonnay, Spl | ● | WSS | 13 | 9-13 | | SILBER |
| 2012 | Hörsteiner Abtsberg, Riesling, Spl | ● | WSS | 12 | 11-13 | | SILBER |

Weingut Klaus Gündling, Goldberghof, 63755 **Alzenau-Michelbach**, Tel.: 06023/1739, Fax: 06023/5861, Goldberghof@t-online.de, www.weingut-guendling-Goldberghof.com

2010	Michelbacher Apostelgarten, Spätburgunder, QbA	●	ROTB	13	14-12	10 €	SILBER
2011	Michelbacher Steinberg, Weißburgunder, Aul	●	WSSB	14	12-13	15 €	SILBER
2010	Franken, Merlot, Dornfelder, QbA	●	ROTH	13	13-12	8 €	BRONZE

Weingut Klaus Simon, Schloßbergstr. 1a, 63755 **Alzenau-Wasserlos**, Tel.: 06023/5477, Fax: 06023/5420, info@weinsimon.de, www.weinsimon.de

2011	Wasserloser Schloßberg, Weißburgunder, Kab	●	WSS	13	20-12		SILBER
2011	Wasserloser Schoßberg, Riesling, Kab	●	WSS	12	12-12		BRONZE
2009	Wasserloser Schloßberg, Spätburgunder, Aul	●	ROTB	14	19-11		BRONZE

Weinbau K. u. P. Pohl, Hauptstr.5, 97246 **Eibelstadt**, Tel.: 09303/8442, Fax: 0931/73500, info@weinbau-pohl.de, www.weinbau-pohl.fwo.de

| 2012 | Eibelstadter Mönchsleite, Spätburgunder, Spl | ● | WHT | 14 | 9-13 | 8 € | SILBER |
| 2012 | Eibelstadter Mönchsleite, Riesling, Kab | ● | WSS | 12 | 4-13 | 7 € | BRONZE |

Weingut Ulrich Dorsch, Maingasse 4, 97246 **Eibelstadt**, Tel.: 09303/496, Fax: 09303/99726, weingut-dorsch@t-online.de

2012	Eibelstadter Kapellenberg, Scheurebe, Spl	●	WSS	12	11-13	7 €	SILBER
2011	Eibelstadter Mönchsleite, Spätburgunder, QbA	●	ROT	13	7-12	7 €	BRONZE
2011	Eibelstadter Kapellenberg, Domina, QbA	●	ROT	13	18-12	6 €	BRONZE

● Trocken   ● Halbtrocken   ● Lieblich/Mild   ● Edelsüß   * Preisangabe + Alkoholgehalt gerundet

Jahrgang	Lage, Rebsorte, Qualitätsbezeichnung		Wein-Art	Vol%*	AP-Nr.	Preis*	DLG-Preis

Weingut "Zur Höll" · Günter Riegler, Hohlweg 3, 97247 **Eisenheim**, Tel.: 09386/1009, Fax: 09386/1430, info@weingut-riegler.de, www.weingut-riegler.de

| 2010 | Obereisenheimer Höll, Bacchus, Spl | ● | WSS | 12 | 2-11 | 7 € | GOLD |
| 2011 | Obereisenheimer Höll, Rieslaner, Bal | ● | WSS | 14 | 8-12 | 17 € | SILBER |

Weinbau Müller · Rudolf Müller, Dieselstraße 5, 63762 **Großostheim**, Tel.: 06026/3165, weinbau-mueller@gmx.net

2012	Großostheimer Reischklingeberg, Müller-Thurgau, Spl	●	WSS	12	4-13	6 €	SILBER
2012	Großostheimer Heiligenthal, Regent, Spl	●	ROT	13	7-13	7 €	BRONZE
2012	Großostheimer Heiligenthal, Regent, Spl	●	WHT	12	3-13	6 €	BRONZE

– Advertorial –

Weingut Ruppert

Christiana Ruppert, Obere Stadtmauer 15, 97762 **Hammelburg**, Tel.: 09732/7374, Fax: 09732/7337, info@weingut-ruppert.com, www.weingut-ruppert.com

Im fränkischen Weinland, das für den typischen Bocksbeutel bekannt ist, liegt das idyllische Städtchen Hammelburg. Hier, in der ältesten Weinstadt Frankens, zwischen den zwei Türmen der ehemaligen Stadtmauer, befindet sich das Weingut Ruppert. Die Familie führt die Tradition einer alteingesessenen Winzerfamilie fort und verfolgt das gemeinsame Ziel, wertvolle Weine zu erzeugen.

2012	Franken, Riesling, QbA	●	WSS	12	1-13	6 €	GOLD
2012	Hammelburger Trautlestal, Ortega, Kab	●	WSS	12	22-12	6 €	SILBER
2012	Hammelburger Trautlestal, Portugieser, QbA		ROSEE	13	21-12	6 €	SILBER
2012	Hammelburger Trautlestal, Müller-Thurgau, Kab	●	WSS	13	7-13	6 €	SILBER
2012	Hammelburger Heroldsberg, Bacchus, Kab	●	WSS	12	8-13	6 €	SILBER
2012	Hammelburger Heroldsberg, Silvaner, Kab	●	WSS	12	6-13	6 €	SILBER

Weingut Ernst Popp KG, Rödelseer Str. 15, 97343 **Iphofen**, Tel.: 09323/3371, Fax: 09323/5781, info@weingut-popp.de, www.weingut-popp.de

2012	Iphöfer Julius-Echter-Berg, Müller-Thurgau, Kab	●	WSS	11	19-13	6 €	GOLD
2012	Iphöfer Julius-Echter-Berg, Silvaner, Spl	●	WSS	14	23-13	16 €	GOLD
2012	Rödelseer Küchenmeister, Silvaner, Kab	●	WSS	13	24-13	7 €	SILBER
2012	Iphöfer Julius-Echter-Berg, Riesling, Spl	●	WSS	12	27-13	11 €	SILBER
2012	Iphöfer Kalb, Rieslaner, Spl	●	WSS	12	31-13	11 €	SILBER
2012	Iphöfer Kronsberg, Weißburgunder, Spl	●	WSS	14	30-13	11 €	SILBER
2012	Iphöfer Kalb, Silvaner, Kab	●	WSS	13	10-13	8 €	SILBER
2012	Iphöfer Julius-Echter-Berg, Bacchus, Kab	●	WSS	11	34-13	7 €	BRONZE
2012	Rödelseer Schwanleite, Grauburgunder, Kab	●	WSS	14	15-13	8 €	BRONZE
2012	Iphöfer Julius-Echter-Berg, Riesling, Kab	●	WSS	13	25-13	14 €	BRONZE
2012	Iphöfer Kronsberg, Müller-Thurgau, Kab	●	WSS	12	35-13	6 €	BRONZE

Weinbau Johannes Barth, Obere Gräbengasse 9, 97346 **Iphofen**, Tel.: 09323/3862, Fax: 09323/8709820, Sabine@Weinbau-Barth.de, www.Weinbau-Barth.de

2012	Iphöfer Kalb, Silvaner, Kab	●	WSS	13	5-13	7 €	GOLD
2012	Iphöfer Julius Echter Berg, Silvaner, Spl	●	WSS	14	6-13	9 €	SILBER
2012	Franken "Pfiffikus", Spätburgunder, Kab	●	BLDN	14	10-13	8 €	BRONZE
2012	Franken "Pfiffikus", Spätburgunder, Kab	●	WHT	14	9-13	7 €	BRONZE
2012	Iphöfer Kronsberg, Bacchus, Spl	●	WSS	12	8-13	8 €	BRONZE

● Trocken   ● Halbtrocken   ● Lieblich/Mild   ● Edelsüß   * Preisangabe + Alkoholgehalt gerundet

Franken | 235

Jahrgang	Lage, Rebsorte, Qualitätsbezeichnung		Wein-Art	Vol%*	AP-Nr.	Preis*	DLG-Preis

Weinbau Norbert Muth, Ludwigstr. 20, 97346 **Iphofen**, Tel.: 09323/902, Fax: 09323/401, info@weinbau-muth.de, www.weinbau-muth.de

Jahrgang	Lage, Rebsorte, Qualitätsbezeichnung		Wein-Art	Vol%	AP-Nr.	Preis	DLG-Preis
2011	Iphöfer Kalb, Kerner, Aul	●	WSS	13	12-12	9 €	GOLD
2012	Iphöfer Kalb, Kerner, Spl	●	WSS	12	7-13	8 €	SILBER

Winzergemeinschaft Franken eG, Alte Reichsstr. 70, 97318 **Kitzingen**, Tel.: 09321/7005126, Fax: 09321/7005228, Reiner.Wein@GWF-Kitzingen.de, www.GWF-Kitzingen.de

Jahrgang	Lage, Rebsorte, Qualitätsbezeichnung		Wein-Art	Vol%	AP-Nr.	Preis	DLG-Preis
2012	Franken „Weingalerie", Grauburgunder, QbA	●	WSS	13	69-13	5 €	GOLD
2012	Franken „WeinGalerie", Weißburgunder, QbA	●	WSS	13	66-13	5 €	GOLD
2012	Franken, Grauburgunder, Kab	●	WSS	13	60-13	5 €	SILBER
2012	Wipfelder Zehntgraf, Silvaner, Kab	●	WSS	11	602-12	5 €	SILBER
2011	Winzer an der Mainschleife, Kerner, Spl	●	WSS	12	227-12	6 €	SILBER
2011	Rödelseer Küchenmeister, Traminer, Spl	●	WSS	13	217-12	9 €	SILBER
2012	Franken, Weißburgunder, Kab	●	WSS	13	80-13	5 €	SILBER
2012	Ziegelangerer Ölschnabel, Bacchus, Kab	●	WSS	12	130-13	5 €	SILBER
2011	Astheimer Karthäuser, Silvaner, Spl	●	WSS	14	451-12	15 €	SILBER
2011	Wipfelder Zehntgraf, Grauburgunder, Spl	●	WSS	13	485-12	8 €	SILBER
2011	Untereisenheimer Sonnenberg, Silvaner, Spl	●	WSS	13	454-12	15 €	SILBER
2012	Franken „Tilman", Grauburgunder, Kab	●	WSS	14	122-13	5 €	SILBER
2012	Iphöfer Burgweg, Müller-Thurgau, Kab	●	WSS	11	191-13	5 €	SILBER
2012	Volkacher Kirchberg, Müller-Thurgau, Kab	●	WSS	12	61-13	5 €	SILBER
2011	Seinsheimer Hohenbühl, Traminer, Spl	●	WSS	12	484-12	8 €	SILBER
2012	Escherndorfer Lump, Scheurebe, Spl	●	WSS	13	249-13	8 €	SILBER
2012	Escherndorfer Lump, Silvaner, Spl	●	WSS	13	201-13	7 €	SILBER
2012	Randersackerer Pfülben, Silvaner, Spl	●	WSS	12	194-13	8 €	SILBER
2012	Würzburger Kirchberg, Grauburgunder, Kab	●	WSS	13	223-13	6 €	SILBER
2011	Escherndorfer Lump, Silvaner, Kab	●	WSS	13	523-12	6 €	SILBER
2012	Volkacher Kirchberg, Müller-Thurgau, Kab	●	WSS	12	47-13	5 €	SILBER
2012	Frickenhäuser Kapellenberg, Silvaner, Spl	●	WSS	14	239-13	15 €	SILBER
2011	Franken, Weißburgunder, Kab	●	WSS	13	322-12	5 €	SILBER
2012	Obereisenheimer Höll, Silvaner, Kab	●	WSS	12	197-13	5 €	SILBER
2012	Franken, Müller-Thurgau, Kab	●	WSS	12	221-13	6 €	SILBER
2012	Homburger Kallmuth, Rieslaner, Spl	●	WSS	12	254-13	8 €	SILBER
2011	Sommerhäuser Steinbach, Silvaner, Spl	●	WSS	13	239-12	8 €	SILBER
2012	Hüttenheimer Tannenberg „Weinparadies", Weißburgunder, Spl	●	WSS	13	182-13	7 €	SILBER
2012	Franken „Winzer an der Mainschleife", Müller-Thurgau, Spl	●	WSS	12	189-13	6 €	SILBER
2011	Rödelseer Schwanleite, Rieslaner, Spl	●	WSS	11	304-12	10 €	SILBER
2012	Eußenheimer First, Silvaner, Spl	●	WSS	13	190-13	8 €	SILBER
2012	Iphöfer Burgweg, Scheurebe, Kab	●	WSS	12	226-13	5 €	SILBER
2008	Franken, Cabernet Mitos, Cabernet Dorsa, QbA	●	ROTB	12	261-12	15 €	BRONZE
2011	Franken, Silvaner, Kab	●	WSS	12	552-12	8 €	BRONZE
2011	Wipfelder Zehntgraf, Traminer, Spl	●	WSS	11	402-12	8 €	BRONZE
2011	Franken, Domina, QbA	●	ROT	12	398-12	5 €	BRONZE
2011	Retzstadter Langenberg, Rieslaner, Spl	●	WSS	12	448-12	7 €	BRONZE
2012	Frickenhäuser Kapellenberg, Blauer Silvaner, Kab	●	WSS	12	241-13	5 €	BRONZE
2012	Volkacher Kirchberg, Domina, QbA	●	ROT	13	234-13	6 €	BRONZE
2011	Rödelseer Küchenmeister, Silvaner, Spl	●	WSS	14	302-12	10 €	BRONZE
2012	Würzburger Pfaffenberg, Rieslaner, Spl	●	WSS	12	195-13	8 €	BRONZE
2011	Frickenhäuser Marktgraf Babenberg, Silvaner, Kab	●	WSS	11	399-12	5 €	BRONZE
2012	Marktbreiter Sonnenberg, Grauburgunder, Kab	●	WSS	14	204-13	6 €	BRONZE
2011	Retzstadter Langenberg, Silvaner, Spl	●	WSS	14	212-12	8 €	BRONZE
2011	Iphöfer Julius-Echter Berg, Silvaner, Spl	●	WSS	13	156-12	8 €	BRONZE
2012	Theilheimer Altenberg, Kerner, Spl	●	WSS	12	196-13	8 €	BRONZE
2011	Escherndorfer Lump, Riesling, Spl	●	WSS	13	301-12	8 €	BRONZE

● Trocken ● Halbtrocken ● Lieblich/Mild ● Edelsüß * Preisangabe + Alkoholgehalt gerundet

236 | DLG-prämierte Weine und Sekte

FRANKEN

Jahrgang	Lage, Rebsorte, Qualitätsbezeichnung		Wein-Art	Vol%*	AP-Nr.	Preis*	DLG-Preis
2011	Randersackerer Pfülben, Rieslaner, Spl	🟡	WSS	13	289-12	8 €	BRONZE
2012	Volkacher Kirchberg, Silvaner, Kab	🟢	WSS	12	609-12	5 €	BRONZE
2012	Steinbacher Nonnenberg, Domina, QbA	🟢	ROT	12	132-13	5 €	BRONZE
2011	Randersackerer Ewig Leben, Silvaner, Kab	🟡	WSS	12	387-12	5 €	BRONZE

Weingut Martin Barthel, Kronäckerweg 16, 97478 **Knetzgau**, Tel.: 09528/709, weinbau-barthel@web.de

2012	Donnersdorfer Falkenberg, Bacchus, Kab	🟡	WSS	11	4-13	4 €	SILBER
2011	Oberschwappacher Sommertal, Regent, Kab	🔴	ROTH	11	8-12	5 €	BRONZE
2011	Oberwappacher Sommertal, Spätburgunder, Kab	🔴	BLDN	13	5-12	4 €	BRONZE

Weingut Manfred Braun, Weinbergstraße 7, 97334 **Nordheim**, Tel.: 09381/1682, Fax: 09381/847351, info@weingut-manfred-braun.de, www.weingut-manfred-braun.de

2011	Nordheimer Vögelein, Rieslaner, Tba	🟣	WSS	6	25-12	26 €	SILBER
2011	Nordheimer Vögelein, Rieslaner, Aul		WSS	9	23-12	10 €	BRONZE

Weingut Dieter Laufer, Schloßgut Bimbach 30, 97357 **Prichsenstadt/Bimbach**, Tel.: 09549/202, Fax: 09549/5163, verkauf@weingut-laufer.de, www.weingut-laufer.de

2012	Bimbacher Schlossgarten „Prichsenstadt", Cuvee Weißwein, QbA	🟡	WSS	12	15-13	8 €	SILBER
2012	Sommeracher Rosenberg, Kerner, Spl	🔴	WSS	13	10-13	8 €	SILBER
2011	Kammerförster Teufel, Müller-Thurgau, Spl	🟡	WSS	12	13-12		SILBER
2009	Traustädter Falhenberg, Domina, Spl	🟡	ROTB	13	17-12		BRONZE

Weingut Baldauf · Gerald und Ralf Baldauf, Hauptstr. 42, 97729 **Ramsthal**, Tel.: 09704/1595, Fax: 09704/7655, info@baldaufwein.de, www.weingutbaldauf.de

2012	Ramsthaler „Clees", Silvaner, Eis	🔴	WSS	12	30-13	40 €	GOLD EXTRA
2012	Franken „Clees", Graubrugunder, Spl	🟡	WSS	14	23-13	10 €	GOLD
2012	Franken, Weißburgunder, Kab	🟡	WSS	13	31-13		GOLD
2012	Franken, Silvaner, Kab	🟡	WSS	12	18-13	6 €	SILBER
2012	Franken „Clees", Rieslaner, Aul	🟣	WSS	10	28-13	11 €	SILBER
2012	Ramsthaler, Silvaner, Kab	🟡	WSS	12	19-13	7 €	SILBER
2012	Ramsthaler, Gewürztraminer, Kab	🟡	WSS	13	24-13		SILBER
2011	Franken „Clees", Silvaner, Spl	🟡	WSS	12	21-12	10 €	SILBER
2011	Franken „Clees Pfarrwengert", Silvaner, Spl	🟡	WSS	12	20-12	13 €	SILBER
2012	Franken „Clees", Rieslaner, Spl	🟣	WSS	11	29-13	10 €	SILBER

Weingut Michael Melber, Dorfgraben 1a, 97348 **Rödelsee**, Tel.: 09323/3496, Fax: 09323/6222, weingut-melber@t-online.de, www.weingut-melber.de

2011	Rödleseer Schwanleite, Kanzler, Spl	🔴	WSS	12	35-13	7 €	GOLD
2011	Rödelseer Schwanleite, Graubrugunder, Spl	🔴	WSS	13	36-12	7 €	SILBER

Weingut Stefan Goger, Hauptstraße 28, 97522 **Sand am Main**, Tel.: 09524/227, Fax: 09524/207, Stefan.goger@gmx.de

2012	Sander Kronberg, Bacchus, Kab	🟢	WSS	11	1-13		GOLD
2010	Sander Kronberg, Cabernet Sauvignon, Kab	🟡	ROTB	12	19-12		SILBER
2011	Sander Kronberg, Silvaner, Spl	🟡	WSS	13	22-12	7 €	BRONZE

Weingut Klaus Henke · Bruno Henke, Winzerstr. 1, 97334 **Sommerach**, Tel.: 09381/550, Fax: 09381/6938, post@weingut-henke.de, www.weingut-henke.de

2012	Sommeracher Katzenkopf, Scheurebe, Spl	🔴	WSS	12	11-13	7 €	SILBER
2012	Sommeracher Katzenkopf, Traminer, Aul	🔴	WSS	12	16-13	10 €	SILBER

🟡 Trocken 🟢 Halbtrocken 🔴 Lieblich/Mild 🟣 Edelsüß   * Preisangabe + Alkoholgehalt gerundet

Franken | 237

Jahrgang	Lage, Rebsorte, Qualitätsbezeichnung		Wein-Art	Vol%	AP-Nr.	Preis*	DLG-Preis

Zehnthof · Tobias Weickert, Hauptstraße 17, 97334 **Sommerach**, Tel.: 09381/2830, Fax: 09381/715794, info@zehnthof-weickert.de, www.zehnthof-weickert.de

Jahrgang	Lage, Rebsorte, Qualitätsbezeichnung	Farbe	Wein-Art	Vol%	AP-Nr.	Preis	DLG-Preis
2012	Sommeracher Katzenkopf, Scheurebe, Kab	◐	WSS	14	13-13	7 €	GOLD
2012	Sommeracher Katzenkopf, Bacchus, Kab	●	WSS	12	2-13	6 €	GOLD
2012	Sommeracher Katzenkopf, Scheurebe, Spl	●	WSS	12	16-13	10 €	GOLD
2012	Sommeracher Katzenkopf, Müller-Thurgau, Spl	●	WSS	13	32-13	10 €	SILBER
2012	Sommeracher Katzenkopf, Bacchus, Kab	●	WSS	12	1-13	6 €	SILBER
2011	Sommeracher Katzenkopf, Traminer, Aul	●	WSS	13	12-12	16 €	SILBER
2012	Volkacher Kirchberg, Bacchus, Spl	●	WSS	13	3-13	10 €	SILBER
2012	Volkacher Kirchberg, Regent, Spl	◐	ROT	13	29-13	10 €	SILBER
2012	Volkacher Kirchberg, Silvaner, Kab	◐	WSS	14	25-13	7 €	SILBER
2011	Sommeracher Katzenkopf, Silvaner, Spl	●	WSS	14	23-12	10 €	SILBER
2012	Volkacher Kirchberg, Riesling, Spl	◐	WSS	13	27-13	10 €	SILBER
2012	Sommeracher Katzenkopf, Silvaner, Kab	●	WSS	13	8-13	6 €	SILBER
2012	Vollkacher Kirchberg, Rivaner, Kab	●	WSS	13	12-13	6 €	SILBER
2012	Volkacher Kirchberg, Riesling, Kab	●	WSS	11	22-13	7 €	SILBER
2012	Volkacher Kirchberg, Bacchus, Spl	●	WSS	12	4-13	10 €	SILBER
2011	Sommeracher Katzenkopf, Silvaner, Kab	●	WSS	13	25-12	7 €	SILBER
2012	Volkacher Kirchberg, Cuvee Rotwein, QbA	◐	ROT	13	30-13	8 €	BRONZE
2012	Sommeracher Katzenkopf, Scheurebe, Kab	●	WSS	12	31-13	7 €	BRONZE
2012	Sommeracher Katzenkopf, Traminer, Spl	●	WSS	13	19-13		BRONZE
2012	Sommeracher Katzenkopf, Silvaner, Spl	●	WSS	14	26-13	10 €	BRONZE
2012	Sommeracher Katzenkopf, Riesling, Kab	●	WSS	12	23-13	7 €	BRONZE
2012	Volkacher Kirchberg, Kerner, Spl	●	WSS	14	17-13	10 €	BRONZE
2012	Volkacher Kirchberg, Kerner, Spl	●	WSS	13	20-13	10 €	BRONZE
2012	Sommeracher Katzenkopf, Traminer, Spl	◐	WSS	14	18-13	12 €	BRONZE
2012	Sommeracher Katzenkopf, Scheurebe, Spl	◐	WSS	14	15-13	10 €	BRONZE
2012	Sommeracher Katzenkopf, Silvaner, Kab	◐	WSS	14	24-13	7 €	BRONZE
2009	Volkacher Kirchberg, Spätburgunder, Aul	◐	ROTB	14	28-12	20 €	BRONZE

Weingut Christoph Steinmann, Neuenbergshof, 97286 **Sommerhausen**, Tel.: 09333/436, Fax: 09333/785, Weingut.Steinmann@t-online.de, www.weingut-steinmann.de

Jahrgang	Lage, Rebsorte, Qualitätsbezeichnung	Farbe	Wein-Art	Vol%	AP-Nr.	Preis	DLG-Preis
2011	Sommerhäuser Steinbach, Domina, QbA	◐	ROTH	14	24-12	8 €	GOLD
2012	Sommerhäuser Ölspiel, Silvaner, Kab	◐	WSS	12	15-13	6 €	SILBER
2012	Sommerhäuser Steinbach, Weißburgunder, Spl	◐	WSS	14	27-13	9 €	SILBER
2011	Sommerhäuser Steinbach, Traminer, Spl	●	WSS	12	10-12	8 €	SILBER
2011	Sommerhäuser Reifenstein, Spätburgunder, QbA	◐	ROT	14	23-12	7 €	SILBER
2012	Sommerhäuser Steinbach, Blauer Silvaner, Kab	◐	WSS	12	16-13	6 €	SILBER
2012	Sommerhäuser Steinbach, Rieslaner, Aul	●	WSS	10	24-13	8 €	BRONZE
2012	Sommerhäuser Steinbach Selection, Silvaner, QbA	◐	WSS	14	26-13	12 €	BRONZE
2012	Sommerhäuser Steinbach, Traminer, Kab	◐	WSS	13	25-13	6 €	BRONZE
2011	Sommerhäuser Steinbach, Riesling, Spl	◐	WSS	13	16-12	8 €	BRONZE
2012	Sommerhäuser Steinbach, Riesling, Kab	◐	WSS	12	23-13	7 €	BRONZE

Weingut Gebr. Geiger jun., Veitshöchheimer Str. 16, 97291 **Thüngersheim**, Tel.: 09364/7666, Fax: 09364/6616, info@gebr-geiger-jun.de, www.weingut-gebr.-geiger-jun.de

Jahrgang	Lage, Rebsorte, Qualitätsbezeichnung	Farbe	Wein-Art	Vol%	AP-Nr.	Preis	DLG-Preis
2012	Retzbacher Benediktusberg, Silvaner, Kab	◐	WSS	13	230-13	6 €	GOLD EXTRA
2012	Retzbacher Benediktusberg, Silvaner, Spl	◐	WSS	13	228-13	9 €	SILBER
2012	Thüngersheimer Scharlachberg feinherb, Bacchus, Kab	●	WSS	11	227-13	6 €	SILBER
2012	Retzbacher Benediktusberg, Weißburgunder, Spl	◐	WSS	13	231-13	10 €	SILBER
2011	Thüngersheimer Scharlachberg, Scheurebe, Kab	●	WSS	11	117-12	7 €	BRONZE
2011	Retzbacher Benediktusberg, Silvaner, Kab	◐	WSS	13	157-12	6 €	BRONZE
2011	Veitshochheimer Sonnenschein, Spätburgunder, Spl	◐	ROTB	13	125-13	15 €	BRONZE

◐ Trocken ● Halbtrocken ● Lieblich/Mild ● Edelsüß   * Preisangabe + Alkoholgehalt gerundet

238 | DLG-prämierte Weine und Sekte

Jahrgang	Lage, Rebsorte, Qualitätsbezeichnung		Wein-Art	Vol%*	AP-Nr.	Preis*	DLG-Preis

Weingut Geiger & Söhne, Veitshöchheimer Str. 1, 97291 **Thüngersheim**, Tel.: 09364/9605, Fax: 09364/6673, GeigerundSoehne@web.de, www.geigerundsoehne.de

2012	Thüngersheimer Ravensburg „MundFEIN", Bacchus, Kab	🟢	WSS	11	19-13	5 €	GOLD EXTRA
2012	Thüngersheimer Scharlachberg „MundFEIN", Müller-Thurgau, Kab	🟡	WSS	11	47-13	5 €	GOLD EXTRA
2012	Thüngersheimer Ravensburg, Bacchus, Spl	🔴	WSS	12	26-13	7 €	GOLD
2012	Thüngersheimer Johannisberg „MundART", Grauburgunder, Kab	🟡	WSS	12	20-13	6 €	GOLD
2012	Thüngersheimer Scharlachberg „Mund FEIN", Scheurebe, Kab	🔴	WSS	11	1-13	5 €	GOLD
2012	Thüngersheimer Johannisberg „Erste Geige", Weißburgunder, Spl	🟡	WSS	13	37-13	9 €	GOLD
2012	Thüngersheimer Ravensburg „Mund FEIN", Müller-Thurgau, Kab	🟢	WSS	11	7-13	5 €	GOLD
2012	Thüngersheimer Johannisberg „Mund ART", Silvaner, Kab	🟡	WSS	12	6-13	5 €	GOLD
2012	Thüngersheimer Johannisberg „MundART", Müller-Thurgau, Kab	🟡	WSS	12	45-13	5 €	GOLD
2012	Thüngersheimer Ravensburg „Mund ART", Kerner, Kab	🟡	WSS	13	13-13	5 €	GOLD
2012	Thüngersheimer Scharlachberg „Erste Geige", Grauburgunder, Spl	🟡	WSS	13	36-13	9 €	GOLD
2012	Thüngersheimer Johannisberg „Mund ART", Riesling, Kab	🟡	WSS	11	5-13	6 €	GOLD
2012	Thüngersheimer Johannisberg „Mund ART", Silvaner, Kab	🟡	WSS	13	12-13	5 €	GOLD
2011	Thüngersheimer Johannisberg „BIG G", Cabernet Dorsa, Spl	🟡	ROTB	13	15-13	15 €	GOLD
2012	Thüngersheimer Johannisberg „Mund ART", Weißburgunder, Kab	🟡	WSS	12	9-13	6 €	GOLD
2012	Thüngersheimer Scharlachberg „MundART", Silvaner, Kab	🟡	WSS	12	33-13	5 €	GOLD
2012	Thüngersheimer Johannisberg „Mund FEIN", Rieslaner, Kab	🟢	WSS	11	8-13	5 €	SILBER
2012	Thüngersheimer Johannisberg „Mund ART", Müller-Thurgau, Kab	🟡	WSS	12	14-13	5 €	SILBER
2012	Thüngersheimer Ravensburg „Mund FEIN", Bacchus, Kab	🟢	WSS	11	2-13	5 €	SILBER
2012	Thüngersheimer Johannisberg „MundART", Silvaner, Kab	🟡	WSS	12	46-13	6 €	SILBER
2012	Thüngersheimer Johannisberg, Scheurebe, Spl	🔴	WSS	12	27-13	8 €	SILBER
2012	Thüngersheimer Ravensburg, Kerner, Spl	🟡	WSS	12	32-13	8 €	SILBER
2011	Thüngersheimer Johannisberg „Michele", Spätburgunder, Spl	🟡	ROTB	13	16-13	12 €	SILBER
2011	Thüngersheimer Ravensburg „Mund ROT", Domina, QbA	🟡	ROT	13	44-12	6 €	SILBER
2012	Thüngersheimer Johannisberg „Erste Geige", Weißburg., Grauburg., Spl	🟡	WSSB	13	38-13	10 €	BRONZE
2012	Thüngersheimer Ravensburg „MundROT", Cuvee Rosee, Kab	🟡	ROSEE	12	22-13	5 €	BRONZE
2011	Thüngersheimer Ravensburg „Erste Geige", Spätburgunder, Spl	🟡	ROT	13	70-11	8 €	BRONZE

Weingut Hermann Bauer, Veitshöchheimer Str. 46, 97291 **Thüngersheim**, Tel.: 09364/9393, Fax: 09364/9301, WeinguthBauer@t-online.de

2012	Thünergsheimer Ravenberg, Domina, QbA	🟡	ROT	12	20-13		SILBER
2012	Thüngersheimer Johannisberg, Grauburgunder, Kab	🟡	WSS	12	19-13		BRONZE
2011	Thüngersheimer Johannisberg, Müller-Thurgau, Spl	🟢	WSS	13	18-12		BRONZE
2011	Thüngersheimer Johannisberg, Scheurebe, Kab	🟢	WSS	11	2-13		BRONZE

Weinhaus Frank GbR · Robert und Karl-Heinz Frank, Julius-Leber-Str. 3, 97855 **Triefenstein-Lengfurt**, Tel.: 09395/266, Fax: 09395/8008, weinhaus@weinhaus-frank.de, www.weinhaus-frank.de

2009	Lengfurter Oberrot, Frühburgunder, QbA	🟡	ROTB	14	28-11		GOLD
2012	Homberger Edelfrau, Silvaner, Kab	🟡	WSS	13	26-13		GOLD
2012	Lengfurter Oberrot, Weißburgunder, Spl	🟡	WSS	14	22-13		GOLD
2012	Erlenbacher Krähenschnabel, Grauburgunder, Spl	🟡	WSS	14	21-13		GOLD
2012	Homburger Kallmuth, Riesling, Kab	🟡	WSS	12	11-13		SILBER
2012	Lengfurter Alter Berg, Silvaner, Kab	🟡	WSS	12	14-13		SILBER
2012	Marktheidenfelder Kreuzberg, Silvaner, Kab	🟡	WSS	12	10-13		SILBER
2009	Lengfurter Oberrot, Cabernet Cubin, QbA	🟡	ROTB	13	27-11		SILBER
2012	Homburger Kallmuth, Blauer Silvaner, Kab	🟡	WSS	13	12-13		SILBER
2012	Lengfurter Alter Berg, Rivaner, Kab	🟡	WSS	12	9-13		SILBER
2012	Homburger Kallmuth, Silvaner, Kab	🔴	WSS	12	15-13		BRONZE
2012	Lengfurter Oberrot „via publica", Silvaner, Kab	🟡	WSS	12	23-13		BRONZE
2012	Homberger Edelfrau, Weißburgunder, Kab	🟡	WSS	13	24-13		BRONZE

🟡 Trocken   🟢 Halbtrocken   🔴 Lieblich/Mild   ⚫ Edelsüß   * Preisangabe + Alkoholgehalt gerundet

Franken | 239

Jahrgang	Lage, Rebsorte, Qualitätsbezeichnung		Wein-Art	Vol%*	AP-Nr.	Preis*	DLG-Preis

Weingut Hirn & Hundertwasser-Shop · Im Weinparadies, Dipacher Straße 8, 97247 **Untereisenheim**, Tel.: 09386/388, Fax: 09386/1280, info@weingut-hirn.de, www.weingut-hirn.de

2012	Untereisenheimer Höll, Kerner, Spl	●	WSS	13	8-13	8 €	SILBER
2012	Untereisenheimer Höll, Rivaner, Kab	●	WSS	12	5-13	5 €	SILBER
2012	Untereisenheimer Höll, Weißburgunder, Spl	●	WSS	14	11-13	9 €	SILBER
2012	Untereisenheimer Höll, Bacchus, Kab	●	WSS	12	13-13	6 €	SILBER
2012	Untereisenheimer Höll, Bacchus, Spl	●	WSS	12	12-13	8 €	SILBER
2012	Untereisenheimer Höll, Rotling, Kab	●	RTL	13	16-13	6 €	BRONZE

Weingut Andreas Braun · G. Rappert, Ringstraße 19, 97332 **Volkach**, Tel.: 09381/531, Fax: 09381/3519, AndreasBraun-Volkach@t-online.de

2012	Escherndorfer Lump, Silvaner, Spl	●	WSS	12	27-13	7 €	GOLD
2012	Volkacher Kirchberg, Silvaner, Spl	●	WSS	12	72-12	7 €	GOLD
2012	Volkacher Kirchberg, Scheurebe, Spl	●	WSS	11	45-13	7 €	GOLD
2012	Escherndorfer Fürstenberg, Domina, Kab	●	ROT	12	19-13	7 €	SILBER
2012	Volkacher Ratsherr feinherb, Chardonnay, Spl	●	WSS	12	30-13	8 €	SILBER
2012	Volkacher Kirchberg, Domina, Kab	●	ROT	12	26-13	7 €	SILBER
2012	Volkacher Ratsherr, Spätburgunder, Spl	●	ROT	13	55-13	8 €	SILBER
2012	Volkacher Kirchberg, Bacchus, Spl	●	WSS	11	18-13	6 €	BRONZE

Weinbau Karl Müller, Zehentgasse 3, 97332 **Volkach**, Tel.: 09381/9216, Fax: 09381/716858, info@frankenweingut.de

2012	Volkacher Ratsherr, Scheurebe, Kab	●	WSS	12	2-13	6 €	SILBER
2012	Volkacher Ratsherr, Gewürztraminer, Spl	●	WSS	13	3-13	7 €	BRONZE

– Advertorial –

Weingut „Am Lump"

Albrecht Sauer, Bocksbeutelstr. 60, 97332 **Volkach-Escherndorf**, Tel.: 09381/9035, Fax: 09381/6135, mail@weingut-am-lump.de, www.weingut-am-lump.de

BUNDES WEIN PRÄMIERUNG 2013 Top 100 Die besten Weinerzeuger

Das Weingut „Am Lump" von Albrecht Sauer wurde in idyllischer Landschaft im Maintal unterhalb der Vogelsburg und am Hangfuß der berühmten Weinlage „Escherndorfer Lump" errichtet. Auf steinigen Muschelkalkböden und einer Rebfläche von elf Hektar erzeugt man durch konsequenten Rückschnitt geringe Erträge, die die Grundlage für gut strukturierte Weine von besonderer Güte sind. Der Winzer ist bestrebt, den eigenständigen Charakter der heimischen Rebsorten zu erhalten und herauszuarbeiten. Es entstehen individuelle, unverwechselbare, von konzentrierter Frucht und Feinheit geprägte Weine.

2012	Escherndorfer Lump, Silvaner, Spl	●	WSS	13	6-13	7 €	GOLD
2012	Escherndorfer Lump, Silvaner, Kab	●	WSS	12	7-13	6 €	GOLD
2012	Escherndorfer Lump, Weißburgunder, Kab	●	WSS	13	9-13	6 €	GOLD
2012	Franken „Sauer's Spezial", Cuvee Rotwein, Spl	●	ROT	14	54-13	8 €	GOLD
2012	Escherndorfer Lump, Silvaner, Kab	●	WSS	12	5-13	6 €	GOLD
2012	Escherndorfer Fürstenberg, Domina, Kab	●	ROT	12	24-13	6 €	GOLD
2012	Escherndorfer Lump, Spätburgunder, Kab	●	ROT	13	51-13	6 €	SILBER
2012	Escherndorfer Fürstenberg, Bacchus, Kab	●	WSS	12	21-13	5 €	SILBER
2012	Escherndorfer Lump, Spätburgunder, Spl	●	ROT	13	52-13	8 €	SILBER
2012	Escherndorfer Lump, Scheurebe, Kab	●	WSS	11	22-13	5 €	BRONZE

● Trocken ● Halbtrocken ● Lieblich/Mild ● Edelsüß   * Preisangabe + Alkoholgehalt gerundet

240 | DLG-prämierte Weine und Sekte

Jahrgang	Lage, Rebsorte, Qualitätsbezeichnung		Wein-Art	Vol%*	AP-Nr.	Preis*	DLG-Preis

Weingut Horst Sauer, Bocksbeutelstr. 14, 97332 **Volkach-Escherndorf**, Tel.: 09381/4364, Fax: 09381/6843, mail@weingut-horst-sauer.de, www.weingut-horst-sauer.de

2012	Escherndorfer Lump, Riesling, Bal	●	WSS	8	43-13	35 €	GOLD EXTR
2012	Escherndorfer Lump, Riesling, Tba	●	WSS	6	45-13	62 €	GOLD EXTR
2012	Escherndorfer Lump, Silvaner, Bal	●	WSS	7	42-13	35 €	GOLD EXTR
2012	Escherndorfer Lump, Silvaner, Kab	●	WSS	12	27-13	9 €	GOLD
2012	Franken „Ursprung", Müller-Thurgau, QbA	●	WSS	13	18-13	7 €	GOLD
2012	Escherndorfer Lump, Riesling, Kab	●	WSS	12	28-13	9 €	GOLD
2012	Escherndorfer Fürstenberg „S", Müller-Thurgau, QbA	●	WSS	14	14-13	9 €	SILBER
2012	Escherndorfer Lump, Scheurebe, Spl	●	WSS	13	20-13	11 €	SILBER
2012	Escherndorfer Lump „S", Riesling, QbA	●	WSS	13	15-13	13 €	SILBER
2012	Eschendorfer Fürstenberg, Silvaner, Kab	●	WSS	12	32-13	8 €	SILBER
2012	Escherndorfer Lump „S", Silvaner, QbA	●	WSS	13	30-13	11 €	BRONZE

Familienweingut Braun · Heike und Thomas Braun, Blütenstr. 22, 97332 **Volkach-Fahr**, Tel.: 09381/80730, Fax: 09381/807320, info@weingut-braun.de, www.weingut-braun.de

2012	Nordheimer Vögelein „REIF", Silvaner, Spl	●	WSS	13	24-13	9 €	GOLD
2012	Escherndorfer Fürstenberg „WAHR", Bacchus, Kab	●	WSS	11	21-13	6 €	SILBER
2009	Franken, Merlot, Spl	●	ROTH	14	50-12	9 €	SILBER
2012	Franken „WAHR", Muskateller, Kab	●	WSS	12	13-13	9 €	SILBER
2012	Sommeracher Rosenberg „REIF", Traminer, Spl	●	WSS	14	26-13	9 €	SILBER
2009	Franken, Merlot, QbA	●	ROTH	14	46-12	9 €	SILBER
2012	Volkacher Ratsherr „REIF", Silvaner, Spl	●	WSS	14	23-13	9 €	SILBER
2012	Franken „MUTIG", Weißburgunder, Kab	●	WSS	12	34-13	7 €	SILBER
2011	Franken, Schwarzriesling, QbA	●	ROTH	13	15-13	7 €	SILBER
2012	Franken „Flink", Silvaner, QbA	●	WSS	12	12-13	5 €	SILBER
2012	Volkacher Ratsherr „WAHR", Silvaner, Kab	●	WSS	12	19-13	7 €	SILBER
2012	Volkacher Ratsherr „WAHR", Silvaner, Kab	●	WSS	12	18-13	7 €	BRONZE
2012	Volkacher Ratsherr „WAHR", Silvaner, Kab	●	WSS	12	17-13	7 €	BRONZE
2012	Franken „Flink", Müller-Thurgau, QbA	●	WSS	12	31-13	5 €	BRONZE
2012	Franken „MUTIG", Sauvignon Blanc, Kab	●	WSS	13	14-13	7 €	BRONZE

Weingut Sebastian Lother, Birkenstr. 3, 97537 **Wipfeld**, Tel.: 09384/1867, Fax: 09384/8486, info@weingut-lother.de, www.weingut-lother.de

2011	Franken, Grauburgunder, Aul	●	WSS	12	15-12		SILBER
2011	Franken, Kerner, Aul	●	WSS	11	16-12		BRONZE
2011	Franken, Chardonnay, Spl	●	WSSB	14	26-12	10 €	BRONZE

Weingut Juliusspital, Klinikstr. 1, 97070 **Würzburg**, Tel.: 0931/3931470, Fax: 0931/3931474, Weingut@juliusspital.de, www.juliusspital.de

2012	Franken „Vogelsburg", Traminer, Kab	●	WSS	13	48-13	12 €	GOLD
2012	Franken „Juliusspital", Rieslaner, Aul	●	WSS	11	80-13	14 €	GOLD
2012	Würzburger Abtsleite, Muskateller, Kab	●	WSS	13	39-13	12 €	GOLD
2012	Würzburger Stein, Scheurebe, Kab	●	WSS	12	40-13	11 €	GOLD
2011	Würzburger Stein, Riesling, Tba	●	WSS	9	76-12	85 €	GOLD
2012	Iphöfer Kronsberg, Riesling, QbA	●	WSS	14	61-13	11 €	GOLD
2012	Würzburger Stein, Riesling, QbA	●	WSS	13	59-13	12 €	GOLD
2011	Iphöfer Julius-Echter-Berg „Großes Gewächs", Silvaner, QbA	●	WSS	15	85-12	25 €	GOLD
2012	Franken „Juliusspital", Weißburgunder, Kab	●	WSS	13	72-13	8 €	GOLD
2012	Rödelseer Küchenmeister, Silvaner, Kab	●	WSS	15	86-13	11 €	SILBER
2012	Iphöfer Kronsberg, Silvaner, QbA	●	WSS	15	85-13	11 €	SILBER
2012	Würzburger Stein, Weißburgunder, QbA	●	WSS	14	24-13	12 €	SILBER
2012	Rödelseer Küchenmeister, Silvaner, QbA	●	WSS	14	31-13	11 €	SILBER
2012	Würzburger Stein, Silvaner, QbA	●	WSS	15	34-13	12 €	SILBER

● Trocken   ● Halbtrocken   ● Lieblich/Mild   ● Edelsüß   * Preisangabe + Alkoholgehalt gerundet

FRANKEN

Franken | 241

Jahrgang	Lage, Rebsorte, Qualitätsbezeichnung		Wein-Art	Vol%*	AP-Nr.	Preis*	DLG-Preis
2012	Würzburger Stein, Traminer, Spl	🟢	WSS	14	41-13	15 €	SILBER
2012	Würzburger Abtsleite, Riesling, QbA	🟡	WSS	13	65-13	11 €	SILBER
2012	Würzburger Abtsleite, Silvaner, QbA	🟢	WSS	14	5-13	11 €	SILBER
2012	Würzburger Abtsleite, Silvaner, QbA	🟡	WSS	15	84-13	11 €	SILBER
2012	Iphöfer Kronsberg, Silvaner, QbA	🟢	WSS	15	7-13	11 €	BRONZE
2012	Franken „Juliusspital", Sauvignon Blanc, QbA	🟡	WSS	13	45-13	9 €	BRONZE

Weingut Staatlicher Hofkeller, Residenzplatz 3, 97070 **Würzburg**, Tel.: 0931/3050921, Fax: 0931/3050988, Klaus.Kuhn@hofkeller.bayern.de, www.hofkeller.de

2012	Würzburger Innere Leiste, Riesling, Kab	🟢	WSS	12	82-13	11 €	SILBER
2012	Randersackerer Teufelskeller, Riesling, Kab	🟢	WSS	12	64-13	10 €	SILBER
2012	Randersackerer Marsberg, Silvaner, Kab	🟢	WSS	13	43-13	10 €	SILBER
2012	Abtswinder Altenberg, Silvaner, Kab	🟢	WSS	13	34-13	9 €	BRONZE
2012	Würzburger Schloßberg, Silvaner, Kab	🟢	WSS	12	40-13	10 €	BRONZE
2012	Abtswinder Altenberg, Scheurebe, Kab	🟢	WSS	12	31-13	9 €	BRONZE

🟡 Trocken 🟢 Halbtrocken 🔴 Lieblich/Mild 🟣 Edelsüß * Preisangabe + Alkoholgehalt gerundet

Hessische Bergstraße

Riesling, Mandeln & Magnolien

Die Hessische Bergstraße ist bekannt für ihr mildes und ausgewogenes Klima. Hier soll der Frühling mit Mandel- und Magnolienblüte früher Einzug halten, als anderswo. An den windgeschützten Hängen zwischen Rhein, Main und Neckar hat die Riesling-Rebe Priorität, denn dort findet sie optimale Bedingungen. Auf den eher leichteren Böden gibt man weiteren Weißweinsorten wie Rivaner, Silvaner, Grau- und Weißburgunder den Vorrang. Mit einer zirka 440 Hektar großen Rebfläche ist die Hessische Bergstraße heute das kleinste Weinanbaugebiet in Deutschland.

Ihr Weg zu den Spitzenweinen

1 Vinum autmundis – die Odenwälder Winzergenossenschaft eG, Groß Umstadt
2 Bergsträßer Winzer, Heppenheim
3 Weingut Simon-Bürkle, Zwingenberg

☀ Winzer des Jahres   ★ TOP-Winzer (Bundesehrenpreis)   ● weitere Betriebsempfehlung

Hessische Bergstraße | 243

Jahrgang	Lage, Rebsorte, Qualitätsbezeichnung	Wein-Art	Vol%*	AP-Nr.	Preis*	DLG-Preis

Sekte

vinum autmundis · Die Odenwälder Winzergenossenschaft e.G., Riegelgartenweg 1, 64823 **Groß-Umstadt**, Tel.: 06078/2349, Fax: 06078/2496, info@vinum-autmundis.de, www.vinum-autmundis.de

| 2011 | Umstädter, Pinot, brut | | WSS | 13 | 64-12 | 13 € | BRONZE |

● Brut nature / Extra Brut / Brut   ● Extra trocken / Trocken   ● Halbtrocken / Mild   * Preisangabe + Alkoholgehalt gerundet

Weine

Weingut Brücke-Ohl, Altheimerstr. 11 Ag, 64823 **Groß-Umstadt**, Tel.: 06078/2286, Fax: 06078/74880, kontakt@weingut-bruecke-ohl.de, www.weingut-bruecke-ohl.de

| 2012 | Groß-Umstädter Steingerück, Riesling, Kab | | WSS | 13 | 11-13 | 5 € | SILBER |

vinum autmundis · Die Odenwälder Winzergenossenschaft e.G., Riegelgartenweg 1, 64823 **Groß-Umstadt**, Tel.: 06078/2349, Fax: 06078/2496, info@vinum-autmundis.de, www.vinum-autmundis.de

2012	Umstädter Herrnberg, Riesling, Spl	WSS	10	38-13	6 €	GOLD
2012	Umstädter Herrnberg, Gewürztraminer, Spl	WSS	10	24-13	6 €	GOLD
2011	Umstädter, Spätburgunder, QbA	ROTH	14	56-12	7 €	GOLD
2009	Umstädter Herrnberg, Dornfelder, QbA	ROTB	13	59-10	13 €	GOLD
2011	Umstädter Herrnberg, Regent, QbA	ROTH	14	50-12	7 €	SILBER
2011	Umstädter, Acolon, QbA	ROTH	13	55-12	7 €	SILBER
2011	Umstädter Herrnberg, Dornfelder, QbA	ROTH	13	57-12	7 €	SILBER
2011	Umstädter Stachelberg, Saint-Laurent, QbA	ROTH	13	53-12	7 €	SILBER
2011	Umstädter Herrnberg, Dornfelder, QbA	ROTH	13	54-12	7 €	SILBER
2011	Umstädter Herrnberg, Dornfelder, QbA	ROTH	13	58-12	7 €	SILBER
2012	Umstädter Herrnberg, Silvaner, Spl	WSS	13	22-13	6 €	SILBER
2012	Umstädter, Grauburgunder, Kab	WSS	13	2-13	6 €	BRONZE
2012	Umstädter, Rotling, Kab	RTL	11	17-13	5 €	BRONZE
2012	Umstädter Herrnberg, Roter Riesling, Spl	WSS	12	12-13	8 €	BRONZE
2011	Umstädter Stachelberg, Merlot, QbA	ROTH	13	52-12	7 €	BRONZE

● Trocken   ● Halbtrocken   ● Lieblich / Mild   ● Edelsüß   * Preisangabe + Alkoholgehalt gerundet

244 | DLG-prämierte Weine und Sekte

Jahrgang	Lage, Rebsorte, Qualitätsbezeichnung	Wein-Art	Vol%*	AP-Nr.	Preis*	DLG-Preis

– Advertorial –

Bergsträßer Winzer eG

Darmstädter Straße 56, 64646 **Heppenheim**, Tel: 06252/7994-0,
Fax: 06252/7994-51, verkauf@BWeG.de, www.BWeG.de

Die Gründung der Bergsträßer Winzer eG erfolgte 1904. Heute pflegen 450 Winzer rund 268 Hektar Rebfläche an der hessischen und badischen Bergstraße nach naturnahen Gesichtspunkten. An den steilen Süd- und Südwesthängen des Odenwaldes überwiegt mit 70 Prozent der Weißweinanbau. Die wichtigsten Sorten sind Riesling und Spätburgunder. Die Bergsträßer Winzer eG erhielt im Frühjahr 2003 als erste deutsche Genossenschaft die Zertifizierung als „DLG-empfohlene Winzergenossenschaft". Auf nationalen und internationalen Weinwettbewerben erhält die Bergsträßer Winzer eG alljährlich hohe Auszeichnungen. Die Vinothek bietet allen Besuchern und Kunden die Möglichkeit, das umfangreiche Angebot an Weinen, Sekten, Seccos und Destillaten der Bergsträßer Winzer eG kennen zu lernen. Alle Weine können unter fachlicher Beratung verkostet werden. Der Erlebnispfad „Wein und Stein" vermittelt auf einer Rundstrecke von sieben Kilometern wissenswertes über den Weinbau, die Geologie und die Rebsorten. Die Bergsträßer Winzer eG ist 16-facher Staatsehrenpreisträger und 6-facher Bundesehrenpreisträger. Große Erfolge erzielten Weine auf internationalen Wettbewerben wie Mundus Vini, awc vienna und der Berliner Weintrophy.
„Klasse statt Masse" ist die Devise der Bergsträßer Winzer eG und der ihr angeschlossenen Winzer.

2012	Hessische Bergstraße, Grauburgunder, Kab	●	WSS	12	15-13	6 €	GOLD
2012	Heppenheimer Maiberg, Riesling, Eis	●	WSS	7	55-13	24 €	GOLD
2012	Heppenheimer Schloßberg, Riesling, Eis	●	WSS	7	53-13	20 €	GOLD
2012	Heppenheimer Schloßberg, Grauburgunder, Spl	●	WSS	13	41-13	8 €	GOLD
2012	Hessische Bergstraße, Scheurebe, QbA	●	WSS	10	26-13	7 €	SILBER
2012	Hessische Bergstraße, Roter Riesling, Kab	●	WSS	11	6-13	6 €	SILBER
2011	Hessische Bergstraße, Saint-Laurent, QbA	●	ROT	13	30-13	7 €	SILBER
2012	Hessische Bergstraße, Weißburgunder, QbA	●	WSS	12	22-13	5 €	SILBER
2012	Heppenheimer Maiberg, Riesling, Eis	●	WSS	7	56-13	24 €	SILBER
2011	Hessische Bergstraße, Cabernet Sauvignon, Cabernet Mitos, QbA	●	ROTB	13	29-13	14 €	SILBER
2012	Hessische Bergstraße, Riesling, QbA	●	WSS	12	8-13	5 €	SILBER
2012	Heppenheimer Steinkopf, Riesling, Spl	●	WSS	12	18-13	8 €	SILBER
2012	Heppenheimer Eckweg, Weißburgunder, Spl	●	WSS	13	19-13	8 €	SILBER
2011	Hessische Bergstraße, Dornfelder, QbA	●	ROT	13	65-12	5 €	SILBER
2012	Heppenheimer Schloßberg feinherb, Riesling, Kab	●	WSS	11	40-13	5 €	BRONZE
2011	Hessische Bergstraße, Saint-Laurent, QbA	●	ROT	13	59-12	5 €	BRONZE
2012	Hessische Bergstraße feinherb, Weißburgunder, QbA	●	WSS	12	21-13	6 €	BRONZE
2012	Heppenheimer Stemmler, Riesling, Spl	●	WSS	12	17-13	8 €	BRONZE
2012	Heppenheimer Steinkopf, Chardonnay, Spl	●	WSS	13	13-13	9 €	BRONZE
2012	Heppenheimer Schlossberg, Grauburgunder, QbA	●	WSS	12	42-13	5 €	BRONZE

● Trocken   ● Halbtrocken   ● Lieblich/Mild   ● Edelsüß   * Preisangabe + Alkoholgehalt gerundet

Hessische Bergstraße | 245

Jahrgang	Lage, Rebsorte, Qualitätsbezeichnung		Wein-Art	Vol%*	AP-Nr.	Preis*	DLG-Preis

Weingut Edling GbR, Kirchgasse 9, 64380 **Roßdorf**, Tel.: 06154/8402, Fax: 06154/803685, info@weingut-edling.de, www.weingut-edling.de

Jahrgang	Lage, Rebsorte, Qualitätsbezeichnung		Wein-Art	Vol%*	AP-Nr.	Preis*	DLG-Preis
2011	Hessische Bergstraße „Edition E", Cuvee Rotwein, QbA	🟠	ROTH	14	20-12	15 €	Silber
2011	Roßdorfer Roßberg, Merlot, QbA	🟠	ROT	14	17-12	10 €	Silber
2012	Roßdorfer Roßberg, Frühburgunder, QbA	🟠	ROT	13	15-13	9 €	Silber
2010	Roßdorfer Roßberg, Cabernet Sauvignon, QbA	🟠	ROTB	14	19-12	15 €	Silber

Weingut Simon-Bürkle, Wiesenpromenade 13, 64673 **Zwingenberg**, Tel.: 06251/76446, Fax: 06251/788641, info@simon-buerkle.de, www.simon-buerkle.de

Jahrgang	Lage, Rebsorte, Qualitätsbezeichnung		Wein-Art	Vol%*	AP-Nr.	Preis*	DLG-Preis
2012	Hessische Bergstraße, Riesling, QbA	🟠	WSS	12	13-13	6 €	Gold Extra
2012	Auerbacher Höllberg, Riesling, Eis	🟣	WSS	9	14-13	43 €	Gold
2012	Alsbacher Schöntal, Auxerrois, QbA	🟠	WSS	12	1-13	8 €	Silber
2011	Hessische Bergstraße „PAN", Cuvee Rotwein, QbA	🟠	ROTB	14	6-13	17 €	Silber
2012	Hessische Bergstraße, Rotling, QbA	🔴	RTL	11	3-13	6 €	Silber
2012	Auerbacher Höllberg, Riesling, Spl	🟢	WSS	9	10-13	9 €	Silber
2012	Alsbacher Schöntal, Silvaner, QbA	🟠	WSS	12	4-13	6 €	Silber
2012	Hessische Bergstraße, Grauburgunder, Kab	🟠	WSS	13	2-13	8 €	Bronze
2012	Zwingenberger Steingeröll, Riesling, Spl	🟠	WSS	12	8-13	9 €	Bronze
2012	Hessische Bergstraße, Riesling, QbA	🔴	WSS	11	11-13	6 €	Bronze
2012	Hessische Bergstraße, Riesling, QbA	🟠	WSS	12	12-13	6 €	Bronze
2012	Auerbacher Höllberg feinherb, Riesling, Spl	🟢	WSS	12	9-13	9 €	Bronze
2011	Zwingenberger Steingeröll, Spätburgunder, QbA	🟠	ROTB	14	5-13	19 €	Bronze

🟠 Trocken   🟢 Halbtrocken   🔴 Lieblich/Mild   🟣 Edelsüß   * Preisangabe + Alkoholgehalt gerundet

Mittelrhein

Weine aus dem Tal der Burgen

Die außergewöhnliche Kulturlandschaft des Mittelrheintals hat Dichter und Denker seit jeher inspiriert. Heute gehört das Tal mit dem Weinanbaugebiet zwischen Bingen und Koblenz zum Weltkulturerbe der Unesco. Gut zwei Drittel der Rebfläche am Mittelrhein ist mit der Sorte Riesling bestockt, die auf den kargen Tonschieferböden eine typische Charakteristik entwickelt. Neben dem Riesling gedeihen Müller-Thurgau und Spätburgunder. Das Anbaugebiet umfasst aktuell rund 460 Hektar.

Ihr Weg zu den Spitzenweinen

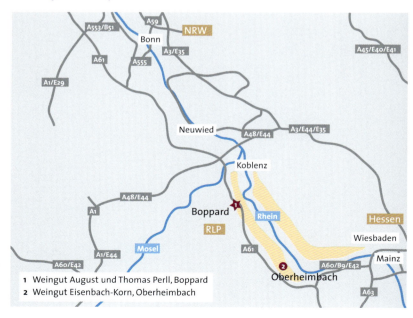

1 Weingut August und Thomas Perll, Boppard
2 Weingut Eisenbach-Korn, Oberheimbach

✹ Winzer des Jahres   ✦ TOP-Winzer (Bundesehrenpreis)   ● weitere Betriebsempfehlung

Mittelrhein | 247

Jahrgang	Lage, Rebsorte, Qualitätsbezeichnung	Wein-Art	Vol%*	AP-Nr.	Preis*	DLG-Preis

Sekte

Weingut Eisenbach - Korn, Kirchstr. 23, 55413 **Oberheimbach**, Tel.: 06743/6081, Fax: 06743/9606, eisenbach-korn@oberheimbach.de, www.eisenbach-korn.de

| 2011 | Mittelrhein, Riesling, brut | ● | WSS | 13 | 14-13 | 10 € | SILBER |

● Brut nature / Extra Brut / Brut   ● Extra trocken / Trocken   ● Halbtrocken / Mild   * Preisangabe + Alkoholgehalt gerundet

Weine

– Advertorial –

Weingut August und Thomas Perll

Thomas Perll, Oberstr. 77-81, 56154 **Boppard**, Tel.: 06742/3906, Fax: 06742/81726, post@perll.de, www.perll.de

Das Weingut bewirtschaftet 8,5 ha Rebfläche an den Südsteillagen des Rheins im Bopparder Hamm im UNESCO Welterbetal mit Schwerpunkt Riesling. Schiefergesteinsböden, Südlage und das optimale Rebklima bringen gepaart mit fachlicher und technischer Erfahrung Topgewächse hervor. Die besondere Liebe zum Weinbau spiegelt sich letztendlich in unvergleichlichen, eleganten Weinen, die bei der Landwirtschaftskammer Rheinland-Pfalz und der DLG mit Auszeichnungen belohnt werden. Das Stammhaus und Markenzeichen des Weinguts wurde 1606 erbaut.

Thomas Perll

2012	Bopparder Hamm Mandelstein, Riesling, Spl	●	WSS	9	9-13	7 €	GOLD
2012	Bopparder Hamm Feuerlay, Riesling, Kab	●	WSS	10	10-13	6 €	SILBER
2012	Bopparder Hamm Feuerlay Hochgewächs, Riesling, QbA	●	WSS	13	30-13	5 €	SILBER
2012	Bopparder Hamm Fässerlay Hochgewächs, Riesling, QbA	●	WSS	13	14-13	5 €	SILBER
2012	Bopparder Hamm Fässerlay, Riesling, Kab	●	WSS	12	4-13	6 €	SILBER
2012	Bopparder Hamm Feuerlay, Riesling, Kab	●	WSS	12	22-13	6 €	BRONZE
2012	Bopparder Hamm Feuerlay, Riesling, Spl	●	WSS	13	5-13	7 €	BRONZE
2012	Bopparder Hamm Mandelstein, Riesling, QbA	●	WSS	9	8-13	5 €	BRONZE

Weingut Eisenbach - Korn, Kirchstr. 23, 55413 **Oberheimbach**, Tel.: 06743/6081, Fax: 06743/9606, eisenbach-korn@oberheimbach.de, www.eisenbach-korn.de

2012	Mittelrhein Hochgewächs, Riesling, QbA	●	WSS	12	4-13	5 €	GOLD
2012	Oberheimbacher Wahrheit „Meisterstück", Riesling, QbA	●	WSS	13	15-13	13 €	SILBER
2012	Mittelrhein „Süße Verführung", Scheurebe, QbA	●	WSS	8	9-13	8 €	SILBER
2012	Mittelrhein „Blauschiefer", Riesling, QbA	●	WSS	13	7-13	7 €	SILBER
2012	Mittelrhein Classic, Riesling, QbA	●	WSS	12	3-13	5 €	SILBER
2012	Mittelrhein, Riesling, QbA	●	WSS	11	17-13	5 €	SILBER
2012	Mittelrhein Hochgewächs, Riesling, QbA	●	WSS	11	8-13	5 €	BRONZE

Weingut Waldemar Querbach, Mainzer Straße 8, 55430 **Oberwesel**, Tel.: 06744/8420

| 2012 | Oberweseler Oelsberg, Riesling, Spl | ● | WSS | 11 | 1-13 | 7 € | GOLD |
| 2012 | Oberweseler Römerkrug, Riesling, Spl | ● | WSS | 11 | 2-13 | 7 € | SILBER |

● Trocken   ● Halbtrocken   ● Lieblich/Mild   ● Edelsüß   * Preisangabe + Alkoholgehalt gerundet

Mosel

Weltberühmte Steillagen

Kein Anbaugebiet der Welt verfügt über so viele Steillagen wie die Region an Mosel, Saar und Ruwer. Beindruckende Hänge wie der Bremmer Calmont weisen eine Steigung von 60 Prozent auf. Die Wärme speichernden Schieferböden geben der Riesling-Rebe, die hier dominiert, optimale Bedingungen. Im Resultat stehen reife, fruchtige und mineralische Weine, von denen einige bereits vor Jahrhunderten Weltruf hatten. Die Rebfläche beträgt zirka 8.900 Hektar und beherbergt neben Riesling die Sorten Müller-Thurgau, Elbing, Kerner und zunehmend auch Rotweinreben.

Ihr Weg zu den Spitzenweinen

1. Weingut Toni Müller, Koblenz-Güls
2. St. Laurentius Sekthaus Klaus Herres, Leiwen
3. Weingut Albert Kallfelz GbR, Zell-Merl
4. Weingut Philipps-Eckstein, Graach-Schäferei

✹ Winzer des Jahres   ★ TOP-Winzer (Bundesehrenpreis)   ● weitere Betriebsempfehlung

| Jahrgang | Lage, Rebsorte, Qualitätsbezeichnung | | Wein-Art | Vol%* | AP-Nr. | Preis* | DLG-Preis |

Sekte

St. Laurentius Sekthaus · Klaus Herres, Laurentiusstr. 4, 54340 **Leiwen**, Tel.: 06507/3836, Fax: 06507/3896, mail@st-laurentius-sekt.de, www.st-laurentius-sekt.de

Jahrgang	Lage, Rebsorte, Qualitätsbezeichnung	Farbe	Wein-Art	Vol%	AP-Nr.	Preis	DLG-Preis
2011	Mosel „St. Laurentius", Chardonnay, brut	🟡	WSS	12	2-13	14 €	GOLD
2010	Mosel „St. Laurentius", Auxerrois, brut	🟡	WSS	12	21-12	12 €	GOLD
2011	Mosel „St. Laurentius", Cremant, brut	🟡	WSS	12	5-13	13 €	GOLD
2011	Mosel „St. Laurentius", Cremant, extra brut	🟡	WSS	12	7-13	13 €	GOLD
2011	Mosel „St. Laurentius", Riesling, brut	🟡	WSS	12	3-13	12 €	GOLD
2010	Mosel „St. Laurentius", Cremant, brut	🟡	WSS	13	14-12	13 €	SILBER
2011	Mosel „St. Laurentius", Riesling, extra brut	🟡	WSS	12	6-13	12 €	SILBER
2011	Mosel „St. Laurentius Nadine", Spätburgunder, brut	🟡	ROSEE	12	1-13	13 €	BRONZE

Weingut Helmut Herber, Apacher Str. 15, 66706 **Perl**, Tel.: 06867/854, Fax: 06867/1377, info@weingut-herber.de, www.weingut-Herber.de

| 2011 | Mosel, Riesling, brut | 🟡 | WSS | 13 | 1-13 | 9 € | BRONZE |

Weingut Ökonomierat Petgen-Dahm · Ralf Petgen-Dahm, Winzerstr. 3-7, 66706 **Perl**, Tel.: 06867/309, Fax: 06867/1367, info@petgen-dahm.de, www.petgen-dahm.de

2011	Mosel, Chardonnay, brut	🟡	WSS	13	104-13	13 €	GOLD
2011	Mosel, Weißburgunder, Cremant, brut	🟡	WSS	13	103-13	9 €	GOLD
2010	Mosel, Chardonnay, brut	🟡	WSS	12	102-12	13 €	SILBER
2009	Mosel, Riesling, brut	🟡	WSS	13	104-12	10 €	SILBER
2011	Mosel, Weißburgunder, brut	🟡	WSS	13	101-13	10 €	SILBER
2010	Mosel, Gewürztraminer, halbtrocken	🔴	WSS	11	103-12	13 €	BRONZE
2008	Mosel, Elbling, brut	🟡	WSS	13	105-12	9 €	BRONZE

Weingut Berthold Oster, Wittlicher Str. 1, 54539 **Ürzig**, Tel.: 06532/2545, Fax: 06532/5106, info@weingut-berthold-oster.de, www.weingut-berthold-oster.de

| 2010 | Ürziger Würzgarten, Riesling, trocken | 🟢 | WSS | 12 | 1-13 | 10 € | SILBER |

🟡 Brut nature / Extra Brut / Brut   🟢 Extra trocken / Trocken   🔴 Halbtrocken / Mild   * Preisangabe + Alkoholgehalt gerundet

Weine

Weingut Anton Zimmermann, Friedrichstraße 13, 54470 **Bernkastel-Kues**, Tel.: 06531/6305, Fax: 06531/1464, zimmermann@weingut-az.de

2012	Bernkasteler-Kueser Weisenstein, Riesling, Kab	🔴	WSS	10	4-13		GOLD
2012	Bernkasteler-Kueser Weisenstein, Riesling, Spl	🟣	WSS	9	6-13		SILBER
2012	Bernkasteler-Kueser Kardinalsberg, Riesling, Spl	🟡	WSS	12	1-13		SILBER
2012	Bernkasteler-Kueser Weisensteiner feinherb, Riesling, Spl	🔴	WSS	11	3-13		BRONZE

Weingut Otto Görgen · Matthias Görgen, Römerstr. 30-32, 56820 **Briedern**, Tel.: 02673/1809, Fax: 02673/900038, weingut-goergen@t-online.de, www.weingut-goergen.de

2012	Mosel Classic, Grauburgunder, QbA	🟢	WSS	13	13-13	5 €	GOLD EXTRA
2012	Beilsteiner Silberberg, Riesling, Spl	🟡	WSS	13	17-13	8 €	GOLD
2012	Briederner Rüberberger Domherrenberg, Riesling, Aul	🟣	WSS	8	20-13	9 €	GOLD
2012	Mosel „Nikolaus G", Riesling, QbA	🟡	WSS	13	16-13	6 €	GOLD
2012	Briederner Römergarten, Schwarzriesling, Dornfelder, QbA	🟢	ROSEE	11	15-13	5 €	GOLD
2012	Briederner Rüberberger Domherrenberg, Riesling, Spl	🔴	WSS	9	19-13	7 €	SILBER
2012	Briedeler Herzchen Hochgewächs feinherb, Riesling, QbA	🟡	WSS	12	5-13	5 €	SILBER
2012	Beilsteiner Schloßberg Hochgewächs, Riesling, QbA	🟡	WSS	13	11-13	5 €	BRONZE

🟡 Trocken   🟢 Halbtrocken   🔴 Lieblich/Mild   🟣 Edelsüß   * Preisangabe + Alkoholgehalt gerundet

250 | DLG-prämierte Weine und Sekte

Jahrgang	Lage, Rebsorte, Qualitätsbezeichnung		Wein-Art	Vol%*	AP-Nr.	Preis*	DLG-Preis

Weingut Klein-Götz, Kirchstraße 15, 56814 **Bruttig-Fankel,** Tel.: 02671/4217, Fax: 02671/915714, info@ferienweingut-klein-goetz.de, www.ferienweingut-klein-goetz.de

2012	Fankeler Layenberg, Riesling, Kab	🟡	WSS	9	9-13	5 €	GOLD
2012	Bruttiger Götterlay „Zenit", Riesling, Spl	🟢	WSS	13	23-13	7 €	GOLD
2012	Fankeler Layenberg „Alte Reben", Kerner, Spl	🟡	WSS	10	13-13	7 €	GOLD
2012	Bruttiger Götterlay Hochgewächs „Fantasy", Riesling, QbA	🟣	WSS	8	12-13	6 €	GOLD
2012	Valwiger Herrenberg „Neue Generation", Riesling, Spl	🟣	WSS	9	10-13	7 €	SILBER
2012	Mosel Classic, Weißburgunder, QbA	🟡	WSS	14	21-13	6 €	SILBER
2012	Bruttiger, Elbling, QbA	🟡	WSS	13	16-13	4 €	SILBER
2012	Fankeler Layenberg, Riesling, Spl	🟡	WSS	13	20-13	7 €	SILBER
2012	Bruttiger Rathhausberg, Riesling, Eis	🟡	WSS	6	15-13	20 €	SILBER
2012	Bruttiger Götterlay Hochgewächs feinherb „Zarte Finesse", Riesl., QbA	🔴	WSS	11	25-13	6 €	BRONZE
2012	Bruttiger „Alte Reben", Elbling, QbA	🟡	WSS	13	18-13	5 €	BRONZE

Weingut Herbert Pies, Goldbäumchenstraße 29, 56821 **Ellenz-Poltersdorf,** Tel.: 02673/1303, Fax: 02673/900040, info@weingut-pies.de, www.weingut-pies.de

2012	Poltersdorfer Rüberberger Domherrenberg „Alte Reben", Riesl., QbA	🟡	WSS	14	11-13	9 €	GOLD
2012	Mosel „Felsenterrasse", Riesling, QbA	🟡	WSS	14	21-13	10 €	GOLD
2012	Mosel, Sauvignon Blanc, QbA	🟡	WSS	13	10-13	9 €	SILBER
2012	Mosel „S", Riesling, QbA	🟡	WSS	13	9-13	6 €	SILBER
2012	Mosel feinherb, Spätburgunder, QbA	🔴	BLDN	13	14-13	6 €	SILBER
2012	Poltersdorfer Altarberg Hochgewächs, Riesling, QbA	🟡	WSS	13	8-13	5 €	SILBER
2012	Poltersdorfer Rüberberger Domherrenberg, Riesling, Spl	🟣	WSS	10	17-13	7 €	SILBER
2012	Mesenicher Abteiberg Hochgewächs, Riesling, QbA	🟢	WSS	13	12-13	5 €	BRONZE
2012	Mosel „Schieferterrasse" feinherb, Riesling, QbA	🔴	WSS	12	13-13	6 €	BRONZE

Weingut Günter Hermes · Lydia Hermes, Gartenstraße 14, 56821 **Ellenz-Poltersdorf,** Tel.: 02673/1667, Fax: 02673/1471, anfragen@ferienweingut-hermes.de, www.ferienweingut-hermes.de

2012	Ellenzer Goldbäumchen, Riesling, QbA	🔴	WSS	9	4-13	5 €	GOLD
2012	Ellenzer Rüberberger Domherrenberg, Riesling, Spl	🟡	WSS	11	6-13	6 €	SILBER
2012	Ellenzer Woogberg, Riesling, Spl	🟢	WSS	11	7-13	6 €	SILBER
2012	Ellenzer Rüberberger Domherrenberg feinherb, Riesling, Spl	🔴	WSS	10	8-13	7 €	BRONZE

Weingut Kaufmann-Schneider, Fährstraße 2-4, 54492 **Erden,** Tel.: 06532/4624, Fax: 06532/4175, info@weingut-kaufmann-schneider.de, www.weingut-kaufmann-schneider.de

| 2011 | Erdener Treppchen, Riesling, Spl | 🟣 | WSS | 9 | 10-12 | 7 € | GOLD |

Weingut Josef Bernard-Kieren, Ringstraße 5, 54470 **Graach,** Tel.: 06531/2183, Fax: 06531/2090, info@bernard-kieren.de, www.bernard-kieren.de

2012	Graacher Domprobst, Riesling, Kab	🟡	WSS	12	4-13	6 €	GOLD
2012	Graacher Himmelreich „* * *", Riesling, Aul	🟣	WSS	7	35-13	11 €	GOLD
2012	Graacher Domprobst feinherb, Riesling, Spl	🔴	WSS	11	16-13	7 €	SILBER
2012	Graacher Himmelreich, Riesling, Spl	🟣	WSS	8	26-13	7 €	SILBER
2012	Graacher Domprobst Hochgewächs, Riesling, QbA	🟡	WSS	12	3-13	5 €	SILBER
2012	Graacher Domprobst „* * * *", Riesling, Spl	🟣	WSS	7	28-13	8 €	SILBER
2012	Graacher Himmelreich, Riesling, Spl	🟡	WSS	12	6-13	7 €	SILBER
2012	Graacher Himmelreich, Riesling, Kab	🟢	WSS	11	10-13	6 €	SILBER
2012	Graacher Himmelreich „*", Riesling, Kab	🟣	WSS	8	21-13	6 €	SILBER
2012	Graacher Himmelreich, Riesling, Kab	🟣	WSS	8	23-13	6 €	SILBER
2011	Graacher Dompropst, Riesling, Spl	🟣	WSS	8	30-12	8 €	BRONZE

MOSEL

🟡 Trocken   🟢 Halbtrocken   🔴 Lieblich/Mild   🟣 Edelsüß   * Preisangabe + Alkoholgehalt gerundet

Mosel | 251

Jahrgang	Lage, Rebsorte, Qualitätsbezeichnung		Wein-Art	Vol%*	AP-Nr.	Preis*	DLG-Preis

Weingut Klaus Blesius, Hauptstraße 75, 54470 **Graach**, Tel.: 06531/2227, Fax: 06531/91353, weingut@blesius.com, www.weingut-blesius.com

Jahrgang	Lage, Rebsorte, Qualitätsbezeichnung	Farbe	Wein-Art	Vol%	AP-Nr.	Preis	DLG-Preis
2012	Graacher Himmelreich, Riesling, Kab	🟡	WSS	12	2-13	5 €	Silber
2012	Mosel feinherb „Jungspund's", Riesling, Spl	🔴	WSS	11	12-13	7 €	Silber
2012	Graacher Domprobst, Riesling, Spl	🔴	WSS	9	14-13	7 €	Silber
2012	Graacher Himmelreich feinherb, Riesling, Kab	🔴	WSS	10	6-13	5 €	Silber
2012	Graacher Domprobst, Riesling, Spl	🟡	WSS	12	3-13	7 €	Bronze

Weingut Philipps-Eckstein, Panoramastr. 11, 54470 **Graach-Schäferei**, Tel.: 06531/6542, Fax: 06531/4593, info@weingut-philipps-eckstein.de, www.weingut-philipps-eckstein.de

Jahrgang	Lage, Rebsorte, Qualitätsbezeichnung	Farbe	Wein-Art	Vol%	AP-Nr.	Preis	DLG-Preis
2003	Graacher Domprobst, Riesling, Tba	🔴	WSS	7	2-04	55 €	Gold
2012	Graacher Domprobst feinherb, Riesling, Spl	🔴	WSS	12	24-13	10 €	Gold
2012	Graacher Himmelreich, Riesling, Spl	🔴	WSS	8	27-13	9 €	Gold
2012	Graacher Himmelreich „GEHR", Riesling, Spl	🔴	WSS	8	21-13	10 €	Gold
2012	Graacher Domprobst „Alte Reben", Riesling, Spl	🔴	WSS	8	28-13	12 €	Gold
2012	Graacher Domprobst, Riesling, Spl	🔴	WSS	12	22-13	10 €	Gold
2012	Graacher Himmelreich Hochgewächs, Riesling, QbA	🟢	WSS	12	9-13	6 €	Gold
2012	Graacher Domprobst „LAURINE", Riesling, Spl	🔴	WSS	8	23-13	10 €	Silber
2012	Graacher Himmelreich, Riesling, Kab	🟡	WSS	9	25-13	7 €	Silber
2011	Graacher Domprobst „Alte Reben", Riesling, Aul	🔴	WSS	8	28-12		Silber
2012	Graacher Domprobst, Riesling, Kab	🟡	WSS	12	14-13	8 €	Silber
2012	Mosel, Weißburgunder, QbA	🟡	WSS	13	6-13	7 €	Silber
2012	Graacher Domprobst „Alte Reben", Riesling, Spl	🔴	WSS	13	19-13	10 €	Silber
2012	Graacher Somprobst, Riesling, Spl	🟡	WSS	13	17-13	9 €	Silber
2011	Graacher Domprobst, Riesling, Kab	🟡	WSS	12	15-12	8 €	Silber
2012	Graacher Domprobst feinherb, Riesling, Kab	🔴	WSS	11	20-13	8 €	Bronze
2012	Graacher Domprobst „Alte Reben", Riesling, Kab	🔴	WSS	8	26-13	8 €	Bronze
2012	Graacher Himmelreich Hochgewächs, Riesling, QbA	🟡	WSS	10	10-13	6 €	Bronze

Freiherr von Schleinitz'sche Weingutsverwaltung · Konrad Hähn, Kirchstr. 15-17, 56330 **Kobern-Gondorf**, Tel.: 02607/972020, Fax: 02607/972022, weingut@vonschleinitz.com, www.vonschleinitz.com

Jahrgang	Lage, Rebsorte, Qualitätsbezeichnung	Farbe	Wein-Art	Vol%	AP-Nr.	Preis	DLG-Preis
2012	Kobener Weissenberg, Riesling, Kab	🔴	WSS	11	8-13	7 €	Gold
2012	Mosel „Nitor", Riesling, Kab	🟡	WSS	12	7-13	7 €	Gold
2011	Kobener Uhlen feinherb, Riesling, QbA	🟢	WSS	12	19-12	8 €	Gold
2011	Kobener Weissenberg, Riesling, Kab	🟡	WSS	10	10-12	7 €	Silber
2012	Kobener Uhlen, Riesling, QbA	🔴	WSS	13	6-13	8 €	Silber
2012	Mosel feinherb, Riesling, QbA	🟢	WSS	11	4-13	6 €	Silber
2012	Mosel, Riesling, QbA	🟡	WSS	12	12-13	6 €	Silber
2012	Mosel, Riesling, QbA	🔴	WSS	10	5-13	8 €	Silber

Weingut Antoniushof · Toni Reif, Koblenzer Str. 29, 56073 **Koblenz**, Tel.: 0261/46434, Fax: 0261/9521849, antoniushof@aol.com, www.weingut-reif.de

Jahrgang	Lage, Rebsorte, Qualitätsbezeichnung	Farbe	Wein-Art	Vol%	AP-Nr.	Preis	DLG-Preis
2012	Moselweißer Hamm, Spätburgunder, QbA	🟡	ROT	13	8-13	6 €	Bronze

🟡 Trocken   🟢 Halbtrocken   🔴 Lieblich/Mild   🔴 Edelsüß   * Preisangabe + Alkoholgehalt gerundet

252 | DLG-prämierte Weine und Sekte

Jahrgang	Lage, Rebsorte, Qualitätsbezeichnung	Wein-Art	Vol%*	AP-Nr.	Preis*	DLG-Preis

– Advertorial –

Weingut Toni Müller

Helmut Müller, Am Mühlbach 96, 56072 **Koblenz**, Tel: 0261/408808,
Fax: 0261/5798922, weingutmueller@t-online.de, www.weingut-toni-mueller.de

Das Weingut Toni Müller wird seit 1611 nunmehr in der 12. Generation bewirtschaftet. Man sieht es als eine Verpflichtung, Weine höchster Qualität im Einklang mit der Natur zu vinifizieren. Auf den mineralischen Urgesteinböden der Terrassenmosel reifen vielfältige, edle und unverkennbare Rieslingweine heran. Eine schonende Traubenverarbeitung sowie eine langsame Gärung der einzelnen Rebsorten prägen die Weine mit individuellem Stil.

Jahrgang	Lage, Rebsorte, Qualitätsbezeichnung		Wein-Art	Vol%*	AP-Nr.	Preis*	DLG-Preis
2012	Winninger Brückstück, Riesling, Aul	●	WSS	9	6-13	13 €	GOLD
2012	Winninger Brückstück „Alte Reben", Riesling, Kab	●	WSS	13	26-13	10 €	GOLD
2012	Winninger Hamm, Kerner, Aul	●	WSS	9	5-13	13 €	GOLD
2012	Gülser Königsfels, Weißburgunder, Spl	●	WSS	14	3-13	12 €	GOLD
2012	Gülser Bienengarten, Kerner, Spl	●	WSS	8	4-13	9 €	GOLD
2012	Gülser Bienengarten, Spätburgunder, QbA	●	ROT	14	12-13	10 €	GOLD
2012	Winninger Brückstück „Alte Reben", Riesling, Kab	●	WSS	13	8-13	10 €	GOLD
2011	Gülser Bienengarten, Spätburgunder, Spl	●	ROT	14	36-12	10 €	GOLD
2012	Gülser Königsfels Hochgewächs „Edition M", Riesling, QbA	●	WSS	12	7-13	7 €	SILBER
2012	Gülser Bienengarten „S", Riesling, Spl	●	WSS	13	9-13	10 €	SILBER
2012	Gülser Bienengarten, Riesling, Spl	●	WSS	13	25-13	10 €	SILBER
2012	Winninger Domgarten, Rivaner, QbA	●	WSS	13	38-12	5 €	SILBER

Wein- und Sektgut Reverchon KG · Hans Maret, Saartalstr. 2-3, 54329 **Konz-Filzen**, Tel.: 06501/923500, Fax: 06501/923509, kontakt@weingut-reverchon.de, www.weingut-reverchon.de

| 2012 | Mosel „Alte Reben", Riesling, QbA | ● | WSS | 11 | 6-13 | 11 € | SILBER |
| 2012 | Filzener Pulchen, Riesling, Kab | ● | WSS | 11 | 9-13 | 10 € | BRONZE |

Weingut Bottler · Hermann und Andreas Bottler, Hauptstr. 11, 54486 **Mülheim**, Tel.: 06534/324, Fax: 06534/18395, wein-gaestehaus-bottler@t-online.de, www.wein-gaestehaus-bottler.de

| 2012 | Mülheimer Sonnenlay, Riesling, Eis | ● | WSS | 10 | 28-13 | 25 € | SILBER |
| 2012 | Mülheimer Sonnenlay, Riesling, Spl | ● | WSS | 13 | 3-13 | 8 € | BRONZE |

Weingut Bauer GbR · Jörg & Thomas Bauer, Moselstr. 3, 54486 **Mülheim**, Tel.: 06534/571, Fax: 06534/570, info@weingut-bauer.de, www.weingut-bauer.de

2012	Mülheimer Elisenberg, Riesling, Aul	●	WSS	8	15-13		GOLD
2012	Braunberger Juffer feinherb, Riesling, Spl	●	WSS	10	8-13		SILBER
2012	Mülheimer Elisenberg feinherb, Riesling, Spl	●	WSS	12	4-13		SILBER
2012	Braunberger Juffer, Riesling, Spl	●	WSS	10	14-13		BRONZE
2012	Mülheimer Elisenberg, Riesling, Spl	●	WSS	13	3-13		BRONZE

Weingut Helmut Herber, Apacher Str. 15, 66706 **Perl**, Tel.: 06867/854, Fax: 06867/1377, info@weingut-herber.de, www.weingut-Herber.de

2012	Perler St. Quirinusberg, Spätburgunder, Spl	●	ROT	12	41-13	10 €	SILBER
2012	Mosel, Auxerrois, QbA	●	WSS	12	39-13	6 €	SILBER
2012	Perler Hasenberg, Auxerrois, Spl	●	WSS	11	31-13	8 €	BRONZE

● Trocken   ● Halbtrocken   ● Lieblich/Mild   ● Edelsüß   * Preisangabe + Alkoholgehalt gerundet

MOSEL

Mosel | 253

| ahrgang | Lage, Rebsorte, Qualitätsbezeichnung | | Wein-Art | Vol% | AP-Nr. | Preis* | DLG-Preis |

Advertorial –

Weingut Ökonomierat Petgen-Dahm

Ralf und Brigitte Petgen, Winzerstraße 3-7, 66706 **Perl-Sehndorf**, Tel.: 06867/309, Fax: 06867/1367, info@petgen-dahm.de, www.petgen-dahm.de

Das Weingut Petgen-Dahm gehört zu den renommierten Betrieben der Mosel. Seit dem 17. Jahrhundert betreibt die Familie Weinbau im Dreiländereck Deutschland-Frankreich-Luxemburg. Exquisite Spezialitäten des Hauses sind die spritzigen und gehaltvollen Burgunderweine. Sie gedeihen auf den schweren Kalkmuschelböden der saarländischen Obermosel. Sehr erfolgreich ist das Haus auch in der Sektproduktion. Auf einer Teilfläche des Betriebes wird Elbling nach EG-Bionorm angebaut. Die naturnahe Bewirtschaftung der Rebfläche ist für Ralf Petgen oberstes Gebot. Die hervorragende Qualität der Weine wurde im Jahr 2013 mit zwölf Goldmedaillen bei der Internationalen Berliner Wein Trophy bestätigt.

Jahrgang	Lage, Rebsorte, Qualitätsbezeichnung		Wein-Art	Vol%	AP-Nr.	Preis*	DLG-Preis
2012	Perler Hasenberg, Grauburgunder, Spl	●	WSS	13	7-13	10 €	GOLD
2012	Perler Hasenberg, Grauburgunder, Spl	●	WSS	12	1-13	10 €	GOLD
2012	Mosel „Alte Reben", Auxerrois, QbA	●	WSS	12	6-13	13 €	SILBER
2012	Mosel, Riesling, Eis	●	WSS	8	18-13	40 €	SILBER
2012	Mosel, Auxerrois, QbA	●	WSS	12	11-13	8 €	SILBER
2012	Mosel „Alte Reben", Grauburgunder, Aul	●	WSS	13	5-13	13 €	SILBER
2012	Mosel „P", Weißburgunder, QbA	●	WSS	12	8-13	12 €	SILBER
2012	Mosel, Riesling, Aul	●	WSS	10	26-13	12 €	SILBER
2012	Mosel „P", Auxerrois, QbA	●	WSS	12	7-13	12 €	SILBER
2012	Perler Hasenberg, Riesling, Eis	●	WSS	8	4-13	40 €	BRONZE
2012	Mosel, Weißburgunder, Aul	●	WSS	12	28-13	13 €	BRONZE
2010	Mosel, Spätburgunder, QbA	●	ROTB	12	13-12	22 €	BRONZE
2011	Mosel „Alte Reben", Chardonnay, QbA	●	WSS	12	9-12	13 €	BRONZE
2012	Perler Hasenberg, Riesling, Eis	●	WSS	7	5-13	40 €	BRONZE
2012	Mosel „P", Grauburgunder, Aul	●	WSS	12	20-13	12 €	BRONZE
2012	Mosel, Riesling, Eis	●	WSS	8	17-13	40 €	BRONZE
2012	Mosel, Auxerrois, Spl	●	WSS	13	3-13	9 €	BRONZE
2011	Mosel, Grauburgunder, QbA	●	WSSB	12	12-12	22 €	BRONZE

Weingut Karl Petgen, Martinusstr. 12, 66706 **Perl-Nennig**, Tel.: 06866/239, Fax: 06866/1323, info@karl-petgen.de, www.karl-petgen.de

2012	Nenniger Römerberg, Riesling, QbA	●	WSS	11	103-13	6 €	GOLD
2012	Nenniger Römerberg, Auxerrois, QbA	●	WSS	12	94-13	7 €	GOLD
2012	Nenniger Schloßberg, Elbling, QbA	●	WSS	11	104-13	4 €	GOLD
2012	Mosel feinherb, Riesling, Spl	●	WSS	11	99-13	8 €	GOLD
2012	Nenniger Schloßberg, Grauburgunder, Spl	●	WSS	12	105-13	8 €	GOLD
2012	Nenniger Römerberg, Riesling, QbA	●	WSS	12	100-13	7 €	GOLD
2012	Nenniger Schloßberg, Auxerrois, Spl	●	WSS	12	93-13	8 €	SILBER
2012	Nenniger Römerberg, Weißburgunder, QbA	●	WSS	12	96-13	6 €	SILBER
2012	Nenniger Römerberg, Grauburgunder, QbA	●	WSS	12	101-13	7 €	BRONZE

● Trocken ● Halbtrocken ● Lieblich/Mild ● Edelsüß *Preisangabe + Alkoholgehalt gerundet

Jahrgang	Lage, Rebsorte, Qualitätsbezeichnung		Wein-Art	Vol%*	AP-Nr.	Preis*	DLG-Preis

Weingut Ewald Zenzen · Otmar Zenzen, Bahnhofstr. 7, 56829 **Pommern**, Tel.: 02672/2520, Fax: 02672/910566

2012	Pommerner Sonnenuhr, Riesling, Aul	🟡	WSS	12	14-13	8 €	GOLD
2012	Pommerner Zeisel Hochgewächs feinherb, Riesling, QbA	🔴	WSS	11	10-13	6 €	SILBER
2012	Pommerner Sonnenuhr, Riesling, QbA	🟣	WSS	9	11-13	6 €	SILBER
2012	Pommerner Zeisel feinherb „von den Schieferterrassen", Riesling, Spl	🔴	WSS	11	7-13	7 €	BRONZE

– Advertorial –

Weingut Starkenburger Hof

Andreas Wagner, Starkenburger Hof 1a, 56843 **Starkenburg**, Tel.: 06541/6150, Fax: 06541/4688, a.wagner@starkenburger-hof.de, www.starkenburger-hof.de

„Alt genug, um erfahren zu sein und jung genug, um dynamisch zu bleiben", lautet die Philosophie des Familienweinguts. Spritzige Rieslingweine reifen auf blauem Devonschiefer an den steilen Hängen der Mittelmosel. Der Ausbau der Weine erfolgt mit neuster Kellertechnik und unter höchsten Qualitätsansprüchen. Niedrige Erträge und eine lange Reifezeit sind nur einige Aspekte, um aromatische, fruchtbetonte und jahrgangsspezifische Weine zu erzeugen. Alle Weine vom erfrischenden Riesling bis zum vollmundigen blauen Spätburgunder stehen gerne zur Probe bereit. Mit modernen Gästezimmern im Gästehaus lädt die Familie ein, Weine und Weingut an der Mosel kennenzulernen.

| 2011 | Mosel, Riesling, Spl | 🟡 | WSS | 12 | 19-12 | 6 € | GOLD |

Weirich Weine, Schloßstraße 30, 56843 **Starkenburg über der Mosel,** Tel.: 06541/6298, Fax: 06541/810286, info@weirich-weine.de, www.weirich-weine.de

2011	Mosel, Riesling, Bal	🔴	WSS	11	37-12	20 €	GOLD
2012	Mosel „Steffensberg", Riesling, Spl	🟢	WSS	12	22-13	10 €	GOLD
2011	Mosel, Riesling, Aul	🔴	WSS	12	23-12	9 €	GOLD
2012	Mosel feinherb „Aus der Steillage", Riesling, QbA	🔴	WSS	11	12-13	6 €	GOLD
2011	Mosel „Mamma Mia", Riesling, Spl	🔴	WSS	13	26-12	9 €	GOLD
2011	Mosel „Zeppwingert" feinherb, Riesling, Aul	🔴	WSS	14	21-12	12 €	GOLD
2012	Mosel „Neuer Wingert", Riesling, Spl	🟢	WSS	12	21-13	10 €	GOLD
2012	Mosel, Rivaner, QbA	🟣	WSS	13	2-13		SILBER
2012	Mosel „Aus der Steillage", Riesling, QbA	🟡	WSS	12	11-13	6 €	SILBER
2011	Mosel „Steffensberg", Riesling, Spl	🟢	WSS	13	22-12	9 €	SILBER
2012	Mosel, Riesling, Aul	🟣	WSS	7	23-13		SILBER

Weingut Trossen GbR · Jörg, Mark und Birgit Trossen, Alter Brauerweg 6, 56841 **Traben-Trarbach**, Tel.: 06541/2937, Fax: 06541/2933, info@trossen-weine.de, www.trossen-weine.de

2011	Mosel „Finesse", Riesling, Spl	🔴	WSS	11	16-13	9 €	GOLD
2012	Trabener Würzgarten „Royal Herb", Riesling, Aul	🔴	WSS	14	17-13	11 €	SILBER
2011	Trabener Kräuterhaus „Finesse", Riesling, Spl	🟡	WSS	14	15-12	9 €	SILBER
2012	Kröver Steffensberg „Finesse", Riesling, Spl	🟣	WSS	8	8-13	9 €	SILBER
2012	Trabener Würzgarten „Royal Rickelsberch", Riesling, Aul	🔴	WSS	14	18-13	16 €	SILBER
2011	Trabener Kräuterhaus „Terra", Riesling, QbA	🟡	WSS	13	11-13	7 €	SILBER
2012	Trabener Würzgarten „Royal Rickelsberch" feinherb, Riesling, Aul	🔴	WSS	13	19-13	16 €	SILBER
2012	Trabener Kräuterhaus „Terra", Riesling, QbA	🟡	WSS	12	21-13	6 €	SILBER
2012	Trabener Würzgarten „Finesse" feinherb, Riesling, Spl	🔴	WSS	12	20-13	9 €	BRONZE

Weingut Rainer Göbel, Bernkasteler Weg 11, 56841 **Traben-Trarbach**, Tel.: 06541/1658

| 2011 | Trabener Zollturm, Riesling, Spl | 🔴 | WSS | 10 | 6-12 | 7 € | SILBER |

🟡 Trocken   🟢 Halbtrocken   🔴 Lieblich/Mild   🟣 Edelsüß   * Preisangabe + Alkoholgehalt gerundet

Mosel | 255

ahrgang	Lage, Rebsorte, Qualitätsbezeichnung	Wein-Art	Vol%*	AP-Nr.	Preis*	DLG-Preis

Weingut Peter Terges, Olewiger Str. 145, 54295 **Trier,** Tel.: 0651/31096, Fax: 0651/309671

2011	Triererer Deutschherrenberg, Riesling, Tba	● WSS	7	28-12	65 €	GOLD
2009	Triererer Deutschherrenberg, Riesling, Eis	● WSS	9	36-10		SILBER
2010	Triererer Deutschherrenberg, Riesling, Eis	● WSS	6	30-11	35 €	BRONZE

– Advertorial –

Weingut Alfred Merkelbach

Brunnenstraße 11, 54539 **Ürzig,** Tel.: 06532/4522 u. 3616, Fax: 06532/2889

Auf 1,9 Hektar Steillagen baut das Weingut Merkelbach ausschließlich Riesling an und produziert jährlich rund 20.000 Flaschen Wein. Die Besonderheit im Geschmack liegt, neben der Schieferverwitterung des Bodens, an der Lage am Ürziger Würzgarten. Der Betrieb ist Mitglied im Bernkasteler Ring. Das historische Haus aus Schiefersteinen wurde 1867 vom Urgroßvater erworben. Zum Teil sind noch alte, wurzelechte Rebstöcke an Pfählen vorhanden. Der Ausbau der Weine erfolgt überwiegend in Holzfässern. Die Spezialität des Hauses Merkelbach sind die edelsüßen Auslesen.

2012	Ürziger Würzgarten, Riesling, Aul	● WSS	9	13-13	10 €	SILBER
2012	Ürziger Würzgarten, Riesling, Spl	● WSS	9	19-13	8 €	SILBER
2012	Ürziger Würzgarten, Riesling, Aul	● WSS	9	14-13	11 €	BRONZE
2012	Ürziger Würzgarten „Urglück", Riesling, Spl	● WSS	9	17-13	7 €	BRONZE

Weingut Berthold Oster, Wittlicher Str. 1, 54539 **Ürzig,** Tel.: 06532/2545, Fax: 06532/5106, info@weingut-berthold-oster.de, www.weingut-berthold-oster.de

| 2012 | Ürziger Würzgarten, Riesling, Aul | ● WSS | 8 | 8-13 | 11 € | GOLD |
| 2012 | Ürziger Würzgarten, Riesling, Spl | ● WSS | 8 | 7-13 | 7 € | BRONZE |

Weingut Zender-Göhlen · Heinz Zender, Rosenweg 10, 54516 **Wittlich,** Tel.: 06571/8936, Fax: 06571/2265, info@weingut-zender.com, www.weingut-zender.de

| 2011 | Wittlicher Portnersberg, Riesling, Kab | ● WSS | 10 | 12-12 | 5 € | GOLD |
| 2011 | Wittlicher Portnersberg, Riesling, Spl | ● WSS | 13 | 9-12 | 6 € | BRONZE |

Zimmermann-Graeff & Müller GmbH & Co. KG · Weinkellerei, Barlstraße 35, 56856 **Zell/Mosel,** Tel.: 06542/4190, Fax: 06542/419412, www.zgm.de

| 2012 | Mosel, Riesling, QbA | ● WSS | 13 | 43-13 | 5 € | GOLD |

Weingut Friedrich Josef Treis, Boos von Waldeckhof 1, 56856 **Zell-Kaimt,** Tel.: 06542/5560, Fax: 06542/5739, info@weingut-treis.de, www.weingut-treis.de

| 2011 | Zeller Burglay-Felsen, Riesling, Spl | ● WSS | 9 | 20-12 | 6 € | BRONZE |

Weingut Walter Wirtz, St.-Johannis-Graben 12, 56856 **Zell-Kaimt,** Tel.: 06542/41255, Fax: 06542/41255,

| 2012 | Zeller Nußberg, Riesling, Spl | ● WSS | 8 | 1-13 | 5 € | BRONZE |

● Trocken ● Halbtrocken ● Lieblich/Mild ● Edelsüß *Preisangabe + Alkoholgehalt gerundet

256 | DLG-prämierte Weine und Sekte

Jahrgang	Lage, Rebsorte, Qualitätsbezeichnung		Wein-Art	Vol%*	AP-Nr.	Preis*	DLG-Preis

– Advertorial –

Weingut Albert Kallfelz

Albert und Andrea Kallfelz, Hauptstr. 60-62, 56856 **Zell-Merl**, Tel.: 06542/93880, Fax 06542/938850, info@kallfelz.de, www.kallfelz.de

„Vom Idealisten für den Individualisten" lautet das Motto des erfolgreichen Weinguts. KALLFELZ-Weine reifen auf den einzigartigen Schiefersteillagen der Mosel. Diese Weinkulturlandschaft und ihr unvergleichlich fruchtbares Mikroklima werden seit vielen Generationen gepflegt – mit einem fast 500-jährigen Erfahrungsschatz und täglicher Lebensfreude. Hier gedeihen Weine mit einem hohen Maß an Mineralstoffen und ihrer unverkennbaren Güte. Mit viel Leidenschaft entstehen Jahr für Jahr ausdrucksstarke, individuelle Weine, die durch ihre elegante, feinfruchtige Art und ihren besonderen, mineralischen Charakter überzeugen. KALLFELZ-Weine sind seit Jahren national und international außerordentlich erfolgreich.

Albert und Andrea Kallfelz

Jahrgang	Lage, Rebsorte, Qualitätsbezeichnung		Wein-Art	Vol%	AP-Nr.	Preis	DLG-Preis
2011	Merler-Fettgarten „Urgestein", Riesling, QbA	●	WSS	12	97-12	15 €	GOLD
2012	Merler Adler, Riesling, Kab	●	WSS	12	87-13	7 €	GOLD
2011	Merler-Königslay-Terrassen feinherb, Riesling, Spl	●	WSS	12	135-12	10 €	GOLD
2011	Merler Stephansberg, Riesling, Spl	●	WSS	13	85-12	8 €	GOLD
2011	Merler Königslay-Terrassen, Riesling, Spl	●	WSS	10	98-12	10 €	GOLD
2012	Merler Stephansberg, Riesling, Spl	●	WSS	12	92-13	8 €	GOLD
2012	Merler Königslay-Terrassen feinherb, Riesling, Spl	●	WSS	13	104-13	9 €	GOLD
2012	Merler Adler, Riesling, Kab	●	WSS	12	85-13	7 €	GOLD
2011	Merler Stephansberg, Riesling, Spl	●	WSS	12	112-12	8 €	GOLD
2011	Mosel „Kallfelz Hochgewächs" feinherb, Riesling, QbA	●	WSS	12	134-12	7 €	GOLD
2011	Merler Königslay-Terrassen, Riesling, Spl	●	WSS	13	95-12	9 €	SILBER
2012	Merler Königslay-Terrassen feinherb, Riesling, Spl	●	WSS	12	69-13	9 €	SILBER
2011	Merler Königslay-Terrassen, Riesling, Bal	●	WSS	10	100-12	39 €	SILBER
2012	Merler Königslay-Terrassen, Riesling, Spl	●	WSS	12	97-13	9 €	SILBER
2012	Mosel Hochgewächs feinherb „Kallfelz", Riesling, QbA	●	WSS	11	101-13	7 €	SILBER
2011	Merler Königslay-Terrassen, Riesling, Spl	●	WSS	11	92-12	9 €	SILBER
2012	Merler Adler, Riesling, Kab	●	WSS	12	68-13	7 €	SILBER
2012	Merler Adler feinherb, Riesling, Kab	●	WSS	11	84-13	7 €	SILBER
2011	Merler Königslay-Terrassen, Riesling, QbA	●	WSS	13	141-12	15 €	SILBER
2012	Merler Königslay-Terrassen „Großes Gewächs", Riesling, QbA	●	WSS	13	98-13	16 €	BRONZE
2012	Merler Königslay-Terrassen, Riesling, Spl	●	WSS	12	107-13	9 €	BRONZE
2012	Merler Stephansberg feinherb, Riesling, Spl	●	WSS	11	103-13	8 €	BRONZE
2012	Merler Stephansberg, Riesling, Spl	●	WSS	12	93-13	8 €	BRONZE

MOSEL

● Trocken   ● Halbtrocken   ● Lieblich/Mild   ● Edelsüß   * Preisangabe + Alkoholgehalt gerundet

Nahe

Wein & Edelstein

Schiefer, Porphyr oder Quarz – an der Nahe gibt es Weinberge, die dicht beieinander liegen und dennoch auf ganz unterschiedlichen Böden fußen. In Flussnähe wurden einst sogar Edelsteine abgebaut. Dieser Facettenreichtum prägt die Weine. Je nach Lage sind die Rebgärten mit Silvaner, Scheurebe, Riesling, der Burgunderfamilie, Dornfelder oder Portugieser bestockt. Die Nähe des Flusses sorgt zudem für ein mildes und ausgleichendes Klima. Das Anbaugebiet Nahe erstreckt sich über etwa 4.200 Hektar.

Ihr Weg zu den Spitzenweinen

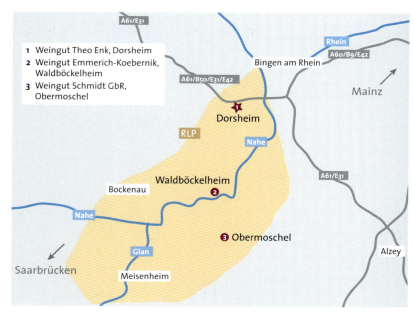

1. Weingut Theo Enk, Dorsheim
2. Weingut Emmerich-Koebernik, Waldböckelheim
3. Weingut Schmidt GbR, Obermoschel

✸ Winzer des Jahres   ★ TOP-Winzer (Bundesehrenpreis)   ● weitere Betriebsempfehlung

Jahrgang	Lage, Rebsorte, Qualitätsbezeichnung	Wein-Art	Vol%*	AP-Nr.	Preis*	DLG-Preis

Sekte

Erzeugergemeinschaft Winzersekt GmbH, Michel-Mort-Str. 3-5, 55576 **Sprendlingen**, Tel.: 06701/93200, Fax: 06701/961726, claudia.weinand@winzersekt.com

2011	Nahe, Scheurebe, halbtrocken	●	WSS	12	4-13	7 €	SILBER

Weingut Emmerich-Koebernik, Hauptstr. 44, 55596 **Waldböckelheim**, Tel.: 06758/426, Fax: 06758/7697, weingut@emmerich-koebernik.de, www.emmerich-koebernik.de

2011	Waldböckelheimer Kronenfels, Spätburgunder, extra trocken	●	WHT	13	23-12	10 €	BRONZE

● Brut nature / Extra Brut / Brut   ● Extra trocken / Trocken   ● Halbtrocken / Mild   *Preisangabe + Alkoholgehalt gerundet

Weine

Weingut Ökonomierat August E. Anheuser GmbH · Markus Leyendecker, Brückes 41, 55545 **Bad Kreuznach**, Tel.: 0671/832320, Fax: 0671/832314, leyendecker@weinhausanheuser.de

2012	Kreuznacher Kauzenberg, Riesling, Aul	●	WSS	12	5-13	14 €	GOLD
2012	Kreuznacher Narrenkappe, Riesling, Aul	●	WSS	8	22-13	11 €	GOLD
2012	Kreuznacher Kauzenberg, Riesling, Aul	●	WSS	8	9-13	14 €	GOLD
2012	Kreuznacher Kauzenberg, Riesling, Spl	●	WSS	12	7-13	12 €	SILBER
2012	Kreuznacher Kauzenberg, Riesling, Aul	●	WSS	12	6-13	14 €	SILBER
2012	Kreuznacher Kauzenberg, Riesling, QbA	●	WSS	12	3-13	9 €	BRONZE
2012	Kreuznacher Kauzenberg „Alte Rebe", Riesling, Spl	●	WSS	9	10-13	12 €	BRONZE

Weingut Horst Zehmer, Mahlborner Hof, 55545 **Bad Kreuznach**, Tel.: 0671/65834, Fax: 0671/75923, info@weingut-zehmer.de, www.weingut-zehmer.de

2012	Kreuznacher Katzenhölle „Alte Reben", Riesling, Spl	●	WSS	11	12-13	5 €	SILBER
2012	Kreuznacher Römerhelde, Graubrgunder, Kab	●	WSS	13	21-13	5 €	SILBER

Weingut Theo Enk, Weinbergstraße 13, 55452 **Dorsheim**, Tel.: 06721/45470, Fax: 06721/47884, info@weingut-theo-enk.de, www.weingut-theo-enk.de

2012	Nahe, Graubrgunder, QbA	●	WSS	14	8-13	6 €	GOLD EXTRA
2012	Laubenheimer Fuchsen, Riesling, Kab	●	WSS	12	21-13	7 €	GOLD
2012	Nahe „Florian", Graubrgunder, QbA	●	WSSH	14	26-13	10 €	GOLD
2012	Laubenheimer Karthäuser „S", Riesling, Spl	●	WSS	13	11-13	9 €	GOLD
2012	Dorsheimer Goldloch, Riesling, QbA	●	WSS	12	15-13	14 €	GOLD
2012	Laubenheimer Karthäuser, Weißburgunder, Spl	●	WSS	14	12-13	8 €	GOLD
2012	Nahe „Steinrech", Riesling, Spl	●	WSS	12	14-13	8 €	GOLD
2012	Dorsheimer Goldloch, Riesling, Spl	●	WSS	12	10-13	9 €	GOLD
2012	Dorsheimer Goldloch, Riesling, Spl	●	WSS	9	16-13	9 €	SILBER
2012	Laubenheimer Fuchsen „mariage III", Riesling, QbA	●	WSS	13	9-13	9 €	SILBER
2012	Laubenheimer Karthäuser feinherb, Riesling, Kab	●	WSS	11	6-13	5 €	SILBER
2012	Nahe feinherb, Kerner, Kab	●	WSS	12	24-13	5 €	BRONZE

● Trocken   ● Halbtrocken   ● Lieblich/Mild   ● Edelsüß   *Preisangabe + Alkoholgehalt gerundet

Jahrgang	Lage, Rebsorte, Qualitätsbezeichnung	Wein-Art	Vol%*	AP-Nr.	Preis*	DLG-Preis

– Advertorial –

Wein- & Sektgut Nikolaushof

Klaus Hattemer, Ockenheimerstraße 8, 55435 **Gau-Algesheim**, Tel: 06725/2872, Fax: 06725/307340, hattemer@weingut-nikolaushof.de, www.weingut-nikolaushof.de

Das Familienweingut liegt im Herzen Rheinhessens und bewirtschaftet dort den größten Teil seiner 16 Hektar Rebfläche. Viel Arbeit und Mühe wird investiert, um die Rebstöcke nachhaltig zu bewirtschaften, denn Qualitätstrauben sind die Grundlage für Spitzenweine. Zusätzlich zu dem Anbau von traditionellen Rebsorten wird das Angebot durch Trendweine wie Blanc de Noir und eigene Kreationen wie Cuveé am Turm ergänzt. Die Sekte vergärt Winzermeister Klaus Hattemer nach traditioneller Methode in der Flasche. In der Weinstube können während der Gutsausschankzeit die Spitzenweine mit passenden Köstlichkeiten aus der Gutsküche genossen werden. Es gibt eine große Auswahl an Speisen – passend zur Saison. Feinfruchtige, bekömmliche, individuelle Weine und zufriedene Kunden – das ist das Ziel von Familie Hattemer.

Familie Hattemer

| 2012 | Nahe Classic, Riesling, QbA | ● | WSS | 12 | 14-13 | | GOLD |

Weingut Genheimer-Kiltz, Zum Sportfeld 6, 55595 **Gutenberg**, Tel.: 06706/8633, Fax: 06706/6319, info@genheimer-kiltz.de, www.genheimer-kiltz.de

| 2011 | Gutenberger Schloßberg, Pinot Noir, QbA | ● | ROT | 14 | 28-13 | 18 € | GOLD |

– Advertorial –

Weingut Axel Schramm

Soonwaldstr. 49, 55569 **Monzingen**, Tel.: 06751/3312, Fax: 06751/856916, weingut.schramm@asmo-wein.de, www.asmo-wein.de

Das Weingut Axel Schramm in Monzingen wurde im Jahr 1984 mit einer Rebfläche von 1,8 Hektar gegründet. Heute werden 9 ha bewirtschaftet. Die wichtigste Rebsorte im Anbau ist der Riesling. 20% der Rebfläche sind mit Rotwein bestockt. Asmo-Weine sind fruchtbetont und werden durch eine moderate Säure getragen. Das besondere Kleinklima, die Weinbergsböden und eine naturnahe Bearbeitung der Reben prägen die Weinqualität. Das Weingut erhielt zahlreiche nationale und internationale Prämierungen. Zu den Kunden zählen private Weinfreunde ebenso wie der Handel.

2012	Monzinger Frühlingsplätzchen, Riesling, Spl	●	WSS	11	7-13	6 €	SILBER
2012	Monzinger Frühlingsplätzchen, Dornfelder, QbA	●	ROSEE	9	12-13	4 €	SILBER
2012	Monzinger Paradiesgarten, Cuvee Weißwein, Kab	●	WSS	11	6-13	7 €	BRONZE
2012	Monzinger Frühlingsplätzchen, Cuvee Rotwein, QbA	●	ROT	11	3-13	4 €	BRONZE
2012	Monzinger Frühlingsplätzchen, Riesling, Aul	●	WSS	12	9-13	6 €	BRONZE

● Trocken ● Halbtrocken ● Lieblich/Mild ● Edelsüß *Preisangabe + Alkoholgehalt gerundet

Jahrgang	Lage, Rebsorte, Qualitätsbezeichnung	Wein-Art	Vol%*	AP-Nr.	Preis*	DLG-Preis

Weingut Schmidt GbR, Luitpoldstr. 24, 67823 **Obermoschel,** Tel.: 06362/1265, Fax: 06362/4145, info@weingut-schmidt.net, www.weingut-schmidt.net

Jahrgang	Lage, Rebsorte, Qualitätsbezeichnung		Wein-Art	Vol%*	AP-Nr.	Preis*	DLG-Preis
2012	Obermoscheler Silberberg „Mittelstück", Riesling, QbA	🟡	WSS	13	22-13	6 €	Gold
2012	Obermoscheler Schloßberg, Riesling, Spl	🟣	WSS	11	38-13	9 €	Silber
2012	Obermoscheler Silberberg, Riesling, Eis	🟣	WSS	7	39-13	35 €	Silber
2012	Obermoscheler Schloßberg „Hensler", Riesling, QbA	🟢	WSS	12	40-13	6 €	Silber
2012	Norheimer Dellchen, Riesling, Spl	🟡	WSS	13	28-13	9 €	Bronze
2012	Obermoscheler Schloßberg, Riesling, Kab	🟡	WSS	12	31-13	7 €	Bronze
2011	Obermoscheler Silberberg, Riesling, Tba	🟡	WSS	6	46-13	66 €	Bronze
2012	Nahe Classic, Grauburgunder, QbA	🟢	WSS	13	20-13	7 €	Bronze
2012	Obermoscheler Silberberg „Spies", Riesling, QbA	🔴	WSS	11	37-13	6 €	Bronze
2012	Obermoscheler Schloßberg, Riesling, Spl	🟡	WSS	12	29-13	9 €	Bronze

Weingut Emmerich-Koebernik, Hauptstr. 44, 55596 **Waldböckelheim,** Tel.: 06758/426, Fax: 06758/7697, weingut@emmerich-koebernik.de, www.emmerich-koebernik.de

Jahrgang	Lage, Rebsorte, Qualitätsbezeichnung		Wein-Art	Vol%*	AP-Nr.	Preis*	DLG-Preis
2012	Waldböckelheimer Kronenfels, Riesling, Eis	🟣	WSS	8	22-13	35 €	Gold
2012	Schloßböckelheimer Königsfels, Riesling, Spl	🔴	WSS	10	9-13	13 €	Gold
2012	Nahe, Grauburgunder, QbA	🟢	WSS	13	17-13	7 €	Gold
2012	Nahe „vom Rotliegenden", Grauburgunder, QbA	🟡	WSS	13	16-13	9 €	Gold
2012	Waldböckelheimer Mühlberg, Riesling, QbA	🟢	WSS	13	6-13	14 €	Gold
2012	Nahe feinherb, Riesling, QbA	🟢	WSS	12	15-13	6 €	Gold
2012	Nahe, Weißburgunder, QbA	🟡	WSS	13	1-13	7 €	Gold
2012	Nahe „vom Tonschiefer", Riesling, QbA	🟡	WSS	12	12-13	8 €	Silber
2012	Nahe „vom Porphyr" feinherb, Riesling, QbA	🟡	WSS	12	11-13	8 €	Silber
2012	Schloßböckelheimer Königsfels, Riesling, QbA	🟡	WSS	12	7-13	15 €	Silber
2012	Nahe, Bacchus, QbA	🟣	WSS	9	10-13	6 €	Silber
2012	Nahe feinherb, Bacchus, QbA	🔴	WSS	11	4-13	5 €	Silber
2012	Nahe, Gewürztraminer, QbA	🟡	WSS	10	3-13	7 €	Bronze
2012	Nahe, Silvaner, QbA	🟡	WSS	12	14-13	6 €	Bronze

Weingut Funck-Schowalter GbR · Gerd, Ute und Thomas Funck, Schneiderstr. 2, 55596 **Waldböckelheim,** Tel.: 06758/6441, Fax: 065758/6336, info@weingut-funck-schowalter.de, www.weingut-funck-schowalter.de

Jahrgang	Lage, Rebsorte, Qualitätsbezeichnung		Wein-Art	Vol%*	AP-Nr.	Preis*	DLG-Preis
2012	Weinsheimer Katergrube, Riesling, Spl	🟣	WSS	8	7-13	7 €	Gold
2012	Nahe „S", Riesling, QbA	🟡	WSS	12	11-13	6 €	Gold
2012	Nahe, Bacchus, QbA	🔴	WSS	10	13-13	4 €	Gold
2012	Nahe Classic, Riesling, QbA	🟢	WSS	12	2-13	6 €	Silber
2012	Nahe, Riesling, QbA	🟢	WSS	12	3-13	4 €	Silber
2012	Nahe Classic, Weißburgunder, QbA	🟡	WSS	14	4-13	5 €	Silber

🟡 Trocken   🟢 Halbtrocken   🔴 Lieblich/Mild   🟣 Edelsüß   * Preisangabe + Alkoholgehalt gerundet

Pfalz

Lokale Feinkost & Rebenvielfalt

Die sonnenverwöhnte Region gehört mit einer Rebfläche von rund 23.500 Hektar zwischen der Rheinebene, den Hängen des Pfälzer Waldes und der Grenze zu Frankreich zu den größten Weinanbaugebieten Deutschlands. Neben einer Vielzahl kulinarischer und lokal erzeugter Produkte findet man hier eine große Palette unterschiedlicher Weinstile und Rebsorten. Die wichtigsten Sorten sind Riesling, Müller-Thurgau, Kerner, Silvaner, Weißburgunder, Dornfelder, Portugieser und Spätburgunder. Der Weißweinanteil liegt bei rund 60 Prozent.

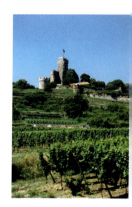

Ihr Weg zu den Spitzenweinen

1 Weingut Darting GdbR, Bad Dürkheim
2 Weingut Karl Pfaffmann Erben GdbR, Walsheim
3 Weingut August Ziegler, Maikammer
4 Sektkellerei Martinushof, Niederkirchen
5 Wein- und Sektgut Wilhelmshof, Siebeldingen
6 Vier Jahreszeiten Winzer eG, Bad Dürkheim
7 Weingut Bärenhof, Bad Dürkheim
9 Sektkellerei Deidesheim, Deidesheim

✹ Winzer des Jahres ✦ TOP-Winzer (Bundesehrenpreis) ● weitere Betriebsempfehlung

Jahrgang	Lage, Rebsorte, Qualitätsbezeichnung		Wein-Art	Vol%*	AP-Nr.	Preis*	DLG-Preis

Sekte

Vier Jahreszeiten Winzer eG, Limburgstr. 8, 67098 **Bad Dürkheim**, Tel.: 06322/94900, Fax: 06322/949037, info@vj-wein.de, www.vj-wein.de

2010	Pfalz „doux", Muskateller, mild	●	WSS	12	143-12		SILBER
2011	Pfalz, Riesling, extra trocken	●	WSS	12	413-12		BRONZE
2011	Pfalz, Riesling, trocken	●	WSS	12	388-12		BRONZE

Weingut Bärenhof · Helmut Bähr & Sohn, Weinstr. 4, 67098 **Bad Dürkheim**, Tel.: 06322/4137, Fax: 06322/8212, weingut-baerenhof@t-online.de, www.weingut-baerenhof.de

| 2011 | Pfalz, Riesling, brut | ● | WSS | 12 | 62-12 | 7 € | SILBER |
| 2011 | Pfalz, Riesling, trocken | ● | WSS | 12 | 63-12 | 7 € | SILBER |

Winzer eG Herrenberg-Honigsäckel, Weinstr. 12, 67098 **Bad Dürkheim**, Tel.: 06322/94640, Fax: 06322/946410, info@wg-ungstein.de, www.wg-ungstein.de

2012	Pfalz, Glera, trocken	●	QPW	11	162-12	7 €	SILBER
	Pfalz, Riesling, extra trocken	●	WSS	13	3-13	6 €	SILBER
	Pfalz, Dornfelder, halbtrocken	●	ROT	13	182-12	8 €	SILBER

Sektkellerei Deidesheim, Bennstr. 37-39, 67146 **Deidesheim**, Tel.: 06326/8583, Fax: 06326/7479, info@sektkellerei.de, www.sektkellerei.de

	Pfalz „Spezial Cuvée", Riesling, extra brut	●	WSS	13	5-13	6 €	GOLD
	Pfalz „Jubiläumsfüllung", Riesling, brut	●	WSS	13	8-13	6 €	SILBER
	Pfalz, Pinot, brut	●	WSS	13	6-13	9 €	SILBER
	Pfalz, Riesling, Gewürztraminer, brut	●	WSS	13	9-13	9 €	SILBER
	Pfalz, Weißburgunder, brut	●	WSS	13	2-13	9 €	BRONZE

Winzergenossenschaft Edenkoben eG, Weinstr. 130, 67480 **Edenkoben**, Tel.: 06323/94190, Fax: 06323/941919, wg-edenkoben@t-online.de, www.wg-edenkoben.de

2011	Edenkobener Schloss Ludwigshöhe, Dornfelder, trocken	●	ROT	12	92-12	7 €	SILBER
2011	Pfalz, Chardonnay, brut	●	WSS	13	89-12	8 €	SILBER
2011	Edenkobener Schloss Ludwigshöhe, Silvaner, trocken	●	WSS	12	1-13	7 €	SILBER
2011	Edenkobener Schloss Ludwigshöhe, Pinot Noir, trocken	●	ROSEE	13	90-12	8 €	SILBER
2011	Edenkobener Schloss Ludwishöhe, Pinot Noir, brut	●	ROSEE	13	91-12	9 €	BRONZE

Wein u. Sektkellerei Gebrüder Anselmann GmbH, Staatsstr. 58 + 60, 67483 **Edesheim**, Tel.: 06323/94120, Fax: 06323/941219, info@weingut-anselmann.de, www.weingut-anselmann.de

2007	Pfalz, Dornfelder, trocken	●	ROT	13	99-11	11 €	GOLD
2011	Pfalz, Riesling, extra trocken	●	WSS	12	7-13	8 €	GOLD
2010	Pfalz, Riesling, trocken	●	WSS	11	100-12	8 €	SILBER
2011	Pfalz, Riesling, trocken	●	WSS	12	5-13	8 €	SILBER
2008	Pfalz, Weißburgunder, extra trocken	●	WSS	12	65-12	8 €	SILBER
2011	Pfalz, Merlot, trocken	●	ROSEE	13	2-13	9 €	SILBER
2010	Pfalz, Riesling, extra trocken	●	WSS	12	101-12	8 €	BRONZE
2004	Pfalz, Cabernet Sauvignon, brut	●	ROSEE	12	132-12	9 €	BRONZE
2010	Pfalz, Riesling, brut	●	WSS	12	99-12	8 €	BRONZE

● Brut nature / Extra Brut / Brut ● Extra trocken / Trocken ● Halbtrocken / Mild * Preisangabe + Alkoholgehalt gerundet

264 | DLG-prämierte Weine und Sekte

Jahrgang	Lage, Rebsorte, Qualitätsbezeichnung		Wein-Art	Vol%*	AP-Nr.	Preis*	DLG-Preis

PFALZ

– Advertorial –

Weingut Oberhofer

Stefan & Heidi Oberhofer, Am Linsenberg 1, 67483 **Edesheim**, Tel.: 06323/944911, Fax: 06323/944949, info@weingutoberhofer.de, www.weingutoberhofer.de

Die Inhaber des Weinguts Oberhofer bewirtschaften den ältesten Weinberg der Welt. Die 400 Jahre alten Reben werden von Stefan und Heidi Oberhofer noch immer behutsam gepflegt und als einzigartiges Stück Weinkultur erhalten. Auch bei den jüngeren, ökologisch bewirtschafteten Rebanlagen setzen die Winzer auf Nachhaltigkeit, denn der naturnahe Anbau bürgt für hochwertiges Lesegut. Bei einem Besuch des Gutes wird schnell klar: Hier sind moderne, innovative Winzer am Werk, die mit schonenden Methoden nach der besten Qualität streben.

Stefan und Heidi Oberhofer

Jahrgang	Lage, Rebsorte, Qualitätsbezeichnung		Wein-Art	Vol%*	AP-Nr.	Preis*	DLG-Preis
2011	Pfalz, Riesling, trocken	🟢	WSS	12	42-12	9 €	Silber
2011	Pfalz, Riesling, trocken	🟢	WSS	12	2-13	9 €	Silber
2011	Pfalz „Secco Rosée", Muskat-Trollinger, trocken	🟢	QPW	10	39-12	6 €	Silber
2011	Pfalz, Saint-Laurent, trocken	🔴	ROT	13	3-13	9 €	Silber

Weingut Heinrich Vollmer GmbH & Co. KG, Gönnheimer Str. 52, 67158 **Ellerstadt**, Tel.: 06237/40030, Fax: 06237/8366, info@vollmerweine.de, www.weingutvollmer.de

| 2010 | Pfalz, Pinot Blanc, brut | 🟡 | WSS | 13 | 119-12 | 8 € | Silber |

Winzergenossenschaft Herxheim am Berg eG, Weinstraße 1, 67273 **Herxheim**, Tel.: 06353/989100, Fax: 06353/989131, info@wg-herxheim.de, www.wg-herxheim.de

| 2011 | Pfalz, Sauvignon Blanc, extra trocken | 🟢 | WSS | 12 | 83-12 | 10 € | Gold Extra |

Winzergenossenschaft Weinbiet eG, An der Eselshaut 57, 67435 **Neustadt an der Weinstraße**, Tel.: 06321/67970, Fax: 06321/60179, info@wg-weinbiet.de, www.wg-weinbiet.de

| 2011 | Mußbacher Eselshaut, Weißburgunder, brut | 🟡 | WSS | 13 | 118-12 | 9 € | Gold |

Sektkellerei Martinushof · Hilarius Reinhardt, Martinushof, 67150 **Niederkirchen**, Tel.: 06326/982616, Fax: 06326/982618, sekt@martinushof.de, www.Martinushof.de

2011	Pfalz, Spätburgunder, brut	🟡	BLDN	13	12-12		Gold Extra
2011	Pfalz, Sauvignon Blanc, brut	🟡	WSS	13	4-13		Gold
2011	Pfalz, Spätburgunder, Weißburgunder, brut	🟡	ROSEE	13	1-13		Gold
2011	Pfalz, Cremant, brut	🟡	BLDN	13	14-12		Gold
2011	Pfalz, Spätburgunder, brut	🟡	BLDN	13	2-13		Silber

🟡 Brut nature / Extra Brut / Brut   🟢 Extra trocken / Trocken   🔴 Halbtrocken / Mild   *Preisangabe + Alkoholgehalt gerundet

Pfalz | 265

Jahrgang	Lage, Rebsorte, Qualitätsbezeichnung		Wein-Art	Vol%	AP-Nr.	Preis*	DLG-Preis

Weingut Cuntz-Scheu · Axel Scheu, Längelsstr. 36, 76889 **Schweigen**, Tel.: 06342/7501, Fax: 06342/6182, cuntz-scheu@web.de, www.weingut-cuntz-scheu.de

| 2010 | Schweigener Sonnenberg, Auxerrois, extra trocken | ● | WSS | 12 | 37-12 | 10 € | SILBER |
| 2011 | Schweigener Sonnenberg, Scheurebe, extra trocken | ● | WSS | 12 | 38-12 | | SILBER |

Wein- und Sektgut Wilhelmshof, Queichstr. 1, 76833 **Siebeldingen**, Tel.: 06345/919147, Fax: 06345/919148, mail@wilhelmshof.de, www.wilhelmshof.de

2011	Siebeldinger Königsgarten, Riesling, brut	●	WSS	13	2-13	12 €	GOLD EXTRA
2011	Siebeldinger Königsgarten, Muskateller, halbtrocken	●	WSS	11	5-13	14 €	GOLD
2011	Siebeldinger Königsgarten, Spätburgunder, brut	●	ROSEE	13	4-13	13 €	GOLD
2010	Siebeldinger Königsgarten, Pinot, brut	●	BLDN	12	26-12	15 €	GOLD
2011	Siebeldinger Königsgarten, Riesling, extra brut	●	WSS	13	1-13	12 €	GOLD
2011	Siebeldinger Königsgarten, Weißburgunder, brut	●	WSS	13	3-13	14 €	SILBER

Weingut Alfons Ziegler, Jahnstr. 11, 67487 **St. Martin**, Tel.: 06323/5337, Fax: 06323/7667, info@weingut-ziegler.de, www.weingut-ziegler.de

| 2011 | Pfalz, Riesling, brut | ● | WSS | 12 | 51-12 | 8 € | GOLD |
| 2010 | Pfalz, Spätburgunder, trocken | ● | ROSEE | 11 | 67-11 | 8 € | GOLD |

Wein und Sekthaus Aloisiushof GmbH, Mühlstr. 2, 67487 **St. Martin**, Tel.: 06323/2099, Fax: 06323/5149, weinundsekthaus@aloisiushof.de, www.aloisiushof.de

| 2011 | Pfalz, Schwarzriesling, Spätburgunder, brut | ● | BLDN | 13 | 77-12 | 10 € | GOLD |
| 2011 | Pfalz, Chardonnay, Weißburgunder, brut nature | ● | WSS | 13 | 76-12 | 13 € | SILBER |

Wein- und Sektgut Rosenhof · Fam. Bohlender, Rosenhof 6, 76872 **Steinweiler**, Tel.: 06349/8125, Fax: 06349/6865, weingut-rosenhof.steinweiler@t-online.de, www.rosenhof-steinweiler.de

| 2010 | Pfalz, Gewürztraminer, trocken | ● | WSS | 11 | 13-13 | | BRONZE |
| 2009 | Pfalz, Dornfelder, halbtrocken | ● | WHT | 12 | 28-12 | | BRONZE |

Wachtenburg Winzer eG, Weinstr. 2, 67157 **Wachenheim**, Tel.: 06322/979820, Fax: 06322/9798225, info@wachtenburg-winzer.de, www.wachtenburg-winzer.de

| 2012 | Pfalz „Secco", Cuvee Weißwein, trocken | ● | QPW | 11 | 207-12 | 5 € | SILBER |

Sektkellerei Schloß Wachenheim AG, Kommerzienrat-Wagner-Straße 1, 67157 **Wachenheim**, Tel.: 0651/9988331, Fax: 0651/9988304, eichhorn@schloss-wachenheim.de, www.schloss-wachenheim.de

2010	Pfalz „Edition Nr.10", Auxerrois, extra brut	●	WSS	13	17-13	12 €	GOLD
2010	Pfalz „Schloss Wachenheim Edition Nr. 4", Chardonnay, brut	●	WSS	12	74-12	12 €	SILBER
2010	Pfalz „Schloss Wachenheim Edition Nr. 2", Gewürztraminer, trocken	●	WSS	13	72-12	12 €	SILBER
2009	Pfalz „Edition Nr. 6", Cuvee Rotwein, trocken	●	ROT	13	2-13	10 €	BRONZE
2009	Pfalz „Edition Nr. 1", Cremant, brut	●	BLDN	13	1-13	10 €	BRONZE
2008	Pfalz „Jubiläumscuvée 1888", Cuvee Blanc de Noir, brut	●	BLDN	12	5-13	12 €	BRONZE

Weingut Pfleger-Karr, Kirchheimer Str. 10, 67273 **Weisenheim am Berg**, Tel.: 06353/7497, Fax: 06353/6624, weingut@pfleger-karr.de, www.pfleger-karr.de

| 2011 | Weisenheimer, Cuvee Weißwein, brut | ● | WSS | 14 | 43-12 | 10 € | BRONZE |
| 2011 | Weisenheimer Sonnenberg, Chardonnay, brut | ● | WSS | 13 | 47-12 | 9 € | BRONZE |

● Brut nature / Extra Brut / Brut ● Extra trocken / Trocken ● Halbtrocken / Mild *Preisangabe + Alkoholgehalt gerundet

| Jahrgang | Lage, Rebsorte, Qualitätsbezeichnung | Wein-Art | Vol%* | AP-Nr. | Preis* | DLG-Preis |

Weine

– Advertorial –

Weingut Schimpf

Günter Schimpf, Hauptstraße 73, 67482 **Altdorf**, Tel.: 0173/8807139, Fax: 06327/96110, info@weingut-schimpf.de, www.weingut-schimpf.de

Die regionaltypische Pfälzer Rebsortenvielfalt ist für Günter Schimpf selbstverständlich. In seinem gleichnamigen Weingut in Altdorf pflegt er aber nicht nur die verbreiteten Sorten wie Rivaner, Riesling, Weißburgunder, Dornfelder oder Portugieser, sondern auch seltenere Reben wie den Gelben Muskateller. Seine Weinberge in Altdorf und Vennigen sind zu gleichen Anteilen mit Rot- und Weißweinreben bestockt. Aus den Muskateller-Grundweinen hat der aufstrebende Winzer einen extra trockenen Sekt erzeugt, der eine außergewöhnliche Spezialität darstellt und für seine Qualität unlängst die Auszeichnung DLG Gold Extra erhielt. Große Stärken zeigt Schimpf aber auch bei Cabernet Sauvignon und Riesling. Einmal mehr beginnt Qualität im Weinberg. Mit konsequenter Ertragsreduzierung durch Traubenteilung gelingt es, extraktreiche und konzentrierte Weine zu erzeugen. Günter Schimpf bewirtschaftet das Weingut bereits in dritter Generation als Flaschenweinbetrieb.

Günter Schimpf und seine Tochter Lilly

Jahrgang	Lage, Rebsorte, Qualitätsbezeichnung		Wein-Art	Vol%*	AP-Nr.	Preis*	DLG-Preis
2012	Pfalz, Riesling, QbA	🟡	WSS	12	7-13	5 €	GOLD
2012	Pfalz Classic, Weißburgunder, QbA	🟢	WSS	12	6-13	6 €	SILBER
2011	Pfalz, Dunkelfelder, QbA	🔴	ROT	12	5-12	6 €	SILBER
2012	Pfalz, Portugieser, QbA	🟡	WHT	12	2-13	5 €	SILBER
2011	Altdorfer Hochgericht, Saint-Laurent, QbA	🟡	ROTH	13	9-13	6 €	BRONZE

Weingut Knöll & Vogel, Klingweg 3, 76887 **Bad Bergzabern**, Tel.: 06343/1246, Fax: 06343/2104, weingut@knoell-vogel.de, www.knoell-vogel.de

2012	Bergzaberner Wonneberg, Grauburgunder, Spl	🟡	WSS	13	18-13	8 €	GOLD
2012	Bergzaberner Kloster Liebfrauenberg, Muskateller, QbA	🟡	WSS	13	23-13	6 €	GOLD
2012	Pfalz Classic, Grauburgunder, QbA	🟡	WSS	13	28-13	5 €	GOLD
2012	Pfalz Classic, Riesling, QbA	🟡	WSS	12	26-13	5 €	SILBER
2012	Dörrenbacher Guttenberg, Riesling, QbA	🟢	WSS	12	21-13	5 €	SILBER
2012	Dörrenbacher Guttenberg, Riesling, QbA	🟡	WSS	13	22-13	5 €	SILBER
2012	Bergzaberner Wonneberg, Bacchus, Kab	🔴	WSS	11	19-13	4 €	SILBER
2012	Bergzaberner Kloster Liebfrauenberg, Sauvignon Blanc, QbA	🟡	WSS	13	6-13	6 €	BRONZE
2012	Bergzaberner Altenberg, Riesling, Spl	🟢	WSS	12	25-13	7 €	BRONZE
2012	Bergzaberner Altenberg, Gewürztraminer, Kab	🔴	WSS	12	13-13	5 €	BRONZE
2012	Bergzaberner Kloster Liebfrauenberg, Portugieser, QbA		ROSEE	12	15-13	5 €	BRONZE

Weingut Darting GdbR, Am Falltor 4, 67098 **Bad Dürkheim**, Tel.: 06322/979830, Fax: 06322/9798326, info@darting.de, www.darting.de

2012	Dürkheimer Nonnengarten, Gewürztraminer, Spl	🟡	WSS	14	15-13	9 €	GOLD EXTRA
2012	Dürkheimer Feuerberg, Riesling, Kab	🟢	WSS	11	9-13	5 €	GOLD
2012	Dürkheimer Hochbenn, Muskateller, Kab	🟡	WSS	12	7-13	7 €	GOLD

🟡 Trocken   🟢 Halbtrocken   🔴 Lieblich/Mild   🟣 Edelsüß   * Preisangabe + Alkoholgehalt gerundet

Pfalz | 267

Jahrgang	Lage, Rebsorte, Qualitätsbezeichnung		Wein-Art	Vol%*	AP-Nr.	Preis*	DLG-Preis
2012	Forster Schnepfenflug, Huxelrebe, Bal	●	WSS	10	34-13	17 €	Gold
2012	Dürkheimer Hochbenn, Riesling, Kab	●	WSS	12	24-13	6 €	Gold
2012	Dürkheimer Schenkenböhl, Sauvignon Blanc, Kab	●	WSS	13	8-13	8 €	Gold
2011	Wachenheimer Mandelgarten, Dornfelder, QbA	●	ROTH	14	38-12	6 €	Gold
2010	Dürkheimer Feuerberg, Saint-Laurent, QbA	●	ROTH	14	41-12	7 €	Gold
2012	Dürkheimer Nonnengarten, Gewürztraminer, Kab	●	WSS	10	22-13	7 €	Gold
2012	Dürkheimer Nonnengarten, Riesling, Kab	●	WSS	9	26-13	6 €	Gold
2012	Dürkheimer Schenkenböhl, Weißburgunder, Chardonnay, Kab	●	WSS	13	10-13	7 €	Gold
2012	Dürkheimer Fronhof, Scheurebe, Kab	●	WSS	11	28-13	7 €	Gold
2011	Dürkheimer Feuerberg, Spätburgunder, QbA	●	ROTH	14	53-12	7 €	Gold
2012	Dürkheimer Fronhof, Cuvee Blanc de Noir, Kab	●	BLDN	13	14-13	7 €	Gold
2012	Ungsteiner Herrenberg, Riesling, Spl	●	WSS	13	16-13	8 €	Gold
2012	Dürkheimer Michelsberg, Riesling, Kab	●	WSS	9	31-13	7 €	Silber
2011	Wachenheimer Mandelgarten, Spätburgunder, QbA	●	ROTH	14	46-12	8 €	Silber
2011	Dürkheimer Feuerberg, Dornfelder, QbA	●	ROTH	14	55-12	6 €	Silber
2011	Dürkheimer Feuerberg, Schwarzriesling, QbA	●	ROTH	14	39-12	7 €	Silber
2012	Dürkheimer Schenkenböhl, Weißburgunder, Kab	●	WSS	13	5-13	6 €	Silber
2012	Dürkheimer Schenkenböhl, Grauburgunder, QbA	●	WSS	13	2-13	6 €	Silber
2010	Dürkheimer Feuerberg, Spätburgunder, QbA	●	ROTB	14	45-12	16 €	Silber

– Advertorial –

Vier Jahreszeiten Winzer eG

Limburgstraße 8, 67098 **Bad Dürkheim**, Tel.: 06322/94900, Fax: 06322/949037, info@vj-wein.de, www.vj-wein.de

Ihre Wein-Visionen setzt die Vier Jahreszeiten Winzer eG, als höchstprämierte Genossenschaft in der Pfalz, konsequent in die Tat um. Mit mehr als 100 Jahren Tradition und 22 Bundesehrenpreisen verbindet diese herausragende Erzeugergemeinschaft beste Qualitäten und Fortschrittsdenken. Bei den Weißweinen dominiert der Riesling, aber auch den Burgundersorten und den bukettreichen weißen Reben gilt das Augenmerk des Vier-Jahreszeiten-Teams. Der Grundsatz des Hauses auf einen kurzen Nenner gebracht: „Qualität, Qualität und nochmals Qualität."

2012	Pfalz „Nr. 1", Weißburgunder, Spl	●	WSSB	13	126-13		Gold Extra
2012	Dürkheimer Feuerberg, Schwarzriesling, QbA	●	ROT	14	107-13		Gold Extra
2011	Deidesheimer Hofstück, Kerner, Tba	●	WSS	8	137-12		Gold
2011	Gönnheimer Klostergarten, Kerner, Tba	●	WSS	8	136-12		Gold
2012	Wachenheimer Mandelgarten, Huxelrebe, Bal	●	WSS	8	83-13		Gold
2012	Dürkheimer Schenkenböhl, Gewürztraminer, Spl	●	WSS	12	171-13		Gold
2011	Dürkheimer Hochberg, Kerner, Bal	●	WSS	8	132-12		Gold
2012	Pfalz, Frühburgunder, QbA	●	ROT	14	62-13		Gold
2011	Pfalz, Dornfelder, QbA	●	ROT	12	398-12		Gold
2012	Dürkheimer Schenkenböhl, Huxelrebe, Aul	●	WSS	10	82-13		Gold
2012	Dürkheimer Feuerberg, Portugieser, QbA	●	ROT	12	120-13		Gold
2012	Pfalz, Sauvignon Blanc, QbA	●	WSS	12	64-13		Gold

● Trocken ● Halbtrocken ● Lieblich/Mild ● Edelsüß * Preisangabe + Alkoholgehalt gerundet

268 | DLG-prämierte Weine und Sekte

PFALZ

Jahrgang	Lage, Rebsorte, Qualitätsbezeichnung		Wein-Art	Vol%*	AP-Nr.	Preis*	DLG-Preis
2012	Dürkheimer Feuerberg, Portugieser, QbA	🟡	ROT	13	121-13		GOLD
2012	Pfalz, Tempranillo, QbA	🟡	ROT	14	127-13		GOLD
2012	Dürkheimer Steinberg, Riesling, Kab	🟡	WSS	12	43-13		GOLD
2012	Pfalz, Saint-Laurent, QbA	🟡	ROT	13	108-13		GOLD
2012	Pfalz, Sauvignon Blanc, QbA	🟡	WSS	12	129-13		GOLD
2012	Dürkheimer Schenkenböhl, Gewürztraminer, Aul	🟣	WSS	11	70-13		GOLD
2012	Dürkheimer Schenkenböhl, Silvaner, Kab	🔴	WSS	10	36-13		SILBER
2011	Pfalz, Spätburgunder, Kab	🟡	ROT	11	409-12		SILBER
2012	Pfalz, Rivaner, QbA	🟡	WSS	12	352-12		SILBER
2012	Dürkheimer Feuerberg, Gewürztraminer, Spl	🔴	WSS	11	403-12		SILBER
2012	Dürkheimer Schenkenböhl, Weißburgunder, Spl	🟢	WSS	13	25-13		SILBER
2012	Dürkheimer Hochmess, Riesling, Kab	🟡	WSS	13	24-13		SILBER
2012	Deidesheimer Hofstück, Kerner, Aul	🔴	WSS	12	73-13		SILBER
2012	Pfalz, Morio-Muskat, QbA	🔴	WSS	11	141-13		SILBER
2011	Pfalz, Cuvee Rotwein, QbA		ROTB	13	343-12		SILBER
2012	Forster Schnepfenpflug, Ortega, Bal	🟣		9	89-13		SILBER
2012	Pfalz, Chardonnay, QbA	🟡	WSS	13	57-13		SILBER
2012	Dürkheimer Hochmess, Riesling, Spl	🟡	WSS	13	85-13		SILBER
2012	Pfalz, Spätburgunder, QbA	🟢	ROSEE	12	26-13		SILBER
2011	Dürkheimer Schenkenböhl, Huxelrebe, Spl	🟣	WSS	10	153-12		SILBER
2011	Pfalz, Tempranillo, QbA	🟡	ROT	13	148-12		SILBER
2012	Pfalz, Regent, QbA	🟡	ROT	14	61-13		SILBER
2012	Dürkheimer Schenkenböhl, Weißburgunder, Spl	🟢	WSS	12	130-13		SILBER
2012	Dürkheimer Schenkenböhl, Gewürztraminer, Aul	🟣	WSS	11	132-13		SILBER
2012	Dürkheimer Schenkenböhl, Scheurebe, Aul	🟣	WSS	9	97-13		SILBER
2012	Kallstadter Kobnert, Scheurebe, Aul	🟣	WSS	9	99-13		SILBER
2012	Dürkheimer Schenkenböhl, Huxelrebe, Aul	🟣	WSS	10	81-13		SILBER
2011	Pfalz, Spätburgunder, Spl	🟡	ROT	14	228-12		SILBER
2012	Dürkheimer Schenkenböhl, Weißburgunder, Aul	🟡	WSS	11	69-13		SILBER
2012	Dürkheimer Feuerberg, Riesling, Kab	🟡	WSS	11	405-12		SILBER
2011	Pfalz, „Nr. 1", Weißburgunder, Spl	🟡	WSSB	14	183-12		SILBER
2012	Wachenheimer Mandelgarten, Lemberger, QbA	🟡	ROTH	14	154-13		SILBER
2010	Dürkheimer „Nr. 1", Spätburgunder, Spl	🟡	ROTB	14	407-12		SILBER
2012	Pfalz, Riesling, Kab	🟢	WSS	12	394-12		SILBER
2012	Dürkheimer Feuerberg, Weißburgunder, Kab	🟢	WSS	12	415-12		SILBER
2011	Dürkheimer Schnekenböhl, Kerner, Aul	🟣	WSS	10	138-12		SILBER
2012	Friedelsheimer Schlossgarten, Ortega, Bal	🟣	WSS	9	88-13		SILBER
2012	Pfalz, Spätburgunder, Spl	🟡	ROT	14	139-13		SILBER
2012	Ungsteiner Honigsäckel, Scheurebe, Aul	🟣	WSS	9	96-13		SILBER
2012	Dürkheimer, Saint-Laurent, QbA	🟡	ROT	13	116-13		SILBER
2012	Dürkheimer Steinberg, Riesling, Kab	🟡	WSS	12	42-13		SILBER
2012	Dürkheimer Schenkenböhl, Spätburgunder, Spl	🟣	WHT	10	55-13		SILBER
2011	Dürkheimer Feuerberg, Dornfelder, QbA	🔴	ROT	13	368-12		SILBER
2012	Pfalz, Chardonnay, QbA	🟡	WSS	13	189-13		SILBER
2010	Pfalz „Cuvée Nr. 1", Cuvee Rotwein, QbA	🟡	ROTB	14	408-12		SILBER
2011	Dürkheimer Schenkenböhl, Silvaner, Kab	🔴	WSS	11	64-12		SILBER
2011	Dürkheimer Schenkenböhl, Huxelrebe, Aul	🟣	WSS	11	152-12		SILBER
2011	Dürkheimer Schenkenböhl, Scheurebe, Aul	🟣	WSS	10	126-12		SILBER
2011	Pfalz, Regent, QbA	🟡	ROT	13	59-12		SILBER
2012	Wachenheimer Mandelgarten, Müller-Thurgau, Aul	🟣	WSS	9	72-13		BRONZE
2012	Pfalz, Chardonnay, QbA	🟡	WSS	12	58-13		BRONZE
2011	Pfalz, Cuvee Rotwein, QbA		ROTH	14	53-13		BRONZE
2012	Dürkheimer Fronhof, Riesling, QbA	🟡	WSS	13	421-12		BRONZE
2011	Dürkheimer Feuerberg, Weißburgunder, Aul	🟣	WSS	9	154-12		BRONZE

🟡 Trocken   🟢 Halbtrocken   🔴 Lieblich/Mild   🟣 Edelsüß   * Preisangabe + Alkoholgehalt gerundet

GENUSS GUIDE Pfalz | 269

Jahrgang	Lage, Rebsorte, Qualitätsbezeichnung		Wein-Art	Vol%*	AP-Nr.	Preis*	DLG-Preis
2012	Dürkheimer Fronhof, Gewürztraminer, Eis	●	WSS	10	94-13		BRONZE
2012	Dürkheimer Schenkenböhl, Huxelrebe, Bal	●	WSS	8	84-13		BRONZE
2012	Dürkheimer Feuerberg, Müller-Thurgau, QbA	●	WSS	12	386-12		BRONZE
2012	Pfalz, Grauburgunder, QbA	●	WSS	12	382-12		BRONZE
2012	Dürkheimer Hochmess, Silvaner, QbA	●	WSS	12	391-12		BRONZE
2012	Dürkheimer Schenkenböhl, Huxelrebe, Spl	●	WSS	11	80-13		BRONZE
2012	Dackenheimer Mandelröth, Scheurebe, Aul	●	WSS	10	98-13		BRONZE
2011	Dürkheimer Schenkenböhl, Weißburgunder, Spl	●	WSS	13	62-12		BRONZE
2012	Dürkheimer Schenkenböhl, Gewürztraminer, Eis	●	WSS	10	95-13		BRONZE
2012	Dürkheimer Hochmess, Riesling, Aul	●	WSS	12	71-13		BRONZE
2012	Pfalz, Kerner, Kab	●	WSS	11	150-13		BRONZE
2012	Pfalz, Dornfelder, QbA	●	ROT	13	423-12		BRONZE

› Advertorial ‹

Weingut Bärenhof

Helmut Bähr & Sohn, Weinstraße 4, 67098 **Bad Dürkheim – Ungstein**,
Tel.: 06322/4137, Fax: 06322/8212, weingut-baerenhof@t-online.de,
www.weingut-baerenhof.de

Schon 420 Jahre lebt die Familie Bähr in Ungstein vom und für den Wein, mit Jürgen und Heike in der 17. Generation. Mit dem 2004er Jahrgang wurde Jürgen für den Weinausbau verantwortlich, seine Schwester ab Oktober 2007 für die Vermarktung. Durch Zupachtung hat sich die Rebfläche seit 2005 auf 34 Heltar verdoppelt. Bei den 13 Weinsorten dominiert mit 12 ha der Riesling, bei den zwölf Rotweinsorten der Spätburgunder mit 3,5 ha. Die über 60 Erzeugnisse der 280.000 Liter großen 2012er Ernte werden fast ausschließlich an Privatkunden abgegeben. Mit seinen neun Jahrgängen brachte Jürgen das TOP-100 Weingut von Platz 65 auf den diesjährigen Platz 29.

Heike und Jürgen Bähr

2012	Pfalz, Morio-Muskat, QbA	●	WSS	10	6-13	4 €	GOLD EXTRA
2012	Dürkheimer Rittergarten, Riesling, Spl	●	WSS	13	13-13	5 €	GOLD
2012	Ungsteiner Osterberg, Gewürztraminer, Spl	●	WSS	11	39-13	5 €	GOLD
2012	Ungsteiner Weilberg, Silvaner, Spl	●	WSS	13	20-13	6 €	GOLD
2012	Pfalz, Lagrein, QbA	●	ROTH	13	57-13	5 €	GOLD
2011	Pfalz „S", Spätburgunder, QbA	●	ROTH	13	62-13	10 €	GOLD
2012	Dürkheimer Feuerberg, Spätburgunder, QbA	●	ROT	12	50-13	4 €	GOLD
2012	Ungsteiner Herrenberg feinherb, Silvaner, Kab	●	WSS	12	34-13	4 €	SILBER
2011	Pfalz, Cabernet Sauvignon, QbA	●	ROTH	14	61-13	10 €	SILBER
2012	Ungsteiner Kobnert, Kerner, Spl	●	WSS	10	35-13	5 €	SILBER
2012	Pfalz feinherb, Regent, QbA	●	ROT	13	51-13	4 €	SILBER
2012	Wachenheimer Mandelgarten feinherb, Riesling, Kab	●	WSS	12	25-13	4 €	SILBER
2012	Ungsteiner Weilberg, Spätburgunder, Spl	●	ROTH	13	58-13	8 €	SILBER
2011	Pfalz „Ursus Mysticus Collection JB", Cuvee Rotwein, QbA	●	ROTH	14	63-13	10 €	SILBER
2012	Pfalz, Weißburgunder, QbA	●	WSS	13	10-13	5 €	SILBER
2011	Ungsteiner Weilberg, Spätburgunder, Spl	●	ROT	14	52-12	7 €	SILBER
2012	Ungsteiner Osterberg, Huxelrebe, Spl	●	WSS	10	38-13	5 €	SILBER
2012	Ungsteiner Kobnert, Chardonnay, Kab	●	WSS	13	11-13	5 €	SILBER

● Trocken ● Halbtrocken ● Lieblich/Mild ● Edelsüß   * Preisangabe + Alkoholgehalt gerundet

270 | DLG-prämierte Weine und Sekte

PFALZ

Jahrgang	Lage, Rebsorte, Qualitätsbezeichnung		Wein-Art	Vol%*	AP-Nr.	Preis*	DLG-Preis
2012	Ungsteiner Kobnert, Grauburgunder, Kab	🟡	WSS	13	31-13	4 €	SILBER
2012	Ungsteiner Osterberg, Weißburgunder, Spl	🟡	WSS	13	12-13	6 €	SILBER
2012	Dürkheimer Feuerberg, Dornfelder, QbA	🔴	ROT	11	49-13	4 €	SILBER
2012	Ungsteiner Nußriegel, Riesling, Kab	🟡	WSS	12	7-13	4 €	SILBER
2012	Dürkheimer Hochbenn, Sauvignon Blanc, QbA	🟡	WSS	13	8-13	5 €	SILBER
2012	Pfalz, Spätburgunder, QbA	🟡	ROT	14	55-13	5 €	SILBER
2012	Ungsteiner Osterberg feinherb, Schwarzriesling, QbA	🟢	ROT	12	53-13	5 €	SILBER
2012	Ungsteiner Osterberg, Portugieser, QbA	🔴	ROSEE	11	42-13	3 €	SILBER
2012	Ungsteiner Michelsberg „Collection JB", Riesling, Spl	🟡	WSS	13	22-13	9 €	SILBER
2012	Ungsteiner Osterberg, Chardonnay, Spl	🟡	WSS	12	16-13	6 €	SILBER
2011	Ungsteiner Weilberg, Cabernet Mitos, QbA	🟡	ROTH	13	59-13	8 €	SILBER
2012	Ungsteiner Herrenberg, Riesling, Spl	🟡	WSS	13	14-13	6 €	SILBER
2012	Pfalz, Spätburgunder, Kab	🟡	BLDN	12	36-13	4 €	SILBER
2012	Pfalz, Merlot, QbA	🟡	BLDN	13	37-13	5 €	SILBER
2011	Pfalz „Phillip B", Cuvee Rotwein, QbA	🟡	ROTH	13	60-13	6 €	BRONZE
2012	Dürkheimer Spielberg feinherb, Riesling, Spl	🟢	WSS	12	26-13	5 €	BRONZE
2012	Ungsteiner Weilberg, Riesling, Spl	🟡	WSS	13	18-13	6 €	BRONZE
2012	Ungsteiner Kobnert, Gewürztraminer, Kab	🟡	WSS	12	33-13	5 €	BRONZE
2012	Ungsteiner Honigsäckel, Riesling, Spl	🟡	WSS	9	30-13	5 €	BRONZE
2012	Pfalz, Spätburgunder, Spl	🟡	ROSEE	13	45-13	5 €	BRONZE
2012	Ungsteiner Nußriegel, Scheurebe, QbA	🟢	WSS	12	27-13	4 €	BRONZE
2012	Ungsteiner Herrenberg „Spontangärung Collection JB", Riesling, Spl	🟡	WSS	13	23-13	10 €	BRONZE
2012	Dürkheimer Nonnengarten, Saint-Laurent, QbA	🟡	ROT	13	52-13	5 €	BRONZE
2012	Pfalz, Dornfelder, QbA	🟡	ROSEE	13	43-13	4 €	BRONZE
2012	Pfalz „Oporto", Portugieser, QbA	🟡	ROT	13	48-13	4 €	BRONZE
2012	Pfalz, Acolon, QbA	🟡	ROT	14	54-13	5 €	BRONZE
2012	Ungsteiner Honigsäckel, Riesling, Kab	🔴	WSS	11	29-13	4 €	BRONZE
2012	Pfalz „S", Weißburgunder, QbA	🟡	WSSH	14	68-13	9 €	BRONZE
2012	Ungsteiner Weilberg, Grauburgunder, Spl	🟡	WSS	13	19-13	7 €	BRONZE
2012	Ungsteiner Kobnert, Dornfelder, QbA	🔴	ROT	12	44-13	4 €	BRONZE

Winzer eG Herrenberg-Honigsäckel, Weinstr. 12, 67098 **Bad Dürkheim**, Tel.: 06322/94640, Fax: 06322/946410, info@wg-ungstein.de, www.wg-ungstein.de

Jahrgang	Lage, Rebsorte, Qualitätsbezeichnung		Wein-Art	Vol%*	AP-Nr.	Preis*	DLG-Preis
2012	Pfalz, Huxelrebe, Spl	🔴	WSS	11	48-13	6 €	GOLD
2012	Ungsteiner Honigsäckel, Silvaner, QbA	🟡	WSS	13	38-13	4 €	GOLD
2012	Dürkheimer Feuerberg, Petit Manseng, Aul	🔵	WSS	10	84-13	11 €	GOLD
2012	Ungsteiner Honigsäckel, Huxelrebe, Aul	🔵	WSS	10	49-13	7 €	GOLD
2012	Ungsteiner Nußriegel, Riesling, QbA	🟢	WSS	13	20-13	4 €	SILBER
2012	Ungsteiner Kobnert, Müller-Thurgau, QbA	🟡	WSS	12	34-13	4 €	SILBER
2012	Pfalz „Charleston", Cuvee Weißwein, QbA	🔵	WSS	8	161-12	6 €	SILBER
2012	Ungsteiner Nußriegel, Riesling, Kab	🟢	WSS	12	24-13	4 €	SILBER
2012	Ungsteiner Honigsäckel, Riesling, Kab	🟢	WSS	11	23-13	4 €	SILBER
2012	Ungsteiner Kobnert, Gewürztraminer, QbA	🔴	WSS	12	47-13	4 €	SILBER
2012	Ungsteiner Kobnert, Riesling, QbA	🟡	WSS	13	30-13	4 €	SILBER
2012	Pfalz feinherb, Cuvee Rosee, QbA	🟢	ROSEE	12	50-13	4 €	SILBER
2012	Ungsteiner Nußriegel, Riesling, QbA	🔴	WSS	12	25-13	4 €	SILBER
2012	Ungsteiner Osterberg, Sauvignon Blanc, QbA	🟡	WSS	12	43-13	8 €	SILBER
2012	Ungsteiner Kobnert, Riesling, QbA	🟢	WSS	13	29-13	4 €	SILBER
2012	Ungsteiner Kobnert, Grauburgunder, QbA	🟡	WSS	13	13-13	5 €	SILBER
2012	Ungsteiner Weilberg, Grauburgunder, QbA	🟡	WSS	13	79-13	6 €	SILBER
2012	Pfalz feinherb, Riesling, QbA	🟢	WSS	13	76-13	4 €	SILBER
2012	Ungsteiner Honigsäckel, Riesling, Spl	🔴	WSS	11	26-13	6 €	SILBER
2012	Pfalz, Spätburgunder, QbA	🟡	ROSEE	13	53-13	4 €	SILBER
2010	Ungsteiner Honigsäckel, Tempranillo, QbA	🟡	ROT	13	173-12	9 €	SILBER

🟡 Trocken 🟢 Halbtrocken 🔴 Lieblich/Mild 🔵 Edelsüß   * Preisangabe + Alkoholgehalt gerundet

GENUSS GUIDE | Pfalz | 271

Jahrgang	Lage, Rebsorte, Qualitätsbezeichnung		Wein-Art	Vol%*	AP-Nr.	Preis*	DLG-Preis
2011	Dürkheimer Feuerberg, Dornfelder, QbA	🟡	ROT	12	126-12	4 €	BRONZE
2010	Ungsteiner Kronert, Pinot Noir, QbA	🟡	ROT	13	233-11	10 €	BRONZE
2012	Ungsteiner Honigsäckel, Chardonnay, QbA	🟡	WSS	13	9-13	5 €	BRONZE
2012	Pfalz, Weißburgunder, QbA	🟡	WSS	13	15-13	5 €	BRONZE
2012	Ungsteiner Nußriegel, Scheurebe, Spl	🔴	WSS	10	46-13	6 €	BRONZE
2012	Pfalz, Kerner, QbA	🟡	WSS	13	163-12	4 €	BRONZE
2012	Pfalz feinherb „Lausbub", Cuvee Rotwein, QbA	🟡	ROT	12	160-12	4 €	BRONZE
2012	Ungsteiner Herrenberg, Riesling, Kab	🟡	WSS	12	21-13	4 €	BRONZE
2012	Ungsteiner Herrenberg, Riesling, Spl	🟡	WSS	12	22-13	6 €	BRONZE
2011	Pfalz, Spätburgunder, QbA	🟢	ROT	12	176-12	5 €	BRONZE
2012	Ungsteiner Honigsäckel, Riesling, Kab	🟡	WSS	12	19-13	4 €	BRONZE
2012	Ungsteiner Weilberg, Riesling, Kab	🟡	WSS	12	18-13	4 €	BRONZE

Weinkellerei Reh Kendermann GmbH, Am Ockenheimer Graben 35, 55411 **Bingen**, Tel.: 06721/901131, Fax: 06721/901290, info@reh-kendermann.de, www.reh-kendermann.de

2012	Pfalz, Riesling, QbA	🟡	WSS	13	160-13		SILBER
2012	Pfalz, Dornfelder, QbA	🟡	ROT	12	161-13		BRONZE

Weingut Sonnenhof · Karl Schäfer & Söhne, Weinstraße 79, 67278 **Bockenheim**, Tel.: 06359/4317, Fax: 06359/40017, mail@sommerwinzer.de, www.sommerwinzer.de

2012	Bockenheimer Grafenstück, Dornfelder, QbA	🟡	ROT	13	5-13	4 €	GOLD
2012	Pfalz Classic, Weißburgunder, QbA	🟢	WSS	13	15-13	4 €	GOLD
2012	Bockenheimer Schloßberg, Dornfelder, QbA	🟣	ROSEE	9	47-12	4 €	GOLD
2012	Bockenheimer Heiligenkirche, Riesling, Spl	🟡	WSS	13	13-13	5 €	SILBER
2012	Bockenheimer Grafenstück, Grauburgunder, Spl	🟡	WSS	14	40-12	5 €	SILBER
2012	Bockenheimer, Riesling, Kab	🔴	WSS	11	44-12	4 €	SILBER
2012	Bockenheimer Schloßberg, Huxelrebe, Aul	🟣	WSS	9	30-13	5 €	SILBER
2012	Bockenheimer Grafenstück, Spätburgunder, Kab	🟡	WHT	12	52-12	4 €	SILBER
2012	Bockenheimer Sonnenberg, Rieslaner, Spl	🟡	WSS	14	14-13	5 €	SILBER
2012	Pfalz, Chardonnay, Spl	🟡	WSS	13	4-13	5 €	SILBER
2012	Pfalz, Muskateller, QbA	🔴	WSS	12	3-13	5 €	SILBER
2012	Bockenheimer Grafenstück, Riesling, QbA	🟡	WSS	12	8-13	4 €	SILBER
2012	Bockenheimer Grafenstück, Gewürztraminer, Spl	🟡	WSS	14	54-12	5 €	BRONZE
2012	Bockenheimer Schloßberg, Gewürztraminer, Spl	🟣	WSS	10	53-12	5 €	BRONZE
2011	Bockenheimer Heiligenkirche, Spätburgunder, QbA	🟡	ROTB	13	12-13	11 €	BRONZE
2012	Bockenheimer Grafenstück, Riesling, Kab	🟢	WSS	12	9-13	4 €	BRONZE

Weingut Kohl Am Sonnenberg · Wolfgang Kohl, Am Sonnenberg 3, 67278 **Bockenheim**, Tel.: 06359/4319, Fax: 06359/4323,

2011	Bockenheimer Vogelsang, Gewürztraminer, Aul	🟡	WSS	14	19-12	9 €	SILBER
2012	Bockenheimer Sonnenberg, Kerner, Aul	🟡	WSS	14	4-13	9 €	SILBER
2011	Bockenheimer Vogelsang, Merlot, QbA	🟡	ROTH	13	31-12	6 €	SILBER
2011	Bockenheimer Sonnenberg, Riesling, Spl	🟡	WSS	13	15-12	5 €	SILBER
2011	Bockenheimer Sonnenberg, Chardonnay, Spl	🟢	WSS	12	27-12	6 €	SILBER
2012	Bockenheimer Sonnenberg, Chardonnay, Spl	🟡	WSS	13	2-13	6 €	BRONZE
2012	Bockenheimer Schloßberg, Dornfelder, QbA	🟡	ROT	13	15-13	5 €	BRONZE
2012	Bockenheimer Schloßberg, Dunkelfelder, QbA	🟡	ROTH	13	3-13	6 €	BRONZE
2012	Bockenheimer Sonnenberg, Rivaner, Kab	🟡	WSS	12	14-13	5 €	BRONZE

Weingut Winkels-Herding, Freinsheimer Str. 18, 67273 **Dackenheim**, Tel.: 06353/7326, Fax: 06353/7996, winkels-herding@t-online.de

2011	Dackenheimer, Saint-Laurent, QbA	🟡	ROTH	12	7-12	5 €	SILBER
2012	Dackenheimer Kapellgarten, Kerner, Kab	🟢	WSS	12	48-12	5 €	BRONZE
2011	Herxheimer Himmelreich, Riesling, Aul	🟡	WSS	13	02-12	9 €	BRONZE

🟡 Trocken   🟢 Halbtrocken   🔴 Lieblich/Mild   🟣 Edelsüß   * Preisangabe + Alkoholgehalt gerundet

272 | DLG-prämierte Weine und Sekte

PFALZ

Jahrgang	Lage, Rebsorte, Qualitätsbezeichnung		Wein-Art	Vol%*	AP-Nr.	Preis*	DLG-Preis

Winzerverein Deidesheim eG, Prinz-Ruppecht-Str. 8, 67146 **Deidesheim**, Tel.: 06326/96880, Fax: 06326/968842, info@winzervereindeidesheim.de, www.winzervereindeidesheim.de

2012	Deidesheimer Hofstück, Gewürztraminer, Spl	●	WSS	11	71-12	7 €	GOLD
2012	Deidesheimer Mäushöhle feinherb, Riesling, Kab	●	WSS	11	67-12	5 €	SILBER
2012	Pfalz, Cabernet Sauvignon, QbA	●	ROSEE	13	74-12	7 €	SILBER
2012	Deidesheimer Kalkofen feinherb, Riesling, Spl	●	WSS	12	76-12	7 €	BRONZE

Weingut Hubert Schmitt · Martin Schmitt, Schloßgasse 2, 67246 **Dirmstein**, Tel.: 06238/522, Fax: 06238/9823222, email@das-weingut-schmitt.de, www.das-weingut-schmitt.de

| 2012 | Dirmsteiner Mandelpfad „Edition *M*", Chardonnay, Spl | ● | WSS | 13 | 1-13 | 6 € | SILBER |

– Advertorial –

Weinbau Wüst

Thomas Wüst, Gerolsheimer Straße 5, 67246 **Dirmstein**, Tel.: 06238/982840, Fax: 06238/9820126, kontakt@weinbau-wuest.de, www.weinbau-wuest.de

Der junge Weinbaubetrieb aus Dirmstein im nördlichen Teil der Pfalz hat sich vor vier Jahren aus dem elterlichen Mischbetrieb ganz dem Weinbau verschrieben. Die hervorragende Qualität der Weine ist das Ergebnis von 18 Jahren Erfahrung als Winzermeister in zwei renommierten Betrieben der Mittelhaardt. Zur Qualitätsphilosophie des Betriebs gehört das Motto „weniger ist meist mehr". Mit dieser Arbeitsweise gibt man den Weinen Zeit zur Reifung, ohne viel einzugreifen. Der klassische Familienbetrieb bringt die typischen Pfälzer Rebsorten wie Portugieser und Riesling hervor, aber auch Spezialitäten wie Silvaner, Sauvignon Blanc, Cabernet Dorsa und Saint Laurent. Wein ... ein gutes Stück Pfalz!

2012	Dirmsteiner Schwarzerde, Riesling, QbA	●	WSS	12	8-13	4 €	SILBER
2012	Dirmsteiner Herrgottsacker, Saint-Laurent, QbA	●	ROT	12	14-13	5 €	SILBER
2012	Pfalz, Portugieser, QbA	●	ROT	12	3-13	4 €	SILBER
2011	Dirmsteiner Herrgottsacker, Cabernet Dorsa, QbA	●	ROT	13	11-12	5 €	SILBER
2012	Dirmsteiner Mandelpfad, Spätburgunder, Spl	●	WHT	12	16-13	5 €	SILBER
2012	Pfalz, Sauvignon Blanc, QbA	●	WSS	12	4-13	6 €	SILBER
2012	Dirmsteiner Schwarzerde, Portugieser, QbA	●	WHT	12	17-13	4 €	SILBER
2012	Dirmsteiner Herrgottsacker, Siegerrebe, Spl	●	WSS	11	16-12	5 €	BRONZE
2012	Pfalz Classic, Grauburgunder, QbA	●	WSS	12	13-13	5 €	BRONZE
2012	Dirmsteiner Mandelpfad, Kerner, Kab	●	WSS	9	13-13	4 €	BRONZE
2012	Pfalz, Morio-Muskat, QbA	●	WSS	10	12-13	4 €	BRONZE
2012	Gerolsheimer Lerchenspiel „Daniel", Zweigelt, QbA	●	ROT	13	15-13	7 €	BRONZE

Winzergenossenschaft Edenkoben eG, Weinstr. 130, 67480 **Edenkoben**, Tel.: 06323/94190, Fax: 06323/941919, wg-edenkoben@t-online.de, www.wg-edenkoben.de

2012	Edenkobener Schwarzer Letten, Cabernet Mitos, Eis	●	ROT	10	26-13	19 €	GOLD
2011	Pfalz, Dornfelder, QbA	●	ROT	13	22-13	4 €	GOLD
2011	Edenkobener Schloss Ludwigshöhe, Spätburgunder, QbA	●	ROT	14	60-12	4 €	GOLD
2012	Edenkobener Schloss Ludwigshöhe, Gewürztraminer, Spl	●	WSS	11	44-13	6 €	SILBER
2012	Bereich Südliche Weinstraße, Dornfelder, QbA	●	ROT	13	3-13	4 €	SILBER
2012	Pfalz, Grauburgunder, QbA	●	WSS	13	28-13	5 €	SILBER
2012	Edenkobener Schloss Ludwigshöhe, Portugieser, QbA	●	ROT	12	43-13	4 €	SILBER
2012	Pfalz, Spätburgunder, QbA	●	ROSEE	13	7-13	4 €	SILBER
2012	Edenkobener Schloss Ludwigshöhe, Silvaner, Eis	●	WSS	12	25-13	17 €	SILBER
2011	Pfalz, Dornfelder, QbA	●	ROT	11	80-12	4 €	SILBER

● Trocken ● Halbtrocken ● Lieblich/Mild ● Edelsüß   * Preisangabe + Alkoholgehalt gerundet

Pfalz | 273

Jahrgang	Lage, Rebsorte, Qualitätsbezeichnung		Wein-Art	Vol%*	AP-Nr.	Preis*	DLG-Preis
2011	St. Martiner Schloß Ludwigshöhe, Spätburgunder, Spl	🟡	ROT	14	8-13	7 €	SILBER
2012	Pfalz, Portugieser, QbA	🔴	WHT	11	16-13	4 €	SILBER
2011	Pfalz, Acolon, QbA	🟡	ROT	13	78-12	5 €	SILBER
2011	Pfalz, Dornfelder, QbA	🟢	ROT	13	23-13	4 €	SILBER
2012	Pfalz, Riesling, Sauvignon Blanc, QbA	🟡	WSS	12	13-13	4 €	BRONZE
2012	Pfalz, Dornfelder, QbA	🟡	ROT	13	96-12	4 €	BRONZE
2011	Edenkobener Schloß Ludwigshöhe, Cab. Mitos, Cab. Sauvignon, QbA	🟡	ROT	13	10-13	6 €	BRONZE
2011	Edenkobener Schloß Ludwigshöhe, Cab. Mitos, Cab. Sauvignon, Spl	🟡	ROTB	13	99-12	11 €	BRONZE
2011	Pfalz, Dornfelder, QbA	🟢	ROT	13	79-12	4 €	BRONZE
2011	Pfalz, Dornfelder, QbA	🟡	ROT	13	81-12	4 €	BRONZE
2011	Bereich südliche Weinstraße, Saint-Laurent, QbA	🟡	ROTH	13	100-12	4 €	BRONZE
2012	Edenkobener Schloss Ludwigshöhe, Grauburgunder, Spl	🔴	WSS	12	35-13	6 €	BRONZE
2012	Bereich Südliche Weinstraße, Portugieser, QbA	🟡	WHT	12	17-13	4 €	BRONZE
2012	Pfalz, Scheurebe, QbA	🟢	WSS	12	98-12	4 €	BRONZE
2012	Pfalz, Chardonnay, QbA	🟡	WSS	13	20-13	4 €	BRONZE
2012	Edenkobener Schloss Ludwigshöhe, Spätburgunder, QbA	🟡	ROT	13	24-13	4 €	BRONZE

– Anzeige –

Vinification Ludwigshöhe

Villastraße, Cavaliersbau, 67480 **Edenkoben**, Tel.: 06323/804 615, www.cuvee.de

Sitz des Weinguts ist der Cavaliersbau des
Schlosses Villa Ludwigshöhe, erbaut von König Ludwig I. von Bayern.
Vinification Ludwigshöhe erzeugt ausschließlich Cuvées.
Sie zeichnen sich durch hohe Komplexität aus.

Bundesehrenpreis der DLG 2012

VINIFICATION LUDWIGSHÖHE

Jahrgang	Lage, Rebsorte, Qualitätsbezeichnung		Wein-Art	Vol%*	AP-Nr.	Preis*	DLG-Preis
2012	Pfalz „Wild", Cuvee Rotwein, QbA	🟡	ROTH	15	11-13	11 €	GOLD
2012	Pfalz feinherb „Sommer", Cabernet Sauvignon, Merlot, QbA	🟢	ROSEE	11	3-13	6 €	GOLD
2011	Pfalz feinherb „Wild", Cuvee Rotwein, QbA	🟡	ROT	13	4-12	8 €	GOLD
2012	Pfalz „Fisch", Sauvignon Blanc, Riesling, QbA	🟡	WSS	12	2-13	8 €	SILBER
2012	Pfalz, Cuvee Weißwein, QbA	🟡	WSS	13	7-13	10 €	SILBER
2012	Pfalz „Reserve doux", Cuvee Weißwein, QbA	🔴	WSS	11	6-13	12 €	SILBER
2012	Pfalz „Wild", Cuvee Rotwein, QbA	🟢	ROT	13	4-13	8 €	SILBER
2011	Pfalz „Grande Reserve doux", Cuvee Rotwein, QbA	🔴	ROTH	11	9-13	26 €	SILBER
2009	St. Martiner Baron „Reserve doux", Cuvee Rotwein, QbA	🔴	ROTH	12	6-11	16 €	SILBER
2011	St. Martiner Baron „Reserve sec", Cuvee Rotwein, QbA	🟡	ROTH	14	5-13	16 €	BRONZE
2011	Pfalz „Reserve doux", Cabernet Sauvignon, Merlot, QbA	🔴	ROTH	12	8-13	16 €	BRONZE
2011	Pfalz „Wild", Cuvee Rotwein, QbA	🟡	ROTH	14	10-13	11 €	BRONZE

🟡 Trocken 🟢 Halbtrocken 🔴 Lieblich/Mild 🔵 Edelsüß * Preisangabe + Alkoholgehalt gerundet

| Jahrgang | Lage, Rebsorte, Qualitätsbezeichnung | Wein-Art | Vol%* | AP-Nr. | Preis* | DLG-Preis |

– Advertorial –

Weingut Werner Anselmann

Staatsstraße 58-60, 67483 **Edesheim**, Tel.: 06323/94120, Fax: 06323/941219,
info@weingut-anselmann.de, www.weingut-anselmann.de

Am Ortsrand des traditionsreichen Winzerdorfes Edesheim liegt das Weingut Werner Anselmann. Die Geschwister Gerd, Ralf und Ruth Anselmann führen mit Mutter Inge das Familienunternehmen. In den letzten Jahrzehnten haben sie gemeinsam viel erreicht.

Wie in London 2012 wird das Weingut auch bei den Olympischen Spielen die Deutschen Häuser in Sotschi und Rio exklusiv mit Wein beliefern.

Die Vielfalt und ausgezeichnete Qualität sind die großen Stärken des Weinguts. Dies belegen Prämierungen bei wichtigen und anerkannten internationalen Weinwettbewerben. 2010 erhielt das Weingut einen Staatsehrenpreis, 2011 einen Bundesehrenpreis.

Jahrgang	Lage, Rebsorte, Qualitätsbezeichnung	Farbe	Wein-Art	Vol%	AP-Nr.	Preis	DLG-Preis
2012	Edesheimer Ordensgut, Rivaner, QbA	○	WSS	13	15-13	4 €	GOLD
2012	Edesheimer Rosengarten, Siegerrebe, Spl	●	WSS	9	59-12	5 €	GOLD
2011	Pfalz, Dornfelder, QbA	●	ROT	14	43-12	3 €	GOLD
2011	Edesheimer Ordensgut, Dornfelder, QbA	○	ROT	14	27-13		GOLD
2011	Arzheim Seligmacher, Cabernet Blanc, QbA	●	WSS	13	44-12	5 €	GOLD
2012	Pfalz, Sauvignon Blanc, QbA	○	WSS	13	2-13	6 €	SILBER
2012	Flemlinger Bischofskreuz, Merlot, QbA	●	WHT	13	6-13	5 €	SILBER
2010	Edesheimer Ordensgut, Dornfelder, QbA	●	ROT	10	26-13	4 €	SILBER
2011	Flemlinger Bischofskreuz, Cabernet Franc, QbA	●	ROTB	13	70-12	10 €	SILBER
2012	Pfalz, Riesling, QbA	●	WSS	13	14-13	4 €	SILBER
2010	Edenkobener Kirchberg, Lemberger, QbA	●	ROTB	14	66-12	9 €	SILBER
2011	Edesheim Ordensgut, Saint-Laurent, QbA	●	ROT	13	35-12	5 €	SILBER
2011	Edesheim Ordensgut, Dornfelder, QbA	●	ROT	14	39-12	4 €	SILBER
2012	Edesheimer Rosengarten, Siegerrebe, Spl	●	WSS	10	58-12	5 €	SILBER
2012	Pfalz Classic, Riesling, QbA	●	WSS	13	24-13	5 €	SILBER
2012	Edesheimer Ordensgut, Müller-Thurgau, QbA	●	WSS	13	32-13	3 €	SILBER
2010	Edesheimer Ordensgut, Dornfelder, QbA	●	ROTB	14	10-13	9 €	SILBER
2012	Edesheimer Ordensgut, Saint-Laurent, QbA	●	ROT	14	3-13	5 €	SILBER
2011	Edenkoben Kirchberg, Sauvignon Blanc, QbA	●	WSS	13	49-12	6 €	SILBER
2010	Edesheim Ordensgut, Cabernet Sauvignon, QbA	●	ROTB	14	46-12	9 €	SILBER
2012	Edenkobener Kirchberg, Sauvignon Blanc, QbA	●	WSS	13	12-13	6 €	SILBER
2012	Edesheimer Rosengarten, Riesling, Aul	●	WSS	10	9-13	8 €	SILBER
2012	Roschbacher Rosenkränzel, Ortega, Spl	●	WSS	11	71-12	4 €	SILBER
2012	Edesheimer Rosengarten, Riesling, Eis	●	WSS	9	4-13	22 €	SILBER
2011	Großfischlinger Kirchberg, Cabernet Sauvignon, QbA	●	BLDN	13	54-12	5 €	SILBER
2012	Edesheimer Ordensgut, Müller-Thurgau, QbA	●	WSS	12	31-13	3 €	SILBER
2011	Edesheim Ordensgut, Cabernet Sauvignon, QbA	●	BLDN	13	53-12	5 €	SILBER
2012	Pfalz, Riesling, Kab	●	WSS	12	25-13	4 €	SILBER
2012	Flemlinger Bischofskreuz, Merlot, QbA	●	WHT	13	29-13	5 €	SILBER
2012	Walsheimer Silberberg, Merlot, QbA	●	ROT	12	18-13	8 €	SILBER

○ Trocken   ● Halbtrocken   ● Lieblich/Mild   ● Edelsüß   * Preisangabe + Alkoholgehalt gerundet

Pfalz | 275

Jahrgang	Lage, Rebsorte, Qualitätsbezeichnung		Wein-Art	Vol%*	AP-Nr.	Preis*	DLG-Preis
2011	Edesheim Ordensgut, Gewürztraminer, Spl	●	WSS	9	51-12	5 €	SILBER
2011	Arzheim Seligmacher, Spätburgunder, QbA	●	ROT	14	38-12	5 €	SILBER
2011	Edesheim Ordensgut, Weißburgunder, Kab	●	WSS	13	50-12	4 €	SILBER
2012	Edesheim Ordensgut, Grauburgunder, QbA	●	WSS	13	65-12	4 €	BRONZE
2011	Edesheim Rosengarten, Weißburgunder, Spl	●	WSS	13	57-12	5 €	BRONZE
2011	Edesheim Ordensgut, Dornfelder, QbA	●	ROT	14	62-12	4 €	BRONZE
2010	Edesheim Schloss „Edition Baron d'Holbach", Pinot Noir, QbA	●	ROT	14	47-12	7 €	BRONZE
2011	Flemlinger Bischofskreuz, Merlot, QbA	●	ROT	13	64-12	8 €	BRONZE
2011	Walsheimer Silberberg, Merlot, QbA	●	WHT	14	41-12	5 €	BRONZE
2011	Edesheim Ordensgut, Cabernet Sauvignon, QbA	●	ROTB	14	68-12	6 €	BRONZE
2011	Flemlingen Bischofskreuz, Merlot, QbA	●	WHT	14	42-12	5 €	BRONZE
2012	Edesheim Ordensgut, Weißburgunder, Kab	●	WSS	13	5-13	4 €	BRONZE
2010	Edesheim Ordensgut, Cabernet Sauvignon, QbA	●	BLDN	13	55-12	5 €	BRONZE
2012	Pfalz Classic, Riesling, QbA	●	WSS	13	30-13	5 €	BRONZE
2010	Edesheim Ordensgut, Dornfelder, QbA	●	ROTB	14	60-12	9 €	BRONZE
2011	Edesheim Ordensgut, Dornfelder, QbA	●	ROT	13	52-12	5 €	BRONZE
2012	Edesheimer Rosengarten, Spätburgunder, QbA	●	ROT	14	11-13	5 €	BRONZE
2011	Edesheim Ordensgut, Riesling, Spl	●	WSS	10	37-12	5 €	BRONZE
2011	Flemlinger Bischofskreuz, Weißburgunder, Spl	●	WSS	13	56-12	5 €	BRONZE
2012	Pfalz Classic, Grauburgunder, QbA	●	WSS	13	22-13	5 €	BRONZE
2012	Pfalz, Gewürztraminer, Spl	●	WSS	9	34-13	6 €	BRONZE
2011	Pfalz Classic, Dornfelder, QbA	●	ROT	13	32-12	5 €	BRONZE
2011	Edesheim Rosengarten, Dornfelder, Spl	●	ROTB	13	40-12	12 €	BRONZE
2012	Edesheimer Ordensgut, Cuvee Weißwein, QbA	●	WSS	9	7-13	3 €	BRONZE
2010	Edesheim Ordensgut, Cabernet Sauvignon, QbA	●	ROT	14	45-12	9 €	BRONZE

– Advertorial –

Wein- und Sektkellerei Gebrüder Anselmann GmbH

Staatsstraße 58-60, 67483 **Edesheim**, Tel.: 06323/94120, Fax: 06323/941219, info@weingut-anselmann.de, www.anselmann.com

Mitte der 1980er Jahre gründeten die beiden Diplom-Agraringenieure Gerd und Ralf Anselmann die Wein- und Sektkellerei. Heute führen sie diese gemeinsam mit ihrer Schwester, der Diplomkauffrau Ruth Anselmann.

Zuerst stand die Herstellung von hochwertigen Sekten nach traditioneller Methode im Vordergrund. Nach und nach kam eine beachtliche Auswahl an Weinen hinzu. In der Zwischenzeit wird in mehr als 25 Länder exportiert. Die Wein- und Sektkellerei gilt als eines der qualitativ führenden Unternehmen der deutschen Weinbranche. 2009 erhielten die Geschwister den silbernen, 2010 den goldenen und 2011 einen Bundesehrenpreis.

Von links: Ruth, Gerd und Ralf Anselmann

2012	Pfalz, Spätburgunder, QbA	●	ROSEE	11	135-12	2 €	GOLD
2012	Pfalz, Heroldrebe, QbA	●	ROT	13	79-13	5 €	GOLD
2012	Walsheimer Silberberg, Siegerrebe, Spl	●	WSS	9	127-12	5 €	GOLD
2011	Pfalz Classic, Riesling, QbA	●	WSS	12	86-12	5 €	GOLD

● Trocken   ● Halbtrocken   ● Lieblich/Mild   ● Edelsüß   * Preisangabe + Alkoholgehalt gerundet

PFALZ

Jahrgang	Lage, Rebsorte, Qualitätsbezeichnung		Wein-Art	Vol%*	AP-Nr.	Preis*	DLG-Preis
2011	Fleminger Bischofskreuz, Ortega, Tba	●	WSS	9	75-12	15 €	Gold
2012	Pfalz, Riesling, Kab	●	WSS	12	10-13	4 €	Gold
2012	Pfalz, Riesling, Kab	●	WSS	11	16-13	4 €	Gold
2011	Pfalz, Cabernet Sauvignon, QbA	●	ROTB	14	149-12	9 €	Gold
2012	Pfalz, Weißburgunder, QbA	●	WSS	13	59-13	4 €	Gold
2012	Pfalz, Weißburgunder, QbA	●	WSS	13	155-12	2 €	Gold
2012	Pfalz, Grauburgunder, QbA	●	WSS	13	56-13	5 €	Gold
2011	Pfalz, Grauburgunder, QbA	●	WSS	13	93-12	5 €	Gold
2012	Pfalz, Weißburgunder, Spl	●	WSS	14	18-13	5 €	Gold
2012	Flemlingener Vogelsprung, Shiraz, QbA	●	BLDN	14	45-13	6 €	Gold
2012	Pfalz, Cabernet Dorsa, QbA	●	ROT	14	35-13	6 €	Gold
2012	Pfalz, Weißburgunder, QbA	●	WSS	13	28-13	4 €	Gold
2011	Pfalz, Dornfelder, QbA	●	ROT	13	51-13	4 €	Gold
2011	Pfalz, Cabernet Sauvignon, QbA	●	ROSEE	13	109-12	5 €	Gold
2011	Pfalz, Dornfelder, QbA	●	ROT	13	50-13	4 €	Gold
2012	Altdorfer Trappenberg, Riesling, Eis	●	WSS	10	38-13	22 €	Gold
2011	Pfalz feinherb, Dornfelder, QbA	●	ROT	12	14-13	5 €	Gold
2011	Pfalz feinherb, Dornfelder, QbA	●	ROT	13	158-12	5 €	Gold
2011	Pfalz, Dornfelder, QbA	●	ROT	13	36-13	4 €	Gold
2011	Pfalz feinherb, Chardonnay, Spl	●	WSSB	13	29-13	9 €	Gold
2010	Pfalz, Cabernet Sauvignon, QbA	●	ROT	14	91-12	6 €	Silber
2012	Pfalz, Acolon, QbA	●	ROT	12	4-13	5 €	Silber
2011	Pfalz, Dornfelder, QbA	●	ROT	13	104-12	4 €	Silber
2012	Edesheimer Ordensgut, Riesling, QbA	●	WSS	13	25-13	4 €	Silber
2012	Pfalz, Pinotin, QbA	●	ROT	14	22-13	6 €	Silber
2012	Pfalz, Pinot Blanc, QbA	●	WSS	13	63-13	5 €	Silber
2010	Pfalz, Morio-Muskat, QbA	●	WSS	10	98-12	3 €	Silber
2012	Edesheimer Ordensgut, Riesling, QbA	●	WSS	13	57-13	4 €	Silber
2012	Pfalz, Morio-Muskat, QbA	●	WSS	10	20-13	3 €	Silber
2009	Pfalz, Shiraz, QbA	●	ROTB	14	1-13	13 €	Silber
2011	Pfalz, Chardonnay, QbA	●	WSS	13	151-12	5 €	Silber
2010	Pfalz, Morio-Muskat, QbA	●	WSS	10	70-12	3 €	Silber
2011	Pfalz, Morio-Muskat, QbA	●	WSS	10	97-12	3 €	Silber
2011	Pfalz Classic, Dornfelder, QbA	●	ROT	14	69-13	5 €	Silber
2011	Pfalz, Pinot Meunier, QbA	●	ROT	14	118-12	4 €	Silber
2011	Pfalz, Sauvignon Blanc, QbA	●	WSS	13	130-12	6 €	Silber
2011	Pfalz, Riesling, QbA	●	WSS	12	115-12	4 €	Silber
2008	Pfalz, Shiraz, QbA	●	ROTB	14	131-12	13 €	Silber
2012	Pfalz, Spätburgunder, QbA	●	ROSEE	13	76-13	5 €	Silber
2012	Pfalz Classic, Riesling, QbA	●	WSS	13	136-12	5 €	Silber
2012	Pfalz, Weißburgunder, QbA	●	WSS	13	41-13	4 €	Silber
2011	Pfalz, Saint-Laurent, QbA	●	BLDN	13	112-12	5 €	Silber
2012	Edesheimer Ordensgut, Riesling, QbA	●	WSS	13	58-13	5 €	Silber
2011	Pfalz, Portugieser, QbA	●	WHT	11	84-12	3 €	Silber
2012	Pfalz feinherb, Pinot Madeleine, QbA	●	ROSEE	13	152-12	6 €	Silber
2011	Pfalz, Regent, QbA	●	ROT	14	80-12	5 €	Silber
2011	Pfalz, Schwarzriesling, QbA	●	ROT	13	117-12	4 €	Silber
2012	Pfalz, Portugieser, QbA	●	ROT	12	62-13	4 €	Silber
2012	Pfalz feinherb, Chardonnay, QbA	●	WSS	12	67-13	5 €	Silber
2012	Pfalz feinherb, Chardonnay, QbA	●	WSS	12	31-13	5 €	Silber
2011	Pfalz, Gewürztraminer, Kab	●	WSS	10	92-12	4 €	Silber
2012	Fleminger Bischofskreuz, Ortega, Bal	●	WSS	10	133-12	9 €	Silber
2011	Pfalz, Cabernet Mitos, QbA	●	ROTB	13	43-13	8 €	Silber
2011	Pfalz, Portugieser, QbA	●	WHT	10	106-12	3 €	Silber

● Trocken ● Halbtrocken ● Lieblich/Mild ● Edelsüß   * Preisangabe + Alkoholgehalt gerundet

Pfalz | 277

Jahrgang	Lage, Rebsorte, Qualitätsbezeichnung		Wein-Art	Vol%*	AP-Nr.	Preis*	DLG-Preis
2012	Pfalz, Riesling, Spl	●	WSS	10	39-13	5 €	SILBER
2012	Pfalz Classic, Riesling, QbA	●	WSS	12	19-13	5 €	SILBER
2011	Pfalz, Riesling, QbA	●	WSS	12	85-12	4 €	SILBER
2011	Pfalz, Weißburgunder, QbA	●	WSS	12	110-12	4 €	SILBER
2011	Pfalz, Grauburgunder, QbA	●	WSS	13	137-12	5 €	SILBER
2011	Pfalz, Merlot, QbA	●	WHT	13	15-13	5 €	SILBER
2012	Pfalz, Weißburgunder, QbA	●	WSS	13	154-12	4 €	SILBER
2012	Pfalz, Sauvignon Blanc, QbA	●	WSS	13	33-13	6 €	SILBER
2011	Edesheimer Ordensgut, Portugieser, QbA	●	ROT	13	6-13	4 €	SILBER
2012	Schweigener Sonnenberg, Gewürztraminer, Spl	●	WSS	9	24-13	6 €	SILBER
2011	Pfalz, Dornfelder, QbA	●	ROT	13	13-13	4 €	SILBER
2011	Pfalz, Riesling, Spl	●	WSS	10	126-12	5 €	SILBER
2012	Pfalz, Riesling, QbA	●	WSS	12	37-13	4 €	SILBER
2011	Pfalz, Dornfelder, QbA	●	ROT	13	23-13	4 €	SILBER
2011	Pfalz Classic, Dornfelder, QbA	●	ROT	14	157-12	5 €	SILBER
2012	Pfalz, Silvaner, QbA	●	WSS	9	140-12	3 €	SILBER
2011	Pfalz, Müller-Thurgau, QbA	●	WSS	12	78-12	3 €	SILBER
2012	Pfalz Classic, Grauburgunder, QbA	●	WSS	13	8-13	5 €	SILBER
2012	Pfalz, Chardonnay, QbA	●	WSS	13	66-13	5 €	SILBER
2012	Pfalz Classic, Grauburgunder, QbA	●	WSS	13	52-13	5 €	SILBER
2012	Pfalz Classic, Riesling, QbA	●	WSS	13	48-13	5 €	SILBER
2011	Pfalz, Chardonnay, QbA	●	WSS	11	129-12	5 €	SILBER
2012	Pfalz, Riesling, Kab	●	WSS	11	146-12	4 €	SILBER
2011	Pfalz, Riesling, QbA	●	WSS	12	141-12	4 €	SILBER
2012	Pfalz, Riesling, Kab	●	WSS	11	26-13	4 €	SILBER
2012	Pfalz, Pinot Gris, QbA	●	WSS	14	55-13	5 €	SILBER
2011	Pfalz, Weißburgunder, Spl	●	WSS	13	111-12	5 €	SILBER
2012	Pfalz, Riesling, QbA	●	WSS	12	78-13	4 €	SILBER
2012	Pfalz, Pinot Noir, QbA	●	ROSEE	13	75-13	5 €	SILBER
2012	Pfalz, Riesling, Spl	●	WSS	10	55-13	5 €	SILBER
2012	Pfalz, Heroldrebe, QbA	●	ROT	14	144-12	5 €	SILBER
2011	Pfalz, Müller-Thurgau, QbA	●	WSS	12	95-12	3 €	BRONZE
2011	Pfalz, Gewürztraminer, Kab	●	WSS	10	138-12	4 €	BRONZE
2012	Pfalz, Weißburgunder, QbA	●	WSS	13	54-13	4 €	BRONZE
2011	Pfalz, Riesling, QbA	●	WSS	13	139-12	4 €	BRONZE
2010	Pfalz, Cabernet Sauvignon, QbA	●	ROT	14	156-12	6 €	BRONZE
2011	Pfalz feinherb, Dornfelder, QbA	●	ROT	13	49-13	5 €	BRONZE
2011	Pfalz, Gewürztraminer, Kab	●	WSS	11	9-13	4 €	BRONZE
2011	Pfalz, Weißburgunder, QbA	●	WSS	12	108-12	4 €	BRONZE
2011	Pfalz, Dornfelder, QbA	●	ROT	9	74-12	4 €	BRONZE
2011	Pfalz, Riesling, QbA	●	WSS	12	67-12	4 €	BRONZE
2011	Pfalz, Riesling, QbA	●	WSS	12	114-12	4 €	BRONZE
2011	Pfalz Classic, Riesling, QbA	●	WSS	12	116-12	5 €	BRONZE
2010	Pfalz, Weißburgunder, QbA	●	WSS	13	64-12	4 €	BRONZE
2011	Pfalz, Riesling, QbA	●	WSS	12	113-12	4 €	BRONZE
2011	Pfalz, Merlot, QbA	●	WHT	14	82-12	5 €	BRONZE
2011	Pfalz, Riesling, QbA	●	WSS	12	71-12	4 €	BRONZE
2012	Pfalz, Huxelrebe, Kab	●	WSS	10	61-13	4 €	BRONZE
2011	Pfalz, Dornfelder, QbA	●	ROT	13	120-12	4 €	BRONZE
2012	Pfalz, Spätburgunder, QbA	●	ROSEE	13	27-13	5 €	BRONZE
2011	Pfalz, Riesling, Spl	●	WSS	13	87-12	6 €	BRONZE
2011	Pfalz, Dornfelder, QbA	●	ROT	10	65-13	4 €	BRONZE
2011	Pfalz, Dornfelder, QbA	●	ROT	10	142-12	4 €	BRONZE
2011	Pfalz, Dornfelder, QbA	●	ROT	10	34-13	4 €	BRONZE

● Trocken ● Halbtrocken ● Lieblich/Mild ● Edelsüß   * Preisangabe + Alkoholgehalt gerundet

278 | DLG-prämierte Weine und Sekte

PFALZ

Jahrgang	Lage, Rebsorte, Qualitätsbezeichnung		Wein-Art	Vol%*	AP-Nr.	Preis*	DLG-Preis
2011	Pfalz, Portugieser, QbA	●	WHT	10	83-12	3 €	Bronze
2011	Pfalz, Portugieser, QbA	●	WHT	12	105-12	3 €	Bronze
2010	Pfalz, Portugieser, QbA	●	ROT	13	72-12	4 €	Bronze
2011	Pfalz, Riesling, Kab	●	WSS	11	90-12	4 €	Bronze
2012	Pfalz, Kerner, Kab	●	WSS	13	147-12	4 €	Bronze
2011	Pfalz, Pinot Noir, QbA	●	ROT	14	81-12	5 €	Bronze
2011	Pfalz, Gewürztraminer, Spl	●	WSS	10	153-12	6 €	Bronze

Weingut Oberhofer · Stefan Oberhofer, Am Linsenberg 1, 67483 Edesheim, Tel.: 06323/944911, Fax: 06323/944949, info@weingutoberhofer.de, www.weingutoberhofer.de

2012	Pfalz, Gewürztraminer, Spl	●	WSS	14	7-13	9 €	Gold
2012	Pfalz, Riesling, Kab	●	WSS	12	23-13	6 €	Gold
2011	Pfalz, Cabernet Dorsa, QbA	●	ROT	13	27-12	7 €	Gold
2012	Pfalz, Weißburgunder, Spl	●	WSS	13	15-13	8 €	Silber
2009	Pfalz „Vier Gewinnt", Cuvee Rotwein, QbA	●	ROT	14	1-13	13 €	Silber
2012	Pfalz, Sauvignon Blanc, Spl	●	WSS	13	18-13	9 €	Silber
2012	Pfalz, Graubgunder, Spl	●	WSS	13	10-13	8 €	Silber
2012	Pfalz, Silvaner, QbA	●	WSS	12	11-13	6 €	Silber
2012	Pfalz, Weißburgunder, QbA	●	WSS	12	20-13	4 €	Bronze
2012	Pfalz, Weißburgunder, Kab	●	WSS	13	14-13	6 €	Bronze
2011	Pfalz, Spätburgunder, QbA	●	ROT	14	16-13	7 €	Bronze
2012	Pfalz, Gewürztraminer, Spl	●	WSS	11	8-13	9 €	Bronze
2012	Pfalz, Kerner, Kab	●	WSS	11	9-13	5 €	Bronze
2012	Pfalz, Riesling, QbA	●	WSS	12	19-13	4 €	Bronze
2012	Pfalz, Riesling, QbA	●	WSS	12	17-13	4 €	Bronze
2012	Pfalz, Morio-Muskat, QbA	●	WSS	10	4-13	4 €	Bronze
2011	Pfalz, Kerner, Kab	●	WSS	10	22-12	5 €	Bronze
2011	Pfalz, Heroldrebe, QbA	●	WHT	13	38-12	4 €	Bronze

Weingut Heinrich Vollmer GmbH & Co. KG, Gönnheimer Str. 52, 67158 Ellerstadt, Tel.: 06237/40030, Fax: 06237/8366, info@vollmerweine.de, www.weingutvollmer.de

2012	Pfalz, Weißburgunder, QbA	●	WSS	12	123-12	5 €	Silber
2012	Pfalz Classic, Riesling, QbA	●	WSS	14	22-13	6 €	Silber
2010	Pfalz „Altum", Cabernet Sauvignon, QbA	●	ROTB	14	147-12	15 €	Silber
2012	Pfalz, Riesling, QbA	●	WSS	13	1-13	6 €	Silber
2012	Pfalz, Weißburgunder, QbA	●	WSS	13	137-12	6 €	Silber
2012	Pfalz, Riesling, QbA	●	WSS	14	142-12	6 €	Silber
2012	Pfalz, Portugieser, QbA	●	WHT	13	129-12	5 €	Silber
2012	Pfalz, Weißburgunder, QbA	●	WSS	13	144-12	6 €	Silber
2011	Pfalz „ALTUM", Saint-Laurent, QbA	●	ROTB	12	21-13	8 €	Silber
2012	Pfalz, Weißburgunder, QbA	●	WSS	13	141-12	5 €	Silber
2012	Deidesheimer Hofstück, Riesling, QbA	●	WSS	13	7-13	6 €	Bronze
2012	Ruppertsberger Hofstück, Portugieser, QbA	●	WHT	13	130-12	5 €	Bronze
2010	Ellerstadter Kirchenstück „Altum", Spätburgunder, Spl	●	ROTB	14	146-12	13 €	Bronze
2012	Pfalz, Portugieser, QbA	●	WHT	13	9-13	6 €	Bronze

Weingut K. Heinrich Veddeler, Bahnhofstr. 13, 67167 Erpolzheim, Tel.: 06353/8131, Fax: 06353/4218, mail@weingut-veddeler.de, www.weingut-veddeler.de

2012	Pfalz, Riesling, QbA	●	WSS	13	25-12	3 €	Silber
2009	Pfalz feinherb, Dornfelder, QbA	●	ROTH	12	15-11	4 €	Bronze
2012	Pfalz, Chardonnay, QbA	●	WSS	13	24-12	4 €	Bronze

● Trocken ● Halbtrocken ● Lieblich/Mild ● Edelsüß *Preisangabe + Alkoholgehalt gerundet

Pfalz | 279

Jahrgang	Lage, Rebsorte, Qualitätsbezeichnung		Wein-Art	Vol%	AP-Nr.	Preis*	DLG-Preis

Weingut Bruno Wind, Weinstr. 3 + 5, 76831 **Eschbach**, Tel.: 06345/2343, weingutwind@web.de

2012	Pfalz, Spätburgunder, QbA	🟡	ROT	13	27-13	5 €	GOLD
2012	Pfalz, Dornfelder, QbA	🟡	ROSEE	12	29-13	4 €	SILBER
2012	Pfalz „Alte Reben", Graubungunder, QbA	🟡	WSS	14	7-13	6 €	SILBER
2012	Pfalz, Riesling, Kab	🟡	WSS	12	32-13	4 €	SILBER
2012	Pfalz, Spätburgunder, QbA	🟡	ROTH	13	25-13		SILBER
2011	Pfalz, Cabernet Sauvignon, QbA	🟡	ROTB	14	38-13		SILBER
	Pfalz „Anna", Cuvee Rotwein, QbA	🟡	ROTB	13	39-13	9 €	SILBER
2012	Pfalz, Spätburgunder, Kab	🟡	ROSEE	12	2-13	5 €	SILBER
2012	Pfalz, Spätburgunder, QbA	🟡	BLDN	13	23-13	5 €	SILBER
2010	Pfalz, Dornfelder, QbA	🟡	ROTB	13	35-13	8 €	BRONZE
2012	Pfalz Classic, Riesling, QbA	🟡	WSS	12	28-13	4 €	BRONZE
2012	Pfalz, Müller-Thurgau, Kab	🔴	WSS	9	15-13	4 €	BRONZE
2012	Pfalz feinherb „Klara", Cuvee Weißwein, QbA	🟢	WSS	10	24-13		BRONZE
2012	Pfalz, Ortega, Spl	🔴	WSS	11	31-13	5 €	BRONZE
2012	Pfalz, Ortega, Aul	🟡	WSS	11	30-13	7 €	BRONZE

Forster Winzerverein eG, Weinstr. 57, 67147 **Forst**, Tel.: 06326/306, Fax: 06326/1391, info@forster-winzer.de, www.forster-winzer.de

2012	Forster Jesuitengarten, Riesling, Kab	🟡	WSS	12	21-13	7 €	GOLD
2012	Forster Musenhang, Riesling, Kab	🟡	WSS	12	39-13		GOLD
2012	Pfalz, Dornfelder, QbA	🟡	ROT	13	55-13		GOLD
2012	Deidesheimer Herrgottsacker, Riesling, Kab	🟢	WSS	12	94-12	6 €	GOLD
2012	Pfalz „feinherb", Dornfelder, QbA	🟢	ROSEE	11	24-13		GOLD
2012	Forster Stift, Riesling, Kab	🟢	WSS	12	63-13	5 €	GOLD
2012	Forster Musenhang, Riesling, Spl	🟡	WSS	13	36-13		GOLD
2012	Forster Pechstein, Riesling, Kab	🟡	WSS	12	41-13		GOLD
2012	Forster Ungeheuer, Riesling, Aul	🟣	WSS	8	45-13		GOLD
2012	Pfalz, Spätburgunder, QbA	🟡	BLDN	13	37-13		SILBER
2012	Deidesheimer Herrgottsacker, Riesling, Kab	🟡	WSS	12	38-13		SILBER
2012	Pfalz, Merlot, QbA	🟡	ROT	14	61-13	5 €	SILBER
2012	Forster Schnepfenflug, Scheurebe, Kab	🔴	WSS	9	68-13	5 €	SILBER
2012	Pfalz, Sauvignon Blanc, QbA	🟡	WSS	12	32-13		SILBER
2012	Pfalz, Spätburgunder, QbA	🟡	ROT	14	8-13	4 €	SILBER
2012	Pfalz, Chardonnay, QbA	🟡	WSS	13	5-13	6 €	SILBER
2012	Deidesheimer Herrgottsacker, Riesling, Kab	🔴	WSS	10	51-13		SILBER
2012	Forster Ungeheuer, Riesling, Kab	🟡	WSS	13	17-13		SILBER
2012	Forster Pechstein, Riesling, Eis	🟣	WSS	8	42-13		SILBER
2012	Wachenheimer Gerümpel, Riesling, Kab	🟡	WSS	12	16-13		SILBER
2012	Pfalz, Spätburgunder, QbA	🟡	ROT	14	62-13	4 €	SILBER
2012	Forster Schnepfenflug, Gewürztraminer, Spl	🟡	WSS	13	48-13		SILBER
2012	Forster Mariengarten, Weißburgunder, Spl	🟡	WSS	13	20-13		SILBER
2011	Pfalz, Dornfelder, QbA	🟢	ROT	13	7-13	4 €	SILBER
2012	Forster Ungeheuer, Riesling, Kab	🟡	WSS	12	35-13		SILBER
2012	Forster Pechstein, Riesling, Kab	🟡	WSS	12	89-12	6 €	SILBER
2012	Pfalz, Sauvignon Blanc, QbA	🟡	WSS	12	92-12	6 €	SILBER
2012	Pfalz, Spätburgunder, Kab	🟡	ROSEE	12	52-13		SILBER
2012	Pfalz, Merlot, QbA	🟡	ROT	14	3-13	5 €	SILBER
2012	Forster Ungeheuer, Riesling, Kab	🟡	WSS	12	90-12	6 €	BRONZE
2011	Pfalz, Dornfelder, QbA	🟡	ROT	13	6-13	4 €	BRONZE
2012	Pfalz „Edition Dr. Pioth", Riesling, Kab	🟡	WSS	11	40-13	5 €	BRONZE
2012	Dürkheimer Spielberg, Riesling, Kab	🟡	WSS	12	26-13		BRONZE
2012	Pfalz „Cuvée Isabell", Cuvee Rotwein, QbA	🟡	ROT	14	34-13		BRONZE
2012	Pfalz, Spätburgunder, QbA	🟡	BLDN	12	81-12	4 €	BRONZE

🟡 Trocken   🟢 Halbtrocken   🔴 Lieblich/Mild   🟣 Edelsüß   *Preisangabe + Alkoholgehalt gerundet

280 | DLG-prämierte Weine und Sekte

PFALZ

Jahrgang	Lage, Rebsorte, Qualitätsbezeichnung	Wein-Art	Vol%*	AP-Nr.	Preis*	DLG-Preis
2012	Pfalz feinherb, Saint-Laurent, QbA	ROSEE	11	49-13		BRONZE
2012	Pfalz, Chardonnay, QbA	WSS	12	67-13	6 €	BRONZE
2012	Forster Ungeheuer, Riesling, Spl	WSS	8	43-13		BRONZE
2010	Pfalz, Spätburgunder, QbA	ROTB	13	65-13	11 €	BRONZE

Weingut und Destillerie Lidy, Frankenburgstr. 6, 76833 **Frankweiler**, Tel.: 06345/3472, Fax: 06345/5238, weingut-lidy@t-online.de

Jahrgang	Lage, Rebsorte, Qualitätsbezeichnung	Wein-Art	Vol%*	AP-Nr.	Preis*	DLG-Preis
2012	Frankweiler Kalkgrube „Platin", Grauburgunder, QbA	WSS	14	4-13	10 €	GOLD
2012	Frankweiler Kalkgrube „Gold", Sauvignon Blanc, QbA	WSS	13	7-13	8 €	GOLD
2012	Frankweiler Kalkgrube „Gold", Riesling, QbA	WSS	12	28-13	9 €	GOLD
2012	Frankweiler Kalkgrube „Gold", Chardonnay, QbA	WSS	13	10-13	8 €	SILBER
2012	Frankweiler Kalkgrube „Silber", Weißburgunder, QbA	WSS	13	39-13	7 €	SILBER
2012	Frankweiler Kalkgrube „Platin", Silvaner, QbA	WSS	13	19-13	10 €	SILBER
2012	Frankweiler Kalkgrube „Platin", Riesling, QbA	WSS	13	6-13	10 €	SILBER
2012	Frankweiler Kalkgrube „Gold", Rieslaner, QbA	WSS	10	20-13	8 €	SILBER
2011	Frankweiler Kalkgrube „SC", Spätburgunder, Spl	ROTH	14	57-12	11 €	SILBER
2012	Frankweiler Kalkgrube „Platin", Weißburgunder, QbA	WSS	13	5-13	10 €	SILBER
2012	Frankweiler Kalkgrube „Silber", Grauburgunder, QbA	WSS	13	9-13	7 €	BRONZE

Weingut Heinrich Gies & Sohn GmbH, Hauptstraße 93-99, 67159 **Friedelsheim**, Tel.: 06322/953866, Fax: 06322/62376, info@weingut-gies.de, www.weingut-gies.de

Jahrgang	Lage, Rebsorte, Qualitätsbezeichnung	Wein-Art	Vol%*	AP-Nr.	Preis*	DLG-Preis
2011	Pfalz, Spätburgunder, QbA	ROT	13	8-12		GOLD
2012	Pfalz, Sauvignon Blanc, QbA	WSS	13	4-13		GOLD
2011	Pfalz, Dornfelder, QbA	ROT	14	7-12		SILBER
2012	Pfalz, Grauburgunder, QbA	WSS	13	7-13		BRONZE
2011	Pfalz, Spätburgunder, QbA	ROT	14	2-13		BRONZE
2012	Pfalz, Weißburgunder, QbA	WSS	12	5-13		BRONZE
2011	Pfalz, Merlot, QbA	ROT	14	1-13		BRONZE
2011	Palz, Cabernet Sauvignon, QbA	ROT	13	3-13		BRONZE
2012	Pfalz, Dornfelder, QbA	ROT	14	10-13		BRONZE

Weingut Peter Stolleis · Carl-Theodor-Hof, Kurpfalzstr. 99, 67435 **Gimmeldingen-Mußbach**, Tel.: 06321/66071, Fax: 06321/60348, weingut.p.stolleis@t-online.de, www.stolleis.de

Jahrgang	Lage, Rebsorte, Qualitätsbezeichnung	Wein-Art	Vol%*	AP-Nr.	Preis*	DLG-Preis
2012	Ruppertsberger Nußbien, Riesling, Kab	WSS	12	20-13	8 €	GOLD
2012	Haardter Herzog, Riesling, Kab	WSS	13	15-13	8 €	SILBER
2012	Pfalz, Grauburgunder, QbA	WSS	13	8-13	8 €	SILBER
2012	Pfalz „Stresskiller", Riesling, Kab	WSS	13	22-13	8 €	SILBER
2012	Gimmeldinger Biengarten, Riesling, Kab	WSS	12	24-13	7 €	BRONZE
2012	Pfalz, Auxerrois, QbA	WSS	13	7-13	8 €	BRONZE
2012	Pfalz, Weißburgunder, Kab	WSS	13	9-13	8 €	BRONZE

Weingut Schenk-Siebert, Leiningerstr. 16, 67269 **Grünstadt**, Tel.: 06359/2159, Fax: 06359/83034, schenk-siebert@t-online.de, www.weingut-schenk-siebert.de

Jahrgang	Lage, Rebsorte, Qualitätsbezeichnung	Wein-Art	Vol%*	AP-Nr.	Preis*	DLG-Preis
2012	Kirchheimer Römerstraße, Gewürztraminer, Spl	WSS	10	23-13	8 €	GOLD
2012	Pfalz, Sauvignon Blanc, QbA	WSS	13	9-13	8 €	SILBER
2011	Pfalz „Cuvée Trio", Cuvee Rotwein, QbA	ROTB	14	33-13	9 €	SILBER
2012	Sausenheimer Honigsack, Riesling, Kab	WSS	12	19-13	7 €	SILBER
2011	Neuleininger Feuermännchen, Spätburgunder, Spl	ROTB	14	31-13	12 €	SILBER
2012	Sausenheimer Hütt „Aufstand", Riesling, Kab	WSS	13	13-13		SILBER
2011	Neuleininger Feuermännchen, Chardonnay, Spl	WSS	14	43-12	8 €	SILBER
2012	Sausenheimer Hütt „Alte Reben", Riesling, Spl	WSS	13	21-13	8 €	BRONZE
2012	Pfalz Classic, Weißburgunder, QbA	WSS	13	12-13	6 €	BRONZE
2012	Pfalz Classic, Weißburgunder, QbA	WSS	13	7-13	6 €	BRONZE
2011	Neuleininger Feuermännchen, Riesling, Aul	WSSB	14	49-12	12 €	BRONZE
2010	Sausenheimer Honigsack, Spätburgunder, QbA	ROTB	14	56-12	12 €	BRONZE

● Trocken ● Halbtrocken ● Lieblich/Mild ● Edelsüß   * Preisangabe + Alkoholgehalt gerundet

Pfalz | 281

Jahrgang	Lage, Rebsorte, Qualitätsbezeichnung		Wein-Art	Vol%*	AP-Nr.	Preis*	DLG-Preis
Weingut Karl-Heinz Gaul GbR, Bärenbrunnenstr. 15, 67269 **Grünstadt-Sausenheim**, Tel.: 06359/84569, Fax: 06359/87498, info@weingut-gaul.de, www.weingut-gaul.de							
2012	Sausenheimer Honigsack, Weißburgunder, Spl	●	WSS	14	20-13	9 €	GOLD
2012	Sausenheimer Höllenpfad, Grauburgunder, Kab	●	WSS	13	16-13	7 €	BRONZE
Winzergenossenschaft Herxheim am Berg eG, Weinstraße 1, 67273 **Herxheim**, Tel.: 06353/989100, Fax: 06353/989131, info@wg-herxheim.de, www.wg-herxheim.de							
2012	Pfalz feinherb, Grauburgunder, Kab	●	WSS	12	11-13	5 €	GOLD
2012	Pfalz, Sauvignon Blanc, QbA	●	WSS	13	2-13	7 €	GOLD
2012	Pfalz feinherb, Weißburgunder, Kab	●	WSS	12	12-13	5 €	GOLD
2012	Pfalz, Spätburgunder, Kab	●	WHT	11	17-13	5 €	GOLD
2011	Pfalz, Kerner, Spl	●	WSS	13	22-12	8 €	GOLD
2012	Herxheimer Kirchenstück „Abendklänge", Portugieser, QbA	●	ROT	13	28-13	5 €	GOLD
2012	Herxheimer Honigsack, Grauburgunder, Spl	●	WSS	13	10-13	6 €	GOLD
2011	Pfalz, Frühburgunder, QbA	●	ROTH	14	39-12	5 €	SILBER
2010	Pfalz, Regent, QbA	●	ROTH	13	79-12	5 €	SILBER
2012	Pfalz, Ortega, Aul	●	WSS	10	45-13	5 €	SILBER
2012	Pfalz feinherb, Riesling, Spl	●	WSS	12	27-13	6 €	SILBER
2012	Dackenheimer Liebesbrunnen, Weißburgunder, Spl	●	WSS	13	9-13	6 €	SILBER
2012	Pfalz, Gewürztraminer, Spl	●	WSS	12	19-13	6 €	SILBER
2012	Kirchheimer Schwarzerde, Auxerrois, QbA	●	WSS	13	3-13	6 €	SILBER
2012	Pfalz feinherb, Dornfelder, QbA	●	ROT	13	5-13	5 €	SILBER
2012	Pfalz feinherb, Rivaner, QbA	●	WSS	12	14-13	5 €	SILBER
2012	Dackenheimer Mandelröth feinherb, Gewürztraminer, Spl	●	WSS	13	18-13	6 €	SILBER
2011	Pfalz feinherb, Chardonnay, Spl	●	WSS	13	35-12	6 €	SILBER
2011	Pfalz „500", Chardonnay, Spl	●	WSSH	13	74-12	15 €	SILBER
2011	Pfalz feinherb, Grauburgunder, Kab	●	WSS	12	73-12	5 €	SILBER
2012	Kirchheimer Schwarzerde, Spätburgunder, Kab	●	WHT	13	31-13	5 €	SILBER
2011	Pfalz, Silvaner, Kab	●	WSS	13	51-12	4 €	SILBER
2012	Pfalz, Grauburgunder, Kab	●	WSS	13	34-12	5 €	SILBER
2011	Pfalz „Palatrium", Cuvee Rotwein, QbA	●	ROTH	13	66-12	15 €	SILBER
2010	Pfalz, Cabernet Sauvignon, QbA	●	ROTH	13	50-12	6 €	SILBER
2012	Pfalz feinherb, Riesling, Kab	●	WSS	11	88-12	5 €	SILBER
2011	Pfalz, Acolon, QbA	●	ROTH	13	78-12	6 €	SILBER
2012	Pfalz, Rivaner, QbA	●	WSS	12	13-13	4 €	SILBER
2011	Pfalz, Portugieser, QbA	●	ROT	13	40-12	5 €	SILBER
2011	Pfalz „C", Cuvee Rotwein, QbA	●	ROTH	13	80-12	7 €	SILBER
2011	Pfalz, Chardonnay, Spl	●	WSS	13	34-12	7 €	BRONZE
2011	Pfalz feinherb, Spätburgunder, QbA	●	ROT	13	64-12	5 €	BRONZE
2011	Pfalz, Riesling, Kab	●	WSS	12	43-12	5 €	BRONZE
2011	Pfalz, Spätburgunder, QbA	●	ROT	13	69-12	5 €	BRONZE
2011	Pfalz feinherb, Portugieser, QbA	●	ROT	13	77-12	4 €	BRONZE
2011	Pfalz, Merlot, QbA	●	ROTH	14	62-12	7 €	BRONZE
2011	Pfalz, Silvaner, Spl	●	WSS	10	52-12	4 €	BRONZE
2011	Pfalz, Weißburgunder, Kab	●	WSS	12	57-12	5 €	BRONZE
2011	Pfalz, Saint-Laurent, QbA	●	ROT	13	65-12	6 €	BRONZE
2011	Pfalz, Dornfelder, QbA	●	ROT	13	84-12	5 €	BRONZE
2012	Pfalz feinherb, Cuvee Rosee, QbA	●	ROSEE	12	15-13	4 €	BRONZE
2012	Pfalz, Spätburgunder, Kab	●	BLDN	13	4-13	5 €	BRONZE
2011	Pfalz, Kerner, Aul	●	WSS	12	21-12	8 €	BRONZE

● Trocken   ● Halbtrocken   ● Lieblich/Mild   ● Edelsüß   * Preisangabe + Alkoholgehalt gerundet

282 | DLG-prämierte Weine und Sekte

PFALZ

Jahrgang	Lage, Rebsorte, Qualitätsbezeichnung		Wein-Art	Vol%*	AP-Nr.	Preis*	DLG-Preis
Weingut Heinz Schweder, Hauptstraße 211, 76879 **Hochstadt**, Tel.: 06347/2008, Fax: 06347/7760, info@weingut-schweder.de, www.weingut-schweder.de							
2012	Pfalz, Grauburgunder, QbA	○	WSSH	14	8-13	9 €	GOLD
2012	Pfalz, Weißburgunder, QbA	○	WSSH	14	7-13	8 €	SILBER
2012	Pfalz, Gewürztraminer, Spl	●	WSS	13	6-13	6 €	SILBER
2012	Pfalz, Spätburgunder, QbA	○	BLDN	11	5-13	5 €	BRONZE
2012	Pfalz, Riesling, QbA	○	WSS	13	4-13	7 €	BRONZE
Weingut Heinz Bus & Sohn, Bacchushof, 76865 **Insheim**, Tel.: 06341/83653, Fax: 06341/88422, weingut.bus@t-online.de, www.weingut-bus.de							
2012	Pfalz, Grauburgunder, QbA	○	WSS	12	7-13	5 €	GOLD
2012	Pfalz, Sauvignon Blanc, QbA	○	WSS	13	6-13	7 €	SILBER
2012	Pfalz „Muschelkalk", Weißburgunder, QbA	○	WSS	12	24-13		SILBER
2012	Pfalz, Gewürztraminer, Spl	●	WSS	12	12-13		BRONZE
Winzergenossenschaft Kallstadt e.G., Weinstr. 126, 67169 **Kallstadt**, Tel.: 06322/979797, Fax: 06322/9797930, info@wg-kallstadt.de, www.wg-kallstadt.de							
2012	Kallstadter Kobnert, Weißburgunder, QbA	○	WSS	12	84-13	5 €	GOLD
2012	Kallstadter Kobnert, Kerner, Spl	●	WSS	11	1-13	5 €	GOLD
2012	Kallstadter Saumagen feinherb, Silvaner, Spl	●	WSS	12	49-13	5 €	GOLD
2012	Kallstadter Kobnert „Edition", Chardonnay, Spl	○	WSS	13	31-13	9 €	GOLD
2012	Kallstadter Kobnert, Kerner, Kab	●	WSS	11	144-12	5 €	GOLD
2012	Kallstadter, Scheurebe, Spl	●	WSS	9	143-12	5 €	SILBER
2012	Kallstadter Kobnert, Gewürztraminer, Spl	○	WSS	10	152-12	6 €	SILBER
2011	Kallstadter Kobnert, Spätburgunder, Spl	○	ROTH	14	134-12	7 €	SILBER
2012	Kallstadter Kobnert, Weißburgunder, Spl	○	WSS	12	26-13	5 €	SILBER
2011	Kallstadter Kobnert, Spätburgunder, QbA	●	ROT	13	137-12	5 €	SILBER
2012	Kallstadter Saumagen feinherb, Riesling, Kab	●	WSS	12	81-13	5 €	SILBER
2012	Kallstadter Kobnert, Kerner, Kab	●	WSS	11	46-13	4 €	SILBER
2012	Herxheimer Honigsack „Edition Kalkstein", Riesling, Spl	○	WSS	12	32-13	7 €	SILBER
2012	Kallstadter Kronberg feinherb, Riesling, Kab	●	WSS	11	145-12	5 €	SILBER
2012	Pfalz „Kiessand", Grauburgunder, QbA	○	WSS	13	86-13	6 €	SILBER
2011	Kallstadter Kobnert, Dornfelder, QbA	●	ROT	12	64-13	5 €	SILBER
2012	Kallstadter Steinacker, Riesling, Kab	●	WSS	9	12-13	5 €	SILBER
2012	Kallstadter Kobnert, Grauburgunder, QbA	○	WSS	12	87-13	5 €	SILBER
2012	Kallstadter Saumagen, Riesling, Kab	○	WSS	12	25-13	5 €	SILBER
2011	Kallstadter Kobnert, Dornfelder, QbA	○	ROT	13	63-13	5 €	SILBER
2012	Pfalz, Dornfelder, QbA	●	ROSEE	12	121-12	4 €	SILBER
2012	Kallstadter Kobnert, Riesling, Spl	○	WSS	10	50-13	5 €	BRONZE
2012	Kallstadter Kobnert, Gewürztraminer, Spl	○	WSS	13	151-12	5 €	BRONZE
2011	Kallstadter Kobnert, Dornfelder, QbA	○	ROTB	13	128-12	10 €	BRONZE
2012	Kallstadter Kobnert, Silvaner, Kab	○	WSS	12	48-13	4 €	BRONZE
2012	Kallstadter Kobnert, Sauvignon Blanc, QbA	○	WSS	13	47-13	7 €	BRONZE
2011	Pfalz „C", Cuvee Rotwein, QbA	○	ROTH	13	127-12	10 €	BRONZE
2012	Pfalz Classic, Rivaner, QbA	●	WSS	13	141-12	4 €	BRONZE
Weingut Markus Schwaab, Schloßstr. 16, 67489 **Kirrweiler**, Tel.: 06321/952686, Fax: 06321/952687, info@markus-schwaab.de, www.markus-schwaab.de							
2012	Maikammerer Heiligenberg, Gewürztraminer, Aul	●	WSS	11	89-13	5 €	SILBER
2011	Pfalz, Dornfelder, QbA	○	ROTB	13	84-12	7 €	BRONZE
2011	Pfalz, Cabernet Sauvignon, Spl	○	ROTB	13	86-12	9 €	BRONZE
2011	Pfalz, Regent, QbA	○	ROTB	13	75-12	7 €	BRONZE

○ Trocken ● Halbtrocken ● Lieblich/Mild ● Edelsüß   * Preisangabe + Alkoholgehalt gerundet

Pfalz | 283

Jahrgang	Lage, Rebsorte, Qualitätsbezeichnung		Wein-Art	Vol%*	AP-Nr.	Preis*	DLG-Preis

Weingut Ackermann · Heinrich Ackermann, Krämergasse 8a, 76829 **Landau**, Tel.: 06341/978602, WeingutAckermann@gmail.com

| 2012 | Pfalz, Gewürztraminer, Aul | ● | WSS | 10 | 1-13 | 10 € | BRONZE |

Weingut Villa Hochdörffer · Lieselotte Hahn-Hochdörffer, Lindenbergstraße 79, 76829 **Landau**, Tel.: 06341/61598

2012	Nußdorfer Kaiserberg, Gewürztraminer, Aul	●	WSS	13	23-13	9 €	GOLD
2012	Nußdorfer Herrenberg, Grauburgunder, Kab	●	WSS	12	14-13		SILBER
2012	Godramsteiner Münzberg „Mein Erster", Grauburgunder, Kab	●	WSSH	13	1-13	12 €	SILBER
2012	Nußdorfer Kaiserberg, Gewürztraminer, Kab	●	WSS	13	10-13	7 €	SILBER
2012	Frankweiler Kalkgrube, Riesling, Kab	●	WSS	15	2-13	13 €	BRONZE

Weingut Bruno Leiner, Zum Mütterle 20, 76829 **Landau-Wollmesheim**, Tel.: 06341/30953, Fax: 06341/34142, info@weingut-bruno-leiner.de, www.weingut-bruno-leiner.de

2012	Wollmesheimer Mütterle, Grauburgunder, Kab	●	WSS	13	7-13	7 €	GOLD
2009	Wollmesheimer Mütterle, Spätburgunder, QbA	●	ROT	15	30-12	10 €	GOLD
2012	Wollmesheimer Mütterle, Weißburgunder, Kab	●	WSS	13	17-13	7 €	GOLD
2009	Wollmesheimer Mütterle, Cabernet Sauvignon, QbA	●	ROT	14	21-12	10 €	SILBER
2012	Wollmesheimer Mütterle, Cuvee Blanc de Noir, Kab	●	BLDN	12	24-13	7 €	SILBER
2012	Wollmesheimer Mütterle, Gewürztraminer, Kab	●	WSS	14	15-13	5 €	SILBER
2012	Wollmesheimer Mütterle, Silvaner, Kab	●	WSS	13	5-13	5 €	SILBER
2009	Wollmesheimer Mütterle, Merlot, QbA	●	ROT	14	28-12		SILBER
2012	Wollmesheimer Mütterle, Riesling, Kab	●	WSS	12	9-13	5 €	SILBER
2012	Wollmesheimer Mütterle, Sauvignon Blanc, QbA	●	WSS	13	18-13	7 €	BRONZE
2012	Wollmesheimer Mütterle, Spätburgunder, Kab	●	WHT	12	26-13	6 €	BRONZE
2012	Wollmesheimer Mütterle, Muskateller, QbA	●	WSS	13	12-13	8 €	BRONZE

– Advertorial –

Palmberg eG

Am Palmberg 1, 67229 **Laumersheim**, Tel.: 06238/983480, Fax: 06238/9834824, info@palmberg-weine.de, www.palmberg-weine.de

Die Weinbereitung ist vielfältig, aber das Palmbergprinzip ist einzigartig: Die Gründer der „Palmberg" eG haben die Genossenschaft 1958 in weiser Voraussicht an den Hang gebaut. Nach der Anlieferung gelangen die Trauben im Fallprinzip von der Annahmestation bis zu den Keltern. Ein Großteil der sonst notwendigen Pumpvorgänge entfällt und eine schonende und qualitätsfördernde Weinbereitung ist gewährleistet. Von den bewirtschafteten 180 Hektar Rebfläche entfallen zirka 50 Prozent auf rote Rebsorten. Die Rotweine waren es auch, die das Unternehmen schon bald nach der Gründung über die Gebietsgrenzen hinaus bekannt gemacht haben. So steht die Wiege der Maischeerhitzung am „Palmberg". Die Palmberg-Weine haben in ganz Deutschland einen treuen Kundenstamm: Am ersten Sonntag im Mai strömen jährlich tausende Besucher zum Palmberg.

2012	Pfalz feinherb, Spätburgunder, Dornfelder, QbA	●	ROTH	14	74-13	5 €	GOLD
2010	Kirchheimer Schwarzerde, Cabernet Dorsa, QbA	●	ROTB	14	101-12	10 €	GOLD
2011	Kirchheimer Schwarzerde, Dornfelder, QbA	●	ROT	13	8-13	5 €	GOLD
2012	Dirmsteiner Schwarzerde, Kerner, Spl	●	WSS	13	43-13	4 €	SILBER
2012	Großkarlbacher Osterberg, Portugieser, QbA	●	ROT	13	10-13	5 €	SILBER

● Trocken   ● Halbtrocken   ● Lieblich/Mild   ● Edelsüß   *Preisangabe + Alkoholgehalt gerundet

284 | DLG-prämierte Weine und Sekte

PFALZ

Jahrgang	Lage, Rebsorte, Qualitätsbezeichnung		Wein-Art	Vol%*	AP-Nr.	Preis*	DLG-Preis
2010	Kirchheimer Schwarzerde, Dornfelder, QbA	🟡	ROTH	14	103-12	8 €	SILBER
2011	Pfalz, Dornfelder, QbA	🟢	ROT	13	9-13	5 €	SILBER
2012	Dirmsteiner Schwarzerde, Grauburgunder, QbA	🟡	WSS	13	55-13	4 €	SILBER
2011	Pfalz, Dornfelder, QbA	🟡	ROTH	14	45-13	8 €	SILBER
2010	Kirchheimer Schwarzerde, Cabernet Mitos, QbA	🟡	ROTB	14	100-12	10 €	SILBER
2011	Pfalz, Dornfelder, QbA	🟢	ROT	13	92-12	5 €	SILBER
2011	Pfalz, Dornfelder, QbA	🟡	ROT	13	105-12	5 €	SILBER
2010	Kirchheimer Schwarzerde, Merlot, QbA	🟡	ROTB	14	102-12	11 €	BRONZE
2010	Dirmsteiner Schwarzerde, Cuvee Rotwein, QbA	🟡	ROTH	14	31-13	4 €	BRONZE
2011	Kirchheimer Schwarzerde, Merlot, QbA	🟡	ROTB	14	80-13	11 €	BRONZE
2011	Pfalz, Regent, QbA	🟡	ROTH	14	84-13	5 €	BRONZE
2012	Pfalz, Silvaner, QbA	🟡	WSS	13	27-13	4 €	BRONZE
2010	Dirmsteiner Schwarzerde, Dornfelder, QbA	🟡	ROTB	14	99-12	12 €	BRONZE
2012	Weisenheimer Altenberg, Spätburgunder, QbA	🟡	ROT	14	33-13	5 €	BRONZE
2011	Pfalz, Dornfelder, QbA	🟢	ROT	13	129-12	5 €	BRONZE
2011	Krichheimer Schwarzerde, Regent, QbA	🟡	ROT	14	104-12	5 €	BRONZE

– Advertorial –

Weingut August Ziegler

Bahnhofstr. 5, 67487 **Maikammer**, Tel.: 06321/95780, Fax: 06321/957878, info@august-ziegler.de, www.august-ziegler.de

1717 begannen die Vorfahren der Familie Ziegler in Maikammer mit dem Weinbau. In der fünften Generation war es August Ziegler, der verheiratet mit einer Winzertochter aus Mußbach-Gimmeldingen, dem Weingut seinen heutigen Namen gab. Er war es auch, der das heute unter Denkmalschutz stehende Gutshaus im Gründerstil 1894 erbauen ließ. Seit 1997 liegt die Leitung in den Händen der achten Generation, den Brüdern Uwe und Harald Ziegler. Mittlerweile werden auf 20 Hektar Rebfläche

Harald und Uwe Ziegler und Eyleen Ziebarth

zirka 20 verschiedene Rebsorten angebaut. Die durchschnittliche Jahresproduktion beträgt 160.000 Flaschen. 2011 wurde das Projekt „Kaltblut" gestartet. In ausgesuchten Weinlagen will das Weingut ohne Einsatz von Maschinen, dafür mit der Kraft und dem Gespür von Mensch und Pferd, neue nachhaltige Wege gehen. Das Ziel ist, durch eine ökologische und bodenschonende Bewirtschaftung mit Pferden, die Lebenskraft der Reben langfristig zu verbessern. „Aus den Vorgaben der Natur individuelle Weine höchster Qualität zu erzeugen" ist der Grundsatz der Brüder, die damit bereits 2006, 2008 und 2009 als Winzer des Jahres ausgezeichnet wurden und seit 2008 auf dem 1. Platz des DLG TOP 100 Rankings stehen.

2012	Maikammerer Mandelhöhe, Chardonnay, QbA	🟡	WSS	13	19-13		GOLD EXTRA
2007	Maikammerer Kirchenstück, Shiraz, QbA	🟡	ROTB	15	34-12		GOLD
2012	Pfalz, Grauburgunder, QbA	🟡	WSS	13	1-13		GOLD
2012	Alsterweiler Kapellenberg, Grauburgunder, Spl	🟡	WSS	15	20-13		GOLD
2012	Maikammerer Heiligenberg, Riesling, Spl	🟡	WSS	13	18-13		GOLD
2011	Maikammerer Heiligenberg, Sauvignon Blanc, QbA	🟡	WSS	13	9-12		GOLD
2011	Pfalz „Sommertraum", Cuvee Weißwein, QbA	🟢	WSS	13	8-12		GOLD

🟡 Trocken 🟢 Halbtrocken 🔴 Lieblich/Mild 🟣 Edelsüß   * Preisangabe + Alkoholgehalt gerundet

Pfalz | 285

Jahrgang	Lage, Rebsorte, Qualitätsbezeichnung		Wein-Art	Vol%*	AP-Nr.	Preis*	DLG-Preis
2008	Maikammerer Kapellenberg, Riesling, Bal	●	WSS	7	41-11		Gold
2011	Kirrweiler Römerweg, Gewürztraminer, Kab	●	WSS	14	15-12		Gold
2012	Maikammerer Heiligenberg, Weißburgunder, Spl	●	WSS	14	24-13		Silber
2012	Maikammerer Mandelhöhe feinherb, Gewürztraminer, Kab	●	WSS	14	22-13		Silber
2010	Gimmeldinger Meerspinne, Dornfelder, QbA	●	ROT	14	52-12		Silber
2007	Gimmeldinger Schlössel, Cabernet Franc, QbA	●	ROTB	15	33-12		Silber
2011	Gimmeldinger Meerspinne, Scheurebe, QbA	●	WSS	12	13-12		Silber
2012	Maikammerer Heiligenberg, Sauvignon Blanc, Kab	●	WSS	12	4-13		Silber
2012	Gimmeldinger Meerspinne, Scheurebe, QbA	●	WSS	10	21-13		Silber
2011	Maikammerer Heiligenberg, Riesling, Spl	●	WSS	13	19-12		Silber
2012	Maikammerer Mandelhöhe, Spätburgunder, Kab	●	ROSEE	12	7-13		Silber
2012	Pfalz, Grauburgunder, QbA	●	WSS	14	2-13		Bronze
2012	Gimmeldinger Biengarten, Riesling, Kab	●	WSS	12	28-13		Bronze
2007	Maikammerer Kirchenstück, Spätburgunder, QbA	●	ROTB	14	48-10		Bronze
2011	Alsterweiler Kapellenberg, Grauburgunder, Spl	●	WSS	14	20-12		Bronze
2012	Maikammerer Heiligenberg, Silvaner, QbA	●	WSS	13	6-13		Bronze
2011	Maikammerer Mandelhöhe, Spätburgunder, QbA	●	ROT	14	11-13		Bronze
2012	Maikammerer Heiligenberg, Sauvignon Blanc, QbA	●	WSS	14	3-13		Bronze
2011	Maikammerer Mandelhöhe, Saint-Laurent, QbA	●	ROT	13	28-12		Bronze
2012	Maikammerer Mandelhöhe feinherb, Riesling, Kab	●	WSS	11	29-13		Bronze

Weingut Bendel, Hartmannstraße 3, 67487 **Maikammer**, Tel.: 06321/59539, Fax: 06321/59539, weingut-bendel@gmx.de, www.weingut-bendel.de

2012	Pfalz, Gewürztraminer, Aul	●	WSS	9	5-13	9 €	Gold

Weingut Hubert Müller, Bahnhofstr. 3, 67487 **Maikammer**, Tel.: 06321/5472, Fax: 06321/58665, info@mueller-maikammer.de, www.mueller-maikammer.de

2012	Maikammerer Kapellenberg „vom Muschelkalk", Riesling, Spl	●	WSS	13	13-13	8 €	Gold
2012	Pfalz „Tradition", Riesling, QbA	●	WSS	13	7-13	6 €	Gold
2011	Pfalz „Tradition", Spätburgunder, QbA	●	ROTH	13	50-12	6 €	Gold
2011	Maikammerer Heiligenberg, Merlot, Spl	●	ROTH	14	54-12	9 €	Gold
2011	Palz „Tradition", Dornfelder, QbA	●	ROTH	14	49-12	6 €	Gold
2012	Pfalz „Tradition", Weißburgunder, QbA	●	WSS	13	5-13	6 €	Gold
2012	Pfalz „Tradition", Grauburgunder, QbA	●	WSS	14	6-13	6 €	Gold
2012	Maikammerer Kirchenstück „vom sandigen Lehm", Riesling, Spl	●	WSS	13	12-13	7 €	Gold
2012	Maikammerer Kapellenberg, Weißburgunder, Kab	●	WSS	12	2-13	5 €	Gold
2012	Diedesfelder Paradies, Sauvignon Blanc, Spl	●	WSS	13	15-13	7 €	Silber
2009	Pfalz „Franz-Rudolf", Cuvee Rotwein, Spl	●	ROTB	13	55-12	10 €	Silber
2012	Maikammerer Kapellenberg, Gewürztraminer, Spl	●	WSS	12	23-13	6 €	Silber
2012	Maikammerer Kapellenberg feinherb, Riesling, Gewürztraminer, Spl	●	WSS	13	18-13	6 €	Silber
2012	Maikammerer Mandelhöhe „Faszination", Müller-Thurgau, Kab	●	WSS	11	19-13	5 €	Silber
2012	Maikammerer Kapellenberg, Silvaner, Spl	●	WSS	13	14-13	6 €	Silber
2012	Maikammerer Kapellenberg „vom Buntsandstein", Riesling, Kab	●	WSS	12	11-13	5 €	Silber
2012	Maikammerer Kapellenberg, Grauburgunder, Kab	●	WSS	13	3-13	5 €	Silber
2011	Maikammerer Kirchenstück, Shiraz, Spl	●	ROTB	14	57-12	14 €	Silber
2011	Maikammerer Kapellenberg, Grauburgunder, Spl	●	WSSB	14	58-12	9 €	Silber
2011	Maikammerer Mandelhöhe, Dornfelder, QbA	●	ROT	13	66-12	4 €	Silber
2012	Maikammerer Kapellenberg, Chardonnay, Spl	●	WSS	14	16-13	7 €	Bronze

Weingut Bergdolt-Reif und Nett, Dudostr. 24, 67435 **Neustadt an der Weinstraße**, Tel.: 06327/2803, Fax: 06327/1485, info@weingut-brn.de, www.weingut-brn.de

2012	Pfalz „Avantgarde Elf", Weißburgunder, QbA	●	WSS	14	36-13	14 €	Gold Extra
2012	Pfalz „Tradition", Silvaner, QbA	●	WSS	13	17-13	6 €	Gold
2011	Pfalz „Avantgarde", Lagrein, QbA	●	ROT	13	22-13	16 €	Silber

● Trocken ● Halbtrocken ● Lieblich/Mild ● Edelsüß   * Preisangabe + Alkoholgehalt gerundet

DLG-prämierte Weine und Sekte

PFALZ

Jahrgang	Lage, Rebsorte, Qualitätsbezeichnung	Wein-Art	Vol%*	AP-Nr.	Preis*	DLG-Preis
2012	Kirrweiler Mandelberg „Prestige", Weißburgunder, QbA	WSSB	14	40-13	23 €	SILBER
2012	Pfalz „Tradition", Riesling, QbA	WSS	13	15-13	7 €	SILBER
2011	Kirrweiler Mandelberg „Prestige", Spätburgunder, QbA	ROTB	13	51-12	28 €	BRONZE

Hambacher Schloß Kellerei eG, Weinstr. 110, 67434 **Neustadt an der Weinstraße,** Tel.: 06321/2343, Fax: 06321/81950, info@hskeg.de, www.hskeg.de

2012	Pfalz, Rieslaner, Aul	WSS	10	38-13	6 €	GOLD
2012	Neustadter, Cabernet Dorsa, QbA	ROT	14	22-13	5 €	GOLD
2012	Pfalz, Gewürztraminer, Spl	WSS	11	54-13	6 €	SILBER
2012	Pfalz, Weißburgunder, Spl	WSS	13	16-13	5 €	SILBER
2012	Pfalz, Saint-Laurent, QbA	ROT	13	46-13	5 €	SILBER
2012	Pfalz Classic, Rivaner, QbA	WSS	12	47-13	4 €	SILBER
2012	Neustadter, Chardonnay, QbA	WSS	13	1-13	5 €	SILBER
2012	Neustadter, Cabernet Dorsa, QbA	ROT	13	99-12	5 €	SILBER
2012	Pfalz Classic, Weißburgunder, QbA	WSS	13	33-13	4 €	SILBER
2012	Pfalz Classic, Grauburgunder, QbA	WSS	13	52-13	5 €	SILBER
2012	Pfalz, Sauvignon Blanc, QbA	WSS	13	98-12	8 €	SILBER
2012	Pfalz, Saint-Laurent, QbA	ROT	13	25-13	5 €	SILBER
2012	Neustadter, Dornfelder, QbA	ROT	13	39-13	4 €	SILBER
2012	Neustadter „Siebenpfeiffer", Cuvee Rotwein, QbA	ROT	13	27-13	8 €	SILBER
2012	Pfalz, Saint-Laurent, QbA	ROT	13	108-12	5 €	SILBER
2012	Pfalz, Portugieser, QbA	WHT	11	21-13	3 €	BRONZE
2012	Pfalz „Classic", Grauburgunder, QbA	WSS	13	101-12	5 €	BRONZE
2012	Neustadter, Auxerrois, QbA	WSS	14	45-13	6 €	BRONZE
2012	Pfalz Classic, Grauburgunder, QbA	WSS	13	34-13	5 €	BRONZE
2012	Pfalz, Chardonnay, QbA	WSS	13	41-13	5 €	BRONZE
2012	Diedesfelder Paradies, Cabertin, QbA	ROT	14	30-13	6 €	BRONZE
2012	Pfalz Classic, Spätburgunder, QbA	ROT	13	13-13	5 €	BRONZE
2012	Pfalz, Riesling, Spl	WSS	12	28-13	5 €	BRONZE
2012	Neustadter, Grauburgunder, Kab	WSS	12	18-13	4 €	BRONZE
2011	Neustadter, Dornfelder, QbA	ROT	13	106-12	4 €	BRONZE
2011	Pfalz, Dornfelder, QbA	ROT	11	12-13	4 €	BRONZE
2011	Hambacher Rebstöckel „Rubin", Portugieser, QbA	ROT	11	105-12	4 €	BRONZE
2012	Neustadter, Auxerrois, QbA	WSS	14	23-13	6 €	BRONZE
2012	Pfalz Classic, Weißburgunder, QbA	WSS	13	53-13	4 €	BRONZE
2012	Neustadter, Cabernet Dorsa, QbA	ROT	13	56-13	5 €	BRONZE
2012	Pfalz Classic, Grauburgunder, QbA	WSS	13	2-13	5 €	BRONZE
2012	Neustadter, Auxerrois, QbA	WSS	14	95-12	6 €	BRONZE

Weingut Kühborth & Sinn, Dudostraße 51, 67435 **Neustadt an der Weinstraße,** Tel.: 06327/5706, Fax: 06327/960628, weingut-kuehborth-sinn@t-online.de, www.kuehborth-sinn.de

2012	Pfalz „Kybortz", Riesling, Eis	WSS	10	5-13	17 €	SILBER
2012	Pfalz „Kybortz", Riesling, Traminer, QbA	WSS	13	14-13	6 €	SILBER
2012	Pfalz Classic, Grauburgunder, QbA	WSS	14	10-13	5 €	BRONZE
2012	Pfalz, Dornfelder, QbA	ROT	12	19-13	4 €	BRONZE
2012	Pfalz, Weißburgunder, QbA	WSS	13	9-13	5 €	BRONZE

Weingut Ökonomierat Kurt Isler, Kreuzstr. 42, 67434 **Neustadt an der Weinstraße,** Tel.: 06321/86236, Fax: 06321/32732, info@weingut-isler.de, www.weingut-isler.de

2012	Diedesfelder Rebstöckel, Spätburgunder, Kab	BLDN	13	9-13	5 €	GOLD
2012	Diedesfelder Johanniskirchel, Grauburgunder, Spl	WSS	13	8-13	7 €	GOLD
2012	Diedesfelder Johanniskirchel, Chardonnay, Spl	WSS	13	7-13	5 €	SILBER
2012	Diedesfelder Paradies, Riesling, Spl	WSS	13	21-13	6 €	SILBER
2012	Diedesfelder Berg, Weißburgunder, Kab	WSS	13	6-13	5 €	BRONZE

● Trocken   ● Halbtrocken   ● Lieblich/Mild   ● Edelsüß   *Preisangabe + Alkoholgehalt gerundet

– Advertorial –

Winzergenossenschaft Weinbiet EG

An der Eselshaut 57, 67435 **Neustadt-Mußbach an der Weinstraße**,
Tel.: 06321/67970, Fax: 06321/60179, Info@wg-weinbiet.de, www.WG-Weinbiet.de

„Qualität bedeutet für uns, stets besser zu werden: Die Maßstäbe sind das Erreichte, die öffentliche Anerkennung und die Meinung unserer Kunden. Nur fünf Worte beschreiben unser gesamtes Konzept: Qualität hat einen Namen – Weinbiet". Was die Traubenproduktion betrifft, sind es sogar 100 Namen. „Es sind unsere Winzer, die Jahr um Jahr die besten Trauben produzieren und die Weinberge nachhaltig kultivieren. Sie sind die Spezialisten mit dem Gespür für das Potenzial von Weinbergen und Rebsorten. Was sie zu Höchstleistungen motiviert, ist, dass die Weine immer häufiger zu den besten Weinen Deutschlands gezählt werden. Im Weinausbau gilt es, die hohe Traubenqualität zu erhalten. Dies gelingt durch eine innovationsorientierte Produktion mit viel Fingerspitzengefühl für alle Weine."

Geschäftsführender Vorstand Manfred Klohr und Winzerin Susanne Müller-Magin

Jahrgang	Lage, Rebsorte, Qualitätsbezeichnung		Wein-Art	Vol%	AP-Nr.	Preis	DLG-Preis
2012	Haardter Herrenletten, Riesling, Kab	🟡	WSS	12	71-13	5 €	GOLD
2012	Pfalz Classic, Riesling, QbA	🟢	WSS	12	34-13	5 €	GOLD
2011	Gimmeldinger Meerspinne, Riesling, QbA	🟡	WSS	12	132-12	4 €	GOLD
2011	Pfalz, Chardonnay, QbA	🟡	WSS	12	109-12	5 €	GOLD
2012	Mußbacher Eselshaut „1. Rendezvous", Rivaner, QbA	🟡	WSS	12	136-12	4 €	GOLD
2012	Mußbacher Eselshaut, Kerner, Spl	🔴	WSS	11	77-13	5 €	GOLD
2011	Pfalz, Merlot, Cabernet Sauvignon, QbA	🟡	ROT	12	5-13	5 €	GOLD
2011	Pfalz, Merlot, QbA	🟡	ROT	13	149-12	5 €	SILBER
2012	Gimmeldinger Meerspinne, Sauvignon Blanc, QbA	🟡	WSS	12	32-13	6 €	SILBER
2011	Mußbacher Bischofsweg, Dornfelder, QbA	🟡	ROT	12	148-12	5 €	SILBER
2011	Mußbacher Eselshaut, Weißburgunder, QbA	🟡	WSS	12	103-12	5 €	SILBER
2012	Mußbacher Eselshaut, Weißburgunder, QbA	🟡	WSS	12	15-13	5 €	SILBER
2012	Haardter Herrenletten, Riesling, Kab	🟡	WSS	12	19-13	5 €	SILBER
2011	Mußbacher Eselshaut, Spätburgunder, QbA	🟡	ROTH	13	137-12	5 €	SILBER
2011	Pfalz Classic, Riesling, QbA	🟢	WSS	12	110-12	5 €	SILBER
2011	Haardter Herrenletten, Riesling, Spl	🟡	WSS	12	16-12	7 €	SILBER
2011	Haardter Herrenletten, Riesling, Spl	🟡	WSS	12	25-12	7 €	SILBER
2011	Gimmeldinger Meerspinne „Edition Philipp Baßler", Chardonnay, QbA	🟡	WSS	13	66-12	9 €	SILBER
2011	Gimmeldinger Meerspinne, Acolon, QbA	🟡	ROT	13	151-12	5 €	SILBER
2011	Pfalz, Spätburgunder, Sp	🟡	ROT	13	114-12	8 €	SILBER
2012	Pfalz, Chardonnay, QbA	🟡	WSS	12	63-13	5 €	BRONZE
2011	Mußbacher Bischofsweg, Dornfelder, QbA	🟡	ROT	13	158-12	5 €	BRONZE

🟡 Trocken 🟢 Halbtrocken 🔴 Lieblich/Mild 🔵 Edelsüß   * Preisangabe + Alkoholgehalt gerundet

DLG-prämierte Weine und Sekte

PFALZ

Jahrgang	Lage, Rebsorte, Qualitätsbezeichnung		Wein-Art	Vol%*	AP-Nr.	Preis*	DLG-Preis

Weingut Heinz und Jürgen Wilker GbR, Hauptstr. 30, 76889 **Pleisweiler-Oberhofen,** Tel.: 06343/2202, Fax: 06343/4379, weingut@wilker.de, www.wilker.de

2012	Pfalz „Schlossberg", Grauburgunder, QbA	🟡	WSS	14	15-13	8 €	GOLD EXTRA
2012	Pfalz, Scheurebe, QbA	🔴	WSS	12	41-12	5 €	GOLD
2012	Pfalz „Schlossberg", Chardonnay, QbA	🟡	WSS	13	44-12	8 €	SILBER
2012	Pfalz, Weißburgunder, QbA	🟡	WSS	13	14-13	5 €	SILBER
2012	Pfalz, Grauburgunder, QbA	🟡	WSS	14	16-13	5 €	SILBER
2012	Pfalz „Schlossberg", Silvaner, Spl	🟡	WSS	13	11-13	8 €	SILBER
2012	Pfalz „Altenberg" feinherb, Riesling, Spl	🟢	WSS	12	7-13	8 €	SILBER
2012	Pfalz, Sauvignon Blanc, QbA	🟡	WSS	12	40-12	8 €	BRONZE
2012	Pfalz, Riesling, Kab	🟡	WSS	12	6-13	6 €	BRONZE
2012	Pfalz „Schlossberg", Weißburgunder, QbA	🟡	WSS	14	13-13	8 €	BRONZE
2012	Pfalz, Spätburgunder, QbA	🟡	ROSEE	12	42-12	5 €	BRONZE

Weingut Kastanienhof · K.-Heinz und Knut Fader, Theresienstr. 62, 76835 **Rhodt,** Tel.: 06323/5193, Fax: 06323/980841, weingut-fader@t-online.de, www.weingut-fader.de

2012	Rhodter Schloßberg, Rieslaner, Spl	🔴	WSS	12	28-13	8 €	GOLD
2012	Rhodter Klosterpfad, Chardonnay, Spl	🟡	WSS	13	22-13	6 €	GOLD
2009	Rhodter Klosterpfad, Cabernet Sauvignon, QbA	🟡	ROTH	14	55-12	12 €	GOLD
2012	Rhodter Schloßberg, Riesling, Spl	🟡	WSS	13	27-13	6 €	SILBER
2011	Pfalz, Spätburgunder, Aul	🟣	ROSEE	12	23-12	7 €	SILBER
2012	Pfalz, Spätburgunder, Spl	🟡	ROSEE	13	39-13	6 €	SILBER
2012	Pfalz, Gewürztraminer, Spl	🔴	WSS	12	21-13	7 €	SILBER
2012	Pfalz „Buntsandstein Alte Reben", Riesling, Spl	🟡	WSS	13	32-13	7 €	SILBER
2012	Pfalz „Granit", Riesling, Spl	🟡	WSS	13	33-13	8 €	SILBER
2012	Rhodter Rosengarten, Gewürztraminer, Spl	🟡	WSS	14	17-13	7 €	SILBER
2012	Rhodter Schloßberg feinherb, Riesling, Spl	🟢	WSS	12	34-13	6 €	SILBER
2012	Rhodter Rosengarten „Alte Reben", Grauburgunder, Spl	🟡	WSSH	14	19-13	8 €	SILBER
2011	Rhodter Klosterpfad, Frühburgunder, QbA	🟡	ROTH	13	60-12	7 €	SILBER
2011	Rhodter Schloßberg, Spätburgunder, Spl	🟡	ROTH	14	59-12	9 €	BRONZE
2012	Rhodter Schloßberg, Muskateller, QbA	🟡	WSS	12	18-13	7 €	BRONZE
2011	Godramsteiner Münzberg, Merlot, QbA	🟡	ROTH	14	61-12	7 €	BRONZE

Hofgut Markus Schädler, Mittelgasse 15, 67152 **Ruppertsberg,** Tel.: 06326/980198, Fax: 06326/982430, info@hofgut-schaedler.de, www.hofgut-schaedler.de

2009	Ruppertsberger, Saint-Laurent, QbA	🟡	ROTB	13	8-12	15 €	GOLD
2009	Ruppertsberger, Spätburgunder, QbA	🟡	ROTB	13	9-11	15 €	SILBER

Weingut Cuntz-Scheu · Axel Scheu, Längelstr. 36, 76889 **Schweigen,** Tel.: 06342/7501, Fax: 06342/6182, cuntz-scheu@web.de, www.weingut-cuntz-scheu.de

2011	Schweigener Sonnenberg, Gewürztraminer, Aul	🟣	WSS	11	18-12	8 €	SILBER
2012	Schweigener Sonnenberg, Weißburgunder, Spl	🟡	WSS	13	5-13		SILBER
2012	Schweigener Sonnenberg, Weißburgunder, Spl	🟡	WSS	14	4-13		BRONZE

Wein- und Sektgut Wilhelmshof, Queichstr. 1, 76833 **Siebeldingen,** Tel.: 06345/919147, Fax: 06345/919148, mail@wilhelmshof.de, www.wilhelmshof.de

2012	Siebeldinger im Sonnenschein „Alte Reben", Grauburgunder, Spl	🟡	WSSH	14	20-13	17 €	GOLD
2012	Siebeldinger im Sonnenschein „Alte Reben", Weißburgunder, Spl	🟡	WSSH	14	19-13	17 €	GOLD
2012	Siebeldinger im Sonnenschein, Weißburgunder, Spl	🟡	WSS	14	6-13	11 €	SILBER
2012	Siebeldinger im Sonnenschein, Grauburgunder, Kab	🟡	WSS	13	7-13	7 €	SILBER
2012	Siebeldinger im Sonnenschein, Weißburgunder, Spl	🟡	WSS	14	16-13	11 €	SILBER
2012	Siebeldinger im Sonnenschein, Grauburgunder, Spl	🟡	WSS	14	8-13	11 €	BRONZE
2012	Frankweiler Kalkgrube, Riesling, Spl	🟡	WSS	13	17-13	11 €	BRONZE

🟡 Trocken 🟢 Halbtrocken 🔴 Lieblich/Mild 🟣 Edelsüß *Preisangabe + Alkoholgehalt gerundet

Jahrgang	Lage, Rebsorte, Qualitätsbezeichnung	Wein-Art	Vol%*	AP-Nr.	Preis*	DLG-Preis

– Advertorial –

Herrengut St. Martin

Maikammerer Str. 5, 67487 **St. Martin**, Tel.: 06323/804425, Fax: 06323/804426, info@herrengut.de, www.herrengut.de

Der Herrenhof St. Martin wurde 1587 als „Hundt von Saulheim'scher Hof" erbaut. Die Philosophie des Weinguts lautet: Nur aus gesunden Trauben kann auch ein gesunder Wein werden. So betreibt man naturnahen, schonenden Anbau, der an ökologischen Kriterien orientiert ist. Hohe Qualität, Nachvollziehbarkeit der Herkunft und Transparenz der analytischen Werte schaffen Vertrauen für die regional geprägten Weine.

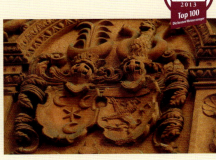

Jahrgang	Lage, Rebsorte, Qualitätsbezeichnung		Wein-Art	Vol%*	AP-Nr.	Preis*	DLG-Preis
2011	St. Martiner Baron, Spätburgunder, QbA	●	ROT	14	47-12	10 €	GOLD EXTRA
2011	Maikammerer Heiligenberg, Cabernet Sauvignon, QbA	●	ROT	14	49-12	10 €	GOLD EXTRA
2012	St. Martiner Baron, Chardonnay, Spl	●	WSS	13	55-13	10 €	GOLD
2012	St. Martiner Baron, Sauvignon Blanc, Spl	●	WSS	13	56-13	10 €	GOLD
2012	Edenkobener Kastaniengarten feinherb, Kerner, QbA	●	WSS	12	48-13	6 €	SILBER
2012	St. Martiner Schloß Ludwigshöhe, Riesling, Eis	●	WSS	11	24-13	24 €	SILBER
2012	Rhodter Klosterpfadt, Huxelrebe, Spl	●	WSS	12	16-13	7 €	SILBER
2012	St. Martiner Baron „Am Emsenacker", Riesling, Spl	●	WSS	12	17-13	8 €	SILBER
2012	St. Martiner Schloß Ludwigshöhe, Gewürztraminer, Spl	●	WSS	11	23-13	8 €	SILBER
2012	St. Martiner Schloß Ludwigshöhe, Silvaner, QbA	●	WSS	12	31-13	6 €	SILBER
2011	St. Martiner Baron, Shiraz, QbA	●	ROTB	13	55-12	16 €	SILBER
2012	St. Martiner Baron, Weißburgunder, Spl	●	WSS	14	57-13	10 €	SILBER
2011	Edenkobener Kirchberg, Merlot, QbA	●	ROT	14	48-12	10 €	SILBER
2012	Pfalz, Gewürztraminer, Bal	●	WSS	11	20-13	22 €	SILBER
2011	St. Martiner Baron, Dornfelder, QbA	●	ROT	13	38-12	7 €	BRONZE
2011	Pfalz, Ortega, Bal	●	WSS	8	19-12	9 €	BRONZE

Weingut Alfons Ziegler, Jahnstr. 11, 67487 **St. Martin**, Tel.: 06323/5337, Fax: 06323/7667, info@weingut-ziegler.de, www.weingut-ziegler.de

2012	Pfalz, Sauvignon Blanc, QbA	●	WSS	13	15-13	7 €	GOLD
2012	Pfalz, Weißburgunder, Spl	●	WSS	14	16-13	6 €	GOLD
2011	Pfalz „Leonardo", Cuvee Rotwein, QbA	●	ROTH	13	42-12	10 €	GOLD
2012	Pfalz, Grauburgunder, Spl	●	WSS	14	11-13	7 €	GOLD
2009	Pfalz, Cabernet Sauvignon, QbA	●	ROTB	13	44-12	12 €	SILBER
2012	Edenkobener Heilig Kreuz, Grauburgunder, Spl	●	WSS	14	10-13	7 €	SILBER
2012	Pfalz, Chardonnay, Kab	●	WSS	13	13-13	5 €	SILBER
2012	Pfalz, Merlot, Spl	●	ROTH	13	36-13	7 €	SILBER
2012	Maikammerer Mandelhöhe, Chardonnay, Spl	●	WSS	13	12-13	6 €	SILBER
2012	Pfalz, Spätburgunder, Kab	●	ROT	13	45-13	5 €	SILBER
2009	Pfalz „Matteo", Cuvee Rotwein, QbA	●	ROTB	13	43-12	12 €	BRONZE
2012	Pfalz, Dornfelder, Spätburgunder, QbA	●	ROT	11	26-13	5 €	BRONZE
2012	St. Martiner Schloss Ludwigshöhe, Dornfelder, QbA	●	ROT	13	43-13	5 €	BRONZE
2011	Pfalz, Spätburgunder, Spl	●	ROTH	14	41-12	7 €	BRONZE
2012	St. Martiner Schloss Ludwigshöhe, Dornfelder, QbA	●	ROT	12	25-13	5 €	BRONZE

● Trocken   ● Halbtrocken   ● Lieblich/Mild   ● Edelsüß   * Preisangabe + Alkoholgehalt gerundet

Wein & Sekthaus Aloisiushof GmbH

– Advertorial –

Mühlstraße 2, 67487 **St. Martin/Weinstraße**, Tel.: 06323/2099, Fax: 06323/5149, weinundsekthaus@aloisiushof.de, www.aloisiushof.de

Das Wein und Sekthaus Aloisiushof ist ein traditionsreiches Weingut in St. Martin/Pfalz, das seit Generationen von den Familien Kiefer geführt wird. Heute arbeiten vier Familien zusammen und sichern mit viel Fleiß und Liebe den hohen Qualitätsstandard. Entscheidend für die hohe Qualität der Weine ist die qualitätsorientierte und streng kontrollierte Bewirtschaftung der 20 Hektar Weinberge in St. Martin und Umgebung und der sorgfältige Weinausbau im Keller. Die Weine reichen von der bodenständigen „Traditionslinie" bis zu den herausragenden Lagenweinen in streng limitierter Auflage der Linie „Ambrosia". Die Weine dieser Toplinie stammen aus rekultivierten Weinbergslagen mit eigenen, aus wurzelechtem Bestand gepfropften Reben. Das Qualitätsbewusstsein spiegelt sich neben anderen Auszeichnungen in einem Platz in den Top 100 der besten Weingüter Deutschlands der DLG wider. Weinproben in gemütlichem Ambiente bietet die Familie Kiefer ganzjährig an.

Jahrgang	Lage, Rebsorte, Qualitätsbezeichnung		Wein-Art	Vol%*	AP-Nr.	Preis*	DLG-Preis
2010	Maikammerer Mandelhöhe, Silvaner, Eis	●	WSS	7	15-13	21 €	GOLD EXTRA
2012	Pfalz, Cuvee Blanc de Noir, QbA	●	BLDN	13	3-13	6 €	GOLD
2011	Pfalz „Ambrosia", Pinot Noir, QbA	●	ROTB	14	11-13	16 €	GOLD
2012	Pfalz „Element", Riesling, QbA	●	WSS	13	1-13	6 €	GOLD
2012	St. Martiner Schloß-Ludwigshöhe „Ambrosia", Riesling, Spl	●	WSS	14	32-13	15 €	GOLD
2012	St. Martiner Baron vom Kalkstein, Weißburgunder, Spl	●	WSS	15	26-13	12 €	GOLD
2012	Pfalz „Tradition", Chardonnay, QbA	●	WSS	13	13-13	5 €	GOLD
2012	Pfalz, Riesling, QbA	●	WSS	10	18-13	6 €	GOLD
2012	St. Martiner Baron „Buntsandstein", Riesling, Spl	●	WSS	14	25-13	10 €	SILBER
2012	Venninger Doktor „Edel & Süß", Chardonnay, Eis	●	WSS	7	34-13	21 €	SILBER
2012	St. Martiner Baron, Gewürztraminer, Spl	●	WSS	14	27-13	9 €	SILBER
2012	Pfalz „Element", Sauvignon Blanc, QbA	●	WSS	13	5-13	8 €	SILBER
2012	Pfalz „Element Alte Reben", Portugieser, QbA	●	ROTH	13	50-13	7 €	SILBER
2012	St. Martiner Baron, Gewürztraminer, QbA	●	WSS	11	16-13	6 €	SILBER
2012	Pfalz „25", Riesling, QbA	●	WSS	13	7-13	4 €	SILBER
2012	Pfalz „Stein und Erde", Chardonnay, QbA	●	WSS	13	28-13	9 €	SILBER
2012	Pfalz „Element", Pinot Noir, QbA	●	ROSEE	13	51-13		SILBER
2012	Pfalz, Pinot Noir, QbA	●	ROSEE	14	4-13	7 €	SILBER
2011	St. Martiner Baron, Spätburgunder, QbA	●	ROTH	14	10-13	10 €	BRONZE
2012	Pfalz, Pinot Gris, QbA	●	WSSH	14	19-13	7 €	BRONZE
2012	Pfalz „Element", Weißburgunder, QbA	●	WSS	14	2-13	6 €	BRONZE
2012	Venninger Doktor „Edel & Süß", Silvaner, Weißburgunder, Eis	●	WSS	7	35-13	21 €	BRONZE
2012	Maikammerer Mandelhöhe „Edel & Süß", Huxelrebe, Aul	●	WSS	10	39-13	11 €	BRONZE
2012	Pfalz „Tradition Sonnentanz", Sauvignon Blanc, Müller-Thurgau, QbA	●	WSS	13	36-13	5 €	BRONZE
2012	Pfalz „Tradition", Grauburgunder, QbA	●	WSS	13	14-13	5 €	BRONZE
2012	Pfalz, Kerner, QbA	●	WSS	11	17-13	6 €	BRONZE

● Trocken ● Halbtrocken ● Lieblich/Mild ● Edelsüß * Preisangabe + Alkoholgehalt gerundet

Jahrgang	Lage, Rebsorte, Qualitätsbezeichnung	Wein-Art	Vol%*	AP-Nr.	Preis*	DLG-Preis

Weingut Alfons Hormuth · Andreas Hormuth, Edenkobener Str. 11, 67487 **St. Martin**, Tel.: 06323/5309, Fax: 06323/3238, info@alfons-hormuth.de, www.alfons-hormuth.de

Jahrgang	Lage, Rebsorte, Qualitätsbezeichnung		Wein-Art	Vol%*	AP-Nr.	Preis*	DLG-Preis
2012	St. Martiner Baron, Riesling, Aul	🟡	WSS	14	21-13	10 €	GOLD
2012	Pfalz „AH Expression", Riesling, QbA	🟡	WSS	13	7-13	6 €	SILBER
2011	Pfalz „Expression", Spätburgunder, QbA	🟡	ROTH	14	42-12	6 €	SILBER
2012	St. Martiner Baron, Huxelrebe, Spl	🔴	WSS	12	19-13	5 €	SILBER
2012	Pfalz „AH Expression", Cabernet Sauvignon, Merlot, QbA	🟡	ROSEE	13	8-13		SILBER
2012	St. Martiner Baron „dulcis", Gewürztraminer, Aul	🟣	WSS	11	26-13	10 €	SILBER
2012	Pfalz „AH Expression", Weißburgunder, QbA	🟡	WSS	14	14-13	6 €	SILBER
2011	Pfalz feinherb, Kerner, Aul	🟢	WSS	15	29-12	8 €	BRONZE

Weingut Egidiushof · Christian Egidius Schwab, Maikammerer Str. 36, 67487 **St. Martin**, Tel.: 06323/2949, Fax: 06323/980049, weingut.egidiushof@t-online.de, www.weingut-egidiushof.de

2012	Pfalz, Dornfelder, QbA	🔴	ROSEE	11	30-13	5 €	GOLD
2012	St. Martiner Baron, Chardonnay, Spl	🟡	WSS	14	9-13	6 €	SILBER
2012	St. Martiner Baron, Riesling, Spl	🟡	WSS	13	14-13	7 €	SILBER
2012	Pfalz, Sauvignon Blanc, Spl	🟡	WSS	12	13-13	7 €	SILBER
2012	Edesheimer Mandelhang, Spätburgunder, Spl	🔴	WHT	11	12-13	6 €	SILBER
2012	St. Martiner Baron „-53-", Riesling, Spl	🟡	WSS	11	15-13	6 €	SILBER
2012	St. Martiner Baron feinherb, Weißburgunder, Spl	🟢	WSS	13	10-13	6 €	SILBER
2012	St. Martiner Baron, Saint-Laurent, QbA	🟡	ROT	12	31-13	6 €	SILBER
2011	St. Martiner Baron, Dornfelder, QbA	🟡	ROTB	13	43-12	9 €	SILBER
2011	St. Martiner Baron, Spätburgunder, QbA	🟡	ROT	13	45-12	7 €	BRONZE
2012	St. Martiner Baron, Gewürztraminer, Spl	🔴	WSS	12	17-13	6 €	BRONZE
2012	Pfalz „Philipp E.", Cuvee Rotwein, QbA	🔴	ROT	11	33-13	5 €	BRONZE

„Altes Schlößchen" · Ludwig Schneider GmbH, Maikammerer Str. 7, 67487 **St. Martin**, Tel.: 06323/94300, Fax: 06323/943050, info@altes-schloesschen.com, www.altes-schloesschen.com

2012	Bereich Südliche Weinstraße „Feldspiel", Weißburgunder, Spl	🟡	WSS	14	52-13	9 €	GOLD
2011	Pfalz, Cuvee Rotwein, QbA	🟡	ROTB	14	30-13	12 €	GOLD
2012	St. Martiner Baron, Riesling, Kab	🟡	WSS	12	57-13	4 €	GOLD
2011	Pfalz, Spätburgunder, QbA	🟡	ROT	14	74-12	7 €	GOLD
2010	Pfalz, Cuvee Rotwein, QbA	🟡	ROTB	13	89-12	11 €	GOLD
2010	Pfalz, Spätburgunder, QbA	🟡	ROTB	14	90-12	11 €	GOLD
2012	Pfalz, Grauburgunder, QbA	🟡	WSS	13	24-13	6 €	GOLD
2012	Maikammerer Mandelhöhe, Riesling, Aul	⚫	WSS	9	46-13	6 €	GOLD
2012	St. Martiner Baron feinherb, Riesling, Spl	🟢	WSS	12	55-13	5 €	GOLD
2012	Pfalz, Riesling, QbA	🟡	WSS	13	27-13	6 €	SILBER
2011	Maikammerer Mandelhöhe, Kerner, Spl	🟡	WSS	11	69-12	5 €	SILBER
2012	Pfalz, Sauvignon Blanc, QbA	🟡	WSS	13	22-13	7 €	SILBER
2011	Pfalz, Dornfelder, QbA	🟡	ROTB	13	32-13	10 €	SILBER
2011	Maikammerer Mandelhöhe feinherb, Kerner, Spl	🟢	WSS	13	71-12	5 €	SILBER
2012	Bereich Südliche Weinstraße, Huxelrebe, Spl	🔴	WSS	11	41-13	5 €	SILBER
2012	Edenkobener Heilig Kreuz, Silvaner, Eis	🟣	WSS	7	4-13	15 €	SILBER
2011	Pfalz, Dornfelder, QbA	🟡	ROT	13	73-12	7 €	SILBER
2012	Pfalz, Weißburgunder, QbA	🟡	WSS	13	23-13	6 €	SILBER
2012	Maikammerer Mandelhöhe feinherb, Kerner, Spl	🟢	WSS	13	44-13	5 €	SILBER
2012	Maikammerer Mandelhöhe feinherb, Silvaner, Kab	🟢	WSS	12	12-13	4 €	SILBER
2011	Pfalz, Spätburgunder, QbA	🟡	ROTB	14	31-13	12 €	SILBER
2010	Pfalz, Dornfelder, QbA	🟡	ROTB	13	88-12	10 €	SILBER
2011	Pfalz „S", Spätburgunder, QbA	🔴	ROT	12	85-12	6 €	SILBER
2011	Pfalz, Saint-Laurent, QbA	🟡	ROT	14	75-12	7 €	SILBER
2012	Pfalz, Silvaner, QbA	🟡	WSS	13	25-13	6 €	BRONZE
2012	Bereich Südliche Weinstraße, Ortega, Bal	⚫	WSS	9	36-13	10 €	BRONZE

🟡 Trocken   🟢 Halbtrocken   🔴 Lieblich/Mild   🟣 Edelsüß   *Preisangabe + Alkoholgehalt gerundet

DLG-prämierte Weine und Sekte

PFALZ

Jahrgang	Lage, Rebsorte, Qualitätsbezeichnung		Wein-Art	Vol%*	AP-Nr.	Preis*	DLG-Preis
2011	Pfalz feinherb, Scheurebe, Riesling, QbA	🟢	WSS	12	70-12	5 €	Bronze
2012	Maikammerer Mandelhöhe, Kerner, Spl	🔴	WSS	10	42-13	5 €	Bronze
2011	Maikammerer Mandelhöhe, Gewürztraminer, Spl	🔴	WSS	10	49-12	6 €	Bronze
2011	Pfalz, Cabernet Dorsa, QbA	🔴	ROT	14	77-12	7 €	Bronze
2011	Pfalz, Grauburgunder, QbA	🟡	WSSB	13	107-12	9 €	Bronze
2012	Edenkobener Kastaniengarten „Alte Reben", Riesling, Spl	🟡	WSS	12	51-13	9 €	Bronze
2012	Pfalz, Gewürztraminer, QbA	🟡	WSS	13	28-13	6 €	Bronze
2012	Bereich Südliche Weinstraße, Gewürztraminer, Spl	🔴	WSS	11	43-13	6 €	Bronze

– Advertorial –

Wachtenburg Winzer eG

Weinstraße 2, 67157 **Wachenheim/Wstr.**, Tel.: 06322/97982-0,
Fax: 06322/97982-25, info@wachtenburg-winzer.de, www.wachtenburg-winzer.de

Vor über 100 Jahren haben sich 53 Winzerfamilien zusammengefunden, um eine neue Art des Familienbetriebes zu schaffen: einen Mehrfamilienbetrieb und damit eine Winzergenossenschaft. Seither werden gemeinsam Ideen entwickelt und in die Tat umgesetzt. Dass dies bestens gelingt, beweisen viele zufriedene Kunden und Auszeichnungen. Heute pflegen 58 Winzerfamilien in den besten Weinbergslagen rund um Wachenheim verschiedene Traubensorten, aus denen die engagierten Kellermeister das Beste machen, was aus einer Traube werden kann.

Das neue Kelterhaus (2010) sorgte einmal mehr für einen enormen Qualitätssprung. Mit der Inbetriebnahme der neuen Abfüllanlage im Mai 2013, die den Wein schonend in die Flasche füllt, ohne dass dieser mit Sauerstoff in Berührung kommt, ist man damit in der kompletten Trauben- und Weinverarbeitung auf dem modernsten Stand der Technik. Davon überzeugen kann man sich jeden Freitag bei einer Kellerführung (ohne Voranmeldung) für 5,00 Euro p.P. inkl. Weinpräsent. Die Hausgaststätte „Restaurant Luginsland" bietet regionale Spezialitäten an.

Jahrgang	Lage, Rebsorte, Qualitätsbezeichnung		Wein-Art	Vol%	AP-Nr.	Preis	DLG-Preis
2012	Pfalz Classic, Riesling, QbA	🟢	WSS	12	55-13	5 €	Gold
2012	Wachenheimer Schenkenböhl, Gewürztraminer, Kab	🔴	WSS	15	15-13	4 €	Gold
2012	Wachenheimer Schenkenböhl, Gewürztraminer, Spl	🟡	WSS	13	51-13	6 €	Gold
2012	Wachenheimer Schenkenböhl feinherb „Premium", Chardonnay, Spl	🟢	WSS	12	75-13	8 €	Gold
2012	Wachenheimer Schloßberg, Rieslaner, Spl	🟣	WSS	10	72-13	6 €	Gold
2012	Wachenheimer Gerümpel „Premium", Riesling, Spl	🟡	WSS	13	91-13	10 €	Gold
2012	Wachenheimer Fuchsmantel, Riesling, Spl	🟡	WSS	12	14-13	6 €	Gold
2012	Wachenheimer „Selektive Lese", Riesling, QbA	🔴	WSS	12	49-13	7 €	Gold
2012	Wachenheimer Königswingert, Riesling, Kab	🟢	WSS	11	60-13	4 €	Gold
2012	Pfalz, Saint-Laurent, QbA	🔴	ROT	13	87-13	5 €	Gold
2011	Pfalz „Selektive Lese", Weißburgunder, QbA	🟡	WSS	13	48-13	7 €	Gold
2012	Wachenheimer Schenkenböhl „Selektive Lese", Riesling, QbA	🟡	WSS	12	50-13	7 €	Gold
2012	Wachenheimer Schenkenböhl, Gewürztraminer, Spl	🔴	WSS	10	30-13	6 €	Silber
2012	Pfalz, Cuvee Rosee, QbA	🟡	ROSEE	12	56-13	4 €	Silber
2011	Pfalz „Premium Wachtenburg", Dornfelder, QbA	🔴	ROTH	13	200-12	7 €	Silber

🟡 Trocken   🟢 Halbtrocken   🔴 Lieblich/Mild   🟣 Edelsüß   * Preisangabe + Alkoholgehalt gerundet

Pfalz

Jahrgang	Lage, Rebsorte, Qualitätsbezeichnung	Wein-Art	Vol%*	AP-Nr.	Preis*	DLG-Preis
2012	Wachenheimer Schenkenböhl, Riesling, Kab	WSS	10	24-13	5 €	SILBER
2012	Wachenheimer Gerümpel „Premium", Riesling, Kab	WSS	12	67-13	4 €	SILBER
2012	Wachenheimer Königswingert, Riesling, QbA	WSS	11	227-12	4 €	SILBER
2012	Pfalz, Dornfelder, QbA	ROSEE	11	18-13	4 €	SILBER
2012	Pfalz, Spätburgunder, QbA	ROT	13	58-13	5 €	SILBER
2012	Forster, Riesling, QbA	WSS	12	212-12	4 €	SILBER
2011	Pfalz, Spätburgunder, QbA	ROT	13	2-13	5 €	SILBER
2011	Wachenheimer Schenkenböhl, Chardonnay, QbA	WSS	13	221-12	5 €	SILBER
2012	Wachenheimer Schenkenböhl, Riesling, Kab	WSS	11	66-13	5 €	SILBER
2012	Wachenheimer Mandelgarten „Premium", Gewürztraminer, Aul	WSS	10	76-13	9 €	SILBER
2012	Wachenheimer Schenkenböhl, Chardonnay, QbA	WSS	12	89-13	5 €	SILBER
2012	Wachenheimer Königswingert, Riesling, Kab	WSS	11	236-12	4 €	SILBER
2012	Forster, Riesling, QbA	WSS	12	61-13	4 €	SILBER
2012	Pfalz, Dornfelder, QbA	ROT	13	57-13	5 €	SILBER
2012	Wachenheimer Schenkenböhl, Kerner, Kab	WSS	10	64-13	4 €	SILBER
2012	Pfalz, Grauburgunder, QbA	WSS	12	12-13	5 €	SILBER
2012	Wachenheimer Königswingert, Riesling, Spl	WSS	12	37-13	6 €	BRONZE
2012	Wachenheimer Schenkenböhl, Rivaner, QbA	WSS	12	226-12	4 €	BRONZE
2012	Pfalz, Weißburgunder, QbA	WSS	13	35-13	5 €	BRONZE
2011	Pfalz „Selektive Lese", Spätburgunder, QbA	ROT	13	224-12	7 €	BRONZE
2012	Pfalz „Selektive Lese", Grauburgunder, QbA	WSS	13	47-13	7 €	BRONZE
2010	Wachenheimer Schenkenböhl „Premium Wachtenburg", Spätburg., QbA	ROTB	13	139-12	10 €	BRONZE
2011	Pfalz „Alte Reben", Portugieser, QbA	ROT	12	222-12	4 €	BRONZE
2012	Wachenheimer Fuchsmantel, Riesling, Kab	WSS	12	62-13	5 €	BRONZE
2012	Pfalz, Pinot Noir, QbA	BLDN	13	78-13	5 €	BRONZE
2012	Wachenheimer Schenkenböhl, Silvaner, QbA	WSS	12	79-13	4 €	BRONZE
2011	Pfalz, Acolon, QbA	ROT	12	17-13	5 €	BRONZE
2012	Wachenheimer Fuchsmantel, Riesling, Kab	WSS	12	16-13	5 €	BRONZE

Weingut Heinz Pfaffmann, Hauptstraße 19-25, 76833 **Walsheim**, Tel.: 06341/61696, Fax: 06341/61483, info@pfaffmann-wein.de, www.pfaffmann-wein.de

Jahrgang	Lage, Rebsorte, Qualitätsbezeichnung	Wein-Art	Vol%*	AP-Nr.	Preis*	DLG-Preis
2012	Walsheimer Silberberg, Huxelrebe, Bal	WSS	11	14-13	15 €	GOLD
2012	Nußdorfer Bischofskreuz, Riesling, Eis	WSS	8	43-13	27 €	GOLD
2012	Pfalz, Spätburgunder, QbA	WHT	13	13-13	5 €	GOLD
2012	Pfalz, Sauvignon Blanc, QbA	WSS	13	33-13	7 €	GOLD
2012	Nußdorfer Herrenberg, Sauvignon Blanc, QbA	WSS	13	37-13	8 €	GOLD
2012	Walsheimer Silberberg, Weißburgunder, Spl	WSS	14	55-13	9 €	GOLD
2012	Pfalz, Chardonnay, Riesling, Aul	WSS	12	49-13	10 €	GOLD
2012	Pfalz, Riesling, QbA	WSS	13	12-13	5 €	SILBER
2011	Frankweiler Königsgarten, Merlot, QbA	ROTB	14	28-13	15 €	SILBER
2012	Pfalz, Grauburgunder, QbA	WSS	13	36-13		SILBER
2011	Frankweiler Königsgarten, Chardonnay, Spl	WSSH	13	56-13	9 €	SILBER
2012	Pfalz, Chardonnay, QbA	WSS	14	58-13	5 €	SILBER
2012	Pfalz, Portugieser, QbA	WHT	11	48-13	4 €	SILBER
2012	Pfalz, Riesling, QbA	WSS	13	22-13	4 €	SILBER
2012	Pfalz, Gewürztraminer, Spl	WSS	12	54-13	8 €	SILBER
2012	Frankweiler Königsgarten feinherb, Sauvignon Blanc, QbA	WSS	13	35-13	8 €	SILBER
2012	Pfalz, Riesling, QbA	WSS	12	75-12	4 €	SILBER
2012	Pfalz feinherb, Riesling, QbA	WSS	12	19-13	4 €	SILBER
2012	Nußdorfer Bischofskreuz, Frühburgunder, Aul	ROT	11	10-13	10 €	SILBER
2012	Pfalz, Spätburgunder, QbA	BLDN	12	68-13	6 €	SILBER
2012	Pfalz, Riesling, QbA	WSS	13	20-13	4 €	SILBER
2012	Pfalz feinherb, Dornfelder, Merlot, QbA	ROT	11	18-13	5 €	SILBER
2012	Pfalz, Schwarzriesling, QbA	ROSEE	12	1-13	4 €	SILBER

● Trocken ● Halbtrocken ● Lieblich/Mild ● Edelsüß   * Preisangabe + Alkoholgehalt gerundet

PFALZ

Jahrgang	Lage, Rebsorte, Qualitätsbezeichnung		Wein-Art	Vol%*	AP-Nr.	Preis*	DLG-Preis
2012	Pfalz, Grauburgunder, QbA	🟡	WSS	13	50-13	5 €	SILBER
2012	Pfalz, Grauburgunder, QbA	🟡	WSS	13	6-13	6 €	SILBER
2012	Pfalz, Riesling, QbA	🟡	WSS	13	47-13	4 €	SILBER
2012	Pfalz, Auxerrois, QbA	🟡	WSS	13	34-13	7 €	SILBER
2011	Pfalz, Spätburgunder, QbA	🟡	ROT	13	17-13	6 €	SILBER
2012	Pfalz feinherb, Riesling, Spl	🔴	WSS	11	38-13	7 €	SILBER
2012	Pfalz, Portugieser, QbA	⚫	WHT	11	79-12	4 €	BRONZE
2012	Pfalz, Cuvee Blanc de Noir, QbA	🟡	BLDN	12	7-13	6 €	BRONZE
2012	Pfalz, Riesling, QbA	🟡	WSS	13	21-13	4 €	BRONZE
2012	Pfalz feinherb, Dornfelder, Merlot, QbA	🔴	ROT	11	11-13	5 €	BRONZE
2011	Pfalz, Spätburgunder, QbA	🟡	ROTB	14	30-13	15 €	BRONZE
2012	Pfalz, Riesling, QbA	🟡	WSS	13	77-12	4 €	BRONZE
2012	Pfalz feinherb, Müller-Thurgau, QbA	🔴	WSS	9	46-13	4 €	BRONZE
2012	Pfalz, Riesling, Spl	🟡	WSS	13	62-13	13 €	BRONZE
2012	Pfalz, Grauburgunder, QbA	🟡	WSS	13	15-13	8 €	BRONZE
2012	Nußdorfer Herrenberg, Riesling, QbA	🟡	WSSH	12	39-13	9 €	BRONZE
2012	Pfalz, Silvaner, QbA	🟡	WSS	13	2-13	4 €	BRONZE
2012	Pfalz, Dornfelder, Merlot, QbA	🔴	ROT	11	74-12	5 €	BRONZE
2012	Pfalz, Müller-Thurgau, QbA	🔴	WSS	10	76-12	4 €	BRONZE
2012	Pfalz feinherb, Müller-Thurgau, QbA	🔴	WSS	11	53-13	5 €	BRONZE

Weingut Karl Pfaffmann Erben GdbR, Allmendstr. 1, 76833 **Walsheim**, Tel.: 06341/61856, Fax: 06341/62609, info@weingut-karl-pfaffmann.de, www.weingut-karl-pfaffmann.de

Jahrgang	Lage, Rebsorte, Qualitätsbezeichnung		Wein-Art	Vol%*	AP-Nr.	Preis*	DLG-Preis
2012	Nußdorfer Herrenberg, Riesling, Spl	🟡	WSS	13	47-13	8 €	GOLD EXTRA
2012	Walsheimer Silberberg, Riesling, Aul	🟣	WSS	9	29-13	13 €	GOLD
2012	Nußdorfer Bischofskreuz, Huxelrebe, Aul	🟣	WSS	8	26-13	10 €	GOLD
2009	Pfalz „Lava", Merlot, Cabernet Sauvignon, QbA	🟡	ROTB	14	124-12	22 €	GOLD
2012	Walsheimer Silberberg, Chardonnay, Spl	🟡	WSS	14	50-13	8 €	GOLD
2012	Walsheimer Silberberg, Scheurebe, Aul	🟣	WSS	7	45-13	8 €	GOLD
2010	Pfalz „Charlotte", Pinot Noir, QbA	🟡	ROTB	14	123-12	22 €	GOLD
2012	Nußdorfer Kirchenstück, Riesling, Spl	🟡	WSS	13	48-13	8 €	GOLD
2010	Walsheimer Silberberg, Spätburgunder, QbA	🟡	ROTH	14	111-12	8 €	GOLD
2009	Walsheimer Silberberg, Saint-Laurent, QbA	🟡	ROTB	14	120-12	11 €	GOLD
2012	Knöringer Hohenrain „Selection", Weißburgunder, Spl	🟡	WSS	14	52-13	9 €	GOLD
2012	Pfalz, Sauvignon Blanc, QbA	🟡	WSS	13	6-13	7 €	GOLD
2012	Nußdorfer Bischofskreuz, Grauburgunder, Kab	🟡	WSS	13	1-13	6 €	GOLD
2012	Walsheimer Silberberg Selektion, Riesling, Spl	🟡	WSS	13	46-13	9 €	GOLD
2012	Nußdorfer Bischofskreuz, Huxelrebe, Spl	🔴	WSS	10	27-13	8 €	GOLD
2012	Nußdorfer Bischofskreuz, Chardonnay, Kab	🟡	WSS	13	15-13	6 €	SILBER
2010	Walsheimer Silberberg Selektion, Spätburgunder, QbA	🟡	ROTB	14	112-12	11 €	SILBER
2012	Nußdorfer Herrenberg, Riesling, Kab	🟢	WSS	11	2-13	6 €	SILBER
2012	Walsheimer Silberberg, Riesling, Kab	🟡	WSS	12	43-13	6 €	SILBER
2012	Walsheimer Silberberg, Gewürztraminer, Spl	🔴	WSS	11	28-13	8 €	SILBER
2011	Walsheimer Silberberg, Chardonnay, Spl	🟡	WSSB	14	110-12	12 €	SILBER
2012	Nußdorfer Bischofskreuz, Weißburgunder, Kab	🟡	WSS	13	34-13	6 €	SILBER
2012	Walsheimer Silberberg, Muskateller, QbA	🔴	WSS	11	19-13	6 €	SILBER
2012	Walsheimer Silberberg, Riesling, Spl	🔴	WSS	12	36-13	8 €	SILBER
2012	Gleisweiler Hölle, Riesling, Spl	🟡	WSS	13	53-13	11 €	BRONZE
2012	Walsheimer Silberberg, Muskateller, Spl	🟡	WSS	12	51-13	8 €	BRONZE
2012	Walsheimer Silberberg, Gewürztraminer, Kab	🟡	WSS	13	20-13	6 €	BRONZE
2012	Walsheimer Silberberg, Grauburgunder, Spl	🟡	WSS	14	23-13	8 €	BRONZE

🟡 Trocken   🟢 Halbtrocken   🔴 Lieblich/Mild   🟣 Edelsüß   * Preisangabe + Alkoholgehalt gerundet

Pfalz | 295

Jahrgang	Lage, Rebsorte, Qualitätsbezeichnung		Wein-Art	Vol%*	AP-Nr.	Preis*	DLG-Preis

Weingut Pfleger-Karr, Kirchheimer Str. 10, **67273 Weisenheim am Berg**, Tel.: 06353/7497, Fax: 06353/6624, weingut@pfleger-karr.de, www.pfleger-karr.de

Jahrgang	Lage, Rebsorte, Qualitätsbezeichnung	Farbe	Wein-Art	Vol%	AP-Nr.	Preis	DLG-Preis
2012	Weisenheimer Vogelsang feinherb, Lemberger, QbA	●	BLDN	12	23-13	6 €	GOLD
2010	Leistadter Herrenmorgen, Pinot Noir, QbA	●	ROT	13	35-11	6 €	SILBER
2012	Leistadter Herrenmorgen feinherb, Chardonnay, Spl	●	WSS	13	16-13	5 €	SILBER
2012	Weisenheimer Mandelgarten, Pinot Noir, Spl	●	BLDN	13	14-13	6 €	SILBER
2012	Dackenheimer Liebesbrunnen, Riesling, Spl	●	WSS	14	25-13		SILBER
2012	Weisenheimer, Cuvee Rosee, Spl	●	ROSEE	12	20-13	6 €	SILBER
2012	Weisenheimer Mandelgarten, Ortega, Spl	●	WSS	12	8-13	5 €	SILBER
2012	Weisenheimer Vogelsang, Pinot Blanc, Spl	●	WSS	13	13-13	6 €	SILBER
2012	Weisenheimer Vogelsang, Graubugunder, Spl	●	WSS	14	11-13	5 €	SILBER
2012	Weisenheimer Mandelgarten, Merlot, QbA	●	ROT	13	34-12	6 €	SILBER
2012	Dackenheimer Liebesbrunnen feinherb, Riesling, Spl	●	WSS	13	21-13	5 €	BRONZE
2011	Weisenheimer Mandelgarten, Cabernet Sauvignon, QbA	●	ROT	13	35-12	6 €	BRONZE

Weingut Otmar Graf, Borngasse 7, **76835 Weyher**, Tel.: 06323/980064, Fax: 06323/980065, info@weingut-graf.de, www.weingut-graf.de

Jahrgang	Lage, Rebsorte, Qualitätsbezeichnung	Farbe	Wein-Art	Vol%	AP-Nr.	Preis	DLG-Preis
2012	Rhodter Klosterpfad „E", Muskateller, QbA	●	WSS	12	3-13	6 €	GOLD
2012	Burrweiler Altenforst „E Schiefer", Riesling, QbA	●	WSS	13	23-13	6 €	GOLD
2012	Burrweiler Altenforst „Granit <E>", Riesling, QbA	●	WSS	13	25-13	6 €	SILBER
2012	Edenkobener Schloss Ludwigshöhe, Chardonnay, QbA	●	WSSH	13	34-13	9 €	SILBER
2012	Weyherer Michelsberg feinherb, Weißburgunder, QbA	●	WSS	13	33-13	9 €	SILBER
2012	Burrweiler Altenforst, Riesling, Kab	●	WSS	11	13-13	5 €	SILBER
2012	Weyherer Michelsberg feinherb „<E>", Silvaner, QbA	●	WSS	13	8-13	6 €	SILBER
2012	Rhodter Schloßberg „E", Cabernet Blanc, QbA	●	WSS	13	15-13	7 €	SILBER
2012	Edenkobener Schloß Ludwigshöhe „E", Chardonnay, QbA	●	WSS	13	18-13	6 €	BRONZE

Weingut Gunter & Ute Weinmann GbR, Rommersheimer Straße 105, **55286 Wörrstadt**, Tel.: 06732/933958, Fax: 06732/933959, info@mein-Weinmann.de, www.mein-Weinmann.de

Jahrgang	Lage, Rebsorte, Qualitätsbezeichnung	Farbe	Wein-Art	Vol%	AP-Nr.	Preis	DLG-Preis
2012	Pfalz „Pink Hero" feinherb, Cuvee Rosee, QbA	●	ROSEE	10	1-13	7 €	SILBER
2012	Pfalz, Riesling, QbA	●	WSS	12	8-13	5 €	BRONZE
2012	Pfalz, Weißburgunder, QbA	●	WSS	12	5-13	5 €	BRONZE

● Trocken ● Halbtrocken ● Lieblich/Mild ● Edelsüß   *Preisangabe + Alkoholgehalt gerundet

Rheingau

Klösterliche Tradition für Riesling

Eine jahrhundertealte klösterliche Tradition im Anbau von Riesling ist fester Bestandteil der Weinkultur im Rheingau, der kleinen Region zwischen Wiesbaden und Lorchhausen, die zirka 3.100 Hektar Rebfläche umfasst. Milde Winter und warme Sommer begünstigen die volle Reife der Rieslingtrauben. In einigen Lagen wird außerdem Spätburgunder angebaut, vor allem in der Nähe von Assmannshausen. Bedeutsam sind die Forschungsanstalt für Weinbau in Geisenheim und das Kloster Eberbach.

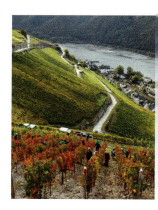

Ihr Weg zu den Spitzenweinen

1 Wein- & Sektgut F.B. Schönleber, Oestrich-Winkel
2 Weinhof Goldatzel, Geisenheim-Johannisberg
3 Weingut Georg Müller Stiftung, Hattenheim
4 Weingut Ernst, Eltville

✳ Winzer des Jahres   ★ TOP-Winzer (Bundesehrenpreis)   ● weitere Betriebsempfehlung

Rheingau | 297

Jahrgang	Lage, Rebsorte, Qualitätsbezeichnung		Wein-Art	Vol%*	AP-Nr.	Preis*	DLG-Preis

Sekte

Wein- und Sektgut F.B. Schönleber · Bernd und Ralf Schönleber GbR, Obere Roppelsgasse 1,
65375 **Oestrich-Winkel**, Tel.: 06723/3475, Fax: 06723/4759, info@fb-schoenleber.de, www.fb-schoenleber.de

2011	Rheingau, Spätburgunder, brut	🟡	BLDN	14	19-13	17 €	GOLD
2011	Rheingau „Creation", Riesling, Spätburgunder, brut	🟡	WSS	13	20-13	15 €	GOLD
2011	Rheingau „Creation", Riesling, Spätburgunder, extra brut	🟡	WSS	13	23-13	15 €	SILBER

🟡 Brut nature / Extra Brut / Brut   🟢 Extra trocken / Trocken   🔴 Halbtrocken / Mild   * Preisangabe + Alkoholgehalt gerundet

Weine

Weingut Hans-Josef Ernst, Holzstr. 40, 65343 **Eltville**, Tel.: 06123/2363, Fax: 06123/4062,
buero@weingut-ernst.de

2012	Eltviller Sonnenberg, Riesling, Kab	🔴	WSS	10	3-13	6 €	GOLD
2011	Eltviller Sonnenberg, Spätburgunder, Aul	🟡	ROTB	15	39-12	15 €	GOLD
2012	Rauenthaler Steinmächer, Riesling, QbA	🟢	WSS	12	11-13	5 €	GOLD
2012	Eltviller Taubenberg, Riesling, Kab	🟡	WSS	12	14-13	5 €	SILBER
2012	Rheingau, Weißburgunder, QbA	🟡	WSS	13	5-13	6 €	SILBER
2012	Eltviller Langenstück, Riesling, Spl	🟡	WSS	13	18-13	8 €	SILBER
2012	Eltviller Sonnenberg, Riesling, Spl	🟢	WSS	12	17-13		SILBER
2012	Eltviller Langenstück, Riesling, Aul	🟣	WSS	8	25-13	15 €	SILBER
2012	Eltviller Langenstück, Riesling, QbA	🟢	WSS	12	2-13	6 €	SILBER
2012	Eltviller Taubenberg, Riesling, Spl	🟣	WSS	9	16-13	8 €	SILBER
2012	Martinsthaler Rödchen, Riesling, Kab	🟡	WSS	12	10-13	6 €	SILBER
2012	Eltviller Langenstück, Riesling, QbA	🟢	WSS	13	24-13	15 €	SILBER
2012	Eltviller Langenstück, Riesling, QbA	🟢	WSS	12	12-13	5 €	SILBER
2012	Rauenthaler Wülfen, Riesling, Kab	🟢	WSS	12	20-13	6 €	SILBER
2012	Rheingau Classic, Riesling, QbA	🟢	WSS	12	1-13	6 €	BRONZE
2012	Rheingau, Grauburgunder, QbA	🟡	WSSH	13	6-13	6 €	BRONZE
2011	Eltviller Langenstück, Spätburgunder, QbA	🟢	ROTH	14	37-12	7 €	BRONZE
2012	Eltviller Langenstück Selection, Riesling, QbA	🟡	WSS	13	23-13	10 €	BRONZE
2012	Eltviller Langenstück, Spätburgunder, QbA	🟢	ROTH	13	27-13	7 €	BRONZE
2012	Rheingau, Spätburgunder, QbA	🟡	BLDN	13	9-13	6 €	BRONZE

Weingut Kremer-Ettingshausen, Rheinstr. 9, 65346 **Eltville-Erbach,** Tel.: 06123/62442, Fax: 06123/61561,

2012	Erbacher Siegelsberg, Riesling, Kab	🔴	WSS	12	1-13	4 €	SILBER
2012	Erbacher Michelmark, Riesling, Spl	🟡	WSS	10	9-13	5 €	BRONZE
2012	Erbacher Honigberg, Riesling, Kab	🔴	WSS	10	4-13	4 €	BRONZE

Weinhof Goldatzel · Gerhard Groß, Hansenbergalle 1a, 65366 **Geisenheim-Johannisberg,** Tel.: 06722/50537,
Fax: 06722/6009, wein@Goldatzel.de, www.Goldatzel.de

2012	Winkeler Hasensprung, Riesling, Spl	🟡	WSSH	13	22-13	16 €	GOLD
2012	Geisenheimer Kläuserweg, Riesling, QbA	🔴	WSS	13	21-13	16 €	GOLD
2012	Geisenheimer Kläuserweg, Riesling, Spl	🟡	WSS	13	10-13	8 €	SILBER
2012	Johannisberger Vogelsang feinherb „Alte Reben", Riesling, QbA	🟢	WSS	13	16-13	13 €	SILBER
2011	Geisenheimer Kläuserweg, Spätburgunder, Spl	🟡	ROTB	14	26-12	16 €	SILBER
2012	Rheingau feinherb, Spätburgunder, QbA	🔴	WHT	12	1-13	6 €	SILBER
2012	Winkeler Hasensprung „Bestes Fass", Riesling, Spl	🟡	WSS	13	15-13	9 €	SILBER
2012	Geisenheimer Kläuserweg, Riesling, Spl	🟡	WSS	13	12-13	8 €	BRONZE
2012	Johannisberger Hölle, Riesling, Kab	🔴	WSS	11	6-13	7 €	BRONZE
2012	Johannisberger Goldatzel, Riesling, Kab	🔴	WSS	12	9-13	7 €	BRONZE

🟡 Trocken   🟢 Halbtrocken   🔴 Lieblich / Mild   🟣 Edelsüß   * Preisangabe + Alkoholgehalt gerundet

Jahrgang	Lage, Rebsorte, Qualitätsbezeichnung		Wein-Art	Vol%*	AP-Nr.	Preis*	DLG-Preis

– Advertorial –

Weingut Georg Müller Stiftung

Peter Winter, Eberbacher Str. 7-9, 65347 **Hattenheim im Rheingau**, Tel.: 06723/2020, Fax: 06723/2035, info@georg-mueller-stiftung.de, www.georg-mueller-stiftung.de

Seit 2003 gehört das über 100 Jahre alte Weingut Peter Winter, der sich gemeinsam mit seinem Team der Aufgabe gestellt hat, höchsten Qualitätsansprüchen hinsichtlich Anbau, Pflege und Ausbau gerecht zu werden. Dabei wird neben den klassischen Ausbaumethoden auch moderne Keltertechnik eingesetzt. Zum Gut gehört heute eine Fläche von etwa 13 Hektar, darunter Spitzenlagen wie Schützenhaus, Engelmannsberg, Hassel, Wisselbrunnen oder Nussbrunnen. In diesen Lagen werden rund 80 Prozent Riesling und etwa 15 Prozent Spätburgunder angebaut. Frühburgunder, Müller-Thurgau, Auxerroix und Ehrenfelser ergänzen das Sortiment. Der historische Riesenfasskeller des Weingutes wurde 2006 renoviert und durch eine moderne Glasarchitektur erweitert.

Jahrgang	Lage, Rebsorte, Qualitätsbezeichnung	Farbe	Wein-Art	Vol%	AP-Nr.	Preis	DLG-Preis
2011	Rheingau „M&A", Auxerrois, QbA	●	WSS	15	23-12	17 €	GOLD
2012	Rheingau „Edition PW", Spätburgunder, QbA	●	WHT	13	2-13	10 €	SILBER
2012	Hattenheimer Hassel, Riesling, QbA	●	WSS	13	18-13	25 €	SILBER
2012	Hattenheimer Schützenhaus, Riesling, QbA	●	WSS	13	9-13	13 €	SILBER
2012	Hattenheimer Wisselbrunnen „GG", Riesling, QbA	●	WSS	14	7-13	25 €	SILBER
2011	Rheingau „ICON", Spätburgunder, QbA	●	ROT	14	29-12	199 €	SILBER
2012	Erbacher, Riesling, Kab	●	WSS	9	17-13	10 €	SILBER
2012	Hattenheimer Nußbrunnen „GG", Riesling, QbA	●	WSS	14	8-13	25 €	BRONZE
2012	Rheingau „Altes Rathaus", Riesling, QbA	●	WSS	13	19-13	10 €	BRONZE
2012	Rheingau „Edition PW", Riesling, QbA	●	WSS	13	15-13	10 €	BRONZE
2011	Rheingau „BABY", Müller-Thurgau, QbA	●	WSS	14	31-12	12 €	BRONZE
2012	Rheingau, Riesling, QbA	●	WSS	13	3-13	7 €	BRONZE
2011	Hattenheimer Engelmannsberg, Spätburgunder, QbA	●	ROT	14	28-12	38 €	BRONZE
2012	Rheingau, Riesling, QbA	●	WSS	12	33-12	7 €	BRONZE
2012	Hattenheimer Hassel, Riesling, Kab	●	WSS	12	6-13	12 €	BRONZE
2011	Rheingau „Daniel", Spätburgunder, QbA	●	ROT	14	26-12	20 €	BRONZE
2012	Rheingau, Riesling, QbA	●	WSS	11	13-13	7 €	BRONZE
2012	Hattenheimer Hassel, Riesling, Eis	●	WSS	8	11-13	95 €	BRONZE
2012	Hattenheimer Hassel, Riesling, Kab	●	WSS	10	14-13	12 €	BRONZE
2011	Hattenheimer Hassel „GG", Spätburgunder, QbA	●	ROT	14	27-12	38 €	BRONZE

● Trocken ● Halbtrocken ● Lieblich/Mild ● Edelsüß * Preisangabe + Alkoholgehalt gerundet

Rheingau | 299

Jahrgang	Lage, Rebsorte, Qualitätsbezeichnung		Wein-Art	Vol%*	AP-Nr.	Preis*	DLG-Preis

Wein- und Sektgut F.B. Schönleber · Bernd und Ralf Schönleber GbR, Obere Roppelsgasse 1, 65375 **Oestrich-Winkel**, Tel.: 06723/3475, Fax: 06723/4759, info@fb-schoenleber.de, www.fb-schoenleber.de

Jahrgang	Lage, Rebsorte, Qualitätsbezeichnung	Farbe	Wein-Art	Vol%	AP-Nr.	Preis	DLG-Preis
2012	Oestricher, Riesling, QbA	●	WSS	12	9-13	8 €	GOLD
2012	Mittelheimer, Riesling, QbA	●	WSS	12	1-13	8 €	GOLD
2012	Oestricher, Riesling, QbA	●	WSS	12	8-13	8 €	GOLD
2012	Oestricher „Alte Reben", Riesling, QbA	●	WSS	12	3-13	10 €	SILBER
2012	Oestricher, Riesling, QbA	●	WSS	12	16-13	8 €	SILBER
2012	Winkeler Hasensprung, Riesling, Spl	●	WSS	9	12-13	15 €	SILBER
2012	Mittelheimer, Riesling, QbA	●	WSS	12	2-13	8 €	SILBER
2012	Mittelheimer, Riesling, QbA	●	WSS	12	4-13	8 €	SILBER
2012	Winkeler, Riesling, Kab	●	WSS	10	14-13	8 €	SILBER
2012	Mittelheimer „Edition", Riesling, QbA	●	WSS	12	13-13	10 €	SILBER
2012	Erbacher Steinmorgen, Riesling, QbA	●	WSS	13	10-13	15 €	SILBER
2012	Oestricher Doosberg, Riesling, QbA	●	WSS	13	21-13	20 €	BRONZE

Weingut Manfred Bickelmaier, Rheingaustr. 7, 65375 **Oestrich-Winkel**, Tel.: 06723/3573, Fax: 06723/88257, weingut@bickelmaier.de, www.bickelmaier.de

Jahrgang	Lage, Rebsorte, Qualitätsbezeichnung	Farbe	Wein-Art	Vol%	AP-Nr.	Preis	DLG-Preis
2012	Oestricher Gottesthal, Riesling, Kab	●	WSS	12	4-13	5 €	SILBER
2012	Oestricher Doosberg, Riesling, Spl	●	WSS	12	5-13	7 €	SILBER
2012	Rheingau Classic, Riesling, QbA	●	WSS	12	10-13	6 €	SILBER
2012	Oestricher Lenchen, Riesling, Kab	●	WSS	10	16-13	5 €	SILBER
2012	Oestricher Lenchen, Riesling, QbA	●	WSS	12	2-13	5 €	BRONZE

● Trocken　● Halbtrocken　● Lieblich/Mild　● Edelsüß　* Preisangabe + Alkoholgehalt gerundet

Rheinhessen

Innovativ & dynamisch

Im größten deutschen Weinanbaugebiet, das sich über die hügelige Landschaft zwischen Worms, Alzey, Bingen und Mainz erstreckt, dreht sich fast alles um den Wein. Auf rund 26.500 Hektar wachsen zahlreiche Sorten von Müller-Thurgau über Scheurebe bis zum Blauen Spätburgunder. Große Aufmerksamkeit gilt in den letzten Jahren wieder der Silvaner-Rebe, die hier beste Ergebnisse zeigt, aber auch dem Riesling und Burgundersorten, für die man ein klares Profil geschaffen hat. Rheinhessen gehört heute zu den innovativsten Weinanbaugebieten Deutschlands.

Ihr Weg zu den Spitzenweinen

1 Weingut Ernst Bretz, Bechtolsheim
2 Weingut Manz, Weinolsheim
3 Weingut Kurt Erbeldinger & Sohn, Bechtheim-West
4 Erzeugergemeinschaft Winzersekt GmbH, Sprendlingen
5 Weingut Acker – Martinushof, Bodenheim

✹ Winzer des Jahres   ✦ TOP-Winzer (Bundesehrenpreis)   ● weitere Betriebsempfehlung

Rheinhessen

Jahrgang	Lage, Rebsorte, Qualitätsbezeichnung		Wein-Art	Vol%*	AP-Nr.	Preis*	DLG-Preis

Sekte

Weingut Ökonomierat Johann Geil I. Erben, Kuhpfortenstr. 11, 67595 **Bechtheim**, Tel.: 06242/1646, Fax: 06242/6935, info@weingut-geil.de, www.weingut-geil.de

| 2011 | Rheinhessen, Muskateller, halbtrocken | ● | WSS | 11 | 29-13 | 9 € | GOLD |

Weingut Kurt Erbeldinger & Sohn · Stefan Erbeldinger, West 3, 67595 **Bechtheim-West**, Tel.: 06244/4932, Fax: 06244/7131, info@weingut-erbeldinger.de, www.weingut-erbeldinger.de

	Rheinhessen, Chardonnay, brut	●	WSS	13	38-12	16 €	GOLD EXTRA
	Rheinhessen, Weißburgunder, brut	●	WSS	13	39-12	9 €	GOLD
	Rheinhessen, Weißburgunder, extra trocken	●	WSS	13	40-12	9 €	GOLD
	Rheinhessen „Hausmarke", Riesling, halbtrocken	●	WSS	12	42-12	8 €	SILBER
	Rheinhessen, Riesling, trocken	●	WSS	12	41-12	9 €	SILBER
	Rheinhessen, Spätburgunder, halbtrocken	●	ROT	12	21-12	9 €	BRONZE

Weingut Acker - Martinushof · Thilo Acker, Gaustraße 79, 55294 **Bodenheim**, Tel.: 06135/2350, Fax: 06135/2363, info@weingut-acker.de, www.weingut-acker.de

2011	Nackenheimer Engelsberg, Riesling, extra trocken	●	WSS	13	36-12	8 €	GOLD EXTRA
2011	Rheinhessen, Goldmuskateller, trocken	●	WSS	11	34-12	9 €	GOLD
2011	Nackenheimer Engelsberg, Riesling, brut	●	WSS	13	37-12	8 €	SILBER
2011	Nackenheimer Engelsberg, Riesling, trocken	●	WSS	13	35-12	8 €	SILBER
2010	Rheinhessen, Chardonnay, brut	●	WSS	13	44-12	10 €	SILBER

Weingut Richard und Frank Kühn, Rheinstraße 28, 55276 **Dienheim**, Tel.: 06133/2611, Fax: 06133/70790, info@kuehn-wein.de, www.kuehn-wein.de

| 2012 | Rheinhessen „Perlicco Secco", Cuvee Weißwein, trocken | ● | QPW | 11 | 15-13 | 5 € | SILBER |

Weingut Lawall, Hauptstraße 53, 55237 **Flonheim**, Tel.: 06734/8647, Fax: 06734/915690, weingut-lawall@web.de

| 2012 | Rheinhessen „1844 Secco", Silvaner, trocken | ● | QPW | 12 | 1-13 | 7 € | SILBER |

Wein & Sektgut St. Nikolaushof · Klaus Hattemer, Ockenheimer Straße 8, 55435 **Gau-Algesheim**, Tel.: 06725/2872, Fax: 06725/307340, hattemer@weingut-nikolaushof.de, www.weingut-nikolaushof.de

2011	Gau-Algesheimer Goldberg, Riesling, trocken	●	WSS	14	1-13	8 €	SILBER
	Gau-Algesheimer Johannisberg, Chardonnay, extra trocken	●	WSS	14	3-13	8 €	BRONZE
	Gau-Algesheimer Goldberg, Spätburgunder, halbtrocken	●	WHT	13	2-13	8 €	BRONZE
2011	Gau-Algesheimer Goldberg „Edition", Riesling, trocken	●	WSS	13	30-12	13 €	BRONZE

Erzeugergemeinschaft Winzersekt GmbH, Michel-Mort-Str. 3-5, 55576 **Sprendlingen**, Tel.: 06701/93200, Fax: 06701/961726, claudia.weinand@winzersekt.com

2011	Rheinhessen, Scheurebe, extra trocken	●	WSS	13	7-13	7 €	SILBER
2011	Rheinhessen, Morio-Muskat, halbtrocken	●	WSS	12	46-12	7 €	SILBER
2011	Rheinhessen, Sauvignon Blanc, brut	●	WSS	12	58-12	11 €	SILBER
2011	Rheinhessen, Spätburgunder, halbtrocken	●	WHT	12	14-13	8 €	BRONZE
2011	Rheinhessen, Spätburgunder, extra trocken	●	WHT	12	15-13	8 €	BRONZE
2011	Rheinhessen, Scheurebe, halbtrocken	●	WSS	12	8-13	7 €	BRONZE
2011	Rheinhessen, Morio-Muskat, mild	●	WSS	12	63-12	7 €	BRONZE

● Brut nature / Extra Brut / Brut   ● Extra trocken / Trocken   ● Halbtrocken / Mild   * Preisangabe + Alkoholgehalt gerundet

302 | DLG-prämierte Weine und Sekte

Jahrgang	Lage, Rebsorte, Qualitätsbezeichnung		Wein-Art	Vol%*	AP-Nr.	Preis*	DLG-Preis

Weingut Udo & Timo Eppelmann, Kirchgasse 10, 55271 **Stadecken-Elsheim**, Tel.: 06136/2778, Fax: 06136/3403, info@weingut-eppelmann.de, www.weingut-eppelmann.de

	Rheinhessen, Saint-Laurent, halbtrocken	●	ROT	12	1-12	9 €	SILBER
	Rheinhessen „Sinfonie Bouquet", Cuvee Weißwein, halbtrocken	●	WSS	12	29-12	8 €	SILBER
	Rheinhessen „Sinfonie", Cuvee Weißwein, brut	●	WSS	13	24-13	9 €	SILBER
	Rheinhessen „Sinfonie", Cuvee Rosee, trocken	●	ROSEE	12	30-12	9 €	BRONZE
	Rheinhessen, Riesling, trocken	●	WSS	13	23-13	9 €	BRONZE

Winzergenossenschaft Westhofen eG, Am Bogen 18, 67593 **Westhofen**, Tel.: 06244/9092412, Fax: 06244/5476, winzergenossenschaft@wonnegauweine.de, www.wonnegauweine.de

2011	Rheinhessen, Riesling, trocken	●	WSS	12	32-13	7 €	GOLD EXTR.
2010	Rheinhessen „AUREUS IMPERIAL", Cuvee Weißwein, brut	●	WSS	12	113-12	10 €	BRONZE

Winzer der Rheinhessischen Schweiz eG, Kreuzstraße 12, 55597 **Wöllstein**, Tel.: 06703/960177, Fax: 06703/960179, info@winzer-der-rheinhessischen-schweiz.de, www.winzer-der-rheinhessischen-schweiz.de

2011	Wöllsteiner Rheingrafenstein, Portugieser, halbtrocken	●	WHT	12	8-13	8 €	GOLD
2011	Wöllsteiner Rheingrafenstein, Riesling, trocken	●	WSS	13	7-13	8 €	SILBER
2011	Wöllsteiner Rheingrafenstein, Dornfelder, trocken	●	ROT	12	9-13	8 €	SILBER
2011	Gumbsheimer Schloßhölle, Weißburgunder, extra trocken	●	WSS	12	11-13	8 €	BRONZE

● Brut nature / Extra Brut / Brut   ● Extra trocken / Trocken   ● Halbtrocken / Mild   * Preisangabe + Alkoholgehalt gerundet

Weine

Winzergenossenschaft Albig eG, Langgasse 11, 55234 **Albig**, Tel.: 06731/8126, Fax: 06731/9969855, info@wg-albig.de, www.wg-albig.de

2012	Albiger Hundskopf, Portugieser, QbA	●	WHT	11	18-13	4 €	GOLD
2012	Albiger Petersberg feinherb, Dornfelder, QbA	●	ROT	13	7-13	4 €	GOLD
2012	Albiger Hundskopf, Silvaner, Eis	●	WSS	9	11-13	14 €	BRONZE
2012	Alzeyer Sybillenstein, Faberrebe, Kab	●	WSS	10	29-12	4 €	BRONZE

Weingut Jung & Knobloch GbR, Langgasse 46, 55234 **Albig**, Tel.: 06731/6661, Fax: 06731/45923, info@weingut-jung-knobloch.de, www.weingut-jung-knobloch.de

2011	Armsheimer Adelberg, Cabernet Sauvignon, QbA	●	ROTH	14	61-12		GOLD
2010	Albiger Hundskopf, Cabernet Mitos, QbA	●	ROTH	13	59-12		SILBER
2011	Albiger Schloß Hammerstein, Spätburgunder, QbA	●	ROTH	13	56-12		BRONZE
2012	Albiger Hundskopf, Gewürztraminer, Spl	●	WSS	13	18-13		BRONZE
2011	Spiesheimer Osterberg, Regent, QbA	●	ROTH	13	54-12		BRONZE
2010	Alzeyer Römerberg, Riesling, Spl	●	WSS	13	35-11		BRONZE
2009	Albiger Schloss Hammerstein „PREMIUM", Dornfelder, QbA	●	ROTH	14	41-12		BRONZE
2012	Albiger Schloß Hammerstein, Weißburgunder, QbA	●	WSS	12	38-13		BRONZE
2012	Albiger Schloß Hammerstein, Sauvignon Blanc, QbA	●	WSS	12	31-13		BRONZE

Weingut Seidel-Dudenhöfer · Thomas Seidel, Mühlstr. 25, 67577 **Alsheim**, Tel.: 06249/4075, Fax: 06249/6691, info@seidel-dudenhoefer.de, www.seidel-dudenhoefer.de

2011	Alsheimer Römerberg, Gewürztraminer, Aul	●	WSS	9	7-12	8 €	SILBER
2011	Alsheimer Frühmesse, Riesling, Spl	●	WSSH	10	6-12	6 €	BRONZE

● Trocken   ● Halbtrocken   ● Lieblich/Mild   ● Edelsüß   * Preisangabe + Alkoholgehalt gerundet

Rheinhessen | 303

ahrgang	Lage, Rebsorte, Qualitätsbezeichnung		Wein-Art	Vol%*	AP-Nr.	Preis*	DLG-Preis

Veingut Lindenhof · Frank Bockius, Niedergasse 17, 55437 **Appenheim**, Tel.: 06725/5788, Fax: 06725/1643, mail@weingut-lindenhof-appenheim.de

2011	Gau-Algesheimer Goldberg, Riesling, Aul	🟡	WSS	13	19-12	6 €	SILBER
2011	Appenheimer Hundertgulden, Sauvignon Blanc, QbA	🟡	WSS	13	14-12	5 €	SILBER
2011	Appenheimer Drosselborn, Frühburgunder, Aul	🟡	ROT	13	6-12	6 €	BRONZE

Veingut Ökonomierat Johann Geil I. Erben, Kuhpfortenstr. 11, 67595 **Bechtheim**, Tel.: 06242/1546, ax: 06242/6935, info@weingut-geil.de, www.weingut-geil.de

2012	Bechtheimer Geyersberg, Riesling, Spl	🔴	WSS	10	23-13	8 €	GOLD
2012	Bechtheimer Rosengarten, Riesling, Kab	🔴	WSS	10	15-13	6 €	GOLD
2012	Bechtheimer Rosengarten, Riesling, Spl	🟡	WSS	13	50-13	14 €	GOLD
2012	Rheinhessen, Rieslaner, Eis	🟣	WSS	8	43-13	25 €	GOLD
2012	Bechtheimer „S", Weißburgunder, Spl	🟡	WSS	13	20-13	9 €	GOLD
2011	Bechtheimer Hasensprung, Riesling, Bal	🟣	WSS	9	42-12	15 €	GOLD
2012	Bechtheimer „S", Riesling, Spl	🟡	WSS	13	34-13	9 €	GOLD
2012	Rheinhessen, Kerner, Spl	🟣	WSS	10	21-13	7 €	SILBER
2012	Bechtheimer Geyersberg, Riesling, Spl	🟡	WSS	13	49-13	14 €	SILBER
2012	Rheinhessen, Huxelrebe, Aul	🟣	WSS	10	41-13	7 €	SILBER
2012	Bechtheimer, Müller-Thurgau, QbA	🟡	WSS	11	73-12	7 €	SILBER
2012	Bechtheimer, Riesling, QbA	🟡	WSS	12	26-13	6 €	SILBER
2012	Bechtheimer „S" feinherb, Riesling, Spl	🟢	WSS	12	35-13	8 €	SILBER
2012	Rheinhessen, Muskateller, QbA	🟡	WSS	12	24-13	7 €	SILBER
2012	Bechtheimer Hasensprung, Riesling, Spl	🟡	WSS	13	51-13	11 €	SILBER
2012	Bechtheimer „S", Silvaner, Spl	🟡	WSS	13	25-13	9 €	SILBER
2012	Rheinhessen, Scheurebe, QbA	🟡	WSS	12	16-13	7 €	SILBER
2012	Rheinhessen, Rieslaner, Aul	🟣	WSS	9	42-13	8 €	BRONZE
2012	Rheinhessen, Riesling, Eis	🟣	WSS	8	44-13	25 €	BRONZE

Weingut Bastianshauser Hof · Sebastian & Ralf Erbeldinger, West 18, 67595 **Bechtheim-West**, Tel.: 06244/4942, Fax: 06244/5697, info@bastianshauserhof.de, www.bastianshauserhof.de

2012	Bechtheimer Heiligkreuz feinherb, Riesling, Spl	🟢	WSS	12	20-13	6 €	GOLD
2011	Bechtheimer Heiligkreuz, Spätburgunder, QbA	🟡	ROTH	14	36-13	8 €	GOLD
2012	Bechtheimer Heiligkreuz, Chardonnay, Spl	🟡	WSS	14	9-13	6 €	GOLD
2012	Bechtheimer Heiligkreuz, Riesling, Aul	🟡	WSS	13	18-13	13 €	GOLD
2012	Bechtheimer Heiligkreuz, Riesling, Spl	🟡	WSS	13	17-13	6 €	SILBER
2012	Bechtheimer Heiligkreuz feinherb, Grauburgunder, Spl	🟢	WSS	13	15-13	6 €	SILBER
2012	Bechtheimer Heiligkreuz, Spätburgunder, Spl	🟡	ROSEE	14	25-13	6 €	SILBER
2011	Bechtheimer Stein, Cabernet Sauvignon, QbA	🟡	ROT	14	39-13	9 €	SILBER
2012	Bechtheimer Pilgerpfad, Weißburgunder, Spl	🟡	WSS	14	11-13	6 €	SILBER
2012	Bechtheimer Heiligkreuz, Silvaner, Spl	🟡	WSS	13	12-13	6 €	BRONZE
2012	Bechtheimer Hasensprung, Scheurebe, Spl	🔴	WSS	10	5-13	6 €	BRONZE
2012	Bechtheimer Stein, Huxelrebe, Aul	🟣	WSS	11	7-13	9 €	BRONZE
2012	Bechtheimer Heiligkreuz, Gewürztraminer, Spl	🔴	WSS	12	6-13	6 €	BRONZE

🟡 Trocken　🟢 Halbtrocken　🔴 Lieblich/Mild　🟣 Edelsüß　* Preisangabe + Alkoholgehalt gerundet

Jahrgang	Lage, Rebsorte, Qualitätsbezeichnung	Wein-Art	Vol%	AP-Nr.	Preis*	DLG-Preis

– Advertorial –

Weingut Kurt Erbeldinger und Sohn

Stefan Erbeldinger, West 3, 67595 **Bechtheim-West**, Tel.: 06244/4932, Fax: 06244/7131, info@weingut-erbeldinger.de, www.weingut-erbeldinger.de

„Die Liebe zum Wein – verbunden mit Tradition und Fortschritt", so lautet das Erfolgsrezept der Winzerfamilie. Weingenießer können die Freude schmecken, mit der die Erbeldingers die Trauben zu Wein veredeln. Rund 30 ha Weinberge werden von Stefan Erbeldinger zusammen mit Junior Christoph bearbeitet, und das möglichst umweltbewusst. „Privat" so heißt die Premiumlinie ganz besonderer Weine für den anspruchsvollen Genießer, eine große, vielprämierte Sektauswahl verspricht prickelnde Lebensfreude. Im Jahr 2009 erhielten die Erbeldingers bei der DLG-Prämierung den Preis für die beste Riesling-Kollektion, 2012 den fünften Staatsehrenpreis in Folge und fünf Bundesehrenpreise seit 1997.

RHEINHESSEN

Jahrgang	Lage, Rebsorte, Qualitätsbezeichnung		Wein-Art	Vol%	AP-Nr.	Preis*	DLG-Preis
2012	Bechtheimer Heiligkreuz, Morio-Muskat, Kab	●	WSS	9	20-13	5 €	GOLD
2012	Rheinhessen, Huxelrebe, Spl	●	WSS	9	15-13	7 €	GOLD
2012	Bechtheimer Hasensprung, Scheurebe, Kab	●	WSS	10	13-13	6 €	GOLD
2012	Rheinhessen, Riesling, QbA	●	WSS	12	2-13	5 €	GOLD
2012	Bechtheimer Hasensprung, Weißburgunder, QbA	●	WSSH	14	9-13	16 €	GOLD
2011	Rheinhessen „Glanzstück", Weißburgunder, QbA	●	WSSH	15	10-13	28 €	GOLD
2012	Bechtheimer Heiligkreuz feinherb, Muskateller, QbA	●	WSS	11	16-13	10 €	GOLD
2012	Bechtheimer Heiligkreuz, Huxelrebe, Spl	●	WSS	9	11-13	7 €	GOLD
2012	Bechtheimer Heiligkreuz, Riesling, Spl	●	WSS	12	8-13	7 €	GOLD
2012	Bechtheimer Hasensprung, Weißburgunder, Spl	●	WSS	14	7-13	7 €	GOLD
2011	Bechtheimer Hasensprung, Spätburgunder, Spl	●	ROT	14	33-12	7 €	GOLD
2012	Bechtheimer Hasensprung, Riesling, Kab	●	WSS	8	21-13	6 €	GOLD
2012	Rheinhessen, Chardonnay, Spl	●	WSS	13	26-13	7 €	GOLD
2012	Gundheimer Mandelbrunnen Hochgewächs feinherb, Riesling, QbA	●	WSS	11	6-13	7 €	SILBER
2012	Bechtheimer Heiligkreuz, Rieslaner, Aul	●	WSS	9	19-13	16 €	SILBER
2011	Westhofener Aulerde, Riesling, QbA	●	WSS	13	23-12	13 €	SILBER
2012	Gundheimer Sonnenberg, Saint-Laurent, QbA	●	ROT	12	33-13	8 €	SILBER
2012	Rheinhessen Classic, Riesling, QbA	●	WSS	11	25-13	5 €	SILBER
2011	Rheinhessen „Cuvee E", Cuvee Rotwein, QbA	●	ROT	13	35-12	7 €	SILBER
2011	Gundheimer Sonnenberg „privat", Spätburgunder, QbA	●	ROTH	15	32-13	19 €	SILBER
2012	Bechtheimer Geyersberg „privat", Riesling, QbA	●	WSS	13	29-13	16 €	SILBER
2011	Rheinhessen, Chardonnay, Spl	●	WSS	13	6-12	7 €	SILBER
2011	Gundheimer Sonnenberg, Saint-Laurent, QbA	●	ROT	13	27-12	8 €	SILBER
2012	Bechtheimer Hasensprung, Kerner, Spl	●	WSS	10	27-13	7 €	SILBER
2012	Bechtheimer Hasensprung feinherb, Kerner, Spl	●	WSS	12	28-13	7 €	SILBER
2011	Bechtheimer Hasensprung, Weißburgunder, Spl	●	WSS	14	3-12	7 €	SILBER
2012	Bechtheimer Hasensprung feinherb, Scheurebe, Kab	●	WSS	10	14-13	6 €	SILBER
2012	Bechtheimer Heiligkreuz „privat" feinherb, Gewürztraminer, QbA	●	WSS	12	17-13	16 €	SILBER
2011	Rheinhessen, Spätburgunder, QbA	●	ROT	13	34-12	6 €	SILBER
2012	Rheinhessen feinherb, Portugieser, QbA	●	ROSEE	11	4-13	5 €	BRONZE
2012	Rheinhessen, Weißburgunder, QbA	●	WSS	13	1-13	5 €	BRONZE
2011	Rheinhessen, Portugieser, QbA	●	ROT	12	36-12	5 €	BRONZE
2011	Bechtheimer Heilig-Kreuz, Spätburgunder, Spl	●	ROT	12	31-12	7 €	BRONZE
2012	Rheinhessen, Spätburgunder, Spl	●	ROSEE	11	5-13	5 €	BRONZE
2012	Rheinhessen, Gewürztraminer, Spl	●	WSS	10	18-13	7 €	BRONZE
2012	Bechtheimer Hasensprung, Dornfelder, QbA	●	ROT	13	23-13	5 €	BRONZE

● Trocken ● Halbtrocken ● Lieblich/Mild ● Edelsüß * Preisangabe + Alkoholgehalt gerundet

Rheinhessen | 305

| Jahrgang | Lage, Rebsorte, Qualitätsbezeichnung | Wein-Art | Vol%* | AP-Nr. | Preis* | DLG-Preis |

– Advertorial –

Weingut Ernst Bretz

Horst & Heike Bretz, Langgasse 35, 55234 **Bechtolsheim**, Tel.: 06733/356, Fax: 06733/8444, info@weingutbretz.de, www.weingutbretz.de

Schon seit Gründung des Weingutes im Jahre 1721 fühlt sich die Familie Bretz der Qualität verbunden. Niedrige Erträge und schonende Vinifikation, sowie das Keltern der Trauben ohne Stiel und Stängel, lassen charaktervolle und bekömmliche Weine entstehen. Jahrzehntelange Erfahrung hat das Gut mit dem Weinausbau im Barrique sowie der Eisweinbereitung. Zahlreiche Auszeichnungen der DLG und anderer Institutionen und Weinzeitschriften bestätigen die Qualität der Weine. Die Probierräume im alten Kreuzgewölbe und der neuen Vinothek laden jederzeit zum Genießen ein.

Familie Bretz

Jahrgang	Lage, Rebsorte, Qualitätsbezeichnung		Wein-Art	Vol%*	AP-Nr.	Preis*	DLG-Preis
2009	Bechtolsheimer Petersberg, Spätburgunder, Aul	🟡	ROT	14	100-12		GOLD EXTRA
2009	Rheinhessen, Cabernet Sauvignon, Merlot, QbA	🟡	ROTB	14	59-12		GOLD EXTRA
2007	Bechtolsheimer Sonnenberg, Huxelrebe, Tba	🟣	WSS	9	93-12		GOLD EXTRA
2010	Bechtolsheimer Petersberg, Cabernet Sauvignon, Merlot, QbA	🟡	ROTB	14	12-13		GOLD
2012	Bechtolsheimer Petersberg „*", Grauburgunder, Aul	🟡	WSS	13	62-13		GOLD
2011	Rheinhessen, Kerner, Bal	🟣	WSS	9	10-13		GOLD
2012	Bechtolsheimer Petersberg, Gewürztraminer, Eis	🟣	WSS	8	19-13		GOLD
2011	Bechtolsheimer Petersberg, Saint-Laurent, QbA	🟡	ROTB	13	21-13		GOLD
2012	Bechtolsheimer Petersberg, Sauvignon Blanc, QbA	🟡	WSS	12	48-13		GOLD
2005	Bechtolsheimer Petersberg, Huxelrebe, Bal	🟣	WSS	9	11-13		GOLD
2011	Bechtolsheimer Petersberg „*", Frühburgunder, Aul	🟡	ROTB	14	4-13		GOLD
2012	Bechtolsheimer Petersberg, Riesling, Spl	🟡	WSS	12	61-13		GOLD
2011	Rheinhessen, Cuvee Rotwein, QbA	🟡	ROT	12	1-13		GOLD
2009	Bechtolsheimer Petersberg, Frühburgunder, Aul	🟡	ROTB	14	101-12		GOLD
2012	Bechtolsheimer Petersberg, Kerner, Kab	🟢	WSS	12	24-13		GOLD
2012	Bechtolsheimer Petersberg, Rivaner, QbA	🟡	WSS	12	23-13		GOLD
2011	Bechtolsheimer Petersberg, Gewürztraminer, Spl	🟡	WSS	14	84-12		GOLD
2012	Bechtolsheimer Petersberg, Riesling, QbA	🟡	WSS	13	30-13		SILBER
2011	Rheinhessen, Regent, QbA	🟡	ROT	8	52-13		SILBER
2011	Bechtolsheimer Petersberg „*", Spätburgunder, Aul	🟡	ROTB	14	3-13		SILBER
2012	Bechtolsheimer Petersberg, Weißburgunder, Spl	🟡	WSS	13	39-13		SILBER
2011	Bechtolsheimer Petersberg, Scheurebe, Spl	🟡	WSS	9	83-12		SILBER
2011	Bechtolsheimer Petersberg, Spätburgunder, Spl	🟡	ROT	14	79-12		SILBER
2010	Bechtolsheimer Petersberg, Ortega, Siegerrebe, Aul	🟣	WSS	10	63-12		SILBER
2012	Bechtolsheimer Petersberg, Chardonnay, Spl	🟡	WSS	13	31-13		SILBER
2012	Bechtolsheimer Petersberg, Riesling, QbA	🟢	WSS	12	46-13		SILBER
2011	Rheinhessen, Spätburgunder, QbA	🟢	ROSEE	11	29-13		SILBER
2011	Bechtolsheimer Petersberg, Gewürztraminer, Spl	🟣	WSS	9	15-13		SILBER
2011	Rheinhessen, Cuvee Rotwein, QbA	🟡	ROTB	12	94-12		SILBER
2012	Rheinhessen, Rivaner, QbA	🟡	WSS	12	57-13		SILBER

🟡 Trocken 　 🟢 Halbtrocken 　 🔴 Lieblich/Mild 　 🟣 Edelsüß 　 *Preisangabe + Alkoholgehalt gerundet

Jahrgang	Lage, Rebsorte, Qualitätsbezeichnung		Wein-Art	Vol%*	AP-Nr.	Preis*	DLG-Preis
2011	Bechtolsheimer Petersberg, Saint-Laurent, QbA	○	ROTB	13	2-13		SILBER
2011	Rheinhessen, Regent, QbA	○	ROTB	12	9-13		SILBER
2008	Bechtolsheimer Petersberg, Ortega, Tba	●	WSS	9	92-12		SILBER
2012	Bechtolsheimer Petersberg, Riesling, Spl	●	WSS	12	40-13		SILBER
2011	Bechtolsheimer Petersberg, Dornfelder, QbA	○	ROTB	13	18-13		SILBER
2012	Bechtolsheimer Petersberg, Spätburgunder, QbA	○	BLDN	12	28-13		SILBER
2011	Bechtolsheimer Petersberg, Cabernet Sauvignon, Merlot, QbA	○	ROTB	14	20-13		SILBER
2011	Bechtolsheimer Petersberg, Riesling, Spl	○	WSS	12	102-12		BRONZE
2011	Bechtolsheimer Petersberg, Merlot, QbA	●	ROT	14	105-12		BRONZE
2012	Bechtolsheimer Petersberg, Scheurebe, Kab	●	WSS	9	50-13		BRONZE
2010	Bechtolsheimer Petersberg, Gewürztraminer, Spl	●	WSS	9	7-13		BRONZE
2012	Bechtolsheimer Petersberg, Müller-Thurgau, Kab	●	WSS	11	26-13		BRONZE
2012	Bechtolsheimer Petersberg, Scheurebe, Spl	●	WSS	10	60-13		BRONZE
2007	Bechtolsheimer Petersberg, Ortega, Tba	●	WSS	10	90-12		BRONZE
2010	Bechtolsheimer Petersberg, Frühburgunder, Aul	●	ROSEE	9	76-12		BRONZE
2012	Bechtolsheimer Petersberg, Bacchus, Kab	●	WSS	9	55-13		BRONZE
2012	Bechtolsheimer Petersberg, Huxelrebe, Spl	●	WSS	9	51-13		BRONZE
2011	Rheinhessen, Portugieser, QbA	●	ROT	12	32-13		BRONZE
2011	Bechtolsheimer Petersberg, Riesling, Kab	●	WSS	10	103-12		BRONZE
2012	Bechtolsheimer Petersberg, Scheurebe, QbA	○	WSS	12	6-13		BRONZE

Weingut Heinz Josef Gabel, Langgasse 6, 55294 **Bodenheim**, Tel.: 06135/1735, Fax: 06135/704833

2012	Bodenheimer Heitersbrünnchen, Kerner, Spl	●	WSS	11	12-13	4 €	GOLD
2012	Bodenheimer Mönchspfad, Dornfelder, QbA	○	WHT	12	16-13	3 €	GOLD
2012	Bodenheimer Mönchspfad, Dornfelder, QbA	○	WHT	12	13-13	3 €	SILBER
2012	Rheinhessen Classic, Riesling, QbA	●	WSS	12	9-13	4 €	BRONZE
2012	Bodenheimer Hoch, Silvaner, Spl	○	WSS	13	14-13	3 €	BRONZE

Weingut Jakob Gauer, Plattenhohl 1, 55294 **Bodenheim**, Tel.: 06135/2216, Fax: 06135/6512, Info@weingut-gauer.de, www.weingut-gauer.de

2011	Gau-Bischofsheimer Glockenberg, Spätburgunder, Spl	○	ROTH	13	28-12	7 €	SILBER
2012	Bodenheimer St. Alban feinherb, Weißburgunder, Spl	●	WSS	13	4-13	5 €	BRONZE
2012	Bodenheimer Burgweg, Portugieser, QbA	●	ROT	12	9-13	4 €	BRONZE
2012	Bodenheimer St. Alban, Spätburgunder, Spl	○	BLDN	13	7-13	5 €	BRONZE
2012	Bodenheimer Westrum, Weißburgunder, Spl	○	WSS	14	5-13	5 €	BRONZE
2012	Bodenheimer St. Alban, Grauburgunder, Spl	○	WSS	13	3-13	5 €	BRONZE
2012	Bodenheimer Leidhecke, Riesling, Kab	○	WSS	12	2-13	4 €	BRONZE

Weingut Reinhold + Michael Kern GbR, Gaustraße 81, 55294 **Bodenheim**, Tel.: 06135/3149, Fax: 06135/3309

2012	Bodenheimer Hoch, Spätburgunder, Aul	○	ROTH	13	12-13	9 €	SILBER
2012	Lörzweiler Hohberg, Chardonnay, Spl	●	WSS	13	5-13	5 €	SILBER
2011	Lörzweiler Hohberg, Ortega, Tba	●	WSS	9	2-12	49 €	BRONZE
2012	Bodenheimer Burgweg, Riesling, Spl	●	WSS	12	10-13	5 €	BRONZE
2012	Bodenheimer St. Alban, Silvaner, Kab	●	WSS	11	14-13	4 €	BRONZE

● Trocken   ● Halbtrocken   ● Lieblich/Mild   ● Edelsüß   * Preisangabe + Alkoholgehalt gerundet

Rheinhessen | 307

Jahrgang	Lage, Rebsorte, Qualitätsbezeichnung	Wein-Art	Vol%*	AP-Nr.	Preis*	DLG-Preis

– Advertorial –

Weingut Gruber

Steffen und Rolf Gruber, In der Hüttstädt 8, 55294 **Bodenheim**, Tel.: 06135/2371, Fax: 06135/2379, info@weingutgruber.com, www.weingutgruber.com

Höchste Qualitätsansprüche an sich selbst und an ihre Weine stellen Steffen und Rolf Gruber. Der Familienbetrieb bewirtschaftet heute eine Rebfläche von rund 16 Hektar. Moderne Technik und traditionelles Fachwissen spielen beim Ausbau der Weine eine große Rolle. Dabei gilt es insbesondere, die von der Traube entwickelten Fruchtaromen zu bewahren. Auszeichnungen von der DLG, der Zeitschrift Selection, von AWC Vienna und Kammerpreismünzen bestätigen die Qualitätsarbeit. Das Credo der Winzer lautet: „Die Individualität und die Einzigartigkeit eines jeden Jahrgang und eines jeden Weines sollen bewahrt werden." Gemütliche Gästezimmer laden ein, die Seele baumeln zu lassen. Der Gutsausschank Gruber bietet Ihnen die Möglichkeit, die Weine und die Familie persönlich kennenzulernen.

Jahrgang	Lage, Rebsorte, Qualitätsbezeichnung		Wein-Art	Vol%	AP-Nr.	Preis	DLG-Preis
2012	Rheinhessen feinherb, Weißburgunder, Kab	●	WSS	12	6-13	5 €	SILBER
2012	Rheinhessen, Cuvee Blanc de Noir, QbA	●	BLDN	13	8-13	5 €	SILBER
2012	Rheinhessen feinherb, Riesling, Kab	●	WSS	11	4-13	5 €	SILBER
2012	Rheinhessen, Portugieser, QbA	●	WHT	12	9-13	4 €	SILBER
2012	Rheinhessen, Kerner, Spl	●	WSS	11	11-13		BRONZE

Weingut Richard und Frank Kühn, Rheinstraße 28, 55276 **Dienheim**, Tel.: 06133/2611, Fax: 06133/70790, info@kuehn-wein.de, www.kuehn-wein.de

2012	Rheinhessen, Riesling, Kab	●	WSS	12	16-13	4 €	GOLD
2012	Rheinhessen, Riesling, Spl	●	WSS	10	8-13	6 €	GOLD
2012	Rheinhessen, Huxelrebe, Aul	●	WSS	10	10-13	7 €	GOLD
2012	Rheinhessen, Huxelrebe, Spl	●	WSS	10	11-13	6 €	SILBER
2012	Rheinhessen, Riesling, Spl	●	WSS	12	7-13	6 €	SILBER
2012	Rheinhessen feinherb, Sauvignon Blanc, Spl	●	WSS	12	6-13	6 €	SILBER
2012	Rheinhessen, Cabernet Dorsa, Spl	●	ROT	13	19-13	5 €	BRONZE
2012	Rheinhessen, Dornfelder, QbA	●	ROT	11	20-13	5 €	BRONZE
2012	Rheinhessen, Chardonnay, Spl	●	WSS	13	13-13	5 €	BRONZE
2012	Rheinhessen, Spätburgunder, Spl	●	ROT	13	18-13	5 €	BRONZE

Weingut Gerold Spies, Flachsgasse 2, 67596 **Dittelsheim-Heßloch**, Tel.: 06244/7497, Fax: 06244/57058, weingut.spies@t-online.de, www.weingut-spies.com

2010	Dittelsheimer Mönchhube, Frühburgunder, QbA	●	ROTH	14	53-12	9 €	BRONZE

Cisterzienser Weingut Michel · Ulrich Michel, Dalbergstr. 28, 67596 **Dittelsheim-Heßloch**, Tel.: 06244/4921, Fax: 06244/5499, info@cisterzienser-weingut.de, www.cisterzienser-weingut.de

2012	Bechtheimer Hasensprung, Riesling, Spl	●	WSS	13	4-13	6 €	SILBER
2011	Rheinhessen „S", Frühburgunder, QbA	●	ROTH	15	52-12	10 €	SILBER
2010	Rheinhessen, Merlot, QbA	●	ROTB	14	21-13	10 €	SILBER
2012	Rheinhessen, Sauvignon Blanc, QbA	●	WSS	14	5-13	8 €	SILBER

● Trocken   ● Halbtrocken   ● Lieblich/Mild   ● Edelsüß   * Preisangabe + Alkoholgehalt gerundet

308 | DLG-prämierte Weine und Sekte

Jahrgang	Lage, Rebsorte, Qualitätsbezeichnung		Wein-Art	Vol%*	AP-Nr.	Preis*	DLG-Preis

Weingut Peter und Julian Wolf, Brunnengasse 2, 55599 **Eckelsheim**, Tel.: 06703/1346, Fax: 06703/3181, info@weingut-peter-wolf.de, www.weingut-peter-wolf.de

Jahrgang	Lage, Rebsorte, Qualitätsbezeichnung		Wein-Art	Vol%	AP-Nr.	Preis	DLG-Preis
2012	Eckelsheimer Eselstreiber „J-Linie", Grauburgunder, QbA	●	WSS	14	26-13	8 €	Gold
2012	Eckelsheimer Eselstreiber „J-Linie", Weißburgunder, QbA	●	WSS	14	23-13	7 €	Gold
2011	Rheinhessen, Spätburgunder, QbA	●	ROTH	15	29-12	5 €	Silber
2012	Eckelsheimer Kirchberg „J-Linie", Riesling, QbA	●	WSS	13	24-13	7 €	Silber
2010	Rheinhessen, Cabernet Sauvignon, QbA	●	ROTB	13	30-12	11 €	Silber
2011	Rheinhessen „J-Linie LUPO", Cuvee Rotwein, QbA	●	ROTB	14	28-13	13 €	Silber
2012	Eckelsheimer Sonnenköpfchen „J-Linie", Silvaner, QbA	●	WSS	14	25-13	7 €	Bronze

Weingut Walter Strub · Gunther Strub, An der Kirchpforte 10, 55270 **Engelstadt**, Tel.: 06130/597, Fax: 06130/8133, info@weingut-strub.de, www.weingut-strub.de

Jahrgang	Lage, Rebsorte, Qualitätsbezeichnung		Wein-Art	Vol%	AP-Nr.	Preis	DLG-Preis
2011	Engelstadter Adelpfad, Riesling, QbA	●	WSS	12	31-12	4 €	Gold
2012	Engelstadter Römerberg, Morio-Muskat, Spl	●	WSS	11	7-13	6 €	Gold
2011	Engelstadter Adelpfad, Dornfelder, QbA	●	ROTH	13	24-12	5 €	Silber
2012	Ingelheimer Kaiserpfalz, Portugieser, QbA	●	ROT	14	12-13	4 €	Silber
2012	Ingelheimer Kaiserpfalz, Weißburgunder, Spl	●	WSS	13	17-13	6 €	Silber
2012	Aspisheimer Sonnenberg, Chardonnay, Spl	●	WSS	13	6-13	5 €	Silber
2012	Engelstadter Römerberg, Grauburgunder, Spl	●	WSS	13	4-13	4 €	Silber
2011	Rheinhessen Classic, Weißburgunder, QbA	●	WSS	13	29-12	4 €	Silber
2012	Ingelheimer Kaiserpfalz, Pinot Blanc, Pinot Gris, Spl	●	WSS	13	2-13	5 €	Silber
2011	Ingelheimer Kaiserpfalz, Cuvee Rotwein, QbA	●	ROT	13	30-12	5 €	Silber
2012	Engelstadter Römerberg, Sauvignon Blanc, Spl	●	WSS	13	9-13	7 €	Silber
2012	Engelstadter Adelpfad, Dornfelder, QbA	●	WHT	12	16-13	4 €	Silber
2011	Engelstadter Römerberg, Dornfelder, QbA	●	ROT	13	14-13	4 €	Bronze
2012	Ingelheimer Kaiserpfalz feinherb, Kerner, Spl	●	WSS	12	10-13	4 €	Bronze
2012	Rheinhessen Classic, Silvaner, QbA	●	WSS	13	5-13	4 €	Bronze
2008	Ingelheimer Kaiserpfalz, Cabernet Sauvignon, QbA	●	ROTB	13	25-12	8 €	Bronze

Weingut Werner GbR · Dietmar und Florian Werner, Langgasse 40, 55237 **Flonheim**, Tel.: 06734/401, Fax: 06734/6429, Weingut-Werner@web.de

Jahrgang	Lage, Rebsorte, Qualitätsbezeichnung		Wein-Art	Vol%	AP-Nr.	Preis	DLG-Preis
2012	Flonheimer Bingerberg, Riesling, Spl	●	WSS	13	5-13	5 €	Gold
2012	Rheinhessen, Weißburgunder, Spl	●	WSS	13	4-13	5 €	Gold
2012	Rheinhessen, Grauburgunder, Spl	●	WSS	13	1-13	5 €	Silber
2012	Rheinhessen feinherb, Spätburgunder, QbA	●	WHT	13	15-13		Silber
2012	Rheinhessen „S", Chardonnay, QbA	●	WSS	13	3-13	7 €	Silber

Weingut Thomas-Rüb, Wilhelm Leuschnerstr. 29, 55237 **Flonheim**, Tel.: 06734/1886, Fax: 06734/962560, thomas-rueb@t-online.de, www.weingut-thomas-rueb.de

Jahrgang	Lage, Rebsorte, Qualitätsbezeichnung		Wein-Art	Vol%	AP-Nr.	Preis	DLG-Preis
2012	Flonheimer Bingerberg, Scheurebe, Eis	●	WSS	9	6-13	10 €	Silber
2012	Flonheimer Bingerberg, Sauvignon Blanc, QbA	●	WSS	13	12-13	4 €	Silber
2012	Flonheimer Rotenpfad, Chardonnay, QbA	●	WSS	14	15-13		Bronze
2012	Guntersblumer Steinberg, Kerner, Spl	●	WSS	9	5-13	3 €	Bronze

Weingut Dr. Roland Hinkel, Kirchstr. 53, 55234 **Framersheim**, Tel.: 06733/368, Fax: 06733/1490, weingut.dr.hinkel@t-online.de, www.weingut-dr-hinkel.de

Jahrgang	Lage, Rebsorte, Qualitätsbezeichnung		Wein-Art	Vol%	AP-Nr.	Preis	DLG-Preis
2012	Framersheimer Hornberg, Würzer, Spl	●	WSS	10	27-13		Silber
2012	Framersheimer Zechberg, Riesling, Spl	●	WSS	9	30-13	8 €	Silber

Weingut Gröhl Erben · Steffen Gröhl, Kellerstr. 32, 55234 **Framersheim**, Tel.: 06733/387, Fax: 06733/6679, Weingut@groehl.eu, www.Groehl.eu

Jahrgang	Lage, Rebsorte, Qualitätsbezeichnung		Wein-Art	Vol%	AP-Nr.	Preis	DLG-Preis
2012	Rheinhessen „D.S.", Chardonnay, Spl	●	WSS	10	29-12	6 €	Silber

● Trocken   ● Halbtrocken   ● Lieblich/Mild   ● Edelsüß   * Preisangabe + Alkoholgehalt gerundet

Jahrgang	Lage, Rebsorte, Qualitätsbezeichnung	Wein-Art	Vol%	AP-Nr.	Preis*	DLG-Preis

– Advertorial –

Weingut Fleischmann

Kloppgasse 8, 55435 **Gau-Algesheim**, Tel.: 06725/3276, Fax:06725/3029790, info@fleischmann-weine.de, www.fleischmann-weine.de

Das Weingut der Familie Fleischmann liegt im Herzen der Stadt Gau-Algesheim am Rhein – nur wenige Meter von dem historischen Marktplatz und Rathaus entfernt. Quirin und Stephanie Fleischmann sind zusammen mit ihrem Sohn Fabian Winzer aus Leidenschaft. Im Einklang mit der Natur gestalten sie die Arbeit in den Weinbergen. Beim Ausbau der Weine verbindet Familie Fleischmann Tradition mit Innovation. Mit ihrem Namen steht die Familie für Weine von höchster Qualität und eigenständigem Charakter. Zahlreiche Auszeichnungen auf Bundes- und Landesebene belegen den hohen Anspruch an Bekömmlichkeit und Eleganz. Auf 17 Hektar Rebfläche gedeiht die ganze Palette edler Rebsorten vom Riesling bis zum Spätburgunder. Mit ihren erlesenen Tropfen trägt die Familie Fleischmann zum hohen Ansehen der Weinstadt Gau-Algesheim bei.

Familie Fleischmann

Jahrgang	Lage, Rebsorte, Qualitätsbezeichnung		Wein-Art	Vol%	AP-Nr.	Preis*	DLG-Preis
2011	Gau-Algesheimer Abtei, Spätburgunder, QbA	🟡	ROT	13	27-12	5 €	GOLD
2011	Gau-Algesheimer Johannisberg, Spätburgunder, QbA	🟡	ROT	14	28-12	6 €	GOLD
2012	Gau-Algesheimer Rothenberg, Huxelrebe, Aul	🔵	WSS	8	3-13	5 €	GOLD
2011	Gau-Algesheimer Abtei, Spätburgunder, QbA	🟢	ROT	13	26-12	4 €	GOLD
2012	Gau-Algesheimer St. Laurenzikapelle, Dornfelder, QbA	🟢	WHT	12	9-13	4 €	GOLD
2011	Gau-Algesheimer Steinert, Portugieser, QbA	🔴	ROT	11	32-12	4 €	GOLD
2012	Gau-Algesheimer Steinert, Riesling, QbA	🟡	WSS	13	21-13	5 €	GOLD
2012	Gau-Algesheimer Abtei, Weißburgunder, QbA	🟡	WSS	13	4-13	4 €	GOLD
2012	Gau-Algesheimer Abtei, Müller-Thurgau, QbA	🔴	WSS	11	19-13	3 €	GOLD
2012	Gau-Algesheimer Johannisberg, Kerner, Spl	🟡	WSS	11	2-13	4 €	GOLD
2011	Gau-Algesheimer Abtei, Portugieser, QbA	🔴	ROT	12	35-12	3 €	GOLD
2012	Gau-Algesheimer Abtei, Chardonnay, QbA	🟡	WSS	13	15-13	4 €	GOLD
2011	Gau-Algesheimer Johannisberg, Dornfelder, QbA	🟡	ROTB	13	34-12	6 €	SILBER
2012	Gau-Algesheimer Goldberg, Silvaner, QbA	🟡	WSS	12	18-13	3 €	SILBER
2011	Gau-Algesheimer Abtei, Riesling, QbA	🟡	WSS	13	15-12	4 €	SILBER
2012	Gau-Algesheimer Abtei, Graubrunder, QbA	🔴	WSS	11	6-13	4 €	SILBER
2012	Gau-Algesheimer Abtei, Riesling, QbA	🟢	WSS	12	23-13	4 €	SILBER
2012	Gau-Algesheimer Steinert, Portugieser, QbA		WHT	12	10-13	4 €	SILBER
2012	Gau-Algesheimer Johannisberg, Silvaner, QbA	🟡	WSS	12	16-13	4 €	SILBER
2012	Gau-Algesheimer Abtei, Graubrunder, QbA	🟢	WSS	12	12-13	4 €	SILBER
2011	Gau-Algesheimer Goldberg, Scheurebe, Spl	🔴	WSS	12	18-12	5 €	SILBER
2012	Gau-Algesheimer Steinert, Portugieser, QbA		WHT	11	11-13	4 €	SILBER
2011	Gau-Algesheimer Goldberg, Silvaner, QbA	🟢	WSS	12	11-12	3 €	SILBER
2011	Gau-Algesheimer Goldberg, Frühburgunder, QbA	🟡	ROT	13	29-12	7 €	SILBER
2012	Gau-Algesheimer Goldberg, Scheurebe, Kab	🔴	WSS	11	24-13	4 €	SILBER
2012	Gau-Algesheimer Abtei, Riesling, QbA	🟡	WSS	12	20-13	4 €	SILBER
2011	Gau-Algesheimer Abtei, Chardonnay, QbA	🟡	WSS	13	13-12	4 €	SILBER

🟡 Trocken   🟢 Halbtrocken   🔴 Lieblich/Mild   🔵 Edelsüß   * Preisangabe + Alkoholgehalt gerundet

310 | DLG-prämierte Weine und Sekte

RHEINHESSEN

Jahrgang	Lage, Rebsorte, Qualitätsbezeichnung		Wein-Art	Vol%*	AP-Nr.	Preis*	DLG-Preis
2012	Binger Pfarrgarten feinherb, Riesling, QbA	🔴	WSS	11	22-13	4 €	SILBER
2011	Gau-Algesheimer Steinert, Portugieser, QbA	🟡	ROT	13	30-12	4 €	SILBER
2012	Gau-Algesheimer Johannisberg, Grauburgunder, QbA	🟡	WSS	13	8-13	5 €	SILBER
2012	Gau-Algesheimer Abtei, Spätburgunder, QbA	🟢	BLDN	11	7-13	4 €	SILBER
2011	Gau-Algesheimer Goldberg, Grauburgunder, QbA	🟡	WSS	14	7-12	5 €	SILBER
2011	Gau-Algesheimer Goldberg, Scheurebe, Kab	🔴	WSS	12	17-12	4 €	BRONZE
2011	Rheinhessen, Riesling, QbA	🟡	WSS	13	16-12	5 €	BRONZE
2011	Gau-Algesheimer Abtei, Dornfelder, QbA	🟡	ROT	13	33-12	4 €	BRONZE

Weingut Helmut Weber, Herborn-Str. 26, 55435 **Gau-Algesheim**, Tel.: 06725/2263, Fax: 06725/6199, info@weber-weine.de, www.weber-weine.de

2012	Gau-Algesheimer Abtei, Kerner, Schönburger, Kab	🔴	WSS	11	26-13	4 €	GOLD
2012	Ingelheimer Höllenweg, Spätburgunder, QbA	🟢	BLDN	14	24-13	5 €	GOLD
2012	Gau-Algesheimer Johannisberg, Weißburgunder, QbA	🟡	WSS	14	5-13	4 €	GOLD
	Rheinhessen „Carina", Cuvee Rotwein, QbA	🟡	ROTB	14	45-12	14 €	SILBER
2011	Gau-Algesheimer Steinert, Weißburgunder, Bal	🟣	WSS	12	19-12	7 €	SILBER
2011	Gau-Algesheimer Steinert, Cabernet Sauvignon, QbA	🟡	ROTB	15	4-13	9 €	SILBER
2011	Ingelheimer Burgberg, Spätburgunder, QbA	🟡	ROT	14	1-13	6 €	SILBER
2011	Ingelheimer Rheinhöhe, Pinot Meunier, QbA	🟡	ROTH	14	46-12	8 €	SILBER
2012	Ingelheimer Rheinhöhe feinherb, Schwarzriesling, QbA	🔴	ROSEE	14	36-13	4 €	BRONZE
2012	Rheinhessen „8°00' Ost", Blauer Silvaner, QbA	🟡	WSS	13	14-13	5 €	BRONZE
2012	Rheinhessen, Silvaner, QbA	🟡	WSS	13	2-13	4 €	BRONZE
2012	Rheinhessen feinherb, Spätburgunder, QbA	🔴	WHT	12	37-13	4 €	BRONZE

Wein & Sektgut St. Nikolaushof · Klaus Hattemer, Ockenheimer Straße 8, 55435 **Gau-Algesheim**, Tel.: 06725/2872, Fax: 06725/307340, hattemer@weingut-nikolaushof.de, www.weingut-nikolaushof.de

2012	Rheinhessen „am Turm", Cuvee Rotwein, Spl	🟡	ROTH	12	21-13	6 €	GOLD
2012	Gau-Algesheimer „Edition", Riesling, Spl	🟡	WSS	12	13-13		GOLD
2012	Rheinhessen Classic, Silvaner, QbA	🟢	WSS	13	9-13	3 €	GOLD
2012	Rheinhessen, Grauburgunder, Spl	🟡	WSS	13	17-13		SILBER
2012	Gau-Algesheimer Goldberg „-S-", Riesling, Spl	🟡	WSSH	12	31-13	9 €	SILBER
2012	Rheinhessen, Spätburgunder, Spl	🟢	ROTH	12	24-13	4 €	SILBER
2012	Gau-Algesheimer „Edition", Weißburgunder, Spl	🟡	WSS	13	11-13		SILBER
2012	Gau-Algesheimer „Edition", Chardonnay, Spl	🟡	WSS	13	10-13	5 €	SILBER
2012	Rheinhessen, Frühburgunder, Spl	🟢	ROTH	12	23-13	5 €	BRONZE
2012	Rheinhessen, Spätburgunder, Spl	🟢	ROTH	12	20-13	4 €	BRONZE

Weingut Pfennig GbR · Hans-Paul & Marco Pfennig, Wallertheimer Straße 19, 55599 **Gau-Bickelheim**, Tel.: 06701/7428, Fax: 06701/9119778, pfennig@weingut-pfennig.de

2012	Rheinhessen, Chardonnay, Aul	🟡	WSS	13	13-13	12 €	GOLD
2012	Rheinhessen, Merlot, QbA	🔴	WHT	12	12-13	9 €	SILBER
2012	Rheinhessen, Spätburgunder, QbA	🟢	BLDN	13	8-13	9 €	SILBER
2009	Rheinhessen, Merlot, Spl	🟡	ROTB	13	5-13	12 €	SILBER
2012	Rheinhessen, Grauburgunder, QbA	🟡	WSS	13	10-13	5 €	BRONZE

Winzerhof Schnabel, Bahnhofstraße 31, 55599 **Gau-Bickelheim**, Tel.: 06701/7582, Fax: 06701/7534, info@winzerhof-schnabel.de, www.winzerhof-schnabel.de

2012	Rheinhessen „S", Chardonnay, QbA	🟡	WSS	13	1-13	7 €	GOLD
2012	Rheinhessen „S", Riesling, QbA	🟡	WSS	13	7-13	7 €	SILBER
2012	Rheinhessen, Cuvee Blanc de Noir, QbA	🟢	BLDN	13	2-13	5 €	SILBER
2012	Rheinhessen, Riesling, Spl	🟡	WSS	12	13-13	5 €	BRONZE
2012	Rheinhessen „Selektion Christoph", Cuvee Weißwein, QbA	🟡	WSS	13	15-13	13 €	BRONZE

🟡 Trocken 🟢 Halbtrocken 🔴 Lieblich/Mild 🟣 Edelsüß   * Preisangabe + Alkoholgehalt gerundet

Rheinhessen | 311

Jahrgang	Lage, Rebsorte, Qualitätsbezeichnung	Wein-Art	Vol%*	AP-Nr.	Preis*	DLG-Preis

Weingut Thomas Haßlinger, Burggasse 1, 55599 **Gau-Bickelheim**, Tel.: 06701/2632, Weingut-Hasslinger@gmx.de

| 2012 | Gau-Bickelheimer Kurfürstenstück, Huxelrebe, Spl | ● WSS | 10 | 1-13 | 5 € | SILBER |

– Advertorial –

Weingut Karlheinz Belzer

Promenade 38, 67583 **Guntersblum**, Tel.: 06249/905210, Fax: 06249/905212
info@weingut-belzer.de, www.weingut-belzer.de

Das Weingut Karlheinz Belzer mit Sitz im Herzen von Guntersblum bewirtschaftet eine Rebfläche von 17,5 Hektar. Weinbau wird hier schon seit 180 Jahren und in der 6. Generation durch den Winzermeister Karsten Belzer sowie seinen Vater Karlheinz Belzer betrieben. Derzeit vermarktet man zirka 70 % des Weines direkt an Kunden in ganz Deutschland. Die Weine werden im Weinberg schonend und umweltbewusst bearbeitet. Dies beginnt mit einem geregelten Rebschnitt bis hin zum gezielten Entfernen von Trauben oder Trieben zur weiteren Qualitätssteigerung. Sorgfältige Kellerarbeit ist eine der Voraussetzungen für die ausgezeichneten Qualitäten. Die Winzerfamilie freut sich, Gäste zu einer Weinprobe im Weingut begrüßen zu dürfen. Der Gewölbekeller des Weinguts beherbergt gut 30 Sitzplätze. Im Sommer besteht auch die Möglichkeit, die Weinberge bei einer Traktor-Rundfahrt oder zu Fuß zu erkunden (inklusive Weinverkostung). Eine anschließende Kellerbesichtigung rundet das Programm ab.

2012	Guntersblumer Bornpfad feinherb, Grauburgunder, Spl	● WSS	14	6-13	5 €	SILBER
2011	St. Julianenbrunnen, Dornfelder, QbA	● ROTH	13	41-12	5 €	SILBER
2011	Guntersblumer Authental, Chardonnay, Spl	● WSS	12	34-12	5 €	SILBER
2012	Guntersblumer Vögelsgärten, Riesling, Spl	● WSS	10	21-13	4 €	BRONZE
2011	Guntersblume, Cuvee Rotwein, QbA	● ROTB	13	38-12	9 €	BRONZE
2012	Guntersblumer Vögelsgärten, Kerner, Spl	● WSS	13	15-13	4 €	BRONZE

Weingut Schloßgut Schmitt, Hauptstr. 45, 67583 **Guntersblum**, Tel.: 06249/2330, Fax: 06249/2363,
wein@schlossgut-schmitt.de, www.schlossgut-schmitt.de

2012	Guntersblumer Bornpfad, Kerner, Aul	● WSS	10	33-13		GOLD
2011	Guntersblumer Steig Terrassen, Riesling, Spl	● WSS	10	6-12		GOLD
2012	Rheinhessen „Marieblanche", Cuvee Weißwein, QbA	● WSS	13	13-13		GOLD
2012	Guntersblumer Steig Terrassen, Würzer, Kab	● WSS	10	25-13		GOLD
2012	Guntersblumer Steig Terrassen, Riesling, Spl	● WSS	10	29-13		GOLD
2012	Gunterblumer Authental, Kanzler, Aul	● WSS	10	32-13		SILBER
2011	Guntersblumer Autental, Cabernet Dorio, Bal	● ROTB	10	45-12		SILBER
2012	Guntersblumer Steig Terrassen, Riesling, Spl	● WSS	12	17-13		SILBER
2012	Guntersblumer Kreuz Kapelle feinherb, Scheurebe, Kab	● WSS	11	35-13		SILBER
2010	Rheinhessen, Merlot, QbA	● ROTB	13	58-11		BRONZE
2012	Gunterblumer Kreuz Kapelle, Würzer, Kab	● WSS	12	24-13		BRONZE
2011	Guntersblumer Autental, Regent, Aul	● ROTH	7	44-12		BRONZE
2011	Guntersblumer Vögelsgärten, Regent, QbA	● ROT	9	43-12		BRONZE

Weingut Burgberg · Eimann & Söhne, Aufhofstr.26, 55218 **Ingelheim**, Tel.: 06132/2837, Fax: 06132/799510,
wolfgang.eimann@weinguteimann.de, www.weinguteimann.de

| 2009 | Ingelheimer Rheinhöhe, Spätburgunder, Spl | ● ROTB | 14 | 6-13 | 6 € | GOLD |
| 2011 | Ingelheimer Schlossberg, Frühburgunder, Aul | ● ROT | 14 | 9-12 | 6 € | SILBER |

● Trocken ● Halbtrocken ● Lieblich/Mild ● Edelsüß   * Preisangabe + Alkoholgehalt gerundet

312 | DLG-prämierte Weine und Sekte

Jahrgang	Lage, Rebsorte, Qualitätsbezeichnung	Wein-Art	Vol%*	AP-Nr.	Preis*	DLG-Preis

Weingut Julius Wasem Söhne, Edelgasse 5, 55218 **Ingelheim**, Tel.: 06132/2220, Fax: 06132/2448, info@weingut-wasem.de, www.weingut-wasem.de

Jahrgang	Lage, Rebsorte, Qualitätsbezeichnung		Wein-Art	Vol%*	AP-Nr.	Preis*	DLG-Preis
2009	Rheinhessen, Spätburgunder, QbA	🟡	ROTH	16	37-12	13 €	GOLD EXTRA
2012	Rheinhessen, Cabernet Sauvignon, Eis	🔴	ROSEE	11	34-13	23 €	GOLD EXTRA
2012	Elsheimer Bockstein, Siegerrebe, Aul	🔴	WSS	11	3-13	9 €	GOLD
2012	Rheinhessen, Schwarzriesling, QbA	🟡	ROT	13	25-13	8 €	GOLD
2009	Ingelheimer Sonnenhang, Frühburgunder, QbA	🟡	ROT	14	52-12		SILBER
2012	Rheinhessen, Huxelrebe, Bal	🔴	WSS	10	40-13	15 €	SILBER
2012	Rheinhessen, Pinot Noir, QbA	🔴	BLDN	13	29-13	6 €	SILBER
2012	Elsheimer Blume, Riesling, QbA	🟡	WSS	14	20-13	8 €	SILBER
2009	Ingelheimer Rheinhöhe, Frühburgunder, QbA	🟡	ROT	14	51-12	12 €	SILBER
2010	Ingelheimer Pares, Spätburgunder, QbA	🟡	ROT	15	29-12	10 €	BRONZE
2011	Ingelheimer Pares, Spätburgunder, QbA	🟡	ROT	13	28-13	10 €	BRONZE
2012	Ingelheimer Sonnenhang, Gewürztraminer, Bal	🟣	WSS	8	35-13	15 €	BRONZE

Weingut Diehl-Blees, Am Goldberg 1, 55270 **Jugenheim**, Tel.: 06130/401, Fax: 06130/8323, info@weingut-diehl-blees.de, www.weingut-diehl-blees.de

2012	Jugenheimer Hasensprung, Bacchus, Kab	🔴	WSS	10	35-13	5 €	SILBER
2012	Jugenheimer Goldberg „Alte Reben", Riesling, QbA	🟡	WSS	13	27-13	9 €	SILBER
2012	Jugenheimer Hasensprung feinherb, Riesling, QbA	🔴	WSS	11	24-13	5 €	SILBER
2012	Rheinhessen, Würzer, Kab	🔴	WSS	10	36-13	5 €	SILBER
2012	Jugenheimer Goldberg, Huxelrebe, Spl	🟣	WSS	10	38-13	5 €	BRONZE

– Advertorial –

Weingut Adolf Schick GbR

Susanne und Steffen Schick, Kreinergasse 1, 55270 **Jugenheim/Rheinhessen**, Tel.: 06130/256, Fax: 06130/8211, info@weingutschickjugenheim.de, www.weingutschickjugenheim.de

Das Weingut Schick kann auf eine 400-jährige Tradition zurückblicken. Vor allem Burgundersorten, Chardonnay, Riesling, Portugieser, St. Laurent und Cabernet werden auf der 9,6 ha großen Fläche angebaut. Die Trauben werden von Hand geerntet. Durch lange Lagerzeiten, je nach Sorte auch im Holzfass, gewinnen die Weine an Qualität, die durch zahlreiche Auszeichnungen bei Weinprämierungen bestätigt wurde. Im Jahr 2006 erfolgte die Umstellung auf den ökologischen Weinbau. Seit 2008 ist das Weingut Mitglied im Ecovin-Verband. Gern können die Weine im Weingut verkostet werden – im Restaurant des angeschlossenen Hotels Weedenhof auch in Verbindung mit der regionalen Küche.

2012	Rheinhessen, Spätburgunder, QbA	🔴	WHT	12	20-13	6 €	SILBER
2010	Rheinhessen „Nr. 6", Cuvee Rotwein, QbA	🔴	ROTH	14	13-13	8 €	SILBER

🟡 Trocken 🟢 Halbtrocken 🔴 Lieblich/Mild 🟣 Edelsüß * Preisangabe + Alkoholgehalt gerundet

Rheinhessen | 313

Jahrgang	Lage, Rebsorte, Qualitätsbezeichnung	Wein-Art		Vol%*	AP-Nr.	Preis*	DLG-Preis

Weingut Volker Eckert, Hauptstr. 32, 55270 **Klein-Winternheim**, Tel.: 06136/8085, Fax: 06136/85462, info@weingut-eckert.de, www.Weingut-eckert.de

Jahrgang	Lage, Rebsorte, Qualitätsbezeichnung		Wein-Art	Vol%	AP-Nr.	Preis	DLG-Preis
2012	Klein-Winternheimer Geiershölle, Dornfelder, QbA	🟡	ROT	13	30-13	6 €	Gold
2012	Klein-Winternheimer Geiershölle „Consul Vejento", Riesling, QbA	🟡	WSS	14	16-13	8 €	Silber
2012	Klein-Winternheimer Geiershölle, Gewürztraminer, QbA	🟡	WSS	13	20-13	5 €	Silber
2012	Klein-Winternheimer Geiershölle, Saint-Laurent, QbA	🟡	ROT	13	26-13	6 €	Silber
2011	Klein-Winternheimer Geiershölle, Dornfelder, QbA	🟡	ROT	13	24-12	6 €	Bronze

Weingut Heinz Lemb, Grauelstr. 8, 55129 **Mainz**, Tel.: 06131/509116, Fax: 06131/582883, weingut_heinz.lemb@t-online.de

2012	Mainzer St. Alban, Chardonnay, QbA	🟡	WSS	13	3-13	5 €	Gold
2012	Rheinhessen Classic, Silvaner, QbA	🟡	WSS	12	13-13	4 €	Gold
2012	Mainzer St. Alban, Weißburgunder, QbA	🟡	WSS	13	10-13		Gold
2012	Hechtsheimer Kirchenstück, Riesling, Kab	🟡	WSS	12	1-13	4 €	Silber
2012	Rheinessen Classic, Riesling, QbA	🟡	WSS	12	2-13	5 €	Silber
2012	Mainzer St. Alban, Weißburgunder, QbA	🔴	WSS	12	21-13	4 €	Silber
2012	Laubenheimer Edelmann, Gewürztraminer, Silvaner, Spl	🔴	WSS	11	18-13	5 €	Silber
2012	Bodenheimer Mönchspfad feinherb, Grauburgunder, Spl	🟢	WSS	13	15-13	5 €	Bronze

Weingut Zehe-Clauß, Rheinhessenstraße 109, 55129 **Mainz-Hechtsheim**, Tel.: 06131/9728942, Fax: 06131/9728943, mc@zehe-clauss.de, www.zehe-clauss.de

2012	Rheinhessen, Weißburgunder, QbA	🟡	WSS	13	15-13		Gold
2012	Rheinhessen, Sauvignon Blanc, QbA	🟡	WSS	12	14-13		Gold
2012	Rheinhessen, Grauburgunder, QbA	🟡	WSS	13	16-13		Gold
2012	Rheinhessen, Riesling, QbA	🟡	WSS	12	13-13		Silber
2012	Rheinhessen, Muskateller, QbA	🟡	WSS	13	17-13		Silber

Weingut Kinges-Kessel · Hans Kessel, Langgasse 30, 67591 **Mörstadt**, Tel.: 06247/377, Fax: 06247/1067, info@winzerhotel.de, www.winzerhotel.de

2012	Rheinhessen „S", Chardonnay, Spl	🟡	WSS	13	5-13	5 €	Silber
2012	Rheinhessen, Portugieser, QbA	🔴	WHT	11	9-13	4 €	Silber
2012	Rheinhessen, Riesling, Spl	🟡	WSS	10	4-13	5 €	Silber
2012	Rheinhessen, Spätburgunder, Spl	🟢	WHT	13	7-13	4 €	Silber
2012	Rheinhessen „Alte Reben", Scheurebe, Spl	🟡	WSS	11	3-13	5 €	Silber
2011	Nieder Flörsheimer Burg Rodenstein, Portugieser, QbA	🔴	ROT	9	10-13	4 €	Bronze
2011	Rheinhessen, Spätburgunder, Spl	🟡	ROTH	13	27-13	5 €	Bronze
2012	Rheinhessen Classic, Grauburgunder, QbA	🟢	WSS	13	8-13	5 €	Bronze

Weingut Theo Nierstheimer, Bechenheimer Str. 34, 55234 **Nack**, Tel.: 06736/281, Fax: 06736/8192, weingut-nierstheimer@t-online.de

2011	Weinheimer Kirchenstück, Huxelrebe, Bal	🔴	WSS	9	20-12	13 €	Silber

🟡 Trocken　　🟢 Halbtrocken　　🔴 Lieblich/Mild　　⚫ Edelsüß　　* Preisangabe + Alkoholgehalt gerundet

314 | DLG-prämierte Weine und Sekte

Jahrgang	Lage, Rebsorte, Qualitätsbezeichnung		Wein-Art	Vol%*	AP-Nr.	Preis*	DLG-Preis

– Advertorial –

Weingut Georg Gustav Huff

Dieter Huff, Woogstr. 1, 55283 **Nierstein**, Tel.: 06133/50514, Fax: 06133/61395, info@weingut-huff.com, www.weingut-huff.com

Im Niersteiner Weingut Georg Gustav Huff verantwortet Sohn Daniel den Weißweinausbau. Eine Spezialität ist der Riesling vom Roten Hang, der in den Lagen Pettenthal, Hipping und Schloß Schwabsburg wächst. Im Vordergrund stehen zudem Burgunderweine mit Grauem und Weißem Burgunder und Chardonnay. Sohn Stefan hat sich auf Rotweine spezialisiert und erzeugt körperreiche Spätburgunder, Portugieser, Dornfelder sowie Cabernet. Bundesehrenpreise in den Jahren 2005, 2008, 2010 und 2012, der Pro-Riesling-Ehrenpreis der DLG 2010 und 2004 und insgesamt acht Staatsehrenpreise zeugen vom Erfolg der aufstrebenden Winzer. Jedes Jahr am 1. Mai findet eine

Familie Huff

Jahrgangspräsentation statt. Am „Wein-Wochenende" (viertes Septemberwochenende) veranstaltet das Weingut für Kunden eine Weinprobe mit Traktorfahrt in die Weinberge. Die Familie arbeitet nach dem Motto: „Mit Liebe, viel Sorgfalt und ein wenig Weinbesessenheit entstehen Weine, die unseren persönlichen Stil und den Charakter unserer Landschaft widerspiegeln."

Jahrgang	Lage, Rebsorte, Qualitätsbezeichnung		Wein-Art	Vol%*	AP-Nr.	Preis*	DLG-Preis
2012	Niersteiner Schloß Schwabsburg, Riesling, Bal	●	WSS	8	34-13	10 €	GOLD
2012	Niersteiner Schloß Schwabsburg, Riesling, Aul	●	WSS	9	37-13	9 €	GOLD
2012	Rheinhessen „vom Roten Hang", Riesling, QbA	●	WSS	12	12-13	6 €	GOLD
2012	Niersteiner Ebersberg „***", Grauburgunder, QbA	●	WSS	14	24-13	9 €	GOLD
2012	Niersteiner Pettenthal „***", Riesling, QbA	●	WSS	13	25-13	10 €	GOLD
2012	Niersteiner Hipping, Riesling, Spl	●	WSS	12	22-13	6 €	GOLD
2012	Niersteiner Hipping „***", Chardonnay, QbA	●	WSS	13	26-13	9 €	GOLD
2012	Niersteiner Bildstock, Huxelrebe, Aul	●	WSS	8	38-13	9 €	GOLD
2012	Niersteiner Schloß Schwabsburg, Riesling, Eis	●	WSS	7	36-13	16 €	GOLD
2011	Rheinhessen „J+P", Cuvee Rotwein, QbA	●	ROTB	14	47-13	10 €	GOLD
2010	Rheinhessen „***", Frühburgunder, QbA	●	ROTB	14	39-12	10 €	SILBER
2012	Niersteiner Schloß Schwabsburg „***", Riesling, QbA	●	WSS	13	28-13	10 €	SILBER
2012	Niersteiner Bildstock „***", Weißburgunder, QbA	●	WSS	13	23-13	9 €	SILBER
2011	Rheinhessen „Tres Vites", Cuvee Rotwein, QbA	●	ROTB	14	45-13	7 €	SILBER
2012	Niersteiner Bildstock, Huxelrebe, Bal	●	WSS	7	35-13	9 €	SILBER
2010	Rheinhessen „***", Portugieser, QbA	●	ROTB	14	37-12	9 €	BRONZE
2012	Niersteiner Hipping „Alte Reben", Riesling, QbA	●	WSS	13	29-13	16 €	BRONZE

● Trocken   ● Halbtrocken   ● Lieblich/Mild   ● Edelsüß   * Preisangabe + Alkoholgehalt gerundet

| ahrgang | Lage, Rebsorte, Qualitätsbezeichnung | Wein-Art | Vol%* | AP-Nr. | Preis* | DLG-Preis |

– Advertorial –

Weingut Eugen Wehrheim

Mühlgasse 30, 55283 **Nierstein**, Tel.: 06133/58125, Fax: 06133/57605,
info@weingut-eugen-wehrheim.de, www.weingut-eugen-wehrheim.de

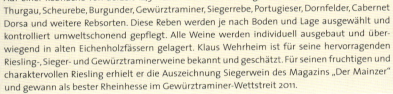

Seit 1693 erzeugt die Familie Wehrheim in Nierstein traditionsreiche Weine. Auf einer Rebfläche von derzeit 12,5 Hektar wachsen Riesling, Silvaner, Müller-Thurgau, Scheurebe, Burgunder, Gewürztraminer, Siegerrebe, Portugieser, Dornfelder, Cabernet Dorsa und weitere Rebsorten. Diese Reben werden je nach Boden und Lage ausgewählt und kontrolliert umweltschonend gepflegt. Alle Weine werden individuell ausgebaut und überwiegend in alten Eichenholzfässern gelagert. Klaus Wehrheim ist für seine hervorragenden Riesling-, Sieger- und Gewürztraminerweine bekannt und geschätzt. Für seinen fruchtigen und charaktervollen Riesling erhielt er die Auszeichnung Siegerwein des Magazins „Der Mainzer" und gewann als bester Rheinhesse im Gewürztraminer-Wettstreit 2011.

2012	Niersteiner Bildstock, Riesling, Kab	●	WSS	11	9-13	6 €	GOLD
2012	Niersteiner Oelberg, Riesling, Kab	●	WSS	11	13-13	6 €	SILBER
2012	Niersteiner Findling, Siegerrebe, Bal	●	WSS	9	3-13	18 €	SILBER
2012	Niersteiner Paterberg, Grauburgunder, Spl	●	WSS	13	7-13	12 €	SILBER
2012	Niersteiner Rehbach, Riesling, Aul	●	WSS	9	2-13	15 €	SILBER
2012	Niersteiner Paterberg, Gewürztraminer, Spl	●	WSS	10	8-13	12 €	SILBER

Weingut Stauff GbR, Weedegasse 13, 55234 **Ober-Flörsheim,** Tel.: 06735/314, Fax: 06735/284, info@weingut-stauff.de

2011	Rheinhessen „Primus", Riesling, QbA	●	WSS	10	20-12	10 €	GOLD
2011	Rheinhessen, Dornfelder, QbA	●	ROT	13	31-12	5 €	SILBER
2012	Rheinhessen, Grauburgunder, QbA	●	WSS	13	3-13	6 €	SILBER
2011	Rheinhessen, Spätburgunder, QbA	●	ROTB	13	29-12	15 €	BRONZE

● Trocken ● Halbtrocken ● Lieblich/Mild ● Edelsüß   * Preisangabe + Alkoholgehalt gerundet

316 | DLG-prämierte Weine und Sekte

GENUSS GUIDE

Jahrgang	Lage, Rebsorte, Qualitätsbezeichnung		Wein-Art	Vol%*	AP-Nr.	Preis*	DLG-Preis

– Advertorial –

Weingut Bungert-Mauer

Bergstr. 24, 55437 **Ockenheim**, Tel.: 06725/2616, Fax: 06725/2426, weingut@bu-ma.de, www.bungert-mauer.de

Matthias Bungert bewirtschaftet knapp 20 Hektar Rebfläche in Ockenheim. Neben Riesling, Chardonnay und anderen Sorten legt er besonderen Wert auf den Ausbau seiner Silvaner und Weißburgunder. Im Rotweinbereich liegt der Schwerpunkt neben Spätburgunder und Portugieser auf den Rebsorten Regent und Cabernet Sauvignon, die internationales Niveau garantieren. In den letzten Jahren wurde viel in die Kellertechnik investiert, sodass alle Weine gezügelt und kontrolliert temperaturgesteuert in Edelstahltanks vergären können. Für den *Matthias Bungert* Rotweinausbau steht zusätzlich ein großer Holzfasskeller zur Verfügung. Im Außenbetrieb wird auf Nachhaltigkeit geachtet. Zur Qualitätssteigerung werden über Sommer Selektionsarbeiten wie Traubenzonenentblätterung, Traubenhalbierung und selektive Lese durchgeführt.

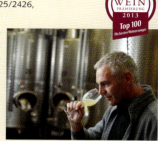

RHEINHESSEN

Jahrgang	Lage, Rebsorte, Qualitätsbezeichnung		Wein-Art	Vol%	AP-Nr.	Preis	DLG-Preis
2009	Ockenheimer St. Jakobsberg, Cabernet Sauvignon, QbA	●	ROTB	14	28-13	14 €	GOLD EXTRA
2012	Binger Pfarrgarten, Siegerrebe, Spl	●	WSS	10	24-13	6 €	GOLD
2012	Ockenheimer Kreuz, Ortega, Aul	●	WSS	8	23-13	9 €	GOLD
2012	Binger Pfarrgarten, Riesling, Spl	●	WSS	10	20-13	7 €	GOLD
2012	Ockenheimer St. Jakobsberg, Weißburgunder, QbA	●	WSS	13	12-13	5 €	GOLD
2011	Ockenheimer Kreuz, Portugieser, QbA	●	ROT	13	30-13	7 €	GOLD
2012	Binger St. Rochuskapelle, Riesling, Kab	●	WSS	12	7-13	6 €	GOLD
2011	Ockenheimer Kreuz, Regent, QbA	●	ROT	13	35-12	8 €	GOLD
2011	Binger St. Rochuskapelle, Spätburgunder, QbA	●	ROT	13	26-13	7 €	GOLD
2012	Ockenheimer Kreuz, Regent, QbA	●	ROT	13	33-13	8 €	GOLD
2012	Ockenheimer Klosterweg, Riesling, Spl	●	WSS	12	19-13	6 €	GOLD
2011	Ockenheimer Laberstall, Regent, QbA	●	ROT	13	36-12	8 €	GOLD
2012	Ockenheimer St. Jakobsberg, Scheurebe, Spl	●	WSS	9	25-13	6 €	SILBER
2012	Ockenheimer St. Jakobsberg, Spätburgunder, QbA	●	ROSEE	13	9-13	5 €	SILBER
2012	Rheinhessen „RS", Silvaner, QbA	●	WSS	13	1-13	5 €	SILBER
2012	Ockenheimer Schönhölle, Grauburgunder, QbA	●	WSS	13	6-13	6 €	SILBER
2012	Binger St. Rochuskapelle, Müller-Thurgau, Kab	●	WSS	9	21-13	5 €	SILBER
2011	Ockenheimer Kreuz, Riesling, Spl	●	WSS	13	12-12	13 €	SILBER
2009	Ockenheimer Klosterweg, Spätburgunder, QbA	●	ROT	14	27-13	10 €	SILBER
2009	Ockenheimer Klosterweg, Pinot Noir, QbA	●	ROTB	13	34-12	18 €	SILBER
2012	Ockenheimer St. Jakobsberg, Morio-Muskat, QbA	●	WSS	10	22-13	5 €	SILBER
2012	Ockenheimer St. Jakobsberg, Chardonnay, QbA	●	WSS	13	16-13	7 €	SILBER
2012	Ockenheimer Kreuz, Regent, QbA	●	ROT	13	34-13	8 €	SILBER
2011	Ockenheimer Laberstall, Regent, QbA	●	ROTB	13	29-13	17 €	SILBER
2012	Ockenheimer St. Jakobsberg, Scheurebe, Kab	●	WSS	13	18-13	5 €	SILBER
2012	Ockenheimer St. Jakobsberg, Scheurebe, QbA	●	WSS	13	17-13	5 €	SILBER
2011	Ockenheimer Kreuz, Ortega, Bal	●	WSSB	9	29-12	22 €	BRONZE

● Trocken   ● Halbtrocken   ● Lieblich/Mild   ● Edelsüß   * Preisangabe + Alkoholgehalt gerundet

Rheinhessen

ahrgang	Lage, Rebsorte, Qualitätsbezeichnung		Wein-Art	Vol%*	AP-Nr.	Preis*	DLG-Preis

Weingut Karl-Wilhelm Müller · Eckhard und Daniel Müller, Bahnhofstr. 43, 55437 **Ockenheim,**
Tel.: 06725/2503, Fax: 06725/6941, post@weingut-kwmueller.de, www.weingut-kwmueller.de

| 2012 | Ockenheimer Hockenmühle, Gewürztraminer, Aul | ● | WSS | 10 | 22-13 | 8 € | GOLD |

Klosterweingut Jakobsberg · Missionsbenediktiner der Erzabtei St. Ottilien, Am Zollstock 8,
55437 **Ockenheim,** Tel.: 06725/993838, Fax: 06725/95658, info@klosterweingut.de, www.klosterweingut.de

2011	Rheinhessen „ad festum", Weißburgunder, Spl	○	WSS	14	3-12	5 €	SILBER
2012	Rheinhessen, Spätburgunder, Spl	○	BLDN	14	8-13	5 €	SILBER
2012	Rheinhessen, Scheurebe, Spl	●	WSS	12	6-13	5 €	SILBER
2012	Rheinhessen, Chardonnay, Spl	○	WSS	14	12-13	5 €	SILBER
2011	Nahe „Splendor Regis", Regent, Spl	○	ROT	15	1-12	5 €	SILBER
2011	Rheinhessen, Gewürztraminer, Aul	●	WSS	10	10-11	6 €	BRONZE
2012	Rheinhessen „Dipiu", Cuvee Weißwein, QbA	○	WSS	12	2-13	4 €	BRONZE
2012	Rheinhessen „vinum optimum", Cuvee Weißwein, Bal	●	WSS	10	7-13	8 €	BRONZE
2012	Rheinhessen „magnificus", Riesling, Spl	○	WSS	12	5-13	5 €	BRONZE
2011	Rheinhessen feinherb, Riesling, Spl	●	WSS	12	9-12	5 €	BRONZE
2011	Nahe, Saint-Laurent, QbA	○	ROT	12	5-12	5 €	BRONZE
2011	Nahe, Merlot, QbA	○	ROT	13	4-12	5 €	BRONZE
2011	Nahe, Spätburgunder, Spl	○	ROT	14	3-12	5 €	BRONZE
2012	Rheinhessen „Graue Eminenz", Pinot Gris, Spl	○	WSS	14	3-13	5 €	BRONZE
2011	Nahe „Unser Kardinal", Dornfelder, QbA	○	ROT	12	6-12	5 €	BRONZE

Weingut Schäfer-Zimmermann, Mainzer Straße 12, 55437 **Ockenheim,** Tel.: 06725/2669, Fax: 06725/308075,
weingut-sz@gmx.de, www.schäfer-zimmermann.de

2011	Rheinhessen „Terra Luna", Regent, Bal	●	ROT	12	15-12	8 €	GOLD
2012	Rheinhessen „Terra Luna", Riesling, Spl	●	WSS	12	1-13	5 €	SILBER
2011	Rheinhessen „F", Cuvee Weißwein, Spl	○	WSS	14	21-12	4 €	BRONZE
2011	Rheinhessen „Terra Luna", Kerner, Bal	●	WSS	12	20-12	8 €	BRONZE

Weingut Adam, Am Weiher 18, 55288 **Partenheim,** Tel.: 06732/1289, Fax: 06732/930909

| 2012 | Partenheimer Sankt Georgen, Pinot Gris, QbA | ○ | WSS | 13 | 15-12 | 6 € | SILBER |
| 2012 | Partenheimer Steinberg, Pinot Blanc, QbA | ○ | WSS | 13 | 14-12 | 6 € | SILBER |

Weingut Meik Dörrschuk · Schloßgartenhof, Untergasse 9, 55291 **Saulheim,** Tel.: 06732/5121,
Fax: 06732/64808, info@schlossgartenhof.de, www.schlossgartenhof.de

| 2012 | Rheinhessen, Saint-Laurent, QbA | ○ | BLDN | 13 | 11-13 | 7 € | SILBER |

Hofgut Ebling, Ausserhalb 1, 55288 **Schornsheim,** Tel.: 06732/3481, Fax: 06732/5068, info@hofgut-ebling.de,
www.hofgut-ebling.de

2011	Dienheimer Siliusbrunnen, Huxelrebe, Bal	●	WSS	9	19-12	12 €	GOLD
2012	Schornsheimer Mönchspfad, Schwarzriesling, QbA	○	ROT	12	9-13	5 €	GOLD
2012	Oppenheimer Kreuz, Chardonnay, Spl	○	WSS	14	17-13	5 €	SILBER
2012	Rheinhessen Classic, Chardonnay, QbA	○	WSS	14	15-13	5 €	SILBER
2012	Schornsheimer Sonnenhang, Portugieser, QbA	●	WHT	10	12-13	4 €	SILBER
2012	Dienheimer Falkenberg feinherb, Chardonnay, Spl	○	WSS	12	14-13	5 €	SILBER
2012	Dienheimer Tafelstein feinherb, Sauvignon Blanc, QbA	◐	WSS	12	8-13	5 €	SILBER
2012	Dienheimer Siliusbrunnen, Kerner, Spl	●	WSS	12	20-13	6 €	SILBER
2012	Schornsheimer Sonnenhang, Graubugunder, QbA	○	WSS	13	16-13	5 €	BRONZE
2012	Schornsheimer Mönchspfad, Acolon, QbA	○	ROT	12	23-13	5 €	BRONZE
2012	Schornsheimer Mönchspfad feinherb, Schwarzriesling, QbA	●	ROT	11	10-13	5 €	BRONZE
2011	Dienheimer Falkenberg, Riesling, Spl	○	WSS	12	17-12	9 €	BRONZE
2012	Schornsheimer Mönchspfad, Portugieser, QbA	◐	BLDN	12	19-13	5 €	BRONZE
2012	Schornsheimer Sonnenhang, Graubugunder, Spl	○	WSS	13	21-13	6 €	BRONZE

○ Trocken   ◐ Halbtrocken   ● Lieblich/Mild   ● Edelsüß   * Preisangabe + Alkoholgehalt gerundet

318 | DLG-prämierte Weine und Sekte

Jahrgang	Lage, Rebsorte, Qualitätsbezeichnung		Wein-Art	Vol%*	AP-Nr.	Preis*	DLG-Preis

Weingut Paulinenhof · Rolf Bernhard, Paulinenhof, 55278 **Selzen**, Tel.: 06737/396, Fax: 06737/809193, info@weingut-paulinenhof.de, www.weingut-paulinenhof.de

2008	Rheinhessen, Huxelrebe, Tba	●	WSS	10	9-09	10 €	GOLD EXTR
2011	Rheinhessen, Dornfelder, QbA	●	ROTB	12	7-12	5 €	SILBER
2008	Rheinhessen, Silvaner, Eis	●	WSS	8	10-09	13 €	BRONZE
2011	Rheinhessen, Spätburgunder, QbA	●	ROTB	13	6-12	5 €	BRONZE

Weingut Udo & Timo Eppelmann, Kirchgasse 10, 55271 **Stadecken-Elsheim**, Tel.: 06136/2778, Fax: 06136/3403, info@weingut-eppelmann.de, www.weingut-eppelmann.de

2012	Elsheimer Blume, Gewürztraminer, Spl	●	WSS	12	28-13	7 €	GOLD
2009	Elsheimer Bockstein „Turmjuwel *****", Spätburgunder, QbA	●	ROTB	15	36-11	19 €	GOLD
2012	Stadecker Spitzberg, Huxelrebe, QbA	●	WSS	11	27-13	7 €	GOLD
2012	Elsheimer Blume, Chardonnay, QbA	●	WSS	13	25-13	7 €	GOLD
2011	Elsheimer Bockstein, Merlot, QbA	●	ROTH	15	37-12	9 €	GOLD
2012	Elsheimer Blume „Kalkmergel", Pinot Gris, QbA	●	WSS	13	15-13	8 €	SILBER
2012	Rheinhessen, Weißburgunder, QbA	●	WSS	13	5-13	6 €	SILBER
2012	Elsheimer Bockstein „Tradition", Silvaner, QbA	●	WSS	11	13-13	6 €	SILBER
2012	Rheinhessen feinherb, Auxerrois, QbA	●	WSS	12	7-13	7 €	SILBER
2012	Elsheimer Blume „Turmjuwel *****", Riesling, Spl	●	WSS	12	31-13	9 €	SILBER
2012	Elsheimer Blume „Kalkmergel", Riesling, Spl	●	WSS	12	30-13	9 €	SILBER
2011	Elsheimer Bockstein „Turmjuwel *****", Cabernet Sauvignon, QbA	●	ROTB	14	33-13	19 €	SILBER
2011	Rheinhessen, Spätburgunder, QbA	●	ROTH	14	33-12	6 €	BRONZE
2012	Rheinhessen feinherb, Riesling, QbA	●	WSS	12	6-13	6 €	BRONZE
2011	Elsheimer Bockstein „Terra Fusca", Pinot Noir, QbA	●	ROTB	15	34-12	10 €	BRONZE
2012	Elsheimer Bockstein „Terra Fusca", Riesling, Spl	●	WSS	12	29-13	9 €	BRONZE

– Anzeige –

Weingut Georg Jung

Georg Jung, Alzeyer Str. 4, 55278 **Undenheim**, Tel.: 06737/246, Fax: 06737/9952, info@wein-macht-jung.de, www.wein-macht-jung.de

J – wie jugendlich
Lust auf Leben, Lust auf Wein, das ist die Formel unseres Weingutes.

U – wie ursprünglich
Bei uns geht die Freude an der Sortenvielfalt Hand in Hand mit der Liebe zur Natur.

N – wie natürlich
Leben pur auf dem Land. Bei uns wird gelebt, geliebt und gelacht und Freunde willkommen geheißen. Ein hervorragender Nährboden, der die Weine wie die Menschen gut gedeihen lässt.

G – wie gewissenhaft
Guter Wein – das ist kein Zufall. Die höchsten Ansprüche stellen wir dabei an uns selbst.

2011	Rheinhessen, Chardonnay, QbA	●	WSS	12	11-12	6 €	GOLD
2011	Rheinhessen, Riesling, Spl	●	WSS	13	12-12	6 €	GOLD
2011	Rheinhessen, Grauburgunder, Spl	●	WSSH	14	15-12	6 €	GOLD
2011	Rheinhessen, Weißburgunder, QbA	●	WSS	13	14-12	5 €	SILBER
2011	Rheinhessen, Riesling, Aul	●	WSS	10	28-12	8 €	SILBER
2011	Rheinhessen, Riesling, Spl	●	WSS	13	16-12	5 €	SILBER
2011	Rheinhessen „Sommerliebe", Cuvee Rosee, QbA	●	ROSEE	14	10-12	5 €	BRONZE
2011	Rheinhessen, Huxelrebe, Bal	●	WSS	12	9-12	10 €	BRONZE

● Trocken   ● Halbtrocken   ● Lieblich/Mild   ● Edelsüß   * Preisangabe + Alkoholgehalt gerundet

Rheinhessen | 319

| ahrgang | Lage, Rebsorte, Qualitätsbezeichnung | Wein-Art | Vol%* | AP-Nr. | Preis* | DLG-Preis |

Advertorial –

Weingut Manz

Erich und Eric Manz, Lettengasse 6, 55278 **Weinolsheim**, Tel.: 06249/7981, Fax: 06249/80022, weingut@manz-weinolsheim.de, www.manz-weinolsheim.de

In Weinolsheim lohnt sich ein Besuch im Weingut Manz, das seit 1725 Weinbau betreibt. Die Leidenschaft für den Wein und der konsequente Wille zu Qualität ist die Philosophie des Weingutes. Auf einer Rebfläche von 20 Hektar, die vorwiegend mit Riesling und Burgunder bestockt sind, erzeugen Erich und Eric Manz jährlich etwa 150.000 Flaschen Wein. Zahlreiche Preise und Auszeichnungen der DLG und anderer Weininstitutionen beurkunden die Güte der Manz'schen Qualitätsweine. In den TOP 100 der besten Weinerzeuger ist das Weingut Manz in diesem Jahr auf Platz vier als bestes Weingut Rheinhessens. Das alle zwei Jahre stattfindende Hoffest sowie regelmäßige Weinproben laden Besucher zum Genießen und Verweilen ein.

Familie Manz

Jahrgang	Lage, Rebsorte, Qualitätsbezeichnung	Wein-Art	Vol%	AP-Nr.	Preis	DLG-Preis
2011	Oppenheimer Herrenberg, Riesling, Bal	WSS	8	55-12		GOLD EXTRA
2012	Rheinhessen Kalkstein, Chardonnay, Spl	WSS	14	13-13	9 €	GOLD
2012	Oppenheimer Herrenberg „Kalkstein", Weißburgunder, Spl	WSS	14	14-13	9 €	GOLD
2010	Uelversheimer Schloss, Huxelrebe, Tba	WSS	6	48-11		GOLD
2012	Rheinhessen „Alte Reben", Silvaner, Spl	WSS	13	20-13	8 €	GOLD
2012	Guntersblumer Steig Terrassen, Riesling, Kab	WSS	12	37-13	6 €	GOLD
2012	Weinolsheimer Kehr „M***", Riesling, Spl	WSS	7	28-13	9 €	GOLD
2012	Guntersblumer Steig Terrassen, Gewürztraminer, Spl	WSS	14	26-13	9 €	GOLD
2012	Weinolsheimer Kehr „***", Riesling, Spl	WSS	13	30-13	18 €	GOLD
2010	Rheinhessen „M", Cuvee Rotwein, QbA	ROTB	14	6-13	14 €	GOLD
2011	Oppenheimer Herrenberg, Riesling, Aul	WSS	8	32-12		GOLD
2009	Oppenheimer Herrenberg, Spätburgunder, QbA	ROTB	14	50-12		GOLD
2009	Rheinhessen, Cuvee Rotwein, QbA	ROTB	14	47-12		GOLD
2012	Weinolsheimer Kehr, Silvaner, Eis	WSS	8	44-13	24 €	GOLD
2012	Oppenheimer Herrenberg, Riesling, Spl	WSS	13	34-13	7 €	GOLD
2012	Uelversheimer Schloß, Huxelrebe, Spl	WSS	8	25-13	6 €	GOLD
2012	Niersteiner Hipping, Riesling, Spl	WSS	13	33-13	8 €	GOLD
2012	Weinolsheimer Kehr, Kerner, Spl	WSS	9	27-13	6 €	GOLD
2012	Oppenheimer Sackträger, Riesling, Spl	WSS	13	32-13	9 €	SILBER
2012	Weinolsheimer Kehr, Riesling, Eis	WSS	7	43-13	30 €	SILBER
2009	Oppenheimer Herrenberg, Spätburgunder, QbA	ROTB	14	57-12		SILBER
2009	Oppenheimer Herrenberg, Spätburgunder, QbA	ROTB	14	48-12		SILBER
2012	Rheinhessen „Kalkstein", Sauvignon Blanc, QbA	WSS	13	17-13	9 €	SILBER
2010	Oppenheimer Herrenberg „M***", Spätburgunder, QbA	ROTB	14	4-13	19 €	SILBER
2012	Rheinhessen „Alte Reben", Grauburgunder, QbA	WSS	14	19-13	9 €	SILBER
2012	Rheinhessen feinherb „Kalkstein", Riesling, Spl	WSS	12	35-13	7 €	SILBER
2011	Rheinhessen, Riesling, Spl	WSS	12	28-12		SILBER

● Trocken ● Halbtrocken ● Lieblich/Mild ● Edelsüß * Preisangabe + Alkoholgehalt gerundet

320 | DLG-prämierte Weine und Sekte

Jahrgang	Lage, Rebsorte, Qualitätsbezeichnung		Wein-Art	Vol%*	AP-Nr.	Preis*	DLG-Preis
2012	Rheinhessen, Spätburgunder, QbA	🟡	BLDN	13	12-13	6 €	SILBER
2010	Oppenheimer Herrenberg "Kalkstein", Spätburgunder, QbA	🟡	ROTB	14	5-13	13 €	SILBER
2011	Oppenheimer Herrenberg, Spätburgunder, QbA	🟡	ROTH	13	7-13	8 €	BRONZE
2012	Oppenheimer Herrenberg "100", Riesling, Spl	🟡	WSS	13	31-13	14 €	BRONZE

Winzergenossenschaft Westhofen eG, Am Bogen 18, 67593 **Westhofen**, Tel.: 06244/9092412, Fax: 06244/5476, winzergenossenschaft@wonnegauweine.de, www.wonnegauweine.de

Jahrgang	Lage, Rebsorte, Qualitätsbezeichnung		Wein-Art	Vol%*	AP-Nr.	Preis*	DLG-Preis
2012	Rheinhessen, Riesling, QbA	🟡	WSS	11	36-13	4 €	GOLD
2012	Westhofener Bergkloster, Riesling, QbA	🟡	WSS	12	38-13	4 €	SILBER
2012	Westhofener Bergkloster, Riesling, Kab	🟢	WSS	11	62-13	4 €	SILBER
2012	Rheinhessen, Riesling, Spl	🟡	WSS	12	47-13	5 €	SILBER
2012	Rheinhessen, Regent, QbA	🟡	ROT	11	48-13	4 €	SILBER
2012	Westhofener Bergkloster, Riesling, Spl	🔴	WSS	10	72-13	4 €	SILBER
2012	Rheinhessen, Scheurebe, Spl	🔴	WSS	9	59-13	4 €	SILBER
2009	Rheinhessen, Spätburgunder, QbA	🟡	ROTB	14	33-11	8 €	SILBER
2012	Westhofener Bergkloster, Morio-Muskat, QbA	🟡	WSS	10	20-13	4 €	SILBER
2012	Rheinhessen, Huxelrebe, Spl	🔴	WSS	10	43-13	4 €	SILBER
2012	Gundersheimer Königsstuhl, Portugieser, QbA	🟡	WHT	11	25-13	4 €	SILBER
2012	Rheinhessen, Spätburgunder, QbA	🟡	ROSEE	12	2-13	4 €	SILBER
2011	Rheinhessen, Dornfelder, QbA	🟢	ROT	12	147-12	4 €	BRONZE
2012	Gundersheimer Königsstuhl, Müller-Thurgau, QbA	🟢	WSS	11	80-13	4 €	BRONZE
2012	Rheinhessen, Saint-Laurent, QbA	🟡	ROT	13	73-13	4 €	BRONZE
2012	Rheinhessen, Riesling, Spl	🟡	WSS	12	44-13	5 €	BRONZE
2011	Rheinhessen, Dornfelder, QbA	🟢	ROT	12	42-13	4 €	BRONZE
2012	Westhofener Bergkloster, Portugieser, QbA	🟡	WHT	11	58-13	3 €	BRONZE
2011	Eppelsheimer Felsen, Gewürztraminer, Spl	🟡	WSS	9	126-12	4 €	BRONZE
2012	Rheinhessen, Spätburgunder, QbA	🟡	WHT	13	23-13	4 €	BRONZE
2012	Rheinhessen, Bacchus, QbA	🔴	WSS	9	61-13	3 €	BRONZE
2012	Westhofener Kirchspiel, Riesling, Aul	🔴	WSS	10	46-13	6 €	BRONZE
2011	Gundersheimer Bergkloster, Dornfelder, QbA	🟡	ROT	12	139-12	4 €	BRONZE
2011	Rheinhessen, Spätburgunder, Spl	🟡	ROT	12	53-13	5 €	BRONZE
2012	Westhofener Bergkloster, Kerner, Spl	🔴	WSS	10	56-13	4 €	BRONZE
2011	Gundersheimer Bergkloster, Dornfelder, QbA	🟡	ROT	13	49-13	4 €	BRONZE
2012	Gundersheimer Königsstuhl, Müller-Thurgau, QbA	🟡	WSS	11	7-13	4 €	BRONZE
2011	Rheinhessen, Lemberger, QbA	🟡	ROT	12	110-12	5 €	BRONZE

Weingut Bernhard, Klostergasse 3, 55578 **Wolfsheim**, Tel.: 06701/7130, Fax: 06701/7117, service@weingut-bernhard.de, www.weingut-bernhard.de

Jahrgang	Lage, Rebsorte, Qualitätsbezeichnung		Wein-Art	Vol%*	AP-Nr.	Preis*	DLG-Preis
2012	Rheinhessen Classic, Weißburgunder, QbA	🟡	WSS	13	13-13		GOLD
2012	Rheinhessen, Sauvignon Blanc, QbA	🟡	WSS	13	17-13		GOLD
2012	Rheinhessen, Saint-Laurent, QbA	🟡	ROSEE	12	7-13		GOLD
2012	Rheinhessen Classic, Rivaner, QbA	🟢	WSS	12	3-13		GOLD
2012	Rheinhessen, Silvaner, QbA	🟡	WSS	12	14-13		GOLD
2012	Rheinhessen Classic, Grauburgunder, QbA	🟡	WSS	13	12-13		GOLD
2012	Rheinhessen Classic, Chardonnay, QbA	🟢	WSS	13	11-13		SILBER
2012	Rheinhessen "Bernhard's Premiumwein", Chardonnay, QbA	🟡	WSS	13	5-13		SILBER
2012	Rheinhessen, Scheurebe, QbA	🟡	WSS	13	16-13		SILBER
2012	Rheinhessen, Huxelrebe, Spl	🔴	WSS	12	4-13		SILBER
2012	Rheinhessen, Riesling, QbA	🟡	WSS	13	15-13		SILBER
2012	Rheinhessen "Bernhard's Premiumwein", Gewürztraminer, QbA	🟡	WSS	13	6-13		SILBER
2012	Rheinhessen, Spätburgunder, QbA	🟡	BLDN	13	1-13		BRONZE
2012	Rheinhessen, Bacchus, Kab	🔴	WSS	11	2-13		BRONZE

🟡 Trocken   🟢 Halbtrocken   🔴 Lieblich/Mild   🔵 Edelsüß   * Preisangabe + Alkoholgehalt gerundet

Rheinhessen | 321

Jahrgang	Lage, Rebsorte, Qualitätsbezeichnung		Wein-Art	Vol%*	AP-Nr.	Preis*	DLG-Preis

Winzer der Rheinhessischen Schweiz eG, Kreuzstraße 12, 55597 **Wöllstein**, Tel.: 06703/960177, Fax: 06703/960179, info@winzer-der-rheinhessischen-schweiz.de, www.winzer-der-rheinhessischen-schweiz.de

2012	Wöllsteiner Ölberg, Rivaner, QbA	🟡	WSS	12	16-13	4 €	SILBER
2012	Wöllsteiner Rheingrafenstein, Pinot Noir, Spl	🔴	ROT	13	50-13	6 €	SILBER
2012	Wöllsteiner Äffchen, Müller-Thurgau, QbA	🟢	WSS	11	18-13	4 €	SILBER
2012	Wöllsteiner Rheingrafenstein, Grauburgunder, Spl	🟡	WSS	12	22-13	5 €	SILBER

Weingut Stefan Kraus, 67550 **Worms-Abenheim**, Tel.: 06242/7653, Fax: 06242/60406, info@weingut-kraus.de, www.weingut-kraus.de

| 2012 | Rheinhessen „Cuvee Nicole", Cuvee Weißwein, QbA | 🟣 | WSS | 7 | 20-12 | 5 € | BRONZE |
| 2012 | Abenheimer Klausenberg, Portugieser, QbA | 🟢 | ROSEE | 12 | 12-12 | 4 € | BRONZE |

Weingut Ulrich Goldschmidt, Enzingerstr. 27-31, 67551 **Worms-Pfeddersheim**, Tel.: 06247/7044, Fax: 06247/6205, info@wein-Goldschmidt.de, www.wein-Goldschmidt.de

2012	Dalsheimer Sauloch, Gewürztraminer, Spl	🟡	WSS	13	12-13	6 €	SILBER
2012	Pfeddersheimer Kreuzblick, Chardonnay, Spl	🟡	WSS	13	1-13	6 €	SILBER
2012	Dalsheimer Hubacker, Riesling, Spl	🟡	WSS	12	6-13	6 €	SILBER
2012	Dalsheimer Sauloch feinherb, Gewürztraminer, Spl	🔴	WSS	13	13-13	6 €	BRONZE
2012	Dalsheimer Hubacker feinherb, Riesling, Spl	🟢	WSS	12	15-13	6 €	BRONZE
2012	Osthofener Liebenberg „S", Riesling, Spl	🟡	WSS	12	5-13	9 €	BRONZE
2012	Rheinhessen, Spätburgunder, QbA	🟡	ROSEE	13	7-13	6 €	BRONZE

Weingut Gunter & Ute Weinmann GbR, Rommersheimer Straße 105, 55286 **Wörrstadt**, Tel.: 06732/933958, Fax: 06732/933959, info@mein-Weinmann.de, www.mein-Weinmann.de

2012	Rheinhessen, Cabernet Sauvignon, QbA	🟡	ROSEE	13	15-13	7 €	GOLD
2012	Rheinhessen, Scheurebe, Eis	🟣	WSS	11	13-13	19 €	GOLD
2012	Rheinhessen „t. c.", Silvaner, QbA	🟡	WSS	12	7-13	5 €	SILBER
2012	Rheinhessen „Sorglos", Cuvee Weißwein, QbA	🔴	WSS	10	10-13	6 €	SILBER
2012	Rheinhessen feinherb, Chardonnay, Weißburgunder, QbA	🟢	WSS	12	4-13	5 €	SILBER
2012	Rheinhessen, Chardonnay, Spl	🟡	WSS	13	3-13	7 €	BRONZE
2012	Rheinhessen, Grauburgunder, QbA	🟡	WSS	12	2-13	5 €	BRONZE
2012	Rheinhessen, Riesling, Spl	🔴	WSS	9	11-13	5 €	BRONZE

🟡 Trocken 🟢 Halbtrocken 🔴 Lieblich/Mild 🟣 Edelsüß * Preisangabe + Alkoholgehalt gerundet

Saale-Unstrut

Weinbautradition mit Himmelsscheiben

Das Tal an Saale und Unstrut ist die Heimat von sagenumwobenen Burgen und prächtigen Schlössern und Kirchen. Berühmt ist die Region auch für die Himmelsscheibe von Nebra. Der Weinbau hat eine lange Tradition, die über 1000 Jahre zurückreicht. Die typische Weißwein-Region der Bundesländer Sachsen-Anhalt, Thüringen und Brandenburg fußt auf Buntsandstein- und Muschelkalkböden. Hier kultiviert man vornehmlich Müller-Thurgau, Silvaner, Weißburgunder, Riesling, Kerner, Bacchus und Traminer, aber auch etwas Portugieser. Rund 740 Hektar werden durch den Weinbau bewirtschaftet.

Ihr Weg zu den Spitzenweinen

1 Weingut Marcel Schulze, Döschwitz
2 Winzervereinigung Freyburg eG, Freyburg
3 Weingut Dr. Eberhard Hage, Freyburg

✹ Winzer des Jahres   ✭ TOP-Winzer (Bundesehrenpreis)   ● weitere Betriebsempfehlung

Saale-Unstrut | 323

Jahrgang	Lage, Rebsorte, Qualitätsbezeichnung		Wein-Art	Vol%*	AP-Nr.	Preis*	DLG-Preis

Sekte

Weingut Marcel Schulze, Naumburgerstraße 42, 06712 **Döschwitz**, Tel.: 034425/27326, Fax: 034425/30375, info@weingut-schulze.de, www.weingut-schulze.de

2011	Saale-Unstrut, Riesling, brut	🟡	WSS	12	31-12	9 €	SILBER
2011	Saale-Unstrut, Riesling, trocken	🟢	WSS	12	30-12	9 €	SILBER
2012	Saale-Unstrut, Riesling, trocken	🟢	WSS	12	26-13	9 €	SILBER
2012	Saale-Unstrut, Riesling, brut	🟡	WSS	12	25-13	9 €	BRONZE
2011	Saale-Unstrut, Spätburgunder, halbtrocken	🔴	ROSEE	12	28-13	9 €	BRONZE

Winzervereinigung Freyburg eG, Querfurter Str. 10, 06632 **Freyburg**, Tel.: 034464/30622, Fax: 034464/30666, info@winzervereinigung-freyburg.de, www.winzervereinigung-freyburg.de

| 2011 | Saale-Unstrut, Kerner, extra brut | 🟡 | WSS | 13 | 2-13 | 12 € | GOLD |
| 2011 | Saale-Unstrut, Spätburgunder, extra brut | 🟡 | BLDN | 13 | 4-13 | 13 € | SILBER |

🟡 Brut nature / Extra Brut / Brut   🟢 Extra trocken / Trocken   🔴 Halbtrocken / Mild   *Preisangabe + Alkoholgehalt gerundet

Weine

Landesweingut Kloster Pforta GmbH, Saalhäuser, 06628 **Bad Kösen**, Tel.: 034463/3000, Fax: 034463/30025, service@kloster-pforta.de, www.kloster-pforta.de

| 2011 | Saale-Unstrut „Saalhäuser-Breitengrad 51", Weißburgunder, QbA | 🟡 | WSSB | 13 | 19-12 | | BRONZE |

Thüringer Weingut Bad Sulza GmbH, Sonnendorf 17, 99518 **Bad Sulza**, Tel.: 036461/20600, Fax: 036461/20861, info@thueringer-wein.de, www.thueringer-wein.de

| 2012 | Thüringen, Weißburgunder, QbA | 🟡 | WSS | 13 | 1-13 | | SILBER |
| 2012 | Bad Sulzaer Sonnenberg „Excellence", Auxerrois, QbA | 🟡 | WSS | 13 | 12-13 | | BRONZE |

Weingut Marcel Schulze, Naumburgerstraße 42, 06712 **Döschwitz**, Tel.: 034425/27326, Fax: 034425/30375, info@weingut-schulze.de, www.weingut-schulze.de

2012	Bad Kösener Schöne Aussicht, Cabernet Blanc, Aul	🟡	WSS	14	18-13	8 €	GOLD
2011	Kloster Posaer Klosterberg Zeitz, Spätburgunder, Aul	🟡	ROTB	13	43-12	10 €	SILBER
2011	Saale-Unstrut, Riesling, Aul	🔴	WSS	12	9-12	8 €	SILBER
2012	Saale-Unstrut, Graubugunder, Aul	🟡	WSS	13	12-13	8 €	SILBER
2012	Bad Kösener Schöne Aussicht, Traminer, Spl	🟡	WSS	14	41-12	8 €	SILBER
2012	Naumburger Sonneck, Kernling, Aul	🟢	WSS	14	17-13	8 €	BRONZE
2012	Bad Kösener Schöne Aussicht, Silvaner, Spl	🟡	WSS	12	1-13	7 €	BRONZE
2012	Bad Kösener Schöne Aussicht, Graubugunder, Aul	🔴	WSS	12	6-13	8 €	BRONZE

Weingut Familie Lückel · Andrea und Jörg Lückel, Schloßstraße 21, 06632 **Freyburg**, Tel.: 034464/359160, Fax: 034464/359162, info@weingut-lueckel.de

2011	Freyburger Edelacker, Dornfelder, Spl	🟡	ROTB	12	8-13	11 €	SILBER
2012	Saale-Unstrut, Zweigelt, Portugieser, QbA	🟡	BLDN	12	5-13	10 €	SILBER
2011	Schloss Neuenburg, Cuvee Rosee, QbA	🟡	ROSEE	12	5-12	9 €	BRONZE
2011	Freyburger Edelacker, Cabertin, Aul	🟡	ROTB	14	9-13		BRONZE

Weingut Dr. Eberhard Hage, Zeuchfeld Nr. 21, 06632 **Freyburg**, Tel.: 034464/28207, Fax: 034464/27636, Hage-Zeuchfeld@t-online.de, www.weingut-dr-hage.de

2012	Saale-Unstrut, Riesling, Spl	🟡	WSS	12	3-13	9 €	SILBER
2012	Saale-Unstrut, Kerner, Spl	🟢	WSS	12	11-13	9 €	SILBER
2012	Saale-Unstrut, Traminer, Spl	🟢	WSS	12	13-13	9 €	BRONZE
2012	Saale-Unstrut, Müller-Thurgau, QbA	🟡	WSS	12	8-13	7 €	BRONZE
2012	Saale-Unstrut, Traminer, Spl	🟡	WSS	12	10-13	9 €	BRONZE
2012	Saale-Unstrut, Weißburgunder, Spl	🟡	WSS	12	6-13	9 €	BRONZE
2012	Saale-Unstrut, Portugieser, QbA	🟢	ROSEE	11	5-13	7 €	BRONZE

🟡 Trocken   🟢 Halbtrocken   🔴 Lieblich/Mild   🟣 Edelsüß   *Preisangabe + Alkoholgehalt gerundet

Jahrgang	Lage, Rebsorte, Qualitätsbezeichnung	Wein-Art	Vol%*	AP-Nr.	Preis*	DLG-Preis

– Advertorial –

Winzervereinigung Freyburg-Unstrut eG

Querfurter Str. 10, 06632 **Freyburg (Unstrut)**, Tel.: 034464/3060, Fax: 034464/30610, info@winzervereinigung-freyburg.de, www.winzervereinigung-freyburg.de

Fast 30 verschiedene Rebsorten bauen die Mitglieder der Winzervereinigung Freyburg-Unstrut vorrangig entlang der Flussläufe von Saale und Unstrut an. Vom spritzigen Müller-Thurgau über den traditionsreichen Silvaner bis zum edlen Weißburgunder und Riesling. Bei den roten Trauben sind es u.a. Dornfelder, Portugieser und die Rarität André. Die besten Trauben werden für die Premiumlinie ausgewählt. Mit 360 Hektar Rebfläche ist die Genossenschaft der wichtigste Weinerzeuger in Mitteldeutschland. Neben modernster Kellertechnik behauptet sich zunehmend wieder das gute alte Holzfass, dem mittlerweile auch viele neue an die Seite gestellt wurden. Sichtbar in einem der größten bundesdeutschen Holzfasskeller, der täglich besichtigt werden kann.

Jahrgang	Lage, Rebsorte, Qualitätsbezeichnung		Wein-Art	Vol%*	AP-Nr.	Preis*	DLG-Preis
2011	Saale-Unstrut, Dornfelder, QbA	●	ROTB	13	183-12	14 €	SILBER
2012	Saale-Unstrut, Müller-Thurgau, QbA	●	WSS	12	25-13	5 €	SILBER
2011	Saale-Unstrut, Grauburgunder, Spl	●	WSSH	13	9-13	8 €	SILBER
2012	Saale-Unstrut, Riesling, Eis	●	WSS	12	73-13	42 €	SILBER
2011	Höhnstedter Kelterberg, Grauburgunder, Spl	●	WSSH	13	170-12	8 €	SILBER
2012	Saale-Unstrut, Portugieser, QbA	●	WHT	11	57-13	6 €	SILBER
2012	Höhnstedter Kelterberg, Grauburgunder, Spl	●	WSS	13	49-13	8 €	SILBER
2011	Saale-Unstrut, Dornfelder, QbA	●	ROTH	13	26-13	8 €	SILBER
2012	Saale-Unstrut, Hölder, Spl	●	WSS	12	24-13	8 €	SILBER
2012	Saale-Unstrut „Unser Erster", Müller-Thurgau, QbA	●	WSS	12	187-12	6 €	SILBER
2012	Höhnstedter Kelterberg, Weißburgunder, Spl	●	WSS	12	47-13	8 €	SILBER
2012	Saale-Unstrut, Riesling, QbA	●	WSS	12	34-13	6 €	BRONZE
2012	Seeburger Himmelshöhe, Grauburgunder, Spl	●	WSS	13	85-13	8 €	BRONZE
2012	Saale-Unstrut, Weißburgunder, QbA	●	WSS	13	60-13	6 €	BRONZE
2012	Saale-Unstrut, Scheurebe, QbA	●	WSS	13	81-13	7 €	BRONZE
2011	Saale-Unstrut, Silvaner, QbA	●	WSS	12	8-13	5 €	BRONZE
2011	Saale-Unstrut, Dornfelder, QbA	●	ROTH	12	191-12	8 €	BRONZE
2012	Burgwerbener Herzogsberg, Silvaner, QbA	●	WSS	13	63-13	5 €	BRONZE
2011	Saale-Unstrut, Traminer, Spl	●	WSS	13	201-12	8 €	BRONZE
2011	Saale-Unstrut, Weißburgunder, Spl	●	WSSB	13	182-12	14 €	BRONZE
2011	Saale-Unstrut, Riesling, Spl	●	WSS	12	204-12	8 €	BRONZE
2011	Saale-Unstrut, Zweigelt, QbA	●	ROTH	12	197-12	7 €	BRONZE

Thüringer Weingut Hartmut Zahn, Weinbergstraße 16, 99518 **Großheringen**, Tel.: 034466/20356, Fax: 034466/712034, info@weingut-zahn.de, www.weingut-zahn.de

| 2010 | Kaatschener Dachsberg, Acolon, QbA | ● | ROTB | 13 | 3-12 | 17 € | BRONZE |

Weingut Frölich-Hake, Am Leihdenberg 11, 06618 **Roßbach**, Tel.: 03445/266800, Fax: 03445/266801, weingut-froelich-hake@t-online.de, www.weingut-froelich-hake.de

2012	Dorndorfer Rappental, Silvaner, Aul	●	WSS	13	5-13	12 €	SILBER
2012	Saale-Unstrut, Riesling, Spl	●	WSS	12	11-13	8 €	SILBER
2012	SaaleUnstrut, Scheurebe, QbA	●	WSS	12	6-13	8 €	SILBER
2012	Saale-Unstrut „Muschelkalk", Kerner, QbA	●	WSS	13	2-13	9 €	BRONZE

Weinhaus zu Weimar · Prinz zur Lippe, Wohlborner Str. 4a, 99427 **Weimar**, Tel.: 03521/4767923, Fax: 03521/4767910, weingut@schloss-proschwitz.de, www.schloss-proschwitz.de

| 2012 | Saale/Unstrut „Weinhaus zu Weimar", Sauvignon Blanc, QbA | ● | WSS | 14 | 5-13 | 14 € | GOLD |

● Trocken   ● Halbtrocken   ● Lieblich/Mild   ● Edelsüß   * Preisangabe + Alkoholgehalt gerundet

Sachsen

Romantische Steillagen für die Weißweindomäne

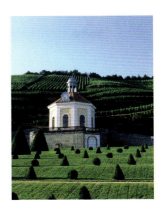

Das nord-östlichste Weinanbaugebiet in Deutschland ist geprägt von einer Vielzahl geologischer Formationen, die Einfluss nehmen auf die Weinstilistik. Das Gebiet erstreckt sich zwischen Meißen und Pirna entlang der Elbe und einer wunderbaren Steillagen-Landschaft. Sachsen ist eine Weißweinregion, in der Burgunder, Traminer, Müller-Thurgau, Kerner und etwas Spätburgunder im Anbau stehen. Heute werden rund 480 Hektar für den Weinbau genutzt.

Ihr Weg zu den Spitzenweinen

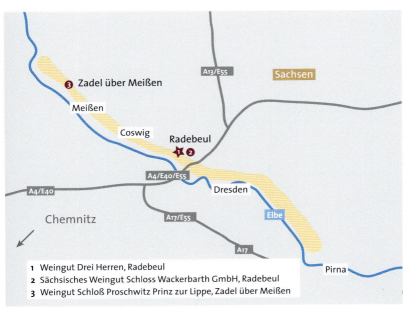

1 Weingut Drei Herren, Radebeul
2 Sächsisches Weingut Schloss Wackerbarth GmbH, Radebeul
3 Weingut Schloß Proschwitz Prinz zur Lippe, Zadel über Meißen

✹ Winzer des Jahres   ★ TOP-Winzer (Bundesehrenpreis)   ● weitere Betriebsempfehlung

Sekte

Sächsische Winzergenossenschaft Meißen e.G., Bennoweg 9, 01662 **Meißen**, Tel.: 03521/780970, Fax: 03521/7809733, info@winzergenossenschaft-meissen.de, www.winzergenossenschaft-meissen.de

Jahrgang	Lage, Rebsorte, Qualitätsbezeichnung		Wein-Art	Vol%*	AP-Nr.	Preis*	DLG-Preis
	Sachsen „Benno von Meißen", Traminer, trocken	🟢	WSS	12	2-12	15 €	GOLD EXTRA
	Sachsen „Benno von Meißen", Scheurebe, trocken	🟢	WSS	12	1-12	15 €	SILBER
	Sachsen „Benno von Meißen", Scheurebe, brut	🟡	WSS	12	3-12	15 €	BRONZE

Sächsisches Staatsweingut GmbH · Schloss Wackerbarth, Wackerbarthstraße 1, 01445 **Radebeul bei Dresden**, Tel.: 0351/89550, Fax: 0351/8955150, aumueller@schloss-wackerbarth.de, www.schloss-wackerbarth.de

| | Sachsen „Gräfin Cosel", Cuvee Rosee, trocken | 🟢 | ROSEE | 12 | 28-12 | 19 € | BRONZE |

Weingut Schloß Proschwitz · Prinz zur Lippe, Dorfanger 19, 01665 **Zadel über Meißen**, Tel.: 03521/76760, Fax: 03521/767676, weingut@schloss-proschwitz.de, www.schloss-proschwitz.de

| 2011 | Schloss Proschwitz, Traminer, trocken | 🟢 | WSS | 13 | 33-12 | 19 € | BRONZE |

🟡 Brut nature / Extra Brut / Brut   🟢 Extra trocken / Trocken   🔴 Halbtrocken / Mild   * Preisangabe + Alkoholgehalt gerundet

Weine

Weingut Jan Ulrich, Am Brummochsenloch 21, 01612 **Diesbar-Seußlitz**, Tel.: 035267/5100, Fax: 035267/51013, post@weingut-jan-ulrich.de, www.weingut-jan-ulrich.de

2012	Seußlitzer Heinrichsburg, Johanniter, Kab	🟡	WSS	12	1-13		GOLD
2012	Seußlitzer Heinrichsburg, Goldriesling, QbA	🟢	WSS	12	12-12		BRONZE
2011	Seußlitzer Heinrichsburg, Kerner, Aul	🔴	WSS	12	10-12		BRONZE

Weingut Ingo Hanke, Alte Schweinitzer Straße 80, 06917 **Jessen/Elster**, Tel.: 03537/212770, Fax: 03537/200561, Ingo.Hanke@t-online.de, www.weingut-hanke.de

2012	Jessener Gorrenberg, Traminer, Spl	🔴	WSS	14	17-13	9 €	SILBER
2012	Jessener Gorrenberg, Kerner, Kab	🟢	WSS	13	7-13	7 €	BRONZE
2012	Jessener Gorrenberg, Scheurebe, Kab	🟡	WSS	12	16-13	7 €	BRONZE

Sächsische Winzergenossenschaft Meißen e.G., Bennoweg 9, 01662 **Meißen**, Tel.: 03521/780970, Fax: 03521/7809733, info@winzergenossenschaft-meissen.de, www.winzergenossenschaft-meissen.de

2012	Bereich Meißen, Morio-Muskat, QbA	🟡	WSS	12	26-13	11 €	GOLD
2012	Bereich Meißen, Goldriesling, QbA	🟡	WSS	13	5-13	9 €	GOLD
2012	Bereich Meißen, Traminer, QbA	🟢	WSS	12	29-13	9 €	SILBER
2012	Pillnitzer Königlicher Weinberg, Weißburgunder, Spl	🟢	WSS	12	35-13	9 €	BRONZE
2012	Bereich Meißen, Weißburgunder, QbA	🟡	WSS	12	23-13	8 €	BRONZE
2012	Jessener Gorrenberg, Cabernet Blanc, Spl	🟢	WSS	13	27-13	9 €	BRONZE
2012	Bereich Meißen, Rotling, Kab	🟢	RTL	11	20-13	10 €	BRONZE
2011	Bereich Meißen, Kerner, QbA	🟢	WSS	12	56-12	9 €	BRONZE
2012	Schliebener Langer Berg, Rotling, Kab	🟢	RTL	11	19-13	10 €	BRONZE

🟡 Trocken   🟢 Halbtrocken   🔴 Lieblich/Mild   🔵 Edelsüß   * Preisangabe + Alkoholgehalt gerundet

| Jahrgang | Lage, Rebsorte, Qualitätsbezeichnung | Wein-Art | Vol%* | AP-Nr. | Preis* | DLG-Preis |

– Advertorial –

Weingut DREI HERREN

Prof. Dr. Rainer Beck und Claus Höhne, Weinbergstraße 34, 01445 **Radebeul**, Tel.: 0351/7956099, Fax: 0351/7956315, info@weingutdreiherren.de, www.weingutdreiherren.de

Noch jung, erst im November 2005 eröffnet, gehört das Weingut DREI HERREN bereits zu den renommiertesten Weinadressen Sachsens. Allein in den letzten fünf Jahren erhielt es viermal den Bundesehrenpreis. Alle Weine des Guts stammen aus terrassierten Steillagen. Sie werden ausschließlich mit der Hand gelesen und erfahren eine schonende Kellerbehandlung ohne manipulative Eingriffe. Oberstes Ziel ist der perfekte, typisch sächsische Geschmacksdreiklang von Spritzigkeit,  intensiv-feiner Fruchtigkeit und einer ausgeprägt mineralischen Note. Geschichtsbewusstsein gepaart mit neuesten Erkenntnissen war von Anfang an die ideelle Basis des Weingutes: der Dialog zwischen Tradition und Moderne, die denkmalgerechte Sanierung der Weinberge und der alten Bausubstanz aus dem 18. Jahrhundert und die gleichzeitige Umorganisation für die Bedürfnisse der Gegenwart. Wein und Kunst genießen..., so lautet das Motto der DREI HERREN. Das sind: der Kunsthistoriker Prof. Dr. Rainer Beck, der Radebeuler Winzer und Dipl. Ing. Claus Höhne und die ehemalige sächsische Weinkönigin (2003) und deutsche Weinprinzessin (2004) Antje Wiedemann. Ihr „...mann" im Namen ersetzt den dritten Herrn.

Jahrgang	Lage, Rebsorte, Qualitätsbezeichnung		Wein-Art	Vol%*	AP-Nr.	Preis*	DLG-Preis
2009	Sachsen, Regent, QbA	●	ROT	13	21-12	16 €	SILBER
2012	Sachsen, Scheurebe, QbA	●	WSS	12	9-13	14 €	SILBER
2011	Sachsen, Riesling, QbA	●	WSS	12	16-13	12 €	SILBER
2012	Sachsen, Spätburgunder, QbA	●	BLDN	13	14-13	12 €	SILBER
2011	Sachsen „Eigensinn", Cuvee Rotwein, QbA	●	ROTB	14	21-13	17 €	SILBER
2012	Sachsen „Spontan", Riesling, QbA	●	WSS	10	15-13	16 €	BRONZE
	Sachsen, Cuvee Rotwein, QbA	●	ROT	12	23-12	12 €	BRONZE
2012	Sachsen, Grauburgunder, QbA	●	WSS	13	5-13	13 €	BRONZE
2012	Sachsen, Cuvee Weißwein, QbA	●	WSS	12	8-13	10 €	BRONZE

● Trocken ● Halbtrocken ● Lieblich/Mild ● Edelsüß *Preisangabe + Alkoholgehalt gerundet

328 | DLG-prämierte Weine und Sekte

Jahrgang	Lage, Rebsorte, Qualitätsbezeichnung	Wein-Art	Vol%*	AP-Nr.	Preis*	DLG-Preis

– Advertorial –

Weingut Hoflößnitz GmbH

Jörg Hahn, Knohllweg 37, 01445 **Radebeul**, Tel.: 0351/8398341, Fax: 0351/8398330, info@hofloessnitz.de, www.hofloessnitz.de

Willkommen im Zentrum der sächsischen Weinkulturlandschaft mit Bio-Weingut, Sächsischem Weinbaumuseum, Gästehaus und Restaurant. Hier lässt es sich auf kurfürstliche Art genießen. In der Hoflößnitz, dem ersten zertifizierten, biologischen Weingut in den neuen Bundesländern, verwöhnt man Gäste mit traditionell-klassischen Weinen wie Riesling und Traminer, aber auch mit neuen, innovativen Weinen wie Johanniter und Solaris. Anknüpfend an alte Traditionen kultiviert man neue Sorten mit einer sehr guten Widerstandsfähigkeit der Reben, die speziell für den kontrolliert ökologischen Weinbau geeignet sind. Lassen Sie sich von unverwechselbaren Weinen überraschen und überzeugen Sie sich von der reichhaltigen Frucht.

| 2012 | Radebeuler Goldener Wagen, Traminer, Spl | ● | WSS | 12 | 1-13 | 17 € | GOLD |
| 2012 | Radebeuler Goldener Wagen, Riesling, Kab | ● | WSS | 12 | 7-13 | 14 € | GOLD |

Sächsisches Staatsweingut GmbH · Schloss Wackerbarth, Wackerbarthstraße 1, 01445 **Radebeul bei Dresden**, Tel.: 0351/89550, Fax: 0351/8955150, aumueller@schloss-wackerbarth.de, www.schloss-wackerbarth.de

2012	Sachsen, Grauburgunder, Kab	●	WSS	14	14-13	15 €	GOLD
2011	Goldener Wagen, Traminer, Spl	●	WSS	13	16-12	15 €	GOLD
2012	Sachsen, Riesling, Kab	●	WSS	12	12-13	15 €	SILBER
2012	Sachsen, Goldriesling, QbA	●	WSS	12	27-12	15 €	SILBER
2012	Sachsen, Bacchus, QbA	●	WSS	12	3-13	12 €	SILBER
2012	Sachsen, Weißburgunder, Kab	●	WSS	14	15-13	15 €	SILBER
2012	Sachsen „Edition Frauenkirche", Riesling, QbA	●	WSS	12	4-13	12 €	BRONZE
2011	Goldener Wagen, Riesling, Spl	●	WSS	12	17-12	15 €	BRONZE
2012	Sachsen, Scheurebe, Kab	●	WSS	13	13-13	15 €	BRONZE
2011	Steinrücken, Riesling, Spl	●	WSS	12	18-12	15 €	BRONZE

Weingut Walter Schuh, Dresdner Str. 314, 01640 **Sörnewitz**, Tel.: 03523/84810, Fax: 03523/84820, info@weinhaus-schuh.de, www.weinhaus-schuh.de

| 2012 | Meißner Klausenberg, Goldriesling, QbA | ● | WSS | 12 | 19-12 | 12 € | SILBER |

Weinbau Andreas Henke, Oststraße 35, 01689 **Weinböhla**, Tel.: 035243/36456, Fax: 035243/36457, henke-weinboehla@t-online.de, www.weinbau-henke.de

| 2012 | Proschwitzer Katzensprung feinherb, Müller-Thurgau, Kab | ● | WSS | 11 | 9-13 | 8 € | BRONZE |

SACHSEN

● Trocken   ● Halbtrocken   ● Lieblich/Mild   ● Edelsüß   * Preisangabe + Alkoholgehalt gerundet

Jahrgang	Lage, Rebsorte, Qualitätsbezeichnung	Wein-Art	Vol%*	AP-Nr.	Preis*	DLG-Preis
Weingut Schloß Proschwitz · Prinz zur Lippe, Dorfanger 19, 01665 **Zadel über Meißen**, Tel.: 03521/76760, Fax: 03521/767676, weingut@schloss-proschwitz.de, www.schloss-proschwitz.de							
2011	Schloss Proschwitz „GG", Weißburgunder, QbA	WSS	14	28-12	24 €	GOLD
2011	Schloss Proschwitz, Grauburgunder, QbA	WSSB	14	16-12	19 €	GOLD
2012	Schloss Proschwitz, Goldriesling, QbA	WSS	11	1-13	11 €	SILBER
2012	Schloss Proschwitz, Scheurebe, QbA	WSS	13	4-13	14 €	SILBER
2012	Schloss Proschwitz, Grauburgunder, QbA	WSS	13	6-13	13 €	SILBER
2012	Schloss Proschwitz, Cuvee Rosee, QbA	ROSEE	12	8-13	11 €	BRONZE
2009	Schloss Proschwitz, Spätburgunder, QbA	ROTB	14	25-12	23 €	BRONZE
2009	Schloss Proschwitz, Dornfelder, QbA	ROTB	13	26-12	17 €	BRONZE
2011	Schloss Proschwitz „Moritz", Cuvee Rotwein, QbA	ROTB	14	12-13	15 €	BRONZE

● Trocken   ● Halbtrocken   ● Lieblich/Mild   ● Edelsüß   * Preisangabe + Alkoholgehalt gerundet

Württemberg

Stärke im Ländle

Württemberg ist traditionell die Heimat der Weingärtnergenossenschaften. Schon im 19. Jahrhundert haben sich zahlreiche Winzer und Nebenerwerbsbetriebe zusammengeschlossen, um rationeller arbeiten zu können. Bis heute ist dieses Konzept erfolgreich. In Württemberg dominiert der Rotwein mit einem Anteil von 79 Prozent. Nicht wegzudenken ist der Trollinger, ein leichter und fruchtiger Rotwein, den man zur Vesper genießt. Außerdem pflegt man auf insgesamt 11.500 Hektar die Sorten Riesling, Schwarzriesling, Lemberger, Spätburgunder und weitere Spezialitäten.

Ihr Weg zu den Spitzenweinen

1 Busch GbR, Bretzfeld-Dimbach
2 Privatkellerei-Weinbau Rolf Willy GmbH, Nordheim
3 Weingut Sonnenhof, Vaihingen-Gündelbach
3 Weingärtnergenossenschaft Dürrenzimmern-Stockheim eG, Brackenheim
5 Lauffener Weigärtner eG, Lauffen
6 Felsengartenkellerei Besigheim eG, Hessigheim
7 Heuchelberg Weingärtner eG, Schwaigern

✹ Winzer des Jahres ✪ TOP-Winzer (Bundesehrenpreis) ● weitere Betriebsempfehlung

Jahrgang	Lage, Rebsorte, Qualitätsbezeichnung	Wein-Art	Vol%*	AP-Nr.	Preis*	DLG-Preis

Sekte

Privatkellerei Klaus Keicher GmbH, Am Ohrberg 2, 74235 **Erlenbach**, Tel.: 07132/951110, Fax: 07132/951118, nfo@privatkellerei-keicher.de

Jahrgang	Lage, Rebsorte, Qualitätsbezeichnung		Wein-Art	Vol%*	AP-Nr.	Preis*	DLG-Preis
2011	Erlenbacher Kayberg, Muskat-Trollinger, trocken	●	WHT	13	102-13	11 €	GOLD EXTRA
2010	Erlenbacher Kayberg, Muskat-Trollinger, trocken	●	WHT	13	105-12	11 €	GOLD
2011	Erlenbacher Kayberg, Muskateller, halbtrocken	●	WSS	13	101-13	10 €	GOLD
2010	Erlenbacher Kayberg, Muskateller, halbtrocken	●	WSS	13	111-12	10 €	SILBER
2011	Erlenbacher Kayberg, Chardonnay, trocken	●	WSS	12	110-12	10 €	SILBER
2010	Erlenbacher Kayberg, Muskat-Trollinger, trocken	●	ROT	13	104-13	11 €	SILBER
2011	Erlenbacher Kayberg, Sauvignon Blanc, extra trocken	●	WSS	14	114-12	10 €	SILBER
2011	Erlenbacher Kayberg, Gewürztraminer, trocken	●	WSS	15	116-12	10 €	BRONZE

Felsengartenkellerei Besigheim e.G., Am Felsengarten 1, 74394 **Hessigheim**, Tel.: 07143/81600, Fax: 07143/816029, info@felsengartenkellerei.de, www.felsengartenkellerei.de

	Württemberg „Terra Secco", Cuvee Rosee, trocken	●	QPW	10	120-13		SILBER
	Württemberg „Terra Secco", Cuvee Blanc de Noir, trocken	●	QPW	11	127-13	5 €	SILBER
	Württemberg „Terra Secco", Cuvee Weißwein, trocken	●	QPW	11	134-13	5 €	BRONZE

Sektkellerei Emil Schweickert GmbH, Pforzheimer Str. 5, 75223 **Niefern**, Tel.: 07233/4220, Fax: 07233/5138, info@sektkellerei-schweickert.de

2011	Württemberg „Schweickert Classic", Lemberger, extra trocken	●	ROSEE	13	100-13	9 €	SILBER

Rolf Willy GmbH · Privatkellerei-Weinbau, Schafhohle 26, 74226 **Nordheim**, Tel.: 07133/95010, Fax: 07133/950119, info@rolf-willy.de, www.rolf-willy.de

2011	Württemberg, Lemberger, brut	●	WHT	12	107-13	10 €	GOLD EXTRA
2010	Württemberg, Lemberger, trocken	●	WHT	11	102-13	10 €	SILBER
2011	Württemberg, Riesling, brut	●	WSS	12	106-13	9 €	BRONZE
2011	Nordheimer Heuchelberg, Lemberger, trocken	●	ROT	12	108-13	10 €	BRONZE

Heuchelberg Weingärtner eG, Neipperger Str. 25, 74193 **Schwaigern**, Tel.: 07138/970248, Fax: 07138/944012, oliver.diebold@heuchelberg.de, www.heuchelberg.de

2011	Nordheimer Sonntagsberg, Spätburgunder, trocken	●	ROSEE	12	110-12	9 €	SILBER
2010	Schwaigerner Grafenberg, Schwarzriesling, trocken	●	WHT	12	105-12	8 €	SILBER

Weingut Peter Mayer, Am Wolfersberg 17, 70376 **Stuttgart**, Tel.: 0711/544304, Fax: 0711/547210, info@jaegerhof-mayer.de, www.jaegerhof-mayer.de

2006	Württemberg, Pinot, brut	●	ROSEE	12	200-08	18 €	BRONZE

Ludwig Rilling GmbH & Co. KG · Rilling Sekt, Brückenstr. 2 - 18, 70376 **Stuttgart**, Tel.: 0711/50060, Fax: 0711/5006230, c.rilling@rillingsekt.de, www.rillingsekt.de

2011	Württemberg, Trollinger und Lemberger, trocken	●	ROT	12	110-12		SILBER

● Brut nature / Extra Brut / Brut   ● Extra trocken / Trocken   ● Halbtrocken / Mild   * Preisangabe + Alkoholgehalt gerundet

332 | DLG-prämierte Weine und Sekte

Jahrgang	Lage, Rebsorte, Qualitätsbezeichnung		Wein-Art	Vol%*	AP-Nr.	Preis*	DLG-Preis

– Advertorial –

Wein- und Sektkellerei Stengel,

Horst Stengel, Ringstr. 7, 74189 **Weinsberg-Gellmersbach**, Tel.: 07134/14765, Fax: 07134/7019, info@wein-und-sektkellerei-stengel.de, www.wein-und-sektkellerei-stengel.de, www.facebook.com/StengelSekt

Stoßen Sie an mit Sekt der Marke Stengel. Seit 1988 wird in den Kellern der Familie Stengel Sekt bereitet, ausschließlich getreu der Methode des Dom Perignon d.h. Flaschengärung, handgerüttelt und einzeln entheft. Die Lagerung auf der Hefe beträgt mind. 1 Jahr, manche Spezialitäten lagern bis zu 15 Jahre. Nur ausgesuchte und handverlesene Trauben aus ausgesuchten Lagen kommen zur Sektbereitung. Durch geringe Erträge im Weinberg wird ein hohes Qualitätsniveau sicher gestellt. Handlese ist selbstverständlich. Die Wein-

Familie Stengel

und Sektkellerei Stengel erhielt bereits viermal die Auszeichnung Bester Sekterzeuger sowie 2012 den Goldenen Preis Extra für drei Sekte. Die Veredlung von Wein zu Spitzensekt ist für die Stengels eine Philosophie, denn mit Sachverstand, Idealismus und Liebe zum Detail kann man auch an den Ufern des Neckars Großes erreichen. Horst Stengel, seine Frau Ellen, die Kinder Carolin mit Wassili und die Tochter Lisa mit Daniel leben für diese Philosophie.

Jahrgang	Lage, Rebsorte, Qualitätsbezeichnung		Wein-Art	Vol%	AP-Nr.	Preis	DLG-Preis
2011	Gellmersbacher Dezberg, Muskat-Trollinger, trocken	🟢	ROSEE	13	110-13	15 €	GOLD EXTRA
	Württemberg „MY", Cuvee Rosee, trocken	🟢	ROSEE	13	109-13		GOLD
2010	Eberstadter Eberfürst, Muskateller, trocken	🟢	WSS	12	127-12	15 €	GOLD
2011	Württemberg, Muskat-Trollinger, trocken	🟢	ROSEE	13	102-13	16 €	GOLD
2011	Eberstädter Eberfürst, Lemberger, trocken	🟢	ROSEE	13	104-13	14 €	SILBER
2010	Württemberg, Lemberger, halbtrocken	🔴	WHT	12	125-12	14 €	SILBER
	Württemberg „Cuvee MY", Cuvee Rosee, halbtrocken	🔴	ROSEE	12	103-12	22 €	SILBER
2011	Gellmersbacher Dezberg, Muskateller, trocken	🟢	WSS	13	105-13	14 €	SILBER
	Württemberg „Cuvée Imperial", Cuvee Rosee, brut	🟢	ROSEE	13	123-12	20 €	SILBER
2011	Gellmersbacher Dezberg, Lemberger, brut	🟡	BLDN	12	107-13	18 €	BRONZE
2011	Württemberg, Riesling, brut	🟡	WSS	13	101-13		BRONZE
2010	Württemberg, Riesling, brut	🟡	WSS	13	126-12	14 €	BRONZE
2011	Gellmersbacher Dezberg, Riesling, brut	🟡	WSS	13	113-13	14 €	BRONZE

Weingärtnergenossenschaft Remstalkellerei, Kaiserstr. 13, 71384 **Weinstadt**, Tel.: 07151/690821, Fax: 07151/690814, e.heubach@remstalkellerei.de, www.remstalkellerei.de

| 2011 | Württemberg, Muskat-Trollinger, halbtrocken | 🔴 | ROT | 13 | 104-12 | 7 € | GOLD |
| 2012 | Württemberg, Muskat-Trollinger, trocken | 🟢 | ROSEE | 13 | 105-13 | 8 € | BRONZE |

🟡 Brut nature / Extra Brut / Brut 🟢 Extra trocken / Trocken 🔴 Halbtrocken / Mild * Preisangabe + Alkoholgehalt gerundet

Württemberg | 333

Jahrgang	Lage, Rebsorte, Qualitätsbezeichnung		Wein-Art	Vol%*	AP-Nr.	Preis*	DLG-Preis

Weine

Weinkellerei Wangler, Sportplatzstr. 7, 74232 **Abstatt**, Tel.: 07062/61790, Fax: 07062/64817, info@wangler-abstatt.de, www.wangler-abstatt.de

2012	Württemberg, Muskat-Trollinger, QbA	●	WHT	11	2-13	6 €	Gold
2012	Württemberg Classic „**", Dornfelder, QbA	●	ROT	13	37-13	5 €	Gold
2012	Abstatter Burgberg „**", Spätburgunder, Kab	●	WHT	12	20-13	5 €	Gold
2012	Beilsteiner Wartberg „**", Rivaner, QbA	●	WSS	11	3-13	4 €	Gold
2012	Württemberg „**", Acolon, QbA	●	ROT	12	36-13	5 €	Gold
2012	Württemberg Classic „**", Lemberger, QbA	●	ROT	13	18-13	5 €	Gold
2012	Abstatter Burgberg „**", Samtrot, Spl	●	WHT	10	19-13	6 €	Silber
2012	Abstatter Burgberg, Riesling, Chardonnay, QbA	●	WSS	11	1-13	5 €	Silber
2010	Halfenberger Schloßberg „***", Schwarzriesling, QbA	●	ROT	13	35-13	10 €	Silber
2012	Württemberg, Trollinger und Lemberger, QbA	●	ROT	12	26-13	5 €	Silber
2012	Württemberg, Schwarzriesling, QbA	●	WHT	12	14-13	4 €	Silber
2012	Abstatter Burgberg „**", Helfensteiner, Kab	●	ROT	10	7-13	5 €	Silber
2012	Beilsteiner Wartberg „**", Regent, QbA	●	ROT	12	9-13	6 €	Silber
2012	Württemberg „**", Muskat-Trollinger, QbA	●	ROT	11	38-13	6 €	Silber
2012	Württemberg „LeCalMar ***", Cuvee Weißwein, QbA	●	WSS	12	22-13	6 €	Silber
2012	Württemberg, Trollinger, QbA	●	WHT	12	28-13	4 €	Silber
2010	Abstatter Burgberg Selection „***", Spätburgunder, QbA	●	ROT	13	34-13	10 €	Silber
2011	Württemberg „Vinum Homini", Riesling, Silvaner, QbA	●	WSSH	12	33-12	8 €	Silber
2012	Beilsteiner Wartberg, Graugurgunder, QbA	●	WSS	13	21-13	5 €	Silber
2012	Württemberg „**", Pinot Noir, QbA	●	BLDN	12	39-13	6 €	Silber
2012	Abstatter Burgberg „**", Chardonnay, QbA	●	WSS	12	5-13	6 €	Silber
2012	Württemberg Classic „**", Trollinger und Lemberger, QbA	●	ROT	13	24-13	5 €	Silber
2012	Württemberg „Vinum Homini", Acolon, Cabernet Mitos, QbA	●	ROTH	13	32-13	10 €	Silber
2012	Württemberg, Trollinger, QbA	●	WHT	11	29-13	4 €	Silber
2012	Abstatter Burgberg, Riesling, Kab	●	WSS	11	45-12	5 €	Bronze
2012	Württemberg, Riesling, QbA	●	WSS	12	13-13	4 €	Bronze

Weinbau Büchele · Martin Büchele, Bittenfelder Weg 12, 71563 **Affalterbach**, Tel.: 07144/36233, Fax: 07144/884561, matin_buechele@web.de, www.weinbau-buechele.de

2011	Affalterbacher, Muskat-Trollinger, Kab	●	ROT	11	12-12	6 €	Silber
2011	Affalterbacher, Trollinger, Aul	●	ROT	13	9-12	9 €	Bronze
2011	Affalterbacher, Schwarzriesling, Spl	●	WHT	13	6-12	5 €	Bronze

● Trocken ● Halbtrocken ● Lieblich/Mild ● Edelsüß * Preisangabe + Alkoholgehalt gerundet

Weingut Friedauer

Andreas Friedauer, Riedweg 3, 74177 **Bad Friedrichshall**, Tel.: 07136/965729, Fax: 07136/965731, info@friedauer.de, www.friedauer.de

Jung-dynamisch – und doch traditionell verwurzelt: Das Weingut Friedauer hat eine recht kurze Historie. Dennoch wurde in wenigen Jahren mit dem Inhaber Andreas Friedauer viel erreicht. Niedrige Erträge in den Weinbergen sind die Grundlage für die erstklassigen Qualitäten. Mit naturnaher Handarbeit im Weinberg und behutsam verarbeiteten Trauben werden beste Voraussetzungen für die Weine geschaffen. Auf dieser Grundlage reifen im Keller Weine aus den klassischen Württemberger Rebsorten heran. Steilste Terrassenlagen entlang des Neckars prägen die Weine zusätzlich durch ihr einzigartiges Terroir. Die kräftigen Lemberger oder fruchtigen Rieslinge können in der Weinstube vor Ort verkostet werden (Öffnungszeiten unter www.friedauer.de). Preise bei Landes- und Bundeswettbewerben sowie von Fachzeitschriften wie Weinwelt oder Selection sprechen für die Weine. Diese Auszeichnungen, aber vor allem der Anspruch der Kunden, ist für Andreas Friedauer Ansporn, weiter in Qualität zu investieren.

Jahrgang	Lage, Rebsorte, Qualitätsbezeichnung	Wein-Art	Vol%*	AP-Nr.	Preis*	DLG-Preis
2012	Heilbronner Staufenberg, Trollinger und Lemberger, QbA	ROT	12	19-13	5 €	GOLD
2009	Württemberg „SQ", Lemberger, QbA	ROTH	13	12-12	6 €	GOLD
2011	Heilbronner Staufenberg, Trollinger und Lemberger, QbA	ROT	12	18-12	5 €	GOLD
2012	Heilbronner Staufenberg, Trollinger und Lemberger, QbA	ROT	12	13-13	5 €	GOLD
2011	Heilbronner Staufenberg, Lemberger und Trollinger, QbA	ROT	11	16-12	4 €	GOLD
2011	Neckarsulmer Scheuerberg, Lemberger, Spl	ROT	12	8-13	9 €	GOLD
2012	Heilbronner Staufenberg, Trollinger, QbA	ROT	12	18-13	4 €	GOLD
2011	Heilbronner Staufenberg, Trollinger und Lemberger, QbA	ROT	11	21-12	5 €	SILBER
2011	Heilbronner Staufenberg, Lemberger, QbA	ROT	11	10-12		SILBER
2012	Heilbronner Staufenberg, Trollinger, QbA	ROT	12	20-13	4 €	SILBER
2012	Heilbronner Staufenberg, Samtrot, QbA	ROT	11	9-13	4 €	SILBER
2011	Heilbronner Staufenberg, Lemberger, Samtrot, QbA	ROT	11	19-12	5 €	SILBER
2012	Württemberg „Vitis Colluvio", Schillerwein, QbA	RTL	13	7-13	4 €	SILBER
2012	Kochendorfer, Spätburgunder, Spl	ROT	14	16-13	8 €	SILBER
2011	Heilbronner Staufenberg, Samtrot, QbA	ROT	10	8-12	4 €	BRONZE
2012	Oedheimer Kayberg, Riesling, QbA	WSS	11	15-13	4 €	BRONZE
2012	Heilbronner Staufenberg, Trollinger, QbA	ROSEE	10	6-13	5 €	BRONZE
2012	Heilbronner Staufenberg, Spätburgunder, QbA	WHT	11	10-13	4 €	BRONZE
2011	Heilbronner Staufenberg, Trollinger, QbA	ROT	12	9-11	4 €	BRONZE
2010	Heilbronner Staufenberg, Lemberger, QbA	ROT	12	11-12		BRONZE
2012	Kochendorfer, Muskateller, QbA	WSS	12	2-13	5 €	BRONZE

● Trocken ● Halbtrocken ● Lieblich/Mild ● Edelsüß * Preisangabe + Alkoholgehalt gerundet

Württemberg | 335

| Jahrgang | Lage, Rebsorte, Qualitätsbezeichnung | Wein-Art | Vol%* | AP-Nr. | Preis* | DLG-Preis |

– Advertorial –

Weingärtnergenossenschaft Dürrenzimmern-Stockheim eG

Meimsheimer Str. 11, 74336 **Brackenheim**, Tel.: 07135/95150, Fax: 07135/951539, info@wg-duerrenzimmern.de, www.wg-duerrenzimmern.de

Jahrhunderte alte Lagen wie der Dürrenzimmerner Mönchsberg und der Stockheimer Altenberg mit den einmaligen Gips-Keuperböden sowie mineralstoffreichen Keuper-Verwitterungsböden sind beste Voraussetzungen für hochwertige Rotweingewächse und gehaltvolle Weißweine. Von den schwäbischen Klassikern in der Literflasche und der beliebten Klosterhof-Serie über die Cellarius-Serie bis zu den Premiumweinen der Divinus-Serie reicht das Spektrum. Der Boden, das Klima, die Trauben schaffen ein Geschmackserlebnis von außergewöhnlicher Lebendigkeit, Aromenvielfalt und Harmonie.

Jahrgang	Lage, Rebsorte, Qualitätsbezeichnung	Farbe	Wein-Art	Vol%	AP-Nr.	Preis	DLG-Preis
2012	Dürrenzimmerner Heuchelberg, Kerner, QbA	●	WSS	12	7-13	4 €	GOLD
2012	Württemberg „Klosterhof", Muskateller, QbA	●	WSS	11	14-13	6 €	GOLD
2012	Württemberg „Cellarius", Samtrot, Spl	●	ROT	11	62-13	8 €	GOLD
2012	Württemberg „Cellarius", Riesling, Kab	●	WSS	11	179-12	6 €	GOLD
2012	Württemberg „Exclusiv Serie", Weißburgunder, QbA	●	WSSH	14	24-13	10 €	GOLD
2012	Württemberg „Edition Ackermann", Riesling, QbA	●	WSSH	14	18-13	10 €	GOLD
2012	Württemberg „Cellarius", Lemberger, Spl	●	WHT	11	95-13	8 €	GOLD
2012	Württemberg „Divinus", Weißburgunder, Aul	●	WSSH	14	23-13	15 €	GOLD
2011	Württemberg „Klosterhof", Dornfelder, QbA	●	ROT	13	19-13	5 €	GOLD
2010	Württemberg „Divinus", Merlot, QbA	●	ROTB	13	143-12	19 €	GOLD
2012	Klosterhof, Riesling, QbA	●	WSS	12	200-12	5 €	GOLD
2010	Württemberg „Divinus", Cabernet Dorsa, QbA	●	ROTB	13	141-12	15 €	GOLD
2010	Württemberg „Divinus", Lemberger, QbA	●	ROTB	13	146-12	15 €	GOLD
2012	Württemberg „Klosterhof", Muskat-Trollinger, QbA	●	ROSEE	11	64-13	5 €	GOLD
2011	Württemberg „Cellarius", Lemberger, QbA	●	ROT	12	169-12	5 €	GOLD
2012	Stockheimer Heuchelberg, Lemberger, QbA	●	ROT	12	22-13	6 €	GOLD
2012	Württemberg „Klosterhof", Riesling, QbA	●	WSS	10	202-12	5 €	GOLD
2011	Württemberg „Klosterhof", Lemberger, QbA	●	ROT	13	170-12	5 €	GOLD
2012	Württemberg „Cellarius", Riesling, Kab	●	WSS	12	178-12	6 €	GOLD
2012	Württemberg „Cellarius", Grauburgunder, Spl	●	WSS	13	25-13	8 €	GOLD
2011	Württemberg „Cellarius", Lemberger, Spl	●	ROT	13	163-12	9 €	SILBER
2010	Württemberg „Exclusiv", Lemberger, QbA	●	ROT	13	206-12	10 €	SILBER
2012	Württemberg „Divinus", Riesling, QbA	●	WSS	14	96-13	13 €	SILBER
2011	Württemberg „Cellarius", Lemberger, QbA	●	ROTH	13	192-12	7 €	SILBER
2012	Württemberg „Cellarius", Lemberger, Spl	●	ROT	12	73-13	9 €	SILBER
2012	Württemberg „Cellarius", Gewürztraminer, Spl	●	WSS	12	15-13	8 €	SILBER
2012	Württemberg „Klosterhof", Lemberger, QbA	●	BLDN	12	8-13	6 €	SILBER
2012	Dürrenzimmerner Heuchelberg, Samtrot, QbA	●	ROT	12	36-13	5 €	SILBER
2012	Württemberg „Klosterhof", Riesling, QbA	●	WSS	11	79-13	5 €	SILBER
2010	Württemberg „Divinus", Portugieser, QbA	●	ROTB	14	145-12	13 €	SILBER
2010	Württemberg „Divinus", Lemberger, QbA	●	ROTB	14	142-12	15 €	SILBER
2012	Württemberg „Divinus", Gewürztraminer, QbA	●	WSSB	12	98-13	15 €	SILBER
2012	Württemberg „Cellarius", Samtrot, Kab	●	ROT	12	11-13	6 €	SILBER
2012	Klosterhof, Schwarzriesling, QbA	●	WHT	11	185-12	5 €	SILBER
	Württemberg „Cellarius", Cuvee Rotwein, QbA	●	ROTH	13	191-12	7 €	SILBER
2012	Dürrenzimmer Mönchsberg, Lemberger, QbA	●	WHT	12	3-13	5 €	SILBER
2011	Württemberg „Divinus", Grauburgunder, QbA	●	WSSB	14	106-12	15 €	SILBER

● Trocken   ● Halbtrocken   ● Lieblich/Mild   ● Edelsüß   * Preisangabe + Alkoholgehalt gerundet

Jahrgang	Lage, Rebsorte, Qualitätsbezeichnung	Wein-Art	Vol%*	AP-Nr.	Preis*	DLG-Preis
2012	Württemberg „Klosterhof", Rivaner, QbA	WSS	12	100-13	4 €	BRONZE
2012	Württemberg „Klosterhof", Riesling, QbA	WSS	12	201-12	5 €	BRONZE
2010	Württemberg „Divinus S", Cuvee Rotwein, QbA	ROTB	13	147-12	15 €	BRONZE
2012	Württemberg „Trinkgut", Kerner, QbA	WSS	12	12-13	4 €	BRONZE
2010	Württemberg „Divinus", Spätburgunder, QbA	ROTB	14	144-12	13 €	BRONZE
2010	Württemberg „Divinus", Cuvee Rotwein, QbA	ROTB	13	140-12	15 €	BRONZE

JupiterWeinkeller GmbH, Kelterstraße 2, 74336 **Brackenheim-Hausen,** Tel.: 07135/974210, Fax: 07135/9742190, info@jupiterweinkeller.de, www.jupiterweinkeller.de

Jahrgang	Lage, Rebsorte, Qualitätsbezeichnung	Wein-Art	Vol%*	AP-Nr.	Preis*	DLG-Preis
2011	Württemberg (145394), Samtrot, Spl	ROT	11	42-12	7 €	GOLD
2012	Württemberg (152984), Trollinger und Lemberger, QbA	ROT	12	5-13	5 €	GOLD
2011	Württemberg (145395), Lemberger, Kab	ROT	12	45-12	6 €	GOLD
2012	Württemberg (145396), Muskat-Trollinger, QbA	ROSEE	11	47-12	7 €	SILBER
2011	Württemberg (145392), Lemberger, Kab	ROT	12	44-12	6 €	SILBER
2010	Württemberg „Edition Jupiter" (145393), Spätburgunder, QbA	ROTH	13	31-12	6 €	SILBER
2010	Württemberg (152988), Merlot, QbA	ROTB	14	29-12	15 €	SILBER
2011	Württemberg (145413), Lemberger, QbA	ROT	12	20-12	5 €	SILBER
2012	Württemberg (152987), Samtrot, Spl	ROT	11	18-13	7 €	SILBER
2012	Württemberg (152981), Samtrot, Lemberger, QbA	ROT	12	15-13	5 €	SILBER
2011	Württemberg (145406), Schwarzriesling, Samtrot, QbA	ROT	12	39-12	5 €	BRONZE
2011	Württemberg (145408), Lemberger, QbA	ROT	11	21-12	5 €	BRONZE

Birkert Weingut GbR, Unterheimbacher Str. 28, 74626 **Bretzfeld,** Tel.: 07946/484, Fax: 07946/3378, info@weingut-birkert.com, www.weingut-birkert.com

Jahrgang	Lage, Rebsorte, Qualitätsbezeichnung	Wein-Art	Vol%*	AP-Nr.	Preis*	DLG-Preis
2012	Adolzfurter Schneckenhof, Chardonnay, Spl	WSS	14	8-13		GOLD
2012	Adolzfurter Schneckenhof, Muskateller, Spl	WSS	12	9-13		GOLD
2011	Adolzfurter Schneckenhof, Merlot, QbA	ROT	14	5-13	10 €	SILBER
2012	Bretzfelder Goldberg, Pinot Blanc, QbA	WSS	14	17-13		SILBER
2012	Württemberg, Sauvignon Blanc, Spl	WSS	14	18-13		BRONZE
2012	Bretzfelder Goldberg, Weißburgunder, Spl	WSS	13	16-13		BRONZE

● Trocken ● Halbtrocken ● Lieblich/Mild ● Edelsüß *Preisangabe + Alkoholgehalt gerundet

Württemberg | 337

Jahrgang	Lage, Rebsorte, Qualitätsbezeichnung	Wein-Art	Vol%*	AP-Nr.	Preis*	DLG-Preis

– Advertorial –

Weingut Karl Busch

Greuthof 1, 74626 **Bretzfeld-Dimbach**, Telefon 07946/2465, Fax 07946/1217, info@karlbusch-wein.de, www.karlbusch-wein.de

Markus Busch ist ein Hohenloher der besonderen Art. Jung und losgelöst von jeglicher Tradition startete er 2002 nach der Ausbildung zum Weinbautechniker mit dem eigenen Weingut. Mit Innovation und Qualitätsdenken geht er Wege, die andere nicht bereit sind zu gehen. Er ist wie seine Weine: direkt, mit Ecken und Kanten, aber auch mit dem gewissen Feingefühl für die Details. Im Weinberg wie im Keller steht Qualität an erster Stelle. Seit 2011 präsentiert Markus Busch seine Weine in einem tollen Ambiente. Der 150 Jahre alte Bretzfelder Bahnhof wurde zu einer Vinothek mit Restaurant und Hotel umgebaut. Auszeichnungen erhielt er von der DLG, bei Landesweinprämierungen und AWC Vienna.

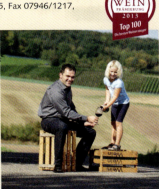

Markus Busch

Jahrgang	Lage, Rebsorte, Qualitätsbezeichnung		Wein-Art	Vol%*	AP-Nr.	Preis*	DLG-Preis
2007	Württemberg „*****", Lemberger, QbA	●	ROT	14	28-10	33 €	GOLD EXTRA
2011	Württemberg „***", Cabernet Dorsa, QbA	●	ROT	13	49-12	9 €	GOLD
2009	Württemberg „***", Spätburgunder, QbA	●	ROT	14	31-12	11 €	GOLD
2012	Württemberg feinherb „* *", Riesling, QbA	●	WSS	12	6-13	6 €	GOLD
2008	Württemberg „****", Lemberger, QbA	●	ROT	14	29-12	22 €	GOLD
2011	Württemberg „**", Lemberger, QbA	●	ROT	12	17-12		GOLD
2009	Württemberg „***", Lemberger, QbA	●	ROT	14	32-12	10 €	GOLD
2009	Württemberg „****", Cuvee Rotwein, QbA	●	ROT	13	47-12	16 €	GOLD
2009	Württemberg „***", Pinot Meunier, QbA	●	ROT	14	7-12		GOLD
2012	Württemberg „***", Samtrot, QbA	●	ROT	12	7-13	8 €	SILBER
2011	Württemberg „* *", Regent, QbA	●	ROT	13	28-12	6 €	SILBER
2010	Württemberg „* * * *", Spätburgunder, QbA	●	ROT	14	19-13	18 €	SILBER
2012	Württemberg „ Karl Wilhelm * *", Riesling, QbA	●	WSS	11	5-13	7 €	SILBER
2010	Württemberg „***", Spätburgunder, QbA	●	ROT	13	45-12	11 €	SILBER
2011	Württemberg, Trollinger und Lemberger, QbA	●	ROT	13	20-12	5 €	SILBER
2012	Württemberg „* *", Lemberger, QbA	●	ROT	13	16-13	6 €	SILBER
2012	Württemberg „* *", Trollinger, QbA	●	ROT	13	12-13	7 €	SILBER
2009	Württemberg „* * * *", Lemberger, QbA	●	ROT	14	18-13	22 €	SILBER
2010	Württemberg „***", Regent, QbA	●	ROT	10	43-12	7 €	SILBER
2009	Württemberg „****", Schwarzriesling, QbA	●	ROT	13	46-12	16 €	SILBER
2011	Württemberg „**", Lemberger, QbA	●	ROT	13	18-12	6 €	SILBER
2011	Württemberg „**", Riesling, QbA	●	WSS	12	30-12	7 €	SILBER
2012	Württemberg „* * *", Gewürztraminer, QbA	●	WSS	10	11-13	7 €	SILBER
2012	Württemberg „* * *", Gewürztraminer, QbA	●	WSS	12	1-13	10 €	SILBER
2009	Württemberg „* * * *", Spätburgunder, QbA	●	ROT	13	26-13	49 €	BRONZE
2011	Württemberg „***", Riesling, QbA	●	WSS	13	41-12	10 €	BRONZE
2012	Württemberg „* *", Rivaner, QbA	●	WSS	12	14-13	5 €	BRONZE
2012	Württemberg „* *", Trollinger und Lemberger, QbA	●	ROT	12	15-13	6 €	BRONZE

● Trocken ● Halbtrocken ● Lieblich/Mild ● Edelsüß * Preisangabe + Alkoholgehalt gerundet

338 | DLG-prämierte Weine und Sekte

Jahrgang	Lage, Rebsorte, Qualitätsbezeichnung	Wein-Art	Vol%*	AP-Nr.	Preis*	DLG-Preis

Weingärtner Cleebronn-Güglingen eG, Ranspacher Str.1, 74389 **Cleebronn**, Tel.: 07135/980319, Fax: 07135/13228, andreas.reichert@cleebronner-winzer.de, www.cleebronner-winzer.de

2011	Cleebronner Michaelsberg „Nikolaus", Riesling, Aul	●	WSS	10	71-12	10 €	GOLD
2011	Württemberg „Emotion CG", Riesling, QbA	●	WSS	14	66-12	15 €	SILBER
2012	Württemberg, Lemberger, QbA	●	ROSEE	12	169-12	5 €	SILBER
2010	Württemberg „Emotion CG", Spätburgunder, QbA	●	ROTB	14	116-12	15 €	SILBER
2012	Württemberg „St. Michael", Lemberger, QbA	●	WHT	13	166-12	5 €	SILBER
2012	Württemberg „St. Michael", Pinot Meunier, QbA	●	BLDN	12	165-12	5 €	SILBER
2010	Württemberg „Herzog Christoph", Lemberger, QbA	●	ROTH	14	67-12	8 €	BRONZE
2010	Württemberg „Emotion CG", Lemberger, QbA	●	ROTB	14	115-12	15 €	BRONZE

– Advertorial –

Fellbacher Weingärtner eG

Kappelbergstr. 48, 70734 **Fellbach**, Tel.: 0711/5788030, Fax: 0711/57880340, info@fellbacher-weine.de, www.fellbacher-weine.de

Von Trollinger bis Merlot – Die vielfach ausgezeichnete Fellbacher Weingärtner eG setzt in der Qualität der Weine neue Maßstäbe. Bereits vor Jahren wurde ein dreistufiges Qualitätskonzept zur intensiven Zusammenarbeit zwischen weinbaulicher Produktion und Kellerwirtschaft entwickelt. Schon bei den Weinen der Basisedition >C< werden Ertragsregulierungen vorgenommen. Diese setzen sich über die Edition >S< bis zur Edition >P< durch. So werden Spitzenweine von internationalem Format erzeugt. Auch bei der Sortenauswahl geht man neue Wege: Neben traditionellen Sorten wie Trollinger, Lemberger, Spätburgunder und Riesling stehen mit Cabernet Kreuzungen, Acolon, Merlot, Chardonnay und Sauvignon Blanc auch moderne Sorten im Anbau.

2012	Württemberg „Edition S", Kerner, Spl	●	WSS	13	30-13	7 €	GOLD EXTRA
2012	Württemberg „Edition S", Gewürztraminer, Spl	●	WSS	12	26-13	8 €	GOLD EXTRA
2012	Württemberg „Edition S", Grauburgunder, QbA	●	WSS	14	27-13	9 €	GOLD
2011	Fellbacher Lämmler „P", Chardonnay, QbA	●	WSSB	13	87-12	19 €	GOLD
2009	Fellbacher Lämmler „Amandus", Cuvee Rotwein, QbA	●	ROTB	14	53-12	25 €	GOLD
2011	Württemberg „Fellbacher Weingärtner", Samtrot, Kab	●	ROT	11	76-12	6 €	GOLD
2011	Fellbacher Lämmler „P", Trollinger, QbA	●	ROTH	13	90-12	11 €	GOLD
2012	Württemberg „Edition C", Muskat-Trollinger, QbA	●	ROSEE	11	38-13	6 €	GOLD
2011	Württemberg „S", Lemberger, Spl	●	ROTH	13	111-12	9 €	SILBER
2012	Württemberg „Edition C", Lemberger, QbA	●	ROSEE	12	13-13	5 €	SILBER
2011	Württemberg „Fellbacher Weingärtner S", Pinot Meunier, QbA	●	ROTH	13	113-12	9 €	SILBER
2011	Württemberg „S", Lemberger, QbA	●	ROTH	14	112-12	9 €	SILBER
2011	Fellbacher Lämmler „P", Trollinger, QbA	●	ROTH	13	89-12	11 €	SILBER
2012	Fellbacher Lämmler „Edition S", Riesling, QbA	●	WSS	13	50-13	8 €	SILBER
2011	Fellbacher Weingärtner, Lemberger, Kab	●	ROT	13	78-12	6 €	SILBER
2011	Fellbacher Lämmler „S", Spätburgunder, Spl	●	ROTH	13	110-12	9 €	SILBER
2010	Fellbacher Lämmler „P", Spätburgunder, QbA	●	ROTH	14	84-12	13 €	SILBER
2012	Württemberg „Edition S", Chardonnay, QbA	●	WSS	14	29-13	9 €	SILBER
2012	Fellbacher Goldberg, Kerner, Kab	●	WSS	12	10-13	5 €	SILBER
2012	Fellbacher Lämmler „Editon S", Riesling, Spl	●	WSS	12	49-13	8 €	SILBER
2011	Württemberg „WS", Cuvee Rotwein, QbA	●	ROTH	13	114-12	9 €	SILBER
2011	Fellbacher Lämmler „P", Spätburgunder, Aul	●	ROTH	13	91-12	13 €	SILBER
2011	Fellbacher Lämmler „P", Riesling, QbA	●	WSS	13	85-12	13 €	SILBER
2012	Württemberg „Justinus K Edition S", Cuvee Weißwein, QbA	●	WSS	13	31-13	8 €	BRONZE

● Trocken   ● Halbtrocken   ● Lieblich/Mild   ● Edelsüß   * Preisangabe + Alkoholgehalt gerundet

Württemberg | 339

Jahrgang	Lage, Rebsorte, Qualitätsbezeichnung		Wein-Art	Vol%*	AP-Nr.	Preis*	DLG-Preis
2011	Fellbacher Lämmler, Trollinger, Kab	●	ROT	12	73-12	6 €	BRONZE
2010	Fellbacher Lämmler „P", Merlot, QbA	●	ROTH	14	83-12	13 €	BRONZE
2011	Fellbacher Lämmler, Trollinger, Kab	●	ROT	12	74-12	6 €	BRONZE

Weingut Gerhard Rienth, Im Hasentanz 10, 70734 **Fellbach**, Tel.: 0711/581655, Fax: 0711/5781286, info@rienth-weingut.de, www.rienth-weingut.de

2011	Fellbacher Goldberg „***", Chardonnay, Aul	●	WSSH	14	25-12	13 €	GOLD
2012	Württemberg „Free Run **", Lemberger, QbA	●	ROSEE	13	18-13	8 €	SILBER
2011	Württemberg „**", Lemberger, QbA	●	ROT	14	28-12	9 €	SILBER
2011	Württemberg „**", Grauburgunder, Spl	●	WSS	14	24-12	9 €	SILBER
2012	Fellbacher Goldberg feinherb „*", Riesling, Kab	●	WSS	13	12-13	6 €	BRONZE

– Advertorial –

Neue Bottwartaler Winzer eG

Oberstenfelder Str. 80, 71723 **Großbottwar**, Tel.: 07148/9600-0,
Fax: 07148/9600-50, info@bottwartalerwinzer.de, www.bottwartalerwinzer.de

Die Bottwartaler Winzer –

„Die innovativste Genossenschaft in Württemberg"

Unsere Bottwartaler Winzer setzen ihr ganzes Können und ihre Leidenschaft ein, hochwertiges Traubengut auf Hang- und Steillagen zu produzieren. Klassische Anbaumethoden, Ertragsreduzierung, viel Handarbeit und schonende Kellerwirtschaft legen den Grundstock für wunderbare Weine, welche die Einzigartigkeit und Aromenvielfalt des Tals widerspiegeln. Die starke Verbundenheit mit der Weinbautradition im Tal bringen die Bottwartaler Winzer mit ihrem Logo zum Ausdruck, welches mit einer überarbeiteten römischen Münze, die im Tal gefunden wurde, dekoriert ist. Diese Münze steht als Symbol für das, was hinter den Bottwartaler Weinen steht: Wertigkeit, Innovation, Kultur, Geschichte, Nachhaltigkeit, Bildung, Glück und Erfolg.

2012	Württemberg „Aurum", Muskat-Trollinger, QbA	●	ROSEE	12	33-13	6 €	GOLD
2012	Württemberg „Aurum", Riesling, QbA	●	WSS	12	21-13	5 €	GOLD
2012	Württemberg „Aurum", Kerner, Kab	●	WSS	13	20-13	5 €	GOLD
2012	Württemberg „Aurum", Grauburgunder, QbA	●	WSS	13	22-13	6 €	GOLD
2012	Württemberg „Aurum", Samtrot, Spl	●	ROT	12	36-13	6 €	GOLD
2010	Württemberg „Platinum", Cuvee Rotwein, QbA	●	ROT	13	133-12	16 €	GOLD
2010	Württemberg, Cuvee Rotwein, QbA	●	ROTB	13	121-12	28 €	GOLD
2012	Württemberg „Aurum", Weißburgunder, QbA	●	WSS	12	69-13	6 €	SILBER
2012	Württemberg „Lust+Laune", Dornfelder, QbA	●	ROT	12	77-13	4 €	SILBER
2012	Großbottwarer Wunnenstein, Trollinger und Lemberger, QbA	●	ROSEE	12	7-13	5 €	SILBER
2012	Württemberg „LEM", Lemberger, QbA	●	ROSEE	10	94-13	5 €	SILBER
2011	Württemberg, Zweigelt, QbA	●	ROTH	14	128-12	8 €	SILBER
2012	Großbottwarer Wunnenstein, Schwarzriesling, QbA	●	ROSEE	12	9-13	4 €	SILBER
2012	Württemberg „Cuprum", Trollinger und Lemberger, QbA	●	ROSEE	11	26-13	4 €	SILBER
2012	Großbottwarer Wunnenstein, Schwarzriesling, QbA	●	ROSEE	11	161-12	4 €	SILBER
2012	Württemberg „riesliano", Riesling, QbA	●	WSS	12	88-13	4 €	SILBER

● Trocken ● Halbtrocken ● Lieblich/Mild ● Edelsüß   * Preisangabe + Alkoholgehalt gerundet

DLG-prämierte Weine und Sekte

Jahrgang	Lage, Rebsorte, Qualitätsbezeichnung		Wein-Art	Vol%*	AP-Nr.	Preis*	DLG-Preis
2012	Württemberg „Aurum", Muskat-Trollinger, QbA	🔴	ROSEE	12	91-13	6 €	SILBER
2011	Württemberg „Aurum", Lemberger, QbA	🟡	ROTH	13	3-13	6 €	SILBER
2012	Württemberg „Aurum", Schwarzriesling, Kab	🔴	ROT	12	93-13	5 €	BRONZE

Felsengartenkellerei Besigheim e.G., Am Felsengarten 1, 74394 **Hessigheim**, Tel.: 07143/81600, Fax: 07143/816029, info@felsengartenkellerei.de, www.felsengartenkellerei.de

2011	Württemberg „Fels * * * *", Spätburgunder, QbA	🔴	ROT	14	112-13	8 €	GOLD EXTRA
2012	Württemberg, Muskat-Trollinger, QbA	🟢	ROT	12	37-13	7 €	GOLD
2012	Besigheimer Felsengarten, Riesling, QbA	🟡	WSS	13	20-13	4 €	GOLD
2012	Württemberg feinherb „aus Steillage", Lemberger, QbA	🟢	ROT	13	96-13	5 €	GOLD
2012	Württemberg „Schwarzer Rappe", Muskateller, QbA	🟡	WSS	11	38-13	9 €	GOLD
2012	Besigheimer Felsengarten, Kerner, Kab	🔴	WSS	12	60-13	4 €	GOLD
2012	Besigheimer Felsengarten, Lemberger, Spl	🟢	ROT	12	100-13	7 €	GOLD
2012	Württemberg „Schwarzer Rappe", Chardonnay, QbA	🟡	WSS	14	76-13	9 €	GOLD
2012	Württemberg „Fels", Chardonnay, QbA	🟡	WSS	13	73-13	8 €	GOLD
2012	Württemberg „Schwarzer Rappe", Muskateller, QbA	🟡	WSS	11	85-13	9 €	GOLD
2012	Besigheimer Felsengarten, Riesling, Eis	🟣	WSS	8	145-13	20 €	GOLD
2011	Württemberg „Terra'S", Trollinger und Lemberger, QbA	🟡	ROT	13	93-13	5 €	GOLD
2012	Württemberg „Terra'S", Weißburgunder, QbA	🟡	WSS	13	41-13	5 €	GOLD
2012	Württemberg „Junge Cuveéschmiede", Cuvee Blanc de Noir, QbA	🟢	BLDN	12	122-13	4 €	GOLD
2012	Württemberg „Terra'S", Cuvee Blanc de Noir, QbA	🟡	BLDN	12	57-13	5 €	GOLD
2012	Besigheimer Felsengarten, Riesling, QbA	🟡	WSS	13	72-13	4 €	GOLD
2012	Besigheimer Felsengarten, Schwarzriesling, Spl	🔴	ROT	11	138-13	6 €	GOLD
2012	Besigheimer Felsengarten „* * * *", Rivaner, QbA	🟢	WSS	11	131-13	4 €	GOLD
2012	Besigheimer Felsengarten, Riesling, QbA	🟡	WSS	13	105-13	4 €	GOLD
2012	Württemberg „* * * *", Traminer, Spl	🔴	WSS	10	133-13	7 €	GOLD
2012	Württemberg „Justinus K * * * *", Cuvee Weißwein, QbA	🟡	WSS	13	103-13	7 €	SILBER
2012	Württemberg feinherb „Schwarzer Rappe", Cuvee Rosee, QbA	🟢	ROSEE	12	125-13		SILBER
2011	Württemberg „Terra S", Lemberger, QbA	🟡	ROT	13	244-12	5 €	SILBER
2012	Besigheimer Felsengarten „* * * *", Trollinger und Lemberger, QbA	🟡	ROT	12	98-13	5 €	SILBER
2010	Württemberg „Fasszination", Lemberger, QbA	🔴	ROT	13	34-13	15 €	SILBER
2012	Besigheimer Felsengarten „* * * *", Schwarzriesling, Kab	🔴	ROT	12	160-13	4 €	SILBER
2012	Württemberg „Collection Schloß Schnait", Riesling, QbA	🟡	WSS	12	129-13	5 €	SILBER
2012	Besigheimer Felsengarten, Lemberger, QbA	🟢	ROT	12	104-13	5 €	SILBER
2011	Württemberg „Schwarzer Rappe", Trollinger, QbA	🟡	ROT	12	218-12	6 €	SILBER
2012	Besigheimer Felsengarten, Trollinger, QbA	🟡	ROT	13	74-13	5 €	SILBER
2011	Württemberg „Schwarzer Rappe", Merlot, QbA	🟡	ROTB	14	223-12	18 €	SILBER
2012	Württemberg „Schwarzer Rappe", Weißburgunder, QbA	🟡	WSS	13	42-13	6 €	SILBER
2012	Württemberg „Fels * * * *", Grauburgunder, QbA	🟡	WSS	13	102-13	8 €	SILBER
2012	Württemberg „Fels", Sauvignon Blanc, QbA	🟡	WSS	12	39-13	8 €	SILBER
2012	Württemberg „Justinus K.", Cuvee Weißwein, QbA	🟡	WSS	13	91-13	7 €	SILBER
2011	Besigheimer Felsengarten, Lemberger, Kab	🟢	ROT	12	251-12	5 €	SILBER
2012	Württemberg „Terra S", Acolon, QbA	🟡	ROT	13	116-13	5 €	SILBER
2012	Besigheimer Felsengarten „* * * *", Spätburgunder, Kab	🔴	WHT	12	163-13	5 €	SILBER
2011	Besigheimer Felsengarten, Traminer, Spl	🔴	WSS	11	8-13	7 €	SILBER
2012	Besigheimer Felsengarten, Riesling, QbA	🟡	WSS	11	25-13	4 €	SILBER
2012	Württemberg „Terra S * * *", Spätburgunder, QbA	🔴	ROT	14	151-13	5 €	SILBER
2012	Besigheimer Felsengarten, Schwarzriesling, QbA	🟡	WHT	11	107-13	5 €	SILBER
2011	Württemberg „Schwarzer Rappe", Pinot Meunier, QbA	🟡	ROT	13	128-13	9 €	SILBER
2011	Besigheimer Felsengarten, Riesling, Kab	🔴	WSS	11	7-13	5 €	SILBER
2012	Besigheimer Felsengarten, Trollinger und Lemberger, QbA	🟡	ROT	13	108-13	5 €	SILBER
2012	Besigheimer Wurmberg, Trollinger, QbA	🟢	ROT	12	13-13	5 €	SILBER
2012	Württemberg „Schwarzer Rappe", Lemberger, QbA	🟡	ROT	13	79-13	6 €	SILBER
2012	Besigheimer Felsengarten „Kastellan", Riesling, Kab	🔴	WSS	11	61-13	5 €	SILBER

🟡 Trocken 🟢 Halbtrocken 🔴 Lieblich/Mild 🟣 Edelsüß * Preisangabe + Alkoholgehalt gerundet

WÜRTTEMBERG

Württemberg | 341

Jahrgang	Lage, Rebsorte, Qualitätsbezeichnung		Wein-Art	Vol%*	AP-Nr.	Preis*	DLG-Preis
2012	Württemberg „Fasszination", Grauburgunder, QbA	🟡	WSS	13	58-13	15 €	SILBER
2011	Württemberg „Fels * * * *", Lemberger, QbA	🟡	ROT	13	113-13	8 €	BRONZE
2012	Besigheimer Felsengarten, Spätburgunder, Spl	🔴	WHT	11	9-13	6 €	BRONZE
2012	Württemberg „Schwarzer Rappe", Sauvignon Blanc, QbA	🟡	WSS	12	77-13	9 €	BRONZE
2012	Besigheimer Felsengarten, Kerner, QbA	🔴	WSS	11	29-13	4 €	BRONZE
2012	Württemberg „Terra S * * *", Riesling, QbA	🟡	WSS	12	130-13	5 €	BRONZE
2012	Besigheimer Felsengarten „Kastellan", Riesling, QbA	🔴	WSS	11	106-13	4 €	BRONZE
2012	Württemberg „Junge Cuveëschmiede", Cuvee Weißwein, QbA	🟡	WSS	12	140-13	4 €	BRONZE
2012	Besigheimer Wurmberg, Trollinger, QbA	🟢	ROT	12	17-13	5 €	BRONZE
2012	Besigheimer Felsengarten, Riesling, Aul	🟣	WSS	12	12-13	11 €	BRONZE
2012	Besigheimer Felsengarten, Kerner, Spl	🔴	WSS	11	150-13		BRONZE
2012	Besigheimer Felsengarten, Spätburgunder, QbA	🔴	WHT	12	109-13	5 €	BRONZE
2012	Besigheimer Felsengarten „* * * *", Spätburgunder, Spl	🔴	ROT	11	139-13	6 €	BRONZE
2012	Württemberg „Junge Cuveëschmiede", Cuvee Rosee, QbA	🟢	ROSEE	12	123-13	4 €	BRONZE
2012	Besigheimer Felsengarten, Trollinger, Kab	🟡	ROT	10	137-13	5 €	BRONZE
2012	Besigheimer Wurmberg, Trollinger, QbA	🟡	ROT	12	19-13	5 €	BRONZE
2012	Besigheimer Felsengarten, Trollinger und Lemberger, QbA	🟢	ROT	12	111-13	5 €	BRONZE
2012	Württemberg „Fels", Grauburgunder, QbA	🟡	WSS	13	46-13	8 €	BRONZE
2012	Württemberg „Terra S", Trollinger, QbA	🟡	ROT	12	115-13	5 €	BRONZE
2012	Württemberg „Schwarzer Rappe" feinherb, Trollinger, QbA	🔴	ROT	12	78-13		BRONZE
2011	Württemberg „Schwarzer Rappe", Lemberger, QbA	🟡	ROTH	12	119-13	9 €	BRONZE
2012	Württemberg „Collection Schloß Schnait", Lemberger, QbA	🟡	ROT	13	80-13	6 €	BRONZE
2012	Württemberg „Schwarzer Rappe", Sauvignon Blanc, QbA	🟡	WSS	12	40-13	9 €	BRONZE
2012	Württemberg „Terra S * * * *", Lemberger, QbA	🟡	ROT	13	158-13	5 €	BRONZE
2012	Besigheimer Felsengarten feinherb, Grauburgunder, QbA	🟢	WSS	12	43-13	5 €	BRONZE
2012	Besigheimer Felsengarten, Riesling, Spl	🔴	WSS	11	132-13	7 €	BRONZE
2012	Württemberg „Terra'S", Grauburgunder, QbA	🟡	WSS	13	44-13	5 €	BRONZE
2012	Württemberg „aus Steillagen", Trollinger und Lemberger, QbA	🟡	ROT	12	95-13	5 €	BRONZE

– Advertorial –

Weingut Golter

Klee 1, 74360 **Ilsfeld**, Tel.: 07062/978940, Fax: 07062/978949
info@weingut-golter.de, www.weingut-golter.de

„Leidenschaft, Innovation und Tradition" lautet das Motto des Weinguts Golter. Das Familienweingut bewirtschaftet ca. 20 ha Rebfläche und fällt mit herausragenden Weinqualitäten und einem ungewöhnlich großen Rebsortenspektrum ins Auge. Auszeichnungen bei der Landes- und Bundesweinprämierung sowie bei Wettbewerben im internationalen Vergleich bestätigen den Betriebsinhaber Reinhard Golter in seinem Schaffen. Seine Überzeugung „Nur wer den Beruf des Winzers mit Leidenschaft lebt, kann große Weine erzeugen" vermittelt er an alle Mitarbeiter und Familienmitglieder – nur so lässt sich der hohe Standard der Weine halten und weiter ausbauen. In ganz Deutschland präsent, gewinnt das 30 Jahre alte Weingut immer mehr Liebhaber dieser feinen Württemberger Weine.

2012	Ilsfelder Rappen feinherb, Muskateller, QbA	🟢	WSS	13	3-13	7 €	GOLD
2012	Württemberg feinherb, Gewürztraminer, Riesling, QbA	🔴	WSS	11	6-13	6 €	SILBER
2012	Helfenberger Schloßberg, Trollinger, QbA	🟡	ROT	13	9-13	7 €	BRONZE
2011	Württemberg „Frost", Cuvee Rotwein, QbA	🟡	ROTB	12	44-12	9 €	BRONZE

🟡 Trocken   🟢 Halbtrocken   🔴 Lieblich/Mild   🟣 Edelsüß   * Preisangabe + Alkoholgehalt gerundet

342 | DLG-prämierte Weine und Sekte

Jahrgang	Lage, Rebsorte, Qualitätsbezeichnung	Wein-Art	Vol%*	AP-Nr.	Preis*	DLG-Preis

Steinhauser GmbH · Alte Bodensee-Hausbrennerei & Weinkellerei, Raiffeisenstraße 23, 88079 **Kressbronn**, Tel.: 07543/8061, Fax: 07543/5712, Mail@weinkellerei-steinhauser.de, www.weinkellerei-steinhauser.de

Jahrgang	Lage, Rebsorte, Qualitätsbezeichnung	Wein-Art	Vol%*	AP-Nr.	Preis*	DLG-Preis
2012	Kressbronner Berghalde, Grauburgunder, QbA	WSS	13	4-13	7 €	GOLD
2011	Kressbronner Berghalde, Spätburgunder, QbA	ROT	13	6-13	7 €	SILBER
2012	Kressbronner Berghalde, Weißburgunder, QbA	WSS	13	3-13	7 €	SILBER
2012	Kressbronner Berghalde, Müller-Thurgau, QbA	WSS	13	43-12	5 €	SILBER
2012	Kressbronner Berghalde, Rivaner, QbA	WSS	13	20-13		BRONZE
2012	Kressbronner Berghalde, Pinot Noir, QbA	BLDN	13	22-13		BRONZE
2012	Kressbronner Berghalde, Kerner, QbA	WSS	12	2-13	5 €	BRONZE
2012	Kressbronner Berghalde, Merlot, QbA	ROSEE	12	12-13		BRONZE
2012	Kressbronner Berghalde, Müller-Thurgau, QbA	WSS	13	27-13		BRONZE
2012	Kressbronner Berghalde, Spätburgunder, QbA	WHT	13	11-13	7 €	BRONZE
2012	Kressbronner Berghalde, Müller-Thurgau, QbA	WSS	13	10-13	5 €	BRONZE
2012	Kressbronner Berghalde, Müller-Thurgau, QbA	WSS	14	26-13		BRONZE

– Advertorial –

Lauffener Weingärtner eG

Im Brühl 48, 74348 **Lauffen**, Tel.: 07133/1850, Fax: 07133/18560, service@wg-lauffen.de, www.wg-lauffen.de

Die dominierende Rebsorte in Lauffen ist der Schwarzriesling, in Mundelsheim überwiegt Trollinger. Im Jahr 2012 haben sich die beiden traditionsreichen Genossenschaften aus dem Neckartal zusammengeschlossen. Mit den bekannten Spitzenlagen Lauffener Katzenbeißer und Mundelsheimer Käsberg verfügt man nun über die vielleicht besten Weinlagen Württembergs. Die Lauffener Weingärtner eG sind der bundesweit größte Schwarzriesling-Erzeuger und eine der größten Einzelgenossenschaften überhaupt. Bundesweit bekannt für zuverlässig hohe Weinqualitäten, erhielt die Lauffener Genossenschaft bereits 16 Mal den Bundesehrenpreis in Gold. Im DLG TOP-100-Ranking sind die Lauffener seit neun Jahren der beste Erzeuger aus Württemberg. Die Weinberge auf Lauffener und Mundelsheimer Gemarkung sind zu 95 % in genossenschaftlicher Hand. Insgesamt beträgt die Anbaufläche der Lauffener Weingärtner eG rund 870 ha. Mit über 105 ha terrassierten Steillagen ist die Genossenschaft zudem einer der bundesweit größten Steillagenbetriebe.

Jahrgang	Lage, Rebsorte, Qualitätsbezeichnung	Wein-Art	Vol%*	AP-Nr.	Preis*	DLG-Preis
2011	Lauffener Katzenbeißer, Schwarzriesling, QbA	ROT	12	94-12	5 €	GOLD
2011	Lauffener Katzenbeißer, Lemberger, QbA	ROT	13	42-12	5 €	GOLD
2012	Lauffener Katzenbeißer, Samtrot, Spl	ROT	12	106-13	6 €	GOLD
2010	Lauffener Katzenbeißer, Lemberger, QbA	ROT	14	50-12	7 €	GOLD
2012	Lauffener Katzenbeißer, Schwarzriesling, QbA	ROT	12	31-13	5 €	GOLD
2011	Württemberg, Trollinger und Lemberger, QbA	ROT	12	123-12	5 €	GOLD
2011	Württemberg, Trollinger, QbA	ROT	12	53-12	5 €	GOLD
2011	Württemberg, Schwarzriesling, Samtrot, QbA	ROT	12	98-12	5 €	GOLD
2011	Lauffener Katzenbeißer, Schwarzriesling, QbA	ROT	12	65-12	5 €	GOLD
2011	Mundelsheimer feinherb, Trollinger und Lemberger, QbA	ROT	13	73-13	6 €	GOLD

🟡 Trocken   🟢 Halbtrocken   🔴 Lieblich/Mild   🔵 Edelsüß   * Preisangabe + Alkoholgehalt gerundet

WÜRTTEMBERG

Württemberg | 343

Jahrgang	Lage, Rebsorte, Qualitätsbezeichnung		Wein-Art	Vol%*	AP-Nr.	Preis*	DLG-Preis
2011	Mundelsheimer Rosenberg, Samtrot, Spl	🔴	ROT	12	135-12	7 €	GOLD
2011	Württemberg, Schwarzriesling, Samtrot, QbA	🔴	ROT	11	21-13	5 €	GOLD
2011	Lauffener Katzenbeißer, Lemberger, QbA	🟡	ROT	13	87-13	7 €	GOLD
2011	Lauffener Katzenbeißer, Lemberger, QbA	🔴	ROT	13	70-12	5 €	GOLD
2012	Württemberg, Samtrot, Kab	🔴	WHT	12	125-13	5 €	GOLD
2011	Lauffener Katzenbeißer, Samtrot, Kab	🔴	ROT	11	68-12	5 €	GOLD
2012	Mundelsheimer, Samtrot, Spl	🔴	ROT	12	93-13	7 €	GOLD
2011	Mundelsheimer Rozenberg, Lemberger, QbA	🟢	ROT	13	61-13	5 €	GOLD
2011	Lauffener Katzenbeißer, Samtrot, Spl	🔴	ROT	12	93-12	6 €	GOLD
2012	Mundelsheimer, Lemberger, Eis	🟣	ROSEE	9	103-13	22 €	GOLD
2011	Mundelsheimer Rozenberg, Lemberger, QbA	🟡	ROT	13	62-13	5 €	GOLD
2011	Lauffener Katzenbeißer, Trollinger und Lemberger, QbA	🔴	ROT	12	71-12	5 €	GOLD
2011	Lauffener Katzenbeißer, Samtrot, QbA	🟢	ROT	12	69-12	5 €	GOLD
2011	Mundelsheimer, Trollinger und Lemberger, QbA	🔴	ROT	13	82-13	5 €	GOLD
2012	Württemberg, Schwarzriesling, Samtrot, QbA	🔴	ROT	12	128-13	5 €	GOLD
2012	Württemberg, Samtrot, QbA	🟡	ROT	12	25-13	5 €	SILBER
2011	Lauffener Katzenbeißer, Dornfelder, QbA	🟡	ROT	13	95-13	5 €	SILBER
2012	Lauffener Katzenbeißer, Lemberger, QbA	🟡	ROT	14	102-13	5 €	SILBER
2009	Württemberg, Cuvee Rotwein, QbA	🟡	ROT	13	172-12	7 €	SILBER
2011	Mundelsheimer Rozenberg, Lemberger, QbA	🟡	ROT	14	77-13	10 €	SILBER
2012	Lauffener Katzenbeißer, Samtrot, Kab	🔴	ROT	12	105-13	5 €	SILBER
2012	Lauffener Katzenbeißer, Schwarzriesling, QbA	🔴	ROT	12	49-13	5 €	SILBER
2012	Lauffener Katzenbeißer, Schwarzriesling, QbA	🔴	ROT	12	3-13	5 €	SILBER
2010	Württemberg, Dornfelder, QbA	🟡	ROTB	13	101-12	35 €	SILBER
2012	Württemberg, Riesling, QbA	🟡	WSS	12	174-12	5 €	SILBER
2011	Mundelsheimer, Trollinger und Lemberger, QbA	🔴	ROT	12	178-12	5 €	SILBER
2011	Württemberg, Trollinger und Lemberger, QbA	🔴	ROT	12	82-12	5 €	SILBER
2011	Mundelsheimer Schalkstein, Trollinger und Lemberger, QbA	🟢	ROT	13	64-13	5 €	SILBER
2011	Lauffener Katzenbeißer, Schwarzriesling, QbA	🔴	ROT	12	112-12	5 €	SILBER
2011	Württemberg, Trollinger und Lemberger, QbA	🟢	ROT	12	51-13	5 €	SILBER
2011	Lauffener Katzenbeißer, Samtrot, QbA	🔴	ROT	12	168-12	5 €	SILBER
2012	Württemberg, Schwarzriesling, QbA	🟡	ROT	13	65-13	5 €	SILBER
2011	Lauffener Katzenbeißer, Schwarzriesling, QbA	🟡	ROT	12	124-12	5 €	SILBER
2011	Lauffener Katzenbeißer, Lemberger, QbA	🟡	ROT	13	114-12	5 €	SILBER
2011	Mundelsheimer Rozenberg, Schwarzriesling, QbA	🟡	ROT	12	45-13	5 €	SILBER
2011	Lauffener Katzenbeißer, Samtrot, Spl	🔴	ROT	11	7-13	6 €	SILBER
2011	Mundelsheimer Mühlbächer, Trollinger, QbA	🟢	ROT	12	63-13	5 €	SILBER
2011	Württemberg, Lemberger und Trollinger, QbA	🔴	ROT	12	8-13	5 €	SILBER
2009	Württemberg, Spätburgunder, QbA	🟡	ROTB	14	107-12	15 €	SILBER
2009	Württemberg „vinitiative", Cuvee Rotwein, QbA	🟡	ROTB	14	100-11	30 €	SILBER
2012	Lauffener Katzenbeißer, Samtrot, Aul	🔴	ROT	12	29-13	9 €	SILBER
2011	Württemberg, Sauvignon Blanc, QbA	🟡	WSS	13	40-12	9 €	SILBER
2012	Württemberg, Cuvee Rosee, QbA	🟡	ROSEE	12	56-13	5 €	SILBER
2012	Lauffener Katzenbeißer, Samtrot, QbA	🔴	ROT	13	104-13	5 €	SILBER
2011	Lauffener Katzenbeißer, Schwarzriesling, QbA	🟡	ROT	13	55-12	5 €	SILBER
2011	Mundelsheimer Käsberg, Trollinger, QbA	🔴	ROT	12	160-12	6 €	SILBER
2011	Württemberg, Lemberger und Trollinger, QbA	🟡	ROT	12	95-12	5 €	SILBER
2011	Lauffener Katzenbeißer, Trollinger und Lemberger, QbA	🟢	ROT	12	26-13	5 €	SILBER
2012	Lauffener Katzenbeißer, Samtrot, QbA	🔴	ROT	12	76-13	5 €	SILBER
2011	Mundelsheimer, Trollinger und Lemberger, QbA	🟡	ROT	13	111-13	5 €	SILBER
2012	Württemberg, Schwarzriesling, QbA	🔴	ROT	12	79-13	5 €	SILBER
2010	Württemberg, Cuvee Rotwein, QbA	🟡	ROTB	13	100-12	30 €	SILBER
2012	Lauffener Katzenbeißer, Schwarzriesling, QbA	🔴	ROT	12	89-13	5 €	SILBER
2010	Lauffener Katzenbeißer, Lemberger, QbA	🟡	ROT	13	147-12	7 €	SILBER

🟡 Trocken   🟢 Halbtrocken   🔴 Lieblich/Mild   🟣 Edelsüß   * Preisangabe + Alkoholgehalt gerundet

344 | DLG-prämierte Weine und Sekte

Jahrgang	Lage, Rebsorte, Qualitätsbezeichnung		Wein-Art	Vol%*	AP-Nr.	Preis*	DLG-Preis
2012	Lauffener Katzenbeißer, Schwarzriesling, QbA	●	ROT	12	129-13	5 €	Silber
2011	Lauffener Katzenbeißer, Lemberger, QbA	●	ROT	13	27-13	5 €	Silber
2011	Lauffener Katzenbeißer, Spätburgunder, Spl	●	ROT	13	86-13	7 €	Bronze
2012	Württemberg, Schwarzriesling, QbA	●	ROT	13	127-13	5 €	Bronze
2012	Württemberg, Gewürztraminer, Kab	●	WSS	12	182-12	6 €	Bronze
2010	Württemberg „Josua", Lemberger, QbA	●	ROTB	14	36-13	16 €	Bronze
2012	Lauffener Katzenbeißer, Weißburgunder, QbA	●	WSS	13	107-13	5 €	Bronze
2011	Mundelsheimer Rozenberg, Cabernet Dorsa, QbA	●	ROT	13	16-13	6 €	Bronze
2011	Mundelsheimer Rozenberg, Lemberger, QbA	●	ROTH	14	72-13	6 €	Bronze
2009	Lauffener Katzenbeißer, Schwarzriesling, Aul	●	ROT	12	46-12	9 €	Bronze
2012	Lauffener Katzenbeißer, Grauburgunder, Kab	●	WSS	13	175-12	7 €	Bronze
2009	Lauffener Katzenbeißer, Spätburgunder, Spl	●	ROTH	14	174-10	7 €	Bronze
2012	Lauffener Katzenbeißer, Schwarzriesling, QbA	●	ROSEE	12	54-13	5 €	Bronze
2012	Lauffener Katzenbeißer, Schwarzriesling, QbA	●	WHT	12	163-12	5 €	Bronze

Rolf Willy GmbH · Privatkellerei-Weinbau, Schafhohle 26, 74226 **Nordheim**, Tel.: 07133/95010, Fax: 07133/950119, info@rolf-willy.de, www.rolf-willy.de

Jahrgang	Lage, Rebsorte, Qualitätsbezeichnung		Wein-Art	Vol%*	AP-Nr.	Preis*	DLG-Preis
2012	Nordheimer Heuchelberg, Samtrot, Spl	●	ROT	11	54-13	8 €	Gold
2012	Nordheimer Heuchelberg, Lemberger, Kab	●	ROT	11	65-13	6 €	Gold
2011	Nordheimer Heuchelberg, Lemberger und Trollinger, QbA	●	ROT	12	59-12	5 €	Gold
2012	Nordheimer Heuchelberg, Lemberger, Kab	●	ROT	12	30-13	6 €	Gold
2012	Nordheimer Heuchelberg, Trollinger, QbA	●	ROT	12	14-13	5 €	Gold
2010	Nordheimer Heuchelberg, Spätburgunder, QbA	●	ROTB	15	99-12	24 €	Gold
2011	Nordheimer Heuchelberg, Pinot Meunier, QbA	●	ROT	13	75-12	6 €	Gold
2011	Nordheimer Heuchelberg „Intensivo", Cuvee Rotwein, QbA	●	ROT	13	65-12	8 €	Gold
2010	Nordheimer Heuchelberg, Lemberger, QbA	●	ROTB	14	98-12	17 €	Gold
2010	Nordheimer Sonntagsberg, Merlot, QbA	●	ROTB	15	100-12	24 €	Gold
2012	Nordheimer Heuchelberg, Lemberger, Kab	●	ROT	12	64-13	6 €	Gold
2012	Nordheimer Heuchelberg, Samtrot, Kab	●	ROT	13	55-13	6 €	Gold
2011	Nordheimer Heuchelberg, Trollinger, QbA	●	ROT	12	92-12	5 €	Gold
2011	Nordheimer Heuchelberg, Lemberger, Merlot, QbA	●	ROT	13	110-12	8 €	Gold
2012	Nordheimer Heuchelberg, Trollinger, QbA	●	ROT	13	59-13	5 €	Gold
2011	Nordheimer Heuchelberg, Lemberger, QbA	●	ROT	13	88-12	5 €	Silber
2012	Nordheimer Sonntagsberg, Trollinger und Lemberger, QbA	●	ROT	12	41-13	5 €	Silber
2012	Nordheimer Heuchelberg, Lemberger, QbA	●	ROT	12	67-13	5 €	Silber
2009	Nordheimer Heuchelberg „Leon d'oro", Cuvee Rotwein, QbA	●	ROTB	14	64-12	10 €	Silber
2012	Nordheimer Heuchelberg, Chardonnay, QbA	●	WSSH	13	51-13	10 €	Silber
2011	Nordheimer Heuchelberg, Lemberger und Trollinger, QbA	●	ROT	12	91-12	5 €	Silber
2011	Nordheimer Sonntagsberg, Samtrot, Kab	●	ROT	11	114-12	6 €	Silber
2010	Nordheimer Heuchelberg, Lemberger, Cabernet Mitos, QbA	●	ROTB	14	97-12	11 €	Silber
2012	Nordheimer Sonntagsberg, Samtrot, Kab	●	ROT	12	40-13	6 €	Silber
2011	Nordheimer Sonntagsberg, Trollinger und Lemberger, QbA	●	ROT	12	121-12	5 €	Silber
2012	Württemberg „Muskero", Muskat-Trollinger, QbA	●	ROSEE	11	116-12	6 €	Silber
2011	Nordheimer Heuchelberg, Lemberger, QbA	●	ROT	13	103-12	5 €	Silber
2011	Nordheimer Sonntagsberg, Trollinger und Lemberger, QbA	●	ROT	12	86-12	5 €	Bronze
2011	Nordheimer Heuchelberg „S", Lemberger, QbA	●	ROT	13	127-12	8 €	Bronze
2012	Württemberg, Muskat-Trollinger, QbA	●	ROT	11	11-13	6 €	Bronze
2011	Nordheimer Heuchelberg, Lemberger, QbA	●	ROT	12	102-12	5 €	Bronze
2012	Nordheimer Heuchelberg, Kerner, Spl	●	WSS	10	117-12	6 €	Bronze

Weingärtnergenossenschaft Oberderdingen eG, Amthof 12, 75038 **Oberderdingen**, Tel.: 07045/530, Fax: 07045/930069, info@wgoberderdingen.de, www.wgoberderdingen.de

Jahrgang	Lage, Rebsorte, Qualitätsbezeichnung		Wein-Art	Vol%*	AP-Nr.	Preis*	DLG-Preis
2012	Württemberg, Muskat-Trollinger, QbA	●	ROT	11	603-12	7 €	Silber
2012	Württemberg, Lemberger, QbA	●	WHT	11	89-13	5 €	Silber

WÜRTTEMBERG

● Trocken   ● Halbtrocken   ● Lieblich/Mild   ● Edelsüß   *Preisangabe + Alkoholgehalt gerundet

Württemberg | 345

Jahrgang	Lage, Rebsorte, Qualitätsbezeichnung	Wein-Art	Vol%*	AP-Nr.	Preis*	DLG-Preis

Weinbau Katzer, Ochsenbacher Str. 46, 74343 **Sachsenheim-Hohenhaslach**, Tel.: 07147/272035, Fax: 07147/272038, info@weinbau-katzer.de, www.weinbau-katzer.de

2011	Hohenhaslacher Kirchberg, Portugieser, QbA	ROT	11	7-12	5 €	GOLD
2011	Hohenhaslacher Kirchberg, Trollinger und Lemberger, Kab	ROT	11	15-12	5 €	GOLD
2011	Ochsenbacher Liebenberg, Lemberger, QbA	ROTH	12	19-12	6 €	SILBER
2011	Hohenhaslacher Kirchberg, Lemberger, Spl	WHT	13	9-12	6 €	SILBER
2011	Hohenhaslacher Kirchberg, Gewürztraminer, Spl	WSS	13	12-12	7 €	BRONZE

– Advertorial –

Heuchelberg Weingärtner eG

Neipperger Str. 25, 74193 **Schwaigern**, Tel.: 07138/97020, Fax: 07138/970250, info@heuchelberg.de, www.heuchelberg.de

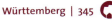

Die Heuchelberg Weingärtner stehen schon seit Jahrzehnten für kräftige, gehaltvolle Rotweine die ihre Grundlage in den besten Lagen Württembergs rund um den Heuchelberg finden. Durch engagiertes Arbeiten der Weingärtner und durch die über 40jährige Erfahrung des Kellermeisters Dieter Steinbrenner, entstehen Jahr für Jahr Weine von höchster Qualität. Besonders herausragend sind die kräftigen Rotweine der Sorten Lemberger, Acolon und Cabernet Dorsa. Aber auch die typische Rebsorte der Württemberger, der Trollinger, erreicht am Heuchelberg höchste Qualität.

EINE STARKE GEMEINSCHAFT

2009	Württemberg, Lemberger, QbA	ROTB	14	188-12	16 €	GOLD
2008	Württemberg, Cabernet Dorsa, QbA	ROTB	14	2-12	15 €	GOLD
2009	Württemberg, Lemberger, QbA	ROTB	14	191-12	16 €	GOLD
2009	Württemberg, Cuvee Rotwein, QbA	ROTB	14	189-12	18 €	GOLD
2009	Württemberg, Cuvee Rotwein, QbA	ROTB	14	66-12	13 €	GOLD
2011	Württemberg, Cabernet Dorsa, QbA	ROT	14	101-13	7 €	GOLD
2011	Schwaigerner Grafenberg, Trollinger und Lemberger, QbA	ROT	12	220-12	5 €	GOLD
2009	Württemberg, Cuvee Rotwein, QbA	ROTB	14	187-12	18 €	GOLD
2009	Württemberg, Acolon, QbA	ROTB	14	119-12	12 €	GOLD
2009	Württemberg, Cabernet Dorsa, QbA	ROTB	13	286-12	16 €	GOLD
2011	Württemberg, Lemberger, QbA	ROTB	14	106-13	16 €	GOLD
2011	Württemberg „Briolett", Cuvee Rotwein, QbA	ROT	13	41-13		GOLD
2010	Württemberg, Cabernet Dorsa, QbA	ROT	14	238-12	7 €	GOLD
2011	Schwaigerner Grafenberg, Lemberger, Spl	ROT	12	204-12	9 €	SILBER
2011	Kleingartacher Grafenberg, Lemberger, QbA	ROT	13	201-12	5 €	SILBER

🟡 Trocken 🟢 Halbtrocken 🔴 Lieblich/Mild 🟣 Edelsüß * Preisangabe + Alkoholgehalt gerundet

DLG-prämierte Weine und Sekte

Jahrgang	Lage, Rebsorte, Qualitätsbezeichnung		Wein-Art	Vol%*	AP-Nr.	Preis*	DLG-Preis
2011	Schwaigerner Grafenberg, Lemberger, Kab	🟢	ROT	12	37-13	6 €	SILBER
2011	Kleingartacher Grafenberg, Lemberger, QbA	🟡	ROT	13	22-13	5 €	SILBER
2011	Württemberg, Samtrot, Aul	🟡	ROT	11	81-12	8 €	SILBER
2012	Nordheimer Heuchelberg, Muskat-Trollinger, QbA	🔴	ROSEE	11	47-13	6 €	SILBER
2009	Württemberg, Acolon, QbA	🟡	ROTB	13	116-12	6 €	SILBER
2009	Württemberg, Lemberger, QbA	🟡	ROTB	14	243-11	15 €	SILBER
2011	Schwaigerner Grafenberg, Trollinger und Lemberger, QbA	🟢	ROT	12	71-13	4 €	SILBER
2011	Württemberg, Trollinger, QbA	🟡	ROT	14	139-12	8 €	SILBER
2012	Nordheimer Sonntagsberg, Lemberger, Kab	🔴	ROT	12	66-13	6 €	SILBER
2010	Württemberg „A + O", Cuvee Rotwein, QbA	🟡	ROTB	14	9-13	14 €	SILBER
2012	Nordheimer Heuchelberg, Muskat-Trollinger, QbA	🔴	ROSEE	11	39-13	6 €	SILBER
	Württemberg „Rosso", Acolon, Dornfelder, QbA	🔴	ROT	13	162-12	3 €	SILBER
2010	Württemberg, Lemberger, QbA	🟡	ROT	14	111-13	10 €	SILBER
2010	Württemberg, Acolon, QbA	🟡	ROT	13	27-13	5 €	SILBER
2009	Württemberg, Acolon, QbA	🟡	ROTB	14	120-12	12 €	SILBER
2010	Württemberg, Acolon, QbA	🟡	ROT	13	225-12	5 €	SILBER
2011	Kleingartacher Grafenberg, Lemberger, QbA	🔴	ROT	13	200-12	4 €	SILBER
2011	Nordheimer Sonntagsberg, Lemberger, QbA	🟡	ROT	13	52-13	5 €	SILBER
2011	Nordheimer Sonntagsberg, Lemberger, Kab	🔴	ROT	12	86-12	6 €	SILBER
2011	Kleingartacher Grafenberg, Lemberger, Kab	🟡	ROT	12	36-13	6 €	SILBER
2011	Württemberg, Samtrot, Spl	🔴	ROT	10	198-12	7 €	SILBER
2011	Württemberg, Dornfelder, QbA	🟡	ROT	13	239-12	4 €	SILBER
2011	Nordheimer Sonntagsberg, Lemberger und Trollinger, QbA	🔴	ROT	12	24-13	5 €	SILBER
2011	Kleingartacher Grafenberg, Lemberger, Kab	🟡	ROT	12	149-12	6 €	SILBER
2011	Großgartacher Grafenberg, Samtrot, Kab	🔴	ROT	11	154-12	5 €	SILBER
2012	Schwaigerner Grafenberg, Gewürztraminer, Spl	🔴	WSS	11	57-13	8 €	BRONZE
2012	Nordheimer Heuchelberg, Muskateller, QbA	🟡	WSS	11	46-13	5 €	BRONZE
2011	Nordheimer Sonntagsberg, Lemberger, QbA	🟡	ROTH	13	261-12	6 €	BRONZE
2011	Württemberg, Trollinger, QbA	🟡	ROT	13	160-12	5 €	BRONZE
2012	Nordheimer Sonntagsberg, Riesling, QbA	🟡	WSS	12	49-13	4 €	BRONZE
2011	Nordheimer Sonntagsberg, Lemberger, Trollinger, QbA	🔴	ROT	12	159-12	5 €	BRONZE
2011	Nordheimer Sonntagsberg, Samtrot, Kab	🔴	ROT	11	197-12	5 €	BRONZE
2011	Schwaigerner Grafenberg, Lemberger, QbA	🔴	ROT	13	6-13	5 €	BRONZE
2011	Württemberg, Acolon, QbA	🔴	ROT	14	84-13	5 €	BRONZE
2011	Schwaigerner Grafenberg, Schwarzriesling, Kab	🔴	ROT	11	17-13	5 €	BRONZE
2012	Schwaigerner Grafenberg, Lemberger, QbA	🔴	WHT	12	64-13	4 €	BRONZE

Genossenschaftskellerei Rosswag-Mühlhausen eG, Manfred-Behr-Str. 34, 71665 **Vaihingen**, Tel.: 07042/2950, Fax: 07042/23913, info@wein-rosswag.de, www.wein-rosswag.de

Jahrgang	Lage, Rebsorte, Qualitätsbezeichnung		Wein-Art	Vol%*	AP-Nr.	Preis*	DLG-Preis
2011	Rosswager Halde, Muskat-Trollinger, QbA	🔴	ROT	12,0	115-12	6 €	GOLD
2011	Rosswager Halde, Trollinger und Lemberger, QbA	🟢	ROT	12,0	106-12	5 €	GOLD
2011	Württemberg, Lemberger, Cabernet Mitos, QbA	🟡	ROT	13,0	122-12	7 €	GOLD
2011	Rosswager Halde, Lemberger und Trollinger, QbA	🔴	ROT	13,0	34-13	5 €	GOLD
2011	Rosswager Halde, Spätburgunder, Kab	🟡	ROT	14,0	47-12	6 €	GOLD
2011	Rosswager Halde, Lemberger, QbA	🔴	ROT	13,0	109-12	7 €	SILBER
2012	Rosswager Halde, Muskat-Trollinger, QbA	🔴	ROT	13,0	46-13	6 €	SILBER
2011	Rosswager Halde, Lemberger, QbA	🟡	ROT	13,0	43-13	7 €	SILBER
2011	Rosswager Halde, Lemberger, QbA	🟢	ROT	12,0	11-13	5 €	SILBER
2011	Markgrüninger St. Johännser, Acolon, QbA	🔴	ROT	13,0	46-12	4 €	SILBER
2011	Rosswager Halde, Muskat-Trollinger, QbA	🔴	ROT	12,0	83-12	6 €	SILBER
2011	Rosswager Halde, Lemberger, QbA	🟡	ROT	13,0	40-12	7 €	SILBER
2010	Rosswager Halde, Lemberger und Trollinger, Kab	🟢	ROT	11,0	135-12	6 €	SILBER
2011	Rosswager Halde, Lemberger, QbA	🟢	ROT	12,0	97-12	5 €	SILBER
2012	Rosswager Halde, Silvaner, QbA	🟡	WSS	12,0	39-13	4 €	SILBER

🟡 Trocken 🟢 Halbtrocken 🔴 Lieblich/Mild 🟣 Edelsüß   *Preisangabe + Alkoholgehalt gerundet

Württemberg | 347

Jahrgang	Lage, Rebsorte, Qualitätsbezeichnung		Wein-Art	Vol%*	AP-Nr.	Preis*	DLG-Preis
2012	Rosswager Halde, Chardonnay, QbA	🟡	WSS	14,0	4-13	8 €	Silber
2011	Markgröninger St. Johännser, Trollinger und Lemberger, QbA	🟢	ROT	13,0	21-13	5 €	Silber
2010	Rosswager Halde, Lemberger und Trollinger, QbA	🔴	ROT	13,0	126-12	5 €	Silber
2011	Rosswager Halde, Lemberger, Spl	🟢	ROT	13,0	88-12	10 €	Silber
2011	Rosswager Halde, Lemberger, QbA	🟡	ROT	13,0	91-12	5 €	Bronze
2011	Rosswager Halde, Lemberger, QbA	🟡	ROT	13,0	128-12	7 €	Bronze
2012	Rosswager Halde, Weißburgunder, QbA	🟡	WSS	13,0	5-13	8 €	Bronze
2010	Rosswager Halde, Lemberger, QbA	🔴	ROT	13,0	124-12	5 €	Bronze
2011	Rosswager Halde, Spätburgunder, Kab	🔴	ROT	13,0	80-12	6 €	Bronze
2012	Rosswager Stromberg, Muskat-Trollinger, QbA	🔴	ROSEE	12,0	28-13	6 €	Bronze
2011	Rosswager Halde, Schwarzriesling, QbA	🟡	ROT	13,0	120-12	4 €	Bronze
2011	Markgröninger St. Johännser, Trollinger und Lemberger, QbA	🟡	ROT	13,0	19-13	5 €	Bronze
2011	Rosswager Halde, Schwarzriesling, QbA	🟡	ROT	13,0	119-12	4 €	Bronze
2012	Rosswager Halde, Riesling, Spl	🟢	WSS	11,0	32-13	8 €	Bronze
2012	Rosswager Halde, Müller-Thurgau, QbA	🟡	WSS	13,0	1-13	4 €	Bronze
2012	Rosswager Halde, Müller-Thurgau, QbA	🟢	WSS	12,0	2-13	4 €	Bronze
2011	Württemberg, Trollinger und Lemberger, QbA	🟡	ROT	13,0	105-12	5 €	Bronze

Weingut Sonnenhof · Martin und Joachim Fischer, Sonnenhof 2, 71665 **Vaihingen-Gündelbach,**
Tel.: 07042/818880, Fax: 07042/818886, info@weingutsonnenhof.de, www.weingutsonnenhof.de

Jahrgang	Lage, Rebsorte, Qualitätsbezeichnung		Wein-Art	Vol%*	AP-Nr.	Preis*	DLG-Preis
2012	Gündelbacher Wachtkopf, Riesling, Aul	🟣	WSS	9,0	20-13	14 €	Gold
2012	Gündelbacher Wachtkopf „S", Riesling, QbA	🟢	WSS	13,0	35-13	12 €	Gold
2012	Württemberg, Dornfelder, QbA	🟡	ROT	13,0	32-13	6 €	Gold
2011	Württemberg, Chardonnay, QbA	🟡	WSSB	13,0	44-12	17 €	Gold
2012	Württemberg, Muskat-Trollinger, QbA	🟡	ROT	13,0	5-13	7 €	Gold
2012	Württemberg feinherb, Riesling, QbA	🟢	WSS	11,0	58-12	5 €	Gold
2012	Württemberg, Riesling, Kab	🟡	WSS	12,0	34-13	8 €	Gold
2012	Gündelbacher Wachtkopf, Gewürztraminer, Aul	🟣	WSS	11,0	19-13	14 €	Silber
2012	Württemberg, Riesling, QbA	🟡	WSS	12,0	3-13	6 €	Silber
2012	Württemberg, Lemberger, QbA	🟡	ROT	14,0	31-13	6 €	Silber
2012	Württemberg, Chardonnay, QbA	🟡	WSS	12,0	17-13	10 €	Silber
2012	Württemberg „Ribianco", Cuvee Weißwein, QbA	🟡	WSS	13,0	10-13	6 €	Silber
2012	Württemberg feinherb, Riesling, QbA	🔴	WSS	11,0	33-13	6 €	Silber
2012	Württemberg feinherb, Lemberger, QbA	🟢	ROT	13,0	25-13	6 €	Silber
2012	Württemberg, Graubungunder, QbA	🟡	WSS	13,0	14-13	6 €	Silber
2012	Württemberg, Spätburgunder, QbA	🟡	ROT	14,0	11-13	6 €	Silber
2012	Württemberg, Spätburgunder, QbA	🟡	ROSEE	13,0	22-13	6 €	Silber
2012	Häfnerhaslacher Heiligenberg, Schwarzriesling, Kab	🔴	ROT	12,0	23-13	8 €	Silber
2011	Württemberg, Regent, QbA	🟡	ROT	13,0	27-13	7 €	Silber
2012	Gündelbacher Wachtkopf, Spätburgunder, Aul	🔴	ROT	12,0	13-13	14 €	Silber
2012	Gündelbacher Wachtkopf, Muskat-Trollinger, QbA	🔴	ROT	12,0	6-13	7 €	Silber
2012	Württemberg feinherb, Lemberger und Trollinger, QbA	🟢	ROT	12,0	38-13	6 €	Silber
2012	Württemberg, Lemberger, Kab	🟡	ROT	13,0	28-13	8 €	Silber
2012	Württemberg feinherb, Trollinger, QbA	🟢	ROSEE	13,0	21-13	6 €	Silber
2012	Gündelbacher Wachtkopf „S", Graubungunder, QbA	🟡	WSS	13,0	16-13	10 €	Silber
2012	Gündelbacher Wachtkopf, Samtrot, QbA	🟡	ROT	10,0	12-13	7 €	Bronze
2010	Württemberg, Lemberger, QbA	🟡	ROTB	13,0	51-12	10 €	Bronze
2012	Württemberg feinherb, Muskateller, QbA	🔴	WSS	11,0	1-13	7 €	Bronze
2010	Württemberg, Lemberger, QbA	🟡	ROTB	13,0	49-12	20 €	Bronze
2011	Württemberg „Donero", Cuvee Rotwein, QbA	🟡	ROT	13,0	30-13	8 €	Bronze
2012	Württemberg, Trollinger, QbA	🟡	ROT	13,0	29-13	6 €	Bronze
2011	Württemberg, Trollinger, QbA	🟡	ROT	14,0	59-12	6 €	Bronze

🟡 Trocken   🟢 Halbtrocken   🔴 Lieblich/Mild   🟣 Edelsüß   * Preisangabe + Alkoholgehalt gerundet

DLG-prämierte Weine und Sekte

Jahrgang	Lage, Rebsorte, Qualitätsbezeichnung		Wein-Art	Vol%*	AP-Nr.	Preis*	DLG-Preis

Weingut Faigle · Dieter Faigle, Zum Vorderen Weinberg 44, 71665 **Vaihingen-Horrheim**, Tel.: 07042/34567, Fax: 07042/33050, info@weingut-faigle.de

2011	Württemberg „Alte Reben", Trollinger, QbA	🟢	ROT	11,0	20-12	5 €	GOLD
2012	Württemberg, Dornfelder, QbA	🟢	ROT	11,0	9-13	5 €	GOLD
2012	Württemberg, Trollinger, QbA	🟡	ROT	12,0	7-13	5 €	SILBER
2012	Württemberg, Muskat-Trollinger, QbA	🔴	ROT	12,0	34-12	5 €	SILBER
2012	Württemberg, Lemberger, QbA	🔴	ROT	11,0	5-13	5 €	BRONZE

Weingärtnergenossenschaft Remstalkellerei, Kaiserstr. 13, 71384 **Weinstadt**, Tel.: 07151/690821, Fax: 07151/690814, e.heubach@remstalkellerei.de, www.remstalkellerei.de

2011	Württemberg, Lemberger, QbA	🟡	ROTH	14,0	60-13	16 €	GOLD EXTRA
2012	Württemberg, Muskateller, QbA	🔴	WSS	11,0	307-12	8 €	GOLD
2012	Winnender Holzenberg, Spätburgunder, Spl	🟢	ROT	13,0	115-13	8 €	GOLD
2012	Württemberg, Sauvignon Blanc, QbA	🟢	WSS	13,0	305-12	8 €	GOLD
2012	Württemberg, Kerner, QbA	🟢	WSS	12,0	312-12	6 €	GOLD
2011	Württemberg, Zweigelt, QbA	🟢	ROTB	14,0	313-13	19 €	GOLD
2012	Schnaiter Wartbühl, Kerner, Kab	🟢	WSS	12,0	303-12	4 €	SILBER
2011	Württemberg, Zweigelt, QbA	🟢	ROT	12,0	208-12	5 €	SILBER
2012	Stettener Pulvermächer, Riesling, Kab	🟡	WSS	12,0	11-13	5 €	SILBER
2012	Endersbacher Wetzstein, Riesling, Eis	⚫	WSS	14,0	101-13	25 €	SILBER
2012	Württemberg „Mentor", Dornfelder, QbA	🟡	ROT	13,0	146-13	4 €	SILBER
2011	Württemberg, Dornfelder, QbA	🟡	ROT	13,0	47-13	5 €	SILBER
2012	Württemberg, Muskat-Trollinger, QbA	🔴	ROT	12,0	72-13	6 €	SILBER
2012	Württemberg, Acolon, QbA	🟢	ROT	13,0	42-13	5 €	SILBER
2012	Stettener Pulvermächer, Riesling, Kab	🟡	WSS	12,0	12-13	5 €	SILBER
2012	Württemberg „**", Trollinger und Lemberger, QbA	🔴	ROT	13,0	86-13	6 €	SILBER
2011	Württemberg, Samtrot, QbA	🟡	ROT	12,0	287-12	5 €	SILBER
2012	Endersbacher Hintere Klinge, Lemberger, Eis	⚫	WHT	15,0	102-13	25 €	SILBER
2011	Württemberg, Merlot, QbA	🟡	ROTH	14,0	72-12	10 €	SILBER
2012	Württemberg, Muskat-Trollinger, QbA	🔴	ROT	12,0	16-13	6 €	SILBER
2011	Württemberg, Cabernet Sauvignon, QbA	🟡	ROTH	13,0	70-12	10 €	SILBER
2010	Württemberg, Frühburgunder, QbA	🟡	ROTB	13,0	228-12	16 €	SILBER
2012	Württemberg „3-Sterne", Muskateller, QbA	🔴	WSS	12,0	306-12	10 €	SILBER
2011	Württemberg, Lemberger, Spl	🟡	ROT	12,0	192-12	9 €	BRONZE
2011	Württemberg, Dornfelder, QbA	🟡	ROT	12,0	46-13	5 €	BRONZE
2012	Stettener Pulvermächer, Riesling, Spl	🔴	WSS	12,0	10-13	8 €	BRONZE
2011	Württemberg, Cabernet Dorio, QbA	🟡	ROTH	15,0	42-12	10 €	BRONZE
2012	Württemberg „**", Lemberger, QbA	🔴	ROSEE	11,0	70-13	6 €	BRONZE
2012	Stettener Lindhälder, Kerner, Kab	🟢	WSS	12,0	302-12	4 €	BRONZE
2012	Württemberg, Zweigelt, Spl	🟡	ROT	12,0	161-13	9 €	BRONZE
2011	Württemberg, Trollinger, QbA	🟡	ROT	14,0	9-13	9 €	BRONZE
2012	Schnaiter Wartbühl, Gewürztraminer, Kab	🔴	WSS	11,0	298-12	6 €	BRONZE

Weingut Hartmut Luckert, Bachstraße 4, 71364 **Winnenden**, Tel.: 07195/910609, Fax: 07195/947243, info@weingut-Luckert.com, www.weingut-luckert.com

| 2012 | Winnender Haselstein, Riesling, Eis | ⚫ | WSS | 10,0 | 26-13 | 20 € | SILBER |
| 2012 | Winnender Holzenberg, Muskat-Trollinger, QbA | 🔴 | ROT | 12,0 | 25-13 | 6 € | SILBER |

WÜRTTEMBERG

🟡 Trocken 🟢 Halbtrocken 🔴 Lieblich/Mild ⚫ Edelsüß * Preisangabe + Alkoholgehalt gerundet

Ort	Name Wein-/Sektgut	Seite

Ortsverzeichnis (nach Anbaugebieten sortiert)

Ahr

Mayschoß	Winzergenossenschaft Mayschoß-Altenahr eG	203

Baden

Baden-Baden	Baden-Badener Winzergenossenschaft eG	205, 206
Bahlingen am Kaiserstuhl	Weingut Schumacher	206
Bötzingen	Weingut Rudolf Zimmerlin GmbH	206
Breisach	Badischer Winzerkeller eG	207
Bühl	Affentaler Winzergenossenschaft Bühl eG	210
Bühl-Altschweier	Badische Weinerzeugergem. e.V. · Paul Huber · Gerhard Huber	210
Durbach	Durbacher Winzergenossenschaft eG	205, 211
Durbach	Weingut Alexander Laible	212
Durbach	Weingut Andreas Laible	212
Durbach	Weingut Heinrich Männle	213
Durbach	Weingut Hubert Vollmer	213
Durbach	Weingut Schwörer · Josef Rohrer	213
Emmendingen-Mundingen	Winzergenossenschaft Mundingen-Landeck eG	209
Endingen	Weingut Leopold Schätzle	214
Ettenheim-Münchweier	Winzergenossenschaft Münchweier-Wallburg-Schmieheim	214
Freiburg-Munzingen	Winzerverein Munzingen	209
Friesenheim	Winzergenossenschaft Oberschopfheim	209
Gengenbach	Gengenbacher Winzer eG	214
Hagnau a.B.	Winzerverein Hagnau	215
Heidelberg	Weinbau Prof. Dr. Udo Hanke	216
Kappel-Grafenhausen	Winzergenossenschaft Ettenheim	209
Kappelrodeck	Weingut Villa Heynburg	205, 217
Kappelrodeck	Winzerkeller Hex vom Dasenstein eG	216
Kappelrodeck-Waldulm	Winzergenossenschaft Waldulm eG	218
Karlsruhe	Staatsweingut Karlsruhe-Durlach	219
Kippenheim	Winzergenossenschaft Kippenheim-Mahlberg-Sulz	209
Malsch	Wein & Sektgut Bernd Hummel	219
Malsch	Weingut Rüdiger Bös	220
Müllheim	Winzergenossenschaft Britzingen/Markgräflerland eG	205, 220
Niefern	Sektkellerei Emil Schweickert GmbH	205
Oberkirch	Oberkircher Winzer eG	221
Oberkirch-Nußbach	Weingut Herztal · Ulrike & Hubert Müller GbR	222
Oberkirch-Tiergarten	Winzerhof-Kimmig · „Springbrunnen"	222
Oberkrich-Haslach	Ell Obst + Wein OHG	222
Offenburg	Winzergenossenschaft Rammersweier e.G.	223
Radolfzell	Weingut Hans Rebholz	223
Reichenau	Winzerverein Reichenau eG	223
Renchen-Erlach	Weingut Bimmerle · Siegbert Bimmerle	224
Sasbach	Winzergenossenschaft Sasbach am Kaiserstuhl eG,	224
Sasbach-Jechtingen	Winzergenossenschaft Jechtingen-Amoltern am Kaiserstuhl eG	205, 225

Ort	Name Wein-/Sektgut	Seite
Sasbach-Leiselheim	Winzergenossenschaft Leiselheim am Kaiserstuhl eG	225
Sasbachwalden	Alde Gott Winzer eG	225
Schliengen	Erste Markgräfler Winzergenossenschaft Schliengen-Müllheim eG	205, 226
Schriesheim	Winzergenossenschaft Schriesheim eG	209
Sinzheim	Weingut Angelika Vogel	205
Sinzheim	Weinhaus am Egelsbach · Emil Kopp	226
Staufen	Weingut Gerd Köpfer	226
Triefenstein-Lengfurt	Weinhaus Frank GbR · Robert und Karl-Heinz Frank	226
Vogtsburg	Burkheimer Winzer am Kaiserstuhl eG	205, 227
Vogtsburg-Achkarren	Winzergenossenschaft Achkarren im Kaiserstuhl eG	228
Vogtsburg-Bischoffingen	Winzergenossenschaft Bischoffingen-Endingen am Kaiserstuhl eG	206, 229
Vogtsburg-Oberrotweil	Kaiserstühler Winzerverein Oberrotweil eG	206, 230
Vogtsburg,	Winzergenossenschaft Oberbergen im Kaiserstuhl eG	227
Waldkirch-Buchholz	Winzergenossenschaft Buchholz/Sexau eG	210
Weingarten	Winzergenossenschaft Weingarten eG	230
Wertheim	Weingut Oesterlein · Lothar Klüpfel	230
Wertheim-Reicholzheim	Winzerkeller im Taubertal	206, 231

Franken

Ort	Name Wein-/Sektgut	Seite
Abtswind	Weingut Behringer Wein KG	233
Alzenau-Hörstein	Winzergenossenschaft Hörstein eG	233
Alzenau-Michelbach	Weingut Klaus Gündling	233
Alzenau-Wasserlos	Weingut Klaus Simon	233
Eibelstadt	Weinbau K. u. P. Pohl	233
Eibelstadt	Weingut Ulrich Dorsch	233
Eisenheim	Weingut „Zur Höll" · Günter Riegler	234
Großostheim	Weinbau Müller · Rudolf Müller	234
Hammelburg	Weingut Ruppert · Christiana Ruppert	234
Iphofen	Weinbau Johannes Barth	234
Iphofen	Weinbau Norbert Muth	235
Iphofen	Weingut Ernst Popp KG	234
Kitzingen	Winzergemeinschaft Franken eG	235
Knetzgau	Weingut Martin Barthel	236
Nordheim	Weingut Manfred Braun	236
Prichsenstadt/Bimbach	Weingut Dieter Laufer	233, 236
Ramsthal	Weingut Baldauf · Gerald und Ralf Baldauf	233, 236
Rödelsee	Weingut Michael Melber	236
Sand am Main	Weingut Stefan Goger	233, 236
Sommerach	Weingut Klaus Henke · Bruno Henke	236
Sommerach	Zehnthof · Tobias Weickert	237
Sommerhausen	Weingut Christoph Steinmann	237
Thüngersheim	Weingut Gebr. Geiger jun.	237
Thüngersheim	Weingut Geiger & Söhne	238
Thüngersheim	Weingut Hermann Bauer	238
Triefenstein-Lengfurt	Weinhaus Frank GbR · Robert und Karl-Heinz Frank	238
Untereisenheim,	Weingut Hirn & Hundertwasser-Shop · Im Weinparadies	239
Volkach	Weinbau Karl Müller	239
Volkach	Weingut Andreas Braun · G. Rappert	239

Ort	Name Wein-/Sektgut	Seite
Volkach-Escherndorf	Weingut „Am Lump" · Albrecht Sauer	239
Volkach-Escherndorf	Weingut Horst Sauer	240
Volkach-Fahr	Familienweingut Braun · Heike und Thomas Braun	240
Vipfeld	Weingut Sebastian Lother	240
Würzburg	Weingut Juliusspital	240
Würzburg	Weingut Staatlicher Hofkeller	241

Hessische Bergstraße

Groß-Umstadt	vinum autmundis · Die Odenwälder Winzergenossenschaft e.G.	243
Groß-Umstadt	Weingut Brücke-Ohl	243
Heppenheim	Bergsträßer Winzer eG	244
Roßdorf	Weingut Edling GbR	245
Zwingenberg	Weingut Simon-Bürkle	245

Mittelrhein

Boppard	Weingut August und Thomas Perll	247
Oberheimbach	Weingut Eisenbach - Korn	247
Oberwesel	Weingut Waldemar Querbach	247

Mosel

Bernkastel-Kues	Weingut Anton Zimmermann	249
Briedern	Weingut Otto Görgen · Matthias Görgen	249
Bruttig-Fankel	Weingut Klein-Götz	250
Ellenz-Poltersdorf	Weingut Günter Hermes · Lydia Hermes	250
Ellenz-Poltersdorf	Weingut Herbert Pies	250
Erden	Weingut Kaufmann-Schneider	250
Graach	Weingut Josef Bernard-Kieren	250
Graach	Weingut Klaus Blesius	251
Graach-Schäferei	Weingut Philipps-Eckstein	251
Kobern-Gondorf	Freiherr von Schleinitz'sche Weingutsverwaltung · Konrad Hähn	251
Koblenz	Weingut Antoniushof · Toni Reif	251
Koblenz	Weingut Toni Müller · Helmut Müller	252
Konz-Filzen	Wein- und Sektgut Reverchon KG · Hans Maret	252
Leiwen	St. Laurentius Sekthaus · Klaus Herres	249
Mülheim	Weingut Bauer GbR · Jörg & Thomas Bauer	252
Mülheim	Weingut Bottler · Hermann und Andreas Bottler	252
Perl	Weingut Helmut Herber	249, 252
Perl	Weingut Ökonomierat Petgen-Dahm · Ralf und Brigitte Petgen	249, 253
Perl-Nennig	Weingut Karl Petgen	253
Pommern	Weingut Ewald Zenzen · Otmar Zenzen	254
Starkenburg	Weingut Starkenburger Hof · Andreas Wagner	254
Starkenburg über der Mosel	Weirich Weine	254
Traben-Trarbach	Weingut Rainer Göbel	254
Traben-Trarbach	Weingut Trossen GbR · Jörg, Mark und Birgit Trossen	254
Trier	Weingut Peter Terges	255
Ürzig	Weingut Alfred Merkelbach	255
Ürzig	Weingut Berthold Oster	249, 255
Wittlich	Weingut Zender-Göhlen · Heinz Zender	255

Ort	Name Wein-/Sektgut	Seite
Zell-Kaimt	Weingut Friedrich Josef Treis	255
Zell-Kaimt	Weingut Walter Wirtz	255
Zell-Merl	Weingut Albert Kallfelz · Albert und Andrea Kallfelz	256
Zell/Mosel	Zimmermann-Graeff & Müller GmbH & Co. KG · Weinkellerei	255

Nahe

Bad Kreuznach	Weingut Horst Zehmer	259
Bad Kreuznach	Weingut Ökonomierat August E. Anheuser GmbH · Markus Leyendecker	259
Dorsheim	Weingut Theo Enk	259
Gau-Algesheim	Wein- & Sektgut Nikolaushof · Klaus Hattemer	260
Gutenberg	Weingut Genheimer-Kiltz	260
Monzingen	Weingut Axel Schramm	260
Obermoschel	Weingut Schmidt GbR	261
Sprendlingen	Erzeugergemeinschaft Winzersekt GmbH	259
Waldböckelheim	Weingut Emmerich-Koebernik	259, 261
Waldböckelheim	Weingut Funck-Schowalter GbR · Gerd, Ute und Thomas Funck	261

Pfalz

Altdorf	Weingut Schimpf · Günter Schimpf	266
Bad Bergzabern	Weingut Knöll & Vogel	266
Bad Dürkheim	Vier Jahreszeiten Winzer eG	263
Bad Dürkheim	Weingut Bärenhof · Helmut Bähr & Sohn	263
Bad Dürkheim	Weingut Darting GdbR	266
Bad Dürkheim	Winzer eG Herrenberg-Honigsäckel	263, 270
Bad Dürkheim – Ungstein	Weingut Bärenhof · Helmut Bähr & Sohn	269
Bad Dürkheim,	Vier Jahreszeiten Winzer eG	267
Bingen	Weinkellerei Reh Kendermann GmbH	271
Bockenheim	Weingut Kohl Am Sonnenberg · Wolfgang Kohl	271
Bockenheim	Weingut Sonnenhof · Karl Schäfer & Söhne	271
Dackenheim	Weingut Winkels-Herding	271
Deidesheim	Sektkellerei Deidesheim	263
Deidesheim	Winzerverein Deidesheim eG	272
Dirmstein	Weinbau Wüst · Thomas Wüst	272
Dirmstein	Weingut Hubert Schmitt · Martin Schmitt	272
Edenkoben	Vinification Ludwigshöhe	273
Edenkoben	Winzergenossenschaft Edenkoben eG	263, 272
Edesheim	Wein- und Sektkellerei Gebrüder Anselmann GmbH	263, 275
Edesheim	Weingut Oberhofer · Stefan & Heidi Oberhofer	264, 278
Edesheim	Weingut Werner Anselmann	274
Ellerstadt	Weingut Heinrich Vollmer GmbH & Co. KG	264, 278
Erpolzheim	Weingut K. Heinrich Veddeler	278
Eschbach	Weingut Bruno Wind	279
Forst	Forster Winzerverein eG	279
Frankweiler	Weingut und Destillerie Lidy	280
Friedelsheim	Weingut Heinrich Gies & Sohn GmbH	280
Gimmeldingen-Mußbach	Weingut Peter Stolleis · Carl-Theodor-Hof	280
Grünstadt	Weingut Schenk-Siebert	280

Ortsverzeichnis

Ort	Name Wein-/Sektgut	Seite
Grünstadt-Sausenheim	Weingut Karl-Heinz Gaul GbR	281
Herxheim	Winzergenossenschaft Herxheim am Berg eG	264, 281
Hochstadt	Weingut Heinz Schweder	282
Insheim	Weingut Heinz Bus & Sohn	282
Kallstadt	Winzergenossenschaft Kallstadt e.G.	282
Kirrweiler,	Weingut Markus Schwaab	282
Landau	Weingut Ackermann · Heinrich Ackermann	283
Landau	Weingut Villa Hochdörffer · Lieselotte Hahn-Hochdörffer	283
Landau-Wollmesheim	Weingut Bruno Leiner	283
Laumersheim	Palmberg eG	283
Maikammer	Weingut August Ziegler	284
Maikammer	Weingut Bendel	285
Maikammer	Weingut Hubert Müller	285
Neustadt an der Weinstraße	Hambacher Schloß Kellerei eG	286
Neustadt an der Weinstraße	Weingut Bergdolt-Reif und Nett	285
Neustadt an der Weinstraße	Weingut Kühborth & Sinn	286
Neustadt an der Weinstraße	Winzergenossenschaft Weinbiet eG	264
Neustadt an der Weinstraße,	Weingut Ökonomierat Kurt Isler	286
Neustadt-Mußbach a. d. Weinstr.	Winzergenossenschaft Weinbiet EG	287
Niederkirchen	Sektkellerei Martinushof · Hilarius Reinhardt	264
Pleisweiler-Oberhofen	Weingut Heinz und Jürgen Wilker GbR	288
Rhodt	Weingut Kastanienhof · K.-Heinz und Knut Fader	288
Ruppertsberg	Hofgut Markus Schädler	288
Schweigen	Weingut Cuntz-Scheu · Axel Scheu	265, 288
Siebeldingen	Wein- und Sektgut Wilhelmshof	265, 288
St. Martin	„Altes Schlößchen" · Ludwig Schneider GmbH	291
St. Martin	Herrengut St. Martin	289
St. Martin	Wein und Sekthaus Aloisiushof GmbH	265, 290
St. Martin	Weingut Alfons Hormuth · Andreas Hormuth	291
St. Martin	Weingut Alfons Ziegler	265, 289
St. Martin	Weingut Egidiushof · Christian Egidius Schwab	291
Steinweiler	Wein- und Sektgut Rosenhof · Fam. Bohlender	265
Wachenheim	Sektkellerei Schloß Wachenheim AG	265
Wachenheim	Wachtenburg Winzer eG	265, 292
Walsheim	Weingut Heinz Pfaffmann	293
Walsheim	Weingut Karl Pfaffmann Erben GdbR	294
Weisenheim am Berg	Weingut Pfleger-Karr	265, 295
Weyher	Weingut Otmar Graf	295
Wörrstadt	Weingut Gunter & Ute Weinmann GbR	295

Rheingau

Ort	Name Wein-/Sektgut	Seite
Eltville	Weingut Hans-Josef Ernst	297
Eltville-Erbach	Weingut Kremer-Ettingshausen	297
Geisenheim-Johannisberg	Weinhof Goldatzel · Gerhard Groß	297
Hattenheim im Rheingau	Weingut Georg Müller Stiftung · Peter Winter	298
Oestrich-Winkel	Wein- und Sektgut F.B. Schönleber · Bernd und Ralf Schönleber GbR	297, 299
Oestrich-Winkel	Weingut Manfred Bickelmaier	299

Ort	Name Wein-/Sektgut	Seite

Rheinhessen

Ort	Name Wein-/Sektgut	Seite
Albig	Weingut Jung & Knobloch GbR	302
Albig	Winzergenossenschaft Albig eG	302
Alsheim	Weingut Seidel-Dudenhöfer · Thomas Seidel	302
Appenheim	Weingut Lindenhof · Frank Bockius	303
Bechtheim	Weingut Ökonomierat Johann Geil I. Erben	301, 303
Bechtheim-West	Weingut Bastianshauser Hof · Sebastian & Ralf Erbeldinger	303
Bechtheim-West	Weingut Kurt Erbeldinger & Sohn · Stefan Erbeldinger	301, 304
Bechtolsheim	Weingut Ernst Bretz · Horst & Heike Bretz	305
Bodenheim	Weingut Acker - Martinushof · Thilo Acker	301
Bodenheim	Weingut Gruber · Steffen und Rolf Gruber	307
Bodenheim	Weingut Heinz Josef Gabel	306
Bodenheim	Weingut Jakob Gauer	306
Bodenheim	Weingut Reinhold + Michael Kern GbR	306
Dienheim	Weingut Richard und Frank Kühn	301, 307
Dittelsheim-Heßloch	Cisterzienser Weingut Michel · Ulrich Michel	307
Dittelsheim-Heßloch	Weingut Gerold Spies	307
Eckelsheim	Weingut Peter und Julian Wolf	308
Engelstadt	Weingut Walter Strub · Gunther Strub	308
Flonheim	Weingut Lawall	301
Flonheim	Weingut Thomas-Rüb	308
Flonheim	Weingut Werner GbR · Dietmar und Florian Werner	308
Framersheim	Weingut Dr. Roland Hinkel	308
Framersheim	Weingut Gröhl Erben · Steffen Gröhl	308
Gau-Algesheim	Wein & Sektgut St. Nikolaushof · Klaus Hattemer	301, 310
Gau-Algesheim	Weingut Fleischmann	309
Gau-Algesheim	Weingut Helmut Weber	310
Gau-Bickelheim	Weingut Pfennig GbR · Hans-Paul & Marco Pfennig	310
Gau-Bickelheim	Weingut Thomas Haßlinger	311
Gau-Bickelheim	Winzerhof Schnabel	310
Guntersblum	Weingut Karlheinz Belzer	311
Guntersblum	Weingut Schloßgut Schmitt	311
Ingelheim	Weingut Burgberg · Eimann & Söhne	311
Ingelheim	Weingut Julius Wasem Söhne	312
Jugenheim	Weingut Diehl-Blees	312
Jugenheim/Rheinhessen	Weingut Adolf Schick GbR · Susanne und Steffen Schick	312
Klein-Winternheim	Weingut Volker Eckert	313
Mainz	Weingut Heinz Lemb	313
Mainz-Hechtsheim	Weingut Zehe-Clauß	313
Mörstadt	Weingut Kinges-Kessel · Hans Kesse	313
Nack	Weingut Theo Nierstheimer	313
Nierstein	Weingut Eugen Wehrheim	315
Nierstein	Weingut Georg Gustav Huff · Dieter Huff	314
Ober-Flörsheim	Weingut Stauff GbR	315
Ockenheim	Klosterweingut Jakobsberg · Missionsbenediktiner der Erzabtei St. Ottilien	317
Ockenheim	Weingut Bungert-Mauer	316
Ockenheim	Weingut Karl-Wilhelm Müller · Eckhard und Daniel Müller	317

Ort	Name Wein-/Sektgut	Seite
Ockenheim	Weingut Schäfer-Zimmermann	317
Partenheim	Weingut Adam	317
Saulheim	Weingut Meik Dörrschuk · Schloßgartenhof	317
Schornsheim	Hofgut Ebling	317
Selzen	Weingut Paulinenhof · Rolf Bernhard	318
Sprendlingen	Erzeugergemeinschaft Winzersekt GmbH	301
Stadecken-Elsheim	Weingut Udo & Timo Eppelmann	302, 318
Undenheim	Weingut Georg Jung	318
Weinolsheim	Weingut Manz · Erich und Eric Manz	319
Westhofen	Winzergenossenschaft Westhofen eG	302, 320
Wolfsheim	Weingut Bernhard	320
Wöllstein	Winzer der Rheinhessischen Schweiz eG	302, 321
Worms-Abenheim	Weingut Stefan Kraus	321
Worms-Pfeddersheim	Weingut Ulrich Goldschmidt	321
Wörrstad	Weingut Gunter & Ute Weinmann GbR	321

Saale-Unstrut

Ort	Name Wein-/Sektgut	Seite
Döschwitz	Weingut Marcel Schulze	323
Freyburg	Winzervereinigung Freyburg eG	323
Bad Kösen	Landesweingut Kloster Pforta GmbH	323
Bad Sulza	Thüringer Weingut Bad Sulza GmbH	323
Döschwitz	Weingut Marcel Schulze	323
Freyburg	Weingut Familie Lückel · Andrea und Jörg Lückel	323
Freyburg	Weingut Dr. Eberhard Hage	323
Freyburg (Unstrut)	Winzervereinigung Freyburg-Unstrut eG	324
Großheringen	Thüringer Weingut Hartmut Zahn	324
Roßbach	Weingut Frölich-Hake	324
Weimar	Weinhaus zu Weimar · Prinz zur Lippe	324

Sachsen

Ort	Name Wein-/Sektgut	Seite
Diesbar-Seußlitz	Weingut Jan Ulrich	326
Jessen/Elster	Weingut Ingo Hanke	326
Meißen	Sächsische Winzergenossenschaft Meißen e.G.	326
Radebeul	Weingut Drei Herren · Prof. Dr. Rainer Beck und Claus Höhne	327
Radebeul	Weingut Hoflößnitz GmbH · Jörg Hahn	328
Radebeul bei Dresden	Sächsisches Staatsweingut GmbH · Schloss Wackerbarth	326, 328
Sörnewitz	Weingut Walter Schuh	328
Weinböhla	Weinbau Andreas Henke	328
Zadel über Meißen	Weingut Schloß Proschwitz · Prinz zur Lippe	326, 329

Württemberg

Ort	Name Wein-/Sektgut	Seite
Abstatt	Weinkellerei Wangler	333
Affalterbach	Weinbau Büchele · Martin Büchele	333
Bad Friedrichshall	Weingut Friedauer	334
Brackenheim	Weingärtnergenossenschaft Dürrenzimmern-Stockheim eG	335
Brackenheim-Hausen	JupiterWeinkeller GmbH	336
Bretzfeld	Birkert Weingut GbR	336

Ort	Name Wein-/Sektgut	Seite
Bretzfeld-Dimbach	Weingut Karl Busch	337
Cleebronn	Weingärtner Cleebronn-Güglingen eG	338
Erlenbach	Privatkellerei Klaus Keicher GmbH	331
Fellbach	Fellbacher Weingärtner eG	338
Fellbach	Weingut Gerhard Rienth	339
Großbottwar	Neue Bottwartaler Winzer eG	339
Hessigheim	Felsengartenkellerei Besigheim e.G.	331, 340
Ilsfeld	Weingut Golter	341
Kressbronn,	Steinhauser GmbH · Alte Bodensee-Hausbrennerei & Weinkellerei	342
Lauffen	Lauffener Weingärtner eG	342
Niefern	Sektkellerei Emil Schweickert GmbH	331
Nordheim	Rolf Willy GmbH · Privatkellerei-Weinbau	331
Nordheim	Rolf Willy GmbH · Privatkellerei-Weinbau	344
Oberderdingen	Weingärtnergenossenschaft Oberderdingen eG	344
Sachsenheim-Hohenhaslach	Weinbau Katzer	345
Schwaigern	Heuchelberg Weingärtner eG	331, 345
Stuttgart	Ludwig Rilling GmbH & Co. KG · Rilling Sekt	331
Vaihingen	Genossenschaftskellerei Rosswag-Mühlhausen eG	346
Vaihingen-Gündelbach	Weingut Sonnenhof · Martin und Joachim Fischer	347
Vaihingen-Horrheim	Weingut Faigle · Dieter Faigle	348
Weinsberg-Gellmersbach	Wein- und Sektkellerei Stengel · Horst Stengel	332
Weinstadt	Weingärtnergenossenschaft Remstalkellerei	332, 348
Winnenden	Weingut Hartmut Luckert	348

| Ort | Name Wein-/Sektgut | Seite |

Ortsverzeichnis (alphabetisch sortiert)

A

Ort	Name	Seite
Abstatt	Weinkellerei Wangler	333
Abtswind	Weingut Behringer Wein KG	233
Affalterbach	Weinbau Büchele · Martin Büchele	333
Albig	Weingut Jung & Knobloch GbR	302
Albig	Winzergenossenschaft Albig eG	302
Alsheim	Weingut Seidel-Dudenhöfer · Thomas Seidel	302
Altdorf	Weingut Schimpf · Günter Schimpf	266
Alzenau-Hörstein	Winzergenossenschaft Hörstein eG	233
Alzenau-Michelbach	Weingut Klaus Gündling	233
Alzenau-Wasserlos	Weingut Klaus Simon	233
Appenheim	Weingut Lindenhof · Frank Bockius	303
Bad Bergzabern	Weingut Knöll & Vogel	266

B

Ort	Name	Seite
Bad Dürkheim	Vier Jahreszeiten Winzer eG	263
Bad Dürkheim	Weingut Bärenhof · Helmut Bähr & Sohn	263
Bad Dürkheim	Weingut Darting GdbR	266
Bad Dürkheim	Winzer eG Herrenberg-Honigsäckel	263, 270
Bad Dürkheim – Ungstein	Weingut Bärenhof · Helmut Bähr & Sohn	269
Bad Dürkheim,	Vier Jahreszeiten Winzer eG	267
Bad Friedrichshall	Weingut Friedauer	334
Bad Kösen	Landesweingut Kloster Pforta GmbH	323
Bad Kreuznach	Weingut Horst Zehmer	259
Bad Kreuznach	Weingut Ökonomierat August E. Anheuser GmbH · Markus Leyendecker	259
Bad Sulza	Thüringer Weingut Bad Sulza GmbH	323
Baden-Baden	Baden-Badener Winzergenossenschaft eG	205, 206
Bahlingen am Kaiserstuhl	Weingut Schumacher	206
Bechtheim	Weingut Ökonomierat Johann Geil I. Erben	301, 303
Bechtheim-West	Weingut Bastianshauser Hof · Sebastian & Ralf Erbeldinger	303
Bechtheim-West	Weingut Kurt Erbeldinger & Sohn · Stefan Erbeldinger	301, 304
Bechtolsheim	Weingut Ernst Bretz · Horst & Heike Bretz	305
Bernkastel-Kues	Weingut Anton Zimmermann	249
Bingen	Weinkellerei Reh Kendermann GmbH	271
Bockenheim	Weingut Kohl Am Sonnenberg · Wolfgang Kohl	271
Bockenheim	Weingut Sonnenhof · Karl Schäfer & Söhne	271
Bodenheim	Weingut Acker - Martinushof · Thilo Acker	301
Bodenheim	Weingut Gruber · Steffen und Rolf Gruber	307
Bodenheim	Weingut Heinz Josef Gabel	306
Bodenheim	Weingut Jakob Gauer	306
Bodenheim	Weingut Reinhold + Michael Kern GbR	306
Boppard	Weingut August und Thomas Perll	247
Bötzingen	Weingut Rudolf Zimmerlin GmbH	206
Brackenheim	Weingärtnergenossenschaft Dürrenzimmern-Stockheim eG	335

Ort	Name Wein-/Sektgut	Seite
Brackenheim-Hausen	JupiterWeinkeller GmbH	336
Breisach	Badischer Winzerkeller eG	207
Bretzfeld	Birkert Weingut GbR	336
Bretzfeld-Dimbach	Weingut Karl Busch	337
Briedern	Weingut Otto Görgen · Matthias Görgen	249
Bruttig-Fankel	Weingut Klein-Götz	250
Bühl	Affentaler Winzergenossenschaft Bühl eG	210
Bühl-Altschweier	Badische Weinerzeugergem. e.V. · Paul Huber · Gerhard Huber	210

C

Cleebronn	Weingärtner Cleebronn-Güglingen eG	338

D

Dackenheim	Weingut Winkels-Herding	271
Deidesheim	Sektkellerei Deidesheim	263
Deidesheim	Winzerverein Deidesheim eG	272
Dienheim	Weingut Richard und Frank Kühn	301, 307
Diesbar-Seußlitz	Weingut Jan Ulrich	326
Dirmstein	Weinbau Wüst · Thomas Wüst	272
Dirmstein	Weingut Hubert Schmitt · Martin Schmitt	272
Dittelsheim-Heßloch	Cisterzienser Weingut Michel · Ulrich Michel	307
Dittelsheim-Heßloch	Weingut Gerold Spies	307
Dorsheim	Weingut Theo Enk	259
Döschwitz	Weingut Marcel Schulze	323
Döschwitz	Weingut Marcel Schulze	323
Durbach	Durbacher Winzergenossenschaft eG	205, 211
Durbach	Weingut Alexander Laible	212
Durbach	Weingut Andreas Laible	212
Durbach	Weingut Heinrich Männle	213
Durbach	Weingut Hubert Vollmer	213
Durbach	Weingut Schwörer · Josef Rohrer	213

E

Eckelsheim	Weingut Peter und Julian Wolf	308
Edenkoben	Vinification Ludwigshöhe	273
Edenkoben	Winzergenossenschaft Edenkoben eG	263, 272
Edesheim	Wein- und Sektkellerei Gebrüder Anselmann GmbH	263, 275
Edesheim	Weingut Oberhofer · Stefan & Heidi Oberhofer	264, 278
Edesheim	Weingut Werner Anselmann	274
Eibelstadt	Weinbau K. u. P. Pohl	233
Eibelstadt	Weingut Ulrich Dorsch	233
Eisenheim	Weingut „Zur Höll" · Günter Riegler	234
Ellenz-Poltersdorf	Weingut Günter Hermes · Lydia Hermes	250
Ellenz-Poltersdorf	Weingut Herbert Pies	250
Ellerstadt	Weingut Heinrich Vollmer GmbH & Co. KG	264, 278
Eltville	Weingut Hans-Josef Ernst	297
Eltville-Erbach	Weingut Kremer-Ettingshausen	297

Ort	Name Wein-/Sektgut	Seite
Emmendingen-Mundingen	Winzergenossenschaft Mundingen-Landeck eG	209
Endingen	Weingut Leopold Schätzle	214
Engelstadt	Weingut Walter Strub · Gunther Strub	308
Erden	Weingut Kaufmann-Schneider	250
Erlenbach	Privatkellerei Klaus Keicher GmbH	331
Erpolzheim	Weingut K. Heinrich Veddeler	278
Eschbach	Weingut Bruno Wind	279
Ettenheim-Münchweier	Winzergenossenschaft Münchweier-Wallburg-Schmieheim	214

F

Fellbach	Fellbacher Weingärtner eG	338
Fellbach	Weingut Gerhard Rienth	339
Flonheim	Weingut Lawall	301
Flonheim	Weingut Thomas-Rüb	308
Flonheim	Weingut Werner GbR · Dietmar und Florian Werner	308
Forst	Forster Winzerverein eG	279
Framersheim	Weingut Dr. Roland Hinkel	308
Framersheim	Weingut Gröhl Erben · Steffen Gröhl	308
Frankweiler	Weingut und Destillerie Lidy	280
Freiburg-Munzingen	Winzerverein Munzingen	209
Freyburg	Weingut Dr. Eberhard Hage	323
Freyburg	Weingut Familie Lückel · Andrea und Jörg Lückel	323
Freyburg	Winzervereinigung Freyburg eG	323
Freyburg (Unstrut)	Winzervereinigung Freyburg-Unstrut eG	324
Friedelsheim	Weingut Heinrich Gies & Sohn GmbH	280
Friesenheim	Winzergenossenschaft Oberschopfheim	209

G

Gau-Algesheim	Wein & Sektgut St. Nikolaushof · Klaus Hattemer	260, 301, 310
Gau-Algesheim	Weingut Fleischmann	309
Gau-Algesheim	Weingut Helmut Weber	310
Gau-Bickelheim	Weingut Pfennig GbR · Hans-Paul & Marco Pfennig	310
Gau-Bickelheim	Weingut Thomas Haßlinger	311
Gau-Bickelheim	Winzerhof Schnabel	310
Geisenheim-Johannisberg	Weinhof Goldatzel · Gerhard Groß	297
Gengenbach	Gengenbacher Winzer eG	214
Gimmeldingen-Mußbach	Weingut Peter Stolleis · Carl-Theodor-Hof	280
Graach	Weingut Josef Bernard-Kieren	250
Graach	Weingut Klaus Blesius	251
Graach-Schäferei	Weingut Philipps-Eckstein	251
Groß-Umstadt	vinum autmundis · Die Odenwälder Winzergenossenschaft e.G.	243
Groß-Umstadt	Weingut Brücke-Ohl	243
Großbottwar	Neue Bottwartaler Winzer eG	339
Großheringen	Thüringer Weingut Hartmut Zahn	324
Großostheim	Weinbau Müller · Rudolf Müller	234
Grünstadt	Weingut Schenk-Siebert	280
Grünstadt-Sausenheim	Weingut Karl-Heinz Gaul GbR	281
Guntersblum	Weingut Karlheinz Belzer	311

Ort	Name Wein-/Sektgut	Seite
Guntersblum	Weingut Schloßgut Schmitt	311
Gutenberg	Weingut Genheimer-Kiltz	260

H

Hagnau a.B.	Winzerverein Hagnau	215
Hammelburg	Weingut Ruppert · Christiana Ruppert	234
Hattenheim im Rheingau	Weingut Georg Müller Stiftung · Peter Winter	298
Heidelberg	Weinbau Prof. Dr. Udo Hanke	216
Heppenheim	Bergsträßer Winzer eG	244
Herxheim	Winzergenossenschaft Herxheim am Berg eG	264, 281
Hessigheim	Felsengartenkellerei Besigheim e.G.	331, 340
Hochstadt	Weingut Heinz Schweder	282

I

Ilsfeld	Weingut Golter	341
Ingelheim	Weingut Burgberg · Eimann & Söhne	311
Ingelheim	Weingut Julius Wasem Söhne	312
Insheim	Weingut Heinz Bus & Sohn	282
Iphofen	Weinbau Johannes Barth	234
Iphofen	Weinbau Norbert Muth	235
Iphofen	Weingut Ernst Popp KG	234

J

Jessen/Elster	Weingut Ingo Hanke	326
Jugenheim	Weingut Diehl-Blees	312
Jugenheim/Rheinhessen	Weingut Adolf Schick GbR · Susanne und Steffen Schick	312

K

Kallstadt	Winzergenossenschaft Kallstadt e.G.	282
Kappel-Grafenhausen	Winzergenossenschaft Ettenheim	209
Kappelrodeck	Weingut Villa Heynburg	205, 217
Kappelrodeck	Winzerkeller Hex vom Dasenstein eG	216
Kappelrodeck-Waldulm	Winzergenossenschaft Waldulm eG	218
Karlsruhe	Staatsweingut Karlsruhe-Durlach	219
Kippenheim	Winzergenossenschaft Kippenheim-Mahlberg-Sulz	209
Kirrweiler,	Weingut Markus Schwaab	282
Kitzingen	Winzergemeinschaft Franken eG	235
Klein-Winternheim	Weingut Volker Eckert	313
Knetzgau	Weingut Martin Barthel	236
Kobern-Gondorf	Freiherr von Schleinitz'sche Weingutsverwaltung · Konrad Hähn	251
Koblenz	Weingut Antoniushof · Toni Reif	251
Koblenz	Weingut Toni Müller · Helmut Müller	252
Konz-Filzen	Wein- und Sektgut Reverchon KG · Hans Maret	252
Kressbronn,	Steinhauser GmbH · Alte Bodensee-Hausbrennerei & Weinkellerei	342

Ort	Name Wein-/Sektgut	Seite

L

Landau	Weingut Ackermann · Heinrich Ackermann	283
Landau	Weingut Villa Hochdörffer · Lieselotte Hahn-Hochdörffer	283
Landau-Wollmesheim	Weingut Bruno Leiner	283
Lauffen	Lauffener Weingärtner eG	342
Laumersheim	Palmberg eG	283
Leiwen	St. Laurentius Sekthaus · Klaus Herres	249

M

Maikammer	Weingut August Ziegler	284
Maikammer	Weingut Bendel	285
Maikammer	Weingut Hubert Müller	285
Mainz	Weingut Heinz Lemb	313
Mainz-Hechtsheim	Weingut Zehe-Clauß	313
Malsch	Wein & Sektgut Bernd Hummel	219
Malsch	Weingut Rüdiger Bös	220
Mayschoß	Winzergenossenschaft Mayschoß-Altenahr eG	203
Meißen	Sächsische Winzergenossenschaft Meißen e.G.	326
Monzingen	Weingut Axel Schramm	260
Mörstadt	Weingut Kinges-Kessel · Hans Kesse	313
Mülheim	Weingut Bauer GbR · Jörg & Thomas Bauer	252
Mülheim	Weingut Bottler · Hermann und Andreas Bottler	252
Müllheim	Winzergenossenschaft Britzingen/Markgräflerland eG	205, 220

N

Nack	Weingut Theo Niersheimer	313
Neustadt an der Weinstraße	Hambacher Schloß Kellerei eG	286
Neustadt an der Weinstraße	Weingut Bergdolt-Reif und Nett	285
Neustadt an der Weinstraße	Weingut Kühborth & Sinn	286
Neustadt an der Weinstraße	Winzergenossenschaft Weinbiet eG	264
Neustadt an der Weinstraße,	Weingut Ökonomierat Kurt Isler	286
Neustadt-Mußbach a. d. Weinstr.	Winzergenossenschaft Weinbiet EG	287
Niederkirchen	Sektkellerei Martinushof · Hilarius Reinhardt	264
Niefern	Sektkellerei Emil Schweickert GmbH	205
Niefern	Sektkellerei Emil Schweickert GmbH	331
Nierstein	Weingut Eugen Wehrheim	315
Nierstein	Weingut Georg Gustav Huff · Dieter Huff	314
Nordheim	Rolf Willy GmbH · Privatkellerei-Weinbau	331
Nordheim	Rolf Willy GmbH · Privatkellerei-Weinbau	344
Nordheim	Weingut Manfred Braun	236

O

Ober-Flörsheim	Weingut Stauff GbR	315
Oberderdingen	Weingärtnergenossenschaft Oberderdingen eG	344
Oberheimbach	Weingut Eisenbach - Korn	247
Oberkirch	Oberkircher Winzer eG	221

Ort	Name Wein-/Sektgut	Seite
Oberkirch-Nußbach	Weingut Herztal · Ulrike & Hubert Müller GbR	222
Oberkirch-Tiergarten	Winzerhof-Kimmig · „Springbrunnen"	222
Oberkrich-Haslach	Ell Obst + Wein OHG	222
Obermoschel	Weingut Schmidt GbR	261
Oberwesel	Weingut Waldemar Querbach	247
Ockenheim	Klosterweingut Jakobsberg · Missionsbenediktiner der Erzabtei St. Ottilien	317
Ockenheim	Weingut Bungert-Mauer	316
Ockenheim	Weingut Karl-Wilhelm Müller · Eckhard und Daniel Müller	317
Ockenheim	Weingut Schäfer-Zimmermann	317
Oestrich-Winkel	Wein- und Sektgut F.B. Schönleber · Bernd und Ralf Schönleber GbR	297, 299
Oestrich-Winkel	Weingut Manfred Bickelmaier	299
Offenburg	Winzergenossenschaft Rammersweier e.G.	223

P

Partenheim	Weingut Adam	317
Perl	Weingut Helmut Herber	249, 252
Perl	Weingut Ökonomierat Petgen-Dahm · Ralf und Brigitte Petgen	249, 253
Perl-Nennig	Weingut Karl Petgen	253
Pleisweiler-Oberhofen	Weingut Heinz und Jürgen Wilker GbR	288
Pommern	Weingut Ewald Zenzen · Otmar Zenzen	254
Prichsenstadt/Bimbach	Weingut Dieter Laufer	233, 236

R

Radebeul	Weingut Drei Herren · Prof. Dr. Rainer Beck und Claus Höhne	327
Radebeul	Weingut Hoflößnitz GmbH · Jörg Hahn	328
Radebeul bei Dresden	Sächsisches Staatsweingut GmbH · Schloss Wackerbarth	326, 328
Radolfzell	Weingut Hans Rebholz	223
Ramsthal	Weingut Baldauf · Gerald und Ralf Baldauf	233, 236
Reichenau	Winzerverein Reichenau eG	223
Renchen-Erlach	Weingut Bimmerle · Siegbert Bimmerle	224
Rhodt	Weingut Kastanienhof · K.-Heinz und Knut Fader	288
Rödelsee	Weingut Michael Melber	236
Roßbach	Weingut Frölich-Hake	324
Roßdorf	Weingut Edling GbR	245
Ruppertsberg	Hofgut Markus Schädler	288

S

Sachsenheim-Hohenhaslach	Weinbau Katzer	345
Sand am Main	Weingut Stefan Goger	233, 236
Sasbach	Winzergenossenschaft Sasbach am Kaiserstuhl eG,	224
Sasbach-Jechtingen	Winzergenossenschaft Jechtingen-Amoltern am Kaiserstuhl eG	205, 225
Sasbach-Leiselheim	Winzergenossenschaft Leiselheim am Kaiserstuhl eG	225
Sasbachwalden	Alde Gott Winzer eG	225
Saulheim	Weingut Meik Dörrschuk · Schloßgartenhof	317
Schliengen	Erste Markgräfler Winzergenossenschaft Schliengen-Müllheim eG	205, 226
Schornsheim	Hofgut Ebling	317
Schriesheim	Winzergenossenschaft Schriesheim eG	209

Ortsverzeichnis | 363

Ort	Name Wein-/Sektgut	Seite
Schwaigern	Heuchelberg Weingärtner eG	331, 345
Schweigen	Weingut Cuntz-Scheu · Axel Scheu	265, 288
Selzen	Weingut Paulinenhof · Rolf Bernhard	318
Siebeldingen	Wein- und Sektgut Wilhelmshof	265, 288
Sinzheim	Weingut Angelika Vogel	205
Sinzheim	Weinhaus am Egelsbach · Emil Kopp	226
Sommerach	Weingut Klaus Henke · Bruno Henke	236
Sommerach	Zehnthof · Tobias Weickert	237
Sommerhausen	Weingut Christoph Steinmann	237
Sörnewitz	Weingut Walter Schuh	328
Sprendlingen	Erzeugergemeinschaft Winzersekt GmbH	259
Sprendlingen	Erzeugergemeinschaft Winzersekt GmbH	301
St. Martin	„Altes Schlößchen" · Ludwig Schneider GmbH	291
St. Martin	Herrengut St. Martin	289
St. Martin	Wein und Sekthaus Aloisiushof GmbH	265, 290
St. Martin	Weingut Alfons Hormuth · Andreas Hormuth	291
St. Martin	Weingut Alfons Ziegler	265, 289
St. Martin	Weingut Egidiushof · Christian Egidius Schwab	291
Stadecken-Elsheim	Weingut Udo & Timo Eppelmann	302, 318
Starkenburg	Weingut Starkenburger Hof · Andreas Wagner	254
Starkenburg über der Mosel	Weirich Weine	254
Staufen	Weingut Gerd Köpfer	226
Steinweiler	Wein- und Sektgut Rosenhof · Fam. Bohlender	265
Stuttgart	Ludwig Rilling GmbH & Co. KG · Rilling Sekt	331
Stuttgart	Weingut Peter Mayer	331

T

Ort	Name Wein-/Sektgut	Seite
Thüngersheim	Weingut Gebr. Geiger jun.	237
Thüngersheim	Weingut Geiger & Söhne	238
Thüngersheim	Weingut Hermann Bauer	238
Traben-Trarbach	Weingut Rainer Göbel	254
Traben-Trarbach	Weingut Trossen GbR · Jörg, Mark und Birgit Trossen	254
Triefenstein-Lengfurt	Weinhaus Frank GbR · Robert und Karl-Heinz Frank	226
Triefenstein-Lengfurt	Weinhaus Frank GbR · Robert und Karl-Heinz Frank	238
Trier	Weingut Peter Terges	255

U

Ort	Name Wein-/Sektgut	Seite
Undenheim	Weingut Georg Jung	318
Untereisenheim,	Weingut Hirn & Hundertwasser-Shop · Im Weinparadies	239
Ürzig	Weingut Alfred Merkelbach	255
Ürzig	Weingut Berthold Oster	249, 255

Ort	Name Wein-/Sektgut	Seite

V

Vaihingen	Genossenschaftskellerei Rosswag-Mühlhausen eG	346
Vaihingen-Gündelbach	Weingut Sonnenhof · Martin und Joachim Fischer	347
Vaihingen-Horrheim	Weingut Faigle · Dieter Faigle	348
Vogtsburg	Burkheimer Winzer am Kaiserstuhl eG	205, 227
Vogtsburg-Achkarren	Winzergenossenschaft Achkarren im Kaiserstuhl eG	228
Vogtsburg-Bischoffingen	Winzergenossenschaft Bischoffingen-Endingen am Kaiserstuhl eG	206, 229
Vogtsburg-Oberrotweil	Kaiserstühler Winzerverein Oberrotweil eG	206, 230
Vogtsburg,	Winzergenossenschaft Oberbergen im Kaiserstuhl eG	227
Volkach	Weinbau Karl Müller	239
Volkach	Weingut Andreas Braun · G. Rappert	239
Volkach-Escherndorf	Weingut „Am Lump" · Albrecht Sauer	239
Volkach-Escherndorf	Weingut Horst Sauer	240
Volkach-Fahr	Familienweingut Braun · Heike und Thomas Braun	240

W

Wachenheim	Sektkellerei Schloß Wachenheim AG	265
Wachenheim	Wachtenburg Winzer eG	265, 292
Waldböckelheim	Weingut Emmerich-Koebernik	259, 261
Waldböckelheim	Weingut Funck-Schowalter GbR · Gerd, Ute und Thomas Funck	261
Waldkirch-Buchholz	Winzergenossenschaft Buchholz/Sexau eG	210
Walsheim	Weingut Heinz Pfaffmann	293
Walsheim	Weingut Karl Pfaffmann Erben GdbR	294
Weimar	Weinhaus zu Weimar · Prinz zur Lippe	324
Weinböhla	Weinbau Andreas Henke	328
Weingarten	Winzergenossenschaft Weingarten eG	230
Weinolsheim	Weingut Manz · Erich und Eric Manz	319
Weinsberg-Gellmersbach	Wein- und Sektkellerei Stengel · Horst Stengel	332
Weinstadt	Weingärtnergenossenschaft Remstalkellerei	332, 348
Weisenheim am Berg	Weingut Pfleger-Karr	265, 295
Wertheim	Weingut Oesterlein · Lothar Klüpfel	230
Wertheim-Reicholzheim	Winzerkeller im Taubertal	206, 231
Westhofen	Winzergenossenschaft Westhofen eG	302, 320
Weyher	Weingut Otmar Graf	295
Winnenden	Weingut Hartmut Luckert	348
Wipfeld	Weingut Sebastian Lother	240
Wittlich	Weingut Zender-Göhlen · Heinz Zender	255
Wolfsheim	Weingut Bernhard	320
Wöllstein	Winzer der Rheinhessischen Schweiz eG	302, 321
Worms-Abenheim	Weingut Stefan Kraus	321
Worms-Pfeddersheim	Weingut Ulrich Goldschmidt	321
Wörrstad	Weingut Gunter & Ute Weinmann GbR	321
Wörrstadt	Weingut Gunter & Ute Weinmann GbR	295
Würzburg	Weingut Juliusspital	240
Würzburg	Weingut Staatlicher Hofkeller	241

Ort	Name Wein-/Sektgut	Seite
Z		
Zadel über Meißen	Weingut Schloß Proschwitz · Prinz zur Lippe	326, 329
Zell-Kaimt	Weingut Friedrich Josef Treis	255
Zell-Kaimt	Weingut Walter Wirtz	255
Zell-Merl	Weingut Albert Kallfelz · Albert und Andrea Kallfelz	256
Zell/Mosel	Zimmermann-Graeff & Müller GmbH & Co. KG · Weinkellerei	255
Zwingenberg	Weingut Simon-Bürkle	245

URLAUB BEIM WINZER

Erleben und genießen Sie regionaltypische Gastfreundschaft, Einblicke in die Arbeit des Winzers, familiäres Flair und die zauberhaften Landschaften deutscher Weinanbaugebiete. Alle vorgestellten Betriebe sind geprüfte Winzerhöfe und tragen das Gütezeichen der DLG, „Urlaub auf dem Winzerhof".

Urlaub auf dem Winzerhof – Erlebniswelten für Aktive & Weinfreunde

Weingenuss, regionaltypische Gastfreundschaft, Einblicke in die Arbeit des Winzers und familiäres Flair erwarten Gäste, die dem Gütezeichen der DLG, „Urlaub auf dem Winzerhof" folgen.

Wie kaum ein anderes Produkt lässt sich das Kulturgut Wein mit Tourismus verbinden. Reisen zum Wein werden heute intensiv verknüpft mit attraktiven Angeboten aus den Bereichen Kultur, Natur, Sport, Architektur, Wellness oder Gastronomie. Hinzu kommt, dass die Fluss- und Hügellandschaften, die für den Weinbau genutzt werden, zu den schönsten Landstrichen Deutschlands gehören. In allen deutschen Weinanbaugebieten findet man heute anspruchsvolle Vinotheken, die mit extravaganten architektonischen Konzepten, touristischer Information und ausgewählten Weinen weit mehr zu bieten haben, als die klassische Weinprobierstube.

Viele Weingüter kombinieren zudem Weingenuss mit regionaltypischer Gastfreundschaft und haben auf ihren Höfen Gästehäuser eingerichtet, die mit ihrem konzeptionellen Anspruch überzeugen. Urlaub beim Winzer ist eines von vielen Projekten, mit denen sich Weingüter zu flächendeckenden Interessensverbänden zusammengefunden haben.

Wer den Tagesablauf und die Arbeiten auf einem Weingut miterleben möchte, sollte die Ferienangebote von Weingütern in Anspruch nehmen.

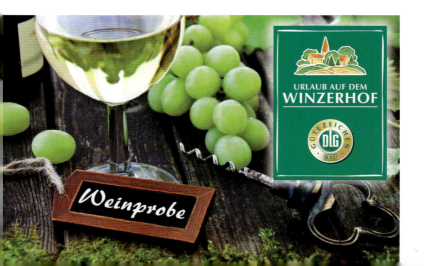

Hier lassen sich gelungene Angebote im Hinblick auf sanften Tourismus, Ökologie und Nachhaltigkeit entdecken.

Es gehört zum Selbstverständnis vieler Winzerbetriebe, wissbegierige Gäste in die täglichen Arbeitsabläufe zu integrieren. Die Urlauber interessieren sich auch für die Weinbergs- und Kellerarbeiten, die man nirgends besser kennen lernen kann, als in der Praxis. Mit Weinbergsrundfahrten, geführten Weinproben, Hofführungen, kulinarischen Kostproben und kurzweiligen Veranstaltungen bieten die Winzerbetriebe viele Möglichkeiten, um diesem Anspruch gerecht zu werden.

Die Angebote sind zielgruppengerecht und richten sich an Genießer, Singles, kleinere oder größere Reisegruppen, ebenso wie Familien und all diejenigen die gerne Wein trinken oder die Wissenschaft des Weines erlernen wollen. Seminare, Tagungen oder private Feierlichkeiten können darüber hinaus direkt im Weingut stattfinden. Viele Betriebe sind auf die Unterbringung von Gästen mit körperlicher Behinderung eingerichtet und haben ihre Feriendomizile barrierefrei gestaltet.

Die persönliche und familiäre Atmosphäre, die ein Aufenthalt im Hotel oftmals nicht bieten kann, wird von vielen Gästen geschätzt. Die Vesper im Weinberg, ein Aufenthalt im Winzercafé, der Besen-, Strauß- oder Rädlewirtschaft sind willkommene Möglichkeiten erste Kontakte zu knüpfen.

Zu den Winzerhöfen, die Gäste bewirten und unterbringen, gehören auch zahlreiche Bio-Betriebe. Die Besonderheiten des ökologischen Weinbaus sind ein weiteres Feld, das zum Kennenlernen einlädt. Diese Betriebe arbeiten nach dem Prinzip der Transparenz und geben Einblick in die komplexen und

Urlaub beim Winzer | 371

interessanten Zusammenhänge ökologischer Arbeit. Besucher werden vom passiven Konsumenten zum aktiven Teilnehmer, der mit Erholung auch den Anspruch verbindet, ganzheitliches Denken kennen zu lernen und in der Praxis mitzuerleben.

Mancher Weingutsbetrieb hält für seine Besucher kulinarische Genüsse bereit die zusammen mit den hofeigenen Weinen verkostet werden können.

DLG-geprüfter Landtourismus – Qualität seit mehr als 40 Jahren

Die DLG prüft im Bereich Landtourismus die drei Gütezeichen „Urlaub auf dem Bauernhof", „Urlaub auf dem Winzerhof" und „Landurlaub". Das Gütezeichen „Urlaub auf dem Winzerhof" wird seit mehr als 40 Jahren an Betriebe verliehen, die in besonderem Maße qualifiziert sind, Gäste unterzubringen und steht für hohe Qualitätsstandards. Mit dem Gütezeichen „Urlaub auf dem Winzerhof" verbindet sich ein besonderer Anspruch an Serviceleistung und Angeboten für Gäste.

Zu den Kriterien gehören beispielsweise die Auslage von Informationsmaterialien über die Weinproduktion, zu Besonderheiten der Region über Geschichte, Handwerk und Traditionen, Heimatfeste, Flora und Fauna, die regionaltypische Küche und entsprechende Lokale, über Hofläden oder regionale Märkte. Die Gastgeber bieten Einblicke in die weinwirtschaftliche Produktion, Kellerführungen sowie die Mithilfe bei der Lese, Weinbergsführungen und Weinproben an.

Ein Verzeichnis der Winzerbetriebe, die mit dem DLG-Gütezeichen „Urlaub auf dem Winzerhof" zertifiziert wurden, finden Sie auf den nächsten Seiten.

Schleswig-Holstein – Holsteinische Schweiz

Weingut Ingenhof

Renate und Melanie Engel
Dorfstr. 19
23714 Malente-Malkwitz
Tel.: 04523/2306 + 202159
Mobil: 0177/7056437
melanie.engel@ingenhof.de
www.ingenhof.de

8 FeWo F ★★★★

- Größtes Weingut in S-H
- Flaschenweinverkauf
- Obsthof mit Erdbeeren, Himbeeren, Tafeltrauben
- Feldcafé im Juni/Juli
- Grillpavillon mit Kräuterbeet
- Ostsee in 13 km
- Allergikergerechte FeWo

Sachsen – Sächsisches Elbland

Weinhaus Schuh

Familie Schuh
Dresdner Straße 314
01640 Sörnewitz
Tel.: 03523/84810
Fax: 03523/84820
info@weinhaus-schuh.de
www.weinhaus-schuh.de

Vinotel 3 Zi. P ★★★★★
6 Zi. P ★★★, 3 FeWo F ★★★★

- Weinbergwanderungen
- Kellerführungen
- Weinproben
- Weinrestaurant, Vinothek
- Traktorsafari
- Chill-Lounge

Rheinland-Pfalz – Mittelrhein-Lahn

Weingut Winfried Persch

Gutsschänke Sennerhof
Familie Persch
Rieslingstraße 1
55430 Oberwesel
Tel.: 06744/215
weingut.wpersch@t-online.de
www.hotel-weinproben-rhein.de

7 Zi. P ★★★

- Direkt an den Weinbergen
- Steillagenweinbau
- Qualitätsorientierter Weinbau
- Blick auf die 1000jährige Schönburg
- Weinproben, Gewölbekeller
- Gutsschänke
- Weinwanderung mit Picknick

Rheinland-Pfalz – Mosel-Saar

Weingut Walter

Familie Walter
Hauptstr. 188
56867 Briedel-Mosel
Tel.: 06542/98690
Mobil: 0172/6118690
info@weingut-walter.de
www.weingut-walter.de

4 FeWo F ★★★★

- Familiengeführtes Weingut
- Weinbistro
- Weinprobe
- Gault Milau gelistet
- Riesling
- Steillagen-Anbau

Weingut Stiftshof

Karin und Heiko Schütz
Am Wallgraben 22
56850 Enkirch
Tel.: 06541/811097
Fax: 06541/5281
mail@weingut-stiftshof.de
www.stiftshof.com

4 Zi. P ★★★, 3 FeWo F ★★★★

- Weinprobierstube
- Mithilfe im Weinberg möglich
- Wingerts-Diplom
- Rebstockpatenschaft
- Weinlaube
- Schwimmbad
- Sauna

Weingut Kaufmann-Schneider

Dirk Kaufmann
Fährstraße 2-4
54492 Erden
Tel.: 06532/4624
Fax: 06532/4175
info@weingut-kaufmann-schneider.com
www.weingut-kaufmann-schneider.com

4 Zi. P ★★★★, 1 FeWo F ★★★★

- Weingut direkt am Moselufer
- Kellerbesichtigung
- Weinproben
- Weinbergwanderung
- Weiß- oder Rotweine
- Sekte, Liköre, Edelbrände

Weingut Klaus Lotz

Familie Lotz
Hauptstraße 71
54492 Erden
Tel.: 06532/3029
Fax: 06532/953569
info@weingut-lotz.de
www.weingut-lotz.de

4 Zi. P ★★★, 1 FeWo F ★★★

- Weinprobe
- Steillagenwanderung
- Steillagenweine
- Edelbrennerei
- Gästezimmer mit hohem Komfort
- Spiel- und Liegewiese

Rheinland-Pfalz – Mosel-Saar

Weinhof „Sankt Anna"

Familie Schwaab-Pfeiffer
Brückenstr. 2
54492 Erden
Tel.: 06532/2354
Fax: 06532/94314
info@weinhofsanktanna.de
www.weinhofsanktanna.de

3 Zi. P★★★, 3 FeWo F★★★

- Weingut inmitten von Weinbergen
- Kellerbesichtigungen
- Kulinarische Weinprobe
- Weinbergwanderung
- Wingertsessen
- Weiß- und Rotwein
- Winzersekt

Wein- und Sektgut Georg Andre Söhne

Günter und Hiltrud Andre
Zehnthausstr. 8
56814 Ernst
Tel.: 02671/7378
Fax: 02671/7812
info@weingut-andre.de
www.weingut-andre.de

3 FeWo F★★★

- Urlaub auf dem Winzerhof
- Rieslingweine aus Steillagen
- Sektherstellung nach klassischer Flaschengärung
- Weinprobe
- Kellerbesichtigung
- Weinwanderungen
- Weindirektverkauf

Weingut Andrae-Goebel

Fam. Martin und Petra Andrae
Fährstraße 9
56814 Ernst
Tel.: 02671/7447
Fax: 02671/91356
info@weingut-andrae-goebel.de
www.weingut-andrae-goebel.de

4 FeWo F★★★

- Moselwein direkt vom Winzer
- Rot- und Weißweine
- Weinproben
- Kellerbesichtigung
- Wein- und Hofladen im Weingut
- Rote Weinbergpfirsichprodukte
- Weinlehrpfad und Klettersteig

Haus Sonnenschein

Familie Göbel
Klosterstraße 12
56814 Ernst
Tel.: 02671/7444
Fax: 02671/7445
info@sonnenschein-mosel.de
www.sonnenschein-mosel.de

Zi.★★★

- Urlaub auf dem Weingut
- Direkt am Weinberg
- Weinproben
- Kellerbesichtigung
- Weinterrasse
- Pauschalangebote
- Wein, Sekt, Edelbrände
- Feinkost

Rheinland-Pfalz – Mosel-Saar

Ferienweingut Zenz

Hans-Peter Zenz
Moselstr. 44
56814 Ernst
Tel.: 02671/7345
Fax: 02671/7347
info@ferienweingut-zenz.de
www.ferienweingut-zenz.de

6 Zi. P✶✶✶, 5 FeWo F✶✶✶✶

- Vinothek
- Weinlehrpfad
- Weinstube
- Weinprobe
- Kellerbesichtigung
- ZENSecco Perlwein Rosé
- Rot-, Weiß-, Roséweine

Weingut Lorenz

Familie Lorenz
Im Gartenfeld 1
54329 Konz
Tel.: 06501/15558
Mobil: 0170/5415558
weingut@saarweine-lorenz.de
www.saarweine-lorenz.de

4 FeWo F✶✶✶

- Winzerhof im Ort
- Weinproben
- Weinbergführungen
- Winzersekt
- Rot- und Weißweine

Weingut Johannishof

Familie Ries
Trierer Str. 24
54308 Langsur-Mesenich
Tel.: 06501/923390
Fax: 06501/9233916
info@johannishof.eu
www.johannishof.eu

4 Zi. P✶✶✶✶

- Restaurant/Café
- Weinproben
- Weinwanderungen
- Flaschenweinverkauf ab Hof
- Gelee & Feinkost
- Likör
- Schnaps

Alte Burg

Franz-Josef Mertes GmbH
Maximinstr. 39
54340 Longuich
Tel.: 06502/5587
Fax: 06502/5594
Info@alteburg-mertes.de
www.alteburg-longuich.de

14 Zi. P✶✶✶, 3 FeWo F✶✶✶

- Ein Kleinod erwartet Sie!
- Rittermahl
- Schlemmerstube
- Kulinarischer Kalender
- Urlaub auf der Burg
- Weingut Burgkeller
- Traditionsreiches Weingut

Rheinland-Pfalz – Mosel-Saar

Weingut Gästehaus Franziskus-Hof

Johannes Theisen
Cerisiersstr. 3
54340 Longuich
Tel.: 06502/9145
Fax: 06502/914520
weingut@franziskus-hof.de
www.franziskus-hof.com

15 Zi. P ★★★, 1 App. F ★★★

- Vinothek
- Kellerbesichtigung
- Weinproben
- Weinbergwanderung mit Umtrunk
- Gutsbrennerei
- Brände und Liköre
- Weiß- und Rotweine

Classisches Weingut Hans Hoffranzen

Familie Hoffranzen
Schulstraße 22
54346 Mehring
Tel.: 06502/8441
info@weingut-hoffranzen.de
www.weingut-hoffranzen.de

11 Zi. P ★★★

- 400-jähriges Weingut im Familienbesitz
- Schlemmerwochenenden
- Kulinarische Weinproben
- Rieslingweine
- Burgunderclassiker
- Sekte, Secco
- Destillate

Ferienweingut Kreuz-Bauer

Edith und Walter Schmitt
Zum Leinpfad 4
54518 Minheim
Tel.: 06507/6422
Fax: 06507/701346
info@weingut-kreuz-bauer.de
www.weingut-kreuz-bauer.de

4 Zi. P ★★★,
2 FeWo F ★★★, 3 FeWo F ★★★★

- Urlaub beim Winzer
- Moselblick
- Frühstücksbuffet
- Weinproben mit Kellerbesichtigung
- Weißwein, Rotwein, Sekt
- Spielwiese mit Geräten
- Grillmöglichkeit

Weingut Lehnert-Später

Ulrike und Walter Lehnert-Später
Brückenstr. 21
54498 Piesport
Tel.: 06507/99063
Fax: 06507/99065
lehnert-spaeter@web.de
www.weingut-lehnert-spaeter.de

2 Zi. P ★★★, 1 App. F ★★★, 1 FeWo F ★★★

- Weinprobe
- Weinkeller
- Mithilfe im Weinberg
- Rot- und Weißwein
- Flaschenweinverkauf

Rheinland-Pfalz – Mosel-Saar

Wohngut Paulushof

Inh. Dipl.-Ing Tobias Dahm
Im Wingert 42
56862 Pünderich
Tel.: 06542/22609
Fax: 06542/1343
info@paulushof.de
www.paulushof.de

2 Zi. P ★★★★, 6 FeWo F ★★★★

- Moselurlaub neu erleben
- Weingenuss
- Wellness im Weingut
- Wohnen auf dem Winzerhof
- Pauschalen rund um Wein & Genuss
- Wein-Erlebnis-Vinothek

Haus Schatzgarten – Wein- & Gästehaus

Christof Michels
Im Luxgraben 7
56841 Traben-Trarbach
Tel.: 06541/9632
Fax: 06541/814849
haus.schatzgarten@t-online.de
www.Haus-Schatzgarten.de

6 Zi. P ★★★,
1 FeWo F ★★★, 1 FeWo F ★★★★

- Modernes Gästehaus
- Zentrale ruhige Lage
- Gesellige Abende
- Reichhaltiges Frühstücksbuffet
- Weinprobe, Weinkeller
- Beeindruckende Weinlandschaft
- Rad- und Wanderwege

Weingut GiwerGreif

Sandra & Peter Giwer
Neudorfstraße 24
54332 Wasserliesch
Tel.: 06501/180522
Fax: 06501/180523
weingut@giwer-greif.de
www.giwer-greif.de

7 Zi. P ★★★★, 2 FeWo F ★★★★

- Elbling & Burgunder
- Weinprobe
- Kellerbesichtigung
- Weinbergwanderung
- Flaschenweinverkauf ab Hof
- Genussradeln entlang Mosel, Saar und Sauer

Hotel-Pension-Weingut Wendland

Familie Wendland
Rosenstr. 12
54487 Wintrich
Tel.: 06534/8796
Fax: 06534/18341
pension@wendland-wintrich.de
www.wendland-wintrich.de

11 Zi. ★★

- Urlaub beim Winzer
- Weinstube
- Weinproben und Info
- Zertifizierter Weinberater
- Kellerführung
- Moderne Gästezimmer
- Fahrradverleih & E-Bike

Rheinland-Pfalz – Hunsrück-Nahe

Weingut Holger Alt

Familie Alt
Hauptstr. 67
55569 Monzingen
Tel.: 06751/94560
info@weingut-alt.de
www.weingut-alt.de

7 Zi. P★★★★,
1 FeWo F★★★, 2 FeWo F★★★★

- Wein erleben und Genießen!
- Weinproben
- Weinverkauf
- Gästezimmer
- Ferienwohnungen
- Weinwanderwegfest
- Weinbergwanderung
- Kellerführung

Rheinland-Pfalz – Rheinhessen

Strubel-Roos – Landhotel im Klostereck

Familie Roos
Klostereck 7
55237 Flonheim
Tel.: 06734/6129
Fax: 06734/960181
info@strubel-roos.de
www.strubel-roos.de

14 Zi.★★★

- Schlemmerfrühstück zwischen Wintergarten und Atrium
- Eigene Sektherstellung
- Wein- u. Sektproben mit Vesper
- Betriebsführung
- Historische Marktfleckenmauer
- Trullowanderung mit Lunchpaket

Demeter-Familienweingut Peter Schmitt

Gästehaus und Gutsschänke
Weedenplatz 1
67592 Flörsheim-Dalsheim
Tel.: 06243/8515
Fax: 06243/6180
info@gutsschaenke-schmitt.de
www.gutsschaenke-schmitt.de

6 Zi. P★★★, 3 FeWo F★★★

- Gutsschänke
- Weinbergwanderungen
- Flaschenweinverkauf
- Kulinarische Weinproben
- Planwagenfahrten
- Kinderfreundlich
- Seminare und Meetings
- Bio-Frühstück

Gästehaus & Weingut Beyer-Bähr

Joachim und Sebastian Bähr
Weedenplatz 4
67592 Flörsheim
Tel.: 06243/7512
Fax: 06243/5691
weingut@beyer-bähr.de
www.beyer-baehr.de

6 Zi. P★★★, 1 FeWo

- Frühstück in der Kuhkapelle
- Weinprobe, Kellerbesichtigung
- Weinwanderung
- Planwagenfahrt
- Genusswochenende
- geführte Radtouren (Rennrad/Mountainbike)
- Flaschenweinverkauf

Rheinland-Pfalz – Rheinhessen

Weingut-Winzerhotel Kinges-Kessel

Erika und Hans Kessel
Langgasse 30
67591 Mörstadt
Tel.: 06247/377
Fax: 06247/1067
info@winzerhotel.de
www.winzerhotel.de

12 Zi.***, 2 FeWo F***

- Entdecken-Erleben-Genießen
- Mithilfe im Weinberg
- Kellerbesichtigung
- Mediterraner Innenhof
- Weinrestaurant
- Weiß- und Rotweine

Weingut Feser mit Ferienwohnungen & Straußwirtschaft am Jakobsweg-Rheinhessen

Familie Feser
Bahnhofstr. 16
55437 Ockenheim
Tel.: 06725/5104
Fax: 06725/5105
www.WeingutFeser.de

2 FeWo F****

- Das kleine Weingut mit der besonderen Art
- Terroir – genießen in Stein & Wein
- Wohlfühlen in „Anno" und „Dazumal"
- Q I-zertifiziert

Rheinland-Pfalz – Pfalz

Weingut & Ferienwohnung Burgunderhof

Gerhard und Andrea Schneider
Krummgasse 9 + 11
76855 Annweiler
Tel.: 06346/3557
Fax: 06346/928430
info@burgunderhof-schneider.de
www.burgunderhof-schneider.de

4 FeWo F*****

- Erlesene Weine aller Qualitätsstufen
- Weinprobe bis 30 Personen
- Kellerbesichtigung
- Flaschenweinverkauf ab Hof
- Weinprobierstube
- Stationen-Weinprobe mit Führung auf dem Burgunderweg

Wein- und Feriengut Altes Landhaus

Familie Reibold-Niederauer
Hauptstraße 37
67251 Freinsheim
Tel.: 06353/93630
Fax: 06353/936329
info@altes-landhaus.de
www.altes-landhaus.de

2 FeWo F***, 3 FeWo F****

Lust auf Pfalz?
- Genießen Sie die besondere Pfälzer Lebensfreude!
- Breites Sortiment an erlesenen & prämierten Weinen zu fairen Preisen
- Wohlfühl-Urlaub in Ferienwohnungen mit Charme & Flair

Rheinland-Pfalz – Pfalz

Weingut Becker – Heißbühlerhof

Fred und Helge Becker
Im unteren Heißbühl 1
76831 Ilbesheim
Tel.: 06341/3595
Fax: 06341/33992
info@wein-gut-becker.de
www.wein-gut-becker.de

4 FeWo

- Feriendomizil inmitten der Weinberge
- Destillerie
- Vinothek
- Weiß- und Rotweine
- Sekt-Secco
- Ausgebaute Radwege

Wein- und Gästehaus Hermann Zöller

Inh. Thomas Zöller
Marktstraße 16
67489 Kirrweiler
Tel.: 06321/58287 o. 5500
zoeller@weinhaus-zoeller.de
www.weinhaus-zoeller.de

15 Zi. P ★★★, 1 FeWo F ★★★

- Weinprobierstube
- Weinprobe mit Kellerbesichtigung
- Weinbergwanderungen mit Vesper
- Gastlichkeit, Geselligkeit
- Pension und Weinstube
- Mehrfach prämiert

Weingut und Gästehaus Norbert Zöller

Norbert Zöller
Jahnstraße 20
67489 Kirrweiler
Tel.: 06321/58797
Fax: 06321/57491
info@wein-gaestehaus-zoeller.de
www.wein-gaestehaus-zoeller.de

5 Zi. P ★★★

- Gästehaus direkt an den Weinbergen
- Kellerbesichtigung
- Lehrwanderungen
- Weinprobe
- Weinprobierstube
- Straußwirtschaft

Ferienweingut Peter Stübinger

Peter Stübinger
Hauptstr. 12
76829 Leinsweiler
Tel.: 06345/1572
Fax: 06345/1000
info@weingut-stuebinger.de
www.weingut-stuebinger.de

5 FeWo F ★★★

- Straußwirtschaft
- Weinlehrpfad
- Weinproben
- Weinprobierstube
- Räumlichkeiten für Feiern
- Edelobstbrennerei

Rheinland-Pfalz – Pfalz

Landhaus Christmann

Christine Christmann
Riedweg 1
67487 St. Martin
Tel.: 06323/94270
Fax: 06323/942727
info@landhaus-christmann.de
www.landhaus-christmann.de

8 Zi. P★★★, 1 App. F★★★★

- Wein erleben!
- Weinproben
- Gutsausschank Kabinett
- Eigene Brennerei
- Keller- und Betriebsbesichtigung
- Gastronomie-Wettbewerb Südpfalz 2006
- DLG-Winzerhof des Jahres 2004

Weingut Alfons Ziegler – Haus Palatinum

Michael Ziegler
Jahnstraße 11
67487 St. Martin
Tel.: 06323-5337
Fax: 06323-7667
info@weingut-ziegler.de
www.weingut-ziegler.de

6 Zi. P★★★★

- Weinwanderungen
- Weinverkostung
- Mediterrane Probierstube
- Toskanischer Garten
- Radeltouren zwischen Wein, Rhein und Reben
- Rot- und Weißweine
- Secco und Sekt

Weingut & Altstadt-Residenz Manz GbR

Karl-Heinz & Markus Manz
Weinstraße 34
67157 Wachenheim
Tel.: 06322/20 01
manz@weinverkauf.de
info@Altstadt-Residenz.de
www.Weingut-Manz.de

4 Zi. P★★★★, 1 App. F★★★★

- Weinprobe
- Degustationsmenüs ab 12 Personen
- Betriebsbesichtigung
- Flaschenweinverkauf ab Hof
- Tauchen Sie ein in die Romantik des alten Weinguts

Weingut Peter – Weinstube „Schwarzer Peter"

Familie Peter
Burgstr. 10
67157 Wachenheim
Tel.: 06322/2010
Fax: 06322/61236
info@weingut-peter.de
www.weingut-peter.de

5 Zi. P★★★

- Weinstube
- Weinprobe
- Weinbaumuseum
- Kerzenscheinmenü
- Flaschenweinverkauf

Baden-Württemberg – Taubertal

Winzerhof Spengler

Thomas Spengler
Seeweg 1
97900 Külsheim
Tel.: 09345/1435
Fax: 09345/9280626
kontakt@winzerhof-spengler.de
www.winzerhof-spengler.de

4 Zi. P✱✱✱, 2 FeWo F✱✱✱

- Frühjahr u. Herbst Besenwirtschaft
- Weinverkauf
- Gästezimmer + Ferienwohnungen
- Wohnmobilstellplätze
- Grill- und Liegewiese
- Rad- und Wanderwege

Baden-Württemberg – Kraichgau-Stromberg

Humstermühle

Bernhard und Jutta Haag
Humstermühle
75057 Kürnbach
Tel.: 07258/6353
humstermuehle@t-online.de
www.humstermuehle.de

1 FeWo F✱✱✱✱

- kinderfreundlich – aber doch genussreich für Eltern und Großeltern
- Weinproben
- Schnapsproben
- Mithilfe bei der Weinlese
- Angebot mit dem Winzer durch das Jahr

Weingut, Weinstube und Gästehaus Lutz

Reinhilde Lutz
Amthof 1
75038 Oberderdingen
Tel. 07045/201900
Fax: 07045/2019030
kontakt@weingut-lutz.com
www.weingut-lutz.com

6 Zi. P✱✱✱

- Weinlädle
- Historischer Amthofkeller
- Weinprobe
- Weinstube
- Kulinarisches vom Winzer
- Mithilfe bei der Weinlese

Baden-Württemberg – Mittlerer Schwarzwald

Weingut Heinrich Männle

Familie Männle
Sendelbach 16
77770 Durbach
Tel.: 0781/41101
Fax: 0781/440105
info@weingutmaennle.de
www.weingutmaennle.de

1 Zi. P★★★★, 2 FeWo F★★★★★

- Eigene Brennerei
- Mithilfe im Weinberg
- Kellerbesichtigung
- Weinprobierstube
- Flaschenweinverkauf
- Sektherstellung
- Romantische Weinlaube

Winzerhof Werner

Helmut & Gerlinde Werner
Sendelbach 12
77770 Durbach
Tel.: 0781/42984
Fax: 0781/9488190
info@winzerhof-werner.de
www.winzerhof-werner.de

3 FeWo

- Winzerhof mit Tradition
- Mitten in den Weinbergen
- Blick auf Schloss Staufenberg
- Idyllischer Freisitz
- Grillpavillon
- Spielhäuschen für die Kleinen
- Eigene Edelbrände und Liköre

Weingut Huber

Erwin Huber
Sondersbach 6
77723 Gengenbach
Tel.: 07803/3910
Fax: 07803/927972
mail@weingut-huber.de
www.weingut-huber.de

3 FeWo F★★★

- Straußenwirtschaft
- Weinprobierstube
- Weinberg-Lehrwanderungen
- Kellerbesichtigung
- Mithilfe im Weinberg möglich
- Edelbrände
- Sektherstellung

Baden-Württemberg – Kaiserstuhl

Winzerhof Boos

Monika und Hans Boos
Bühlstr. 13
79353 Bahlingen
Tel.: 07663/3203
Fax: 07663/948666
info@winzerhof-boos.de
www.winzerhof-boos.de

1 Zi. P★★★, 1 FeWo F★★★★

- KONUS-Gästekarte Busse und Bahnen im Kaiserstuhl und Schwarzwald gratis
- Weinproben
- Kellerbesichtigungen
- Traktorfahrten
- Weinbergführungen
- Flaschenweinverkauf ab Hof

Winzerhof Jenne

Günter Jenne
Rankstr.18
79268 Bötzingen
Tel.: 07663/6948
Fax: 07663/6948
winzerhofjenne@gmx.de
www.winzerhofjenne.de

2 FeWo F★★★★

- Kleiner Winzerhof im Nebenerwerb
- Mithilfe im Weinberg möglich
- Weinbergfahrten, Hofführung
- Durch die Winzergenossenschaft:
  - Weinprobe, Kellerbesichtigung
  - Flaschenweinverkauf
- Wanderwege direkt am Haus

Winzerhof Werner Lang

Margarete u. Werner Lang
Lindenweg 29
79206 Breisach
Tel.: 07664/5613
Fax: 07664/504694
info@winzerhof-werner-lang.de
www.winzerhof-werner-lang.de

1 Zi. P★★★★, 3 FeWo F★★★★

- Komf. FeWo und Zimmer
- Ruhige Ortsrandlage mit Blick auf die Felder
- Gastlichkeit, Gesellschaft
- Weinbergbesichtigung
- Wanderwege/Radwege durch die Weinberge
- KONUS-Gästekarte

Ferienhof Walter – Obst- und Weinhof

Familie Walter
Wippertskirch 2
79112 Freiburg
Tel.: 07664/1396
Fax: 07664/1374
info@ferienhof-walter.de
www.ferienhof-walter.de

5 Zi. P★★★★,
3 FeWo F★★★, 2 FeWo F★★★★

- Walters Hofcafé u. Vesperstube
- Bauernhofladen
- Weinlehrpfad
- Eigene Brennerei
- Weinprobe möglich
- Flaschenweinverkauf

Baden-Württemberg – Kaiserstuhl

Gästehaus u. Winzerhof Domke

Christiana & Felix Domke
Rheinstr. 19
79361 Sasbach
Tel.: 07662/6302
Fax: 07662/6363
info@gaestehaus-domke.de
www.Gaestehaus-Domke.de

2 FeWo F ★★★★

- Edle Brände u. Likör
- Verkostung u. Verkauf im Haus
- Weinbergbesichtigung
- Kellerbesichtigung im Ort
- Weinprobe im Ort
- Sektherstellung im Ort

Ökologisches Wein- & Sektgut Helde

Familie Norbert Helde
Emil-Gött-Straße 1
79361 Sasbach
Tel.: 07662/6116
Fax: 07662/6160
info@wein-helde.de
www.wein-helde.de

2 FeWo F ★★★★

- Edelbrennerei
- Winzertee und Feinkost
- Weinshop im Internet
- Verkauf ab Hof
- Kellerbesichtigung
- Edelbrandverkostungen
- Weinbergwanderungen
- Heilkräuter-Exkursionen

Winzerhof & Gästehaus Schätzle

Familie Schätzle
Vorholzhof
79235 Vogtsburg
Tel.: 07662/6705
Fax: 07662/8582
info@gaestehausschaetzle.de
www.gaestehausschaetzle.de

5 Zi. P ★★★★, 1 FeWo F ★★★

- Einzellage mit Panoramablick
- Frühstücksterrasse
- Gästeküche
- Pauschalangebote
- Traktorfahrten im Weinberg
- Genusstouren, Naturexkurs.
- kostenloses WLAN-Internet
- Hausbrennerei

Baden-Württemberg – Bodensee-Oberschwaben

Ferienhof Gutemann

Hans-Peter Mecking
Seestr. 2
88709 Hagnau
Tel.: 07532/9446
Fax: 07532/9754
Ferienhof-Gutemann@t-online.de
www.Ferienhof-Gutemann.de

6 Zi. P ★★★, 2 FeWo F ★★★

- Bodenseenahe Lage
- Weinproben
- Gewölbekeller
- Weinlaube
- Weinberg-Lehrwanderungen
- Eigene Brennerei
- Destillate

Bayern – Liebliches Taubertal

Weingut und Gästehaus Hofmann

Familie Hofmann
Strüther Straße 7
97285 Röttingen
Tel.: 09338/9801010
info@weinguthofmann.com
www.weinguthofmann.com

8 Zi. P★★★★

- Eigener Weinbau
- Rot- und Weißweine
- Tauberschwarz
- Heckenwirtschaft
- am Panoramawanderweg
- am Radweg liebliches Taubertal
- Bett & Bike Partner
- Neubau, Internet im Zimmer

Weingut & Gästehaus Felshof

Familie Wenninger
Felshof
97286 Sommerhausen
Tel.: 09333/90480
info@felshof.de
www.felshof.de

9 Zi. P★★★★

- Winzerfamilie
- Leidenschaftliche Gastgeber
- Erholung
- Weinkeller
- Obstanbau
- Wine&Dine Abende
- Großzügig geschnittene Doppelzimmer

„Wein –Träume"

Monika und Ottmar Bauer
Schulstr. 27
97291 Thüngersheim
Tel.: 09364/4177
Mobil: 0170/3877436
monika-bauer@wein-traeume.de
www.wein-traeume.de

11 Zi. P★★★★ ,1 FeWo F★★★

- Geführte Weinkulturwanderungen
- Häckerwirtschaft im Frühjahr und Herbst
- Fahrradverleih
- Winzergemeinschaft Consilium:
  - Weinproben, Kellerführungen
  - Weinpatenschaft

Bayern – Fränkisches Weinland

Weingut & Winzerhof Emmerich

Werner Emmerich
Einersheimer Straße 47
97346 Iphofen
Tel.: 09323/875930
Fax: 09323/8759399
info@weingut-emmerich.de
www.weingut-emmerich.de

6 Zi. P★★★★

- Wir zeigen Ihnen den Weg des Weines von der Traube bis zur Bocksbeutelflasche
- Weinstube mit Probierecke
- Weinbergwanderung
- Betriebsführung
- Rebstockleasing

Bayern – Fränkisches Weinland

Weingut Gästehaus Weigand

Petra Weigand
Lange Gasse 29
97346 Iphofen
Tel.: 09323/38 05
w-w-weigand@t-online.de
www.weingut-weigand.de

14 Zi. P ★★★★

- Sympathisches Haus gelegen inmitten einer kleinen Stadt
- 6 ha Weinberge
- Gewölbekeller
- Rot- und Weißweine
- Probierstube
- Leckere Obstbrände aus unbehandeltem Obst

Weinhof am Nussbaum

Erhard & Linda Haßold
Hüttenheim 164
97348 Willanzheim
Tel.: 09326/272
Fax: 09326/902516
info@weinhof-am-nussbaum.de
www.weinhof-am-nussbaum.de

5 Zi. P ★★★★

- Bioweingut im Grünen
- Weinproben
- Weinbergführungen
- Weinerlebniswanderung
- Kellerführungen
- Flaschenweinverkauf
- Zimmer mit Naturmaterialien ausgestattet

Familienweingut Braun

Heike und Thomas Braun
Blütenstraße 22
97332 Fahr am Main
Tel.: 09381/80730
Fax: 09381/807320
info@weingut-braun.de
www.weingut-braun.de

11 Zi. P ★★★

- Weinverkauf ab Hof
- Weinproben, Kellerbesichtigung
- Weinbergwanderungen
- Häckerstube von April bis Oktober
- Weinlaube
- Gästehaus von April bis Oktober
- Familienfreundlich

Bayern – Westallgäu / Bodensee

Gästehaus Hornstein

Gabriele Hornstein
Uferstr. 14
88149 Nonnenhorn
Tel.: 08382/8483
Fax: 08382/89827
info@gaestehaus-hornstein.de
www.gaestehaus-hornstein.com

13 Zi. P ★★★,
1 App. F ★★, 2 App. F ★★★

- Weinproben
- Kellerführungen
- Exkursion zum alten Torkel von 1591
- Rädlewirtschaft
- Regionale Spezialitäten zum Wein
- Flaschenwein und Secco ab Hof

GLOSSAR

Von „Abfüller" bis „Zweigelt" – die wichtigsten Fachbegriffe aus der Welt des Weines kompakt zusammengefasst.

Glossar

A

Abfüller
Ein Abfüller ist in der Regel kein Erzeuger, sondern nur der, der den fertigen Wein in die Flaschen füllt. Ist er jedoch beides, darf er Zugekauftes nicht unter seinem Erzeugernamen (z. B. Weingutsname) in Umlauf bringen.

Abfüllung
Die Abfüllung ist das Einfüllen des Weines vom Gärtank oder Lagertank in die Flasche.

Abgang
Als Abgang bezeichnet man den Nachgeschmack eines Weins. Ein schöner nachhaltiger Abgang ist ein besonderes Gütemerkmal.

Abgebaut
Als abgebaut bezeichnet man einen Wein der nicht mehr frisch wirkt – er hat seinen Höhepunkt überschritten.

Absetzen
Schonende Klärung von Most und Wein durch natürliches Absinken der vorhandenen Feststoffe.

Abstich
Vorsichtiges Umlagern des Weins, um ihn vom unerwünschten Bodensatz im Tank zu befreien. Geschieht meist mit Pumpen.

Abstoppen
Unterbrechen der Gärung, um den natürlichen Restzucker zu erhalten. Kann in kühlen Klimazonen auch spontan (ohne menschliches Zutun) stattfinden.

Abziehen
Siehe unter Abstich

Adstringierend
Meist durch hohen Tanningehalt erzeugtes austrocknendes und zusammenziehendes Gefühl am Gaumen. Siehe auch Gerbstoffe.

Aerob
Biochemische Prozesse in Gegenwart von Sauerstoff. Diese Art von Stoffwechsel erfolgt zum Beispiel bei der Herstellung von Sherry, wo eine Oxidation bewusst zugelassen wird. Die aerobe Phase ist wichtig für die anschließende Alkoholbildung, da sich Hefen ausschließlich in einem sauerstoffhaltigen Medium vermehren können.

Agraffe
Klassische Drahtkonstruktion (franz. agrafe = Klammer) zur Befestigung des Champagner- oder Sektkorken an der Flasche.

Ahr
Die Ahr zählt mit ihren ca. 500 ha Anbaufläche zu den kleineren Weinbauregionen Deutschlands. Im Schutz der Eifel gedeiht der Wein an den südlich ausgerichteten Steilhängen besonders gut. Auf der Rebfläche wachsen überwiegend rote Reben: Zu 50 % Spätburgunder sowie 20 % Portugieser. Der Rest entfällt hauptsächlich auf die weißen Sorten Riesling und Müller-Thurgau.

Aldehyd
Kohlenstoff-Verbindungen, die während der Gärung durch Entzug von Wasserstoff aus Alkoholen entstehen. Sie sind ein Zwischen- bzw. Neben-Produkt bei der Gärung. In verdünnter Form tragen sie zur Aromabildung bei.

Alkohol
Die Bezeichnung Alkohol stammt aus dem Arabischen (al-kuhl = Salbe zum Schwarzfärben der Augenlider). Der Zucker des Weinmostes wird im Lauf der Gärung in Alkohol umgewandelt. Der Alkohol dient als Geruchs- und Geschmacksträger.

Alkoholgehalt
Der Gehalt an Alkohol im Wein bezieht sich auf den Anteil des Äthylalkohols. Es gibt vier verschiedene Begriffe im Zusammenhang mit dem Alkoholgehalt im Wein. Der „vorhandene Alkoholgehalt" ist der Alkohol, der in einem Erzeugnis enthalten ist. Der „potenzielle Alkoholgehalt" ist der Alkoholgehalt, der durch vollständiges Vergären des in einem Erzeugnis (Trauben, Traubenmost, Wein und Schaumwein) enthaltenen Zuckers gebildet werden kann. Beide Werte zusammen ergeben den „Gesamt-Alkohol-Gehalt". Auf dem Flaschen-Etikett wird der „vorhandene Alkoholgehalt" in Volumenprozent angegeben. Der „natürliche Alkoholgehalt" ist der Gesamt-Alkohol-Gehalt vor jeglicher Anreicherung.

Alkoholisch
Einen alkoholreichen Wein bezeichnet man als alkoholisch. Dies kann positiv, wie auch negativ sein. Eine besonders starke Ausprägung betitelt man als schnapsig. Begriffe zur Beschreibung von alkoholisch sind feurig, schwer, wärmend und wuchtig.

altern
Wein wie Mensch sollten es können: Altern in Würde. Die Reifeentwicklung des ersteren ist von Faktoren wie Boden oder Rebsorte und Eingriffen des Letzteren beim Ausbau abhängig, entzieht sich aber zumeist einer Voraussagbarkeit à la minute. Immer aber durchläuft ein guter Wein die Stadien der jugendlichen Frische, der idealen Reife, der späten Altersreife (Firne) und erleidet schließlich den Aromatod, wenn er denn nicht vorher getrunken wird. Die Haltbarkeit kann nach Winzerauskunft mit Erfahrungstabellen und durch Probieren annähernd verlässlich bestimmt werden und macht das Lagern zur wissenden Kunst.

Alterston
Eine Bezeichnung für den Geschmack und Geruch eines älteren Weines (auch Altersfirne) im Bereich der Sensorik.

Amerikanische Eiche
Amerikanische Eiche wird für Barrique-Fässer verwendet und gibt einen stärkeren Geruch und Geschmack nach Vanille an den Wein ab als viele andere Hölzer. Siehe auch unter Barrique.

Aminosäuren
Aminosäuren sind Grundbausteine für tierische und pflanzliche Eiweißstoffe. Bei der Gärung benötigen Hefen Aminosäuren (Stickstoff), die sie entweder selbst erzeugen können oder dem Most entnehmen. Im Most ist jedoch meist eine genügende Menge vorhanden (etwa 1 g/l). Der Gehalt in den Trauben wird durch einen hohen Reifegrad der Trauben positiv, vom Edelschimmelpilz Botrytis cinerea, Wassermangel und Begrünung negativ beeinflusst.

Ampelographie
Die Wissenschaft (ampelos = grch. Weinstock) über das Bestimmen und Beschreiben der Rebsorten anhand des Aussehens der Rebstöcke.

Amtliche Prüfnummer (A.P.-Nummer)
Kontrollnummer der amtlichen Prüfung für deutsche Qualitätsweine.

Anaerob
Biochemischer Prozess in Abwesenheit von Sauerstoff. Bei der Gärung eines Weines, findet bspw. eine anaerobe Glykolyse (Umwandlung von Glukose und Alkohol und CO_2) statt. Bei Anwesenheit von Sauerstoff beschreibt man den Weg als aerob.

Analyse
Unter einer Analyse versteht man im Weinbau die physikalische oder chemische Untersuchung des Weines. Sie dient zur Feststellung der Inhaltsstoffe der Weine und letztlich dazu, die Erfüllung der gesetzlichen Mindestanforderungen zu belegen.

Anbaugebiete
Bezeichnen eine geografische Region, in der Wein mit der konkreten Bezeichnung eines bestimmten Weinbaugebietes angebaut werden darf. Qualitätsweine kommen aus bestimmten Anbaugebieten und tragen deshalb die Zusatzbezeichnung b.A.. Insgesamt gibt es in Deutschland 13 Weinanbaugebiete: Ahr, Baden, Franken, Hessische Bergstraße, Mittelrhein, Nahe, Mosel, Pfalz, Rheingau, Rheinhessen, Saale-Unstrut, Sachsen, Württemberg.

Animalisch
Geruchs- und Geschmacks-Bezeichnung für einen Wein. Eine animalische Note kommt vor allem bei Rotweinen vor und erinnert an Tiere und Tierisches wie Tierhaut, Fell, Moschus, Fleisch und Blut. Das kann durchaus positiv verstanden werden, andererseits aber auch auf den Wein-Fehler Pferdeschweiß hindeuten.

Anreichern (Aufbessern)
Bei nicht jedem Wein erlaubtes Zugeben von Zucker oder Mostkonzentrat vor der Gärung, um den erwarteten Alkoholgehalt zu erhöhen. Das Anreichern ist in Europa nach Klimazonen geregelt. Hierfür gelten detaillierte Bestimmungen.

Anthocyane
Rote, violette und blaue Farbstoffe, die zur großen Gruppe der Phenole zählen und in den Beerenschalen zu Beginn des Trauben-Reifestadiums gebildet werden. Die Art der vorhandenen Anthocyane bestimmt maßgeblich die Farbe des Weines. Eine in den Blaubereich gehende Farbe ergibt Cyanidin und Delphinidin, das in Weintrauben am häufigsten vertretene Malvidin-Glucosid verursacht tiefrote Farbtöne. Die Zusammensetzung ist abhängig von der Rebsorte.

AOC
Abkürzung für „Appellation d'Origine Contrôlée". Ein System für die kontrollierte Herkunftsbezeichnung französischer Weine. Häufig werden die Kurzbezeichnungen AC oder AOC

verwendet. Die staatlichen Behörde INAO (Institut National des Appellations d´Origine) legt die Bestimmungen dazu fest. Es gibt über 400 AOC-Weine, die rund 40 % der französischen Rebfläche ausmachen. Einfache AOC-Weine besitzen nur das Herkunftsgebiet als Angabe auf dem Etikett. Die Steigerung davon sind AOC-Weine mit der Angabe der Untergebiete, dann Lagen und dann Domaines oder Châteauxs. In einigen Gebieten sind spezielle Crus-Klassifizierungen festgelegt, zum Beispiel in den Regionen Bordeaux, Burgund und Elsass.

Aperitif
Bereits die Griechen und Römer kannten appetitanregende Getränke. Nach dem Lateinischen „aperire" (öffnen – was sich auf dem Magen bezieht), nannten die Römer solche Getränke „Aperitivum". Besonders beliebt bei ihnen war der Honigwein Mulsum. Heute ist Aperitif eine Sammelbezeichnung für alkoholische Getränke, die vor einem Essen als Appetitanreger getrunken werden. Es gibt keine allgemein gültige Regel, welche Getränke als Aperitif gelten: Das breite Spektrum umfasst frische, säurebetonte Weiß-weine, Rosé, Bier, Fruchtbrände, Portwein, Sekt, Sherry, Wermut und alkoholische Mischgetränke. Siehe auch Digestif.

Äpfel-Milchsäure-Gärung
Synonym für malolaktische Gärung oder biologischer Säureabbau.

Appelation
Kontrollierte und garantierte Herkunfts- und Qualitätsbezeichnung für französische Weine. Siehe auch unter AOC.

Ar
Flächenmaß. Entspricht 100 qm.

Aroma
Der Begriff kommt aus dem Griechischen und bedeutet „Würze". Im Wein sind Hunderte Aromastoffe enthalten, die einen Anteil von 0,8 bis 1,2 Gramm per Liter ausmachen. Im Labor können diese mit Hilfe der Chromatographie bestimmt werden. Allgemein versteht man unter Aroma den Duft bzw. den Geruch eines Weines.

Aromarad
Orientierungshilfe bei der Definition für Aroma bzw. Geruch eines Weines im Rahmen einer Wein-Bewertung. Auf einer Kartonscheibe sind die Hauptgruppen der Aromastoffe in Form eines Aromakreises dargestellt. Als Ergänzung dazu kann ein Aromaset hilfreich sein, das in Form von Essenz-Fläschchen die einzelnen Aromastoffe enthält. Dadurch können die verschiedenen Gerüche identifiziert und durch Merken erlernt werden.

Aromastoffe
Gruppe von Substanzen im Wein, die primär mit dem Geruch, aber auch mit dem Geschmack wahrgenommen werden, oder flüchtige Verbindungen, die anfangs in den Trauben an Glykoside (Zucker) gebunden und daher noch geruchlos sind. Man nennt sie zu diesem Zeitpunkt Aromavorstufen, aus denen sich dann die Primäraromen entwickeln. Mit zunehmender Alterung bzw. bei der Flaschenreifung entwickeln sich diese durch Hydrolyse mit Hilfe von Enzymen und Säuren erst relativ langsam zum endgültigen Aroma bzw. Bouquet.

Aromatisierter Wein
Bereits seit Jahrtausenden werden verschiedene Aromastoffe zum Wein zugesetzt, um ihn geschmacklich und/oder optisch zu verbessern bzw. um ihn haltbarer zu machen. Viele antike Weine wurden aromatisiert. In alten Texten gibt es Rezepte für den Zusatz von Honig, Gewürzen, Myrrhe und auch Drogen. Schon vor der Zeitenwende stellten die Germanen den Met (Honigwein) her. Die Griechen setzten Harz – wie es beim Retsina noch heute üblich ist – aber auch verschiedene Gewürze wie Absinth, Anis und Pfeffer zu. Die Römer setzten gerne Honig und Süßholz zu. Das Aromatisieren ist heute in Europa in der Regel verboten.

Assemblage
Gebräuchliche Bezeichnung in Frankreich für den Vorgang der Selektion bzw. der kunstvollen Zusammenstellung (Verschneiden) von Weinen verschiedener Jahrgänge, Rebsorten und Weinbergslagen speziell bei der Herstellung von Champagner oder auch für die großen Bordeaux-Weine.

Aufbessern
Alte Bezeichnung für Anreichern.

Auffüllen
Wein, der in den Fässern verdunstet oder durch Entnahme für Analysen und Verkostungen einem gewissen Schwund unterliegt, muss regelmäßig wieder aufgefüllt werden. Besonders in Barrique-Fässern ist die Verdunstung relativ groß.

Aufrühren
Das bei der Weinbereitung in regelmäßigen Abständen durchgeführte Aufrühren der Hefe, um einen intensiveren Kontakt mit dem Wein zu gewährleisten.

Aufspritten
Zugabe von Alkohol zum Most, um die Gärung zu stoppen und/ oder den Alkoholgehalt zu steigern. Wird bei Portwein, Sherry und Dessertweinen verwendet, jedoch bei Wein nicht zugelassen.

Aufzuckern
Bezeichnung für den Zusatz von Zucker zum Most oder Wein. Es muss unterschieden werden zwischen den durch das Wein-Gesetz der EU geregelten Begriffen Anreichern (Zugabe von Zucker zum unfertigen Wein mit dem Zweck der Alkohol-Erhöhung) und Süßung (Zugabe Zucker zum fertigen Wein mit dem Zweck der Erhöhung des Restzucker-Gehaltes). In Deutschland ist lediglich die erste Variante unter bestimmten Voraussetzungen erlaubt.

Auge
Bezeichnung für die Knospen des Rebstocks, die sich aus den Nodien (Knoten) entwickeln.

Ausbau
Die Behandlung des Weines nach der Lese. Der Winzer kann einen Wein durch unterschiedliche Länge der Reife, der Lagerung in Edelstahltanks oder Holzfässern, trocken oder lieblich, säurebetont oder beerig usw. ausbauen.

Ausdünnen
Eine weinbauliche Maßnahme, bei der im Sommer noch grüne Trauben vom Stock abgeschnitten werden. Dies erfolgt zumeist noch vor der Traubenverfärbung im Juli. Synonyme sind Auslichten und Grüne Lese. Ziel dabei ist, eine verstärkte Akkumulation von Zucker und Extraktstoffen in den verbliebenen Trauben und dadurch die geschmackliche Konzentration des Weines zu erhöhen. Dies geschieht auf Kosten des Ertrages, kann aber eine enorme Qualitäts-Steigerung des Weines bewirken.

Auslese
Ein Qualitätswein mit Prädikat, der in Deutschland mindestens 83–100° Oechsle aufweisen muss. Eine Auslese darf nur aus vollreifen Trauben gekeltert werden.

Austrieb
Der erste Abschnitt im Entwicklungs-Zyklus des Rebstocks nach der Winterruhe. Dabei brechen bei einer Durchschnittstemperatur von 8 bis 10° Celsius die Augen (Knospen) auf, die beim winterlichen Rebschnitt bewusst stehen gelassen wurden.

Auszeichnung
Man unterschiedet Gütezeichen und Prämierungen: Zu den Gütezeichen gehören: Das Deutsche Weinsiegel, das Deutsche Güteband Wein, das Badische Gütezeichen, und das Fränkische Gütezeichen. Eine weitere Auszeichnungsart sind die s.g. Prämierungen, die es in jedem Anbaugebiet gibt. Dazu kommen die Gebiets- bzw. Landesweinprämierungen und die DLG-Bundesweinprämierung.

Autochton
So genannte einheimische (aus der Region stammende) Rebsorten (z. B. Silvaner in Rheinhessen und Franken oder Gutedel in Baden), die meist nur regional verbreitet sind.

B

b.A.
Abkürzung für „bestimmtes Anbaugebiet", das auf dem Etikett bei Qualitätsweinen und Qualitätsweinen mit Prädikat vermerkt werden muss.

Bacchus
Deutsche weiße Rebsorte aus den 1930ern, benannt nach der römischen Gottheit. Ertragreich, mit manchmal vordergründigem Muskatton, fruchtig und harmonisch.

Baden
Das Anbaugebiet mit einer Rebfläche über 15.800 Hektar ist das drittgrößte in Deutschland. Rund 85 % der gesamten Ernte wird von Winzergenossenschaften verarbeitet. Bei Achkarren und Ihringen, befinden sich die wärmsten Regionen Deutschlands. In Südbaden findet man daher sehr gute Rotweine. Neben Gutedel kommen alle Burgunderarten vor. Aber auch Rieslinge, Müller-Thurgau-Weine (Rivaner) sowie Spätburgunder Weißherbste gelten als badische Spezialitäten.

Bag in Box
Bezeichnung für Wein, der in zweilagigen transparenten Plastik- oder metallbeschichteten Beuteln abgefüllt wird. Der Beutel, der mit einem Zapfhahn versehen wird damit der Wein kontrolliert entnommen werden kann, hat eine Sauerstoffbarriere: damit bleibt der

Wein nach dem Öffnen 4 bis 6 Wochen haltbar. Der Beutel ist von 1,5 – 20 L Volumen erhältlich (die gängigsten Größen sind 3 und 5 L) und wird in eine Faltschachtel aus Wellpappe gesetzt. In Neuseeland und in Australien wird ein Großteil der Produktionsmenge in Bag-in-Box-Verpackungen vermarktet. Die größten Märkte Europas für Bag-in-Box Wein sind Skandinavien und Großbritannien.

Bakterien
Einzellige Mikroorganismen bzw. Lebewesen in Kugel-, Stäbchen- oder Schraubenform. Bei der Weinbereitung sind Bakterien von Anfang bis Ende beteiligt, aber nicht immer erwünscht.

Balsamessig / Balsamico
Italienischer Weinessig, aus Modena.

Banderole
Verpflichtende Kennzeichnung beispielsweise für österreichische Qualitäts- und Prädikats-Weine zur Feststellung der erzeugten Weinmenge. Die Banderole darf nicht verwendet werden für Tafelwein, Landwein, Perlwein, Schaumwein, aromatisierte Weine, Obstwein und Traubenmost. Es sind verschiedene Arten zulässig: in runder Form (die oben in die Flaschenkapsel eingedruckt wird) oder als Band. Die Banderole muss über dem Flaschen-Verschluss so angebracht werden, dass sie beim Öffnen der Flasche zerstört wird.

Barrique
Eichenholzfass zur Lagerung von Wein mit 225 Liter Inhalt. Beliebte Verwendung für tannin- und extraktreiche Rotweine. Die Weine erhalten zusätzliche Stoffe aus dem Holz (je nach Lagerdauer), wodurch ihr Aroma vielseitiger wird. Der Begriff „Barriquewein" gilt nicht, wenn der Wein seine Note durch eingerührte Holzstücke (so genannte „Chips") erhält.

Barrique-Ausbau
Bei der Lagerung von Wein in Barrique-Fässern erfolgt ein Aromatisieren des Weines, da zusätzliche Stoffe in den Wein gelangen. Abhängig von Holzart und Dauer der Lagerung entstehen verschiedene Nuancen wie Karamell, Kaffee, Vanille und Toastbrot. In Frankreich wird diese Form der Lagerung seit ca. 300 Jahren durchgeführt. Ein Fass verliert bereits durch einmaliges Verwenden bis zu 85 % seiner Aromen. Daher kann ein Barrique-Fass nur zwei- bis dreimal belegt werden, was die Weinherstellung stark verteuert.

Beere
Siehe unter Weintraube.

Beerenauslese
Edelsüße Spezialität, die neben Eisweinen und Trockenbeerenauslesen zu der Spitze der Qualitätsweine gehört. Beerenauslesen werden in Deutschland aus überreifen, edelfaulen Trauben mit einem Mindestmostgewicht von 110–128 °Oe hergestellt. Beerenauslesen zeigen im Duft nur noch selten das Primäraroma der Ursprungstraube. Sie riechen oft nach Honig und exotischen Früchten.

Begrünen
Bepflanzungen zwischen den Rebzeilen. Ist z. B. beim ökologischen Weinbau verpflichtend. Wichtig ist dabei, dass die ausgesäten Gräser und Pflanzen kurze Wurzeln haben, um den Rebstöcken nicht zuviel Feuchtigkeit wegzunehmen, aber auch um einen besseren Wasserabzug im Boden zu forcieren (siehe dazu Bewässerung). Man unterscheidet zwischen einer Dauer-Begrünung mit langlebigen Pflanzen und einer vorbereitende Kurzzeit-Begrünung mit kurzlebigen Pflanzen.

Bentonitschönung
Verfahren zur Schönung eines Weins. Bentonit ist ein tonhaltiges Gestein, mit guter Quellfähigkeit und hohem Adsorptions-Vermögen. Niederquellfähige Kalzium-Bentonite oder mittelquellfähige Misch-Bentonite (Kalzium und Natrium) werden im Weinbau verwendet, um thermolabiles Eiweiß zu entfernen und somit Trübungen im Wien zu vermeiden.

Besenwirtschaft
Bezeichnung für eine Straußwirtschaft in Baden oder Württemberg.

Bewässerung
Versorgung der Reben mit Wasser in der richtigen Menge und zum bestmöglichen Zeitpunkt. Wird besonders in trockenen Klimazonen systematisch betrieben. Die erforderliche Menge liegt in der Regel zwischen 500 und 750 Millimeter im Jahr.

Biologischer Säureabbau
Umwandlung von Äpfelsäure zu Milchsäure durch Milchsäurebakterien (siehe auch unter malolaktische Gärung). Wird vorzugsweise bei Rotweinen angewandt, damit der Geschmack weicher wird.

Biowein
Ein Wein, der unter ökologischen Weinanbau-Bedingungen hergestellt wurde. In Deutschland sind Bioweine mit dem „Ecovin"-Zeichen am weitesten verbreitet.

Blanc de Blancs
Bezeichnung für Weiß- und Schaumweine, die ausschließlich aus weißen Trauben gekeltert wurden. (vergl: Blanc de Noirs)

Blanc de Noirs
Eine Bezeichnung für hellgekelterte Weine sowie auch Schaumweine, welche ausschließlich aus roten Trauben stammen. (vergl: Blanc de Blancs)

Blauschönung
Verfahren, um einen Wein von unerwünschten Stoffen (Eisen- und Kupferentfernung mit Blutlaugensalz) zu befreien. Siehe auch unter Klärung und Schönung.

Blindverkostung
Sensorische Weinprobe, bei der die Testpersonen nicht wissen, welcher Wein gerade verkostet wird. Siehe auch unter Fünf-Punkte-System und Sensorik.

Blüte
Abschnitt im Jahreszyklus des Rebe. Die Blüten der Rebe sind klein, grün und eher unscheinbar. Reben blühen etwa 1,5 bis vier Monate nach dem Austrieb (In Deutschland meist Ende Juni).

Blume
Ein Synonym für das Aroma bzw. den Geruch eines Weines.

Bocksbeutel
Bauchig-flacher Flaschentyp, der Weinen aus Franken, Teilen Badens und aus Portugal vorbehalten ist. Weitere Flaschentypen: Bordeaux-, Burgunder- und Schlegelflaschen.

Bodenfrost
Siehe Frost.

Bodentyp
Im Verlauf von Millionen von Jahren haben sich verschiedene Bodentypen durch Verwitterung von Gesteinen, Mineralien und organischen Stoffen gebildet. Dabei wurden durch physikalische Einflüsse (Wind, Wasser, Temperatur) und chemische Prozesse (Oxidation, Auslaugung von Salz und Kalk) die Ausgangs-Materialien abgebaut bzw. zerkleinert. Die Bodentypen haben einen erheblichen Einfluss auf den Wein. Siehe auch unter Terroir

Bodensatz
Ablagerung von Feststoffen am Boden der Flasche. Meist Tannine und Farbstoffe, es kann sich jedoch auch um Weinstein handeln. Das Dekantieren dient u.a. dazu, den Wein vom Bodensatz zu trennen. Siehe auch Depot.

Böckser
Gefürchteter Wein-Fehler, der durch einen „Ziegenbock ähnlichen Geruch" gekennzeichnet ist. Weitere Umschreibungen des Weinfehlers sind: Geruch nach „faulen Eiern", „verwesendem Fleisch", „verbranntem Gummi", „gekochtem Spargel", „Zwiebeln" und „Knoblauch". Der Fehler tritt häufig am Ende der Gärung oder in den ersten Wochen beim Ausbau auf. Ursachen für diesen Fehlton sind mangelnde Nährstoffversorgung während des Wachstums oder der Hefen bei der Gärung, Reste von Pflanzschutzmitteln, erhöhter Einsatz von Kaliumpyrosulfit, hohe Gärtemperaturen, hohe pH-Werte oder zu starkes Schwefeln.

Bordeaux-Flasche
Weltweit sehr verbreitete Weinflaschen-Form. (Zylinder mit deutlich abgesetztem Hals). Siehe auch unter Flasche.

Botrytis
Botrytis cinerea ist ein Edelschimmelpilz, der eine Reduzierung des Wassers bewirkt und dadurch die Geschmacksstoffe in den Beeren konzentriert. Die aus den Mosten solcher Beeren gewonnenen Weine erlangen eine besondere Qualität und sind die Grundvoraussetzung für Beeren- und Trockenbeerenauslesen.

Bottich
Eine allgemeine, nicht spezifische Bezeichnung für ein größeres Behältnis das für die Gärung, Lagerung und Alterung des Weines eingesetzt wird. Früher waren diese Behältnisse meistens aus Holz, heute sind Sie aus den verschiedensten, anderen Materialien (Beton, Edelstahl, Keramik, Metall und Kunststoff) hergestellt. Die Handwerks-Bezeichnung Böttcher (Fassbinder) leitet sich davon ab.

Bouquet
Siehe unter Aroma Bukett.

Branntwein
Spirituose, die ausschließlich durch Destillation zu weniger als 86 % vol. Alkohol-Gehalt von sortenreinem Wein oder Brennwein oder durch erneutes Destillieren zu weniger als 86 % vol. eines Weindestilla-

tes gewonnen wird. Der Anteil von Methylalkohol darf maximal 200 g/hl betragen und es müssen zumindest 125 g/hl flüchtige Bestandteile enthalten sein. Branntwein findet auch Verwendung als Basis für die Herstellung von Weinbrand.

Brennwein
Bezeichnung für einen durchgegorenen Wein ohne Restzucker, dem ein durch Destillation gewonnenes Weindestillat (Branntwein) von bis zu 86 % vol. zugesetzt wird. Dies ist der Grundwein, mit einem Alkohol-Gehalt von 18 bis 24 % vol., zur Herstellung von Branntwein.

Brettanomyces
Eine hoch alkoholverträgliche, langsam gärende Hefeart, die auch geringste Mengen an Restzucker vergären kann. Brettanomyces können schon auf den Trauben oder in alten, gebrauchten Fässern vorhanden sein und sind für den sogenannten Brett-Ton verantwortlich (siehe unter Pferdeschweißton).

Brix
Maß in englischsprachigen Ländern für den Zuckergehalt der Trauben. 80 Oechsle = 9,3 Brix.

Brut
Bezeichnung für Trockene Schaumweine mit weniger als 12g/l Restzucker.

Bukett
Gesamtes Duftspektrum eines Weines, auch Blume oder Nase genannt.

Bundesweinprämierung
Für alle 13 Weinanbaugebiete gibt es eine Gebiets- bzw. Landesprämierung für Qualitätsweine und Qualitätsweine mit Prädikat, getragen von 5 Organisationen, die dafür von der jeweiligen Landesregierung ausdrücklich anerkannt sind. Auf Bundesebene prämiert die Deutsche Landwirtschafts-Gesellschaft (DLG) im Anschluss an die regionalen Wettbewerbe. Die DLG zeichnet bei ihren Bundesprämierungen für Wein und Sekt b.A. deutsche Weine und Herkunftssekte mit dem Goldenen, Silbernen und Bronzenen DLG-Preis aus. Die oberste Spitze eines Prämierungsjahres ist an einem Goldenen DLG-Preis Extra zu erkennen, den die DLG als Ergebnis eines strengen, dreistufigen Prüfparcours vergibt. Besonders erfolgreiche Teilnehmer der Bundesweinprämierung können mit einem Ehrenpreis des Bundesministeriums (BMELV) ausgezeichnet werden.

Burgunder
Rebsorten-Familie auch Pinot genannt. Zu der Familie gehören z.B. Grauburgunder (auch Ruländer, Pinot gris oder Pinot grigio), Weißburgunder (Pinot blanc) und Spätburgunder (auch Blauburgunder oder Pinot Noir). Entferntere „Familienangehörige" sind Neuburger, St. Laurent und Chardonnay.

Burgunder-Flasche
Etwas dickbauchige Flasche, die sich zum Hals hin verjüngt. Siehe unter Flaschen.

Butte
Ein am Rücken getragener Korb, der für den Traubentransport bei der Weinlese verwendet wird. Auch Bütte oder Hotte genannt.

BSA
Siehe unter biologischer Säureabbau.

C

Cabernet-Franc
Rote Rebsorte, die nach genetischen Untersuchungen noch Spuren von Wildreben erkennen lässt, aus denen sie wahrscheinlich ausgelesen wurde. Sie ist uralt, das bezeugen auch zahlreiche Synonyme.

Cabernet-Sauvignon
Bedeutende rote Rebsorte, die höchstwahrscheinlich aus einer Kreuzung zwischen Cabernet Franc und Sauvignon Blanc entstanden ist. Bordeauxweine enthalten immer auch Cabernet-Sauvignon.

Calvados
Bekannter französischer Apfelbrand, der im gleichnamigen Département in der westlichen Normandie produziert wird.

Cassis
Essenz oder Likör aus schwarzen Johannisbeeren. Die Bezeichnung wird häufig auch als Synonym für das Bouquet oder den Geschmack eines Weines aus Cabernet-Sauvignon verwendet.

Champagner
Schaumwein, der in einem klar abgegrenzten französischen Weinanbaugebiet (in der Champagne nördlich von Paris) bei streng geregeltem Rebbau und eindeutig definiertem Herstellungsverfahren (siehe auch Champagnermethode) produziert wird. Für die Champagnerherstellung dürfen nur die beiden roten Sorten Pinot Noir (Spätburgunder) und Pinot Meunier (Müllerrebe) sowie die weiße Chardonnay-Traube verwendet werden, die meist im

speziellen Verhältnis kombiniert werden. Nur in besonders guten Weinjahren wird Champagner aus einem einzigen Traubenjahrgang hergestellt. In der Regel ist ein Verschnitt von verschiedenen Jahrgangsweinen üblich, um einen gleichbleibenden Geschmack und eine gleichbleibende Qualität zu gewährleisten.

Champagnermethode
Die verwendeten Weine werden nach normaler Gärung verschnitten. Nur drei Sorten dürfen verwendet werden, je nach Marke und Hersteller sind es Weine unterschiedlicher Lagen und Jahrgänge. Sie werden mit Altweinen, Zucker und Hefe angereichert, in Flaschen gefüllt und müssen druckdicht mindestens 1 Jahr, meist jedoch 3 oder mehr Jahre gelagert werden. Durch die Entstehung der Kohlensäure während der 2. Gärung wird ein Druck von 5–6 bar aufgebaut. Dieser darf nicht entweichen. Siehe auch unter Degorgieren.

Chaptalisieren
Bei nicht jedem Wein erlaubtes Zugeben von Zucker vor der Gärung (siehe auch Siehe unter Anreichern), um den erwarteten Alkoholgehalt zu erhöhen. Vgl. Dosage. Benannt nach dem Chemiker Chaptal.

Chardonnay
Wichtige Weißweinsorte in meist wärmeren Gebieten. Chardonnay gehört zur Burgunderfamilie. Charakteristisch ist sein Walnussaroma.

Charakter
Allgemeine Beschreibung für Geruch und Geschmack eines Weines. Dieser besitzt klar erkennbare Eigenschaften, die zum Beispiel von einer bestimmten Rebsorte oder von einem bestimmten Bodentyp geprägt sind. Ein „Wein mit Charakter" zeichnet sich durch gute Qualität aus.

Château
Bezeichnung für Weingüter in Frankreich.

Chips
Chips werden als kostengünstige Alternative zum Holzfass-Ausbau verwendet. Den in Fässern befindlichen Weinen werden einzelne Dalben aus Eichenholz (Staves = Rippen) oder aber Holzspäne (Chips) zugesetzt, um eine Holznote zu erzeugen.

Chlorose
Eine Rebstock-Krankheit, die sich durch Gelbfärbung der Blätter bzw. Vergilbungs- und Verbrennungserscheinungen bemerkbar macht. Ausgelöst wird Chlorose durch Nährstoffmangel in der Pflanze.

Classic-Wein
Seit 2000 in Deutschland eingeführte Qualitäts-Bezeichnung für Weine aus gebietstypischen Rebsorten von gehobener Qualität. Der Begriff „Classic" ist EU-weit geschützt. Pro Anbaugebiet sind zwischen zwei und neun Rebsorten als „gebietstypisch" zugelassen.

Crémant
Ein Begriff, der Ende 1980 eingeführt wurde, als Ersatz für die Bezeichnung Méthode champenoise, da von der EU die Benutzung des Begriffes nur in der Champagne erlaubt ist.

Cru
Französische Bezeichnung für die Lage (Weinbergslage) und auch für den von dort stammenden Wein. In Deutschland als „Gewächs" bezeichnet. Der Begriff wird in Frankreich immer für qualitativ hochwertige Lagen verwendet.

Cuvée
Cuvée stammt vom französischen Cuve (Bottich oder Weinbehälter) und bezeichnet eigentlich eine bestimmte Menge Wein in einem Gefäß. Im deutschsprachigem Raum wird darunter der Verschnitt aus verschiedenen Rebsorten, Jahrgängen oder Lagen verstanden. In der Champagne versteht man unter einem Cuvée (auch Tête de Cuvée) hingegen den Mostertrag des ersten Pressvorganges, der die höchste Qualität hat. Außerhalb der Champagne versteht man unter Tête de Cuvée i.d.R. das beste Fass oder die besten Partien einer Ernte, die es dann in einer Sonderabfüllung gibt. Ein Cuvée de Prestige wird fast ausschließlich in der Champagne gebraucht und bezeichnet einen Champagner aus einem ganz besonderen Jahrgang oder das Spitzenprodukt des Hauses.

D

Dauben
Gebogene Längsbretter eines Fasses, die die Wand bilden.

Degorgieren
Gelegentliches Rütteln der Flaschen bringt die Hefe zum Korken. Durch Blitzgefrieren des Flaschenhalses kann das am Verschluss haftende Hefedepot entfernt werden, ohne

dass der Druck entweicht. Anschließend wir ein neuer Korken eingesetzt.

Degustation
Weinverkostung, Probieren des Weins. Siehe auch Spucken.

Dekanter
Gefäß (Karaffe), in das der Wein beim Dekantieren eingefüllt wird.

Dekantieren
Gemächliches Umfüllen des Weins in eine Karaffe, um ihm Sauerstoff zuzuführen oder vom Bodensatz (Depot) zu trennen. Über den Sinn und Unsinn des Dekantierens wird viel gestritten. Bei jungen Weinen könnte das längere Stehen in der Karaffe zu einer teilweisen Oxidation der Tannine führen und dem Wein damit mehr Harmonie bescheren. Alte Weine sollen (glaubt man den Fürsprechern) ebenfalls von dem Kontakt mit dem Luftsauerstoff profitieren, wobei das Risiko des „Umkippens" aber ungleich größer ist. Untersuchungen in den USA scheinen andererseits zu belegen, dass das Dekantieren keinen nennenswerten Einfluss auf die Qualität eines Weines hat.

Dessertweine
Sehr süße und körpervolle Weine (Eiswein, Beerenauslese, Trockenbeerenauslese).

Destillat
Das Produkt einer Destillation.

Destillation
Synonym für „Brennverfahren". Das Verfahren dient der Trennung des Alkohols und einem Teil der Aromen, sowie Wasser von den Festbestandteilen des Weines oder Tresters.

Deutsche Landwirtschafts-Gesellschaft e.V
Die Deutsche Landwirtschafts-Gesellschaft www.DLG.org ist mit ca. 25.000 Mitgliedern eine der vier Spitzenorganisationen der deutschen Agrar- und Ernährungswirtschaft. Ein Schwerpunkt ihrer Arbeit ist die Untersuchung und Bewertung von Lebensmitteln. Jedes Jahr werden über 30.000 Produkte aus dem In- und Ausland getestet. Die DLG prüft Landmaschinen, landwirtschaftliche Betriebsmittel, Ferienhöfe, Lebensmittel, Getränke, Wein und Weinbaubetriebe.

Deutsches Weininstitut
1949 unter dem Namen „Deutsche Weinwerbung" gegründete Vermarktungsorganisation, die den Absatz und die Qualität der deutschen Weine fördern soll. Zu den 40 Angestellten, die in Mainz unter der Leitung von Geschäftsführerin Monika Reule tätig sind, kommen noch etwa ein Dutzend so genannter „Informationsbüros für deutschen Wein" in den wichtigsten Auslandsmärkten für unseren Weinexport hinzu: von London über New York bis Tokio.

DLG QM-Wein
Der Begriff DLG QM-Wein steht für einen Qualitätsstandard der DLG, der für alle Mitglieder anspruchsvolle und verbindliche Qualitätsregelungen für Weinbau und Kellerwirtschaft beinhaltet. Die Einhaltung dieser Regeln wird durch regelmäßige DLG-Audits von der DLG-Testservice GmbH überprüft.

Diacethyl
Ein Aromastoff (dt. Butteraroma), der im Wein bei einer malolaktischen Gärung durch Milchsäure-Bakterien in Reaktion mit Zitronensäure gebildet wird. Er kommt auch in Bier, Butter, Kaffee, Kakao und Honig vor und verleiht einen buttrigen Geschmack. Siehe auch unter Milchsäurestich.

Dichte
Gewichts-Verhältnis zwischen der Volumenmasse des Weines (oder auch Mostes) zur gleichen Volumenmasse von Wasser (mit der Dichte 1,000) bei einer Mess-Temperatur von 20° Celsius. Bei amtlichen Untersuchungen im Wein wird die Dichte analysiert und ist in Deutschland und Österreich obligatorisch für die Vergabe der amtlichen Prüfnummer (A.P.-Nummer). Sollte nach dieser Prüfung eine Veränderung des Weines erfolgen, könnte dies durch eine weitere Analyse eindeutig festgestellt werden. Die relative Dichte gibt außerdem einen Hinweis auf den Alkoholgehalt eines Weines.

Domäne
Bezeichnung für Weingüter, die in Deutschland dem Staat gehören.

Domina
Besonders in Franken und an der Ahr verbreitete Kreuzung aus Portugieser und Spätburgunder. Die Kreuzung erfolgte durch Peter Morio, der auch den nach ihm benannten Morio-Muskat und den Bacchus züchtete. Domina-Weine sind dunkelrot und meist gerbsäurebetont.

Doppel-Magnum
Ist eine Dreiliterflasche. Siehe auch unter Magnum.

Dornfelder
Rotwein-Rebsorte in Deutschland. Seine Ursprünge führen nach Weinsberg in Württemberg. Dort führte die Initiative des Weinbaufachmanns Imanuel Dornfeld zur Gründung einer Weinbauschule. Der Dornfelder ist eine Kreuzung aus Helfensteiner (Frühburgunder x Trollinger) und der Heroldrebe (Portugieser x Lemberger).

Dosage
Bei der Schaumweinbereitung übliches Verfahren, bei dem eine Mischung aus Wein, Zucker oder Most und evtl. Hefe dem Schaumwein zugesetzt wird, um die für die Kohlensäurebildung notwendige, zweite Gärung einzuleiten. Bei der Versanddosage wird nach dem Degorgieren der endgültige Restzuckergehalt eingestellt. Vgl. Chaptalisieren.

Drehverschluss
Eine für Weinflaschen spezielle Verschluss-Art (engl. screw cap oder Twist) als Alternative zum Korken. Hergestellt aus korrosionsfreiem Metall (zumeist Aluminium-Legierung) mit einer innen befindlichen Dichtungs-Folie aus PVCD (Polyvinylidenchlorid). So genannte „Korkschmecker" treten beim Drehverschluss nicht auf.

Dry
Die englische Bezeichnung für den deutschen Weinbegriff trocken (medium dry = halbtrocken, medium = halbsüß, sweet = süß).

Durchgegoren
Ist bei der Gärung (fast) der gesamte Zucker in Alkohol umgewandelt worden, spricht man von einem durchgegorenen Wein. Der Punkt ist erreicht, wenn es zu einem „spontanen Gärstopp" kommt, weil nicht mehr genug Zucker zur Vergärung bereit steht.

DWI
DWI ist die Abkürzung für das „Deutsche Weininstitut".

E

Echter Mehltau
Siehe unter Oidium.

Edelfäule
siehe Botrytis.

Edelreis
Der einjährige, obere Teil eines Rebstockes (europäische Edelsorten), der auf den Wurzel-Stock aufgepfropft wird. Das Edelreis bestimmt den Charakter des neuen Rebstockes (Pfropfrebe) und somit auch des Weins.

Eichenholz
Für die Herstellung von Weinfässern werden schon verschiedenste Hölzer aus den Baumarten Akazie, Eukalyptus, Kastanie, Kirsche, Palme, Pinie und Zeder verwendet. Am besten geeignet und am häufigsten verwendet wird allerdings Eichenholz für die Weinlagerung bzw. den Barrique-Ausbau (Fassausbau).

Einzellage
Kleine Weinbergeinheit, die aus definierten Parzellen/Flurstücken besteht. Kann jedoch verschiedene Größen haben.

Eisen
Mit knapp 5 % Anteil das vierthäufigste Element (Fe = lat. ferrum) der Erdkruste. Im Boden kommt Eisen zumeist in Form von sulfidischen und oxidischen Eisen-Mineralien vor. Beim Pflanzen-Wachstum begünstigt Eisen bei der Photosynthese die Bildung des Chlorophylls (Blattgrün), ohne dass es dabei eingebaut wird. Es ist somit ein wesentlicher Nährstoff für das gesunde Wachstum des Rebstocks.

Eiswein
Für Eiswein müssen die verwendeten Weintrauben bei Ihrer Lese und Kelterung noch gefroren sein. So bleibt das gefrorene Fruchtwasser in der Kelter und nur der konzentrierte Saft läuft ab. Damit die Trauben richtig durchfrieren, muss es bei der Lese mindestens -7 °C kalt sein. Da dies meist kurz vor der Morgendämmerung der Fall ist, werden die Trauben zu dieser Zeit gelesen. Im Gegensatz zu edelfaulen Trauben ist die Säure in Eisweintrauben recht hoch und wird durch das Auskristallisieren des Wassers genauso konzentriert wie Zucker, Aroma- und Farbstoffe. Entgegen der landläufigen Meinung müssen die Trauben für Eisweine nicht von dem Botrytis-Pilz besetzt sein. Eisweine müssen mindestens den Mostgewichtsanforderungen einer Beerenauslese genügen.

Eiweißschönung
Bei Rotweinen zur Klärung und Stabilisierung des Weins eingesetztes (erlaubtes) Verfahren, das dazu beiträgt, den Geschmack herber Rotwein abzumildern. Durch den hohen Albiumgehalt ist Hühnereiweiß besonders gut geeignet, da es die herben und bitteren Tannine

stärker bindet, als die weicheren. Siehe auch unter Schönung.

Eiweißtrübung
Ein Wein-Fehler, der durch Erwärmung (bereits ab 20 °C) oder bei großer Temperatur-Schwankung auftritt. Als „Weineiweiß" bezeichnete Stickstoff-Substanzen denaturieren und bilden einen unlöslichen, schleierartigen, flockigen Niederschlag in der Flasche. Der Geschmack dieser Weine ist breit und unsauber. Dies kann durch Eiweißstabilisierung (Schönen) mit Bentonit verhindert werden.

Elbling
Eine der ältesten Rebsorten Deutschlands, die noch an der Obermosel und im Saale-Unstrut-Gebiet zu finden ist. Wird häufig als Grundwein für die Versektung verwendet.

Entblätterung
Einzelne Blätter in der Traubenzone werden vorsichtig entfernt, um die Durchlüftung und Abtrocknung zu verbessern. Der Rebstock reagiert allerdings auf zuviel Laubverlust mit der Entwicklung von neuen Trieben (Nebentrieben), wodurch die Kohlenhydrat-Reserven aufgebraucht werden. Zu extremes, mehrmaliges Entblättern kann zum Absterben führen.

Entrappen
Entfernen der Traubenstiele von den Beeren (auch Rebeln oder Abbeeren genannt).

Entsäuern
Methode, eine zu hohe Säure (meist Apfelsäure) eines Weines, zu mildern. Gebräuchlich sind drei Methoden:
1. Biologischer Säureabbau durch Milchsäuregärung,
2. Bindung durch kohlensauren Kalk,
3. Verschnitt mit säureärmerem Wein.

Entschleimen
Bezeichnung für das Absetzen des frisch gepressten Mostes.

Enzyme
Enzyme wirken als Biokatalysatoren. Es sind Eiweißstoffe mit einem wesentlichen Anteil an Stickstoff und bei der Gärung und dem biologischen Säureabbau von großer Bedeutung. Die für die Weinbereitung notwendigen Enzyme finden sich bereits auf den Trauben, in Bakterien oder der Hefe.

Erntemenge
Siehe unter Ertrag.

Erstes Gewächs
Besondere Qualitätsklassifizierung im Rheingau, wobei sehr strenge Auflagen erfüllt werden müssen. So darf der Wein erst ab dem 1. September des Folgejahres (bei Rotwein 1 Jahr später) auf den Markt gebracht werden und muss eine trockene Geschmacksrichtung aufweisen.

Ertrag
Erntemenge in Hektoliter oder Kilogramm pro Hektar (hl/ha).

Erzeugerabfüllung
Darf ein Betrieb auf sein Etikett schreiben, wenn der Wein vollständig aus selbst gewonnenen Trauben des Erzeugers oder der Mitglieder eines Erzeugerzusammenschlusses besteht und im eigenen Betrieb produziert und abgefüllt wurde.

Erziehungssysteme
Verschiedene Methoden zur Kultivierung von Reben. Beinhaltet Pflanzung, Rebschnitt und Unterstützungsart je nach Lage, Besonderheiten der Gattung oder Zielsetzung des Erzeugers.

Essigstich
Häufiger und gefährlicher Wein-Fehler. Ausgangspunkt sind Essigsäure-Bakterien, die sich auf verletzten oder aufgesprungenen Weintrauben bilden können und dann in den Most gelangen, wo sie Essigsäure bilden. Wenn Weinflaschen zu lange offen stehen oder Weinbehälter unvollständig gefüllt sind, beschleunigt sich der Vorgang durch Sauerstoff-Einfluss. Der Essigsäurestich kann durch saubere Kellerarbeit und (sparsames) Schwefeln vermieden werden.

Ethanol
= Äthylalkohol. Die im Wein hauptsächlich vorhandene Alkoholart, welche bei der Gärung aus Zucker gebildet wird. Siehe auch unter Alkohol-Gehalt.

Etikett
Jede im Verkauf stehende Weinflasche muss mit bestimmten Angaben beschriftet sein. Dies erfolgt auf dem Etikett. Es gibt obligatorische und fakultative Angaben. Obligatorische Angaben sind vom Gesetz vorgegeben, z. B. Anbaugebiet, Jahrgang, Herkunftsbezeichnung, Rebsorte, Prädikat, Qualitätsstufe, Geschmacksangabe, A.P.Nummer, Alkoholgehalt, Nennvolumen, Abfüller und Erzeuger. Fakultative sind z. B. „für Diabetiker geeignet", Classic, Selektion oder großes Gewächs.

EU-Weingesetz
Schon in der Antike wurde versucht, die Weinqualität durch entsprechende Gesetze zu erhöhen und Missbrauch zu verhindern. Heute gibt es für Betriebe

in Deutschland das Deutsche- sowie das EU-Weingesetz.

Extra Brut
Trockenste Variante des Schaumweins (Brut de Brut, brut nature) mit bis zu 3 g/l Restzucker.

Extra Dry
Englische und modische Bezeichnung für Schaumweine mit Zuckergehalt zwischen 12 u. 17 g/l. Siehe unter extra trocken.

Extrakt
Bezeichnung für alle im Wein enthaltenen, nicht flüchtigen Stoffe wie Zucker, Säure, Tannine, Mineralstoffe, Phenole, usw.

Extraktion
Bezeichnet das Herauslösen von Phenolen aus den festen Bestandteilen der Traube, während und nach der Gärung. Je reifer ein Wein, desto höher ist sein Anteil an Extraktstoffen.

Extra Trocken
Geschmacksangabe bei Schaumweinen mit bis zu 17 g/l Restzucker, vergleichbar mit Halbtrocken im Weinbereich. Im Englischen Extra Dry genannt.

F

Färbung
Der Entwicklungszeitpunkt des Rebstocks (im August), an dem die Beeren ihre grüne Farbe verlieren und weicher werden.

Falscher Mehltau
Siehe unter Peronospera.

Farbe
Die Farbe eines Weines ist abhängig von der Rebsorte und dem Herstellungsprozess, und sie sagt einiges über den Wein aus. So werden zum Beispiel Rotweine mit den Jahren der Lagerung blasser, Weißweine dagegen dunkler.

Fass
Das Holz-Fass zählt zu einem der ältesten Wein-Gefäßen. Heute wird zur Herstellung von Holzfässern vorwiegend Eichenholz verwendet. Am häufigsten kommen heute jedoch Edelstahlfässer zum Einsatz.

Fassinhalt
Der Fassinhalt von Weinfässern aus Holz schrumpft mit der Zeit. Holzfässer sollten daher alle vier bis fünf Jahre geeicht werden.

Fassprobe
Einen jungen Wein, der noch nicht zur allgemeinen Vermarktung in Flaschen abgefüllt und etikettiert wurde, bezeichnet man als Fassprobe. Sehr oft wird eine Fassprobe für die erste Bewertung des Weines an Wein-Journalisten und professionelle Verkoster abgegeben. Da Fassproben noch keine Flaschen-Reifung hinter sich haben, kann hinsichtlich der Qualität jedoch nur eine bedingte Aussage getroffen werden.

Federweißer
Frischer, kohlensäure- und hefehaltiger, ungefilterter gärender Most, dessen Gärung noch nicht abgeschlossen ist. Gilt gesetzlich noch nicht als Wein.

Feinherb
In Deutschland gebräuchliche Geschmacksangabe für einen Wein. Der Zuckergehalt ist gesetzlich nicht geregelt, liegt jedoch meistens im halbtrockenen Bereich.

Fermentation
Englische Bezeichnung für die Gärung.

Filtration
Verfahren, bei dem Feststoffe vom Wein getrennt werden.

Firne
Bezeichnung für den Alterston, nicht unbedingt negativ.

Flasche
Glasflaschen sowie Kork wurden im 17. Jahrhundert entwickelt. In England wurden die ersten Weinflaschen produziert. Anfangs besaßen sie einen kugelförmigen Körper mit langem Hals und entwickelten sich dann zur Schlegelflasche. Flasche und Kork schützen den Wein vor Oxydation. Optimal dafür sind dunkle Flaschen. Heute gibt es Flaschen in den unterschiedlichsten Farben und Formen.

Flaschenabfüllung
Der letzte Schritt der Weinbereitung ist die Flaschenabfüllung, bei der der Wein in die Flasche gegossen wird (heute maschinell).

Flaschengärung
Begriff aus der Sektherstellung: Die 2. Gärung bei der Schaumweinherstellung findet in der Flasche statt. (Champagnermethode.)

Flaschenreife
Letzter Entwicklungsschritt in der Weinproduktion. Nach der Abfüllung kann der Wein oft noch mehrere Jahre gelagert werden und reift dabei zum Endprodukt. Während dieses Reife-Prozesses verändern sich Aroma und Geschmacksbild zum Teil noch sehr stark, so nehmen z.B. fruchtige Elemente oder Holzaromen ab (Feinoxidation).

Flüchtige Säure
Mit „flüchtig" wird die Neigung eines festen Stoffes verstanden,

in den gasförmigen Zustand überzugehen. Im Wein ist beispielsweise Essigsäure (0,15 bis 0,5 g/l) enthalten. In großen Mengen stellt sie einen unerwünschten Fehlton dar.

Franken
Das Anbaugebiet Franken liegt am Nordrand des Bundeslandes Bayern. Herz des Anbaugebietes ist Würzburg. Auf den 6.000 ha Rebfläche wachsen vor allem frühreifende Sorten, wie Müller-Thurgau oder Silvaner. Das kontinentale Klima und die mineralischen Böden machen den besonderen Geschmack der Weine aus. Der Frankenwein ist herzhaft erdig, sehr körperreich und meist trocken ausgebaut. Auch äußerlich unterscheidet er sich durch die typische Bocksbeutelflasche.

Französisches Paradoxon
Anfang der 90er Jahre durch medizinische Untersuchungen festgestelltes Phänomen, das oft zitiert wird, um die gesundheitsfördernde Wirkung von Wein zu belegen. In mehreren Untersuchungen wurde festgestellt, dass Franzosen, die deutlich fettreicher und süßer essen als die Amerikaner, trotzdem seltener am Herz-Kreislauf-System erkranken. Verantwortlich für diesen Schutzmechanismus scheinen die Phenole im häufig konsumierten Rotwein zu sein.

Fremdgeschmack
Bedeutet, dass ein Wein unsauber im Geschmack (z.B. Fehltöne) ist. Nicht zu verwechseln mit einem Geschmack, der einem unbekannt ist.

French Paradoxon
Siehe Französisches Paradoxon

Frizzante
Italienische Bezeichnung für einen Perlwein, mit einem Kohlensäuredruck bei 20 °C unter 2,5 bar (über 2,5 bar ist es ein Spumante = Schaumwein).

Frost
Frost kann den Weinbau vor ganz erhebliche Probleme stellen. So reichen -4 °C im Frühjahr (Beginn des Austriebs) aus, jungen Trieben und Knospen erhebliche Schäden zuzufügen, während die gleiche Temperatur im frühen Herbst Schäden an Trauben und Blättern verursachen kann.

Fruchtansatz
Entwicklung des befruchteten weiblichen Fruchtknotens des Rebstockes zu Beeren nach der Blüte.

Fruchtig
Geruch und auch Geschmack nach Früchten, der die Reichhaltigkeit des Aromas eines aus gesunden, reifen Trauben gewonnenen Weines bezeichnet. Das Fruchtspektrum kann sehr vielfältig sein und umfasst unter anderem (meist in Kombination) Ananas, Apfel, Banane, Birne, Erdbeere, Grapefruit, Feige, Heidelbeere, Himbeere, Johannisbeere, Kirsche, Mandel, Melone, Minze, Orange, Pflaume, Quitte, Schlehe und Zitrone.

Fructose
Fructose ist unter dem Begriff Fruchtzucker bekannt. In den Weintrauben wird Fructose erst nach der Glucose gebildet. Zu Anfang der Gärung befindet sich die Glucose mit der Fructose (Fruchtzucker) im Verhältnis 1:1 im Traubenmost. Die Süßwirkung von Fructose ist zweieinhalb Mal so stark wie die der Glucose. Bei der Gärung wird die Glucose schneller vergoren als die Fructose. Daher ist nach der Vergärung des Mostes der verbleibende Fructoserest höher.

Fülle
Siehe unter Körper.

Fülldosage
Das Zusetzen einer meist aus Wein, Zucker und Hefe bestehender Lösung zum fertigen Grundwein, bei der Schaumwein-Bereitung. Die Fülldosage dient der Einleitung der für die Kohlensäurebildung notwendigen zweiten Gärung. Siehe auch Versanddosage.

Fünf-Punkte-System
Ein Bewertungsschema der DLG für Wein, das die Prüfmerkmale Farbe, Geruch, Geschmack und Typizität in den jeweiligen Eigenschaften von 0 bis 5 Punkten benotet.

Fungizide
Chemische Bekämpfungsmittel im Weinbau gegen Pilze.

G

Gärung
Vorgang, bei dem Most zu Wein wird. Die alkoholische Gärung bei Wein läuft durch Umwandlung von Zucker mit Hilfe von Hefe in Äthylalkohol und Kohlendioxid ab. Um zu vermeiden, dass wertvolle Weinbestandteile verloren gehen oder ungewünschte Nebenstoffe sich entwickeln können, darf eine bestimmte Temperatur nicht überschritten werden, sonst läuft die Gärung zu stürmisch und schnell ab. Die Gärung dauert, je

nach Jahrgang, Gärtemperatur und angestrebtem Weintypus, von ein paar Tagen über mehrere Wochen bis zu mehreren Monaten. Durch Kühlung oder Filtration kann die Gärung abgestoppt werden, um eine gewisse Menge Restzucker zu behalten.

Ganztraubenpressung
Art der Traubenverarbeitung, bei der auf das Abbeeren der Trauben verzichtet wird. Oft eingesetzt bei der Weißwein-Produktion, um bei säurearmen Jahrgängen mehr Säure, Frische und Frucht zu erhalten. Der Alkoholgehalt und Extraktgehalt verringert sich dabei geringfügig.

Garagenwein
Im französischen Saint-Émilion in den 90er-Jahren kreierte Bezeichnung für Weine, die in sehr geringen Mengen produziert wurden (meistens sehr teuer). Der Begriff leitet sich aus der Computerbranche ab, in der in den 70er-Jahren kleine Unternehmen (zum Beispiel Microsoft und INTEL) in einfach ausgestatteten Räumlichkeiten oder auch in Garagen hochwertige, innovative Produkte herstellten. Diese wurden als „Garagenfirmen" bezeichnet.

Gehaltvoll
Siehe unter Körperreich.

Geisenheim
1872 wurde die „Königliche Lehranstalt für Obst- und Weinbau" in Geisenheim (Hessen) gegründet. Heute ist es der Sitz der „Hochschule Geisenheim für Weinbau, Gartenbau, Getränketechnologie, internationale Weinwirtschaft und Landschaftsarchitektur". Seit dem Jahr 2013 handelt es sich um eine Hochschule neuen Typs, die ein Zusammenschluss aus Hochschule und Forschungsanstalt darstellt. Die Forschung und das Studium an der Hochschule Geisenheim genießen internationale Anerkennung und daher sind Ingenieure bzw. Bachelor of Science aus Geisenheim auf der ganzen Welt in der Weinwirtschaft in den verschiedensten Funktionen tätig.

Geranienton
Unangenehmer Geruch und Geschmack nach zerriebenen Blättern von Geranien.

Gerbstoffe
Gerbstoffe stammen im Wein aus den Traubenkernen, den Schalen (Balg), Rappen (Kämmen, Stielen) und den Beerenschalen. Sie werden unterschieden in reife und unreife Gerbstoffe. Letztere schmecken holzig, bitter und decken die Frucht zu. Tannine aus den Beerenkernen hinterlassen einen adstringierenden Eindruck im Wein. Beim Rotwein sind sie ein charakteristisches Merkmal und verbessern die Lagerfähigkeit, denn sie wirken stark reduktiv.

Gesamt-Alkohol-Gehalt
Es gibt vier verschiedene Begriffe im Zusammenhang mit dem Alkohol-Gehalt im Wein. Der „vorhandene Alkoholgehalt", ist der Alkohol, der in einem Erzeugnis enthalten ist. Der „potenzielle Alkoholgehalt", ist der Alkoholgehalt, der durch vollständiges Vergären des in einem Erzeugnis (Trauben, Traubenmost) enthaltenen Zuckers gebildet werden kann. Beide Werte zusammen ergeben den „Gesamt-Alkohol-Gehalt". Auf dem Flaschen-Etikett wird der „vorhandene Alkohol-Gehalt" in Volumenprozent angegeben. Siehe auch unter Alkoholgehalt.

Gesamt-Säure
Die Summe aller der Säuren im Wein, insbesondere Äpfel- und Weinsäure.

Geschmack
Der Geschmack ist eine subjektive Wahrnehmung. Unter Geschmackssinn, versteht man die Fähigkeit, verschiedene Stoffe geschmacklich auseinander zu halten. Es gibt vier elementare Grundgeschmacksarten: salzig, süß, sauer, bitter. Glutamat, auch als „umami" bekannt, wird als fünfte Geschmacksrichtung bezeichnet. Nicht zu verwechseln mit taktilen Empfindungen (den Tastsinn betreffend) oder dem Schmerzreiz wie zum Beispiel scharf oder adstringierend.

Geschmacksrichtungen
Das Weingesetzt kennt bei Wein vier unterschiedliche Geschmacksrichtungen: trocken, halbtrocken, lieblich und süß. Bei Sekt unterscheidet man zwischen brut, trocken und süß (siehe unter Sekt-Dosage). Sie orientieren sich an den Zucker- und Säuregehalten.

Gespritzter
Eine österreichische Bezeichnung (mundartlich „G'spritzter") für zumindest 50 % trockener Wein mit maximal 50 % Soda- oder Mineralwasser. Die Mischung muss mindestens einen Alkohol-Gehalt von 4,5 % vol. haben.

Gewürztraminer
Aromenreiche Weißweinsorte, deren Duft häufig an

Rosen erinnern lässt. Für die laut EWG-Verordnung mit der Bezeichnung Roter Traminer klassifizierte Rebsorte, dürfen in Deutschland die Synonyme Gewürztraminer und Roter Traminer verwendet werden; für das Anbaugebiet Baden ist darüber hinaus die Bezeichnung Clevner zugelassen. Der Gewürztraminer wird außerhalb von Deutschland vor allem auch im Elsass (Frankreich), in Südtirol (Italien), Österreich, Schweiz, Australien und in den USA angebaut.

Glaskorken
Bereits im 17. Jahrhundert wurde für den Verschluss von Weinflaschen Stöpsel aus Glas verwendet. Diese mussten speziell für die Flaschen geschliffen und an der Flasche festgebunden werden. Bis in das 19. Jahrhundert waren sie in Gebrauch, jedoch für die breite Anwendung zu kostspielig. Heute werden sie bei Karaffen (speziell bei Destillaten) oder Dekantier-Gefäßen verwendet. Auf dem Weinmarkt gibt es in der Zwischenzeit auch Flaschen mit Glasverschluss.

Glucose
Die Glucose ist bekannt unter dem Begriff Traubenzucker (auch Glykose oder Dextrose) und wird in den Weintrauben gebildet. Zu Anfang der Gärung befindet sie sich mit der Fructose (Fruchtzucker) im Verhältnis 1:1 im Traubenmost. Die Süß-Wirkung von Fructose ist zweieinhalb mal so stark wie die der Glucose. Bei der Gärung wird die Glucose schneller vergoren als die Fructose und daher ist nach der Vergärung eines Mostes der verbleibende Fructoserest höher. Vergleiche unter Fructose.

Glühwein
Erhitzter Rot- oder Weißwein mit Gewürzen (z.B. Zimt, Nelken, Muskat, Orangenscheiben und Zucker) verfeinert. Glühwein wird überwiegend in der kalten Jahreszeit getrunken.

Grand Cru
Ist der französische Begriff für „Großes Gewächs" und wird im Burgund und Elsass als Beschreibung für eine Weinbergslage mit höchster Qualitätsstufe verwendet.

Grauburgunder
Auch „Ruländer", in Italien „Pinot grigio", in Frankreich „Pinot gris" genannt. Beim Grauburgunder handelt es sich um eine Knospenmutation des Blauen Spätburgunders. Von Burgund gelangte die Rebsorte in die Schweiz und nach Ungarn und vermutlich von dort im 14. Jahrhundert in unsere Regionen. Die französische Bezeichnung Pinot geht auf das französische „pin" (Kiefer) zurück und beschreibt die an Kiefernzapfen erinnernde Traubenform. Die Bezeichnung Ruländer geht auf den Kaufmann Johann Ruland zurück, der 1711 im pfälzischen Städtchen Speyer in einem Garten die (ihm unbekannten) Burgunderreben vorfand und vermehrte. Die hohe Qualität der Weine überzeugte die Winzer wohl schon im 19. Jahrhundert; stolz gaben sie der Sorte regional unterschiedliche Namen, die zwischenzeitlich verschwunden sind.

Großes Gewächs
Deutsche Übersetzung von Grand Cru. Kann auch in Deutschland für Spitzenweine aus klassifizierten Lagen verwendet werden. In den meisten Anbaugebieten ist dies allerdings den Mitgliedern des VDP vorbehalten.

Grundwein
Ein Grundwein ist das Rohprodukt für die Herstellung von Produkten aus Wein wie zum Beispiel Schaumwein und Sherry.

Güteband Wein
s. Deutsches Güteband Wein

Gutedel
Der Gutedel ist eine der ältesten Rebsorten überhaupt und war schon vor 5000 Jahren in Ägypten bekannt. Die Trauben haben einen geringen Säure- und Zuckergehalt und brauchen warme Lagen. In Deutschland wird der Gutedel fast ausschließlich im badischen Markgräflerland angebaut. Andere Bezeichnung: Chasselas.

Gütezeichen
Das Gütezeichen ist eine Auszeichnung ebenso wie die Prämierung. Zu den Gütezeichen im Wein gehören: Das Deutsche Güteband Wein, das Deutsche Weinsiegel, das Badische Gütezeichen und das Frankische Gütezeichen.

Gutsabfüllung
Diese Angabe darf von Weinbaubetrieben auf ihrem Etikett verwendet werden, wenn die für den Wein verwendeten Trauben von eigener Fläche geerntet und im eigenen Betrieb zu Wein bereitet wurden.

H

Halbtrocken
Halbtrockener Wein darf maximal 18 Gramm Restzucker je Liter enthalten.

Handlese
Siehe unter Weinlese.

Hanglage
Als Hanglage werden im Weinbau Weinbergsanlagen mit 5 bis 20 % Gefälle bezeichnet. Oft bringen diese Anlagen auf Grund Ihrer guten Ausrichtung zur Sonne bessere Qualitäten hervor. Bei über 20 % Gefälle werden die Anlagen als Steillage oder Steilhang bezeichnet. In Deutschland sind rund 60 % der Rebflächen in Hang- oder Steillage angelegt. Die Lagen „Calmont" im Anbaugebiet Mosel-Saar-Ruwer und „Engelsfelsen" im Anbaugebiet Baden gehören mit jeweils bis zu 75 % Neigung zu den Steilsten der Welt.

Hefe
Hefen sind Mikroorganismen, die den Traubensaft zum Gären bringen. Diese kommen in natürlicher Form auf Trauben vor und werden aber oft in Form von Reinzuchthefen (Kulturhefe) der Maische bzw. dem Most zugefügt. Nach der Gärung setzt sich die absterbende Hefe auf dem Boden des Fasses ab (Geläger).

Hefeabstich / -abzug
Das Abziehen des geklärten Weines aus einem Fass vom Geläger, um den Wein von Trubstoffen bzw. der Hefe zu befreien. Dies ist besonders bei kleinen Fässern (Barriques) notwendig und sehr arbeitsintensiv.

Hektar (ha)
Flächenmaß. Entspricht 10.000 Quadratmetern.

Hektarertrag
Siehe unter Ertrag.

Hektoliter (hl)
Maßeinheit für Volumen. 1 hl = 100 Liter

Herb
Als herb bezeichnet man sehr trockene, säurebetonte Weißweine oder tanninbetonte, adstringierende Rotweine. Im Gegensatz zu halbtrocken, trocken und süßen Weinen, lässt sich dadurch kein Rückschluss auf den Restzucker-Gehalt treffen.

Herbizide
Chemische Mittel zur Bekämpfung von Unkraut.

Herkunft
Die Herkunft eines Weines ist der kontrollierte geographische Ursprung der Trauben, aus denen der Wein gekeltert wurde. Daher muss jeder Wein zur Erkennung seiner Herkunft auf dem Etikett eine geographische Bezeichnung tragen.

Hessische Bergstraße
Das Anbaugebiet ist mit ca. 460 Hektar Rebfläche nach Sachsen das Zweitkleinste. Hier dominieren die weißen Sorten: Der Riesling ist die wichtigste Rebsorte, gefolgt von Müller-Thurgau. Doch auch Silvaner und Grauburgunder sind anzutreffen. Weine von der Bergstraße findet man selten im Handel, denn sie werden fast ausnahmslos im Erzeugergebiet getrunken. Die Weine haben ein breites Geschmacksspektrum, was nicht zuletzt durch die Vielfalt der Böden zu erklären ist.

Holzausbau
Siehe unter Barrique-Ausbau.

Holzfass
Siehe unter Fass und Barrique-Ausbau.

Holzspäne
Der Holzton (siehe auch Barrique) eines Weines wird normalerweise durch die Lagerung in einem Eichenholzfass erzeugt, kann aber auch durch Einrühren von Holzspänen erfolgen. Die Qualität ist dann aber geringer. Diese Methode ist innerhalb der EU nicht erlaubt. Siehe unter Chips.

I

Inhaltsstoffe
s. Extrakt.

Integrierter Pflanzenschutz
Der integrierte Pflanzenschutz ist der Schutz der Pflanzen vor Krankheiten und Schädlingen, unter besonderer Berücksichtigung von biologischen, anbau- und kulturtechnischen sowie pflanzenzüchterischen Maßnahmen, um die Anwendung von chemischen Pflanzenschutzmitteln auf ein notwendiges Mindestmaß zu reduzieren und gleichzeitig alle nichtchemischen Maßnahmen zu fördern. Der integrierte Pflanzenschutz gilt weltweit als Leitbild des modernen, praktischen Pflanzenschutzes.

Integrierter Weinbau
Eine Weinbaumethode, bei der auf chemische Schädlingsbekämpfung und übermäßige Düngung verzichtet wird, sofern es möglich ist. Der integrierte Weinbau ist seit den 1990er

Jahren im Weinbau weitgehend Standard. Im biologischen Weinbau (s. Biowein) kommen noch wesentlich schärfere Herstellungsbedingungen zur Anwendung.

Insektizide
Ein Insektizid ist ein chemisches Mittel zur Bekämpfung von Insekten.

Inversion
Bezeichnung für die Spaltung von Saccharose in Fructose (Fruchtzucker) und Glucose (Traubenzucker).

J

Jahrgang
Jahr, in dem die Trauben eines Weines gewachsen sind. Der Jahrgang kann in Deutschland auf dem Etikett der Weinflasche angegeben werden, sofern der Wein zu 85 % aus dem Lesegut des angegebenen Jahrgangs stammt.

Jahrgangssekt
Qualitätsschaumwein b. A., der wenigstens zu 85 % aus Jahrgangstrauben gekeltert wurde. Der Jahrgang muss deutlich etikettiert sein.

Jahrhundertwein
Ein außergewöhnlicher und herausragender Wein allerhöchster Qualität. Neben der nicht zu unterschätzenden Kunstfertigkeit der Winzer, müssen für einen Jahrhundertwein auch besonders optimale klimatische Bedingungen geherrscht haben.

Jungwein
Gemäß EU-Weinmarktordung ein Wein und der noch nicht von seiner Hefe getrennt (das heißt noch nicht geklärt) ist. Im allgemeinen Sprachgebrauch werden fallweise aber auch „junge Weine" des laufenden Jahrganges oder für den raschen Verbrauch bestimmte Weine so bezeichnet.

K

Kabinett
Die Qualitätsstufen von Qualitätsweinen mit Prädikat beginnt in Deutschland mit dem Kabinett. Die verwendeten Trauben müssen bei einem Kabinett ausschließlich aus Rebsorten der Art vitis vinifera sein, aus einem einzigen Anbaugebiet geerntet und in dem bestimmten Anbaugebiet zu Qualitätswein mit Prädikat verarbeitet werden. Der Gesamtalkoholgehalt muss bei einem Kabinett mindestens 9 % vol. betragen. Qualitätsweine mit dem Prädikat „Kabinett" dürfen nicht angereichert werden.

Kalk
Das Aroma eines Weines ist spürbar von der Beschaffenheit des jeweiligen Bodens abhängig. Kalkböden wirken besonders positiv auf die Aromabildung des Weines. So erstaunt es nicht, dass viele Weinbergs-Böden sich durch einen sehr hohen Kalkgehalt (bis zu 60 %) auszeichnen.

Kaltvergärung
Eine Gärung, die im Bereich von wenigen Grad Celsius durchgeführt wird, um bukett- und aromareiche Weine sowie höhere Alkoholgehalte zu erhalten. Siehe auch unter Gärung.

Kapsel
Eine Folie aus Stanniol oder Kunststoff, die den Flaschenkopf und -hals eng umschließt. Diese hat nicht nur einen dekorativen Zweck, sondern schützt den Korken auch vor dem Austrocknen sowie vor Fremdgerüchen.

Karaffe
Karaffen werden schon seit dem 18. Jahrhundert zum Servieren genutzt. Die Form orientierte sich jedoch ausschließlich an ästhetischen Gesichtspunkten, sie waren oftmals undurchsichtig. Die Form heutiger Karaffen gründet auf ihrer Funktion. Idealerweise sollte sie bauchig sein, mit einem engen Hals und das doppelte Volumen der zu dekantierenden Flasche aufweisen.

Kellereiabfüllung
Weine, die nicht aus dem eigenen Rebbestand des auf dem Etikett angegebenen Herstellers, in diesem Fall also des Abfüllers kommen.

Kellertemperatur
Die Kellertemperatur ist für die Weinlagerung von entscheidender Bedeutung. Bei zu niedrigeren Temperaturen entwickelt sich Wein langsamer als bei höheren. Bei zu hohen Temperaturen besteht dagegen die Gefahr des Austrocknens des Korkens und einer Oxidation der Weine. Die optimale Temperatur für einen Weinkeller liegt zwischen 9 und 13 Grad. Die Luftfeuchtigkeit ist mit 75 % optimal.

Keltern
Eigentlich nur das Pressen der Trauben zu Most. Im gemeinen Sprachgebrauch wird damit aber fälschlicherweise die

Summe der Arbeitsschritte der Weinbereitung bezeichnet.

Kerner
Zur Familie der Riesling-Trauben gehörende, früh reifende Weißweinneuzüchtung. Kreuzung aus Trollinger und Riesling. Ertragreich bei hohem Mostgewicht. Benannt nach dem Dichter Justinus Kerner (1786–1862).

Klärung
Siehe unter Filtration.

Klassifizierung
Innerhalb der EU gibt es ein Klassifizierungs-System, das die Weine in Qualitätsstufen einteilt. Siehe dazu unter Tafelwein, Landwein und Qualitätswein.

Klima
Fälschlicherweise wird das Klima häufig mit dem Wetter gleichgesetzt. Der Begriff Klima ist jedoch viel umfassender! Klima ist die Gesamtheit aller meteorologischen Erscheinungen, die den durchschnittlichen Zustand der Atmosphäre an einem bestimmten Ort auf der Welt kennzeichnen. Zu den Klimaelementen gehören: Strahlung, Temperatur, Luftdruck, Winde und Niederschläge. Beeinflusst wird das Klima durch die jeweilige geographische Breite des Ortes, die Verteilung von Land und Wasser, Meeresströmungen und auch Wald und Wüste. Nicht zu vergessen ist der Faktor Mensch, denn dieser hat in den letzten Jahrzehnten enorm dazu beigetragen, dass das Klima sich verändert. Das Klima spielt eine bedeutende Rolle im Weinbau: Erstens haben die Klimafaktoren einen großen Einfluss auf die Entwicklung und Qualität der Trauben und zweitens können Reben nicht in jeder Klimazone wachsen.

Klimazonen
Klimazonen sind Gebiete annähernd gleichartiger klimatischer Bedingungen, die sich wie Gürtel abhängig von der Sonneneinstrahlung um die Erde erstrecken. Die Klimazonen sind zugleich Vegetationszonen. Nicht allen Klimazonen herrschen optimale Bedingungen für den Weinanbau. Sie haben daher eine entscheidende Bedeutung hinsichtlich erlaubter/empfohlener Rebsorten und Vinifizierungspraktiken (z. B. Anreichern)

Klon
Rebklone stammen aus dem Erbmaterial einer einzigen Mutterpflanze. Sie werden durch vegetativen Vermehrung, z.B. Edelreiser bzw. Stecklinge von der Mutterrebe gewonnen. Das Ziel ist es, Rebmaterial zu bekommen, das virenfrei ist und die erwünschten Eigenschaften der Mutterpflanze in sich trägt.

Kohlensäure
Kohlensäure (H_2CO_3) entsteht durch die Reaktion von Kohlendioxid (CO_2) mit Wasser (H_2O) und ist eine schwache Säure, die man in natürlichen Sprudeln, im Meerwasser und im venösen Blut findet. Sie ist in jedem Wein in sehr geringer Menge und in Schaumwein in größerer Menge vorhanden Beim Trinken erkennt man sie am Prickeln auf der Zunge.

Konventioneller Weinbau
Traditionelle, intensive Verfahrensweise des Weinbaus bei der unter anderem chemische Pflanzenschutzmittel zum Einsatz kommen. Der konventionelle Weinbau geht mittlerweile in den integrierten Weinbau über. Siehe auch Biowein und integrierter Weinbau.

Korkeiche
Eine spezielle Eichensorte, aus deren Schale, neben Gesundheitsschuhen, überwiegend Korken für Weinflaschen hergestellt werden.

Korken
Elastischer, zylinderförmiger Verschluss für Weinflaschen, hergestellt aus der Rinde der Korkeiche, der den Ausfluss von Wein und den Zutritt von Sauerstoff verhindert. Die geringe Menge an Sauerstoff, die dennoch im Laufe der Jahre durch den Kork in die Flasche kommt, ist notwendig für die Reifung des Weines (Mikrooxydation). Ein normaler Weinflaschenkorken hat einen Durchmesser von 24 mm und wird in einen Flaschenhals mit 18 mm Durchmesser gepresst. Sektkorken haben einen Durchmesser von 31 mm für einen Flaschenhals von 17,5 mm und bestehen aus drei miteinander verleimten Korkschichten. Billige Korken werden aus Korkmehl und kleinen Korkstücken gepresst. Korken sind auch in der Länge verschieden, dies hat aber keine Auswirkungen auf die Qualität. Wichtig ist, dass die Flasche liegend gelagert wird, um den Korken feucht zu halten. Bei Bränden ist es umgekehrt, diese müssen stehend gelagert werden, damit der Alkohol nicht den Kork zerstört. Als Flaschenverschluss löste er, entdeckt von dem kelter- wie kellerkundigen Mönch Dom Pérignom (1638-

1715), gewachste Tücher und Wergstopfen ab.

Korkgeschmack
Ein Wein-Fehler, auch Korker oder Korkschmecker genannt, der leider immer wieder auftritt. Der Wein besitzt einen muffigen („Kartoffelkeller"), modrigen, chemischen Geruch nach nassem, faulendem Holz. Der Geschmack ist unangenehm bitter und adstringierend mit einem lang andauernden, unangenehmen Abgang. Bei höheren Wein-Temperaturen tritt dieser Fehler stärker hervor. Die chemischen Stoffe z. B. Trichloranisol, die den Fehler auslösen, gelangen u.a. vom befallenen Korken in den Wein. Man spricht mittlerweile häufiger von einer korkähnlichen Note, weil die verursachenden chemischen Stoffe nicht zwingend aus dem Korken stammen müssen und auch bei alternativen Verschlüssen vorkommen können.

Körper
Zusammenfassender und wertfreier Geschmacks-Begriff für den Alkohol-Gehalt und den Gesamt-Extrakt eines Weines, auch als Bouquet bezeichnet. Siehe auch unter Körperreich.

Körperreich
Begriff für einen gehaltvollen Wein, der einen hohen Alkohol-Gehalt (ab etwa 12 % vol.) und großen Anteil an Gesamt-Extrakt hat.

Kreuzung
Verfahren zur Züchtung neuer Rebsorten. Der Kerner ist z. B. aus den Rebsorten Trollinger und Riesling gezüchtet worden.

Kristalle
Siehe unter Weinstein.

Kronkorken
Weil die Klagen über korkigen Wein zunehmen, hat der klassische Weinverschluss trotz verbesserter Herstellungsverfahren Konkurrenz bekommen: Kronkorken, Glas- und Drehverschlüsse. Eine leistungsfähige Verschlussart bei Weinflaschen ist der Kronkorken (engl. stainless cap), der aus Stahl gefertigt wird und bei Mineralwasser und Fruchtsäften effizient und lang erprobt wurde. Kronkorken werden übrigens schon lange bei der Flaschengärung und anschließenden Hefelagerung des Champagners bzw. Schaumweines verwendet.

Küfer
Eine Bezeichnung für den Böttcher (Fassbinder), die sich von Kufe (einem alten Hohlmaß bzw. Fasstyp) ableitet.

Kunststoffkorken
Weinkorken aus einer Gummi- oder Teflon-Mischung, in einer dem Naturkorken ähnlichen Farbe, aber auch in bunten Ausführungen hergestellt. Vorteil des Kunststoffkorkens ist, dass das Problem des Korkgeschmacks damit verringert werden kann. In der Regel für Weine verwendet, die in den ersten beiden Jahren nach der Lese getrunken werden.

L

Lage
Weinbergsparzellen mit gleichen Gegebenheiten wie zum Beispiel Bodenart oder Klimaverhältnisse werden in Einzellagen bzw. Großlage zusammengefasst. Derzeit sind über 2.600 Einzellagen registriert mit unterschiedlicher Größe von weniger als einem bis 200 Hektar. Von Großlagen sind 168 registriert, die meistens aus mehreren Einzellagen bestehen. Die Durchschnitts-Größe beträgt 600 Hektar, die größten umfassen bis 1.800 Hektar.

Lagerung
1) Bezüglich der Entwicklung bzw. Reifung eines Weines siehe unter Altern, Flaschen-Reifung, Jahrgang und Jahrhundertwein.
2) Bezüglich der Aufbewahrung bzw. Lagerung von Wein-Flaschen siehe unter Wein-Klimaschrank und Kellertemperatur.

Lagerfähigkeit
Entscheidend für die Lagerfähigkeit von Weinen sind Qualität, Rebsorte, ein guter Korken sowie optimale Lagerbedingungen (kühl-feuchter Keller bei konstanten Temperaturen zwischen 10 bis 13 Grad). Eine pauschale Aussage über die Lagerfähigkeit kann bei Wein nicht getroffen werden. In der Regel gilt: je höher die Qualitätsstufe bzw. je höher der Zuckergehalt, desto länger lässt sich der Wein lagern

Landwein
Landwein muss einen gebietstypischen Charakter vorweisen und ausschließlich aus Weintrauben stammen, die in einem beschriebenen Gebiet (Region) geerntet wurden.

Lemberger
Spätreifende (in Österreich als „Blaufränkisch" angebaute) rote Rebsorte, häufig in Württemberg zu finden. Der Lemberger hat eine kräftige Farbe, eine

deutliche Tanninnote ist aber dennoch fruchtig und oft mit einer Kirschnote.

Lese
Siehe unter Weinlese.

Lesezeitpunkt
Der Zeitpunkt der Traubenernte (Weinlese). Ist von der Witterung abhängig und für die spätere Weinqualität wichtig. Nur kurz dauernde Kältezeiten, wie sie vor allem im Spätherbst nicht auszuschließen sind, können auch vollreife Trauben noch schädigen. Manchmal gleicht die Festlegung des Lesezeitpunkts einem Lotteriespiel: Je später der Lesezeitpunkt, desto größer die Gefahr von Temperatureinbrüchen. Bleiben diese aus, desto größer ist die Chance für einen hochwertigeren Wein. Beim Riesling kann so z.B. durch den Lesezeitpunkt der Säuregehalt beeinflusst werden. Ein relativ später Zeitpunkt reduziert den Säuregehalt, was einen reiferen, harmonischeren Wein zum Ergebnis haben kann.

Lieblich
Wein mit süßer Geschmacksausrichtung mit über 18g/l, aber höchstens 45 g/l Restzucker.

Liebfrauenmilch
Lieblicher deutscher Qualitätswein mit über 18g/l Restzucker aus den Anbaugebieten Nahe, Pfalz, Rheingau und Rheinhessen, der zu mindestens 70 % aus Weintrauben der Rebsorten Riesling, Silvaner, Müller-Thurgau und/oder Kerner hergestellt wird. Liebfrauenmilch galt lange Zeit, besonders in Großbritannien, als typischer deutscher Wein und hat damit dem deutschen Wein einen nicht unerheblichen Imageschaden zugefügt.

Likörwein
Likörwein ist ein alkoholangereichertes Produkt, das aus teilweise gegorenem Traubenmost, Wein, einer Mischung aus diesen beiden, Traubenmost oder einer Mischung von Traubenmost und Wein gewonnen wird. Zum Spriten wird neutraler Alkohol aus Erzeugnissen der Weinrebe mit zumindest 96 % vol. oder verschiedene Produkte aus Wein (Weinbrand, Tresterbrand etc.) mit zumindest 52 % vol. und maximal 86% vol. verwendet. Das Endprodukt muss einen vorhandenen Alkohol-Gehalt von zumindest 15 % bis maximal 22 % vol. aufweisen. Je nach Herstellungsverfahren ist ein Likörwein trocken oder süß. Likörwein wird in Spanien bzw. Portugal Generoso und Licoroso, in Italien Liquoroso und in Frankreich Vin de liqueur genannt.

Lösungsmittelton
Ein Weinfehler, der besonders im Aroma deutlich an Klebstoff und chemische Lösungsmittel erinnert. Tritt häufig bei Weinen mit erhöhter Konzentration von Essigsäure auf.

Lüften
Auch Belüftung genannt. Gemeint ist die gezielte und kontrollierte Berührung des Mostes oder Weines mit Sauerstoff.

M

Maceration Carbonique
Eine spezielle Gärtechnik für Rotweine, die in Frankreich 1934 mehr oder weniger zufällig entdeckt wurde. Bei dem Versuch, Tafeltrauben über einen längeren Zeitraum möglichst frisch zu halten, wurden mögliche Trauben unter einer Kohlendioxid-Schutzgashülle bei 0 °C aufbewahrt. Nach zwei Monaten begannen diese zu gären. Danach verarbeitete man sie zu Wein, der heller, duftiger und weniger tanninbetont war als bei der herkömmlichen Maische-Gärung.

Mäuseln
Der Name soll den an Mäuseharn erinnernden Geruch der Weine charakterisieren, die diesen Weinfehler besitzen. Weine mit diesem Weinfehler haben einen lang anhaltenden, unangenehmen Nachgeschmack. Verstärkt tritt der Fehler bei Jungweinen mit Restzucker sowie bei Obstweinen (Erdbeerwein und Ribisel) auf. Ursachen sind Milchsäure-Bakterien oder die Hefeart Brettanomyces, welche aus Lysin und Ethanol den „Mäuselstoff" 2-Acetyleterahydropiridin bilden, der den typisch mäuselnden Geruchs- und Geschmack-Eindruck verursacht.

Magnum
Eine Flasche mit dem Volumen von 1,5 Litern (zwei Flaschen á 0,75 Liter), die als ideal für einen feinen Wein gilt, da die Alterung bzw. die Flaschen-Reifung langsamer erfolgt, was sich positiv auf die Qualität auswirkt. Die nächst höhere Maßeinheit ist die Doppel-Magnum mit dem Volumen von 3 Litern (4 Flaschen á 0,75 Liter).

Maische
Zerquetschte Trauben (Traubenschale, Kerne, Fruchtfleisch, Saft und gegebenenfalls auch Stiele)

vor der Pressung. Die meisten Rotweine werden auf der Maische vergoren. Nicht zu verwechseln mit dem Most („frischgepresster" Traubensaft).

Maischeerhitzung
Um die Farbe aus den Schalen zu lösen, wird bei einigen Weinen die Maische vor der Gärung auf 70 °C erhitzt. Bei hochwertigen Weinen findet dies selten Anwendung.

Maischestandzeit
Die Maische bleibt einige Zeit stehen, um Aromen aus der Beerenschale zu extrahieren.

Makroklima
Nach der Größenordnung wird unterschieden in Großklima (Makroklima, gültig innerhalb einer Klimazone), Lokalklima (Mesoklima, gültig z.B. für den Bereich einer Stadt {gegenüber dem umliegenden Land}) und Kleinklima (Mikroklima, z.B. innerhalb eines Hausgartens). Makroklima ist also die Bezeichnung für ein Regionalklima im Umkreis von zehn bis hundert Kilometer.

Malolaktische Gärung
Durch Milchsäurebakterien wird die in den Trauben enthaltene Äpfelsäure in die weniger sauer schmeckende Milchsäure umgewandelt. Bei diesem Vorgang wird CO_2 frei, was zu einer Minderung des Säuregehaltes im Wein führt.

Mazeration
Herauslösen von Farbe und Fruchtaromen, -aromavorstufen aus dem Traubenfleisch und der Traubenhaut.

Mengenbeschränkung
In Deutschland sind durch das deutsche Weingesetz Erntehöchstmengen pro Hektar bei Qualitäts-, Land- und Prädikatsweinen festgelegt um überschaubare, qualitativ hochwertige Weinmengen im Verkauf zu haben.

Merlot
Weltweit verbreitete rote Rebsorte. Der Name ist vom französischen Wort für Amsel (merle) abgeleitet, da diese die früh reifenden Beeren gerne naschen. Wahrscheinlich ist die Rebsorte aus einer natürlichen Kreuzung zwischen Cabernet Franc und einer anderen Cabernet-Sorte entstanden. Bekannt für Merlot sind vor allem Saint-Emilion und Pomerol (Frankreich), sowie die Toskana (Italien).

Mikroklima
Im Weinbau handelt es sich um bestimmte Stellen zwischen den Rebzeilen oder in einer gewissen Höhe über dem Boden. Da diese durch Boden- und Laubarbeit sowie durch Reberziehungsformen beeinflusst wird, weicht es oft vom Makroklima ab. Siehe auch unter Makroklima.

Mikroorganismen
Bezeichnung für Kleinstlebewesen. Dazu werden Bakterien, Hefen und Pilze gezählt. Einige davon spielen im Weinbau eine wichtige positive Rolle, wie zum Beispiel bei der Gärung.

Milchsäurestich
Bei einem unkontrollierten Säureabbau kann es im Wein zu Infektionen mit Milchsäure-Bakterien kommen, die den Aromastoff Diacetyl bilden. Diacetyl erzeugt Fehltöne im Wein, die sich durch einen typisch leicht süß-säuerlichen Geruch und Geschmack nach Joghurt, Buttermilch, Käse oder Sauerkraut äußern. Besonders gefährdet sind säure- und tanninarme Weine mit einem hohen pH-Wert.

Mild
Beschreibung für einen Wein mit geringerer Säure bzw. Tanninen im Verhältnis zu dem im Wein vorhandenen Restzucker.

Mindestmostgewicht
Das Mindestmostgewicht (Grad Oechsle bei Ernte) wird auch als „natürlicher Mindestalkoholgehalt bezeichnet und in %-Vol. Alkohol angegeben. Es ist der wichtigste messbare Parameter zur Ermittlung des Reifegrades und letztlich der Qualität der Trauben bei der Ernte. Für Landwein, Qualitätswein etc. sind gesetzlich Mindestmostgewichte festgelegt.

Mittelrhein
Mit einer Rebfläche von ca. 530 Hektar erstreckt sich das Weinanbaugebiet von Königswinter im Norden bis zum Rheingau im Süden. Mit einem Anteil von 74 % an der Gesamtrebfläche nimmt der Riesling die Spitzenposition unter den angebauten Rebsorten ein, gefolgt von Müller-Thurgau und Kerner. Der Anbau des Weines erfolgt hauptsächlich in Steillagen am Rheinufer. Trotz der nördlichen Lage, entstehen wunderbare, von rassiger Säure bestimmte Rieslingweine.

Mosel
Das Anbaugebiet mit über 12.000 Hektar Rebfläche ist nach dem größten der drei Flüsse, der Mosel, Saar und Ruwer benannt. An der oberen Mosel liegen die ältesten Weinberge Deutsch-

lands. Mosel ist das viertgrößte Anbaugebiet Deutschlands. Der Mosel-Riesling ist typischerweise ein leichter, spritziger Wein mit ausgeprägtem Fruchtaroma welches von einer feinen Säure untermalt wird. In sehr guten Jahrgängen entstehen Rieslingweine in Vollendung. Die Weine der Ruwer sind sehr filigran und haben ein schönes Johannisbeeraroma.

Most
Nicht vergorener Keltersaft aus Trauben.

Mosterwärmung
Geringe Erwärmung des Mostes, um den Gärstart zu beschleunigen, da die meisten Hefen erst ab einer bestimmten Temperatur vergären.

Mostgewicht
Das Mostgewicht in Grad Oechsle zeigt an, wie viel natürlicher Zucker im frisch gepressten Most noch vor Beginn der Gärung enthalten ist. Dies kann man schon vor der Lese an den Trauben, die am Rebstock hängen mittels Refraktometer ermitteln, um den optimalen Lesezeitpunkt festzustellen. Aus dem Zuckergehalt ergibt sich letztlich der potentielle Alkohol-Gehalt im Wein.

Mostkonzentration
Unter Mostkonzentrierung versteht man bei der Weinherstellung verschiedene Verfahren, um Most oder Wein durch Entzug bestimmter Stoffe (meistens durch Verminderung des reinen Wasseranteiles) zu konzentrieren. Die älteste Form, dies zu erreichen, ist das Trocknen der Weintrauben. Weitere Möglichkeiten sind das Ausnutzen verschiedener Siede- bzw. Gefrierpunkte, mittels Niederdruck- und Niedertemperatur-Verdampfer oder durch Umkehrosmose.

Mostkühlung
Eine Mostkühlung wird durchgeführt um eine vorzeitige bzw. zu schnelle Gärung zu verhindern.

Mostwaage
Eine „Waage" zur Bestimmung des Mostgewichtes (beispielsweise Refraktometer).

Mousseux
Eine französische Bezeichnung für das Perlen eines Weines, Perlweines, Schaumweines oder eines Champagners.

Müller-Thurgau
Neben dem Riesling die häufigste Rebsorte in Deutschland, vor allem in Rheinhessen, Baden, in der Pfalz, an Mosel-Saar-Ruwer, in Franken, an der Nahe, an Saale-Unstrut, in Sachsen und an der Hessischen Bergstraße. Nach einer neuen Genanalyse handelt es sich nicht (wie angenommen) um eine Kreuzung aus Riesling x Silvaner, sondern aus Riesling x Madeleine Royale – auch Königliche Magdalenentraube. Der Namen geht auf ihren Züchter Hermann Müller aus Thurgau zurück, der sie 1882 entwickelt hat. Müller-Thurgau Weine werden auch unter dem Namen Rivaner vermarktet.

Muffig
Beschreibung eines fehlerhaften Weines mit Schimmelton.

Muskat
Geschmacksnote, die sehr rein bei der Rebsorte Muskateller vorzufinden ist.

Mutation
Natürliche, genetische Entstehung einer neuen Rebsorte im Weingarten. Mit häufig visuellen Veränderungen wie der Farbänderungen der Beeren oder Veränderungen der Blätter und Triebe (Form und Struktur). Die meisten der antiken Rebsorten hatten eine dunkle Beerenfarbe, aus denen dann die hellbeerigen Sorten mutierten.

N

Nachgären
Bei einem stillen Wein ist das „Nachgären" die relativ ruhige und letzte Phase der Gärung. Bezeichnet aber auch die in der Regel unerwünschte Nachgärung in der Flasche.

Nährstoffe
Fehlen Nährstoffe im Boden, gibt es Qualitätseinbußen bei der Lese der Trauben. Zum Beispiel zeigt sich das Fehlen von Stickstoff meist in geringer Blattbildung, das Fehlen von Phosphor an ungenügendem Blüten-, Fruchtansatz und unbefriedigendem Wurzelwachstum, Kaliummangel an geringerer Bildung von Kohlenhydraten und Anfälligkeit gegenüber bestimmten Krankheiten sowie fehlender Resistenz gegen Frost und Trockenheit. Ein Nährstoffmangel kann durch gezielte Düngung nach vorhergegangener Bodenuntersuchung ausgeglichen werden.

Nahe
Das Anbaugebiet mit ca. 4.400 Hektar Rebfläche ist nach dem gleichnamigen Fluss benannt.

Dieses Gebiet ist ein Musterbeispiel für die Vielschichtigkeit der deutschen Weine. Die am häufigsten angebauten Rebsorten sind Riesling, Müller Thurgau und Silvaner. Immer häufiger werden auch Weiß- und Grauburgunder mit Erfolg angebaut. Rotwein spielt eher eine untergeordnete Rolle. Geschmacklich sind die Weine sehr ausgewogen und fruchtig oftmals auch mineralisch.

Natürlicher Alkoholgehalt
Siehe unter Gesamt-Alkohol-Gehalt.

Naturhefe
Eine in der Natur vorkommende (wilde) Weinhefe.

Naturkorken
Korken aus der Rinde der Korkeiche hergestellt. Vergleiche unter Kunststoffkorken.

Naturwein
Historische Bezeichnung für einen Prädikatswein. War bis 1971 zulässig, wurde dann aber im Zuge des Weingesetzes von 1971 geändert. Seitdem heißt der Verband der Deutschen Prädikats- und Qualitätsweingüter (VDP) übrigens nicht mehr „Verband der Deutschen Naturweinversteigerer".

Neue Welt
Begriff im Weinbau für die Weinanbauländer USA, Südamerika, Australien, Neuseeland, Südafrika und eventuell noch Kanada.

O

Obermosel
Gehört zum Anbaugebiet Mosel. Es unterscheidet sich durch eine andere Bodenbeschaffenheit vom charakteristischen Moselwein. Auf Muschelkalkböden wird vorwiegend der Elbling angebaut.

Oechsle
Der Pforzheimer Apotheker, Goldschmied und Physiker Christian Ferdinand Oechsle (1771 bis 1852) erfand die Senkspindel, auch Oechsle-/Öchslewaage genannt. Sie dient zur amtlichen Bestimmung jener Grade, um die das spezifische Gewicht von Most (durchschnittlich 1,075) von dem reinen Wassers (1,0) immer nach oben abweicht, um wie viel Gramm also ein Liter Most schwerer ist als ein Liter Wasser bei 20 °C. Ein Durchschnittsmost mit dem spezifischen Gewicht von 1,175 hat demnach 175° Öchsle. Aus dem Mostgewicht lässt sich der Zuckergehalt und der spätere Alkoholgehalt des Weines berechnen: Mostgewicht geteilt durch 10 mal 1,26 ergibt die Volumenprozente Alkohol. Durch ihre Mindestmostgewichte werden Qualitätsweine je nach Gebiet definiert. Spätlesen haben i.d.R. 80–90, Auslesen 90–120° Öchsle, Beerenauslesen und Eisweine mind. 125, Trockenbeeren mind. 150° Öchsle. (s.a. „Brix")

Öchslegrad
Siehe auch unter Mostgewicht und Oechsle.

Ökologischer Weinbau
Beim ökologischen Weinbau liegen strenge Richtlinien der EU-Verordnung vor, nach der alle Betriebe arbeiten müssen, die ihren Wein mit der Bezeichnung „Öko" oder „Bio" deklarieren. Diese werden von einer staatlich zugelassenen Stelle kontrolliert. Viele der Arbeitsschritte beim ökologischen Weinbau werden von Hand erledigt, um Boden, Rebstock und Traube zu schonen. Mögliche Qualitätsminderungen sollen rechtzeitig erkannt werden, um somit einen Großeinsatz gegen Schädlinge schon im Vorfeld zu verhindern. Zur Herstellung von Ökoweinen dürfen keine chemisch-synthetische Spritzmittel und Düngemittel verwendet werden. Mit ökologischem Weinbau lassen sich keine Höchsterträge erwirtschaften. Biologisch mit Kompost und Grünsaaten gedüngte Reben sowie individuelle Ertragsbeschränkungen sollen die Basis für hohe und dauerhafte Qualitäten sein. Geschmackliche Vorteile zwischen Ökoweinen und konventionell hergestellten Weinen sind kaum wahrnehmbar.

Önologe
Kellermeister, Weinfachmann mit wissenschaftlicher Ausbildung.

Önologie
Die Wissenschaft vom Wein

Önothek
Bezeichnung für eine Weinhandlung mit Produkten meist gehobener Qualität (auch Vinothek genannt) oder ein privater Keller mit einer Sammlung sehr guter Weine.

Oidium
Bezeichnung für die Rebstock-Krankheit „Echter Mehltau", welche durch den Oidium-Pilz ausgelöst wird.

Olfaktorisch
Bezeichnung für die Wahrnehmung eines Geruches durch die Nase.

Ortega
Eine sehr früh reifende weiße Rebsorte für hochwertige Auslesen und Aperitifweine, die 1948 in Alzey von Hans Breider aus Müller-Thurgau und Siegerrebe gezüchtet wurde. Nach der Weitervermehrung an der Landesanstalt Würzburg wurde sie 1972 in Deutschland klassifiziert.

Oxidation
Chemische Reaktion eines Stoffes mit Sauerstoff. Bei einer Oxidation verliert der Wein an Frische und verändert seine Farbe. Der Wein „altert".

Oxidativer Ausbau
Bezeichnung für eine Methode der Weinbereitung, bei der während der Gärung bzw. Weinbereitung in kontrollierter Form die Oxidation zulässt. Kommt teilweise bei der Herstellung von Sherry oder Dessertweinen zum Einsatz. Lässt man Sauerstoff nicht oder nur in stark eingeschränktem Maße zu, wird dies als reduktiver Ausbau bezeichnet.

Oxidativer Wein
Oxidativ bezeichnet man einen Wein, der zuviel Sauerstoff ausgesetzt war und dadurch seine Frische verloren hat.

P

Pantschen
Bezeichnung (auch Panschen) für unerlaubte Zugaben in den Wein, einschließlich Manipulationen (Verfälschungen) bei der Weinherstellung.

Perlwein
Ein mit Kohlensäure angereicherter Wein.

Peronospera
Ein Pilz, der die Rebstock-Krankheit „Falscher Mehltau" verursacht, wobei der Name auch häufig als Synonym für diese Krankheit verwendet wird.

Petrolton
An Mineralöl-Derivate oder gegerbtes Juchtenleder erinnernde Duft- und Geschmacksnote im Wein, die nicht auf bestimmte Rebsorten oder bestimmte Bodentypen zurückzuführen ist. Häufig tritt der Petrolton bei gereiften bzw. höherwertigen Weiß-Weinen mit hohen, zuckerfreien Extrakten auf. Vor allem bei älteren Rieslingen wird der Ton durchaus geschätzt.

Pfalz
Die Pfalz ist mit über 23.400 Hektar Rebfläche das zweitgrößte und zugleich ertragsstärkste deutsche Anbaugebiet. Es erstreckt sich im Norden von Bockenheim über 80 km bis nach Schweigen an der Grenze zum Elsaß. Pfälzischer Wein war schon zur Römerzeit sehr begehrt. Heute wird hier ein Viertel aller Deutschen Weine produziert. Von den kalkhaltigen Lehm und Tonböden im Bereich „Südliche Weinstraße" stammen frische, nachhaltige Weine: Duftiger Müller-Thurgau (Rivaner), voller Silvaner und aromatischer Morio-Muskat, aber auch Rieslinge, Traminer und Ruländer. Im südlichen Teil der Region sind vor allem schwere Lehmböden vorherrschend. Hier findet man häufiger Weiß- und Grauburgunder, vor allem aber auch die roten Sorten Dornfelder, Portugieser oder Spätburgunder.

Pferdeschweißton
Ein Aroma, das an Pferdeschweiß erinnert. Entsteht durch biochemischen Prozess von Brettanomyces-Hefen.

Pfropfen
Triebe von einer Rebsorte werden mit den „Wurzelstöcken" einer anderen Sorte (Unterlage) verbunden. Im Weinbau wird die Methode häufig angewandt, um sich die Widerstandsfähigkeit der Unterlage (z.B. gegenüber der Reblaus) zu Nutze zu machen.

Phenole
Große, wichtige Gruppe reaktionsfreudiger Kohlen-Wasserstoff-Verbindungen, deren Grundbaustein Phenol ist. Den größten Anteil besitzen die Schalen und Kerne ausgereifter roter Trauben. In jungen Weinen schmecken Phenole oft hart und bitter, fallen aber mit der Flaschenreifung aus und sinken als Depot zu Boden. In trockenen Weißweinen sind Phenole eher unerwünscht.

pH-Wert
Maßeinheit für den Säuregehalt von Stoffen. Je niedriger der pH-Wert, desto saurer ist der Wein.
pH-Wert 0 - 6 = sauer
pH-Wert 7 = neutral (Wasser)
pH-Wert 8-14 = basisch (alkalisch).

Phylloxera
Allgemein verbreiteter Name für die Reblaus (gefährlicher Schädling im Weinbau).

Physiologische Reife
Physiologische Reife ist der Zeitpunkt, zu dem (im Herbst) alle Inhaltsstoffe der Traube ausgereift sind mit der Lese begonnen werden kann.

Pinot
Hauptname mehrerer französischer Rebsorten, die auf die Pinot-Traube zurückzuführen ist Siehe dazu unter Burgunder.
Pinot grigio/Pinot gris
Siehe unter Grauburgunder.
Polyphenole
Chemische Bestandteile im Wein. Enthalten in den Farbstoffen, Tanninen und Geschmacksstoffen. Polyphenole haben gesundheitsfördernde Eigenschaften für den menschlichen Körper. Siehe auch unter Phenole.
Portugieser
Wichtige Rotweinsorte in Deutschland, Ungarn und Österreich, die vermutlich 1772 aus Portugal nach Österreich eingeführt wurde.
Portwein
Süß-/Dessertwein aus dem portugiesischen Dourotal. Portwein wird hergestellt, indem teilweise vergorener Most aufgespritet wird und so einen großen Teil seines Restzuckers behält. Die Tanninstruktur der Grundweine wird so abgerundet.
Prädikatswein
In Deutschland und Österreich verwendete Bezeichnung für eine gehobene Kategorie innerhalb der Stufe Qualitätswein mit Prädikat. Man unterscheidet die Prädikate: Kabinett, Spätlese, Auslese, Beerenauslese, Trockenbeerenauslese und Eiswein. An diese Weine werden bezüglich Traubenzustand (vollreif, bzw. zum Teil edelfaul), Weinlese (für Beerenauslese und Trockenbeerenauslese ist eine maschinelle Lese verboten), Mostgewicht, Herstellungs-Bedingungen höhere Anforderungen gestellt bzw. sind bestimmte Techniken und Maßnahmen verboten.
Prämierung
Die Prämierung ist eine Auszeichnung ebenso wie die Gütezeichen. Prämierungen gibt es in jedem Anbaugebiet, dazu kommen die Gebiets- bzw. Landes-Prämierungen und die Bundesweinprämierung der DLG. Diese Prämierungen gibt es für Wein und Sekt.
Pressen
Bezeichnung (auch Keltern) für den Vorgang des Pressens der Weintrauben, sowie auch für die dafür notwendigen mechanischen Geräte wie horizontale Pressen, Packpresse und kontinuierliche Pressen.
PrüferpassPlus DLG
Nach Teilnahme an DLG-Sensorik-Seminaren und Seminaren anderer zugelassener Veranstalter, besteht die Möglichkeit die Ausbildung mit dem Qualifikationstest zum DLG-Sensorikzertifikat abzuschließen. Das DLG-Sensorikzertifikat weist Personen als qualifizierte sensorische Sachverständige für Wein und Sekt aus. Das Zertifikat wird auf Basis der ISO 17024:2003 verliehen und ist ein offizielles, EU-anerkanntes Zertifikat. Er wird im Rahmen der Qualitätsmanagement-Zertifizierung nach DIN EN ISO 9000ff. als Qualifikationsnachweis anerkannt. Inhaber des DLG-Sensorikzertifikates können als Gast an einer DLG-Prüfung teilnehmen. Nach erfolgreicher Teilnahme erhalten sie den DLG-PrüferpassPlus.

Q

QbA
Korrekt Q.b.A geschrieben. Abkürzung für Qualitätswein bestimmter Anbaugebiete (QbA). Ein Q.b.A.-Wein muss zu 100 % aus einem der 13 deutschen Anbaugebiete stammen. Er darf (im Gegensatz zu Qualitätsweinen mit Prädikat) verbessert werden.
Qualitätsstufe
Seit 1971 sind die Deutschen Weine per Gesetz in Klassen und Qualitätsstufen gegliedert. Je nach Voraussetzung und Beschaffenheit der Weine, werden diese gegliedert in: Tafelwein (seit 2009 nicht mehr erlaubt), Landwein, Qualitätswein b.A. (Q.b.A) und Qualitätswein mit Prädikat, wobei folgende Prädikate vergeben werden: Kabinett, Spätlese, Auslese, Beerenauslese, Trockenbeerenauslese und Eiswein.
Qualitätsschaumwein
Geschützte Bezeichnung für einen Schaumwein in Deutschland, der nach bestimmten Qualitäts-Kriterien (mithilfe einer zweiten Gärung) hergestellt wurde. Qualitätsschaumweine darf dürfen als Sekt bezeichnet werden.
Qualitätswein
Amtlich geprüfter Wein mit Herkunftsbezeichnung. Untergliedert in Qualitätsweine bestimmter Anbaugebiete (QbA) und Qualitätsweine mit Prädikat. Diese Weine sind auf dem Etikett benannt und mit einer amtlichen Prüfnummer, der A.P.-Nummer gekennzeichnet. (siehe auch Qualitätsstufe.)

R

Rappen
Bezeichnung für die Traubenstiele.

Rebe
Pflanze aus deren Früchten (Weintrauben) Wein produziert wird, auch bezeichnet als Rebstock, Weinstock, Weinrebe. Der Ursprung aller Rebsorten sind die Wildreben die in ebenen Wäldern und in Flusstälern gewachsen und heute auch dort noch zu finden sind. Der wilde Rebstock ist eine Schlingpflanze, die sich auf den Bäumen hochrankt und dabei riesige Ausmaße erreichen und gegebenenfalls bis 300 Jahre alt werden kann

Rebeln
Österreichische Bezeichnung für das Abbeeren.

Rebenerziehungssysteme
Vorrichtungen um den Wuchs der Rebstöcke zu steuern. Siehe auch unter Erziehungssysteme.

Rebfläche
Bezeichnung für die Fläche auf der Reben gepflanzt sind, in Deutschland sind dies ca. 100.000 ha.

Reblaus
Schädling der zunächst die Wurzeln dann auch die Blätter der Rebstöcke befällt und somit die gesamte Pflanze vernichtet. Eingeschleppt 1860 aus Amerika, hatte die Reblaus lange Zeit verheerende Auswirkungen auf den europäischen Weinbau, bis die heimischen Sorten schließlich auf resistente Unterlagen amerikanischer Sorten gepfropft wurden (siehe auch Pfropfen).

Rebschnitt
Methode, die das Wachstum der Rebtriebe beeinflusst, um das gewünschte Erziehungssystem zu erhalten. Zumeist wird der Hauptschnitt in den Wintermonaten vorgenommen (Winterschnitt), um das alte Holz zu entfernen und den Stock in der gewünschten Größe zu halten. Mit dem „Sommerschnitt" wird teilweise Einfluss auf die spätere Lesemenge genommen. Im Laufe des Jahres werden immer wieder Korrekturen beim Rebschnitt vorgenommen. Eine wild wuchernde Rebe würde nur minderwertige Trauben liefern.

Rebsorten
Rebsorten sind Unterarten der etwa 65 Arten der Familie der Rebengewächse, die in den gemäßigten Klimazone wachsen. Jede Rebsorte bringt eine typische Traubensorte hervor. Typische Rebsorten in Deutschland sind: Bacchus, Chardonnay, Elbling, Farberrebe, Gewürztraminer, Grauer Burgunder, Gutedel, Huxelrebe, Kerner, Müller-Thurgau, Ortega, Riesling, Scheurebe, Silvaner und Weissburgunder (alles weiße Rebsorten) und Domina, Dornfelder, Dunkelfelder, Lemberger, Portugieser, Regent, Saint Laurent, Schwarzriesling, Spätburgunder und Trollinger (alles rote Rebsorten).

Rebstock
Siehe unter Rebe.

Reduktion
Gegenteil von Oxidation. Chemische Reaktion bei der Sauerstoff entzogen wird.

Reduktiver Ausbau
Gegenteil von oxidativem Ausbau, d.h. möglichst wenig Sauerstoffzutritt während des Weinausbaus. Weine, die reduktiv ausgebaut sind, haben ein ausgeprägtes Trauben- und Gär-Bouquet mit einem fruchtigen Aroma und werden meist jung abgefüllt.

Refraktometer
Ein optisches Präzisionsmessgerät mit dem der Zuckergehalt von Beeren durch die Brechung von Licht gemessen wird. Der Blick durch das Gerät zeigt den Zuckergehalt in Grad Oechsle (°Oe) oder Brix an.

Regent
Eine seit 1996 freigegebene Rotweinrebsorte, die sehr resistent gegen Pilzbefall ist. Sie liefert dunkelrote, gehaltvolle, samtig weiche Weine. Regent ist eine Kreuzung aus der weißen Sorte Diana (Silvaner x Müller-Thurgau) und der roten Sorte Chambourcin. Der Name leitet sich dem berühmten 140,5 Karat-Diamanten aus Indien ab, den Ludwig XV auf dessen Krone, später Marie-Antoinette als Schmuckstück und Napoleon als Degenknauf trugen.

Reife
Entwicklungszeitpunkt zu dem die Trauben genuss- und verwendungsfähig sind.
1) Bezüglich des Reifezustandes der Weintrauben siehe unter Mostgewicht und Weinlese.
2) Bezüglich der Entwicklung bzw. Reifung eines Weines siehe unter Alterung, Flaschen-Reifung und Jahrgang.

Reintönig
Synonym für sauber. Der Wein ist frei von Weinfehlern.

Reinzuchthefen
Selektierte Hefen, die den Trau-

bensaft zum gären bringen. Sie „verstoffwechseln" den Zucker und andere Inhaltsstoffe in Alkohol, Kohlendioxid, Aromen und Vitamine. Da es in der Natur verschiedene Hefearten gibt, und nicht alle zum Vorteil eines guten Weines beitragen, wurden sie durch Selektion und Weiterzucht, bzw. Vermehrung für die Weinerzeugung optimiert. Reinzuchthefen sind gegenüber den auf den Trauben natürlich vorkommenden Hefen „berechenbarer".

Relative Dichte
Die Dichte des Weines bezogen auf Wasser von 20° Celsius (Wasser = 1,0000). Die Dichte wird in mind. 4 Dezimalen hinter dem Komma angegeben. Dieser Wert wird bei amtlichen Untersuchungen analysiert und ist in Deutschland obligatorisch für die Vergabe der amtlichen Prüfnummer. Er gibt einen Hinweis auf den Gesamt-Extrakt und den Alkohol-Gehalt eines Weines.

Restzucker oder Restsüße
Der Gehalt an unvergorenem Zucker im fertigen Wein. Da einige Zuckersorten nicht vergärbar sind, sind Weine mit einer Restsüße unter 1g sehr selten. Wie „süß" ein Wein tatsächlich schmeckt, hängt allerdings nicht nur von der Restsüße ab. So kann ein Wein mit einem hohen Säuregehalt – trotz Restsüße – durchaus sehr trocken schmecken.

Rheingau
Der Rheingau hat ca. 3.200 Hektar Rebfläche, beginnt am Untermain östlich von Wiesbaden und erstreckt sich rund 50 Kilometer entlang des rechten Rheinufers bis Lorch nördlich von Rüdesheim. Die Böden sind besonders für Riesling geeignet, der sich hier zu höchster Vollendung entwickeln kann. Die Rheingauer waren historisch beurkundet die ersten, die den Wert der Edelfäule entdeckten; seitdem gibt es die Spätlese. Im Rheingau wird überwiegend Riesling und Spätburgunder angebaut.

Rheinhessen
Das mit 25.000ha größte deutsche Anbaugebiet ist Rheinhessen. Die Mannigfaltigkeit der Böden, Kleinklimazonen und Rebsorten bescheren dieser Gegend eine fast unbeschreibliche Vielfalt an Weinen. Das Klima ist besonders mild und die Böden sind sehr verschieden. In Rheinhessen werden die unterschiedlichsten Rebsorten angebaut. Allen voran Müller-Thurgau dicht gefolgt vom Silvaner. Riesling findet man hauptsächlich an den Rheinterrassen. Als kleines Rotweingebiet gilt Ingelheim. Dort werden traditionell Spätburgunder und Frühburgunder angebaut.

Rieslaner
Deutsche Rebsorten-Züchtung aus Riesling und Silvaner. Wird in Deutschland (vor allem in Franken) auf ca. 50 ha angebaut.

Riesling
Spätreifende Weißweinrebe, deren Weine zu den besten der Welt zählen. Deutsche Anbaugebiete mit größerem Rieslinganteil sind Hessische Bergstraße, Mosel, Mittelrhein, Pfalz und Rheingau. Die ersten Riesling-Reben sollen im Rheintal angebaut worden sein. Allerdings reklamiert dieses Priveleg auch die österreichische Wachau für sich. Der Name der Reben stammt entweder von dem dunklen Rebenholz (Rußling), der rassigen Säure (Riß-ling), der Weißkirchener Lage im österreichischen Wachau (Ritzling) oder daher, dass bei leichtem Frühlingsfrost die Blüten zu rieseln beginnen. Die Farbe des Rieslings ist grünlich bis goldgelb. Das Bukett erinnert an Aprikosen, Pfirsiche und Rosen. Rieslingreben liefern ausgewogene, säureverspielte, rassige Weine.

Rivaner
Andere Bezeichnung für Müller-Thurgau-Weine, die auf die angebliche Kreuzung des Müller-Thurgau aus Riesling und Silvaner anspielt. Neuere Genanalysen haben jedoch ergeben, dass der Müller-Thurgau eine Kreuzung aus Riesling x „Medelein Royal" ist. Siehe auch Müller-Thurgau.

Roden
Entfernen der alten Rebstöcke zur Vorbereitung der Pflanzung neuer Reben.

Rosé
Bezeichnung für einen blass- bis hellroten Wein, der ausschließlich aus Rotweintrauben hergestellt wurde. Die helle Farbe entsteht durch das rasche Abpressen des Saftes von den Beeren. Dadurch gelangen nur geringe Mengen des in den Schalen befindlichen Farbstoffes in den Wein. Rosé darf nicht durch das Mischen von Roten und weißen Trauben hergestellt werden. Ausnahmen sind Rotlingweine wie Schillerwein, Schieler oder Badisch Rotgold.

Rotling
Blasser bis hellroter Wein der durch Verschnitt von Weiß- und Rotweintrauben oder von rotem mit weißem Most hergestellt wird.

Rotwein
Wein aus roten Trauben. Der Farbstoff wird entweder durch erhitzen der Trauben oder durch eine Maischegärung aus den Beerenschalen extrahiert.

Ruländer
Siehe Grauburgunder

Rütteln
Arbeitsvorgang bei der Schaumweinherstellung um den Bodensatz, bzw. die Hefeteilchen im Flaschenhals zu konzentrieren. Siehe auch Degorgieren.

Rüttelpult
Holzgestell für die traditionelle Schaumweinherstellung. Durch manuelles Drehen (rütteln) der Flaschen gelangen die Trübstoffe (für die 2. Gärung beigesetzte Hefe) zum Flaschenhals, um schließlich beim Degorgieren entfernt zu werden. (Flaschengärung / Champagner-Methode).

S

Saale-Unstrut
In dem Weinanbaugebiet mit ca. 740 Hektar Rebfläche wird seit über 1.000 Jahren Weinbau betrieben. Als Rebsorten findet man hier häufig Müller-Thurgau und Silvaner.

Sachsen
Das kleinste und am weitesten östlich gelegene Weinanbaugebiet (für Qualitätsweine) Deutschlands, liegt mit seinen 450 ha zwischen Meißen und Pillnitz. Auf Grund des milden, kontinental beeinflussten Klimas mit heißen, trockenen Sommern wird auch als „Elb-Florenz" bezeichnet. Als Rebsorten findet man vor allem Müller-Thurgau, aber auch Weißburgunder und Traminer.

Säure
Die Gesamtsäure des Weines besteht aus mehreren Säurearten. Den größten Anteil machen die (etwas mildere) Weinsäure und die (etwas kräftigere) Äpfelsäure aus. Letztere verleiht dem Wein einen intensiveren, kräftigen Geschmack. Das Zusammenspiel von Restsüße, Alkoholgehalt und den Säuren bestimmen den Grundgeschmack eines Weines maßgeblich.

Säureabbau
Siehe unter biologischer Säureabbau oder malolaktische Gärung.

Säurebetont
Beschreibung für einen zumeist trockenen Wein, der durch einen relativ hohen Anteil an Säure ausgezeichnet ist, was aber durchaus positiv sein kann.

Säuregehalt
Die beiden wichtigsten Säuren im Wein sind Weinsäure und die Apfelsäure, in kleinen Mengen die Zitronensäure und Bernsteinsäure sowie die Kohlensäure und die Milchsäure. Die Säuren sind im Wein wichtig für den erfrischenden Geschmack, der Typizität der jeweiligen Rebsorte und zur Abwehr schädlicher Bakterien.

Sauer
Eine Geschmacksart neben bitter, salzig, süß und umami. Ein Wein, der als sauer bezeichnet wird, hat einen zu hohen und unharmonischen Anteil an Säure und gegebenenfalls auch zuviel Tannine. Dies kann durch unausgereifte Trauben oder verschiedene Wein-Fehler entstehen.

Sauvignon blanc
Eine sehr alte aus Frankreich stammende weiße Rebsorte, die aus einer natürlichen Kreuzung von Traminer mit einem unbekannten Partner entstanden ist. Weine der Rebsorte Sauvignon blanc haben eine blassgelbe Farbe und sind durch Aromen von Zitrone, Passionsfrucht und grünem Spargel geprägt.

Schaumwein
Für die Schaumweinherstellung gibt es verschiedene Herstellungsmethoden: Analog der Champagner- Methode durch traditionelle Flaschengärung oder durch Tankgärung (Kesselgärung), wobei die Kohlensäurebildung im Wein in hermetisch verschlossenen Druckbehältern durchgeführt wird.

Schatzkammer
Bezeichnung für einen Weinkeller für die Lagerung von exquisiten Weinen und Wein-Raritäten.

Scheurebe
Die Scheurebe ist nach ihrem Züchter Georg Scheu benannt worden, der sie 1916 züchtete. Allgemein wird angenommen, dass der Rebenzüchter die Rebe aus Riesling und Silvaner gekreuzt hat. Neuere genetische Untersuchungen deuten aber darauf hin, dass es sich statt des Silvaners um eine unbekannte Wildrebe gehandelt

hat. Die spätreifende Scheurebe wird fast ausschließlich für Qualitätswein mit Prädikat verwendet.

Schimmelton/ Schimmelgeschmack
Ein Wein-Fehler, der sich durch einen dumpfen, muffigen und teilweise scharfen essigartigen Geruch bzw. ekeligen Geschmack äußert. Auslöser sind Schimmelpilze von Traubenschalen, unsaubere Fässer und Schläuche.

Schlegelflasche
Gängiger, meist braun- oder grünfarbener schlanker, langhalsiger Flaschentyp. Im Bereich Mosel-Saar-Ruwer vornehmlich in grüner Glasfarbe, im Rheingau eher bräunlich.

Schönung
Oberbegriff für Verfahren zur Klärung und Stabilisierung von Weinen. Erfolgt unter Zugabe von Schönungsmitteln, die Trübstoffe und unerwünschte Partikel binden, die dann als Bodensatz abgefiltert werden können. Siehe unter Eiweißschönung, Blauschönung und Bentonitschönung.

Schoppenwein
Als Schoppenwein (auch Schankwein, Zechwein, in Österreich auch „Offener") bezeichnet man einen Wein, der meist aus einem größeren Weinbehälter wie zum Beispiel ein Fass, ein Tank, ein Glasballon, aber auch ein größeres Flaschengebinde offen ausgeschenkt wird. Der Name Schoppen leitet sich von einer alten Maßeinheit ab. Früher waren Schoppenweine einfache und trocken ausgebaute Tischweine.

Schorle
Eine Bezeichnung für eine Mischung von Wein mit Soda- oder Mineralwasser.

Schraubverschluss
Siehe unter Drehverschluss.

Schwefeln
Das älteste Konservierungsmittel für Wein ist Schwefel. Die Zugabe von Schwefel im Wein nennt man ‚schwefeln' Schwefeldioxid inaktiviert oder tötet Bakterien ab und ist für die Weinbereitung notwendig. Schwefel findet Verwendung bei der Sterilisation von Holzfässern, dem Schutz der Reben (z.B. vor Mehltau) und bei der Konservierung des Weins.

Schwer
Positive Beschreibung eines Weines, der einen vollen Körper aufweist.

Sekt
In Deutschland hergestellter Schaumwein, der durch Flaschen- oder Tankgärung erzeugt wird.

Sekt-Dosage
Mischung aus Wein und Zucker oder Most, die Schaumwein zugesetzt wird, um die zweite Gärung einzuleiten, oder um bei der Versanddosage nach dem degorgieren den Süßegrad zu erhöhen. Vgl. chaptalisieren.
Zugesetzt werden darf:
- bei „extra brut" oder „extra herb": 0 und 6 g je Liter,
- bei „brut" oder „herb" bis zu 12 g je Liter
- bei „etxra trocken": zwischen 12 und 17 g je Liter
- bei „trocken": zwischen 17 und 32 g je Liter
- bei „halbtrocken": zwischen 32 und 50 g je Liter
- bei „süß": mehr als 50 g je Liter

Selection
Der Name steht für ein Qualitätskonzept, das vom Deutschen Weinbauverband, dem Deutschen Weininstitut (DWI) sowie den Gebietsweinwerbungen und allen bedeutenden überregionalen Verbänden getragen wird. Für Selection-Weine werden gebietstypische Rebsorten verwendet, die trocken ausgebaut, Spitzenweine hervorbringen. Bei der Einführung der Selection-Weine war geplant, diese nicht unter 10 Euro abzugeben.

Sensorik
Als Sensorik bezeichnet man in der Weinsprache das Verkosten mit den menschlichen Sinnen mittels Augen, Nase, Zunge und Gaumen.

Sensorische Prüfung
Auch organoleptische Prüfung genannt. Qualitätsprüfung des Weins nach Aussehen, Geruch und Geschmack. Die DLG führt seit 1952 diese Qualitätsprüfung mit durchschnittlich 4.500 Weinen jährlich auf Bundesebene durch.

Shiraz
1833 von Frankreich nach Australien eingeführte Traube, die genetisch identisch mit dem Syrah ist. In Australien, Neuseeland und Südafrika ist die Bezeichnung Shiraz gebräuchlich, in Frankreich und Kalifornien die Bezeichnung „Syrah". Der Shiraz ist ein kräftiger, tanninbetonter, tiefroter Wein mit einem Duft nach Veilchen, Trüffel bis Johannisbeeraromen.

Silvaner
Der „grüne Silvaner" ist eine klassische deutsche Rebsorte

und eine der wichtigsten Sorten im Anbaugebiet „Franken". Größtes Anbaugebiet ist aber Rheinhessen. Die Vermutung, der Silvaner stamme aus dem rumänischen Transsylvanien, scheint nicht richtig zu sein, auch wenn der Name darauf schließen lässt. Dagegen spricht, dass die Rebe den dortigen kalten Winter kaum überstehen würde. Nach Untersuchungen in Klosterneuburg, Österreich, ist die Rebsorte eine Kreuzung zwischen Traminer und Österreichisch Weiß. Bei Ertragsbegrenzung bringt er in guten Jahrgängen und Lagen kräftige, „den Mund tapezierende" fruchtige Weine hervor.

SO_2
Siehe unter Schwefel.

Sommelier, Sommeliere
Ursprünglich war der Sommelier der „Führer der Lasttiere". Der Sinn verengte sich schließlich auf denjenigen, der sich im Hause um alles kümmert, was auf den Tisch kommt. Von der Tischwäsche bis zum Wein. Im weiteren Lauf der Zeit reduzierte sich die Aufgabe schließlich darauf, den richtigen Wein zu empfehlen.

Sonnenbrand
Bei intensiver Freistellung der Trauben (zum Beispiel durch Entblätterung) können diese durch zu starke Sonneneinstrahlung Verbrennungserscheinungen an einzelnen Beeren aufweisen. Wirtschaftliche Schäden entstehen, wenn das abgestorbene Gewebe durch Pilze besiedelt wird, die zur Geschmacksbeeinträchtigungen führen.

Spätburgunder
Wichtigste rote Qualitätsweinsorte des gemäßigten Klimas, auch als Blauburgunder bezeichnet (in Frankreich: Pinot Noir). Aus Spätburgunder werden einige der teuersten Rotweine der Welt hergestellt. Diese sind durch eine rubinrote Farbe, manchmal von einem warmen Braunton durchstrahlt mit fruchtiger Säure, verbunden mit an Holzfasslagerung erinnernde, für Burgunderweine typische Note charakterisiert.

Spätlese
Spätlese ist ein Prädikat zwischen Kabinett und Auslese. Eine Spätlese muss die Bestimmungen für einen Kabinettwein erfüllen. Die Weintrauben müssen darüber hinaus einer späten Lese in vollreifem Zustand geerntet werden und einen höheren Zuckergehalt aufweisen.

Spontangärung
Durch Naturhefen verursachte, spontan einsetzende Gärung (ohne Einfluss des Winzers).

Spriten
Bezeichnung für den Zusatz von Alkohol zum Most oder Wein um zum Beispiel die Gärung zu stoppen. Kommt z. B. zum Einsatz bei der Herstellung von Portwein, Sherry und Madeira.

Spucken
Bei Prüfungen und Weinvorstellungen können die Degustatoren nicht alle zu verkostenden Weine trinken. Daher werden die Weine erst geruchlich erkundet, dann im Mund „geschwenkt" und anschließend in ein entsprechendes Gefäß ausgespuckt. Dies hat keinen Einfluss auf eine seriöse Prüfung, da sich im Rachen keine Nerven für die Empfindung von Geschmack und Geruch befinden. Dennoch werden dabei kleinere Wein-Mengen aufgenommen. Bei 50 verkosteten Weinen nehmen geübte Degustatoren ungefähr ein Achtel Liter Wein zu sich.

Spumante
Ein Spumante ist ein italienischer nach bestimmten Qualitäts-Kriterien hergestellter Schaumwein, vergleichbar mit einem Sekt. Ein Spumante hat einen Alkohol-Gehalt von mindestens 11 % vol. und einem Kohlensäuredruck der bei 20 °C über 2,5 bar aufweist – unter 2,5 bar darf er nur als Frizzante (Perlwein) bezeichnet werden.

Spund
Verschluss aus unterschiedlichem Material (Glas, Gummi, Holz, Keramik, Kunststoff, Silikon) für ein Fass.

Stabilisieren
Verschiedene Verfahren die dazu dienen, dass ein Wein geklärt und haltbarer gemacht wird. Siehe unter Klären, Schönen und Schwefeln.

Steillage
Siehe unter Hanglage.

Sterilisieren
Durch verschiedene Methoden beim Klären, Schönen und der Flaschen-Abfüllung erreichte Keimabtötung (Vergleichbar mit der Pasteurisation). Dient dazu, den Wein frei von weinschädigenden Mikroorganismen wie Hefen und Bakterien zu machen.

Stickstoff
Stickstoff ist ein Hauptnährstoff der Rebe und gilt als Motor für das Pflanzenwachstum. Im

Toasting
Bezeichnung für das Flämmen der inneren Fasswandung bei Holzfässern (Barrique), das Geschmacksstoffe (Kakao, Kokosnuss, Vanille etc.) an den Wein abgibt (vor allem in den ersten zwei Jahren). Je nach verwendetem Eichenholz bzw. der Intensität des Fasseinbrandes ergeben sich verschiedenste Aromen.

TOP 100
Rangliste der besten Betriebe für langjährige Spitzenleistung bei der Bundesweinprämierung. Im Rahmen der Bundesweinprämierung im Herbst 2004 hat die Deutsche Landwirtschafts-Gesellschaft (DLG) erstmalig die „TOP 100" der besten Betriebe ermittelt. Ausschlaggebend für die Platzierung in der „Top 100" ist das Abschneiden der Unternehmen in der aktuellen Bundesweinprämierung sowie die Leistungen bei den Qualitätswettbewerben der letzten Jahre.

Traminer
Auch als Roter Traminer oder Gewürztraminer bezeichnet. Eine sehr alte Rebsorte, deren Abstammung nicht hundertprozentig bewiesen ist. Der Traminer ist eine Spezialsorte für hochreife, trockene bis edelsüße Bukettweine deren Weine geprägt von Rosenduft und Würze sind. Siehe auch unter Gewürztraminer.

Traubenfäule
Die Traubenfäule wird zumeist durch verschiedene Schimmelpilze, aber auch durch Bakterien und Hefen hervorgerufen. Es gibt verschiedene Arten von Fäulnis wie zum Beispiel Grünfäule, Rosafäule, Graufäule (auch Sauerfäule genannt), Schwarzfäule und Weißfäule. Ein Wein, der aus diesen Trauben hergestellt wird, erhält oft den Weinfehler „Schimmelton".

Traubenmost
Siehe unter Most.

Traubensaft
Ein Fruchtsaft der aus Trauben hergestellt wurde und alkoholfrei ist.

Traubenvollernter
Siehe unter Vollernter.

Trester
Bezeichnung für die festen Bestandteile der Trauben (Schalen, Kerne und Stiele (Rappen)), die nach dem Keltern oder Pressen zurück bleiben. (siehe auch unter Maische)

Tresterhut
Rotwein wird i.d.R. auf der Maische gegoren. Die festen Reststoffe (Trester) schwimmen dabei zunächst an die Oberfläche der Maische-Most Mischung. Dieser „Tresterhut" muss durch unterrühren mit dem Most wieder vermischt werden, damit der Most den Feststoffen Tannine und die Farbstoffe entziehen kann.

Trinkreife
Siehe unter Altern, Flaschenreife und Jahrgang.

Trinktemperatur
Die Trinktemperatur bei der ein Wein optimal sein Aroma und sein Bouquet voll entfalten kann ist sehr unterschiedlich und abhängig von zum Beispiel der Qualitätsstufe, dem Alter der Jahreszeit und der Raumtemperatur sowie weiteren Kriterien. Als Richtmaß für die optimale Genusstemperatur für Wein kann man sagen: Ein kräftiger Rotwein sollte bei 15 °C – 18 °C getrunken werden, ein junger, fruchtiger Rotwein offenbart sein bestes Aroma bei 12 °C – 13 °C – bei 10 °C verschwinden Nuance und Ausdruck des Weines. Leichte und junge Weißweine schmecken am besten bei 8 °C – 10 °C, trockene und frische Weißweine bei 9 °C – 11 °C, würzige, reife Weißweine verlangen eine Temperatur von 11 °C – 13 °C und halbtrockene, körperreiche Weißweine bei 12 °C – 14 °C. Süß- und Likörweine müssen kalt getrunken werden, bei ca. 6 °C – 10 °C.

Trocken
Wein mit wenig Restzucker (maximal 9 g/l und maximal 2g/l mehr Zucker als Säure).

Trockenbeerenauslese
Das höchste Prädikat unter den Qualitätsweinen. Trockenbeerenauslesen werden aus ausgesuchten, von Botrytis bewachsenen, eingeschrumpften Trauben gekeltert, bei denen wegen des Wasserverlustes durch die poröse Beerenhaut Zucker und andere Inhaltsstoffe hochkonzentriert sind. Diese Trauben dürfen nicht maschinell geerntet werden, sondern müssen sorgfältig per Handlese ausgelesen werden.

Trollinger
Rebsorte, die ursprünglich aus Südtirol stammt und dort auch als „Tiroler" bzw. „Tirolinger" bezeichnet wird. Typisches deutsches Anbaugebiet ist Württemberg. Der Trollinger ist, nach dem Spätburgunder und Portugieser, von der Rebfläche her die bedeutendste Rotweinrebe. Der

Wein hat eine hellrote Farbe, ein fruchtiges Bukett und sollte jung getrunken werden.

Trübung
Bei einer Trübung ist im Wein die Farbe nicht klar. Die Ursachen können vielfältig sein: z.B. die Nachgärung in der Flasche oder eine unzureichende Schönung bzw. Filtration.

Trübstoffe
Feste Bestandteile im Most und in noch nicht gefüllten Weinen. Zu den Trübstoffen gehören physikalisch-chemische Stoffe, wie Eiweißstoffe, Gerbstoffe, Kristalle, Metalle – und biologische Stoffe, wie Bakterien und Hefen oder weinfremde Stoffe wie Staub, Filtermaterial, Korkabrieb etc.

U

Überschwefelung
Weinfehler, der sich darin äußert, dass der Wein nach Schwefel riecht oder einen Schwefelgeschmack aufweist. Der Weinfehler kann nur auftreten, wenn der Weinbereiter das zum Schwefeln benötigte Kaliumpyrosulfit überdosiert.

Unterlage
Unterlagen bilden bei einer Veredelung den Unterteil (auch Unterlagsrebe, Wurzelstock) eines Rebstocks, auf den ein Edelreis (das Oberteil) einer zumeist europäischen Rebsorte aufgepfropft wird. Das Pfropfen dient u.a. dazu, die Rebe gegen die Reblaus resistent zu machen.

Untypischer Alterungston (UTA)
UTA ist ein Weinfehler der während der Reifung des Weines auftritt. Das typische Aroma der Rebsorte kann dadurch u.U. vollkommen verloren gehen. UTA-Weine haben eine blasse Farbe und haben einen Geruch nach nasser Pappe oder Mottenpulver.

V

VDP
Verband Deutscher Prädikats- und Qualitätsweinweingüter. Siehe auch Naturwein

Veredelung
Zusammenfügen (Aufpfropfen) einer reblausanfälligen europäischen Edelrebe (z.B. Riesling) auf die reblauswiderstandsfähige amerikanische Unterlagsrebe.

Verkostung
Synonym für Weinprobe.

Verrieselung
Bezeichnung im Weinbau für einen schlechten Fruchtansatz. Bedeutet, dass die Blüten bei der Rebblüte abfallen (Ausrieseln). Gründe sind behinderte Pollenkeimung und fehlende Befruchtung der Samenanlage durch verschiedenste Ursachen wie z.B. eine ungünstige Witterung in der Blütezeit oder Viruskrankheiten. Verrieselung hat Ertragseinbußen, aber nicht unbedingt Qualitätsrückgang zur Folge, da die Einzelbeeren sich in der Regel dann besser entwickeln können.

Versanddosage
Bei der Schaumweinbereitung übliches Verfahren, nach dem Degorgieren (Enthefung von Schaumwein nach Abschluss des Rüttelns). Die Versanddosage wird zur Abrundung des fertig vergorenen Schaumweins in Form einer Mischung aus Wein, Zucker und eventuell kleiner Mengen Weinbrand zugesetzt, wodurch der endgültige Geschmackstypus des Schaumweines festgelegt wird. Siehe auch Fülldosage

Verschnitt
Bezeichnung für das Mischen von Weinen aus mehreren Traubensorten, Jahrgängen, Lagen oder dem Inhalt verschiedener Fässer. In Deutschland nicht so oft betrieben. Das Endprodukt wird auch als Cuvée, Marriage oder Mélange bezeichnet.

Vinifikation
Synonym für Weinherstellung.

Vinothek
Weinhandlung (auch Önothek) oder Weinverkauf eines oder mehrerer Weingüter.

Vitis
Bezeichnung für die Weinrebe mit den Unterabteilungen Muscadinia und Euvitis, zu der die Mehrzahl der Kulturreben (vitis vinifera) gehören.

Vitis vinifera
Der Name bedeutet sinngemäß „weintragende Rebe" und ist eine Art der Gattung Vitis. Von der Art „Vitis vinifera" stammen unsere europäischen Kulturreben ab.

Viskosität
Die Viskosität beschreibt in der Weinsensorik den Grad der Zähflüssigkeit und hängt stark von Konzentrationen und Temperatur ab. Siehe auch bei Kirchenfenster.

Vollernter
Maschine (auch Traubenvollernter genannt) für die Traubenernte, welche die Trauben vom Stock löst und entrappt. Damit entfällt

die Handlese. Geeignet vor allem für großflächig angelegte, flache Weinberge.

Volumenprozent
Siehe unter Alkoholgehalt.

Vorklären
Synonym für Entschleimen.

Vorlese
Genehmigte frühere Ernte der Trauben, wenn das Lesegut gefährdet ist. Siehe auch Weinlese.

W

Weich
Bezeichnung (auch rund) für den Geschmack von milden Weinen (vor allem bei gereifteren), der sich durch einen niedrigen Gehalt an Säure und/oder Tannin auszeichnet.

Wein
Ein ausschließlich durch vollständige oder teilweise alkoholische Gärung der frischen, auch eingemaischten Weintrauben oder des Traubenmostes erzeugtes Produkt mit einem natürlichen Mindestalkoholgehalt von 5 % vol.

Weinbau
Bezeichnung für den Anbau von Reben und der Produktion von Trauben.

Weinbereitung
Bezeichnet die Summe aller Schritte von der Ernte bis zu Abfüllung des Weines in Flaschen.

Weinberg
Bezeichnung (auch Rebberg, Weingarten, Wengert, Wingert u.a.) für die mit Reben bestockte Fläche.

Weinbergsparzelle
Kleinste Einheit zur speziellen Einteilung einer Weinbergslage.

Weinbrand
Weinbrand ist die meistgekaufte Spirituose in Deutschland. Je nach Herkunft wird Weinbrand anders bezeichnet. In Frankreich heißt er Cognac oder Armagnac, in Italien und Spanien Brandy. Weinbrand wird aus Wein hergestellt, dieser wird in zwei Schritten destilliert: Das Ergebnis des ersten Brennvorgangs ist der Rauhbrand. Nach dem zweiten Brennvorgang ist der Feinbrand entstanden. Nach diesen beiden Brennvorgängen wird der Feinbrand durch die Lagerung in Eichenholzfässern zum Weinbrand.

Weinessig
Aus Wein entsteht, sofern man es nicht verhindert, durch den Kontakt mit Sauerstoff immer Essig. Bei der gezielten Produktion von Weinessig kann dieser als Würz- und Konservierungs-Mittel verwendet werden.

Weinfass
Siehe unter Fass.

Weingut
Besitztum, das Weinberg, Gebäude und Kellereien umfasst. Sollte in der Regel mindestens 2 ha groß sein.

Weinkristalle
Siehe unter Weinstein.

Weinlese
Bezeichnung für den Vorgang bzw. auch für den Zeitpunkt der Traubenernte (port. Colheita oder Vindima, in den USA Crush, span. Cosecha oder Vendimia, frz. Récolte oder Vendange, ital. Vendemmia, engl. Vintage).

Weinprämierung
Nach der Prüfung verschiedener Weine in der Regel folgende Einteilung/Klassifizierung dieser Weine in die Prämierungsstufen: Goldener - Silberner - oder Bronzener Preis

Weinsäure
Neben der Äpfelsäure die wichtigste Säure im Wein mit einem Anteil von 0,5 bis 4 g/l. Siehe auch unter Sensorik.

Weinsiegel
Siehe unter Deutsches Weinsiegel.

Weinstein
Kristallisation von Säure, auch in Verbindung mit im Wein vorhandenen Mineralien. Häufig zu beobachten bei älteren, extraktreichen Weinen, je nach Lagerart am Flaschenboden, Hals oder Korken. Kein Qualitätsmangel.

Weintraube
Allgemeine Bezeichnung für jene Trauben, die für die Herstellung von Wein oder Destillaten herangezogen werden.

Weißburgunder
Weißweinrebe aus der Burgunderfamilie, auch als Weißer Burgunder, Weißer Klevner, in Frankreich „Pinot blanc", in Italien „Pinot bianco" bezeichnet. Der Weißburgunder ist aus einer Mutation aus dem Ruländer (siehe Grauburgunder) entstanden. Die Weine aus dieser Rebsorte sind sehr kompakt, kraftvoll und nussig.

Weißherbst
Roséwein, der im Gegensatz zu Rosé nur aus einer Rebsorte hergestellt werden darf und den Anforderungen an einen Q.b.A.-Wein entsprechen muss.

Wermut
Wermut ist ein mit Kräutern aromatisierter Wein. Diese Mischung ist schon sehr lange bekannt: Selbst die alten Rö-

mer und Hippokrates (459–377 v. Chr.) stellten die abwegigsten Mischungen her. Laut EU-Verordnung muss Wermut als „Wein-Aperetiv" verkauft werden. Ansonsten unterliegt er keiner besonderen Gesetzgebung, lediglich der Alkoholanteil muss zwischen 15 und 18 Prozent liegen. Dementsprechend haben die unterschiedlichen Firmen verschiedene Herstellungsverfahren und natürlich streng behütete Rezepte. Die berühmteste Wermut-Marke ist „Martini".

Wingert
Synonym für Weinberg.

Winzer
Bezeichnung für Weinbau-Betreiber, unabhängig des Umfanges der Tätigkeit - vom reinen Traubenlieferanten bis hin zum Wein-Erzeuger. Weitere Bezeichnungen sind Hacker oder Häcker (Baden und Württemberg), Weingärtner oder Wengerter (Württemberg), Hauer oder Weinhauer (Österreich), Cosechero (Spanien), Vignaiolo (Italien – nur Traubenerzeuger), Coltivatore (Italien – Winzer und Weinerzeuger) sowie Vigneron oder Viticulteur (Frankreich).

Winzergenossenschaft
Zusammenschluss von Erzeugern um Ressourcen gemeinsam zu nutzen, den Wein gemeinsam zu vermarkten und dadurch die Wirkungsfähigkeit von Großbetrieben zu erlangen.

Württemberg
Das Anbaugebiet mit über 11.200 Hektar Rebfläche ist das fünftgrößte in Deutschland. Aus Württemberg stammen die meisten deutschen Rotweine. Württemberg ist Rotweinland. Vor allem regionale Spezialitäten wie Trollinger, Lemberger, Schwarzriesling und Samtrot spielen eine große Rolle. Beim Weißwein wird hauptsächlich auf Riesling gesetzt. Der rote Trollinger ist ein leichter süffiger Rotwein, der meist mit geringer Restsüße ausgebaut wird. Der Lemberger ist ein tiefdunkler, samtiger Rotwein. Die Rieslinge sind fruchtig.

Würzer
Die Rebsorte Würzer wurde 1932 als Kreuzung von Gewürztraminer & Müller-Thurgau von Georg Scheu gezüchtet. Die Weine haben einen muskatartigen bis würzigen Charakter. Der Würzer wird vor allem in Rheinhessen und in kleineren Mengen auch an der Nahe angebaut.

Z

Zeile
Synonym für die Rebreihe.

Zertifizierung
Das Verfahren bzw. das Ergebnis des Verfahrens, bei dem einem Unternehmen durch eine unabhängige akkreditierte Zertifizierungsgesellschaft bestätigt wird, dass es über ein Qualitätsmanagement-System verfügt, das den entsprechenden Normen entspricht. Durch das dabei erlangte Zertifikat bestätigt die Organisation die Einhaltung der Normenvorgaben gegenüber Kunden, der Öffentlichkeit und den Mitarbeitern. Der Nachweis eines Zertifikates z.B. nach ISO 9000 wird immer mehr Bedingung für ein Kunden-Lieferanten-Verhältnis in der internationalen Wirtschaft.

Zinnfandel
Sehr verbreitete, recht ergiebige rote Rebsorte Kaliforniens, aus der ein feiner, rubinroter Rotwein gewonnen wird.

Zitronensäure
Farblose, sauer schmeckende wichtige Säure, die in geringen Mengen (0,1 bis 0,3 g/l) im Wein enthalten ist. Bei Eiswein und edelsüßen Weinen kann der Anteil bis 6 g/l steigen.

Zucker
Der Saft reifer Trauben enthält etwa zu gleichen Teilen Traubenzucker (Glucose) und Fruchtzucker (Fructose). In Deutschland liegt der Gesamt-Zuckergehalt je nach Reifegrad und Traubensorte zwischen 120 und 250 g/l aus. In überreifen oder edelfaulen Trauben ist mehr Fruchtzucker als Traubenzucker enthalten. Beide Zuckerarten werden ebenso wie der Rohrzucker (Saccharose) durch Gärung in Alkohol umgewandelt. Der im Wein mehr oder minder große Inhalt an Restzucker (ein Gemisch aus Trauben- und Fruchtzucker) wird als Invertzucker bezeichnet.

Zweigelt
Die rote Rebsorte wurde im Jahre 1922 an der Weinbauschule in Klosterneuburg von Dr. Fritz Zweigelt (1888–1964) aus den Sorten St. Laurent x Lemberger gekreuzt. Der Zweigelt ergibt körperreiche, ausdrucksvolle Rotweine.

Boden ist Stickstoff hauptsächlich im Humus, damit werden in Weinbergsböden 3.000 bis 10.000 kg N/ha gespeichert. Davon werden durch die Humusmineralisation jährlich 1 bis 3 % in das pflanzenverfügbare Nitrat umgewandelt.

Stillwein
Eine Bezeichnung für einen Wein, der im Gegensatz zu Schaumwein keine oder nur sehr wenig Kohlensäure enthält.

Stockabstand
Pflanzdichte bei Reben.

Straußwirtschaft
Temporäre Weinwirtschaft. Winzer bewirten auf ihrem Gelände Gäste mit Wein und lokalen Spezialitäten. In bestimmten Regionen auch als Besenwirtschaft, Buschenschank, Heuriger bezeichnet.

Strohwein
Wein, der ganz oder zum Teil aus Trauben bereitet wird, die nach der Lese, vor dem Abpressen auf Strohmatten in der Sonne oder auch Schilf (daher auch Schilfwein) getrocknet werden, um den Zuckergehalt der Beeren zu erhöhen. Dieses Verfahren ist in Deutschland verboten.

Süßreserve
Zur Süßung von Qualitätswein darf in Deutschland ausschließlich Süßreserve verwendet werden. Die Süßreserve ist ein Traubenmost, dem unmittelbar nach der Kelterung die Hefen entzogen wurden. Dadurch findet keine alkoholische Gärung statt und der Zucker bleibt vollständig erhalten. Kurz vor der Abfüllung kann einem durchgegorenen Wein diese Süßreserve wieder hinzugegeben werden. Je nach Menge entsteht ein halbtrockener, ein lieblicher oder süßer Wein. Die in Deutschland bei Qualitäts- und Prädikatsweinen erlaubte Praxis ist in vielen anderen Weinbauländern verboten. (In Deutschland sind die Trauben klimabedingt nicht so süß, wie in anderen Weinbauländern.)

Süßwein
Süße oder edelsüße Weine mit einem sehr hohen Gehalt an Restzucker, die gerne als Dessertweine getrunken werden.

Sur lie
Bezeichnung für Weißweine die auf der Hefe gelagert und dann direkt von der Hefe abgezogen und abgefüllt werden. Solche Weine haben einen leichten, sehr angenehmen Hefegeschmack und perlen ganz leicht.

Syrah
siehe Shiraz.

T

Tafeltraube
Bezeichnung von bestimmten Rebsorten, die vorwiegend als so genannte Esstrauben für den Frischverzehr und/oder auch für die Produktion von Rosinen angebaut werden.

Tafelwein
Weine unterster Qualitätsstufe, die einen Mindestalkoholgehalt von 5 % bzw. in Weinbauzone B 6 % haben und aus im Inland geernteten Weintrauben von zugelassenen Rebsorten hergestellt sein müssen. Darf seit 2009 mit Einführung der neuen EU-Weinmarktreform nicht mehr verwendet werden. Stattdessen wird lediglich noch der Begriff „Wein" verwendet.

Tankgärung
Verfahren bei der Herstellung von Schaumwein. Dabei erfolgt die zweite Gärung nicht in der Flasche (siehe unter Flaschen-Gärung), sondern in einem Tank.

Tannin
Als Tannine werden die Gerbstoffe im Wein (Polyphenole) bezeichnet. Sie sitzen hauptsächlich in der Schale, dem Stiel und in den Traubenkernen. Sie wirken antiseptisch und dienen der Traube als Schutz bei Verletzungen. Bittere Tannine lösen sich aus der Haut, verbinden sich mit dem Saft und schützen so vor Bakterien, Fäulnis und Hefen. Im Wein fangen sie freie Radikale. Je komplexer und besser die Tanninstruktur ist, desto reifer war das Lesegut und desto hochwertiger ist der Wein. Tannine können vom Menschen nicht gerochen, sondern nur geschmeckt werden. Den vollen Geschmack erreichen sie durch ausreichend lange Lagerung. Die meisten Tannine sind in Rotwein enthalten. Tannine haben eine adstringierende Wirkung.

TBA
Siehe unter Trockenbeerenauslese.

Temperatur
Siehe unter Trinktemperatur, Kellertemperatur und Lagerung.

Terroir
Begriff für den Einfluss von Klima, Bodentyp und Winzerkunst auf die spezielle und unverwechselbare Charakteristik des Weines einer Region.